NOMOSREFERENDARIAT

Dr. Walter Boeckh | Andreas Gietl |
Alexander M. H. Längsfeld | Ursula Raab-Gaudin

Klausurtraining

Die Assessor-Klausur im Zivilrecht

Die Deutsche Nationalbibliothek verzeichnet diese Publikation in
der Deutschen Nationalbibliografie; detaillierte bibliografische
Daten sind im Internet über http://dnb.d-nb.de abrufbar.

ISBN 978-3-8329-6703-1

1. Auflage 2013
© Nomos Verlagsgesellschaft, Baden-Baden 2013. Printed in Germany. Alle
Rechte, auch die des Nachdrucks von Auszügen, der fotomechanischen Wiedergabe und der Übersetzung, vorbehalten.

Vorwort

Das „Klausurtraining" ist speziell auf die Bedürfnisse von Rechtsreferendaren abgestimmt und stellt einen wesentlichen Baustein für eine optimale Examensvorbereitung dar. Das Buch liefert einen Querschnitt der gängigen Klausurtypen. Angefangen beim vollständigen erstinstanzlichen Urteil, weiter über die Schriftsätze des Anwalts zur Klage, Klageerwiderung und Berufung bis hin zur anwaltlichen Beratungstätigkeit. Die Lösungen der Fälle sind dabei so vollständig ausformuliert, wie es im Examen erwartet wird. Vor den einzelnen Klausuren befinden sich zur schnelleren Orientierung schlagwortartige Inhaltsübersichten.

Im materiellen Recht stehen klassisch schuldrechtliche und sachenrechtliche Fälle neben solchen aus den spezielleren Materien des Familien-, Erb- und Gesellschaftsrechts. Schließlich wird auch das Erbscheinsverfahren, das in vielen Bundesländern regelmäßig geprüft wird, behandelt. Die ausgewählten materiellen und prozessualen Themen sind von der neueren höchstrichterlichen Rechtsprechung inspiriert. Sie bieten einen Überblick, der einerseits häufig geprüfte „Standardkonstellationen", andererseits aber auch schwierigere Fragestellungen, die eigenständiges Denken erfordern, enthält.

Alleinstellungsmerkmal des Werkes sind die sowohl beim Sachverhalt als auch bei der Lösung in einer Marginalspalte angebrachten zahlreichen erläuternden Hinweise zur Klausurtechnik und Klausurtaktik samt Warnung vor typischen Fehlerquellen, womit sich ein allgemeiner – und daher notgedrungen theoretischer und nicht fallbezogener – einführender Überblick zur Klausurtechnik erübrigt.

Alles in allem wird dem Leser nicht nur eine Lösung, sondern vor allem der Weg zu dieser unter Umgehung möglicher „Klausurfallen" aufgezeigt. Damit bietet das Werk ein unentbehrliches Hilfsmittel für die besonders im 2. Staatsexamen so wichtige Klausurpraxis.

Die Autoren RiOLG Raab-Gaudin und VRiLG Dr. Boeckh sind bzw. waren langjährige hauptamtliche Arbeitsgemeinschaftsleiter für Rechtsreferendare sowie Prüfer im Ersten Staatsexamen und konnten so ihre besondere Erfahrung in der Ausbildung des juristischen Nachwuchses in das Werk einbringen. Die Autoren RA Gietl und RA Längsfeld sind gerichtlich und außergerichtlich als Rechtsanwälte tätig und verfügen aufgrund ihrer mehrjährigen Tätigkeit als wissenschaftliche Mitarbeiter der Universität Regensburg über besondere Erfahrung bei der Erstellung und Lösung von Klausuren.

Den Autoren sind konstruktive kritische Anmerkungen jederzeit willkommen.

Regensburg, München und Passau, im Januar 2013
                                                Walter Boeckh
                                                Andreas Gietl
Alexander M. H. Längsfeld
Ursula Raab-Gaudin

Inhalt

Klausur Nr. 1 –	Urteil mit Tatbestand und Nebenentscheidungen	9
	Aktenauszug	9
	Lösungsvorschlag	20
Klausur Nr. 2 –	Vollständiges Endurteil des Landgerichts ohne Tatbestand und Nebenentscheidungen	43
	Aktenauszug	43
	Lösungsvorschlag	54
Klausur Nr. 3 –	Berufungseinlegung und -begründung	70
	Aktenauszug	70
	Lösungsvorschlag	85
Klausur Nr. 4 –	Berufungseinlegung und -begründung (Schriftsatz an das Gericht und Mandantenschreiben)	99
	Sachverhalt	99
	Lösungsvorschlag	108
Klausur Nr. 5 –	Klageerwiderung und Drittwiderklage	128
	Sachverhalt	128
	Lösungsvorschlag	139
Klausur Nr. 6 –	Erstinstanzliches Urteil ohne Tatbestand zur Drittwiderspruchsklage	161
	Aktenauszug	161
	Lösungsvorschlag	172
Klausur Nr. 7 –	Klageschrift (Vollstreckungsgegenklage)	188
	Sachverhalt	188
	Lösungsvorschlag	197
Klausur Nr. 8 –	Gutachten des Notars zur Vertragsgestaltung	221
	Sachverhalt	221
	Lösungsvorschlag	226
Klausur Nr. 9 –	Kautelarkonstellation; Gutachten eines Rechtsanwalts; Gestaltung einer Solidargemeinschaft	254
	Sachverhalt	254
	Lösungsvorschlag	258
Klausur Nr. 10 –	Vollständige Klageschrift an das Landgericht: Negative Feststellungsklage des Testamentsvollstreckers mit Streitverkündung	282
	Sachverhalt	282
	Lösungsvorschlag	287

Inhalt

Klausur Nr. 11 − Einstweiliger Rechtsschutz; Allgemeines Persönlichkeitsrecht / eingerichteter und ausgeübter Gewerbebetrieb 298
    Sachverhalt 298
    Vorüberlegungen 302
    Lösungsvorschlag 303

Klausur Nr. 12 − Beschwerdeentscheidung im FamFG-Verfahren 322
    Aktenauszug 322
    Lösungsvorschlag 331

Klausur Nr. 13 − Vollständige Antragsschrift zum Familiengericht − Stufenantrag zum Unterhalt; einstweilige Anordnung; Vaterschaftsfeststellungsantrag 349
    Sachverhalt 349
    Lösungsvorschlag 352

Literaturverzeichnis 369

Klausur Nr. 1 – Urteil mit Tatbestand und Nebenentscheidungen

Aktenauszug

Auszug aus der Akte bei dem Landgericht München I, Az. 32 O 2341/11

RA Dr. Grantl, ...,
30.12.2011

Zum Verständnis des **Aktenzeichens**: Die „32" bezeichnet die 32. Kammer des Gerichts; das „O" bezeichnet die Verfahrensart „Allgemeine Zivilsachen 1. Instanz, LG";[1] die Ziffern „2341/11" bezeichnen den 2341. Eingang im Jahre (20)11.

| LG München I |
| Eingang: 30.12.2011 |

An das
Landgericht München I, ...,
per Email an: marina.huber@lg-m1.bayern.de

Die Klageschrift wurde offensichtlich per **Email** eingereicht. Gegen welche Normen könnte das verstoßen?

In dem Rechtsstreit

Monika Grundel, ..., München,

– Klägerin –

Prozessbevollmächtigter: RA Dr. Grantl, ...,

gegen

All Finance Bank AG, vertr. dr. d. Vorstand ..., München,

– Beklagte zu 1. –

Die Angabe der Prozessbevollmächtigten der Beklagten ist bei Klageerhebung noch nicht möglich. Anderes gilt, wenn sich deren Anwalt bereits außergerichtlich zur Vertretung bestellt und als zustellungsbefugt angezeigt hat.

Firma „Gold & Geschmeide", Frau Golda Geschmeidig, ..., München,

– Beklagte zu 2. –

zeige ich an, dass ich die Klägerin vertrete. Namens und im Auftrag der Klägerin erhebe ich hiermit

Klage.

In der mündlichen Verhandlung werde ich beantragen:

I. Die Zwangsvollstreckung aus der vollstreckbaren Urkunde des Notars Dr. Berger, München, vom 27.6.2005, Urkundsrollen-Nr. 1234/05, wird für unzulässig erklärt.

II. Die Beklagte zu 2 wird verurteilt, an die Beklagte zu 1. 1.000.000 € zu bezahlen.

Für den Fall eines schriftlichen Vorverfahrens und der nicht rechtzeitigen Verteidigungsanzeige eines der

Eine **Firma** ist kein Rechtssubjekt, sondern nur -objekt. Sie kann daher **nicht verklagt** werden. Richtig hätte hier "Golda Geschmeidig, unter der Firma Gold & Geschmeide" verklagt werden müssen, vgl. § 17 Abs. 2 HGB. Der Sinn der hier gewählten Bezeichnung ist jedoch durch objektive Auslegung des gesamten Inhalts der Klageschrift zu ermitteln.[2]

Anträge zu **Kosten** und **vorläufiger Vollstreckbarkeit** sind nicht notwendig, §§ 308 Abs. 2, 708, 709 ZPO.[3]

Dieser Antrag fußt auf § 331 Abs. 3 ZPO. Es handelt sich dabei um einen bloßen **Prozessantrag**.[4]

---

1 Vgl. *Schönfelder*, Deutsche Gesetze, Anhang Registerzeichen.
2 *Hopt*, in: *Baumbach/Hopt*, 35. Aufl. 2012, § 17 Rn. 45; *Reichold*, in: *Thomas/Putzo*, 33. Aufl. 2012, § 253 Rn. 7.
3 *Seiler*, in: *Thomas/Putzo*, 33. Aufl. 2012, Vorbem §§ 708–720 Rn. 6.
4 *Reichold*, in: *Thomas/Putzo*, 33. Aufl. 2012, § 330 Rn. 2 und § 297 Rn. 2.

Längsfeld

Beklagten <u>beantrage</u> ich bereits hiermit den Erlass eines Versäumnisurteils im schriftlichen Vorverfahren.

Bei Vorliegen der gesetzlichen Voraussetzungen rege ich überdies den Erlass eines Anerkenntnisurteils an.

> Es handelt sich um eine schlichte **Anregung**, denn der Erlass erfolgt von Amts wegen, § 307 ZPO.[5] Da bis zum ZPO-RG[6] mit Wirkung zum 1.1.2002 ein solcher Antrag notwendig war, findet sich dieser Satz auch heute noch oft in Klageschriften.

Begründung

Die der Klage zugrunde liegenden Vorgänge drehen sich allesamt um die Sozietät „Mueller Meier Geier Rechtsanwälte" in München (die „Sozietät"). Die Klägerin ist die Schwester des Partners der Sozietät RA Mueller. Die Beklagte zu 1. ist die Geschäftsbank der Sozietät. Die Beklagte zu 2. ist die Lebensgefährtin des Partners der Sozietät RA Geier.

Im Jahre 2005 plante die Sozietät, einen Standort in Frankfurt a. M. zu eröffnen, um auf diesem für das Finanzierungsgeschäft besonders wichtigen Markt Mandate akquirieren zu können. Da die Sozietät die dafür notwendigen Mittel nicht aufbringen konnte, einigte sie sich mit der Beklagten zu 1. auf einen Darlehensvertrag mit einem Volumen von 3.500.000 €.

> Eine **Anwaltssozietät** verfolgt einen vertraglich definierten **gemeinsamen Zweck** und erfüllt also den **Tatbestand des** § 705 BGB. Es handelt sich danach um eine (Außen-)GbR.[7]

Bei Abschluss des Darlehensvertrages wurde die Sozietät jedoch nicht ordnungsgemäß vertreten. Denn nur wenige Wochen zuvor, das genaue Datum ist der Klägerin nicht bekannt, ist RA Neuer als neuer Partner in die Sozietät aufgenommen worden. Der Darlehensvertrag wurde jedoch nur von den Herren Mueller, Meier und Geier unterzeichnet, die also nicht für die Sozietät vertretungsberechtigt waren.

> Die Klägerin spielt hier offensichtlich auf die §§ 709, 714 BGB an, wonach die Gesellschafter einer GbR im **Zweifel** nur **gemeinschaftlich vertretungsberechtigt** sind.

Beweis: Kopie des Darlehensvertrages vom 21.6.2005 (Anlage K1)

Die Klägerin erklärte sich aufgrund ihrer persönlichen Verbundenheit mit ihrem Bruder, dem RA Mueller, bereit, ihr Grundstück als Sicherheit für das Darlehen der Sozietät zur Verfügung zu stellen. Daher bestellte sie zugunsten der Beklagten zu 1. in einem notariell beurkundeten Formularvertrag eine Grundschuld an ihrem Privatgrundstück in Höhe von 1.000.000 € und unterwarf sich in Ansehung der Grundschuld der sofortigen Zwangsvollstreckung gegen den jeweiligen Grundstückseigentümer. Weiter wurde eine enge Sicherungsvereinbarung getroffen, so dass die Grundschuld lediglich für das genannte Darlehen, nicht aber

> Die **Bank** hat sich hier **vierfach abgesichert**:[8] Sie ist Inhaberin (1) einer Grundschuld, die (2) nach §§ 794 Abs. 1 Nr. 5, 800 ZPO sofort vollstreckbar ist. Die Bank muss den Anspruch aus § 1147 BGB also nicht erst einklagen. Ferner hat die Klägerin (3) ein abstraktes Schuldanerkenntnis nach § 780 BGB abgegeben, das (4) nach § 794 Abs. 1 Nr. 5 ZPO sofort vollstreckbar ist. Das Schuldanerkenntnis dient v. a. dem Vollstreckungszugriff auf das bewegliche Vermögen der Klägerin.

---

5 *Reichold*, in: Thomas/Putzo, 33. Aufl. 2012, § 307 Rn. 11.
6 Gesetz zur Reform des Zivilprozesses v. 27.7.2001, BGBl. I, S. 1887.
7 *Sprau*, in: Palandt, 71. Aufl. 2012, § 705 Rn. 49.
8 Vgl. *Bassenge*, in: Palandt, 71. Aufl. 2012, § 1191 Rn. 2; *Epp*, in: Schimansky/Bunte/Lwowski, BankRHdb, 4. Aufl. 2011, § 94 Rn. 237 ff.

für sonstige zwischen der Sozietät und der Beklagten zu 1. bestehende Forderungen dienen sollte. Darüber hinaus übernahm sie aufgrund desselben Formularvertrages auch die persönliche Haftung für das Darlehen und unterwarf sich auch in Ansehung dieses Anspruchs der sofortigen Zwangsvollstreckung.

Beweis: Urkunde des Notar Dr. Berger, München, vom 27.6.2005, Urkundsrollen-Nr. 1234/05 (Anlage K2)

Die Finanzkrise ab dem Jahr 2007 führte zu einem drastischen Einbruch bei den Finanzierungsgeschäften und damit auch im entsprechenden Beratungssektor. Die Sozietät geriet daraufhin in eine finanzielle Schieflage. Die Beklagte zu 1. kündigte daher unter dem 20.12.2007 den Darlehensvertrag aus wichtigem Grund und stellte das Darlehen fällig. Mit Schreiben vom gleichen Tag kündigte die Beklagte zu 1. die Grundschuld gegenüber der Klägerin. Das zuständige Vollstreckungsgericht hat unter dem 2.11.2011 die Zwangsversteigerung aus der Grundschuld angeordnet. Ferner hat die Beklagte zu 1. die Pfändung des Anteils der Klägerin an einer Familien-Grundstücks-Gesellschaft beantragt.

Die Bank vollstreckt offensichtlich den **Anspruch aus § 1147 BGB** („aus der Grundschuld") im Wege der §§ 866, 869 ZPO, §§ 15 ff. ZVG. Außerdem vollstreckt sie den **Anspruch aus dem Schuldanerkenntnis**. Denn nur mit letzterem kann die Bank auf das sonstige persönliche Vermögen der Klägerin zugreifen, hier in Form der Vollstreckung in Forderungen und andere Vermögensrechte, §§ 828 ff., 859 ZPO.

Ansprüche der Beklagten zu 1. bestehen jedoch nicht: Denn der Darlehensvertrag mit der Sozietät ist bereits nicht wirksam zustande gekommen. Außerdem ist der Rückzahlungsanspruch jedenfalls bereits verjährt. Die Einrede der Verjährung wird hiermit auch ausdrücklich erhoben. Damit steht der Klägerin eine Einrede gegen die Verwertung der Grundschuld zu. Die Übernahme der persönlichen Haftung der Klägerin benachteiligt sie außerdem unangemessen und ist daher unwirksam. Dies gilt ebenfalls in noch stärkerem Maße für die Unterwerfung unter die sofortige Zwangsvollstreckung in Ansehung des Schuldanerkenntnisses.

Die **Einrede** muss nicht ausdrücklich erhoben werden. Es genügt, dass die Partei **hinreichend deutlich** zum Ausdruck bringt, dass sie ein Leistungsverweigerungsrecht aufgrund Zeitablaufs geltend machen möchte, §§ 133, 157 BGB.[9] Der Anwalt ist jedoch stets gehalten, den für seinen Mandanten sichersten Weg zu wählen. Dazu wird er stets ausdrücklich die Verjährungseinrede erheben.

Die Beklagte zu 2. ist eingetragene Kauffrau und betreibt in München mehrere Juweliergeschäfte unter der Firma „Gold & Geschmeide". Die Klägerin hat im Jahre 2008 erfahren, dass sich die Beklagte zu 2. für die Darlehensforderung in Höhe von 2.500.000 € verbürgt hat.

Beweis: Kopie der Bürgschaftsurkunde vom 21.6.2005 (Anlage K3)

Sollte die Klägerin von der Beklagten zu 1. tatsächlich in Anspruch genommen werden können, so muss die

Die Beklagte zu 2. ist e. K. In welcher Hinsicht könnte dies rechtlich erheblich sein? Was soll hier die Anspruchsgrundlage für ein Vorgehen gegen die Beklagte zu 2. sein? Ein Vertrag zwischen der Klägerin und der Beklagten zu 2. liegt jedenfalls nicht vor. Kann die Klägerin außerdem, falls überhaupt, nicht erst nach Zahlung einen Ausgleich verlangen?

---

9 *Grothe*, in: MüKoBGB, 6. Aufl. 2012, § 214 Rn. 4.

Beklagte zu 2. die Ansprüche abwehren. Denn diese haftet streng akzessorisch und ist damit näher an der Hauptforderung als die Klägerin mit ihrer Grundschuld. Außerdem hat sie sich in doppelter Höhe verbürgt, so dass sie auch deswegen die offensichtlich vorrangig in Anspruch zu Nehmende ist.

RA Dr. Grantl

Die <u>Anlage K1</u> hat auszugsweise den folgenden Inhalt:

Darlehensvertrag

Die All Finance Bank AG ("Darlehensgeberin"), vertr. dr. d. Vorstand ... und die Sozietät "Mueller Meier Geier Rechtsanwälte" ("Darlehensnehmerin"), vertr. dr. d. Geschäftsführer Mueller, Meier und Geier, schließen hiermit nachstehenden Darlehensvertrag:

...

gez. Mueller   gez. Meier   gez. Geier

Die <u>Anlage K2</u> hat auszugsweise den folgenden Inhalt:

Urkundsrollen-Nr. 1234/05

Bestellung einer Buchgrundschuld mit Übernahme der persönlichen Haftung und mit Unterwerfung unter die sofortige Zwangsvollstreckung

Heute, den 27.6.2005, erschien vor mir, Notar Dr. Andreas Berger, mit dem Amtssitz in München, Oberanger,

Frau Monika Grundel, ausgewiesen durch Lichtbildausweis

– nachfolgend: Besteller –

I. Eintragungsbewilligung und Eintragungsantrag mit Unterwerfung unter die sofortige Zwangsvollstreckung in das Grundstück:

Nach Unterrichtung über den Grundbuchinhalt werden folgende Erklärungen beurkundet:

Der Besteller bewilligt und beantragt unwiderruflich auf dem in dem Grundbuch ... des Amtsgerichts ... Band ... Blatt ... Flur ... Flurstück ... verzeichnetem Grundstück

– nachstehend: Grundbesitz –

eine Grundschuld von 1.000.000 €, in Worten: Eine Million Euro,

Aktenauszug

für All Finance Bank AG, vetr. dr. d. Vorstand, ...,
– nachstehend: Bank –
wie folgt einzutragen: ...

...

V. Übernahme der persönlichen Haftung mit Unterwerfung unter die sofortige Zwangsvollstreckung in das gesamte Vermögen:

Zugleich übernimmt der Besteller für die Zahlung eines Geldbetrages in Höhe des Grundschuldbetrages und der vereinbarten Grundschuldzinsen die persönliche Haftung, aus der der jeweilige Gläubiger ihn/sie schon vor der Vollstreckung in den Grundbesitz in Anspruch nehmen kann. Mehrere Schuldner haften als Gesamtschuldner. Jeder Schuldner unterwirft sich wegen dieser Haftung der sofortigen Zwangsvollstreckung aus dieser Urkunde in sein gesamtes Vermögen.

...

Die Anlage K3 hat auszugsweise den folgenden Inhalt:

Firma Gold & Geschmeide, Inhaberin Gold Geschmeidig e.K., ...,
21.6.2005, München
An die
All Finance Bank AG
via Fax an: +49 89 123 456 789

Bürgschaft

Hiermit übernehme ich, Gold Geschmeidig, gegenüber der All Finance Bank AG eine Bürgschaft in Höhe von 2.500.000 € für die Verbindlichkeit der Sozietät "Mueller Meier Geier Rechtsanwälte" aus dem Darlehensvertrag vom heutigen Tage.

gez. Gold Geschmeidig
Golda Geschmeidig

Aktenvermerk von JAng Marina Huber, LG München I, 30.12.2011:

Das Sekretariat von RA Dr. Grantl hat angerufen, da das Faxgerät des Gerichts anscheinend nicht funktioniere und sie eine Klageschrift daher nicht übermitteln konnten. Ich habe daher angeboten, dass das Sekretariat den Schriftsatz scannt und mir als PDF-Datei an

Ändert der Ausdruck der übermittelten PDF-Datei etwas an der Beurteilung der Klageerhebung per Email?

Längsfeld

meine dienstliche Email-Adresse (marina.huber@lg-m1.bayern.de) per Email schickt. So wurde verfahren. Die empfangene PDF-Datei habe ich sofort ausgedruckt und wie ein eingegangenes Fax abgeheftet. Dies habe ich dann dem Sekretariat des RA Dr. Grantl telefonisch bestätigt.

Marina Huber

Am 3.1.2012 ist oben stehende Klageschrift per Fax und am 4.1.2012 als unterschriebenes Original bei dem LG München I eingegangen.

Die Klage wurde der Beklagten zu 1. und der Beklagen zu 2. jeweils am 12.1.2012 unter Anberaumung des schriftlichen Vorverfahrens zugestellt. Es wurde jeweils eine Frist von zwei Wochen ab Zustellung zur Anzeige der Verteidigungsbereitschaft und von weiteren zwei Wochen zur schriftlichen Klageerwiderung gesetzt. Die erforderlichen Hinweise gemäß §§ 276, 331, 91, 708 ZPO sind erfolgt.

Jedenfalls mit Eingang eines **unterschriebenen Faxes** ist die Klage **wirksam anhängig** geworden. Der in der Praxis üblichen Nachsendung eines Originals bedarf es darüber hinaus nicht mehr.[10] Ist die Einreichung per Email also überhaupt erheblich?

RAe Hummel & Partner, ...,
25.1.2012

| LG München I |
| Eingang: 25.1.2012 |

LG München I, ...,
per Fax: 089 -5597 2991

In Sachen Grundel ./. 1. All Finance Bank AG, 2. Golda Geschmeidig

Az. 32 O 2341/11

zeigen wir an, dass wir die Beklagte zu 1. vertreten. Die Beklagte will sich gegen die Klage verteidigen. Sie beantragt:

Die Klage wird abgewiesen.

Die Klägerin stützt ihre Klage auf unzutreffende Fakten. Der RA Neuer ist erst zu einem späteren Zeitpunkt

Bei der **Klageerwiderung** genügt die Angabe eines **Kurzrubrums**, damit der Vorgang bei Gericht zugeordnet werden kann.[11]

Die Parteien müssen grundsätzlich nur, aber zumindest, diejenigen **Tatsachen vortragen**, aus denen sie ihnen günstige Rechtsfolgen ableiten wollen.[12]

Hier trägt die Bekl. zu 1. **Rechtsbegriffe** vor („Gesellschafter", „Einzelvertretungsmacht"). Diese ersetzen so sog. „Rechtstatsachen" den dahinter stehenden **Sachvortrag**, wenn die Begriffe ersichtlich **übereinstimmend** verwendet werden, es sich um einen **einfachen Rechtsbegriff** des täglichen Lebens handelt und **keine Anhaltspunkte** für eine **Fehlinterpretation** vorliegen.[13]

---

10 BGH, NJW 1993, 3141; *Greger*, in: Zöller, 29. Aufl. 2012, § 130 Rn. 18c.
11 *Böhme/Fleck/Kroiß*, Formularsammlung, 22. Aufl. 2011, Nr. 8 Anm. 1.
12 *Reichold*, in: Thomas/Putzo, 33. Aufl. 2012, Vorbem § 253 Rn. 35 und Vorbem § 284 Rn. 18.
13 *Reichold*, in: Thomas/Putzo, 33. Aufl. 2012, Vorbem § 253 Rn. 36; *Anders/Gehle*, Assessorexamen im Zivilrecht, 10. Aufl. 2010, Rn. A-31 und A-101; *Oberheim*, Zivilprozessrecht für Referendare, 8. Aufl. 2009, § 8 Rn. 7.

Aktenauszug

in die Sozietät eingetreten. Im Rahmen der laufenden Geschäftsverbindung traten für die Sozietät bis Frühjahr 2006 stets nur die namensgebenden Partner auf. Erst ab dem Sommer 2006 trat auch der RA Neuer gegenüber der Beklagten zu 1. auf. Außerdem haben die Gesellschafter der Sozietät auch eine Einzelvertretungsbefugnis der einzelnen Partner vereinbart, so dass es auf diese Frage gar nicht ankommt. Zuletzt wird die Beklagte zu 1. durch die Gutglaubensregeln geschützt. Denn die Sozietät ist ebenfalls Eigentümerin eines Grundstücks in München. Das Grundbuch wies per 21.6.2005 „Rechtsanwälte Mueller Meier & Geier, Gesellschaft bürgerlichen Rechts, bestehend aus A. Mueller, B. Meier und C. Geier" als Eigentümer aus.

Beweis: Grundbuchauszug bzgl. Grundstück ... (genau bezeichnet)

Dementsprechend ließ sich die Beklagte zu 1. als weitere Sicherheit für das Darlehen eine Grundschuld an dem Grundstück der Sozietät bestellen. Somit gelten nach §§ 899a S. 2, 891 BGB die genannten Gesellschafter zugunsten der Beklagten zu 1. als die tatsächlichen Gesellschafter. Dann muss aber nach §§ 709, 714 BGB auch der Darlehensvertrag sowie alle weiteren Rechtsgeschäfte wirksam zustande gekommen sein.

*Die Funktion des neuen § 899a BGB in Bezug auf Verpflichtungsgeschäfte ist **sehr strittig**.*

Ferner hat der Klägervertreter offensichtlich den Sinn einer abstrakten Sicherheit nicht verstanden. Sie ist gerade *un*abhängig von einem etwaigen Grundgeschäft. Auf einen etwa fehlenden Darlehensvertrag oder auf die Verjährung kann sich die Klägerin daher gerade nicht berufen. Dasselbe gilt auch für das abstrakte Schuldanerkenntnis, das sich die Beklagte zu 1. nicht umsonst bestellen ließ.

Polemik in Schriftsätzen beeindruckt allenfalls den eigenen Mandanten, nicht aber den Richter oder Gegner.

RA Hummel

RA Freiherr zu Hohenhausen, ...,
25.1.2012

> LG München I
> Eingang: 25.1.2012

LG München I, ...,
per Fax: 089 -5597 2991

In Sachen Grundel ./. 1. All Finance Bank AG, 2. Golda Geschmeidig

Az. 32 O 2341/11

zeige ich an, dass ich die Beklagte zu 2. vertrete. Die Beklagte zu 2. wird in der mündlichen Verhandlung folgenden Antrag stellen:

> Die Klage wird abgewiesen.

Die Beklagte zu 2. erhebt die Einrede der Verjährung. Die Beklagte zu 2. wurde von der Beklagten zu 1. aus der Bürgschaft bereits klageweise in Anspruch genommen. Der Vorprozess fand vor dem LG München I unter dem Az. 6 O 3664/10 statt. Das Landgericht hat die damalige Klage aufgrund Verjährung abgewiesen. In seiner Begründung führte es aus:

> „Auf den Bestand des Bürgschaftsvertrags wie auch der Hauptforderung kommt es nicht an, da der Anspruch aus der Bürgschaft jedenfalls verjährt ist. Der Anspruch auf Darlehensrückzahlung ist durch die Kündigung im Jahre 2007 entstanden und verjährte also nach §§ 195, 199 BGB mit Ablauf des Jahres 2010. Zwar hat die Klägerin noch im Jahre 2010 die Einleitung eines Mahnverfahrens in Ansehung der Haupt- und Nebenforderungen beantragt. Als Betreff in dem Mahnantrag hat sie indes lediglich „Bürgschaft" angegeben, wodurch der Streitgegenstand keinesfalls hinreichend bestimmt wurde. Denn weder dem Mahngericht, noch dem erkennenden Gericht ist erkennbar, welche Bürgschaft in welcher Höhe verjährungshemmend geltend gemacht werden sollte. Eine Individualisierung erfolgte erst im Jahre 2011, so dass ein etwaiger Anspruch aus der Bürgschaft bis dahin bereits verjährt war."

Beweis: Beiziehung der Akte des LG München I, Az. 6 O 3664/10

An diese Feststellungen ist auch die Klägerin gebunden. Denn die Frage der Verjährung ist nunmehr rechtskräftig festgestellt. Das gilt insbesondere für einen etwaigen Regress. Andernfalls würde die Verjährung, welche die Beklagte zu 2. ja schützen soll, unzulässig umgangen.

Überdies besteht kein Bürgschaftsvertrag. Er ist bereits nicht wirksam zustande gekommen, die Beklagte zu 2. hat der Beklagten zu 1. lediglich ein Fax der unterschriebenen Bürgschaftsurkunde übermittelt. Das Original verblieb bei den Akten der Beklagten zu 2. Somit ist bereits die Form des § 766 BGB nicht gewahrt.

Die Bürgschaft wurde überdies wirksam widerrufen. Das Widerrufsrecht folgt aus §§ 13, 312, 312d, 355

Die Verjährung eines Anspruchs wird durch die Zustellung eines Mahnbescheides gehemmt, §§ 204 Nr. 3, 209 BGB, §§ 692, 693 Abs. 1 ZPO. Gemäß § 167 ZPO tritt diese Wirkung bereits mit **Einreichung** des Antrags ein, wenn die Zustellung „demnächst" erfolgt.

Der Anspruch muss im Mahnantrag hinreichend bestimmt bezeichnet werden, § 690 Abs. 1 Nr. 3 ZPO.

Grundsätzlich muss der Beweisführer beim Urkundsbeweis nach den §§ 415 ff. ZPO die **Urkunde selbst vorlegen**, § 420 ZPO. Dazu soll sie dem Schriftsatz beigefügt werden, §§ 129, 131 ZPO. Etwas **anderes gilt** hinsichtlich Urkunden, die sich bei **Behörden** befinden, § 432 Abs. 1 ZPO.

Aktenauszug

BGB. Denn die Beklagte zu 2. wurde an ihrem Firmensitz in der Maximilianstraße von ihrem Lebensgefährten Geier während der Verhandlungen der Sozietät mit der Beklagten zu 1. angerufen. Er sagte, dass man von ihr eine Bürgschaft benötige und ob sie denn nicht schnell eine entsprechende Bürgschaft in die Bank faxen könne. Die persönliche Verbindung war der Beklagten zu 1. dabei auch bekannt. Die Widerrufserklärung gegenüber der Beklagten zu 1. hat sie im Rahmen des Vorprozesses unter dem 8.11.2010 erklärt. Zugleich erklärte sie auch die Anfechtung, da sie sich bei Abgabe der Bürgschaftserklärung über die Bonität der Sozietät geirrt hatte. Denn bekanntlich haftet man stets nur für die Verität, nicht jedoch für die Bonität. Zuletzt ist schließlich auch die Geschäftsgrundlage für die Bürgschaft weggefallen, da offensichtlich niemand mit einer solchen Finanzkrise und den resultierenden Liquiditätsproblemen rechnen konnte.

Jedenfalls erhebt die Beklagte zu 2. hiermit die Einrede der Vorausklage. Die Klägerin hat nicht vorgetragen, dass die Beklagte zu 1. bereits erfolglos eine Vollstreckung gegen die Sozietät betrieben hätte.

Zuletzt wird der Klageantrag von keinem denkbaren materiellrechtlichen Anspruch gestützt. Denn es kommt – wie nicht – allenfalls ein Anspruch auf Freistellung in Frage. Diesen könnte die Beklagte zu 2. aber auch durch die Vereinbarung einer Schuldübernahme oder eines Erlasses erfüllen, was ihr bei einer Verurteilung zur Zahlung nicht möglich wäre.

Insoweit ist zu überlegen, ob das Gericht die **Befreiung** als minus zusprechen darf oder ob es sich um ein aliud handelt, das nach § 308 Abs. 1 ZPO nicht zugesprochen werden darf.

RA Freiherr zu Hohenhausen

LG München I
Az. 32 O 2341/11

Protokoll

der öffentlichen Sitzung der 32. Kammer des Landgerichts München I am 6.4.2012

In Sachen Grundel ./. 1. All Finance Bank AG, 2. Golda Geschmeidig

Gegenwärtig: RiLG Schmitz als Vorsitzender
JAng Hofer als Urkundsbeamtin der Geschäftsstelle

Erschienen nach Aufruf der Sache:

für die Klägerin: RA Dr. Grantl sowie die Klägerin
für die Beklagte zu 1.: RA Hummel

Längsfeld

für die Beklagte zu 2.: RA Freiherr zu Hohenhausen sowie die Bekl. zu 2.

Das Gericht führt in den Sach- und Streitstand ein. Eine gütliche Einigung scheitert.

Es wird in die mündliche Verhandlung eingetreten.

Der Klägervertreter beantragt unter Änderung und Erweiterung der Anträge aus der Klageschrift:

I. Die Zwangsvollstreckung aus der vollstreckbaren Urkunde des Notars Dr. Berger, München, vom 27.6.2005, Urkundsrollen-Nr. 1234/05, wird für unzulässig erklärt.

II. Es wird festgestellt, dass der Beklagten zu 1. aufgrund der Urkunde des Notars Dr. Berger vom 27.6.2005, Urkundsrollen-Nr. 1234/05 keine Ansprüche gegenüber der Klägerin zustehen.

III. Die Beklagte zu 2. wird verurteilt, die Klägerin von der Inanspruchnahme aus der Grundschuld, eingetragen in Abteilung III. unter lfd. Nr. ... des Grundstücks Band ... Blatt ... des Grundbuchs des Amtsgerichts ..., in Höhe von 1.000.000 € gegenüber der Beklagten zu 1. freizustellen.

Der Beklagtenvertreter zu 1. verwahrt sich gegen den Antrag in Ziffer II. Dieser war nicht Gegenstand der Klageschrift, zu ihm wurde nicht geladen und es kann also nicht über ihn entschieden werden. Im Übrigen beantragt er Klageabweisung.

Der Beklagtenvertreter zu 2. rügt die Unzulässigkeit der Klageänderung in Ansehung des Antrags in Ziffer III. Er ist der Ansicht, dass daher nach wie vor der ursprüngliche Klageantrag aus der Klageschrift maßgeblich ist und beantragt insoweit Klageabweisung.

Es wird in die Beweisaufnahme eingetreten. Dazu werden die Anlagen K1 (Darlehensvertrag) und K3 (Bürgschaftserklärung) zum Schriftsatz der Klägerin vom 30.12.2011 durch Einsichtnahme zum Gegenstand der mündlichen Verhandlung gemacht.

Die Parteien verhandeln streitig zum Ergebnis der Beweisaufnahme.

Die Klägerin ist im Hinblick auf den Antrag in Ziffer III. der Ansicht, dass insofern gar keine Klageänderung vorliege, da sich der Streitgegenstand nicht verändert habe. Auf eine Einwilligung der Beklagten zu 2. kom-

Maßgeblich sind grundsätzlich nur die **zuletzt gestellten Anträge**. Etwas anderes kann sich jedoch ergeben, wenn die Erweiterung oder Änderung unzulässig ist.

Die Klägerin verfolgt eine unglückliche Taktik: Denn beide Klagen können nicht gleichzeitig erfolgreich sein. Wenn sie der Bekl. zu 1. nichts schuldet, kann sie nämlich auch nicht gegen die Bekl. zu 2. regredieren. Daher hätte hier eine Streitverkündung mehr Sinn gemacht.

Durch diese **Rüge** haben die Beklagten verhindert, dass eine **rügelose Einlassung** auf die Klageänderung erfolgte, § 267 ZPO. Es ist insbesondere nötig, die Rüge vor dem Antrag auf Klageabweisung zu erheben, da letzter ein Verhandeln zur Sache im Sinne des § 267 ZPO darstellt.[14]

Die Beweisaufnahme über den gedanklichen Inhalt von Urkunden erfolgt im Wege der **Einsichtnahme**. Ist Beweisgegenstand die äußere Beschaffenheit, erfolgt eine **Inaugenscheinnahme**.[15]

---

14 *Reichold*, in: *Thomas/Putzo*, 33. Aufl. 2012, § 267 Rn. 1 und *Hüßtege*, ebd., § 39 Rn. 7.
15 Vgl. *Reichold*, in: *Thomas/Putzo*, 33. Aufl. 2012, Vorbem § 415 Rn. 1 und 4, Vorbem § 371 Rn. 1.

me es daher nicht an. Sie ist weiter der Ansicht, dass die Beklagte zu 1. für den Gesellschafterwechsel zumindest die sekundäre Darlegungslast trifft. Sie müsse daher schon Zeugen für das Auftreten der Sozietät benennen. Jedenfalls benennt die Klägerin hiermit RA Neuer als Zeugen dafür, dass er tatsächlich schon früher, vor dem 21.6.2005, Gesellschafter geworden ist. Dieser hält sich zwar seit dem Frühjahr zu einem LL.M.-Studium in Kapstadt, Südafrika, auf. Sie wollte mit seiner Benennung jedoch abwarten, wie sich der Prozess entwickeln würde. Überdies wird der damalige Grundbuchstand im Hinblick auf die Sozietät bestritten. Die Klägerin bestreitet mit Nichtwissen, dass der Beklagten zu 1. die persönliche Beziehung der Beklagten zu 2. bekannt gewesen sei.

Die Beklagte zu 2. beruft sich auf die negative Formulierung des § 13 BGB, wonach von einem Verbraucherhandeln auszugehen ist.

Die mündliche Verhandlung wird geschlossen.

Es ergeht folgender

Der Schluss der mündlichen Verhandlung ist der maßgebliche Zeitpunkt für das Vorliegen bzw. den Vortrag aller Tatsachen, die zur Prüfung von Zulässigkeit und Begründetheit notwendig sind, vgl §§ 296a. 283 ZPO.

Beschluss

Termin zur Verkündung einer Entscheidung wird bestimmt auf ... im Sitzungssaal ....

Bearbeitervermerk

Die Entscheidung des Landgerichts ist zu entwerfen.

Der Entwurf des Streitwertbeschlusses (§ 63 Abs. 2 GKG) ist erlassen.

Alle etwa erforderlichen Hinweise wurden erteilt.

Soweit Auslassungszeichen angegeben sind oder die Anlagen zu den Schriftsätzen nicht abgedruckt sind, enthalten diese Teile keine für die Bearbeitung relevanten Angaben.

Soweit ein Eingehen auf alle aufgeworfenen Rechtsfragen nicht erforderlich erscheint, sind diese in einem Hilfsgutachten zu erörtern.

Lösungsvorschlag

Landgericht München I
Az. 32 O 2341/11

Im Namen des Volkes

In dem Rechtsstreit

Monika Grundel, ...,

– Klägerin –

Prozessbevollmächtigter: RA Dr. Grantl, ...,

gegen

All Finance Bank AG, vetr. dr. d. Vorstand ..., ...,

– Beklagte zu 1. –

Prozessbevollmächtigte: RA Hummel & Partner, ...,

Golda Geschmeidig unter der Firma „Gold & Geschmeide", ...,

– Beklagte zu 2. -

Prozessbevollmächtigter: RA Freiherr zu Hohenhausen

wegen Unzulässigkeit der Zwangsvollstreckung und Mitwirkung bei Befriedigung

erlässt das Landgericht München I, 32. Zivilkammer, durch Richter am Landgericht Schmitz aufgrund der mündlichen Verhandlung vom 6.4.2012 folgendes

Zum Aufbau des Rubrums vgl. Böhme/Fleck/Kroiß, Muster Nr. 12 und Thomas/Putzo, § 313 Rn. 2–7a.

Endurteil

I. Die Zwangsvollstreckung der Beklagten zu 1. aus Ziffer V. der vollstreckbaren Urkunde des Notars Dr. Berger, München, vom 27.6.2005, Urkundsrollen-Nr. 1234/05, wird für unzulässig erklärt.

II. Es wird festgestellt, dass der Beklagten zu 1. aufgrund Ziffer V. der Urkunde des Notars Dr. Berger vom 27.6.2005, Urkundsrollen-Nr. 1234/05 keine Ansprüche gegenüber der Klägerin zustehen.

III. Die Beklagte zu 2. wird verurteilt, die Klägerin von der Inanspruchnahme aus der Grundschuld, eingetragen in Abteilung III. unter lfd. Nr. ... des Grundstücks Band ... Blatt ... des Grundbuchs des Amtsgerichts ..., in Höhe von 714.000 € gegenüber der Beklagten zu 1. freizustellen.

IV. Im Übrigen werden die Klagen abgewiesen.

Zur Tenorierung vgl. Thomas/Putzo, § 313 Rn. 8–11.

Ziffer I. nimmt dem Titel (teilweise) die Vollstreckbarkeit. Zur Tenorierung im Falle des § 767 ZPO vgl. Thomas/Putzo, § 767 Rn. 12.

Ziffer II. stellt das Nichtbestehen eines materiellrechtlichen Zahlungsanspruchs rechtskräftig fest.

Der Befreiungsanspruch wird im Wege des § 887 ZPO, also im Wege der Ersatzvornahme auf Kosten des Schuldners, vollstreckt.[16]

Die Abweisung „im Übrigen" wird oft vergessen.

---

16 BGH, NJW 1958, 497; WM 2006, 2139 (2140).

Lösungsvorschlag

V. Von den Gerichtskosten und den außergerichtlichen Kosten der Klägerin haben die Klägerin 31 %, die Beklagte zu 1. 33 % und die Beklagte zu 2. 36 % zu tragen. Von den außergerichtlichen Kosten der Beklagten zu 1. hat die Klägerin 33 %, von denen der Beklagten zu 2. 29 % zu tragen. Im Übrigen haben die Parteien ihre außergerichtlichen Kosten selbst zu tragen.

Es handelt sich um die berüchtigte „Baumbach'sche" Kostenformel.[17] Nähere Informationen zur Herleitung der Kostenentscheidung unter Nr. 5 des Hilfsgutachtens.

VI. Das Urteil ist für die Klägerin in Ziffer I. vorläufig vollstreckbar gegen Sicherheitsleistung in Höhe von 1.100.000 €. In Ziffer III. ist das Urteil für die Klägerin vollstreckbar gegen Sicherheitsleistung in Höhe von 800.000 €. In Ziffer V. ist es vorläufig vollstreckbar gegen Sicherheitsleistung in Höhe von 110 % des jeweils zu vollstreckenden Betrages.

Bei Ziff. I. handelt es sich nicht um einen Zahlungsanspruch, so dass § 709 S. 2 ZPO nicht greift. Die Feststellung in Ziff. II. hat keinen vollstreckungsfähigen Inhalt und ist daher nicht zu erwähnen.

Nähere Informationen zur v.V. unter Nr. 6 des Hilfsgutachtens.

Tatbestand

Die Klägerin wehrt sich gegen die Inanspruchnahme aus einer vollstreckbaren Urkunde in Ansehung einer Grundschuld und einer persönlichen Forderung durch die Beklagte zu 1. Von der Beklagten zu 2. verlangt sie die Mitwirkung bei der Befriedigung der Ansprüche der Beklagten zu 1.

Zum Aufbau des Tatbestandes vgl. Thomas/Putzo, § 313 Rn. 12–25 sowie Böhme/Fleck/Kroiß, Muster Nr. 12.

Die Klägerin bestellte unter dem 27.6.2005 für eine Darlehensschuld der Sozietät „Mueller Meier Geier Rechtsanwälte" gegenüber der Beklagten zu 1. in einer notariellen Urkunde eine Grundschuld, unterwarf sich insoweit der sofortigen Zwangsvollstreckung und übernahm in Ziffer V. die persönliche Haftung für den Grundschuldbetrag. Auch insoweit hat sie sich der sofortigen Zwangsvollstreckung unterworfen. Der entsprechende Darlehensvertrag datiert vom 21.6.2005 und ist von Mueller, Meier und Geier im Namen der Sozietät unterschrieben.

Zum Aufbau des unstreitigen Sachverhalts vgl. Thomas/Putzo, § 313 Rn. 16 f.

Wenn es auf die genaue Auslegung der notariellen Urkunde ankäme, müssten die relevanten Passagen im Wortlaut wiedergegeben werden. Die Auslegung würde dann in den Entscheidungsgründen erfolgen.

Die Beklagte zu 2. verbürgte sich für dieselbe Darlehensschuld der Sozietät in Höhe von 2.500.000 €. Die Beklagte zu 1. kündigte das Darlehen unter dem 20.12.2007. Unter dem 8.11.2010 schrieb die Beklagte zu 2. der Beklagten zu 1., dass sie sich an die Bürgschaft nicht mehr gebunden fühle.

Am 2.11.2011 erwirkte die Beklagte zu 1. die Anordnung der Zwangsversteigerung des Grundstücks der Klägerin aus der Grundschuld. Ferner beantragte sie

---

17 *Hüßtege*, in: *Thomas/Putzo*, 33. Aufl. 2012, § 100 Rn. 15–19; *Böhme/Fleck/Kroiß*, Formularsammlung, 22. Aufl. 2011, Nr. 12 Anm. 2. B. d).

Längsfeld

die Pfändung von Anteilen der Klägerin an einer Familien-Grundstücksgesellschaft.

Die Klägerin hat gegenüber der Inanspruchnahme durch die Beklagte zu 1. die Einrede der Verjährung erhoben. Die Beklagte zu 2. hat sich gegenüber der Inanspruchnahme durch die Klägerin ebenfalls auf Verjährung berufen. Außerdem hat sie unter dem 8.11.2010 den Widerruf sowie die Anfechtung des Bürgschaftsvertrags erklärt.

Die Klägerin trägt vor, dass zum Zeitpunkt des Abschlusses des Darlehensvertrages RA Neuer als Gesellschafter beigetreten gewesen sei. Die Klägerin ist daher der Meinung, dass die übrigen Gesellschafter die Sozietät nicht wirksam vertreten konnten und der Darlehensvertrag mit der Sozietät nicht wirksam abgeschlossen worden sei.

Zur Darstellung des streitigen Klägervortrags vgl. Thomas/Putzo, § 313 Rn. 18. Die Rechtstatsachen (vgl. o.) sind als Sachvortrag darzustellen, da sie die entsprechenden Tatsachenbehauptungen ersetzen.

Das präkludierte Beweisangebot (RA Neuer) ist nicht unerledigt, so dass es hier zu erwähnen wäre. Die Darstellung erfolgt vielmehr in der Prozessgeschichte.[18]

Sie ist ferner der Ansicht, dass sie durch die Übernahme der persönlichen Haftung in der Grundschuldbestellung unangemessen benachteiligt werde. Ferner hafte die Beklagte zu 2. vorrangig und müsse daher die Ansprüche der Beklagten zu 1. abwehren. Schließlich sei die Darlehensforderung verjährt, so dass sie, die Klägerin, eine Einrede gegen die Verwertung der Grundschuld habe.

Die Klägerin beantragt zuletzt:

I. Die Zwangsvollstreckung aus der vollstreckbaren Urkunde des Notars Dr. Berger, München, vom 27.6.2005, Urkundsrollen-Nr. 1234/05, wird für unzulässig erklärt.

II. Es wird festgestellt, dass der Beklagten zu 1. aufgrund der Urkunde des Notars Dr. Berger vom 27.6.2005, Urkundsrollen-Nr. 1234/05 keine Ansprüche gegenüber der Klägerin zustehen.

III. Die Beklagte zu 2. wird verurteilt, die Klägerin von der Inanspruchnahme aus der Grundschuld, eingetragen in Abteilung III. unter lfd. Nr. ... des Grundstücks Band ... Blatt ... des Grundbuchs des Amtsgerichts ..., in Höhe von 1.000.000 € gegenüber der Beklagten zu 1. freizustellen.

Die ursprünglichen Klageanträge werden nicht erwähnt, da das Gericht die Klageänderung für zulässig hält,[19] vgl. unten zur Prozessgeschichte.

Die Beklagte zu 1. beantragt:

Die Klage wird abgewiesen.

---

18 *Anders/Gehle*, Assessorexamen im Zivilrecht, 10. Aufl. 2010, Rn. I-10.
19 *Reichold*, in: *Thomas/Putzo*, 33. Aufl. 2012, § 313 Rn. 19; *Oberheim*, Zivilprozessrecht für Referendare, 8. Aufl. 2009, § 8 Rn. 28.

Lösungsvorschlag

Sie trägt vor, dass die Sozietät bis Frühjahr 2006 nur durch die drei namensgebenden Gesellschafter aufgetreten sei. RA Neuer sei im Sommer 2006 das erste Mal ihr gegenüber aufgetreten. Ferner habe die Sozietät eine Einzelvertretungsbefugnis vereinbart. Weiter sei seinerzeit die Sozietät, „bestehend aus Mueller, Meier und Geier" als Eigentümerin im Grundbuch eingetragen gewesen (Beweis: Grundbuchauszug).

Sie ist der Ansicht, dass ein Fehlen des Darlehensvertrags nicht auf die abstrakten Sicherheiten durchschlage. Ihr guter Glaube an die Vertretungsmacht werde weiter von dem Grundbuch geschützt.

Die Beklagte zu 2. beantragt:
Die Klage wird abgewiesen.

Sie trägt vor, dass sie die Bürgschaft lediglich aus persönlichen Motiven, einer Partnerschaft zu RA Geier, abgegeben habe. Sie habe dabei nicht in Ausübung ihres Gewerbes gehandelt. Der Beklagten zu 1. sei dies auch bekannt gewesen.

Sie ist der Ansicht, dass ihre Eigenschaft als Verbraucher von Gesetzes wegen vermutet werde. Daher sei ihr Widerruf wirksam. Jedenfalls sei die Bürgschaftsforderung verjährt. Zuletzt sei zumindest die Geschäftsgrundlage für die Bürgschaft in Wegfall geraten.

Die Klägerin hat die Klage unter dem 30.12.2011 unterschrieben, eingescannt und als PDF-Datei an die Geschäftsstelle geschickt, da das Fax-Gerät nicht funktionierte. Dies hatte sie zuvor telefonisch mit der Geschäftsstelle abgeklärt. Dort wurde die PDF-Datei ausgedruckt und wie üblich abgeheftet. In der mündlichen Verhandlung hat das Gericht Beweis erhoben durch Einsichtnahme in den Darlehensvertrag und der Bürgschaftsurkunde. In der mündlichen Verhandlung hat die Klägerin weiter Zeugnis des RA Neuer für seine damalige Eigenschaft als Gesellschafter angeboten. RA Neuer befindet sich seit dem Frühjahr und auf absehbare Zeit in Kapstadt, Südafrika. Die Klägerin wollte den Verlauf des Prozesses abwarten, bevor sie diesen Beweis anbietet. Wegen des Ergebnisses der Beweisaufnahme wird auf das Protokoll der mündlichen

Ob unerledigte Beweisangebote in Klammern hinter der streitigen Behauptung aufzuführen sind, ist umstritten.[20] Erforderlich ist dies nicht, da sie nach § 529 Abs. 1 Nr. 1 ZPO und mangels einer negativen Beweiskraft des Tatbestandes ohne Weiteres zum Prozessstoff der Berufungsinstanz gehören.[21]

Zur Darstellung der Prozessgeschichte vgl. Thomas/Putzo, § 313 Rn. 22.

Die ursprünglichen Klageanträge wurden nicht erwähnt, da sie sich durch die zulässigen Klageänderungen überholt haben. Denn die Einordnung unter § 264 ZPO oder die Zulassung als sachdienlich nach § 263 ZPO sind mit Rechtsmitteln nicht mehr überprüfbar, § 268 ZPO. Anderes gilt bei der Nichtzulassung einer Klageänderung.

---

20 Dafür *Reichold*, in: Thomas/Putzo, 33. Aufl. 2012, § 313 Rn. 20; *Oberheim*, Zivilprozessrecht für Referendare, 8. Aufl. 2009, § 8 Rn. 21.
21 *Anders/Gehle*, Assessorexamen im Zivilrecht, 10. Aufl. 2011, Rn. A-55.

Verhandlung Bezug genommen. Im Übrigen wird auf die Schriftsätze der Parteien vom 30.12.2011, 25.1.2012 und 25.1.2012 sowie den übrigen Inhalt der Akte verwiesen.

Entscheidungsgründe

Die Klagen sind zulässig und in dem aus dem Tenor ersichtlichen Umfang begründet.

A. Maßgeblich sind die von der Klägerin in der mündlichen Verhandlung gestellten Anträge.

I. Die Erhebung des neuen Antrags zu II. ist zulässig. Die Klageerweiterung ist gemäß § 264 Nr. 2 ZPO privilegiert zulässig. Danach darf der Kläger seinen Antrag ändern, solange er sich auf den gleichen Lebenssachverhalt stützt,[24] was hier der Fall ist.

II. Die Änderung des Antrags zu III. ist ebenfalls zulässig. Entgegen der Ansicht der Klägerin liegt hier zwar eine Klageänderung vor. Denn Aufgrund des neuen Antrags ändert sich der Streitgegenstand, der sich nach der herrschenden Ansicht aus Antrag und Lebenssachverhalt zusammensetzt.[27] Sie ist jedoch ebenfalls nach § 264 Nr. 2 ZPO privilegiert zulässig, da Zahlungs- und Befreiungsanspruch lediglich unterschiedliche Ausflüsse eines einheitlichen Anspruchs sind.[28]

B. Die Klage gegen die Beklagte zu 1. ist zulässig.

I. Die statthafte Klageart für den Antrag zu I. ist die Vollstreckungsgegenklage nach §§ 795 S. 1, 767 ZPO. Denn die Klägerin macht materielle Einwendungen geltend, die einer Vollstreckung aus der nach § 794 Abs. 1 Nr. 5 ZPO vollstreckbaren Urkunde entgegenstehen sollen.

Die **ordnungsgemäße Klageerhebung** ist nicht zu problematisieren, da **jedenfalls** das **Fax** die Form des § 130 Nr. 6 ZPO wahrt. Anders bei der Verjährung, vgl. F.VIII.2.

Die **Auslegung** von **Klageanträgen** hat bereits **vor der Zulässigkeit** zu erfolgen, da sie ggf. die Zulässigkeitsvoraussetzungen beeinflussen.[22] Dazu gehört **auch** die Prüfung einer **Klageänderung**.[23]

Fälle des § 264 Nr. 1 ZPO sind **keine** Klageänderungen; Fälle der § 264 Nr. 2 und 3 ZPO sind **gesetzlich privilegierte** Klageänderungen, für die weder Zustimmung noch Sachdienlichkeit zu prüfen sind.[25] Der nach der hM auf Klagebeschränkungen zusätzlich anzuwendende § 269 Abs. 1 ZPO führt hier zu keinem Zustimmungserfordernis, da zuvor noch kein Antrag in mündlicher Verhandlung gestellt worden war.[26]

Es handelt sich **hier nicht** um die sog. **Gestaltungsklage** analog § 767 ZPO. Diese ist statthaft, wenn die **Titulierung** aus formellen (zB § 794 Abs. 1 Nr. 5 ZPO) oder materiellen (zB § 307 BGB) Gründen **nichtig** ist.[29] Hier macht die Klägerin aber geltend, dass (sogar) der **materiellrechtliche Anspruch** nicht besteht. Dies ist die direkte Anwendung von § 767 ZPO.

---

22 *Anders/Gehle*, Assessorexamen im Zivilrecht, 10. Aufl. 2011, Rn. A-77.
23 *Anders/Gehle*, Assessorexamen im Zivilrecht, 10. Aufl. 2011, Rn. A-79; *Oberheim*, Zivilprozessrecht für Referendare, 8. Aufl. 2009, § 9 Rn. 22; **aA** wohl *Knöringer*, Assessorklausur im Zivilprozess, 13. Aufl. 2010, § 9 Rn. 7.
24 *Schellhammer*, Zivilprozess, 10. Aufl. 2010, Rn. 1667; *Greger*, in: Zöller, 29. Aufl. 2012, § 264 Rn. 3.
25 *Reichold*, in: Thomas/Putzo, 33. Aufl. 2012, § 264 Rn. 1.
26 *Reichold*, in: Thomas/Putzo, 33. Aufl. 2012, § 264 Rn. 6 und § 269 Rn. 9.
27 *Reichold*, in: Thomas/Putzo, 33. Aufl. 2012, Einl II Rn. 15.
28 BGH, NJW 1994, 944 (945); *Reichold*, in: Thomas/Putzo, 33. Aufl. 2012, § 264 Rn. 4.
29 *Seiler*, in: Thomas/Putzo, 33. Aufl. 2012, § 767 Rn. 8a; *Lackmann*, Zwangsvollstreckungsrecht, 9. Aufl. 2010, Rn. 534a.

Lösungsvorschlag

II. Dem Antrag zu I. fehlt auch nicht das Rechtsschutzbedürfnis. Die Beklagte zu 1. hat bereits die Anordnung der Zwangsversteigerung über das Grundstück der Klägerin erwirkt und die Pfändung von Gesellschaftsanteilen beantragt. Die Zwangsvollstreckung ist auch noch nicht beendet.

III. Das Gericht ist nach § 1 ZPO, §§ 23, 71 Abs. 1 GVG sachlich und nach §§ 795 S. 1, 797 Abs. 5, 800 Abs. 3, 802 ZPO örtlich ausschließlich für den Antrag zu I. zuständig.

§ 797 Abs. 5 ZPO regelt nur die örtliche Zuständigkeit. Die sachliche Zuständigkeit folgt aus den allgemeinen Normen.[30]

IV. Der Antrag zu II. ist als negative Feststellungsklage gemäß § 256 Abs. 1 ZPO statthaft. Denn die Klägerin begehrt die Feststellung, dass sich aus einem konkreten Sachverhalt, hier der Urkunde vom 27.6.2005, kein Zahlungsanpruch ergibt.

Ob man die Anträge zu I. und II. in einer Zulässigkeitsprüfung zusammenfasst, ist eine reine Geschmacksfrage. Jedenfalls müssen die Prozessvoraussetzungen in Ansehung eines jeden Antrags – zumindest gedanklich – geprüft werden.[31]

V. Auf ein Feststellungsinteresse im Sinne des § 256 Abs. 1 ZPO kommt es nicht an, da es sich um eine Zwischenfeststellungsklage nach § 256 Abs. 2 ZPO handelt. Deren Erhebung ist zulässig, wenn der Gegenstand der begehrten Feststellung vorgreiflich für die Entscheidung über die (Haupt-) Klage ist. Das ist hier der Fall, da die materiellrechtlichen Einwendungen der Klägerin im Rahmen des Antrags zu I. geprüft werden müssen.

VI. Die Zuständigkeit des Gerichts für den Antrag zu II. leitet sich aus derjenigen für den Antrag zu I. ab.

C. Die Klage gegen die Beklagte zu 2. ist zulässig.

I. Die Klage ist als allgemeine Leistungsklage statthaft. Der nunmehr gültige Antrag entspricht dem Inhalt des materiellrechtlichen Befreiungsanspruchs, den die Klägerin geltend macht.

Die Prüfung der **Zulässigkeit** sollte **nach Beklagten** getrennt erfolgen.[32] Dieser Punkt wäre an sich nicht zu erörtern. Er wurde nur für den Fall aufgenommen, dass Bearbeiter Zweifel an der statthaften Klageart haben sollten.

II. Die Zuständigkeit des Gerichts für den Antrag zu III. folgt aus §§ 12, 13 ZPO, da die Beklagte zu 2. ihren Wohnsitz in München hat.

D. Die Beklagten dürfen als Streitgenossen verklagt werden, §§ 59, 60 ZPO. Denn die Klagen stützen sich im Hinblick auf eine Vorfrage – die wirksame Darlehensschuld der Sozietät – auf einen identischen tatsächlichen und rechtlichen Grund im Sinne des § 59

Die Prüfung der **§§ 59, 60 ZPO** gehört **nicht** zur **Zulässigkeit** der Klagen. Denn bei Unzulässigkeit der Streitgenossenschaft werden die Klagen nicht abgewiesen, sondern nach § 145 ZPO getrennt.[33] Das gleiche gilt für § 260 ZPO.[34]
Ein anderes Ergebnis im Hinblick auf § 59 ZPO ist mit Verweis auf den entgegenstehenden Wortlaut sehr gut vertretbar. Dann müsste der Bearbeiter aber noch überlegen, ob eine in seinem Ermessen stehende Verbindung nach § 147 ZPO nahe liegt.[35] Zuletzt erscheint der Erlass eines Trennungsbeschlusses klausurtaktisch nicht sinnvoll.

---

30 *Stöber*, in: *Zöller*, 29. Aufl. 2012, § 797 Rn. 23; *Lippross*, Vollstreckungsrecht, 10. Aufl. 2011, Rn. 689.
31 *Reichold*, in: *Thomas/Putzo*, 33. Aufl. 2012, § 260 Rn. 11.
32 *Hüßtege*, in: *Thomas/Putzo*, 33. Aufl. 2012, §§ 59, 60 Rn. 7.
33 *Hüßtege*, in: *Thomas/Putzo*, 33. Aufl. 2012, §§ 59, 60 Rn. 7.
34 *Reichold*, in: *Thomas/Putzo*, 33. Aufl. 2012, § 260 Rn. 11 f.
35 *Vollkommer*, in: *Zöller*, ZPO, 28. Aufl. 2010, §§ 59, 60 Rn. 8; *Weth*, in: *Musielak*, 9. Aufl. 2012, §§ 59, 60 Rn. 13.

Alt. 2 ZPO. Dies betrifft die tatsächliche Frage, ob und wann der RA Neuer in die Sozietät eingetreten ist und die rechtliche Frage, ob § 899a BGB auf den Darlehensvertrag Anwendung findet. Die bloße Identität hinsichtlich eines präjudiziellen Rechtsverhältnisses ist insoweit auch hinreichend.[36] Dagegen spricht auch nicht, dass die Klägerin gegenüber der Beklagten zu 1. verpflichtet, gegenüber der Beklagten zu 2. jedoch berechtigt ist. Zwar lässt sich dies nicht ohne Weiteres unter den Wortlaut des § 59 ZPO subsumieren. Die §§ 59, 60 ZPO werden von der herrschenden Ansicht jedoch sehr weit ausgelegt und bereits bejaht, wenn die gemeinsame Verhandlung prozessökonomisch sinnvoll ist und berechtigte Belange der anderen Parteien nicht beeinträchtigt werden.[37] Das ist in Ansehung der genannten Vorfrage der Fall. Entgegenstehende Belange der Beklagten sind nicht ersichtlich und wurden von den Beklagten auch nicht durch Rüge erhoben. Ferner durften auch die Anträge gegenüber der Beklagten zu 1. in einem Verfahren geltend gemacht werden, da die Voraussetzungen des § 260 ZPO vorliegen.

E. Die Klagen gegen die Beklagte zu 1. sind teilweise begründet.

I. Die Klage ist begründet, soweit die Klägerin Einwendungen gegen die Übernahme der persönlichen Haftung erhebt. Denn die Vollstreckungsgegenklage nach §§ 795 S. 1, 767 ZPO ist begründet, wenn dem Kläger eine materiellrechtliche Einwendung zusteht, welche die Wirkung hat, dass der titulierte Anspruch nicht mehr oder nur noch eingeschränkt geltend gemacht werden darf.[38] Das ist hier in Bezug auf die Übernahme der persönlichen Haftung in Ziffer V. der Grundschuldbestellung der Fall, da sie wegen Verstoßes gegen die wesentlichen Grundgedanken der gesetzlichen Regelungen unwirksam ist, § 307 Abs. 1 S. 1, Abs. 2 Nr. 1 BGB.

> Bei einer Klage aus § 767 ZPO gegen ein **Endurteil** ist im Obersatz zur Begründetheit noch auf die **Präklusion** gem. § 767 Abs. 2 ZPO zu achten. Hier kommt es wegen § **797 Abs. 4** ZPO nicht auf die Präklusion an.

---

36 *Hüßtege*, in: *Thomas/Putzo*, ZPO, 33. Aufl. 2012, §§ 59, 60 Rn. 3; *Vollkommer*, in: *Zöller*, ZPO, 28. Aufl. 2010, §§ 59, 60 Rn. 6; *Hartmann*, in: *Baumbach/Lauterbach*, ZPO, 70. Aufl. 2012, § 59 Rn. 7; *BAG*, Urteil v. 19.3.1992–2 AZR 396/91 Rn. 16.
37 *BGH*, NJW-RR 2011, 1137 (1138); *BayObLG*, MDR 1999, 807 (807 f.); *Hüßtege*, in: *Thomas/Putzo*, ZPO, 33. Aufl. 2012, §§ 59, 60 Rn. 1; *Vollkommer*, in: *Zöller*, ZPO, 28. Aufl. 2010, §§ 59, 60 Rn. 4; *Hartmann*, in: *Baumbach/Lauterbach*, ZPO, 70. Aufl. 2012, § 59 Rn. 7.
38 *Lackmann*, Zwangsvollstreckungsrecht, 9. Aufl. 2010, Rn. 510.
39 *Reichold*, in: *Thomas/Putzo*, 33. Aufl. 2012, § 138 Rn. 18 und § 288 Rn. 5.

Lösungsvorschlag

1. Bei der Grundschuldbestellung handelt es sich um allgemeine Geschäftsbedingungen im Sinne des § 305 Abs. 1 BGB. Denn nach dem unwidersprochenen Vortrag der Klägerin handelte es sich bei der Bestellungsurkunde um ein Formular, das also vorformuliert war. Das „Stellen" des Formulars durch die Beklagte zu 1. wird gemäß § 310 Abs. 3 Nr. 1 BGB fingiert, da es sich um einen Verbrauchervertrag handelt.

Die Bekl. zu 1. hatte hier **nicht bestritten**, dass es sich um ein Formular handelte, so dass dies nach **§ 138 Abs. 3 ZPO** zur **Fiktion eines Geständnisses** führt. Somit ist die Tatsache nicht beweisbedürftig und ungeprüft als wahr zu behandeln.[39]

2. Die Übernahme der persönlichen Haftung benachteiligt die Klägerin unangemessen, da sie von den Grundgedanken der gesetzlichen Regelung abweicht, § 307 Abs. 1 S. 1, Abs. 2 Nr. 1 BGB. Denn der wesentliche Grundgedanke der gesetzlichen Regelung der Grundschuld liegt in einer dinglichen Verhaftung des Grundstücks. Eine Übernahme der persönlichen Haftung des Grundschuldbestellers, der nicht zugleich Schuldner der gesicherten Forderung ist, gehört gerade nicht zu der Ausgestaltung der Grundpfandrechte. Sonach liegt hierin eine den Grundgedanken der Grundschuldregelung zuwider laufende unangemessene Haftungserweiterung vor.[40]

Auf die Frage, ob nach Verjährung der gesicherten Forderung noch aus dem Schuldanerkenntnis vollstreckt werden darf, kam es hier also nicht an, vgl. dazu Nr. 2 des Hilfsgutachtens.

II. Die Klage ist unbegründet, soweit die Klägerin Einwendungen gegen die Vollstreckung aus der Grundschuld erhebt.

1. Die Grundschuld ist zunächst wirksam bestellt worden. Insbesondere hat die Unwirksamkeit der Übernahme der persönlichen Haftung keine Konsequenzen für die Bestellung der Grundschuld im Übrigen. Denn in Abweichung von § 139 BGB bleibt der Vertrag im Übrigen nach § 306 Abs. 1 BGB wirksam.

2. Der Klägerin steht auch keine Einrede gegen die Verwertung der Grundschuld aus dem Sicherungsvertrag zu. Eine solche könnte sich zwar im Wege der ergänzenden Vertragsauslegung der Sicherungsvereinbarung ergeben, wenn die zu sichernde Darlehensforderung nicht entstanden oder anderweitig erloschen ist.[41] Es ließ sich indes nicht feststellen, dass der Darlehensvertrag nicht wirksam zustande gekommen wäre. Für den anderslautenden Vortrag der Klägerin ist letztere beweisfällig geblieben.

Die Unwirksamkeit des Darlehensvertrages ist weder unstreitig, noch bewiesen. Sie ist lediglich vorgetragen, konnte aber nicht bewiesen werden. Es handelt sich um ein non liquet. Das muss durch eine **entsprechende Formulierung** klar gestellt werden (**richtig**: „Unwirksamkeit ließ sich nicht feststellen"; **falsch**: „ist wirksam"!).

a) Ein dahin gehender Beweisantritt durch die Klägerin ist notwendig, da der Gesellschafterbestand der Sozietät zum 21.6.2005 streitig ist. Denn die Beklagte zu

---

[40] BGH, BGHZ 114, 9 (13 f.); Bassenge, in: Palandt, 71. Aufl. 2012, § 1191 Rn. 44 und Grüneberg, ebd., § 307 Rn. 94.
[41] Wenzel, in: Heller/Steuer, Bankrecht und Bankpraxis, 85. EL 2010, Rn. 4/2396.

1. ist dem Vortrag der Klägerin hinreichend substantiiert entgegengetreten. Zwar ist der Klägerin insoweit zu folgen, als der Beklagten zu 1. die sekundäre Darlegungslast für die Vertretungsverhältnisse obliegt, § 138 Abs. 2 ZPO. Danach darf sie sich nicht auf ein einfaches Bestreiten des Klägervortrags beschränken, wenn die Klägerin außerhalb des streitigen Geschehensablaufs steht und dem Gegner nähere Angaben ohne Weiteres zuzumuten sind.[42] Dieser Darlegungslast ist die Beklagte zu 1. durch die Angaben aus ihrem Wahrnehmungsbereich nachgekommen und hat also die Geständnisfiktion des § 138 Abs. 3 ZPO abgewendet. Eine weitergehende Pflicht zum Beweisantritt folgt aus diesen Grundsätzen nicht, da sie nur die Anforderungen an das substantiierte Bestreiten betreffen.[43]

b) Das Beweisangebot der Klägerin durch Zeugeneinvernahme des RA Neuer ist als verspätet zurückzuweisen, §§ 296 Abs. 2, 282 ZPO. Denn die Benennung des Zeugen erst in mündlicher Verhandlung, obwohl ein schriftliches Verfahren vorausgegangen ist, und obwohl die Beklagte zu 1. die fraglichen Tatsachen bereits in ihrer Klageerwiderung bestritten hatte, verstößt gegen die allgemeine Prozessförderungspflicht aus § 282 Abs. 1 und 2 ZPO. Die Zulassung des Beweisangebots würde den Prozess auch verzögern. Eine Verzögerung im Sinne des § 296 ZPO liegt vor, wenn der Rechtsstreit bei Zulassung des Beweismittels später beendet würde als ohne Zulassung. Das ist hier der Fall, da die Sache ohne den Beweisantritt entscheidungsreif ist, bei Zulassung jedoch wohl deutlich verzögert würde. Der Verstoß gegen die Prozessförderungspflicht beruht auch zumindest auf grober Nachlässigkeit. Denn wer ein Beweismittel zu einem zentralen Punkt des Rechtsstreits bewusst zurückhält, um erst einmal abzuwarten, zu welchem Ergebnis die Erhebung der bisher angebotenen Beweise führt, verstößt in grober Weise gegen die allgemeine Prozessförderungspflicht des Zivilprozesses.[44]

> Bei einer Präklusion nach § 296 Abs. 2 ZPO muss das Gericht – anders als bei § 296 Abs. 1 ZPO – **positiv feststellen**, dass eine **grobe Fahrlässigkeit** der Beweisführerin vorliegt.

c) Auch die Einsichtnahme in den Inhalt des Darlehensvertrages vermag dem Beweisbegehren der Klägerin nicht zum Erfolg zu verhelfen. Denn Beweistat-

---

42 *Reichold*, in: *Thomas/Putzo*, 33. Aufl. 2012, Vorbem § 284 Rn. 18; *Anders/Gehle*, Assessorexamen im Zivilrecht, 10. Aufl. 2010, Rn. A-34.
43 *BGH*, NJW 2008, 982 (984) zum Zeugenbeweis; BGHZ 173, 23 (29 f.) zum Urkundsbeweis.
44 *BGH*, VersR 2007, 373 (374).

sache ist der Kreis der Gesellschafter der Sozietät zum 21.6.2005. Diesbezüglich ist das Beweismittel aber nicht ergiebig, da es lediglich die – unstrittigen – Unterschriften der Altgesellschafter trägt und keinen Hinweis für oder gegen eine Gesellschafterstellung des RA Neuer ergibt.

3. Auf die Verjährung der gesicherten Darlehensforderung kommt es für die Verwertung der Grundschuld nicht an. Denn der Bestand der Grundschuld wird durch die Verjährung der Forderung nicht in Frage gestellt. Auch eine Einrede gegen die Verwertung der dinglichen Sicherheit besteht nicht, da § 216 Abs. 2 S. 1 BGB anordnet, dass die Verwertung auch nach Verjährung zulässig bleibt.

III. Die Feststellungsklage ist teilweise begründet. Wie bereits unter I. ausgeführt, benachteiligt die Übernahme der persönlichen Haftung den Grundschuldbesteller unangemessen, da eine Abweichung von den wesentlichen Grundgedanken der gesetzlichen Regelung vorliegt, § 307 BGB, und der Anspruch also nicht entstanden ist. Im Hinblick auf den Anspruch aus der Grundschuld, § 1147 BGB, ist sie indes unbegründet.

F. Die Klage gegen die Beklagte zu 2. ist teilweise begründet.

I. Die Anspruchsgrundlage für das Klagebegehren in Bezug auf die Beklagte zu 2. ist § 426 Abs. 1 BGB in direkter oder entsprechender Anwendung.

> Anspruchsgrundlage ist hier § 426 Abs. 1 BGB (ggf. analog), **nicht** § 426 Abs. 2 BGB. **Abs. 1** stellt einen **eigenständigen Anspruch** dar, während **Abs. 2** nur die cessio legis normiert, so dass die Hauptforderung gemäß §§ 412, 488, 765 BGB übergeht.

1. Nach einer Ansicht stehen die Klägerin als dingliche Sicherungsgeberin und die Beklagte zu 2. als persönliche Sicherungsgeberin in einem Gesamtschuldverhältnis, § 421 BGB.[45] Danach sollen sich diese trotz des verschiedenen Inhalts der Ansprüche aus § 1147 und § 765 BGB nur zu einer Leistung im Sinne des § 421 BGB verpflichtet haben, da der Sicherungsnehmer die Leistung im Ergebnis nur einmal fordern könne. Danach wäre § 426 Abs. 1 BGB direkt auf den Sachverhalt anwendbar.

2. Nach der wohl überwiegenden Ansicht, ist § 426 Abs. 1 BGB lediglich analog anwendbar.[46] Denn die Ausgestaltung der akzessorischen Sicherheiten in den §§ 774, 1143, 1225 BGB hätte zur Konsequenz, dass der zuerst leistende Sicherungsgeber aufgrund einer

> Zu den Auslegungsmethoden, Analogiebildung und teleologischer Reduktion vgl. Palandt, Einleitung Rn. 40–57.

---

45 *Noack*, in: *Staudinger*, Bearb. 2005, § 426 Rn. 245 und § 421 Rn. 8 ff.
46 *BGH*, BGHZ 108, 179 (183 ff.); *Sprau*, in: *Palandt*, 71. Aufl. 2012, § 774 Rn. 13.

cessio legis die Hauptforderung und nach §§ 412, 401 BGB auch die Sicherheiten der anderen Sicherungsgeber erwirbt. Er wäre damit für seinen Regress gesichert, während zumindest der letzte Sicherungsgeber bei niemanden mehr regredieren könnte. Ein solcher Wettlauf der Sicherungsgeber ist von dem Gesetz nicht gewollt. Das Gesetz enthält sonach eine Lücke, die durch Anwendung des § 426 Abs. 1 BGB zu schließen ist. Welcher Ansicht vorliegend zu folgen ist, bedarf also keiner Entscheidung.

II. Der Anspruch aus § 426 Abs. 1 BGB entsteht mit der Begründung der Gesamtschuld und nicht erst mit Befriedigung des Gläubigers.[47] Es kommt somit entgegen der Ansicht der Beklagten zu 2. nicht darauf an, ob die Klägerin die Valuta bereits an die Beklagte zu 1. geleistet hat.

III. Der Bürgschaftsvertrag zwischen den beiden Beklagten ist wirksam zustande gekommen und auch nicht wieder erloschen.

1. Der Bürgschaftsvertrag wurde formwirksam abgeschlossen.

a) Zwar entspricht die Übersendung eines, wenn auch im Original unterschriebenen, Fax nicht der nach § 766 S. 1 BGB erforderlichen Schriftform, § 126 BGB. Denn empfangsbedürftige Willenserklärungen, die der Schriftform bedürfen, werden nur wirksam, wenn die formgerechte Erklärung dem Empfänger auch zugeht, § 130 Abs. 1 BGB.[48]

b) Die Einhaltung der Form gemäß § 766 BGB war hier jedoch nach § 350 HGB nicht notwendig. Denn der Abschluss des Bürgschaftsvertrages war auf Seiten der Beklagten zu 2. ein Handelsgeschäft, § 343 HGB. Die Beklagte zu 2. ist zunächst eingetragene Kauffrau, so dass das HGB – unabhängig davon, wie umfangreich ihr Geschäftsbetrieb ist, § 2 S. 1 HGB – auf sie Anwendung findet.

Hier durfte für die Kaufmannseigenschaft nicht auf § 1 HGB abgestellt werden, da zu Art und Umfang des Gewerbebetriebes nicht vorgetragen wurde. § 5 HGB ist subsidiär zu § 2 S. 1 HGB und kommt nicht zu Anwendung.[49]

c) Weiter handelt es sich auch um ein Geschäft, das zum Betriebe ihres Handelsgewerbes gehört, § 343 BGB. Dies wird hier nach § 344 Abs. 2 HGB unwiderleglich vermutet. Danach gelten die von einem Kaufmann gezeichneten Schuldscheine als im Betriebe seines Handelsgewerbes gezeichnet, solange sich nicht

Die Vermutung des § 344 Abs. 2 HGB ist – entgegen § 292 ZPO und anders als § 344 Abs. 1 HGB – nicht widerlegbar („gelten").[50]

---

47 *Grüneberg*, in: Palandt, 71. Aufl. 2012, § 426 Rn. 4.
48 *Ellenberger*, in: Palandt, 71. Aufl. 2012, § 126 Rn. 12 und § 130 Rn. 10.
49 *Hopt*, in: Baumbach/Hopt, 35. Aufl. 2012, § 5 Rn. 2.
50 *Hopt*, in: Baumbach/Hopt, 35. Aufl. 2012, § 344 Rn. 4.

Lösungsvorschlag

aus der Urkunde selbst das Gegenteil ergibt. Dieser Tatbestand ist hier erfüllt: Zu den Schuldscheinen im Sinne dieser Vorschrift gehören auch solche, welche die Schuld erst begründen. Somit zählt auch eine Bürgschaftsurkunde zu den Schuldscheinen in diesem Sinne.[51] Aus der Einsichtnahme in die Bürgschaft haben sich keine gegenteiligen Hinweise ergeben: Die Bürgschaft ist unter dem Briefkopf der Beklagten zu 2. angefertigt. Sie enthält keine Hinweise auf eine private Natur des Geschäfts.

d) Etwas anderes folgt auch nicht daraus, dass die Beklagte zu 2. vorträgt, dass sie die Bürgschaft nur anlässlich ihrer persönlichen Beziehung abgegeben habe. Dies stellt zwar eine rechtlich erhebliche Behauptung dar, da sie die Wirkung des § 344 Abs. 2 HGB ausschließen könnte.[55] Jedoch müssten dafür die privaten Beweggründe der Beklagten zu 2. der Beklagten zu 1. bei Empfang der Bürgschaftserklärung bekannt gewesen sein. Dies hat die Beklagte zu 2. zwar behauptet, was die Klägerin jedoch zulässig mit Nichtwissen bestritten hat, § 138 Abs. 4 ZPO. Denn es handelte sich dabei um Vorgänge, für welche die Beklagte zu 2. darlegungsbelastet ist, da sie eine Ausnahme von § 344 Abs. 2 HGB geltend machen will. Die Klägerin andererseits war an den Vorgängen nicht beteiligt und konnte über sie also keine eigenen Wahrnehmungen machen. Für diese Tatsache ist die Beklagte zu 2. jedoch beweisfällig geblieben.

e) Etwas anderes folgt vorliegend auch nicht aus § 13 BGB. Zwar ist fraglich, ob die Annahme eines Verbrauchergeschäfts nach § 13 BGB das Vorliegen eines Handelsgeschäfts ausschließen könnte. Diese Kollision wird jedoch durch Art. 2 Abs. 1 EGHGB aufgelöst, der bestimmt, dass sich die handelsrechtlichen Spezialvorschriften gegenüber dem BGB durchsetzen.

2. Die Bürgschaft ist auch nicht aufgrund Widerrufs erloschen, § 355 BGB. Denn die Beklagte zu 2. handelte bei Abschluss des Vertrags nicht als Verbraucherin, § 13 BGB. Dies wäre der Fall, wenn sie die Bürgschaft

Die **rechtliche Erörterung**, ob ein **Bestreiten mit Nichtwissen** nach § 138 Abs. 4 ZPO zulässig war, oder ob es nicht zulässig und also kein wirksames Bestreiten war, gehört in die **Entscheidungsgründe**.[52]

§ 138 Abs. 4 ZPO ist nur ein Weg des Bestreitens und hilf daher **niemals der darlegungsbelasteten Partei**[53]

Wenn eine Partei für eine streitige Tatsache, für die sie darlegungsbelastet ist, **keinen Beweis anbietet**, ist sie „**beweisfällig**".[54] Dazu ist hier – gem. Bearbeitervermerk – zu unterstellen, dass der nach § 139 Abs. 1 S. 2 ZPO notwendige Hinweis des Gerichts erfolgt ist.

Als Widerrufsgrund kommt § 312 BGB in Betracht. Ein Widerruf aufgrund Fernabsatzvertrags nach §§ 312d, 312b BGB dürfte dagegen nicht vorliegen, da die Bank nach ihrem unwidersprochenen Vortrag kein für den Fernabsatz organisiertes Vertriebssystem besaß.

Die **Rechtsprechung** zur **Beweislast** im Hinblick auf §§ 13, 14 BGB (vgl. Fn. 58) sollte aufgrund ihrer Bedeutung für die Praxis unbedingt im Auge behalten werden. Dabei ist darauf hinzuweisen, dass die Vereinbarkeit des Vorrangs von § 344 HGB vor den §§ 13, 14 BGB mit dem Europarecht fraglich ist, soweit es um Rechte geht, die sich aus europäischen Sekundärrechten ableiten (wie insb. die Widerrufsrechte).[56]

---

51 BGH, NJW 1997, 1779 (1780); Hopt, in: Baumbach/Hopt, 35. Aufl. 2012, § 344 Rn. 4.
52 Anders/Gehle, Assessorexamen im Zivilrecht, 10. Aufl. 2010, Rn. A-35.
53 Reichold, in: Thomas/Putzo, 33. Aufl. 2012, § 138 Rn. 19.
54 Anders/Gehle, Assessorexamen im Zivilrecht, 10. Aufl. 2010, Rn. A-153.
55 BGH, NJW 1997, 1779 (1780); Hopt, in: Baumbach/Hopt, 35. Aufl. 2012, § 344 Rn. 4.
56 Vgl. etwa Hoffman, BB 2005, 2090 (2092).

aus privaten Motiven abgegeben hätte. Dies ist aber nicht festgestellt. Denn die dahin gehende bestrittene Behauptung der Beklagten zu 2. wurde nicht bewiesen. Dies geht zu ihren Lasten. Denn wer sich auf verbraucherschützende Vorschriften beruft, muss auch seine Verbrauchereigenschaft beweisen.[57] Nichts anderes folgt aus der jüngsten Rechtsprechung, wonach bei einem Vertragsschluss mit einer natürlichen Person grundsätzlich von einem Verbraucherhandeln auszugehen ist.[58] Denn auf die letztgenannte Regel kommt es nur dann an, wenn der vom mutmaßlichen Verbraucher verfolgte Privatzweck positiv festgestellt wurde und lediglich die vom Gegner eingewandten äußeren entgegenstehenden Umstände etwas anderes indizieren sollen.[59]

3. Die Bürgschaft ist auch nicht nichtig nach § 142 Abs. 1 BGB. Ein Anfechtungsrecht der Beklagten zu 2. besteht nicht. In Betracht kommt hier allein ein Eigenschaftsirrtum nach § 119 Abs. 2 BGB. Jedoch stellt die zukünftige Zahlungsfähigkeit der Sozietät keine Eigenschaft derselben dar, da sie ihr nicht auf Dauer anhaftet. Ferner würde es dem Sinn einer Bürgschaft widersprechen, wenn sich der Bürge im Ernstfall von ihr lösen könnte. Ein Irrtum darüber ist also nicht rechtserheblich.[60]

4. Der Beklagten zu 2. steht ferner kein Kündigungsrecht nach § 313 Abs. 3 BGB zu, denn es liegt kein Wegfall der Geschäftsgrundlage vor. Denn eine Veränderung von Umständen ist nur dann erheblich im Sinne des § 313 BGB, wenn sich nicht bereits nach der vertraglichen oder gesetzlichen Risikoverteilung einer Partei zugewiesen werden. Das Risiko des Zahlungsausfalls des Hauptschuldners ist im Rahmen der Bürgschaft jedoch gerade dem Bürgen zugewiesen.[61]

IV. Ein Leistungsverweigerungsrecht nach § 214 BGB ergibt sich auch nicht aus dem Urteil des Vorprozesses vor dem LG München I, Az. 6 O 3664/10. Denn die hiesige Klägerin war nicht Partei des dortigen Verfahrens. Gemäß § 325 ZPO ist die subjektive Rechtskraftwir-

Die Trennung von (fehlender) Rechtskrafterstreckung (IV.) und (fehlender) materiellrechtlicher Relevanz der Verjährung (V.) liegt hier nahe.

---

57 *BGH*, NJW 2009, 3780 (3781), 2007, 2619 (2621); *Ellenberger*, in: *Palandt*, 71. Aufl. 2012, § 13 Rn. 4.
58 *BGH*, NJW 2009, 3780 (3781) = JuS 2010, 254 mit Anm. *Faust*; *Ellenberger*, in: *Palandt*, 71. Aufl. 2012, § 13 Rn. 4.
59 *Ellenberger*, in: *Palandt*, 71. Aufl. 2012, § 13 Rn. 4; *Faust*, JuS 2010, 254 (256); **aA** wohl *Bülow*, WM 2011, 1349 (1350).
60 *BGH*, NJW 1988, 3205 (3207) und öfter; *Habersack*, in: MüKoBGB, 5. Aufl. 2009, § 765 Rn. 37 f.
61 *Sprau*, in: *Palandt*, 71. Aufl. 2012, § 765 Rn. 11 und *Grüneberg*, ebd., § 313 Rn. 47.

kung jedoch auf die Parteien und ihre Rechtsnachfolger begrenzt. Etwas anderes ergibt sich auch nicht aus der Gesamtschuldnerschaft zwischen der Klägerin und der Beklagten zu 2.: Denn nach § 425 Abs. 2 letzte Alt. BGB kommt der Rechtskraft lediglich Einzelwirkung zu. Die der Beklagten zu 2. offen stehende Möglichkeit einer Streitverkündung nach § 72 ZPO hat sie nicht genutzt.

V. Der Regress im Innenverhältnis ist auch nicht deswegen zu versagen, weil ansonsten die im Außenverhältnis womöglich eingetretene Verjährung unzulässig umgangen würde.[62] Das Gesetz räumt mit § 426 Abs. 1 BGB gerade einen eigenständigen Anspruch ein, der nutzlos wäre, wenn er den gleichen Beschränkungen unterliegen würde wie der übergeleitete Anspruch aus §§ 426 Abs. 2, 412, 404 BGB. Ferner ist die Klägerin nicht an der Rechtsbeziehung der Beklagten zu 1. zur Beklagten zu 2. beteiligt. Sie darf daher auch keinen Nachteilen dadurch unterliegen, dass die Gläubigerin die Forderung einem Gesamtschuldner gegenüber (bewusst oder unbewusst) verjähren lässt.

> Die Verjährung im Verhältnis Bekl. 1. – Bekl. 2. hätte **mangels rechtlicher Bindung** an den Vorprozess **noch einmal geprüft** werden können. Sie wurde aber aus anderen rechtlichen Gründen **nicht erheblich**, vgl. aber Hilfsgutachten Nr. 4.

VI. Die Beklagte zu 2. kann sich weiter nicht darauf berufen, dass nicht zuvor eine Vollstreckung gegen die Sozietät versucht worden war. Eine Einrede der Vorausklage nach § 771 BGB steht ihr gemäß § 349 HGB nicht zu, da es sich für sie um ein Handelsgeschäft im Sinne des § 343 HGB handelte (vgl. F.III.1.d).

VII. Die Klägerin kann von der Beklagten zu 2. jedoch lediglich Ausgleich in Höhe 714.000 € verlangen. Denn § 426 Abs. 1 sieht gerade nicht vor, dass der Ausgleichsberechtigte 100 % der Summe von dem Ausgleichsschuldner verlangen kann. Vielmehr ist der Regress nur *pro rata* möglich. In Abweichung von der Zweifelsregel in § 426 Abs. 1 S 1 BGB verteilt sich die Haftung hier nicht nach Kopfteilen. Beim Regress zwischen Sicherungsgebern sind vielmehr die gegenüber dem Gläubiger übernommenen Haftungsrisiken ins Verhältnis zu setzen.[63] Hier besicherten die Parteien ein Volumen von insgesamt 3.500.000 €. Davon entfallen 1.000.000 € und somit 28,6 % auf die Klägerin und 2.500.000 € oder 71,4 % auf die Beklagte zu 2. Die Klägerin muss sich sonach ihren Eigenanteil von

---

[62] *BGH*, NJW 2010, 62 (63) mit Anm. *Pfeiffer*, NJW 2010, 23, und *Cziupka*, ZGS 2010, 62; *Grüneberg*, in: *Palandt*, 71. Aufl. 2012, § 426 Rn. 4.
[63] *BGH*, NJW 2009, 437 (438); *Sprau*, in: *Palandt*, 71. Aufl. 2012, § 426 Rn. 13.

28,6 % abziehen lassen und kann damit 714.000 € verlangen.

VIII. Der Beklagten zu 2. steht auch gegen den Anspruch aus § 426 Abs. 1 BGB nicht die Einrede der Verjährung zu, § 214 BGB.

1. Zwar ist der Ausgleichsanspruch bereits mit der Begründung der Gesamtschuld zwischen den Parteien im Jahre 2005 entstanden im Sinne des § 199 BGB.[65] Als Ausgleichsanspruch unterliegt er dabei einer einheitlichen Verjährung, ohne dass es auf die Ausprägung als Mitwirkungs-, Befreiungs- oder Zahlungsanspruch ankommt. Für eine Verjährung wäre aber weiter erforderlich, dass der Gläubiger Kenntnis im Sinne des § 199 Abs. 1 Nr. 2 BGB hat. Die danach notwendige Kenntnis erstreckt sich kumulativ auf folgende Umstände: Anspruch des Gläubigers gegen die Ausgleichsverpflichtete, Anspruch des Gläubigers gegen die Ausgleichsberechtigte, Gesamtschuldverhältnis sowie Ausgleichungspflicht im Innenverhältnis. Da die Klägerin vorliegend aber erst im Jahre 2008 von der Bürgschaft erfuhr, ist die Verjährungsfrist an sich mit dem Jahre 2011 abgelaufen, §§ 195, 199 BGB.

Hier gilt es die Verjährung im Außenverhältnis, §§ 488, 765 BGB, und die Verjährung im Ausgleichsverhältnis § 426 Abs. 1 BGB auseinanderzuhalten. Denn sie laufen zu verschiedenen Zeitpunkten an und werden unterschiedlich gehemmt.[64]

2. Die Klägerin hat die Verjährung jedoch rechtzeitig durch die Erhebung der Klage gehemmt, § 204 Abs. 1 Nr. 1 BGB. Gemäß § 167 ZPO ist dabei bereits auf die Einreichung der Klage abzustellen, da hier keine Verzögerungen durch die Klägerin veranlasst wurden und die Zustellung also „demnächst" erfolgte. Die Einreichung ist hier auch bereits mit dem Ausdruck der via Email versandten, eingescannten Klageschrift und damit noch im Jahre 2011 wirksam anhängig geworden.[66]

Dies folgt nicht aus § 130a ZPO. Danach ist die Übermittlung in elektronischer Form bei Zulassung durch die Landesregierung zwar zulässig, bedarf aber stets einer qualifizierten elektronischen Signatur nach dem SigG, an der es vorliegend fehlt. Jedoch wahrt der Ausdruck des eingescannten Schriftsatzes die Schriftform im Sinne des § 130 Nr. 6 Alt. 2 ZPO. Denn danach genügt es, wenn der Schriftsatz im Original von dem

Es ist zu beachten, dass **nur** und erst der **Ausdruck durch die Geschäftsstelle** die Schriftform iSd § 130 Nr. 6 ZPO wahrt. Eine an allgemeine Adressen, zB poststelle@lg-m1.bayern.de versandte Email würde idR als rechtliches nullum behandelt und nicht ausgedruckt oder sonst bearbeitet werden.[67]

---

64 Vgl. insb. *BGH*, BGHZ 181, 310 (= NJW 2010, 60) und NJW 2010, 62.
65 *BGH*, BGHZ 181, 310 (313); *Ellenberger*, in: Palandt, 71. Aufl. 2012, § 199 Rn. 3.
66 *BGH*, NJW 2008, 2649 (2650) mit Anm. *Bacher*, NJW 2009, 1548, und *Köbler*, MDR 2009, 357; *Reichold*, in: Thomas/Putzo, 33. Aufl. 2012, § 129 Rn. 13.
67 *Köbler*, MDR 2009, 357 (359).

Lösungsvorschlag

Rechtsanwalt unterzeichnet wurde und dem Gericht lediglich eine Wiedergabe dieser Unterschrift im Wege der Datenübertragung übermittelt wird. Die Übermittlung in diesem Sinne ist erfolgt, sobald auf Veranlassung des Absenders am Empfangsort (Gericht) eine körperliche Urkunde aufgrund der übermittelten Daten erstellt wird.[68] Dies ist mit dem Ausdruck durch die Geschäftsstelle erfolgt. Würde das Gericht nun einen – durch den Ausdruck wirksam gewordenen – Schriftsatz nicht annehmen, behinderte es den Zugang zu den Gerichten in unzumutbarer, aus sachlichen Gründen nicht gerechtfertigter Weise. Denn die Gefahr der Manipulation des Inhalts oder der Vortäuschung eines fremden Absenders besteht bei einem Fax im gleichen Maße. Das gilt umso mehr, als die Möglichkeit, Faxe über das Internet zu versenden, überaus gebräuchlich ist. Dies stellt sich im Ergebnis auch nicht als Umgehung des § 130a ZPO dar, da dieser nur die Übermittlung von elektronischen Dokumenten behandelt, die besondere technische Voraussetzungen erfordern.[69]

G. Die Kostenentscheidung folgt aus einer entsprechenden Anwendung der §§ 91, 92 ZPO nach den Grundsätzen der sog. „Baumbach'schen Formel". Dabei ist für die Klage gegen die Beklagte zu 1. von einem Gebührenstreitwert von 1.000.000 € auszugehen. Eine Addition der drei Streitgegenstände – Vollstreckbarkeit von je Grundschuld und Schuldanerkenntnis sowie Feststellung – findet aufgrund ihrer wirtschaftlichen Identität nicht statt.[70] Dies gilt für die Zwischenfeststellungsklage, da sie lediglich ein vorgreifliches Element der Hauptklage erfasst. Im Verhältnis der beiden Vollstreckungsgegenklagen gilt dies, da sie die gleiche Forderung besichern und der Gläubiger die Leistung lediglich einmal fordern kann.[71] Das Unterliegen mit dem Antrag zu I. führt zu einer Quotelung von 33 % zu 67 % im Verhältnis zu der Beklagten zu 1. Im Hinblick auf die Beklagte zu 2. ist bei einem ebenso hohen Streitwert von einer Unterliegensquote der Klägerin von 28,6 % zu 71,4 % auszugehen.

Zur Herleitung der Kostenentscheidung vgl. Nr. 5 des Hilfsgutachtens. Die detaillierte Darstellung der Grundzüge der sog. "Baumbach'schen Kostenformel" ist in der Praxis nicht üblich.

---

68 *GmS-OGB*, BGHZ 144, 160 (165).
69 *BGH*, NJW 2008, 2649 (2651).
70 *Hüßtege*, in: Thomas/Putzo, 33. Aufl. 2012, § 5 Rn. 7 f.
71 *Bengel/Tiedtke*, KostO, 18. Aufl. 2010, § 44 Rn. 70d zu den Notargebühren.
72 *Oberheim*, Zivilprozessrecht für Referendare, 9. Aufl. 2012, § 10 Rn. 93.

H. Die vorläufige Vollstreckbarkeit folgt im Hinblick auf Ziffer I. und III. aus § 709 S. 1 ZPO und im Übrigen aus § 709 S. 1 und 2 ZPO.

[Unterschrift]

Hilfsgutachten

1. Zum Inhalt des Freistellungsanspruchs

Der Inhalt des Anspruchs aus § 426 Abs. 1 BGB ist auf Mitwirkung bei der Befriedigung des Gläubigers gerichtet. Dabei kann der Ausgleichsberechtigte jedoch nicht ohne Weiteres die Zahlung an sich verlangen. Der Anspruch ist vielmehr auf Befreiung von der Forderung im Außenverhältnis gerichtet. Eine Zahlung an sich kann der Ausgleichsberechtigte dabei grundsätzlich nicht verlangen, da es dem Ausgleichsverpflichteten offen stehen muss, sich von der Forderung z. B. durch Vereinbarung eines Erlasses zu befreien.[73] Jedoch ist auch anerkannt, dass direkt Zahlung verlangt werden kann, wenn die Inanspruchnahme des Ausgleichsberechtigten feststeht.[74] Der Zahlungsantrag ist dann allerdings auf Zahlung an den Gläubiger zu richten.[75] Die Klägerin hätte ihren Antrag aus der Klageschrift daher nicht notwendig abändern müssen.

2. Zur Durchsetzbarkeit des Schuldanerkenntnisses nach Verjährung der Forderung

Die Verjährung einer gesicherten Forderung hindert nicht die Verwertung aus einem abstrakten Schuldanerkenntnis, das zur Sicherheit für die Forderung abgegeben wurde.[76] Dies folgt aus einer analogen Anwendung des § 216 Abs. 2 S. 1 BGB. Die Norm enthält insoweit eine unbeabsichtigte Regelungslücke. Denn nach dem früheren Verjährungsregeln verjährten sowohl Forderung, als auch Schuldanerkenntnis erst nach 30 Jahren, § 195 BGB a. F. Nach neuem Recht hingegen verjährt der Darlehensanspruch in drei Jahren, § 195 BGB, während das vollstreckbare Schuldanerkenntnis nach § 197 Abs. 1 Nr. 4 BGB in 30 Jahren verjährt. Diese Friktion hat der Gesetzgeber übersehen. Die Einbeziehung des abstrakten Schuldanerkennt-

Die Entscheidung über die vorläufige Vollstreckbarkeit soll lediglich kurz die gesetzlichen Grundlagen nennen. Insbesondere die Höhe der Sicherheitsleistung wird nicht vorgerechnet.[72]

Der Bearbeiter sollte sich angewöhnen Entscheidungen, Schriftsätze usw. in Klausuren stets mit [Unterschrift] zu unterzeichnen. Sollte er im Examen nämlich aus Versehen mit seinem **eigenen Namen** unterschreiben, droht eine Bewertung mit o Punkten wegen Beeinflussung des Prüfers!

---

73 *Grüneberg*, in: *Palandt*, 71. Aufl. 2012, § 426 Rn. 5 und § 257 Rn. 2; zum Befreiungsanspruch allgemein *Görmer*, JuS 2009, 7.
74 *RG*, RGZ 78, 26 (34); *Grüneberg*, in: *Palandt*, 71. Aufl. 2012, § 257 Rn. 2; *Bittner*, in: *Staudinger*, Bearb. 2009, § 257 Rn. 8.
75 *BGH*, NJW 2000, 1641 (1642).
76 *BGH*, BGHZ 183, 169 (177 ff.) = JuS 2010, 263 m. Anm. *K. Schmidt*; *Ellenberger*, in: *Palandt*, 71. Aufl. 2012, § 216 Rn. 5; **aA** *Grothe*, in: MüKoBGB, 6. Aufl. 2012, § 216 Rn. 4.

nisses liegt jedoch nahe, da sie dem Gläubiger ebenso eine unberührte abstrakte Rechtsposition gewährt, wie es bei der Grundschuld der Fall ist. Somit darf nur der dauerhafte Wegfall der gesicherten Forderung zu einer Kondiktion nach § 812 Abs. 2 BGB führen, während eine Verwertung im Übrigen zulässig bleibt.

3. Zur Anwendung von § 899a BGB auf das schuldrechtliche Rechtsgeschäft

§§ 899a, 891 BGB überwinden die fehlende Vertretungsmacht lediglich hinsichtlich des Verfügungsgeschäfts, nicht aber hinsichtlich des Verpflichtungsgeschäfts.[80] Nach einer teils vertretenen Ansicht begründet § 899a BGB Vertretungsmacht der eingetragenen Gesellschafter auch in Ansehung des Verpflichtungsgeschäfts. Denn ohne *causa* sei der dingliche Erwerb des Geschäftsgegners nicht kondiktionsfest und der gutgläubige Erwerb also nutzlos.[81] Nach der wohl überwiegenden Ansicht ist die Norm lediglich „in Ansehung des eingetragenen Rechts" anzuwenden. Denn der Gesetzgeber wollte durch die Einführung des § 899a BGB kein GbR-Register schaffen. Diese Funktion würde das Grundbuch jedoch erhalten, wenn man die Anwendung auf Verpflichtungsgeschäfte bejahen wollte.[82]

§ 899a BGB wirft vielfältige Probleme auf: Wenn die GbR Berechtigte ist und ein falsus procurator im Namen der GbR verfügt, dann verfügt kein Nichtberechtigter. Vielmehr verfügt ein Nichtvertretungsbefugter im Namen der Berechtigten. § 899a BGB fingiert also eine **organschaftliche Vertretungsmacht**.[77] Damit fehlt es im Bereicherungsrecht dann aber an einer vorrangigen Leistungsbeziehung. Der Erwerb ist damit dinglich wirksam aber kondizierbar (str.).[78]

§ 899a BGB findet nach Art. 229 § 21 EGBGB auch auf Erwerbstatbestände Anwendung, die **vor dem Inkrafttreten** des § 899a BGB liegen.[79]

4. Zur Hemmung der Verjährung durch den Mahnantrag

Der Anspruch der Beklagten zu 1. gegen die Beklagte zu 2. ist nicht verjährt, § 214 BGB. Zwar wäre an sich mit Ablauf des Jahres 2010 nach §§ 195, 199 BGB die Verjährung hinsichtlich der Bürgenschuld eingetreten. Die Verjährung wurde indes rechtzeitig gehemmt, § 209 BGB. Die Hemmung folgt hier aus der Einreichung eines Mahnantrags, § 204 Nr. 3 BGB, § 167 ZPO. Der Mahnantrag war auch bereits anfänglich hinreichend bestimmt im Sinne des § 690 Abs. 1 Nr. 3 ZPO.

Würde man die **anfängliche Individualisierung** des Anspruchs für nicht ausreichend im Sinne des § 690 Abs. 1 Nr. 3 ZPO halten, wäre die nachfolgende **Präzisierung** im Jahre 2011 nutzlos. Denn diese wirkt nur noch ex nunc und kann die bereits eingetretene Verjährung dann nicht mehr hindern.[83]

Die Auffassung des LG München im Vorprozess der Beklagten zu 1. gegen die Beklagte zu 2. zu den Anforderungen an die Individualisierung der Forderung im Mahnverfahren entspricht somit **nicht** der Auffassung des BGH.

---

77 *Wilhelm*, NZG 2011, 801 (807).
78 Zur Übersicht *Kohler*, JURA 2012, 83 und *Wellenhofer*, JuS 2010, 248.
79 Vgl. die Fn. 1 zu § 899a BGB in *Schönfelder*, Deutsche Gesetze.
80 *Bassenge*, in: *Palandt*, 71. Aufl. 2012, § 899a Rn. 6.
81 *Heßeler/Kleinhenz*, WM 2010, 446 (449); *Böttcher*, NJW 2010, 1647 (1655); *Lautner*, DNotZ 2009, 650 (671); *Ruhwinkel*, MittBayNot 2009, 421 (423); *Rebhahn*, NotBZ 2009, 445 (448); *Berger*, in: *Jauernig*, 14. Aufl. 2011, § 899a Rn. 6.
82 *Bassenge*, in: *Palandt*, 71. Aufl. 2012, § 899a Rn. 6; *Kienle*, ZHR 174 (2010), 209 (228); *Krüger*, NZG 2010, 801 (805); *Eckert*, in: *Bamberger/Roth*, BeckOK-BGB, 22. Ed. 2012, § 899a Rn. 6.
83 *BGH*, NJW 2009, 56 (57); *Ellenberger*, in: *Palandt*, 71. Aufl. 2012, § 204 Rn. 18.

Längsfeld

Denn im Gegensatz zu einer Klageschrift muss der Anspruch nicht im Sinne einer Schlüssigkeitsprüfung substantiiert werden. Es genügt vielmehr eine Individualisierung, die den Umfang der nach §§ 700, 322 ZPO eventuell nachfolgenden Rechtskraft hinreichend umreißt.[84] Dazu muss der dem Anspruch zugrunde liegende Lebenssachverhalt in abgrenzbarer Weise bezeichnet werden. Dabei ist nicht erforderlich, dass außenstehende Dritte die Abgrenzung vornehmen können. Es genügt, dass dies dem Adressat des Mahnbescheids möglich ist.[85] Vorliegend konnte die Beklagte zu 2. auch keine Zweifel an dem Grund der Inanspruchnahme haben. Denn zwischen den Parteien bestand lediglich ein Rechtsverhältnis, die Bürgschaft, so dass deren Angabe hinreichend war.[86]

5. Zur Herleitung der Kostenentscheidung

Das Gesetz regelt in § 100 Abs. 1 ZPO lediglich das vollständige Unterliegen aller Streitgenossen. Nicht geregelt werden dort u.a. das vollständige oder teilweise Obsiegen einzelner Streitgenossen und das Unterliegen anderer sowie das Unterliegen der Streitgenossen zu unterschiedlichen Teilen.[88] Diese Konstellationen sind nach den folgenden Grundsätzen der §§ 91, 92 ZPO zu lösen:[89]

a) Die Gerichtskosten und die außergerichtlichen Kosten des Klägers betreffen alle Prozessrechtsverhältnisse und werden in einem eigenen, ersten Satz tenoriert. Um die Quoten für diesen Satz zu errechnen, werden zunächst die Gebührenstreitwerte der einzelnen Prozessrechtsverhältnisse (hier: Kl. – Bekl. z. 1. und Kl. – Bekl. z. 2.) zu einem fiktiven Gesamtstreitwert addiert. Sodann sind die jeweiligen Unterliegensanteile an diesem fiktiven Gesamtstreitwert auszudrücken. Für die Berechnung des Gebührenstreitwerts ist nach § 48 Abs. 1 S. 1 GKG von dem Zuständigkeitsstreitwert auszugehen, soweit die §§ 41–54 GKG keine Sonder-

Die Problematik der "Baumbach'schen Formel" lässt sich am besten durch Beispielsfälle einüben.[87]

Die Darstellung erfolgt hier nur zu didaktischen Zwecken und müsste in einer Examensklausur nicht erfolgen.

---

84 *Hüßtege*, in: *Thomas/Putzo*, 33. Aufl. 2012, § 690 Rn. 9; *Ellenberger*, in: *Palandt*, 71. Aufl. 2012, § 204 Rn. 18.
85 *BGH*, NJW 2011, 613 (614); NJW-RR 2010, 1455 (1456); NJW 2008, 1220 (1221).
86 *BGH*, NJW 2002, 520 (521).
87 Dazu *Oberheim*, Zivilprozessrecht für Referendare, 9. Aufl. 2012, § 16 Rn. 16; *Anders/Gehle*, Assessorexamen im Zivilrecht, 10. Aufl. 2010, Rn. A-200 ff.; *Zimmermann*, ZPO-Fallrepetitorium, 8. Aufl. 2010, Nr. 278 f.
88 *Oberheim*, Zivilprozessrecht für Referendare, 9. Aufl. 2012, § 16 Rn. 14.
89 *Hüßtege*, in: *Thomas/Putzo*, 32. Aufl. 2012, § 100 Rn. 15 und 19.

regelungen enthalten.[90] Es kann somit im Grundsatz zur Berechnung auf die §§ 2–9 ZPO zurückgegriffen werden.

Vorliegend hat das Prozessrechtsverhältnis Kl. – Bekl. z. 1. einen Gebührenstreitwert von 1.000.000 €. Zwar verfolgt die Klägerin drei unterschiedliche Streitgegenstände (Vollstreckbarkeit Grundschuld, Vollstreckbarkeit Schuldanerkenntnis, Feststellung), die nach § 39 Abs. 1 GKG grundsätzlich zusammenzurechnen sind. Eine Zusammenrechnung unterbleibt jedoch, wenn der eine Streitgegenstand in dem anderen mitenthalten ist. Dies ist hier für das Verhältnis der Zwischenfeststellungsklage zur Vollstreckungsabwehrklage bezüglich des Schuldanerkenntnisses zu bejahen.[91] Denn die Prüfung der materiellen Einwendungen im Rahmen der Vollstreckungsabwehrklage (hier § 307 BGB) ist zugleich der notwendige und hinreichende Prüfungsschritt im Rahmen der Zwischenfeststellungsklage. Ferner sind Streitgegenstände nicht zusammenzurechnen, wenn sie wirtschaftlich identisch sind.[92] Eine derartige wirtschaftliche Identität ist im Verhältnis von der Duldungsklage aus § 1147 BGB und der Klage auf persönliche Leistung anerkannt.[93] Die Identität ist auch für die vorliegende Verknüpfung von Vollstreckungsgegenklage gegen Grundschuld einerseits und gegen das Schuldanerkenntnis andererseits anzunehmen. Denn die materiellrechtliche Gläubigerin (Bekl. z. 1.) erhält auch in dieser Konstellation höchstens einmal den Darlehensbetrag.

Der Gebührenstreitwert des Prozessrechtsverhältnisses Kl. – Bekl. z. 2. beträgt ebenfalls 1.000.000 €. Denn bei einem Antrag auf Freistellung ist in der Regel der Betrag der Schuld, in deren Höhe freigestellt werden soll, anzusetzen.[94]

Der Unterliegensanteil der Kl. an dem fiktiven Gesamtstreitwert von 2.000.000 € setzt sich aus zwei

---

90 *Hüßtege*, in: Thomas/Putzo, ZPO, 33. Aufl. 2012, § 2 Rn. 15.
91 *Hüßtege*, in: Thomas/Putzo, ZPO, 33. Aufl. 2012, § 5 Rn. 7.
92 Allgemeiner Grundsatz bei § 5 Hs. 1 ZPO und § 39 Abs. 1 GKG; vgl. *BGH*, NJW-RR 2004, 638 (639) mwN; *Hüßtege*, in: Thomas/Putzo, ZPO, 33. Aufl. 2012, § 5 Rn. 8.
93 *Hüßtege*, in: Thomas/Putzo, ZPO, 33. Aufl. 2012, § 3 Rn. 44 und § 5 Rn. 8; *Herget*, in: Zöller, ZPO, 29. Aufl. 2012, § 3 Rn. 16 "Duldung"; *Hartmann*, Kostengesetze, 42. Aufl. 2012, Anh I § 48 GKG (§ 5 ZPO) Rn. 3 "Duldung"; *OLG Celle*, OLG-Report 2002, 11 (12).
94 *Hüßtege*, in: Thomas/Putzo, ZPO, 33. Aufl. 2012, § 3 Rn. 68 und 28.

Positionen zusammen: Zum einen ist die Kl. in dem Prozessrechtsverhältnis Kl. – Bekl. z. 1 mit einem Betrag von 333.000 € unterlegen. Denn sie ist insoweit mit einem von drei Anträgen, die jeweils den gleichen Gebührenstreitwert haben (also 33 % aus 1 Mio. €), unterlegen. Zum anderen ist die Kl. im Prozessrechtsverhältnis Kl. – Bekl. z. 2. mit 286.000 € unterlegen. Ihr Unterliegensanteil beträgt demnach 300.000 € + 286.000 € = 619.000 €. In Prozent ausgedrückt bedeutet dies 619.000 € / 2.000.000 € = 30,95 % oder gerundet 31 %. Die Bekl. z. 1. ist mit zwei von drei Anträgen unterlegen, so dass ihr ein Unterliegensanteil von 667.000 € (= 33 %) obliegt. Die Bekl. z. 2. verliert 714.000 € (= 36 %), womit auch ihr Unterliegensanteil an dem fiktiven Gesamtstreitwert feststeht.

Damit stehen die Informationen für den ersten Satz der Kostenentscheidung fest. Er lautet: "Von den Gerichtskosten und den außergerichtlichen Kosten der Klägerin haben die Klägerin 31 %, die Beklagte zu 1. 33 % und die Beklagte zu 2. 36 % "zu tragen."

b) Weiter muss die Erstattung der außergerichtlichen Kosten der Bekl. z. 1. in dem Prozessrechtsverhältnis Kl. – Bekl. z. 1. tenoriert werden. Dazu ist der Unterliegensanteil der Kl. in diesem Prozessrechtsverhältnis auszudrücken: Hier unterliegt die Kl. mit 333.000 € von 1.000.000 € und somit einer Quote von 33 %.

c) Schließlich ist noch das Unterliegen der Kl. in dem Prozessrechtsverhältnis Kl. – Bekl. z. 2. auszudrücken. Es beträgt 286.000 € von 1.000.000 € und also 29 %. Somit stehen die Informationen für den zweiten Satz der Kostenformel fest. Er lautet: "Von den außergerichtlichen Kosten der Beklagten zu 1. hat die Klägerin 33 %, von denen der Beklagten zu 2. 29 % zu tragen."

d) Abschließend wird zumeist noch der technisch entbehrliche aber klarstellende Satz angefügt: "Im Übrigen haben die Parteien ihre außergerichtlichen Kosten selbst zu tragen." Zur Übersicht wird häufig eine Tabelle wie folgt verwendet:

Lösungsvorschlag

Kostenpositionen		Kostenschuldnerin		
		Kl.	Bekl. z. 1.	Bekl. z. 2.
Gerichtskosten aus dem fiktiven Gesamtstreitwert (€ 2 Mio.) trägt		619 / 2000 = 31 %	667 / 2000 = 33 %	714 / 2000 = 36 %
Außergerichtliche Kosten	der **Kl.** aus € 2 Mio.	619 / 2000 = 31 %	667 / 2000 = 33 %	714 / 2000 = 36 %
	der **Bekl. z. 1.** € 1 Mio.	333 / 1000 = 33 %	667 / 2000 = 67 %	-
	der **Bekl. z. 2.** € 1 Mio.	286 / 1000 = 29 %	-	714 / 1000 = 71 %

6. Zur Tenorierung der vorläufigen Vollstreckbarkeit

a) Der Ausspruch in Ziffer I. des Tenors ist für vorläufig vollstreckbar zu erklären. Zwar handelt es sich bei § 767 ZPO um eine Gestaltungsklage, die technisch nicht vollstreckt werden kann, sondern unmittelbar die Vollstreckbarkeit des angegriffenen Titels beseitigt.[95] Die Kl. kann die Einstellung der Zwangsvollstreckung jedoch nach § 775 Nr. 1 ZPO nur erreichen, wenn sie eine entsprechende *vollstreckbare*, also rechtskräftige oder für vorläufig vollstreckbar erklärte, Entscheidung vorlegt, so dass ein solcher Ausspruch hier erfolgen muss.[96] Da es sich bei dem Ausspruch in Ziffer I. nicht um eine Geldforderung handelt, findet § 709 S. 2 ZPO keine Anwendung. Stattdessen muss die Höhe der Sicherheitsleistung nach § 709 S. 1 ZPO konkret beziffert angegeben werden. Da dem Gericht insoweit aber nach § 108 Abs. 1 S. 1 ZPO ein freies Ermessen zukommt, ist mathematische Präzision nicht erforderlich. Die Höhe der Sicherheitsleistung soll aber den potenziellen Schadensersatzanspruch der Bekl. z. 1. aus § 717 Abs. 2 S. 1 ZPO in etwa abdecken. Vorliegend ist der Bekl. z. 1. die Vollstreckung aus der Grundschuld zumindest potenziell auf unbestimmt lange Zeit nicht möglich. Der Verzögerungsschaden ist daher mit dem Wert des titulierten Anspruchs gleichzusetzen.[97] Vorliegend ist der Anspruch auf Duldung der Zwangsvollstreckung nach § 1147 BGB tituliert. Dessen Wert bemisst sich nach § 48 Abs. 1 S. 1 GKG, § 6 ZPO und be-

Die Darstellung erfolgt hier nur zu didaktischen Zwecken und müsste in einer Examensklausur nicht erfolgen.

---

[95] Seiler, in: Thomas/Putzo, ZPO, 33. Aufl. 2012, § 767 Rn. 1.
[96] Oberheim, Zivilprozessrecht für Referendare, 9. Aufl. 2012, § 10 Rn. 74; Lackmann, Zwangsvollstreckungsrecht, 9. Aufl. 2010, § 40 Rn. 532.
[97] Herget, in: Zöller, ZPO, 29. Aufl. 2012, § 709 Rn. 3 f.

trägt 1.000.000 €. Zusätzlich kann die Kl. von der Bekl. z. 1. 33 % der Gerichtskosten und ihrer außergerichtlichen Kosten ersetzt verlangen. Diese Positionen sind ebenfalls zu überschlagen: Die Gerichtskosten betragen von 3,0 Gerichtsgebühren (KV 1210 Anlage 1 GKG) aus einem Streitwert von 1.000.000 € = 4456 €. Davon kann die Kl. 33 % und mithin 1.470 € von der Bekl. z. 1. ersetzt verlangen. Die außergerichtlichen Kosten der Klägerin betragen:

1,3 Verfahrensgebühr, VV 3100 Anlage 1 RVG	€ 5.844,80
1,2 Terminsgebühr, VV 3104 Anlage 1 RVG	€ 5.392,50
Anrechnung gem. Vorbem 3 (4) Anlage 1 RVG	- € 2.922,40
Auslagenpauschale, VV 7001 und 7001 Anlage 1 RVG	€ 20,00
Umsatzsteuer 19 %	€ 1.584,14
Summe Anwaltskosten Kl.	€ 9.921,74
Davon trägt die Bekl. z. 1. 33 %	€ 3.274,17

Der potenzielle Schaden der Bekl. z. 1. bei unrechtmäßiger Vollstreckung beträgt demnach 1.000.000 € + 1.470 € + 3.274,17 € = 1.004.744,17 €. Bei einem Sicherheitszuschlag ist damit eine Sicherheitsleistung von 1.100.000 € festzusetzen.

Im Ergebnis gelangt man hier doch zu einem Sicherheitszuschlag im Sinne der 110 %-Regel. Die konkrete Berechnung der Gerichts- und Anwaltskosten war dennoch erforderlich, da diese – v.a. bei kleineren Streitwerten – den Rahmen der 110 % sprengen können.

b) Der Ausspruch in Ziffer III. des Tenors (Freistellung) ist ebenfalls für vorläufig vollstreckbar zu erklären. Auch hier handelt es sich nicht um eine Vollstreckung wegen einer Geldforderung, so dass § 709 S. 1 ZPO anzuwenden ist. Der potenzielle Schadensersatzanspruch der Bekl. z. 2. aus § 717 Abs. 2 S. 1 ZPO umfasst hier 714.000 € zuzüglich Kostenanteile der Bekl. z. 2. an Gerichts- und außergerichtlichen Kosten von 36 %. Im Ergebnis führt ein Sicherheitszuschlag hier zu der Sicherheitsleistung von 800.000 €.

c) Die jeweiligen Kostenerstattungsansprüche in Ziffer V. des Tenors sind als Geldforderungen zu vollstrecken. Hier findet somit § 709 S. 2 ZPO Anwendung, so dass die Sicherheitsleistung nicht konkret beziffert zu werden braucht.

Klausur Nr. 2 – Vollständiges Endurteil des Landgerichts ohne Tatbestand und Nebenentscheidungen

Aktenauszug

Auszug aus den Akten des Amtsgerichts Landshut, Az.: 4 C 2269/12

Ludmilla Arbinger
Rechtsanwältin
Regierungsplatz 16
84028 Landshut

Landshut, den
25.6.2012

Amtsgericht Landshut
Eingang: 28.6.2012

An das Amtsgericht Landshut
Maximilianstr. 22
84028 Landshut

Klage

in Sachen

Klaus Brunner, Warme Gasse 1, 84031 Altdorf,

– Kläger –

gegen

Petra Brunner, Stiglmairplatz 132, 80331 München

– Beklagte –

wegen Herausgabe

Streitwert: 4.000 €

Namens und im Auftrag des Klägers erhebe ich unter Vorlage einer Vollmacht (Anlage K 1)

Klage

zum Amtsgericht Landshut mit folgendem

Antrag

Die Beklagte wird verurteilt, an den Kläger die goldene Herrenarmbanduhr Rolex Daytona (Chronograph), Baujahr 1956, Fabrikationsnummer 456UROL2345 herauszugeben.

Da das Gericht über die Sachanträge des Klägers entscheidet, sollten diese auf der Klausurangabe markiert werden. Dabei ist allerdings tunlichst darauf zu achten, den maßgeblich **zuletzt gestellten Antrag** zu finden, hier also den Antrag auf Herausgabe an den Nebenintervenienten im Replikschriftsatz (S. 49).

Begründung

I.

Der Kläger verlangt von der Beklagten Herausgabe der im Klageantrag näher bezeichneten Rolex-Uhr, die einen Zeitwert von 4.000 € hat.

Beweis: Wertgutachten des Uhrmachermeister Veit Müller vom 2.5.2012, welches im Bestreitensfall vorgelegt wird.

Der Kläger ist der Sohn und die Beklagte die Enkelin des am 12.2.2012 in Landshut verstorbenen Rechtsanwalts Dr. Albert Brunner, letzter Wohnsitz Pater-Rupert-Mayer-Weg 12, 84028 Landshut. Dieser hatte im Jahr 1971 mit seiner Ehefrau Wilhelmine Brunner ein Testament aufgesetzt, das wie folgt lautet:

*Bei komplizierteren Sachverhalten, insbesondere Fällen aus dem **Erbrecht**, empfiehlt es sich, eine Fallskizze sowie eine Zeittafel anzufertigen.*

„*Wir, die Ehegatten Dr. Albert und Wilhelmine Brunner, setzen uns gegenseitig zu alleinigen Erben ein. Nach dem Tod des von uns Letztversterbenden sollen unsere beiden Söhne Klaus und Wilhelm Schlusserben sein. Außer unseren Söhnen soll niemand etwas erben.*

Landshut, den 23.11.1971

Wilhelmine Brunner, Dr. Albert Brunner"

Beweis: Testament vom 23.11.1971 in Kopie (Anlage K 2).

Wilhelmine Brunner hat das Testament eigenhändig geschrieben und Dr. Albert Brunner lediglich seine eigene Unterschrift angefügt.

Tatsachen, die die Form – z.B. einer letztwilligen Verfügung – betreffen, sollten schon beim ersten Durchlesen auf der Klausurangabe markiert werden.

Im Jahr 1986 verunglückten Wilhelmine Brunner und ihr Sohn Wilhelm tödlich bei einem Busunfall. Das anfangs herzliche Verhältnis des Erblassers zur Beklagten, die die einzige Tochter des Wilhelm Brunner ist, verschlechterte sich im Laufe der Jahre zusehends. Die Beklagte trat gegenüber dem Erblasser zunehmend aggressiv und gewaltbereit auf, so dass es schließlich zu mehreren Vorfällen in den Jahren 2009 und 2010 kam, bei denen die Beklagte diesen im Beisein seiner Haushälterin Margarethe Fuchs ohrfeigte und schlug.

Beweis (im Bestreitensfall): Margarethe Fuchs, Adalbert-Stifter-Straße 14, 84028 Landshut.

Die Beklagte wurde insoweit durch rechtskräftiges Urteil des Amtsgerichts Landshut vom 12.1.2011 wegen dreier tatmehrheitlicher Fälle der vorsätzlichen Körperverletzung zu einer Gesamtfreiheitsstrafe von acht Monaten, die zur Bewährung ausgesetzt wurde, verurteilt.

Beweis: Rechtskräftiges Strafurteil des Amtsgerichts Landshut vom 12.1.2011, Az.: 2 Ds 34 Js 27865/10 (Anlage K 3).

Am 27.9.2011 übergab der Erblasser Dr. Albert Brunner dem Kläger folgenden handschriftlichen Brief, der auszugsweise wie folgt lautet:

Da offensichtlich ist, dass der Brief als letztwillige Verfügung in Betracht kommt, sollten auch hier die insoweit relevanten Formalien markiert werden.

Aktenauszug

„Lieber Klaus,

wie Du weißt, habe ich zusammen mit Deiner Mutter schon 1971 mein Testament aufgesetzt. Doch nachdem mich Petra inzwischen mehrfach tätlich angegriffen hat, möchte ich nicht mehr, dass sie von mir etwas erbt... Abweichend von meinem damaligen Testament möchte ich daher nun Dich als meinen alleinigen Erben einsetzen. Deine Mutter Wilhelmine hätte dafür sicher Verständnis... Bitte bewahre diesen Brief für den Erbfall gut auf.

Landshut, den 27.9.2011

Weil am Ende des Briefbogens kein Platz mehr dafür war, hatte der Erblasser die Worte *„Dein Papa"* rechts unten vertikal an den Rand des Briefbogens geschrieben.

Beweis: Brief vom 27.9.2011 in Kopie (Anlage K 4).

Dem Kläger wurde am 16.4.2012 auf seinen Antrag hin vom Amtsgericht-Nachlassgericht Landshut ein Erbschein ausgestellt, der ihn als Alleinerben nach Herrn Dr. Albert Brunner ausweist.

Die mögliche Präjudizialität des Erbscheins für das Streitverfahren sollte schon beim ersten Durchlesen erkannt und als Rechtsproblem (vgl. oben S.??) markiert werden.

Beweis: Erbschein vom 16.4.2012 in Kopie (Anlage K 5).

Die Beklagte legte gegen die Erbscheinserteilung an den Kläger keine Beschwerde ein, so dass diese rechtskräftig geworden ist.

Am 25.5.2012 hat die Unterfertigte im Namen des Klägers unter Berufung auf dessen Alleinerbrecht von der Beklagten die Herausgabe der im Klagetenor bezeichneten und bis zum Tod des Erblassers in dessen Alleineigentum stehenden Rolex-Uhr verlangt.

Beweis: Schreiben der Unterfertigten vom 25.5.2012, welches im Bestreitensfall vorgelegt wird.

Die Uhr war nämlich vom Erblasser bereits seit 1.3.2011 der Beklagten zur Aufbewahrung gegeben worden, weil diese einen einbruchsicheren Safe besitzt. Die Beklagte ist dem Herausgabeverlangen des Klägers indes unter Berufung auf ihr eigenes hälftiges Erbrecht entgegengetreten.

Beweis: Schreiben der Beklagten vom 27.5.2012, welches im Bestreitensfall vorgelegt wird.

II. Rechtliche Würdigung

Dem Kläger steht sowohl in seiner Eigenschaft als Alleinerbe als auch als Eigentümer gegen die Beklagte ein Herausgabeanspruch zu. Hierbei kann er sich bereits auf die Richtigkeits- und Vollständigkeitsvermutung des ihm erteilten Erbscheins stützen. Es ist Sache der Beklagten, diese zu widerlegen.

> Die von den Parteien vertretenen **Rechtsmeinungen** sind unbedingt herauszufiltern und zu analysieren. In ihnen „verbergen" sich die Schwerpunkte der Klausur.

Arbinger

Rechtsanwältin

Anlagen (…): Es folgen die in der Klageschrift genannten Schriftstücke, die den dort genannten Inhalt haben und von deren Abdruck abgesehen wird.

Die Klageschrift wurde der Beklagten am 2.7.2012 ordnungsgemäß zugestellt. Im Übrigen wurde der Beklagten mit der erforderlichen Belehrung gem. § 277 Abs. 2 ZPO eine Frist von drei Wochen zur Klageerwiderung gesetzt und Termin zur Güteverhandlung mit anschließendem frühen ersten Termin auf Montag, den 30.7.2012, 10.00 Uhr, Sitzungssaal 3, bestimmt.

Boris Bäcker   Landshut, 6.7.2012
Rechtsanwalt
Rennweg 91
84034 Landshut

An das Amtsgericht Landshut
Maximilianstr. 22
84028 Landshut

> Amtsgericht Landshut
> Eingang: 9.7.2012

In Sachen

Klaus Brunner gegen Petra Brunner

wegen Herausgabe u.a.

Az.: 4 C 2269/12

bestelle ich mich als Prozessbevollmächtigter für die Beklagte. Im anberaumten frühen ersten Termin werde ich für diese

Klageabweisung

beantragen.

> Auch die Sachanträge des Beklagten, regelmäßig auf Klageabweisung, sollten auf der Klausurangabe markiert werden.

Begründung

I. Zum vom Kläger vorgetragenen Sachverhalt:

Die vom Kläger vorgetragenen Tatsachen, insbesondere das Vorhandensein und der Wortlaut der vom Kläger vorgelegten Urkunden werden nicht bestritten.

> Damit wird der gesamte vom Kläger vorgetragene Sachverhalt **unstreitig**.

Die Klage ist aber aus folgenden Gründen abzuweisen:

1. Selbst wenn der Kläger Erbe nach Herrn Dr. Albert Brunner geworden wäre, wäre er von vornherein weder prozessführungsbefugt noch gar aktivlegitimiert, weil er die streitgegenständliche Rolex-Uhr, wie die Beklagte erst gestern erfahren hat, am 3.7.2012 an den Schwager der Beklagten, Herrn Norbert Berger, veräußert hat, indem er diesem seinen angeblichen Herausgabeanspruch gegen die Beklagte abgetreten hat.

> Die von der Beklagten eingewendete Veräußerung der streitbefangenen Sache ist im Urteil unter den rechtlichen Gesichtspunkten der **Prozessführungsbefugnis** sowie der **Aktivlegitimation** (vgl § 265 Abs. 2 S. 1 ZPO) zu untersuchen. Auch diese Schwerpunkte sind im Sachverhalt angesprochen und unbedingt herauszufiltern.

Beweis: Vertragsurkunde vom 2.7.2012 (Anlage B 1).

2. Ein Herausgabeanspruch besteht ferner insofern nicht, als die Beklagte Miterbin nach Herrn Dr. Albert Brunner geworden ist. Die Beklagte rückt als Enkelin des Erblassers nach allgemeinen erbrechtlichen Grundsätzen in die Stellung ihres vorverstorbenen Vaters Wilhelm Brunner ein. Hieran hat auch der an den Kläger gerichtete Brief des Erblassers vom 27.9.2012 nichts geändert, da die Verfügungen im Testament aus dem Jahr 1971 vertragsähnlich und daher nach dem Tod der Mutter Wilhelmine unwiderruflich waren, §§ 2270, 2271 BGB. Abgesehen davon würde dieser Brief auch nicht die Anforderungen an eine formwirksame letztwillige Verfügung erfüllen.

> In den hier von der Beklagten zur Erbrechtslage vertretenen Ansichten „verstecken" sich wiederum (materiellrechtliche) **Schwerpunkte** der Klausur, nämlich die Probleme einer Ersatzerbenberufung der Beklagten so wie der Widerruflichkeit einer Verfügung in der gesetzlich vorgeschriebenen Form.

3. Im Hinblick auf die Stellung der Beklagten als Miterbin und die Tatsache, dass der Kläger diese offensichtlich auch in Zukunft nicht anerkennen will, wird im Wege der

Widerklage

beantragt:

> Wird Widerklage erhoben, gilt dasselbe wie zur Klage, dh, es sollte der relevante **Sachantrag** auf der Klausurangabe hervorgehoben werden.

Es wird festgestellt, dass Herr Dr. Albert Brunner, verstorben am 12.2.2012 in Landshut, aufgrund Testaments von Herrn Klaus Brunner und Frau Petra Brunner je zur Hälfte beerbt worden ist.

4. Für den Fall, dass das Gericht wider Erwarten zur Auffassung gelangen sollte, der Kläger habe aufgrund eigenen Erbrechts einen (an Norbert Berger abgetretenen) Herausgabeanspruch, wird weiter im Wege der

Hilfswiderklage

beantragt:

Der Kläger wird verurteilt, an die Beklagte 1.417,69 € zuzüglich Zinsen in Höhe von 5 %-Punkten über dem Basiszinssatz seit Rechtshängigkeit zu zahlen.

Die Beklagte hat nämlich an der bei ihr verwahrten streitgegenständlichen Rolex-Uhr am 26.3.2012 durch den Uhrmachermeister Mempe in Landshut ein neues Armband anbringen lassen, weil das alte zwar nicht kaputt, aber schon sechs Jahre alt war. Ferner wurde eine Revision des Uhrwerks durchgeführt.

Beweis: Rechnung des Uhrmachermeisters Mempe vom 30.3.2012 (Anlage B 2).

Der Kläger hätte im dem Falle, dass er selbst Alleinerbe nach Herrn Dr. Albert Brunner und damit Eigentümer der Uhr geworden wäre, der Beklagten ihre Aufwendungen zu ersetzen.

Bäcker

Rechtsanwalt

Bei der Erhebung von Hilfsanträgen oder einer Hilfswiderklage spricht eine gewisse **Vermutung** dafür, dass die (innerprozessuale) Bedingung für die Wirksamkeit dieser Prozesshandlunge – regelmäßig die Erfolglosigkeit eines Hauptantrages oder der Hauptwiderklage – auch eintreten wird, da ansonsten die diesbezüglichen prozessualen und materiellen Probleme lediglich im Hilfsgutachten abzuhandeln wären.

Die Rechtsauffassung der Beklagten, sie habe (hilfsweise) Aufwendungsersatz zu bekommen, ist als geäußerte **Rechtsmeinung** auf der Klausurangabe hervorzuheben.

Anlagen (…): Es folgen die in vorstehendem Schriftsatz genannten Schriftstücke, die den dort genannten Inhalt haben und von deren Abdruck teilweise abgesehen wird.

Anlage B 1:

Verkaufs- und Veräußerungsvertrag

Hiermit verkauft Herr Klaus Brunner, (…), die in seinem Eigentum stehende goldene Uhr Rolex Daytona, (…), zum Preis von 4.200 € an Herrn Norbert Berger, (…).

Der Kaufpreis wurde heute in bar übergeben. Im Gegenzug überträgt Herr Klaus Brunner Herrn Norbert Berger die Uhr zu Eigentum und tritt ihm seinen Herausgabeanspruch gegen Frau Petra Brunner, (…), ab.

Landshut, 3.7.2012

Klaus Brunner   Norbert Berger

Der Klageerwiderungs- und Widerklageschriftsatz der Beklagten wurde dem Prozessbevollmächtigten des Klägers am 12.7.2012 zugestellt.

Aktenauszug

Ludmilla Arbinger
Rechtsanwältin
Regierungsplatz 16
84028 Landshut

Landshut, den 16.7.2012

> Amtsgericht Landshut
> Eingang: 19.7.2012

An das Amtsgericht Landshut
Maximilianstr. 22
84028 Landshut

Az.: 4 C 2269/12

In Sachen

Klaus Brunner gegen Petra Brunner

ist auf den Klageerwiderungsschriftsatz der Beklagten vom 6.7.2012 wie folgt zu replizieren:

1. Es trifft zu, dass der Kläger die streitgegenständliche Uhr am 3.7.2012 an seinen Schwager Norbert Berger verkauft und übereignet hat. Der Kläger ist als Erbe nach Herrn Dr. Albert Brunner dessen Gesamtrechtsnachfolger und konnte damit als Eigentümer mit der Rolex machen, was ihm beliebt. Die Prozessführungsbefugnis des Klägers wurde durch den Verkauf ebenso wenig beeinflusst wie seine Aktivlegitimation.

Im Hinblick auf die Veräußerung der Uhr wird der <u>Klageantrag</u> wie folgt neu gefasst:

Die Beklagte wird verurteilt, die goldene Herrenarmbanduhr Rolex Daytona (Chronograph), Baujahr 1956, Fabrikationsnummer 456UROL2345an Herrn Norbert Berger, Watzmannstr. 47, 84031 Landshut, herauszugeben.

2. Was die Widerklagen der Beklagten auf Feststellung deren Alleinerbrechts sowie Ersatz der Reparaturrechnung vom 30.3.2012 betrifft, beantragt der Kläger deren

Abweisung

a) Selbstverständlich ist der Kläger Alleinerbe nach Herrn Dr. Albert Brunner. Selbst wenn die Beklagte aufgrund des Testaments aus dem Jahre 1971 anstelle ihres verstorbenen Vaters in dessen erbrechtliche Stellung eingerückt wäre, wäre diese durch den Brief des Erblassers vom 27.9.2011, der als letztwillige Verfügung anzusehen ist, widerrufen worden.

b) Die Beklagte kann vom Kläger auch nicht die von ihr aufgewendeten Reparaturkosten verlangen. Der Eigentümer hat dem nicht berechtigten Besitzer Luxus-

---

Die Veräußerung der streitgegenständlichen Uhr wird vom Kläger unstreitig gestellt. Zur Frage der Prozessführungsbefugnis sowie der Aktivlegitimation vertritt er die gegenteilige Auffassung zur Beklagten. In solchen Fällen liegt es auf der Hand, dass die „richtige" Lösung ohne Weiteres aus dem **Gesetz**, jedenfalls aber aus einem zugelassenen **Kommentar** zu entnehmen ist. Der (zuletzt) gestellte Klageantrag auf Herausgabe an den Nebenintervenienten ist auf der Klausurangabe hervorzuheben; dies gilt auch für den Abweisungsantrag zur Widerklage.

Aus einer solchen **Formulierung** („selbst wenn") lässt sich entnehmen, dass der Ersteller der Klausur von einer grundsätzlichen Ersatzerbenstellung der Beklagten ausgeht, da andernfalls die auf der Hand liegende umfängliche Widerrufsproblematik irrelevant und lediglich im Hilfsgutachten darzustellen wäre.

Der Kläger präzisiert mit seiner Rechtsauffassung die Problematik der „Aufwendungen" in Richtung auf „**Verwendungen**". Insoweit sollte es auf der Hand liegen, Vorschriften aus dem EBV, ggf modifiziert durch die §§ 2018 ff. BGB, zu prüfen.

verwendungen nicht zu ersetzen. Solche liegen aber in Gestalt der Anbringung eines neuen Armbandes sowie der Durchführung einer technisch nicht notwendigen Revision des Uhrwerkes ohne Zweifel vor.

Arbinger
Rechtsanwältin

Der Schriftsatz des Klägers vom 16.7.2012 wurde dem Beklagtenvertreter am 20.7.2012 gegen Empfangsbekenntnis zugestellt.

Oleg Blochin Landshut, den 19.7.2012
Rechtsanwalt
Jürgen-Schumann-Str. 34
84034 Landshut

> Amtsgericht Landshut
> Eingang: 23.7.2012

An das Amtsgericht Landshut
Maximilianstr. 22
84028 Landshut

Az.: 4 C 2269/12

In Sachen

Klaus Brunner gegen Petra Brunner

zeige ich an, dass ich Herrn Norbert Berger, Watzmannstr. 47, 84032 Landshut, vertrete. Für diesen erkläre ich den Beitritt als

Nebenintervenient

auf Seiten des Klägers und werde dessen **Antrag** zur Klage auch für den Nebenintervenienten in der mündlichen Verhandlung stellen.

1. Herr Berger hat ein rechtliches Interesse daran, den Kläger in vorliegendem Rechtsstreit zu unterstützen. Er hat vom Kläger die streitgegenständliche Uhr zu Eigentum erworben und ist, wie schon der Klageantrag zeigt, im Falle des Obsiegens des Klägers Begünstigter eines entsprechenden Herausgabetitels. Die Nebenintervention ist daher zulässig.

2. In der Sache macht sich der Nebenintervenient den Vortrag des Klägers in vollem Umfang zu eigen. Ergänzend ist vorzutragen, dass der Kläger dem Nebenintervenienten im Zeitpunkt des Verkaufs der Uhr am 3.7.2012 auch mitgeteilt hat, dass er gegen die Beklagte die gegenständliche Herausgabeklage bereits erhoben hatte.

Prozessuale Sonderprobleme sollten ebenfalls auf der Klausurangabe markiert werden. Im Falle der **Nebenintervention** ist zu erkennen, dass der Nebenintervenient in der mündlichen Verhandlung ein eigenes Antragsrecht hat, § 67 ZPO.

Selbstverständlich trägt der Nebenintervenient zur Zulässigkeit seiner Nebenintervention vor. allerdings ist zu wissen, dass diese nur auf **Einwand** einer Partei und nur in einem **Zwischenverfahren** nach § 71 ZPO relevant ist (vgl das Hilfsgutachten). In einer erstinstanzlichen Klausur sind ein solcher Einwand sowie ein entsprechendes Verfahren aber eher nicht zu erwarten, da der Sachverhalt zu sehr „aufgebläht" würde.

Aktenauszug

Aus diesem Grund ist der Kläger auch berechtigt, den Rechtsstreit nach dem Verkauf des PKW im eigenen Namen fortzusetzen, da ein ergehendes Urteil auch für und gegen den Nebenintervenienten wirken würde.

Blochin
Rechtsanwalt

Der den Kläger unterstützende Nebenintervenient stellt klar, dass er im Zeitpunkt des Erwerbs der Uhr keine Kenntnis von der Rechtshängigkeit der Herausgabeklage hatte und damit die Voraussetzungen für die Ausnahmevorschrift des § 325 Abs. 3 ZPO nicht vorliegen. Allerdings ist zu sehen, dass es Sache der Beklagten ist, insoweit vorzutragen und ggf Beweis anzubieten (vgl noch unten).

Der Schriftsatz des Nebenintervenienten vom 19.7.2012 wurde den beiden Prozessbevollmächtigten der Parteien gegen Empfangsbekenntnis jeweils am 25.7.2012 zugestellt. Auf Verfügung des Gerichts wurde der Prozessbevollmächtigte des Nebenintervenienten zum Termin am 30.7.2012 geladen.

4 C 2269/12

Protokoll

aufgenommen in der öffentlichen Sitzung des Amtsgerichts Landshut
am 30.7.2012

Gegenwärtig:

Richter am Amtsgericht Penger

Justizangestellter Machalik

als Urkundsbeamter der Geschäftsstelle

In dem Rechtsstreit

   Klaus Brunner ./. Petra Brunner

    wegen Herausgabe u.a.

erscheinen nach Aufruf der Sache um 10.00 Uhr:

Für die Beklagte Rechtsanwalt Bäcker. Für den Nebenintervenienten erscheint Rechtsanwalt Blochin.

Für den Kläger erscheint trotz Zuwartens bis 10.15 Uhr niemand. es wird festgestellt, dass diese ausweislich der Akten ordnungsgemäß zum heutigen Termin zur Güteverhandlung mit unmittelbar anschließendem Termin zur mündlichen Verhandlung geladen worden ist.

Da der Kläger nicht erschienen ist, wird gem. § 279 Abs. 1 S. 1 ZPO sofort in die streitige mündliche Verhandlung eingetreten.

Der Vertreter der Beklagten beantragt, gegen den Kläger Versäumnisurteil entsprechend den Anträgen aus dem Klageerwiderungs- und Widerklageschriftsatz

Die Durchführung einer Güteverhandlung ist im Falle des Nichterscheinens einer Partei auch dann nicht möglich, wenn der unterstützende Nebenintervenient erschienen ist, da dieser wegen **fehlender Rechtszuständigkeit** keinen Vergleich mit Wirkung für und gegen die Partei schließen kann (hM, vgl. T/P, § 67 Rn 15).

vom 6.7.2012, hilfsweise ein Endurteil mit diesem Inhalt zu erlassen.

Der Vertreter des Nebenintervenienten **beantragt**, den Antrag auf Erlass eines Versäumnisurteils auf Klageabweisung zurückzuweisen und die Beklagte nach Maßgabe seines Schriftsatzes vom 19.7.2012 zu verurteilen.

Der Antrag des Beklagten auf Erlass eines Versäumnisurteils ist unbedingt zu **markieren**, da dessen Voraussetzungen vorweg zu prüfen sein werden. Gleiches gilt insoweit für den diesbezüglichen Antrag des Nebenintervenienten sowie dessen Sachantrag.

Der Vertreter des Nebenintervenienten ist der Meinung, dass er den Kläger vertreten und damit dessen Säumnis abwenden könne. Er wiederholt die bereits vom Kläger vertretene Auffassung, dass dieser Alleinerbe seines Vaters und damit Eigentümer der streitgegenständlichen Rolex-Uhr geworden sei. Als solcher habe er diese selbstverständlich auch nach Rechtshängigkeit der Herausgabeklage an den Nebenintervenienten verkaufen können. Der geänderten Rechtslage sei durch die Umstellung der Klage auf Herausgabe an den Nebenintervenienten Rechnung getragen worden. Ferner sei ihm aufgefallen, dass die Widerklagen nach dem Verkauf des PKW schon unzulässig seien, weil es an einem Zusammenhang mit der Klage, die sich auf Herausgabe an einen Dritten beziehe, fehle und sie auch nicht gegen den „wahren" Kläger und Anspruchsinhaber, nämlich den Nebenintervenienten gerichtet seien.

Die Rechtsauffassungen des Nebenintervenienten enthalten weitere Hinweise auf die (auch schon zuvor thematisierten) prozessualen Schwerpunkte der Klausur. Schon die **Klausurtaktik** sollte nahelegen, dass die Voraussetzungen für ein Versäumnisurteil nicht gegeben sind, da andernfalls die geforderte praktische Prüfungsleistung in einem kurzen Urteil ohne Tatbestand und Entscheidungsgründen bestehen würde und sämtliche sonstigen Zulässigkeits- und Begründetheitsprobleme im Hilfsgutachten darzustellen wären.

Der Beklagtenvertreter hält dem entgegen, dass ein Nebenintervenient schon keine Anträge zur Sache stellen und damit auch die Säumnis der von ihm unterstützten Partei nicht abwenden könne. Jedenfalls die Widerklage betreffe den Nebenintervenienten gar nicht, so dass dieser auch nicht für den Kläger auftreten könne. Im Übrigen habe der Kläger nach dem Verkauf des PKW an den Nebenintervenienten kein Rechtsschutzbedürfnis für eine Herausgabeklage mehr. Es werde bestritten, dass der Kläger den Nebenintervenienten im Zeitpunkt der Veräußerung der Uhr von dem bereits anhängigen Herausgabeprozess informiert habe. Der gutgläubige Rechtsnachfolger müsse aber einen Titel, den sein Rechtsvorgänger erstritten habe, nicht gegen sich gelten lassen. Dann sei aber der gegenständliche Prozess für den Kläger sinnlos. Bezüglich der Widerklage auf Verwendungsersatz sei anzuführen, dass die Beklagte, falls sie mangels eigenen Erbrechts Erbschaftsbesitzerin sein sollte, jede Art von Verwendungen ersetzt verlangen könne; der der Beklagten zustehende Verwendungsersatzanspruch werde gegenüber dem Herausgabean-

Die Rechtsauffassungen des Beklagten sind mit denjenigen des Nebenintervenienten zu vergleichen. Falls nicht ohnedies geläufig, kann die „richtige" Lösung o.w. mit dem zugelassenen Kommentar gefunden werden. Die Beklagte „bestreitet" zudem, dass der Nebenintervenient im Zeitpunkt des Erwerbs der Uhr „gutgläubig" gewesen sei. Es ist offensichtlich, dass insoweit auf die §§ 265 Abs. 3, 325 Abs. 2 ZPO abgestellt wird. Ebenso sollte aber schon aus dem Wortlaut des § 265 Abs. 3 ZPO erkannt werden, dass diesbezüglich die Beklagte die Darlegungs- und Beweislast hat, ein Beweis aber insoweit schon gar nicht angeboten wird. Schließlich erfolgt ein präzisierender Hinweis zum Anspruch auf Verwendungsersatz in Hinblick auf einen möglichen Erbschaftsbesitz.

spruch hilfsweise auch als Zurückbehaltungsrecht geltend gemacht.

Der Vertreter des Nebenintervenienten betont nochmals, dass der Kläger diesem vor der Veräußerung der Uhr am 3.7.2012 die bereits rechtshängige Herausgabeklage gegen die Beklagte berichtet habe. Unter Verwahrung gegen die Beweislast biete er hierfür als <u>Beweis</u> die Einvernahme des Nebenintervenienten als Zeugen an.

Auf die Beweislastverteilung im Bereich der §§ 265 Abs. 3, 325 Abs. 2 ZPO wird durch den Nebenintervenienten deutlich hingewiesen. Dass das Gericht den Nebenintervenienten nicht als Zeugen einvernommen hat, ist ein weiterer Hinweis darauf, dass der Hauptbeweis von der Beklagten anzutreten gewesen wäre.

Hierzu weist das Gericht auf folgendes hin: (...)

Es ergeht sodann folgender verkündeter

<u>Beschluss:</u>

Termin zur Verkündung einer Entscheidung wird auf Montag, 13.8.2012, 16.00 Uhr, Sitzungssaal 3, bestimmt.

Penger	Machalik, Justizangestellter
RiAG	Urkundsbeamter der Geschäftsstelle

Vermerk für die Bearbeiter

Die Entscheidung des Gerichts ist zu entwerfen. Der Tatbestand, die Kostenentscheidung, die Entscheidung zur vorläufigen Vollstreckbarkeit und der Streitwertbeschluss sind erlassen.

Ladungen, Zustellungen und sonstige Formalien sind in Ordnung, soweit sich aus dem Sachverhalt nichts anderes ergibt. §§ 139, 278 ZPO wurde beachtet.

Der genaue Wortlaut der Anlagen zur Klageschrift ist für die Entscheidung ohne Bedeutung, soweit diese nicht abgedruckt sind. Wenn das Ergebnis der mündlichen Verhandlung nach Ansicht der Bearbeiter für die Entscheidung nicht ausreicht, ist zu unterstellen, dass trotz Wahrnehmung der richterlichen Aufklärungspflicht keine weitere Aufklärung zu erzielen ist.

Soweit die Entscheidung keiner Begründung bedarf oder in den Gründen ein Eingehen auf alle berührten Rechtsfragen nicht erforderlich erscheint, sind diese in einem Hilfsgutachten zu erörtern.

Lösungsvorschlag

Amtsgericht Landshut
Az.: 4 C 2269/12

Im Namen des Volkes

In dem Rechtsstreit

Klaus Brunner, Warme Gasse 1, 84031 Altdorf,

– Kläger –

Prozessbevollmächtigte: Rechtsanwältin Ludmilla Arbinger, Regierungsplatz 16, 84028 Landshut

Norbert Berger, Watzmannstr. 47, 84032 Landshut

– Nebenintervenient –

Prozessbevollmächtigter: Rechtsanwalt Oleg Blochin, Jürgen-Schumann-Str. 34, 84034 Landshut

gegen

Petra Körner, Stiglmairplatz 132, 80331 München

– Beklagte –

Prozessbevollmächtigter: Rechtsanwalt Boris Bäcker, Rennweg 91, 84034 Landshut

wegen Herausgabe u.a.

erlässt das Amtsgericht Landshut durch Richter am Amtsgericht Penger aufgrund der mündlichen Verhandlung vom 30.7.2012 folgendes

Endurteil

I. Die Beklagte wird verurteilt, die goldene Herrenarmbanduhr Rolex Daytona (Chronograph), Baujahr 1956, Fabrikationsnummer 456UROL2345 an Herrn Norbert Berger, Watzmannstr. 47, 84031 Landshut, Zug um Zug gegen Zahlung von 1.417,69 € herauszugeben.

II. Im Übrigen wird die Klage abgewiesen.

III. Die Widerklagen werden abgewiesen.

IV. Kostenentscheidung: erlassen!

V. Entscheidung zur vorläufigen Vollstreckbarkeit: erlassen!

Tatbestand: erlassen!

Entscheidungsgründe

Die zulässige Klage ist zum großen Teil begründet, während die Widerklagen auf Feststellung des Alleinerbrechts der Beklagten sowie auf Verwendungsersatz zwar zulässig, aber unschlüssig sind, so dass sie durch unechtes Versäumnisurteil abzuweisen waren.

Der Nebenintervenient sowie sein Prozessbevollmächtigter stehen im Urteilsrubrum nach der unterstützten Partei.

Der Tenor zur Hauptsache richtet sich nach dem gestellten Klageantrag, § 308 Abs. 1 ZPO. Er muss einen vollstreckbaren Inhalt haben, so dass – nicht selten anzutreffende – Formulierungen wie „Der Klage wird stattgegeben" tunlichst zu vermeiden sind. Herauszugebende Gegenstände sind so genau als möglich zu bezeichnen. Da der Kläger Herausgabe entgegen dem gestellten Antrag nur „Zug um Zug" bekommt, ist die Klage „im Übrigen" abzuweisen!

Die Entscheidungsgründe des Urteils beginnen mit einem das Gesamtergebnis zusammenfassenden Einleitungssatz.

Lösungsvorschlag

A. Klage

I. Zunächst war im Hinblick auf die Abwesenheit des Klägers bzw. seines Prozessbevollmächtigten im Rahmen der Güteverhandlung diese nicht etwa zu vertagen, sondern sofort zu der im unmittelbaren Anschluss terminierten mündlichen Verhandlung überzugehen, § 279 Abs. 1 ZPO.

Das Urteil muss sinnvoll gegliedert werden. Insofern bietet sich eine Aufteilung in Klage und Widerklage und innerhalb derselben in Zulässigkeit und Begründetheit an. Auch innerhalb der letzteren Punkte sollte in Anlehnung an die behandelten Probleme gegliedert werden.

II. Ferner war dem Prozessantrag der Beklagten auf Erlass eines Versäumnisurteils gegen den Kläger (§ 330 ZPO) nicht zu entsprechen. Zwar ist für den Kläger in der mündlichen Verhandlung vom 30.7.2012 kein nach § 78 Abs. 1 ZPO postulationsbefugter Rechtsanwalt erschienen. Allerdings wendete der ordnungsgemäß nach § 78 Abs. 1 ZPO[1] anwaltlich vertretene Nebenintervenient die Säumnis des Klägers ab, indem er unter Stellung eines Sachantrags zur Klage verhandelte.[2]

Aufbaumäßig muss die Frage, ob ein Versäumnisurteil zu ergehen hatte, vorweg behandelt werden, da sich hiernach die weitere Prüfungssystematik sowie der Urteilsinhalt (vgl § 313b ZPO) richten.

III. Die Klage auf Herausgabe der goldenen Rolex-Uhr an den Nebenintervenienten ist auch zulässig.

Auch innerhalb der „Zulässigkeit" sowie „Begründetheit" sind die diesbezüglichen Teilergebnisse zusammengefasst vorweg zu schildern (Urteilstil). Dass es sich bei der Umstellung des Antrags auf Herausgabe an den Erwerber (Nebenintervenienten) um eine (stets zulässige) Klageänderung handelt, muss als Standardproblem erkannt und im Rahmen der Zulässigkeit vorweg dargestellt werden.

1. Zunächst hat der Kläger die ursprünglich auf Herausgabe an sich selbst gerichtete Klage wirksam in eine solche auf Herausgabe an den Nebenintervenienten geändert. Die Änderung des Antrags war gem. § 264 Nr. 2 ZPO bzw. § 264 Nr. 3 ZPO zulässig.[3]

2. Das Amtsgericht Landshut ist gem. § 23 Nr. 1 GVG sachlich und gem. § 27 ZPO örtlich zuständig.[4]

3. Der Kläger ist trotz der Übereignung der Uhr an den Nebenintervenienten (vgl. hierzu noch unten IV.) nach Zustellung der Herausgabeklage nach wie vor prozessführungsbefugt, weil die Veräußerung der streitbefangenen Sache nach Rechtshängigkeit auf den Prozess keinen Einfluss hat, § 265 Abs. 2 S. 1 ZPO; er führt den Prozess als gesetzlicher Prozessstandschafter weiter.[5] Die Uhr ist „streitbefangen" im Sinne dieser Vorschrift, weil von der Frage, wer Gesamtrechtsnachfolger des Erblassers Dr. Albert Brunner und damit auch

Das prozessuale Problem der Prozessführungsbefugnis wurde von den Parteien in den geäußerten Rechtsmeinungen deutlich angesprochen.

---

1 Auch der Nebenintervenient muss sich vor dem Landgericht von einem Rechtsanwalt vertreten lassen, Hüßtege in: Thomas/Putzo, § 78 Rn. 5; Berndtsen in: Hk-ZPO, § 78 Rn. 9.
2 Hüßtege in: Thomas/Putzo, § 67 Rn. 7.
3 Vgl. Knöringer, S. 130, m.w.N. zur Rechtsprechung des BGH. Eine Auseinandersetzung, ob ein Fall bloßer „Reduzierung" der Klage in der Hauptsache vorliegt oder ob nach Antragsumstellung nunmehr „ein anderer Gegenstand", nämlich Leistung an einen Dritten, gefordert wird, ist nicht zu verlangen.
4 Wer § 27 ZPO nicht findet, muss zur örtlichen Zuständigkeit des AG Landshut über § 39 Abs. 1 ZPO kommen.
5 Reichold in: Thomas/Putzo, § 265 Rn. 12; Saenger in: Hk-ZPO, § 265 Rn. 12.

Eigentümer geworden ist, die Sachlegitimation der Parteien im Hinblick auf einen möglichen Herausgabeanspruch (§§ 2018, 985 BGB) abhängt.

IV. Die Klage auf Herausgabe an den Nebenintervenienten ist begründet, allerdings nur Zug um Zug gegen Ersatz der von der Beklagten an der Uhr vorgenommenen Verwendungen.

1. Der Kläger behielt trotz Veräußerung der herauszugebenden Rolex-Uhr nach Klagezustellung seine Aktivlegitimation, wie sich aus § 265 Abs. 2 S. 1 ZPO ergibt.[6] Veräußert der Kläger die streitbefangene Sache, muss er zwar seine Klage auf Leistung an den Rechtsnachfolger ändern, um ein (zu seinen Gunsten) sachlich unrichtiges Urteil zu vermeiden.[7] Zutreffend hat der Kläger aber seine Klage auf Leistung an den Nebenintervenienten umgestellt.

*Auch die Frage der **Aktivlegitimation** wird von den Parteien in den Schriftsätzen deutlich angesprochen.*

2. Ob der Nebenintervenient im Zeitpunkt der Veräußerung der Uhr am 3.7.2012 die Rechtshängigkeit der Herausgabeklage kannte oder gutgläubig im Sinne der §§ 265 Abs. 3, 325 Abs. 2 ZPO war, womit die von § 265 Abs. 2 ZPO angeordnete Fiktion der Aktivlegitimation[8] des Klägers von vornherein nicht bestünde, bedurfte nicht der Klärung im Wege einer Einvernahme des Nebenintervenienten als Zeugen. Zwar kann dieser mangels formaler Stellung als Partei auch Zeuge in dem Prozess, in dem er als Streithelfer auftritt,

*Der Richter darf den Gegenbeweis nicht erheben, wenn kein Hauptbeweis angeboten ist. Nur auf den diesbezüglich **fehlenden Beweisantritt** darf die Entscheidung gestützt werden. Auf keinen Fall darf eine Beweisaufnahme und ein entsprechendes Ergebnis fingiert bzw. unterstellt werden. Vielmehr ist zu **hinterfragen**, warum das Gericht den angebotenen Beweis nicht erhoben hat. Der erstinstanzliche Richter geht nämlich aus der maßgeblichen Sicht des Klausurerstellers immer richtig vor!*

---

6 Reichold in: Thomas/Putzo, § 265 Rn. 12; Saenger in Hk-ZPO, § 265 Rn. 12.
7 Reichold in Thomas/Putzo, § 265 Rn 13; Saenger in Hk-ZPO, § 265 Rn. 14; sog. „Relevanztheorie".
8 Nach Reichold in Thomas/Putzo, § 265 Rn. 19 ist die Frage der Kenntnis des Erwerbers im Sinne der §§ 265 Abs. 3, 325 Abs. 2 ZPO eine solche der Begründetheit der Klage. Hierfür spricht, dass die Regelung des § 265 Abs. 3 ZPO bei fehlender möglicher Urteilswirkung gegen den Rechtsnachfolger eine Sachentscheidung auf Abweisung gegen den Rechtsvorgänger herbeiführen soll, da dieser ja seine materielle Aktivlegitimation (ohne Berücksichtigung des § 265 Abs. 2 ZPO) verloren hat. § 265 Abs. 3 ZPO ermöglicht insoweit also den Einwand fehlender Sachbefugnis, vgl. etwa Saenger in Hk-ZPO, § 265 Rn. 16. Mindestens genauso gut vertretbar erscheint es aber, diese Problematik bereits im Bereich der Prozessführungsbefugnis des Klägers zu prüfen, da schon der Wortlaut des § 265 Abs. 3 ZPO ergibt, dass der Kläger zur „Geltendmachung" des Anspruchs (im Falle der Gutgläubigkeit des Erwerbers) nicht mehr befugt sei, vgl. auch Knöringer, S. 131. Die Befugnis, ein fremdes Recht im eigenen Namen geltend zu machen, gehört aber systematisch zu den Prozessvoraussetzungen, weswegen nach dieser Auffassung eine Klage schon als unzulässig abzuweisen ist, wenn der Erwerber auf Klägerseite gutgläubig war. Eine Auseinandersetzung mit den o.a. Argumenten kann nicht verlangt werden.

sein.⁹ Indes wäre es Sache der Beklagten gewesen, für die von ihr behauptete Gutgläubigkeit des Nebenintervenienten auch Beweis anzubieten. § 265 Abs. 3 ZPO ist schon seinem Wortlaut nach als Einwendung gegenüber dem klagenden Rechtsvorgänger ausgestaltet, weswegen der auf Herausgabe an den Rechtsnachfolger verklagte Besitzer die Gutgläubigkeit des Rechtsnachfolgers im Sinne des § 325 Abs. 2 ZPO nicht nur zu behaupten, sondern auch zu beweisen hat.¹⁰ Die Beklagte hat aber den ihr obliegenden Hauptbeweis für die Gutgläubigkeit des Nebenintervenienten bereits nicht angetreten, so dass dessen gegenbeweislich beantragte Einvernahme als Zeuge zu unterbleiben hatte.

3. Der Nebenintervenient als nunmehr materiell berechtigter Eigentümer hat gegen die Beklagte auch einen Anspruch auf Herausgabe der Rolex-Uhr gem. § 985 BGB, weil er vom Kläger wirksam nach den §§ 929 S. 1, 931 BGB Eigentum erworben hat. Der Beklagten steht allerdings ein Besitzrecht im Sinne des § 986 Abs. 2 BGB zu, weil sie gegenüber dem vom Kläger an den Nebenintervenienten abgetretenen Anspruch ein Zurückbehaltungsrecht als Einwendung geltend machen kann, §§ 2022, 1000, 404, 273, 274 BGB.

> Nach Veräußerung der streitbefangenen Sache auf Klägerseite und Umstellung des Klageantrags auf Leistung an den Rechtsnachfolger ist zu prüfen, ob *dieser* einen Anspruch auf Herausgabe gegen die Beklagte hat. Das Ergebnis insoweit steht vorweg.

a) Der Kläger hat sich unstreitig mit dem Nebenintervenienten über den Eigentumsübergang an der streitgegenständlichen Uhr geeinigt und diesem einen etwaigen gegen die Beklagte bestehenden Herausgabeanspruch abgetreten. Die Abtretung bezog sich hierbei auf den Anspruch des Klägers gem. § 2018 BGB gegen die Beklagte als Erbschaftsbesitzerin. Dieser gesetzliche Anspruch ist – anders als der Herausgabeanspruch nach § 985 BGB – auch selbstständig im Rahmen einer Eigentumsübertragung nach den §§ 929 S. 1, 931 BGB abtretbar.¹¹

> Die Subsumtion im Urteil unterscheidet sich von derjenigen im Gutachten **nur insoweit**, als **zusätzlich** anzugeben ist, ob die zugrundegelegten Tatsachen unstreitig (dh zugestanden bzw nicht oder nicht ausreichend bestritten) bzw (nicht) bewiesen sind.

b) Ein Herausgabeanspruch des Klägers nach § 2018 BGB gegen die Beklagte bestand auch im Zeitpunkt der Veräußerung. Der Kläger ist zum einen aufgrund des als wirksames Widerrufstestament anzusehenden Briefes des Erblassers vom 27.9.2011 Alleinerbe nach Herrn Dr. Albert Brunner geworden und die Beklagte besitzt zum anderen die Uhr als Nachlassge-

---

9   Reichold in: Thomas/Putzo, § 67 Rn. 5.
10 Saenger in Hk-ZPO, § 265 Rn. 16.
11 Bassenge in Palandt, § 931 Rn. 3; Weidlich in Palandt, § 2018 Rn. 1.

genstand unter Berufung auf ein angemaßtes Erbrecht.

aa) Dem Kläger kommt zwar die – ggf. von der Beklagten zu widerlegende – Anordnung des § 2365 BGB nicht zugute, wonach vermutet wird, dass demjenigen, welcher in einem Erbschein als Erbe bezeichnet ist, das in dem Erbschein bezeichnete Recht auch zusteht. In welchem Umfang die Vermutung des § 2365 auch in einem Streit der Erbanwärter gilt, ist sehr streitig. Nach einer (in der älteren Literatur vertretenen) Auffassung gilt die Vermutung des § 2365 BGB in einem solchen Streit uneingeschränkt.[12] Damit würde aber die Prozessstellung des Gegners des Erbscheinsinhabers unverhältnismäßig erschwert, denn er müsste gegen den Erbschein den Beweis des Gegenteils führen und jede Möglichkeit des erbrechtlichen Erwerbs widerlegen. Die gegenteilige Ansicht misst demgegenüber dem Erbschein im Prätendentenstreit keinerlei Bedeutung zu.[13] Eine vermittelnde Auffassung differenziert für die Bedeutung des Erbscheins nach der Parteistellung des Erbscheinsinhabers:[14] Als Kläger braucht er – gestützt auf den Erbschein – nur die Rechtsbehauptung aufzustellen, Erbe zu sein; der Beklagte muss dann die Tatsachen beweisen, aus denen sich dessen eigenes Erbrecht ergibt. Ist jedoch der Erbscheinsinhaber der Beklagte, soll die Vermutung nicht zu seinen Gunsten wirken. Damit hinge aber die Beweislastverteilung von der mehr oder minder zufälligen Parteirolle ab. Der Vorzug ist daher der Auffassung einzuräumen, die dem Erbscheinsinhaber im Prätendentenprozess eine Berufung auf die Vermutungswirkung des § 2365 BGB verwehrt. Während nämlich das Prozessgericht nicht an die Entscheidung des Nachlassgerichts im Erbscheinsverfahren gebunden und somit völlig unabhängig ist,[15] bindet die Entscheidung des Prozessrichters das Nachlassgericht, soweit es um das Erbrecht der gleichen Streitparteien geht.[16] Es gelten daher im Prätendentenstreit die allgemeinen Regeln zur Darlegungs- und Beweislast, wonach derjenige, der sich aus sein Erbrecht beruft, hierzu die tatsächlichen Voraussetzungen darzulegen und im Bestreitensfalle zu beweisen hat. Die

Ob die Vermutung des § 2365 BGB auch für die streitenden Erbprätendenten gilt, könnte als **gleichwertige Lösung** im Urteil auch dahingestellt bleiben, da das Gericht von der Alleinerbenstellung des Klägers überzeugt ist. Dann müsste – da der Kläger auf eine angebliche Bindungswirkung des Erbscheins abstellt – dieses Problem als „berührte Rechtsfrage" im Hilfsgutachten angesprochen werden. Wie man vorgeht, ist ieL eine Frage des Zeitmanagements, da die Darstellung im Hilfsgutachten stichwortartig und damit kürzer ausfallen kann.

---

12 Planck/Greiff, § 2365 Anm. 4a m.w.N.; Siber JW 1922, 490.
13 Weidlich in: Palandt, § 2365 Rn. 3, m.w.N.
14 Schellhammer, Erbrecht nach Anspruchsgrundlagen, Rn. 86, m.w.N. Vgl. zu dieser Auffassung auch Weidlich in: Palandt, § 2365 Rn. 3, m.w.N.
15 Weidlich in: Palandt, vor § 2353 Rn. 5.
16 Weidlich in: Palandt, vor § 2353 Rn. 5.

bloße Berufung auf einen erteilten Erbschein genügt nicht.[17]

bb) Unter Berücksichtigung der für die Erbfolge nach Herrn Dr. Albert Brunner relevanten Tatsachen, insbesondere der von den Parteien vorgelegten Urkunden und den in diesem Zusammenhang unstreitigen Tatsachen ist das Gericht aber zur Auffassung gelangt, dass der Kläger Alleinerbe geworden ist und daher seinen gegen die Beklagte bestehenden Herausgabeanspruch nach § 2018 BGB auch im Rahmen der Eigentumsübertragung auf den Nebenintervenienten nach den §§ 929 S. 1, 931 BGB abtreten konnte.

*Zu erkennen ist, dass sämtliche die Erbrechtslage betreffenden Tatsachen unter den Parteien **unstreitig** sind.*

(1) Zwar wäre die Beklagte aufgrund des vom Erblasser und seiner Ehefrau Wilhelmine am 23.11.1971 formwirksam errichteten Testaments hälftige Miterbin mit dem Kläger geworden.

*Dass das Testament als gemeinschaftliches formwirksam errichtet wurde, sollte ebenfalls **auf der Hand liegen**, da andernfalls die gesamte Problematik des Widerrufs durch den Brief vom 27.9.2011 im Urteil irrelevant wäre.*

(a) Hierbei handelte es sich um ein nach Maßgabe der §§ 2247, 2267 BGB abgefasstes gemeinschaftliches Testament, für dessen Form es genügte, dass die Ehefrau Wilhelmine den gesamten Text des Testamentes eigenhändig ge- und unterschrieben und der Erblasser eigenhändig unterzeichnet hat. Dass der Erblasser entgegen § 2267 S. 2 BGB Ort und Zeit seiner Unterschrift nicht nochmals gesondert erwähnt hat, ist insoweit unerheblich. Hierbei handelt es sich nämlich um eine Sollvorschrift, deren Missachtung nicht zur Formunwirksamkeit, sondern allenfalls zu den Folgen des § 2247 Abs. 5 BGB führt. Zweifel in der dort beschriebenen Richtung ergeben sich hier jedoch nicht. Der Erblasser hat im Jahre 1971 mit seiner Frau auch ein „gemeinschaftliches" Testament errichtet. Insoweit kann es dahinstehen, ob man hierfür mit der sogenannten objektiven Theorie die äußere Form einer gemeinsamen Testamentsurkunde für maßgeblich befindet oder nach der heute herrschenden subjektiven Theorie den Willen der Ehegatten zur gemeinsamen Testamentserrichtung für entscheidend hält. Innerhalb der letztgenannten Auffassung ist wiederum streitig, ob zum Zwecke der Rechtssicherheit der ge-

---

17 Mayer in: Münchkomm, § 2365 Rn. 22 f. Selbst wenn man der vertretbaren Auffassung ist, für den Kläger habe die Vermutung des § 2365 BGB zu gelten, wäre zu sehen, dass es sich insoweit um eine Rechtsvermutung handelt, die auch durch das Prozessgericht widerlegt werden kann, indem es zur Erbrechtsfrage eine andere Auffassung vertritt als das Nachlassgericht, weil es etwa zu einer anderen Auslegung einer letztwilligen Verfügung gelangt, vgl. Schellhammer, a.a.O., Rn. 88, m.w.N.; BGHZ 86, 41, 52; BGH, NJW 1993, 2171.

meinsame Entschluss in der Testamentsurkunde selbst deutlich (angedeutet) werden muss oder ob auch nicht aus der Urkunde selbst erkennbare äußere Umstände hierfür ausreichende Indizien liefern können.[18] Dieser Meinungsstreit kann indes dahingestellt bleiben, da nach allen vertretenen Auffassungen ein gemeinschaftliches Testament des Erblassers mit seiner Ehefrau gegeben ist. Der Wille zur gemeinschaftlichen Errichtung einer letztwilligen Verfügung ist nämlich durch die einleitende Selbstbezeichnung beider Ehegatten, die Verfügung in einer gemeinsam unterzeichneten Urkunde sowie die offensichtlich weitgehend zeit- und ortsgleich getroffenen Verfügungen aus der objektiv gemeinschaftlichen Urkunde eindeutig ersichtlich. Mithin lag aber mit der Verfügung vom 23.11.1971 ein formwirksames gemeinschaftliches Testament vor.

(b) Die Auslegung dieses Testamentes nach §§ 133, 2084 BGB ergibt auch, dass beim Vorversterben eines der eingesetzten Söhne als Schlusserben dessen Abkömmlinge Ersatzerben werden sollten, mithin auch die Beklagte als Tochter des vorverstorbenen Sohnes Wilhelm. Zwar ist in dem gemeinschaftlichen Testament vom 23.11.1971 festgehalten, dass „außer unseren Söhnen niemand etwas erben soll". Darin liegt aber keine Enterbung aller anderen Personen und damit auch von Enkelkindern. Ein diesbezüglicher Wille widerspräche nicht nur der allgemeinen Lebenserfahrung, sondern auch der im konkreten Fall gegebenen Sachlage. Vielmehr hatte der Erblasser zur Beklagten unstreitig auch in späteren Jahren ein (zunächst) herzliches Verhältnis, womit nahe liegt, in dem o.g. Passus des Testamentes nur einen Ausschluss von Nichtabkömmlingen zu sehen. Maßgebend muss schließlich auch die Tatsache sein, dass der Erblasser in dem Brief vom 27.9.2011 offenbar davon ausging, dass der Kläger nach dem Tod seines Bruders Wilhelm nicht bereits als Alleinerbe eingesetzt sei, sondern vielmehr glaubte, eine solche Einsetzung "abweichend vom damaligen Testament" erst anordnen zu müssen. Selbst wenn man diese Umstände für eine eindeutige Klärung einer bereits mit Testament vom 23.11.1971 gewollte Ersatzerbenregelung nicht für ausreichend erachten würde, ergäbe sich eine Ersatzerbenstellung der Beklagten aus der Auslegungsregel des § 2069

Bei der Auslegung des Testaments darf nicht vorschnell auf die Zweifelsregelung des § 2069 BGB, vielmehr ist das Testament **vorrangig auszulegen.**

---

18 Vgl. zur Gesamtproblematik Weidlich in: Palandt, vor § 2265 Rn. 2.

Lösungsvorschlag

BGB i.V. mit § 1924 Abs. 3 BGB, wonach diese an die Stelle ihres vorverstorbenen Vaters Wilhelm träte.

(2) Die sich aus dem Testament vom 23.11.1971 ergebende Erbeinsetzung der Beklagten wurde allerdings durch den Erblasser wirksam mit dem an den Kläger gerichteten Brief vom 27.9.2011 unter dessen gleichzeitiger Einsetzung als Alleinerbe widerrufen (§§ 2253, 2254 BGB).

(a) Zunächst ist der Inhalt dieses Briefes als letztwillige Verfügung zu werten, weil sich aus ihm der ernstliche Testierwille des Erblassers ergibt. Der Erblasser hat die von ihm erstellte Urkunde als rechtsverbindliche letztwillige Verfügung angesehen, jedenfalls aber das Bewusstsein gehabt, die Urkunde könne als Testament angesehen werden.[19] Zwar sind an den Nachweis des Testierwillens dann hohe Anforderungen zu stellen, wenn das Schriftstück nicht den für Testamente üblichen Gepflogenheiten entspricht, was auch für einen Brief zu gelten hat.[20] Vorliegend ergibt sich aber im Wege der Auslegung unter Berücksichtigung aller erheblichen – auch außerhalb der Urkunde liegenden – Umstände unter Berücksichtigung der allgemeinen Lebenserfahrung[21], dass der Erblasser bei Abfassung des Briefes vom 27.9.2011 einen entsprechenden Testierwillen hatte. In diesem geht er nämlich ausdrücklich darauf ein, seine Erbfolge abweichend von dem Testament aus dem Jahr 1971 regeln zu wollen und verfügt hierfür exakte Anweisungen. insbesondere im Hinblick auf den juristischen Beruf des Erblassers ist davon auszugehen, dass dieser sich der Rechtswidrigkeit einer Erklärung bewusst war. Dafür spricht schließlich entscheidend auch, dass der Erblasser dem Kläger in dem Schreiben gebeten hat, „diesen Brief für den Erbfall gut aufzubewahren". Damit steht zur Überzeugung des Gerichtes aber fest, dass nicht nur ein Entwurf oder die Ankündigung einer noch ausstehenden letztwilligen Verfügung gefertigt werden sollte.

(b) Der Brief vom 27.9.2011 entspricht weiter auch den Formerfordernissen des § 2247 Abs. 1 BGB. Dieser ist nämlich zum einen vollständig eigenhändig geschrieben und erfüllt zum anderen auch das Erfordernis einer eigenhändigen Unterschrift.

Auch die Frage, ob es sich bei dem Brief überhaupt um eine (form)wirksame letztwillige Verfügung handelt, wurde im Klageerwiderungsschriftsatz der Beklagten deutlich angesprochen. Zwar wird ein möglicherweise fehlender Testierwille nicht ausdrücklich thematisiert, gleichwohl aber erwartet, dass dieses **Standardproblem** erkannt wird.

---

19 Vgl. Weidlich in: Palandt, § 2247 Rn. 5.
20 Vgl. Weidlich in: Palandt, § 2247 Rn. 17, mwN.
21 Vgl. BayObLG, FamRZ 2001, 944.

(aa) Der Erblasser hat nicht mit seinem vollen Namen, sondern mit „Dein Papa" gezeichnet. Dies entspricht zwar nicht den Anforderungen des § 2247 Abs. 3 S. 1 BGB. Nach dieser Vorschrift ist in der Regel die namentliche Unterschrift des Erblassers notwendig, um der Identifizierungsfunktion der Unterschrift gerecht zu werden und sicherzustellen, dass die Erklärung auch tatsächlich vom Erblasser stammt. Die Unterzeichnung mit einer Familienbezeichnung wie „Dein Papa" genügt aber, wenn gem. § 2247 Abs. 3 S. 2 BGB feststeht, dass das Schriftstück vom Erblasser stammt und dieser ernstlich verfügen wollte.[22] Ein ernstlicher Testierwille des Erblassers steht – wie bereits gezeigt – außer Zweifel und auch der Identifizierungsfunktion der Unterschrift ist genügt. Die Bezeichnung „Dein Papa" in einem an den Kläger und damit den Sohn gerichteten Brief weist ebenso eindeutig auf den Erblasser als dessen Vater hin wie der Inhalt des Briefes, in dem auf die Tätlichkeiten der Beklagten zu dessen Nachteil sowie das aus Sicht des Erblassers gegebene Verständnis der „Mutter Wilhelmine" für die Änderung des Testaments aus dem Jahr 1971 Bezug genommen wird.

Zur Frage der Formwirksamkeit empfiehlt es sich, die „alte" Regel zu beherzigen, wonach Vorschriften (hier § 2247 Abs. 3 BGB) **vollständig** gelesen und erfasst werden müssen.

(bb) Dass der Erblasser die „Unterschrift" an den Rand des Briefes als „Nebenschrift" gesetzt hat, führt ebenfalls nicht zur Formunwirksamkeit des Testamentes. Die Abschlussfunktion einer Unterschrift, die insoweit dokumentieren soll, dass alles, was über der Unterschrift steht, vom Willen des Unterzeichnenden gedeckt ist, erfordert zwar in aller Regel, dass diese auch räumlich unter dem betreffenden Text angeordnet sein muss.[23] Allerdings verbietet das Allgemeininteresse an der Ermittlung des wahren und ernstlichen Testierwillens eines Erblassers das kategorische Festhalten am Wortlaut „Unterschrift". Vielmehr ist die Auslegung dieses Begriffes an der Lebenswirklichkeit auszurichten. Hat der Erblasser daher unter dem von ihm verfassten Text der letztwilligen Verfügung keinen ausreichenden Platz mehr, um eine „Unterschrift" im Wortsinne anzubringen, und bringt daher einem häufigen Alltagsgebrauch folgend seine Namenszeichnung in unmittelbarem Anschluss an die letzten Worte des Textes am Rand an, wird trotzdem ein räumlicher Abschluss des Schriftstücks hergestellt,

Auch das „Unterschriftserfordernis" ist im Sachverhalt der Klausur geradezu angelegt und muss als weiteres **Standardproblem** erkannt werden. Die zutreffende Lösung ist allemal einem zugelassenen **Kommentar** zu entnehmen.

---

22 Weidlich in: Palandt, § 2247 Rn. 10; OLG Naumburg, FamRZ 2003, 407 (Unterzeichnung mit „Tante Dora").
23 BGHZ 113, 48 = NJW 1991, 487 m. Anm. Weber, JuS 1991, 543.

Lösungsvorschlag

womit das Testament auch formgültig unterzeichnet und den Anforderungen des § 2247 BGB genügt ist.[24]

(c) Der nach alledem der Testamentsform genügende Brief des Erblassers vom 27.9.2009 enthält auch die eindeutige Aussage zur Erbfolgeregelung, dass nunmehr der Kläger alleiniger Erbe sein solle unter gleichzeitigem Widerruf der noch im gemeinschaftlichen Testament vom 23.11.1971 enthaltenen Einsetzung zugunsten beider Parteien (§§ 133, 2084 BGB). Der Erblasser war zum Widerruf auch befugt.

(aa) Zwar läge nach der Grundregel des § 2271 Abs. 2 S. 1 BGB Unwiderruflichkeit vor, da die Einsetzung der Parteien im gemeinschaftlichen Testament vom 23.11.1971 wechselbezüglich i.S. des § 2270 BGB zur Erbeinsetzung des Erblassers nach dem Tod seiner Frau Wilhelmine war.

> Da Widerruflichkeit nach § 2271 Abs. 2 S. 2 BGB gegeben ist (auch § 2271 Abs. 2 BGB ist zu Ende zu lesen!), kann die Frage der Widerruflichkeit nach Abs. 2 S. 1 BGB als gleichwertige Lösung auch **dahingestellt** bleiben, muss dann aber im **Hilfsgutachten** näher erläutert werden.

Wechselbezüglich sind Verfügungen in einem gemeinschaftlichen Ehegattentestament, von denen nach entsprechender Auslegung anzunehmen ist, dass die Verfügung des einen nicht ohne die Verfügung des anderen getroffen worden wäre (§ 2270 Abs. 1 BGB). Zur Auslegung in diesem Sinne stehen vorliegend außer der Testamentsurkunde keine weiteren Indizien zur Verfügung.

Danach lässt sich aber weder eindeutig bejahen noch eindeutig verneinen, ob die genannten Verfügungen der Eheleute im vorstehend bezeichneten Sinn miteinander stehen und fallen sollen und daher wechselbezüglich sind. Es gibt nämlich weder eine allgemeine Vermutung dahin, dass ein Ehegatte nur deshalb zum Erben eingesetzt wird, weil er als Schlusserben die gemeinsamen Kinder einsetzt noch dahin, dass die eigenen Kinder nur deshalb zu Erben eingesetzt werden, weil man selbst als Erbe des Ehegatten eingesetzt ist. Andererseits gibt es aber auch keinen allgemeinen Grundsatz, dass dies als ausgeschlossen angesehen werden müsste.

Da insoweit aber die Frage der Wechselbezüglichkeit durch Auslegung nicht eindeutig geklärt werden kann, ist auf die Auslegungsregel des § 2270 Abs. 2 BGB zurückzugreifen. Der Erblasser und seine Ehefrau haben sich gegenseitig als Erben eingesetzt und für den Fall des Vorversterbens eines der beiden jeweils die gemeinsamen Kinder als Erben des Letztversterbenden

---

24 Vgl. Weidlich in: Palandt, § 2247 Rn. 11, mwN; BayObLG, FamRZ 1986, 728; OLG Köln, MDR 2000, 523.

bestimmt. Da die gemeinsamen Kinder mit dem Erstversterbenden verwandt sind (§ 1589 BGB), sind die Voraussetzungen des § 2270 Abs. 2 BGB erfüllt und ist mithin von Wechselbezüglichkeit auszugehen.[25]

(bb) Trotz der dadurch gegebenen grundsätzlichen Unwiderruflichkeit seiner zugunsten beider Parteien getroffenen letztwilligen Verfügung im Testament vom 23.11.1971 konnte der Erblasser aber einen Widerruf ausnahmsweise auf der Grundlage der §§ 2271 Abs. 2 S. 2, 2294, 2336 Abs. 1, 2333 Nr. 2 BGB vornehmen. Die Beklagte hat vor dem Widerrufstestament des Erblassers unstreitig und im Übrigen durch Vorlage des rechtskräftigen Strafurteils des Amtsgerichts Landshut vom 12.1.2011 urkundlich belegt mindestens drei vorsätzliche Körperverletzungshandlungen zu dessen Nachteil begangen. Damit stand dem Erblasser aber gem. §§ 2271 Abs. 2 S. 2, 2294, 2336 Abs. 1, 2333 Nr. 2 BGB ein Grund zur Entziehung des Pflichtteils, mithin aber wegen des Verweises in § 2271 Abs. 2 S. 2 BGB auf § 2294 BGB auch ein Grund zum Widerruf der wechselbezüglichen Verfügung zu, weil sich die Beklagte als sein Abkömmling (Enkelin) ihm gegenüber eines schweren vorsätzlichen Vergehens (vorsätzliche Körperverletzung nach § 223 StGB) schuldig gemacht hat. Zwar wurde dieser bis zum 1.1.2010 in § 2333 Nr. 2 BGB a.F. geregelte dezidierte Entziehungsgrund durch die inhaltlich weitere Formulierung des „schweren vorsätzlichen Vergehens" ersetzt; hierdurch sollte aber an der Möglichkeit zur Sanktionierung familiärer Gewalt durch den Erblasser nichts geändert werden.[26] Die insoweit ebenfalls unter Bezugnahme auf § 2336 Abs. 1 und 2 BGB notwendige Form wurde eingehalten, da der Brief vom 27.9.2011 – wie gezeigt – den Anforderungen einer letztwilligen Verfügung genügt und den Grund des Widerrufs (mehrfache tätliche Angriffe der Beklagten) enthält.

cc) Der vom Kläger als Alleinerben an den Nebenintervenienten abgetretene Anspruch nach § 2018 BGB kann schließlich gegen die Beklagte, die sich ein tatsächlich nicht bestehendes Erbrecht anmaßt, auch insoweit geltend gemacht werden, als diese den Besitz an der streitgegenständlichen Uhr bereits vor dem

Dieses Problem wird von den Parteien nicht ausdrücklich thematisiert, liegt aber nach dem **Wortlaut** des § 2018 BGB („Besitz aufgrund eines angemaßten Erbrechts") auf der Hand.

---

25 Die Einsetzung gemeinsamer Kinder genügt für § 2270 Abs. 2 BGB zur Annahme von Wechselbezüglichkeit, Weidlich in: Palandt, § 2270 Rn. 9; RGZ 116, 150; OLG Köln, FamRZ 1993, 398.
26 Weidlich in: Palandt, § 2333 Rn. 6 f.

Erbfall vom Erblasser zum Zwecke der Verwahrung eingeräumt bekam. Entgegen dem Wortlaut des § 2018 BGB ist kein Kausalzusammenhang zwischen Erbrechtsanmaßung und Erlangung eines Nachlassgegenstandes erforderlich. Mit Rücksicht auf den Zweck der Vorschrift ist als Erbschaftsbesitzer vielmehr auch derjenige anzusehen, der dem wahren Erben unter Berufung auf ein vorgeblich eigenes Erbrecht Nachlasssachen vorenthält, die er schon vor dem Erbfall, etwa als Mieter oder Verwahrer, besessen hat.[27]

c) Die Beklagte hat aber gegen den Nebenintervenienten im Hinblick auf die an der Rolex-Uhr vorgenommenen Verwendungen ein Zurückbehaltungsrecht und damit ein Recht zum Besitz im Sinne des § 986 Abs. 2 BGB, weshalb die Vindikation nur Zug um Zug gegen Ersatz der Verwendungen möglich ist.[28] Ein solches Recht hat die Beklagte in der mündlichen Verhandlung auch hilfsweise für den Fall, dass Verwendungen nicht im Wege der Widerklage isoliert geltend gemacht werden können, im Wege einer Einrede gegen den Klageanspruch erhoben. Die diesbezügliche innerprozessuale Bedingung ist aber eingetreten, da eine Widerklage auf Verwendungsersatz am Hindernis des § 1001 BGB scheitert, wie noch unter B. II. zu zeigen ist.

Zur Beantwortung der Frage des nur hilfsweise für den Fall der Erfolglosigkeit der Widerklage auf Verwendungsersatz geltend gemachten Zurückbehaltungsrecht muss – da es mit der **Klage** zusammenhängt – notwendigerweise kurz vorweg auf das Ergebnis zur Widerklage eingegangen werden, obwohl ansonsten die unter einer **innerprozessualen Bedingung** geltend gemachten Ansprüche erst behandelt werden dürfen, nachdem der **Eintritt dieser Bedingung** (etwa der Erfolg oder die Erfolglosigkeit eines Hauptantrages beim Hilfsantrag bzw. einer Widerklage bei der Hilfswiderklage) vollständig durchgeprüft ist.

aa) Der auf Herausgabe verklagte Besitzer kann gem. § 986 Abs. 2 BGB gegen den Eigentümer, der das Eigentum durch Abtretung eines Herausgabeanspruchs gemäß §§ 929, 931 BGB erlangt hat, diejenigen Einwendungen geltend machen, die ihm gegen den abgetretenen Anspruch zustanden.

bb) Die Beklagte konnte aber dem abgetretenen Herausgabeanspruch des Klägers gem. § 2018 BGB ihre unstreitig auf die Rolex-Uhr vorgenommenen Verwendungen nach den §§ 2022, 1000 BGB im Wege eines Zurückbehaltungsrechtes entgegenhalten. Sie ist nämlich als Erbschaftsbesitzerin berechtigt, alle auf den herauszugebenden Nachlassgegenstand vorge-

Beim Anspruch der Beklagten auf Verwendungsersatz war die Vorschrift des § 2022 BGB als **Sonderregelung** gegenüber § 996 BGB zu erkennen. Das diesbezügliche Problem wurde aber im Sachverhalt vom Beklagtenvertreter in der mündlichen Verhandlung explizit angesprochen.

---

27 Weidlich in: Palandt, § 2018 Rn. 9; Helms in: Münchkomm, § 2018 Rn. 16.
28 Vgl. BGH, NJW 2002, 1050, m.w.N. zur diesbezüglichen BGH-Rechtsprechung. Nach anderer Ansicht (h.M.) lässt sich aus einem Zurückbehaltungsrecht kein Recht zum Besitz im Sinne des § 986 BGB ableiten, vielmehr stellt ein solches ein selbstständiges Gegenrecht dar, das dem Herausgabeanspruch nach § 985 BGB unmittelbar entgegengesetzt werden kann, vgl. Bassenge in Palandt, § 986 Rn. 5; Eckert in: Hk-BGB, § 986 Rn. 4.

nommenen Verwendungen, mithin auch überflüssige (Luxusaufwendungen) oder nicht unmittelbar nützliche, ersetzt zu verlangen.[29] Daher bedarf es vorliegend keiner Entscheidung, ob die von der Beklagten an der Uhr vorgenommene Revision des Uhrwerks sowie die Anbringung eines neuen Armbandes - im Eigentümer-Besitzer-Verhältnis – nicht ersetzbare Luxusaufwendungen[30] oder nur unter den Voraussetzungen der §§ 994, 996 BGB ersetzbare nützliche Verwendungen darstellen, wozu Voraussetzung wäre, dass der Wert der Uhr noch im Zeitpunkt der Wiedererlangung durch den Kläger in entsprechendem Maße erhöht ist.

cc) Dieses Zurückbehaltungsrecht wirkt aber nunmehr auch dem Nebenintervenienten (Zessionar des Anspruchs gem. § 2018 BGB) gegenüber wegen § 986 Abs. 2 BGB als Recht zum Besitz, weil der zugrunde liegende Verwendungsanspruch entsprechend § 404 BGB im Zeitpunkt der Abtretung des Herausgabeanspruches an den Nebenintervenienten bereits entstanden war und die Beklagte das Zurückbehaltungsrecht im Prozess auch geltend gemacht hat.[31] Dieses Recht zum Besitz führt allerdings nicht zur (vollständigen) Klageabweisung, sondern nur zur Verurteilung auf Herausgabe Zug um Zug[32] gegen Ersatz der Verwendungen, § 274 BGB.[33] Die Höhe der von der Beklagten geltend gemachten Verwendungen ist hierbei zwischen den Parteien unstreitig.

Bei ordnungsgemäßer Subsumtion muss auffallen, dass § 986 Abs. 1 BGB nicht passt, vielmehr Abs. 2 einschlägig ist. Dass § 404 BGB entsprechend gilt, ergibt sich o.w. aus dem Palandt; bei Anwendung der herrschenden Meinung, vgl. Fn. 29, kommt man zum selben Ergebnis: Hiernach ist zwar eine Vindikationslage zugunsten des Klägers gegeben, die Beklagte kann dem Herausgabeanspruch des Klägers gem. § 985 BGB aber ihr Zurückbehaltungsrecht als selbstständiges Gegenrecht entgegensetzen, was ebenfalls zu einer Zug-um-Zug-Verurteilung führt.

B. Widerklagen

I. Feststellung des Erbrechts der Beklagten

Über die von der Beklagten erhobene Widerklage auf Feststellung ihres Alleinerbrechts nach Dr. Albert Brunner war durch Endurteil und nicht durch Versäumnisurteil zu entscheiden. Sie ist zwar zulässig, aber nicht schlüssig.

Auf die Widerklage sollte erst eingegangen werden, wenn die Klage durchgeprüft ist. Ein „Schachtelaufbau" (Zulässigkeit von Klage und Widerklage und dann Begründetheit derselben) ist zu vermeiden.

1. Zwar lagen die Voraussetzungen für ein von der Beklagten beantragtes Versäumnisurteil gegen den Kläger nach § 331 ZPO insoweit vor, als dieser im Termin zur mündlichen Verhandlung vom 30.7.2012 säumig war, da für ihn kein Rechtsanwalt verhandelt hat,

Das **Versäumnisverfahren** ist im 2. Staatsexamen in allen Details zu beherrschen. In Bayern etwa handelt es sich insoweit um die häufigste prozessuale Einkleidung von Klausuren. Daher ist an dieser Stelle mangels Erbenstellung der Beklagten sofort die **Unschlüssigkeit** der Widerklage, die dem Erlass eines VU entgegensteht, zu erkennen. Demgemäß könnte die Frage der **Säumnis** im Urteil (dann aber Hilfsgutachten!) auch **dahinstehen**. Wegen des Vorrangs der Prozessvoraussetzungen gilt dies aber **nicht (!!) für die Zulässigkeit der Widerklage**.

---

29 Weidlich in: Palandt, § 2022 Rn. 1.
30 Bassenge in: Palandt, § 996 Rn. 2.
31 Vgl. zur Anwendbarkeit des § 986 Abs. 2 BGB auf ein Zurückbehaltungsrecht BGHZ 64, 122 = NJW 1975, 1121; zustimmend Baldus in: Münchkomm, § 986 Rn. 17.
32 Unter teilweiser Abweisung der Klage, vgl. Hüßtege in: Thomas/Putzo, § 92 Rn. 4 („Teilunterliegen").
33 BGHZ 64, 122 = NJW 1975, 1121.

Lösungsvorschlag

§ 78 Abs. 1 ZPO. Der anwaltlich vertretene Nebenintervenient konnte die Säumnis des Klägers in der mündlichen Verhandlung auch nicht gem. § 67 ZPO abwenden, weil die Nebenintervention nur in dem Prozess, in dem eine Partei tatsächlich unterstützt wird, ihre Wirkung entfalten kann. Der Nebenintervenient unterstützt im zu entscheidenden Fall den Kläger aber nur bezüglich der auf Herausgabe an ihn gerichteten Klage, nicht aber verteidigt er den Kläger gegen die Widerklage, mag deren Streitgegenstand auch inzident vorgreiflich für die Herausgabeklage sein. Der Nebenintervenient hat nämlich ausdrücklich in seinem Schriftsatz vom 19.7.2012 nur seinen Beitritt auf Seiten des Klägers im Hinblick auf die Herausgabeklage erklärt und in der mündlichen Verhandlung vom 30.7.2012 auch nur insoweit einen Antrag gestellt.[34]

2. Die Widerklage auf Feststellung des Erbrechts war auch zulässig.[35] Sie ist formal gegen den Kläger des Rechtsstreits gerichtet, wobei insoweit irrelevant ist, dass der Kläger in gesetzlicher Prozessstandschaft auftritt.[36] Das Amtsgericht Landshut ist für die Widerklage örtlich gem. §§ 12, 13 ZPO und sachlich gem. §§ 23 Nr. 1 GVG, 5 Hs. 2, 506 ZPO zuständig.[37] Auch wenn man mit dem BGH als besondere Prozessvoraussetzung verlangt, dass zwischen der Klage und der

Bei Widerklagen kommt es in einer Urteilsklausur entweder auf die Frage der **Konnexität** als (vermeintliche) besondere Prozessvoraussetzung nicht an, weil sich der Widerbeklagte rügelos eingelassen hat und damit jedenfalls § 295 ZPO einschlägig wäre. In anderen Fällen liegt **Konnexität** – wie auch hier – eindeutig vor.

---

34 Unzutreffend wäre das Argument, die Nebenintervention sei betr. der Widerklagen bereits unzulässig (und daher »wirkungslos«), weil der Nebenintervenient kein rechtliches Interesse für die Unterstützung des Klägers im Sinne des § 66 ZPO habe. Das rechtliche Interesse wird nämlich nur auf einen (hier nicht gestellten) Antrag in einem Zwischenverfahren nach § 71 ZPO hin geprüft. Bis zu einer eventuellen Zurückweisung nimmt der Nebenintervenient also am Verfahren teil, wobei im sog. Vorprozess nur geprüft wird, ob für den Nebenintervenienten die allgemeinen Prozesshandlungsvoraussetzungen gegeben sind, vgl. Hüßtege in: Thomas/Putzo, § 67 Rn. 11 und § 66 Rn. 10.

35 Die Fragen der Säumnis des Klägers sowie (v.a.) der Zulässigkeit der Klage dürfen aufgrund des Vorrangs eines Versäumnisurteils (vor einem streitigen Endurteil) sowie eines Prozessurteils (vor einem Sachurteil) nicht mit dem Argument dahingestellt bleiben, dass die Widerklage »jedenfalls unschlüssig« sei.

36 Nicht relevant ist in diesem Zusammenhang das Problem, ob im Falle einer Prozessstandschaft vom Beklagten Widerklage gegen den wahren Rechtsträger erhoben werden kann, vgl. Hüßtege in: Thomas/Putzo, § 51 Rn. 44.

37 Hätte der Verwendungsanspruch mehr als 5.000 € betragen (§ 23 Nr. 1 ZPO) hätte ein (nach dem Bearbeitervermerk zu unterstellender) Hinweis nach §§ 506, 504 ZPO ergehen müssen. Dann wäre – um nicht einen Verweisungsfall zu produzieren – zu erwarten gewesen, dass zum einen die Beklagte keinen Verweisungsantrag gestellt und sich der Beklagte rügelos eingelassen hätte, § 39 ZPO.

Widerklage ein „rechtlicher Zusammenhang" besteht,[38] ist ein solcher gegeben. Insoweit muss es nach der Wertung des § 265 Abs. 2 S. 1 ZPO für die Frage der Konnexität der Widerklage schon auf deren rechtlichen Zusammenhang mit der zunächst auf Herausgabe an den Kläger selbst erhobenen Erbschaftsklage ankommen. Ein solcher Zusammenhang ist aber ohne Weiteres gegeben, da die Beklagte ihre Widerklage in Gestalt einer Zwischenfeststellungswiderklage gem. § 256 Abs. 2 ZPO auf Feststellung des Erbrechts nach Dr. Albert Brunner und damit auf Feststellung eines auch für die Klage vorgreiflichen Rechtsverhältnisses gerichtet hat, nämlich, wer Erbe nach Dr. Albert Brunner geworden ist. Nicht anders wäre aber das Ergebnis, wenn man eine Konnexität zwischen der geänderten Klage und der Widerklage verlangen würde. Der Kläger macht nämlich nach Veräußerung der streitbefangenen Rolex-Uhr als gesetzlicher Prozessstandschafter im eigenen Namen einen Anspruch des Nebenintervenienten (§ 985 BGB) geltend, für den die Frage des Erbrechts nach Dr. Albert Brunner (Abtretung eines erbrechtlichen Herausgabeanspruchs nach § 2018 BGB im Wege einer Übereignung nach §§ 929, 931 BGB) ebenso relevant ist wie für die Widerklage auf Feststellung desselben. Auch das für die Zwischenfeststellungswiderklage erforderliche besondere Rechtsschutzbedürfnis ist zu bejahen. Denn die Erbfolge ist für die Herausgabeklage vorgreiflich und kann weitere über den Streitgegenstand der Herausgabeklage hinausgehende Bedeutung erlangen.

3. Die Widerklage war aber dennoch nicht durch Versäumnisurteil, sondern durch Endurteil (sog. unechtes Versäumnisurteil) abzuweisen, weil – wie oben dargestellt – der Kläger und nicht die Beklagte Alleinerbin nach Dr. Albert Brunner geworden ist.

II. Widerklage auf Verwendungsersatz

Auch die hilfsweise erhobene Widerklage auf Verwendungsersatz war durch Endurteil (unechtes Versäumnisurteil) abzuweisen. Zwar war aus den oben genannten Gründen der Kläger in der mündlichen Verhandlung vom 30.7.2012 säumig und ist die Widerklage auf Verwendungsersatz auch zulässig. Sie konnte auch unter der innerprozessualen Bedingung der Erfolglosigkeit der ersten Widerklage erhoben wer-

> Die fehlende Wiedererlangung der Sache ist ein „klassisches" Problem und als solches auch ohne nähere Thematisierung durch die Parteien zu erkennen.

---

38 So BGHZ 40, 185 gegen die h.M., vgl Hüßtege in: Thomas/Putzo, § 33 Rn. 1.

den.[39] Indes ist auch die auf Verwendungsersatz gerichtete Widerklage unschlüssig, weil ein diesbezüglicher Anspruch gem. §§ 2022 Abs. 1 S. 2, 1001 BGB erst entsteht, wenn der Eigentümer, hier der Nebenintervenient, die Sache (freiwillig oder auf Vollstreckung eines Herausgabetitels hin) wiedererlangt hat.[40] Bis zu diesem Zeitpunkt steht dem auf Herausgabe verklagten Erbschaftsbesitzer nur ein Zurückbehaltungsrecht (s.o.) zur Verfügung.

C. Nebenentscheidungen

Kostenentscheidung und Entscheidung zur vorläufigen Vollstreckbarkeit: erlassen!

Penger

Richter am Amtsgericht

Die **Unterschrift** des erkennenden Richters (nicht des bearbeitenden Referendars!) darf im Urteil nicht fehlen.

Hilfsgutachten

Die Nebenintervention war ohne Weiteres zulässig. Die (bereits im Vorprozess von Amts wegen zu prüfenden) allgemeinen Prozessvoraussetzungen lagen insoweit vor. Ferner hatte der Nebenintervenient auch ein rechtliches Interesse im Sinne des § 66 Abs. 1 ZPO (vgl. auch § 265 Abs. 2 S. 3 ZPO), weil ein allfälliges Endurteil wegen seiner Kenntnis von der Rechtshängigkeit der Herausgabeklage im Zeitpunkt des Erwerbs des PKW auch gegen ihn wirken würde, §§ 265, 325 ZPO.[41]

Auf die Zulässigkeit der Nebenintervention kam es mangels entsprechenden Einwands der Beklagten nicht an. Im **Urteil** war die Frage des rechtlichen Interesses für den Beitritt daher **nicht zu problematisieren**, da insoweit abschließend und nur auf Antrag einer Partei in einem sogenannten Zwischenverfahren gemäß § 71 ZPO entschieden wird, T/P, § 71 Rn. 1.

---

39 Hüßtege in: Thomas/Putzo, § 33 Rn. 14.
40 So Weidlich in: Palandt, § 1001 Rn. 1: Der Verwendungsersatzanspruch ist aufschiebend bedingt. Nach aA ist der Anspruch vor Rückerlangung durch den Eigentümer nicht fällig, was vorliegend zum selben Ergebnis, nämlich Abweisung der Widerklage als (derzeit) unbegründet führt, Eckert in: Hk-BGB, § 1001 Rn. 1.
41 Hüßtege in: Thomas/Putzo, § 66 Rn. 5; § 265 Rn. 12.

Klausur Nr. 3 – Berufungseinlegung und -begründung

Aktenauszug

Auszug aus der Handakte des RA Dr. Schaaf, Partner bei Snyder Hutz & Szyslak LLP, Gz. 2011/1911Sc

Vermerk RA Dr. Schaaf für RRef 21.3.2012

- Bitte <u>Berufungseinlegung</u> und -<u>begründung</u> sowie <u>alle weiteren etwa erforderlichen Anträge</u> in anliegendem Verfahren entwerfen.
- Unsere <u>Mandantschaft</u> ist die <u>Mobility Dream AG</u>, München.
- Der Verfahrensstand sowie der Sachverhalt ergeben sich aus der Akte.
- Das erstinstanzliche Urteil ist unhaltbar. Bitte in tatsächlicher und rechtlicher Hinsicht mit allen Mitteln angreifen.
- Bearbeitung bitte bis 22.3.2012!

RA Dr. Schaaf

"LLP" bedeutet „Limited Liability Partnership". Dabei handelt es sich um eine ausländische Gesellschaftsform, zumeist nach US- oder UK-Recht. In ihrer Verfassung ist die LLP der deutschen Partnerschaftsgesellschaft nach dem PartGG vergleichbar (zu ihrer verfahrensrechtlichen Behandlung vgl. noch unten). Ob die LLP postulationsfähig ist, ist derzeit ungeklärt. Die hM lässt die Frage offen und nimmt an, dass die Prozesshandlung jedenfalls auch im Namen des unterzeichnenden Anwalts abgegeben wurde.[1]

Hummel & Partner Rechtsanwälte, München, ..., 28.11.2011

An das
Landgericht Traunstein, ...,

In der Sache
All Finance AG, vertr. dr. d. Vorstand ..., ... München,

– Klägerin –

Prozessbevollmächtigte: Hummel & Partner RAe, ... München,

gegen

Erich Bindereder, ..., Traunstein,

– Beklagter –

Prozessbevollmächtigter: RA Dr. Brösl

Die Adressangaben und weitere Einzeldaten werden im Folgenden mit „..." abgekürzt. Die Angaben sind jeweils ordnungsgemäß und enthalten keine für die Bearbeitung relevanten Daten.

---

[1] *BGH*, NJW 2009, 3162 mit Anm. *Henssler*, NJW 2009, 3136; *LG München I*, NJW 2006, 704; *Hüßtege*, in: Thomas/Putzo, 33. Aufl. 2012, § 78 Rn. 2; *Henssler/Mansel*, NJW 2007, 1393; *Dahns*, NJW-Spezial 2005, 333.

Aktenauszug

Az. 2 O 1089/10

wird hiermit seitens der Klägerin der Mobility Dream AG, München, ..., vertr. dr. d. Vorstand ...,

— Streitverkündete —

der Streit verkündet mit der Aufforderung dem Rechtsstreit auf Seiten der Klägerin beizutreten.

Das Gericht wird gebeten, diesen Schriftsatz nebst anliegender Kopie der Klageschrift vom 18.9.2011 und der Klageerwiderung vom 10.10.2011 der Streitverkündeten alsbald zuzustellen.

Tatsächlich erfolgt die Zustellung der Streitverkündungsschrift von Amts wegen, §§ 73 S. 2, 166 II ZPO.

Begründung

Sollte die vorliegende Klage abgewiesen werden, steht der Klägerin ein Anspruch gegen die Streitverkündete zu.

Die Klägerin verfolgt Ansprüche auf Leasingraten aus einem Leasingvertrag. Der Beklagte verteidigt sich mit dem Vorliegen von anfänglichen Mängeln des Leasingobjekts. Das Leasingobjekt hat die Klägerin von der Streitverkündeten gekauft. Sollten die geltend gemachten Mängel tatsächlich vorliegen, stehen der Klägerin entsprechende Mängelrechte gegen die Streitverkündete zu.

*Der **Leasingvertrag** wird im Palandt dargestellt![2]
Hier handelt es sich um das „**leasingtypische Dreiecksverhältnis**".[3]*

Die Klage wurde mit Schriftsatz vom 18.9.2011 erhoben. Mit Verfügung vom 24.9.2011 hat das Landgericht Traunstein Frist zur Verteidigungsanzeige von zwei Wochen gesetzt. Mit Schriftsatz vom 10.10.2011 hat der Beklagte seine Verteidigungsbereitschaft angezeigt und auf die Klage erwidert. Das Gericht hat Güte- und Haupttermin bestimmt auf den 10.2.2012 in dem Landgericht Traunstein, ..., Sitzungssaal ...

Durch diese Informationen wird der Streitverkündungsempfänger in die Lage versetzt, Angriffs- und Verteidigungsmittel geltend zu machen. Damit steht ihm im etwaigen Folgeprozess nicht die Einwendung zu, dass er den Prozess nicht mehr beeinflussen konnte, § 68 HS. 2 ZPO.

Rechtsanwalt Hummel

---

[2] *Weidenkaff*, in: *Palandt*, 71. Aufl. 2012, Einf. v § 535 Rn. 37–76; sehr instruktiv zum Leasing für RRef *Seyderhelm*, in: *Tempel/Graßnack/Kosziol/ Seyderhelm*, Materielles Recht im Zivilprozess, 5. Aufl. 2009, §§ 10–14.
[3] Vgl. *Weidenkaff*, in: *Palandt*, 71. Aufl. 2012, Einf v § 535 Rn. 38 und 47.

Anlage 1 zur Streitverkündungsschrift: Klageschrift:

Hummel & Partner Rechtsanwälte, München, ...,
18.9.2011

An das
Landgericht Traunstein
– Zivilkammer –

In dem Rechtsstreit

All Finance AG, vertr. dr. d. Vorstand ..., ... München,

– Klägerin –

Prozessbevollmächtigte: Hummel & Partner RAe, ...,

gegen

Erich Bindereder, ... Traunstein,

– Beklagter –

wegen Forderung

erhebe ich namens und im Auftrag der Klägerin <u>Klage</u>. In der mündlichen Verhandlung werde ich beantragen:

I. Der Beklagte wird verurteilt, an die Klägerin 2.185,44 € nebst Zinsen in Höhe von fünf Prozentpunkten über dem Basiszinssatz aus jeweils 546,36 € seit dem 2.6.2011, dem 2.7.2011, dem 2.8.2011 und dem 2.9.2011 zu bezahlen.

II. Der Beklagte wird verurteilt, ab dem 1.10.2011 bis zum 1.1.2013 jeweils am 1. des Monats an die Klägerin 546,36 € zu bezahlen.

Begründung

Die Klägerin macht Ansprüche aus einem Leasingvertrag geltend. Der Antrag in Ziffer I. bezieht sich auf bereits fällige Leasingraten, der Antrag in Ziffer II. auf die zukünftig fällig werdenden.

Am 1.12.2010 schlossen die Klägerin und der Beklagte einen Leasingvertrag über einen Pkw, Typ VW Touareg TDI 2,5l.

Beweis: Leasingvertrag vom 1.12.2010 (Anlage K1)

Der Vertrag sieht in § 3 (1) vor, dass die Leasingdauer mit Übergabe des Fahrzeugs beginnt und 24 Monate dauert. Die Übergabe sollte gemäß § 3 (2) am 3.1.2011 erfolgen und ist auch an diesem Tage erfolgt.

Die Bezeichnung "& Partner" oder „Partnerschaft" darf nur von **Partnerschaftsgesellschaften** geführt werden, §§ 2, 11 I 1 PartGG.[4]

Der Antrag bzgl. der Zinsen musste hier abgestuft erfolgen, da ja nicht die gesamte Summe seit der ersten eingeklagten Rate im Verzug ist.

Die Klägerin möchte sich hier auch gleich die zukünftigen Leasingraten titulieren lassen. Die Zulässigkeit einer solchen **Klage auf zukünftige Leistung** bemisst sich nach den §§ 257–259 ZPO.

---

4 Vgl. dazu *Römermann/Hartung*, Anwaltliches Berufsrecht, 2. Aufl. 2008, § 22 Rn. 62 ff.

Aktenauszug

Beweis: Übergabeprotokoll vom 3.1.2011
(Anlage K2)

Als monatliche Leasingrate wurde in § 4 (1) eine Summe von 546,36 € vereinbart. Ferner wurde in § 6 die Einbeziehung der Allgemeinen Geschäftsbedingungen der Klägerin vereinbart. Diese sehen in Abschnitt V. 1. vor, dass die monatlichen Leasingraten jeweils zum 01. des Monats fällig sind.

Der Beklagte hat die Leasingraten bis einschließlich Mai 2011 ordnungsgemäß und pünktlich erbracht. Seit Juni 2011 leistete er jedoch keine Zahlung mehr. Ferner hat er außerprozessual vorgetragen, dass er auch in Zukunft keine Zahlung leisten wolle, da der Pkw mangelhaft sei. Vielmehr erkläre er den Vertrag aus jedem Rechtsgrunde für nichtig.

> Diese Erklärung des Beklagten könnte die üblichen **Gestaltungserklärungen** wie Widerruf, Rücktritt oder Anfechtung enthalten.

Beweis: Schreiben des Beklagten v. 4.6.2011
(Anlage K3)

Diesbezüglich hat er vorprozessual behauptet, dass der Motor aufgrund eines defekten Zahnriemens im Fahrbetrieb komplett zerstört worden sei. Dies trifft nicht zu. Der Motor ist allein aufgrund von Fahrfehlern des Beklagten zerstört worden.

Insbesondere war auch der Zahnriemen bei Übergabe absolut einwandfrei. Der Beklagte hat den behaupteten Schaden am Zahnriemen verantwortet: Aus dem Schadensbild ergibt sich, dass er sehr häufig in hohen Drehzahlbereichen fährt und dabei oft unsauber schaltet. Dadurch wurde der Zahnriemen gelockert und beschädigt. Ferner wohnt er in einer bekanntermaßen mit Mardern verseuchten Siedlung. Der Zahnriemen wurde wohl angenagt, so dass er aufgrund dessen riss.

Beweis: Sachverständigengutachten (unter Verwahrung gegen die Beweislast)

Die Klägerin hat den Pkw ihrerseits von der Mobility Dream AG für 43.300 € erworben. Mängelrechte des Beklagten gegen die Klägerin sind im Leasingvertrag in Abschnitt XIII. Ziff. 3. der Allgemeinen Geschäftsbedingungen wirksam abbedungen worden. Ein Leistungsverweigerungsrecht gegenüber der Klägerin ist demnach ausgeschlossen. Etwaige Mängel des Leasinggutes muss der Beklagte selbstständig gegenüber der Lieferantin, der Mobility Dream AG, geltend machen.

Der Klageanspruch rechtfertigt sich somit aus § 4 (1) des Vertrages. Die Verurteilung hinsichtlich der zukünftigen Raten ist nach § 258 ZPO angezeigt. Denn die Leasingraten sind bis zum 1.1.2013 wiederkehrend im Sinne des § 258 ZPO.

Rechtsanwalt Hummel

Anlage K1 zur Klageschrift (Auszug):

Leasingvertrag

§ 2 – Leasingobjekt

(1) Gegenstand des Leasingvertrags ist ein Fahrzeug des Typs VW Touareg, TDI 2,5l, silber-metallic, in seriengemäßer Ausstattung.

§ 3 – Dauer des Leasingvertrags, Fahrleistung, Übergabe und Rückgabeort

(1) Die Leasingzeit beträgt 24 Monate ab Übergabe des Fahrzeugs.

(2) Das Fahrzeug wird dem Leasingnehmer am 3.1.2011 am Sitz des Leasinggebers in München, ..., übergeben. Der Übergabeort ist zugleich der Rückgabeort bei Vertragsbeendigung.

(3) Die jährliche Fahrleistung beträgt 10.000 km. Der Satz zur Berechnung der gefahrenen Mehr- bzw. Minderkilometer gemäß Abschnitt IV. 3. der Allgemeinen Geschäftsbedingungen beträgt 0,08 € pro Kilometer.

§ 4 – Leasingraten

(1) Die Leasingrate beträgt 546,36 € einschließlich Mehrwertsteuer monatlich.

§ 6 – Einbeziehung der Allgemeinen Geschäftsbedingungen

Die dem Leasingnehmer ausgehändigten Allgemeinen Geschäftsbedingungen für das Leasing von Fahrzeugen gegenüber Unternehmen des Leasinggebers sind Vertragsbestandteil dieses Leasingvertrags.

Allgemeine Geschäftsbedingungen für das Leasing von Fahrzeugen

   Abschnitt XI. Haftung

1. Für Untergang, Verlust, Beschädigung und Wertminderung des Fahrzeuges und seiner Ausstattung haftet der Leasingnehmer dem Leasinggeber auch ohne Verschulden, jedoch nicht bei Verschulden des Leasinggebers.

Abschnitt XIII. Rechte des Leasingnehmers bei Mängeln am Leasingobjekt

1. *Der Leasinggeber tritt sämtliche Ansprüche und Rechte bei Mängeln (§ 437 BGB) des dem Leasingvertrag zugrundeliegenden Kaufvertrags über das Fahrzeug sowie etwaige zusätzliche Garantieansprüche gegen den liefernden Händler oder sonstige Dritte an den Leasingnehmer ab. Soweit der Leasingnehmer Ansprüche gegen den liefernden Händler oder einen Dritten aus eigenem Recht hat (zB. aufgrund eines Beratungsfehlers des liefernden Händlers), ist der Leasingnehmer verpflichtet, vorrangig seine Ansprüche aus eigenem Recht durchzusetzen.* Dies ist die „**leasingtypische Abtretungskonstruktion**".[5]

2. *Der Anspruch auf Erfüllung des Kaufvertrags sowie Ansprüche auf Ersatz eines dem Leasinggeber entstandenen Schadens werden nicht an dem Leasingnehmer abgetreten.*

3. *Dem Leasingnehmer stehen keine Ansprüche und Rechte gegen den Leasinggeber wegen Mängeln an dem Fahrzeug zu.*

4. *Soweit Ansprüche und Rechte an den Leasingnehmer abgetreten sind, verpflichtet sich dieser, diese Ansprüche und Rechte im eigenen Namen mit der Maßgabe geltend zu machen, dass beim Rücktritt vom Kaufvertrag oder bei Herabsetzung des Kaufpreises (Minderung) etwaige Zahlungen des liefernden Händlers oder Dritten direkt an den Leasinggeber zu leisten sind. Gegen den Leasinggeber stehen dem Leasingnehmer die Rechte gemäß Ziffer 1 nur zu, sofern der Leasinggeber einen Mangel arglistig verschwiegen hat.*

Die Anlagen K2 und K3 zur Klageschrift haben den in der Klageschrift angegebenen Inhalt

<u>Anlage 2 zur Streitverkündungsschrift</u>: Klageerwiderung des RA Dr. Brösl

... In der mündlichen Verhandlung werde ich beantragen:

Die Klage wird abgewiesen.

---

[5] Vgl. *Weidenkaff*, in: *Palandt*, 71. Aufl. 2012, Einf. v § 535 Rn. 56 ff.

Begründung

Der klägerische Vortrag wird vollumfänglich bestritten, soweit er nicht nachfolgend ausdrücklich zugestanden wird.

<small>Diese häufig anzutreffende Wendung verstößt gegen § 138 I, II ZPO und ist ohne rechtliche Wirkung.[6] Sie sollte daher nicht benutzt werden.</small>

Die Klägerin vermisst in ihrem Sachvortrag zu erwähnen, dass der Pkw in seinem anfänglichen und gegenwärtigen Zustand für den Beklagten leider völlig unbrauchbar ist.

Denn der Zahnriemen des Pkw war – entgegen den Behauptungen der Klägerin – bereits bei Übergabe mangelbehaftet. Als es der Beklagte eilig hatte, überholte er auf der Bundesstraße einen anderen Pkw. Als er im Rahmen der Beschleunigung in einem höheren Gang wieder einkuppelte, riss der Zahnriemen und zerschlug in der Folge wesentliche Teile des Motors.

Beweis: Sachverständigengutachten (ebenfalls unter Verwahrung gegen die Beweislast)

Grund dafür war, dass der Zahnriemen bereits bei Übergabe mangelhaft war. Dieser Mangel hat sich durch den Riss offenbart. Da der Beklagte Verbraucher ist, muss die Klägerin das Fehlen eines Mangels beweisen. Es wird auch bestritten, dass der Beklagte einen Fahrstil pflegt, wie es in der Klageschrift vorgetragen wurde. Dass es in seiner Wohnsiedlung viele Marder gibt, kann zwar nicht geleugnet werden. Der Zahnriemen wurde vorliegend aber nicht zerbissen, dass hätte der Beklagte bereits vor dem Ausfall gemerkt.

Der Beklagte hat daher unter dem 14.6.2011 gegenüber der Mobility Dream AG Nacherfüllung verlangt.

Beweis: Schreiben des Beklagten vom 14.6.2011 (Anlage B1)

Der Beklagte hätte den Wagen dazu auch bereitgestellt. Die Mobility Dream AG verlangte jedoch den Transport des Pkw nach München.

Beweis: Schreiben der Mobility Dream AG vom 21.6.2011 (Anlage B2)

Dazu war der Beklagte nicht verpflichtet und hat dies daher unterlassen. Er erklärte daher unter dem 1.7.2011 gegenüber der Klägerin und der Mobility Dream AG, dass er hiermit von sämtlichen Verträgen

---

<small>6 *Anders/Gehle*, Das Assessorexamen im Zivilrecht, 10. Aufl. 2010, Rn. A-36; *Oberheim*, Zivilprozessrecht für Referendare, 9. Aufl. 2012, § 5 Rn. 14.</small>

Aktenauszug

Abstand nehme bzw. sie aus allen Rechtsgründen auflöse.

Beweis: Schreiben des Beklagten vom 1.7.2011 (Anlage B3)

In rechtlicher Hinsicht ist zu bemerken, dass der Haftungsausschluss im Leasingvertrag den Beklagten unangemessen benachteiligt, § 307 Abs. 1 BGB. Gegenüber dem Zahlungsanspruch der Klägerin erhebt der Beklagte das Zurückbehaltungsrecht nach § 320 BGB, da der Pkw nicht funktioniert.

RA Dr. Brösl

Die Anlagen B1, B2 und B3 zur Klageerwiderung haben den in der Klageerwiderung angegebenen Inhalt.

Protokoll der mündlichen Verhandlung vom 10.2.2012 (Auszug)

...

Erschienen nach Aufruf der Sache:

für die Klagepartei: RA Hummel
für die Beklagtenpartei: RA Dr. Brösl

Weiter erschien für die Streitverkündete RA Dr. Schaaf und der Sachverständige Dipl.-Ing. Kracherl.

...

Eine gütliche Einigung scheitert.

Die Klägerin beantragt:

> Der Beklagte wird verurteilt, an die Klägerin 4.917,24 € nebst Zinsen in Höhe von fünf Prozentpunkten über dem Basiszinssatz aus jeweils 546,36 € seit dem 2. eines jeden Monats vom 2.6.2011 bis zum 2.2.2012 zu bezahlen
>
> Der Beklagte wird verurteilt, ab dem 1.3.2012 bis zum 1.1.2013 jeweils am 1. des Monats an die Klägerin 546,36 € zu bezahlen.

Der Beklagte beantragt:

> Die Klage wird abgewiesen.

Der Vorsitzende gestattet dem Beklagten einen weiteren, nicht schriftsätzlich angekündigten Antrag zu Protokoll zu erklären.

Der Beklagte erhebt Drittwiderklage gegen die Streitverkündete mit dem Antrag:

Ein **Beitritt** der Streitverkündeten kann in dem Auftreten in der mündlichen Verhandlung **nicht** gesehen werden. Ein solcher muss die Anforderungen der §§ 74 I, 70 I ZPO wahren und somit durch Schriftsatz erfolgen.

Hier hat die Klägerin nunmehr alle bereits fälligen Raten in ihren Antrag einbezogen und somit die Klage geändert. Diese Klageänderung ist nach § 264 Nr. 2 ZPO stets zulässig.

Hier hat die Klägerin nunmehr alle bereits fälligen Raten in ihren Antrag einbezogen und somit die Klage geändert. Diese Klageänderung ist nach § 264 Nr. 2 ZPO stets zulässig.

Der Drittwiderbeklagte wird verurteilt, 43.300 € an die Klägerin Zug um Zug gegen Rückgabe und Rückübereignung des Pkw VW Touareg, TDI, 2,5l, Fahrgestellnummer ... zu bezahlen.

Der Leasingvertrag sieht in Abschnitt XIII. Ziffer 4. S. 1 vor, dass der Leasingnehmer die Klage auf Rückgewähr aufgrund Rücktritt **im eigenen Namen auf Zahlung an den Leasinggeber** geltend machen muss.

Zur Begründung nimmt er Bezug auf den gesamten bisherigen Sachvortrag. Dieser sei der Drittwiderbeklagten aufgrund der Streitverkündung ohnehin bekannt.

Die Drittwiderbeklagte rügt die mündliche Klageerhebung, den fehlenden Zusammenhang im Sinne des § 33 ZPO und die örtliche Unzuständigkeit des Gerichts. Lediglich hilfsweise macht sie sich den gesamten Sachvortrag der Klägerin zu Eigen und stellt den Antrag:

Die Drittwiderklage wird abgewiesen.

...

Es wird in die Beweisaufnahme mit der Anhörung des Sachverständigen Dipl.-Ing. Kracherl eingetreten.

...

Zur Sache: Ich habe das Ergebnis meiner Untersuchung bereits durch schriftliches Gutachten vom 18.12.2011 dargelegt. Mir stand der Pkw zur Untersuchung zur Verfügung. Ich konnte dabei sicher feststellen, dass der Riss des Zahnriemens die Zerstörung des Motors zur Folge hatte. Denn die Art der Beschädigungen im Motorinnenraum konnte nur durch einen solchen Riss und den daraus resultierenden Leerlauf des Motors resultieren. Warum der Zahnriemen riss, lässt sich hingegen nicht mehr aufklären: Die Abnutzungserscheinungen am Zahnriemen wie auch an Kupplung und Getriebe zeigen zwar eine deutlich überdurchschnittliche Beanspruchung. Dass dies die Ursache für den Riss war, kann ich allerdings nicht mit Sicherheit sagen. Andererseits ist auch ein Marderbiss als Ursache nicht auszuschließen. Denn Marderschäden sind auch an Zahnriemen gelegentlich zu beobachten. Da die Zerstörung des Zahnriemens an der Bruchstelle hier aber sehr stark war, kann ich dies nicht als sichere Ursache identifizieren. Jedenfalls wäre dem Beklagten im Falle eines Marderbisses bis zum Riss auch keine Beeinträchtigung der Fahrleistung aufgefallen.

...

Aktenauszug

Landgericht Traunstein
Az. 2 O 1089/11

Im Namen des Volkes

In dem Rechtsstreit

All Finance AG, ... München, vertr. dr. d. Vorstand,

– Klägerin –

Prozessbevollmächtigte: Hummel & Partner RAe, ...,

Mobility Dream AG, ... München, vertr. dr. d. Vorstand,

– Drittwiderbeklagte –

Prozessbevollmächtigte: Snyder Hutz & Szyslak LLP, ...,

Die Streitverkündungsempfängerin findet als solche im Urteil des Erstprozesses keine Erwähnung.[7] Hier war sie jedoch zugleich Drittwiderbeklagte und muss daher aufgeführt werden.

gegen

Erich Bindereder, ... Traunstein,

– Beklagter und Drittwiderkläger –

Prozessbevollmächtigter: RA Dr. Brösl, ...,

wegen Forderung aus Leasingvertrag

erlässt das Landgericht Traunstein, 2. Zivilkammer, durch Richter am Landgericht Dr. Brezner als Einzelrichter aufgrund der mündlichen Verhandlung am 10.2.2012 folgendes

Endurteil

I. Die Klage wird abgewiesen.

II. Auf die Drittwiderklage wird die Drittwiderbeklagte verurteilt, an die Klägerin 43.300 € Zug um Zug gegen Rückgabe und Rückübereignung des Pkw VW Touareg, TDI, 2,5l, Fahrgestellnummer ... zu bezahlen.

III. Die Kosten des Verfahrens tragen die Klägerin zu 20 % und die Drittwiderbeklagte zu 80 %.

IV. Das Urteil ist jeweils vollstreckbar gegen Sicherheitsleistung in Höhe von 110 % des jeweils zu vollstreckenden Betrages.

Für die Entscheidung über die **vorläufige Vollstreckbarkeit** ist zu überprüfen, wer was gegen wen vollstrecken kann ("Grundsatz der **Trennung** der **Vollstreckungsverhältnisse**").[8] Hier kann die Bekl. gegen die Drittwiderbeklagte Zahlung vollstrecken. Ferner können die Bekl. gegen die Kl. und die Kl. gegen die Drittwiderbeklagte jeweils Kosten vollstrecken. Es handelt sich jeweils um Geldforderungen, so dass § 709 S. 2 ZPO anzuwenden ist.

---

[7] *Anders/Gehle*, Das Assessorexamen im Zivilrecht, 10. Aufl. 2010, Rn. B-25; *Knöringer*, Die Assessorklausur im Zivilprozess, 13. Aufl. 2010, § 18 Rn. 4.
[8] *Oberheim*, Zivilprozessrecht für Referendare, 9. Aufl. 2012, § 10 Rn. 69.
[9] *Reichold*, in: *Thomas/Putzo*, 33. Aufl. 2012, § 529 Rn. 1.

Tatbestand[10]

Die Klägerin ist Leasinggeberin und macht Raten aus dem Leasingvertrag gegenüber dem beklagten Leasingnehmer geltend. Die Drittwiderbeklagte hat das Leasingobjekt an die Klägerin verkauft und wird vom Beklagten aus abgetretenem Recht auf Rückabwicklung des Kaufs in Anspruch genommen.

Die Klägerin und der Beklagte schlossen am 1.12.2010 einen Formular-Leasingvertrag über einen VW Touareg, TDI 2,5l, ab. Nach § 4 (1) des Vertrags sollte der Beklagte zu einer monatlichen Leasingrate von 546,36 € inkl. Mehrwertsteuer verpflichtet sein. Die Vertragsdauer ist in § 3 (1) des Vertrags mit 24 Monaten ab Übergabe angegeben. Ferner sieht der Vertrag in § 3 (3) eine Kilometerabrechnung vor.

Im Hinblick auf etwaige Mängel des Leasinggegenstandes regelt Abschnitt XIII. der allgemeinen Leasingbedingungen des Vertrages:

1. Der Leasinggeber tritt sämtliche Ansprüche und Rechte bei Mängeln (§ 437 BGB) des dem Leasingvertrag zugrundeliegenden Kaufvertrags über das Fahrzeug sowie etwaige zusätzliche Garantieansprüche gegen den liefernden Händler oder sonstige Dritte an den Leasingnehmer ab. Soweit der Leasingnehmer Ansprüche gegen den liefernden Händler oder einen Dritten aus eigenem Recht hat (zB. aufgrund eines Beratungsfehlers des liefernden Händlers), ist der Leasingnehmer verpflichtet, vorrangig seine Ansprüche aus eigenem Recht durchzusetzen.

3. Dem Leasingnehmer stehen keine Ansprüche und Rechte gegen den Leasinggeber wegen Mängeln an dem Fahrzeug zu.

Die Klägerin schloss sonach unter dem 4.12.2010 einen Kaufvertrag mit der Drittwiderbeklagten über einen entsprechenden Pkw zum Kaufpreis von 43.300 €. Am 3.1.2011 wurde der Pkw in Gemäßheit zu § 3 (2) des Leasingvertrags am Sitz des Leasinggebers in ..., München, an den Beklagten übergeben. Zunächst funktionierte der geleaste Pkw einwandfrei und der Beklagte bezahlte die Leasingraten bis einschließlich Mai 2011 vertragsgemäß.

Der Tatbestand des erstinstanzlichen Urteils ist für die Berufungsbegründung äußerst wichtig: Denn diese Feststellungen binden das Berufungsgericht, §§ 529 I Nr. 1 HS. 1, 314 ZPO.[9]

Mit der Angabe "Formular"-Vertrag stellt der Tatbestand klar, dass der Vertrag den Tatbestand der allgemeinen Geschäftsbedingungen in § 305 Abs. 1 BGB erfüllt.

---

10 Zum Aufbau bei Klage und Widerklage vgl. *Oberheim*, Zivilprozessrecht für Referendare, 9. Aufl. 2012, § 24 Rn. 31; *Anders/Gehle*, Das Assessorexamen im Zivilrecht, 10. Aufl. 2010, Rn. M-11.

Aktenauszug

Am 28.5.2011 trat am Pkw auf einer außerstädtischen Fahrt bei einem Überholvorgang auf der Bundesstraße plötzlich ein Schaden auf. Grund dafür war ein Riss des mangelhaften Zahnriemens. Dieser hatte aufgrund von Drehzahl und Last im Moment des Risses den Totalschaden des Motors zur Folge.

_{Ob der Zahnriemen defekt iSd § 434 BGB war, ist tatsächlich **streitig** gewesen. Der **Tatbestand** ist hier also **unrichtig**.}

In der Folge erklärte der Beklagte gegenüber der Klägerin unter dem 4.6.2011, dass er fortan die Zahlung der Leasingraten einstelle bis der Pkw wieder hergestellt sei. Der Drittwiderbeklagten sandte er unter dem 14.6.2011 eine Aufforderung zu, den Pkw in Traunstein abzuholen und ihn in einen neuwertigen Zustand zu versetzen. Dies lehnte die Drittwiderbeklagte mit Schreiben vom 21.6.2011 ab, da sie eine Prüfung der Mangelhaftigkeit ausschließlich nach einem Rücktransport des Pkw durch den Beklagten nach München durchführen werde. Daraufhin erklärte der Beklagte mit Schreiben vom 1.7.2011 gegenüber sowohl der Klägerin als auch der Drittwiderbeklagten, dass er alle Verträge hiermit auflöse. Dies stütze er auf Anfechtung, Widerruf, Kündigung und Rücktritt. Zahlungen von ihm würden keinesfalls mehr erfolgen. Der nicht reparierte Pkw könne in Traunstein abgeholt werden.

Die Klägerin ist der Ansicht, dass ihre Mängelhaftung wirksam abbedungen worden sei. Ein Leistungsverweigerungsrecht stehe dem Beklagten daher nicht zu. Er müsse sich vielmehr selbst mit der Drittwiderbeklagten auseinandersetzen. Auch sei kein Beendigungstatbestand hinsichtlich des Leasingvertrages begründet, so dass der Beklagte bis zum Ablauf der Leasingzeit an den Vertrag gebunden sei.

_{Das Gericht hat hier den **streitigen Vortrag** der Klägerin zur Mangelfreiheit und zu alternativen Fehlerursachen für den Riss des Zahnriemens **vergessen**! Der **Tatbestand** ist hier also **unvollständig**.}

Die Klägerin beantragt nunmehr:
> Der Beklagte wird verurteilt, an die Klägerin 4.917,24 € nebst Zinsen in Höhe von fünf Prozentpunkten über dem Basiszinssatz aus jeweils 546,36 € seit dem 2. eines jeden Monats vom 2.6.2011 bis zum 2.2.2012 zu bezahlen
>
> Der Beklagte wird verurteilt, ab dem 1.3.2012 bis zum 1.1.2013 jeweils am 1. des Monats an die Klägerin 546,36 € zu bezahlen.

Der Beklagte beantragt:
> Die Klage wird abgewiesen.

Er trägt vor, dass der Pkw bereits bei Übergabe einen kaputten Zahnriemen gehabt habe, der jedoch erst später vollends riss und in der Folge den gesamten Motor zerstörte.

Er ist der Ansicht, dass ihn der Ausschluss der Mängelhaftung im Leasingvertrag unangemessen benachteilige. Daher stehe ihm zumindest seit Juli 2011, als er sich vom Kaufvertrag löste, ein Leistungsverweigerungsrecht aus § 320 BGB sowie aus ergänzender Auslegung des Leasingvertrages zu.

Der Beklagte hat in der mündlichen Verhandlung, in der auch der nicht geladene Prozessbevollmächtigte der Streitverkündeten anwesend war, zu Protokoll mündlich Drittwiderklage (nur) gegen die Drittwiderbeklagte erhoben und beantragt insoweit:

> Der Drittwiderbeklagte wird verurteilt, 43.300 € an die Klägerin Zug um Zug gegen Rückgabe und Rückübereignung des Pkw VW Touareg, TDI, 2,5l, Fahrgestellnummer ... zu bezahlen.

In tatsächlicher Hinsicht trägt er das Gleiche wie im Rahmen der Klage vor.

Er ist der Ansicht, dass die Drittwiderklage zulässig sei. Die Prozessökonomie gebiete dies hier klar. In der Sache folge der Anspruch aus den abgetretenen Mängelrechten. Insbesondere habe er zunächst erfolglos Nacherfüllung begehrt.

Die Drittwiderbeklagte beantragt:

> Die Drittwiderklage wird abgewiesen.

Die Drittwiderbeklagte macht sich den gesamten, auch schriftsätzlichen, Sachvortrag der Klägerin zu Eigen.

Sie ist der Ansicht, dass die Drittwiderklage nicht mündlich erhoben werden durfte. Insbesondere habe sie, die Drittwiderbeklagte, dies sofort gerügt, so dass keine Heilung des Mangels der Erhebung eingetreten sei. Darüber hinaus sei das angegangene Gericht örtlich unzuständig und es fehle der Zusammenhang i.S.d. § 33 ZPO. In der Sache habe sie die Nacherfüllung ablehnen dürfen, so dass ein Rücktritt daran scheitere.

Das Gericht hat Beweis erhoben durch Einvernahme des Sachverständigen Dipl.-Ing. Kracherl. Wegen des Ergebnisses der Beweisaufnahme wird auf das Protokoll der mündlichen Verhandlung vom 10.2.2012 verwiesen. Ferner wird auf den Schriftsatz der Klägerin vom 18.9.2011 und den des Beklagten vom

Ob eine **pauschale Bezugnahme** auf die Gerichtsakte zulässig ist und rechtliche Wirkung zeitigt, ist **streitig.**[11] Sicher fährt man mit der konkreten Benennung der wesentlichen Schriftsätze.

---

11 Für Zulässigkeit *Schellhammer,* Die Arbeitsmethode des Zivilrichters, 16. Aufl. 2009, Rn. 369; wohl auch *Knöringer,* Die Assessorklausur im Zivilprozess, 13. Aufl. 2010, § 5 Rn. 13; **aA** *Anders/Gehle,* Das Assessorexamen im Zivilrecht, 10. Aufl. 2010, Rn. A-73.

10.10.2011 sowie den übrigen Inhalt der Akte Bezug genommen.

Entscheidungsgründe

Die zulässige Klage ist unbegründet, die Drittwiderklage jedoch zulässig und begründet.

A. Der Antrag auf Zahlung der rückständigen Leasingraten ist unbegründet. Dem Beklagten steht ein Leistungsverweigerungsrecht aufgrund seiner Mängelrechte zu.

Der Beklagte kann dem Anspruch auf Zahlung der Leasingraten die Einrede des § 320 BGB entgegenhalten. Denn das Leasingobjekt ist mangelhaft, § 434 BGB. Unstreitig ist der Zahnriemen gerissen, da er nicht die erforderliche Qualität aufwies. Streitig ist vorliegend allein, wann sich diese Qualität eingestellt hat, denn zunächst fuhr der Pkw ja noch. Insoweit greift zugunsten des Beklagten die Vermutung des § 476 BGB. Denn die Anknüpfungstatsache, die Mangelhaftigkeit des Zahnriemens, ist unstreitig. Sonach wird vermutet, dass die negative Beschaffenheitsabweichung des Zahnriemens bereits bei Übergabe vorgelegen habe. Die Klägerin hat den ihr offen stehenden Beweis des Gegenteils nicht führen können, § 292 ZPO. Denn dafür hätte sie zur vollen Überzeugung des Gerichts nachweisen müssen, dass die Abweichung erst nach Übergabe eingetreten ist. Vorliegend hat sie zwar erhebliche Zweifel am anfänglichen Mangel des Zahnriemens gesät, die jedoch nicht zum Beweis des Gegenteils reichen, da dem Gericht sowohl die Qualität, die Fahrweise als auch der Marderbiss gleich viel oder wenig wahrscheinlich als Ursache des Risses erscheinen.

B. Der Antrag auf Zahlung der zukünftigen Raten ist demnach ebenso unbegründet.

C. Die Drittwiderklage ist zulässig.

I. Nach der Rechtsprechung des BGH ist auch die isolierte Drittwiderklage zulässig, wenn in tatsächlicher und rechtlicher Hinsicht ein enger Zusammenhang zwischen Klage und Widerklage besteht und keine schutzwürdigen Interessen des Drittwiderbeklagten tangiert werden, § 33 ZPO. Das ist hier der Fall: In tatsächlicher und rechtlicher Hinsicht drehen sich beide

Urteile in Klausuren, die den Entwurf einer Berufungsbegründung zum Gegenstand haben, gehen oft von unzutreffenden Fakten aus und enthalten Rechtsfehler in Form von Verfahrensfehlern und Fehlern bei der materiellen Rechtsanwendung.

Merke: Der Beweisbelastete muss grds. den **Hauptbeweis** führen, also das Gericht **voll überzeugen**, § 286 I ZPO. Der Gegner hat bereits Erfolg, wenn er den **Gegenbeweis** führt, also die Überzeugung erschüttert, indem er Zweifel streut. Streitet zugunsten des Beweisbelasteten hingegen eine gesetzliche Vermutung (Bsp. § 476 BGB), muss der Gegner den **Beweis des Gegenteils** voll führen, § 292 ZPO, so dass das Gericht **vom Gegenteil** der Vermutungsfolge überzeugt ist.[12]

---

12 *Reichold*, in: *Thomas/Putzo*, 33. Aufl. 2012, Vorbem § 284 Rn. 7–10; *Oberheim*, Zivilprozessrecht für Referendare, 9. Aufl. 2012, § 27a Rn. 10.

Prozessrechtsverhältnisse nur um das Vorliegen eines Mangels. Schützenswerte Interessen der Drittwiderbeklagten sind nicht erkennbar.

II. Die Zuständigkeit des Gerichts hinsichtlich der Drittwiderklage folgt aus einer entsprechenden Anwendung des § 33 ZPO. Denn bei Vorliegen eines Zusammenhangs begründet die Norm nach jüngster Rechtsprechung des BGH auch die örtliche Zuständigkeit.

D. Die Drittwiderklage ist begründet.

Der Anspruch ergibt sich aus §§ 398, 437, 323, 346 BGB. Das Vorliegen eines Mangels beurteilt sich ebenso, wie bereits im Rahmen der Klage dargestellt. Ferner hat der Beklagte die Drittwiderbeklagte auch erfolglos zur Nacherfüllung aufgefordert. Ein unerheblicher Mangel im Sinne des § 323 V BGB liegt nicht vor.

E. Die Nebenentscheidungen ergeben sich aus §§ 708, 709 ZPO und §§ 91, 92 ZPO.

RiLG Dr. Brezner

Bearbeitervermerk

Die erforderlichen Anträge sowie die Berufungseinlegung und -begründung sind entsprechend dem Vermerk des RA Dr. Schaaf zu entwerfen.

Das Urteil vom 3.3.2012 wurde sowohl der Klägerin als auch der Mandantschaft am 9.3.2012 zugestellt.

Insoweit ein Eingehen auf alle Rechtsfragen in der Berufungsbegründung nicht erforderlich erscheint, sind diese in einem Vermerk für RA Dr. Schaaf zu erörtern.

Die verfahrensrechtlichen Formalia (Form, Zustellungen, usw.) sind gewahrt, soweit nicht ausdrücklich anders angegeben.

Soweit die Anlagen zu den Schriftsätzen nicht abgedruckt sind, enthalten sie keine für die Fallbearbeitung relevanten Angaben.

Der Landgerichtsbezirk Traunstein gehört zum Bezirk des Oberlandesgerichts München, Art. 2 Nr. 1 des Bayerischen GerOrgG.

Lösungsvorschlag

I. Tatbestandberichtigungsantrag

An das
Landgericht Traunstein
Az. 2 O 1089/11

In dem Rechtsstreit

All Finance AG, ..., ./. Erich Bindereder, ..., sowie Drittwiderklage Erich Bindereder, ..., ./. Mobility Dream AG, ...,

beantragt die Drittwiderbeklagte den Tatbestand des Urteils vom 3.3.2012, der Drittwiderbeklagten zugestellt am 9.3.2012, gem. § 320 ZPO dahin zu berichtigen, dass

auf S. ... in dem Satz *„Grund dafür war ein Riss des mangelhaften Zahnriemens"* das Wort *„mangelhaft"* gestrichen wird und ferner

auf S. ... in den streitigen Vortrag der Klägerin folgenden Satz einzufügen: *„Die Klägerin trägt vor, dass der Zahnriemen bei Übergabe keinerlei Defekt hatte, sondern vielmehr in der Folgezeit durch übermäßige Belastung aufgrund unsachgemäßer Fahrweise oder aber durch Marderbiss beschädigt worden ist".*

Begründung

Der Tatbestand des Urteils ist unrichtig, insoweit er angibt, dass die Mangelhaftigkeit im Sinne der Beschaffenheit des Zahnriemens unstreitig sei. Das ergibt sich aus dem Schriftsatz der Klägerin vom 18.9.2011, dort S. .... Dort hat die Klägerin ausdrücklich bestritten, dass der Zahnriemen eine derartige Beschaffenheitsabweichung aufwies. Dieser Vortrag ist

Das Urteil des LG war hier teils ausdrücklich unrichtig, teils unvollständig. Jedenfalls im Hinblick auf **ausdrückliche Unrichtigkeiten** ist ein Antrag nach **§ 320 ZPO zwingende Voraussetzung** um der Berufung zum Erfolg zu verhelfen. Denn andernfalls erbringt der Tatbestand nach § 314 S. 1 ZPO Beweis, dass die Parteien wie im Urteil dargelegt vorgetragen haben. Eine Entkräftung dieses Beweises ist nach § 314 S. 2 ZPO nur durch das Sitzungsprotokoll, nicht aber durch den Inhalt der vorbereitenden Schriftsätze möglich.[13] Das gilt insbesondere, wenn ein Vortrag fälschlich als unstreitig dargestellt worden ist.[14]

Die Notwendigkeit eines Antrags nach § 320 ZPO ist insbesondere wegen der **kurzen 2-Wochen-Frist** wichtig!

Inwieweit die Notwendigkeit eines Antrags nach § 320 ZPO vor der Berufungseinlegung auch für **unvollständige Feststellungen** gilt, ist **strittig**. Da der **Anwalt** aber das **Gebot des sichersten Weges**[15] zu beachten hat und der Antrag kostenneutral bleibt, sollte hier auch die Unvollständigkeit gerügt werden.[16]

Hinsichtlich der ausdrücklichen Angaben kommt dem Tatbestand eine **positive Beweiskraft** zu. Damit gilt es als bewiesen, welche Tatsachen vorgetragen, bestritten oder nicht bestritten wurden.[17]

---

13 *BGH*, NJW 2007, 2913 (2915); NJW-RR 2007, 1434 (1435) und öfter; *Reichold*, in: *Thomas/Putzo*, 33. Aufl. 2012, § 529 Rn. 1.
14 *OLG Karlsruhe*, NJW-RR 2003, 891 (892); *BGH*, NJW-RR 2005, 386 (387); *Stöber*, MDR 2006, 5 (5 f.); *Eichele*, in: *Eichele/Hirtz/Oberheim*, Berufung im Zivilprozess, 3. Aufl. 2011, Kap VII. Rn. 81.
15 Dazu *Grüneberg*, in: *Palandt*, 71. Aufl. 2012, § 280 Rn. 69 und 71.
16 So *Wach/Kern*, NJW 2006, 1315 (1320); *Heßler*, in: *Zöller*, 29. Aufl. 2012, § 529 Rn. 2 aE; *Stöber*, MDR 2006, 5 (7); *Fullenkamp*, in: *Vorwerk*, Das Prozessformularbuch, 9. Aufl. 2010, Kap. 41 Rn. 20, *Doukoff*, Zivilrechtliche Berufung, 4. Aufl. 2010, § 1 Rn. 122; **aA** bzgl. Notwendigkeit *Gaier*, NJW 2004, 110 (111 f.); *Eichele*, in: *Eichele/Hirtz/Oberheim*, Berufung im Zivilprozess, 3. Aufl. 2011, Kap VII. Rn. 76 ff.; *Vorwerk*, in: *Vorwerk*, Das Prozessformularbuch, 9. Aufl. 2010, Kap. 65 Rn. 114.
17 *Reichold*, in: *Thomas/Putzo*, 33. Aufl. 2012, § 529 Rn. 1; *Ball*, in: *Musielak*, 8. Aufl. 2011, § 529 Rn. 6 f.

auch durch Antragstellung in der mündlichen Verhandlung stillschweigend in Bezug genommen worden.[18]

Der Tatbestand des Urteils ist unvollständig, insoweit er nicht den streitigen Vortrag der Klägerin, wie im Antrag angegeben, wiedergibt. Dies folgt aus der bereits zuvor zitierten Stelle im Schriftsatz der Klägerin. Dort hatte sie neben dem Bestreiten auch ausdrücklich die genannten Alternativursachen für den Riss des Zahnriemens vorgetragen. Auch dieser Vortrag ist konkludent zum Gegenstand der mündlichen Verhandlung geworden.

[Unterschrift]

Das Schweigen des Tatbestands beweist grundsätzlich auch, dass eine Tatsache nicht vorgetragen wurde, sog. negative Beweiskraft. Dies gilt nach neueren obiter dicta des BGH nicht für schriftsätzlich angekündigten Vortrag,[19] vgl. dazu noch I.2.der Berufungsbegründung.

II. Berufungseinlegung und -begründung

An das
Oberlandesgericht München
– Zivilsenat –

In dem Rechtsstreit

All Finance AG, ... München, vertr. dr. d. Vorstand,

– Klägerin und Berufungsklägerin –

Prozessbevollmächtigte 1. Instanz: Hummel & Partner RAe, ...,

Mobility Dream AG, ... München, vertr. dr. d. Vorstand,

– Streithelferin der Klägerin, Berufungsklägerin und Drittwiderbeklagte –

Prozessbevollmächtigte: Snyder Hutz & Szyslak LLP, ...,

gegen

Erich Bindereder, ... Traunstein,

– Beklagter, Drittwiderkläger und Berufungsbeklagter –

Prozessbevollmächtigter 1. Instanz: RA Dr. Brösl, ...,

Die Einlegung und die Begründung der Berufung sollten in einem Schriftsatz erfolgen. Der Tatbestandsberichtigungsantrag hingegen ist zwingend ein eigenständiger Schriftsatz, da er an das Ausgangsgericht zu richten ist.

Vorliegend muss der Bearbeiter Angriffe in zweierlei Richtung ausführen. Zum einen ist die Mandantin im Rahmen der Drittwiderklage verurteilt worden. Außerdem ist aber die Klage der Klägerin abgewiesen worden, weil der Pkw mangelhaft gewesen sei. Die Mangelhaftigkeit stünde aufgrund der Interventionswirkung nach §§ 74 III, 68 ZPO auch für das Verhältnis Klägerin–Mandantin fest, falls die Klageabweisung rechtskräftig werden sollte. Somit müssen drei getrennte Prozesshandlungen erfolgen: Zunächst der Beitritt gemäß §§ 74 I, 66 II, 70 I 1 ZPO und sodann die Einlegung der Berufung nach § 519 ZPO in den beiden Prozessrechtsverhältnissen.

Die Streithelferin ist bzgl. der Klage nicht Partei des Prozesses. Sie ist nach §§ 66 II, 70 I 1 ZPO zwar rechtsmittelberechtigt (daher: Einlegung namens Mandantschaft). Berufungsklägerin bzgl. der Klage wird aber allein die Klägerin (daher: Einlegung für die Klägerin[20]).[21] Bzgl. der Drittwiderklage ist die Mandantschaft selbst Partei und damit Berufungsklägerin.

Eine Berufungseinlegung „im Namen der Streitverkündeten" würde als Beitritt nach §§ 74 I, 70 I ZPO ausgelegt, sollte aber vermieden werden.[22]

---

18 BGH, NJW-RR 2007, 1563 (1565) und öfter; Reichold, in: Thomas/Putzo, 33. Aufl. 2012, § 128 Rn. 6.
19 BGH, BGHZ 158, 269 (280 ff.); 158, 295 (309); Vollkommer, in: Zöller, 29. Aufl. 2012, § 314 Rn. 4; aA Reichold, in: Thomas/Putzo, 33. Aufl. 2012, § 314 Rn. 1; Rimmelspacher, in: MüKoZPO, 3. Aufl. 2007, § 529 Rn. 8; Schellhammer, Der Zivilprozess, 13. Aufl. 2010, Rn. 1008. Vgl. zur Problematik auch Zimmermann, ZPO-Fallrepetitorium, 8. Aufl. 2010, Nr. 268.
20 Hirtz, in: Eichele/Hirtz/Oberheim, Berufung im Zivilprozess, 3. Aufl. 2011, Kap. XI Rn. 34.
21 Reichold, in: Thomas/Putzo, 33. Aufl. 2012, § 511 Rn. 8; Rimmelspacher, in: MüKoZPO, 3. Aufl. 2007, § 511 Rn. 28 und 25; Ball, in: Musielak, ZPO, 9. Aufl. 2012, § 511 Rn. 13.
22 Hüßtege, in: Thomas/Putzo, 33. Aufl. 2012, § 70 Rn. 3.

Lösungsvorschlag

wegen Forderung aus Leasingvertrag

tritt die Drittwiderbeklagte hiermit dem Rechtsstreit auf Seiten der Klägerin unter Hinweis darauf, dass ihr mit Schriftsatz vom 28.11.2011 der Streit verkündet worden ist, bei.

Namens und im Auftrag der Drittwiderbeklagten wird hiermit zugleich im Hinblick auf die Klage für die Klägerin und im Hinblick auf die Drittwiderklage für die Drittwiderbeklagte

Berufung

gegen das in beglaubigter Abschrift beigefügte Urteil des Landgerichts Traunstein, 2 O 1089/11, vom 3.3.2012, Klägerin und Drittwiderbeklagter jeweils zugestellt am 9.3.2012, berichtigt durch Beschluss des Landgerichts vom ..., eingelegt.

Unter Abänderung des Urteils des Landgerichts Traunstein, Az. 2 O 1089/11, vom 3.3.2012, berichtigt durch Beschluss vom ..., wird beantragt:

I. Der Beklagte wird verurteilt, an die Klägerin 4.917, 24 € nebst Zinsen in Höhe von fünf Prozentpunkten über dem Basiszinssatz aus jeweils 546,36 € seit dem 02. eines jeden Monats vom 2.6.2011 bis zum 2.2.2012 zu bezahlen.

II. Der Beklagte wird weiter verurteilt, ab dem 1.5.2012 bis zum 1.1.2013 jeweils am 01. des Monats an die Klägerin 546,36 € zu bezahlen.

III. Die Drittwiderklage wird abgewiesen.

IV. Der Beklagte trägt die Kosten beider Rechtszüge.

Eine Übertragung der Sache auf den Einzelrichter ist nicht angezeigt.

Begründung

I. Zur Klage

Die Abweisung der Klage durch das Landgericht beruht auf Rechtsverletzungen, §§ 513 Abs. 1 Alt. 1, 546 ZPO. Die Klageanträge werden daher mit der Berufung in vollem Umfang weiter verfolgt.

Der Antrag nach § 320 ZPO hindert nicht den Lauf der **Berufungsfrist!**[23]

Der Antrag in Ziffer II. musste geändert werden, da die Zeitabschnitte nunmehr teilweise in der Vergangenheit lagen und insoweit also keine Klage auf zukünftige Leistung mehr möglich ist. Die – zu bejahende – Zulässigkeit dieser Klageänderung folgt aus § 264 Nr. 2 ZPO, der den § 533 ZPO verdrängt.[24]

Aus der Sicht der Berufungsführerin werden die Voraussetzungen einer Übertragung auf den Einzelrichter selten vorliegen.[25]

Eine ordnungsgemäße Berufungsbegründung ist **Zulässigkeitsvoraussetzung** des Rechtsmittels.[26] Die gesetzlichen **Mindestanforderungen** ergeben sich aus § 520 III 2 ZPO.

---

23 *Reichold*, in: Thomas/Putzo, 33. Aufl. 2012, § 518 Rn. 2.
24 *BGH*, NJW-RR 2010, 1286 (1287); BGHZ 158, 295 (305); *Reichold*, in: Thomas/Putzo, 33. Aufl. 2012, § 533 Rn. 11.
25 *Vorwerk*, in: Vorwerk, Das Prozessformularbuch, 9. Aufl. 2010, Kap. 65 Rn. 102; *Doukoff*, Zivilrechtliche Berufung, 4. Aufl. 2010, § 10 Rn. 640.
26 *Reichold*, in: Thomas/Putzo, 33. Aufl. 2012, § 520 Rn. 1.

1. Zunächst wird darauf hingewiesen, dass das Landgericht ursprünglich von unzutreffenden Feststellungen ausgegangen ist. Es nahm nämlich an, dass ein Defekt des Zahnriemens zwischen den Parteien unstreitig sei (vgl. S. ... des Urteils). Diese Annahme beruhte auf einem Verstoß gegen § 138 Abs. 3 ZPO, da die Klägerin in der Klageschrift vom 18.9.2011, dort S. ..., das Gegenteil vorgetragen hatte. Das Landgericht hat seine tatbestandlichen Feststellungen dementsprechend aufgrund Antrags der Drittwiderbeklagten vom 21.3.2012 durch Beschluss vom ... berichtigt.

Es handelt sich nur um einen **Hinweis**; der Antrag nach § 320 ZPO ist hier zwingende Voraussetzung (s. o. Fn. 13). Aufgrund der Berichtigung gelten die berichtigten Tatsachen als **Feststellungen der 1. Instanz** (§ 529 Abs. 1 Nr. 1 HS. 1 ZPO), so dass man nicht die Hürde des § 529 ZPO nehmen muss (und wegen des Vorrangs von §§ 314, 320 ZPO auch nicht könnte!).

2. Es wird weiter darauf hingewiesen, dass die Klägerin streitige Tatsachen vorgetragen hat und dass diese nicht im Tatbestand des Urteils wiedergegeben wurden. Dieser Vortrag ist jedoch Teil des Prozessstoffs der Ausgangs- und der Berufungsinstanz.

Die Klägerin hatte in der Klageschrift vom 18.9.2011, dort S. ..., ausdrücklich vorgetragen, dass der Riss des Zahnriemens andere Ursachen als eine mangelhafte Qualität hatte. Namentlich nannte sie sowohl eine äußerst materialbeanspruchende Fahrweise des Beklagten, wie auch die Vermutung eines Marderbisses. Dem Tatbestand kommt insofern keine negative Beweiskraft zu. Denn nach der höchstrichterlichen Rechtsprechung[27] könnte eine solche lediglich dann angenommen werden, wenn das Gericht verpflichtet wäre, den Parteivortrag vollständig im Urteil wiederzugeben. Nur dann könnte vom Fehlen der Darstellung im Tatbestand auf das Fehlen des entsprechenden Vortrags geschlossen werden. Eine vollständige Wiedergabe des Parteivorbringens wird vom Gesetz aber gerade nicht gefordert. Nach § 313 Abs. 2 S. 1 ZPO soll der Prozessstoff nur seinem *„wesentlichen Inhalt nach knapp dargestellt"* werden. Außerdem ist die Bezugnahme auf Schriftsätze in § 313 Abs. 2 S. 2 ZPO ausdrücklich vorgesehen. Vorliegend ist eine solche Bezugnahme sowohl auf die einzelnen Schriftsätze als auch auf den gesamten Inhalt der Akte erfolgt (vgl. S. ... des Urteils). Zuletzt wird der gesamte schriftsätzliche Vortrag durch die Antragstellung in der mündlichen Verhandlung konkludent in Bezug genommen und wird somit Gegenstand der mündlichen Verhandlung.

Achtung: Dieser Hinweis auf den im Tatbestand nicht erwähnten, streitigen Vortrag ist **nur dann notwendig**, wenn dieser Vortrag nicht bereits mit dem Antrag nach § 320 ZPO geltend gemacht wurde (was vorliegend aber erfolgte).

Nach umstrittener Ansicht (vgl. Fn. 16) ist ein Antrag nach § 320 ZPO für den im Tatbestand nicht erwähnten streitigen Vortrag nicht notwendig. Der Vortrag in diesem Sinne gehört danach ipso iure zum Prozessstoff der Berufungsinstanz. Zu didaktischen Zwecken werden hier ein entsprechender Hinweis an das Berufungsgericht sowie die juristische Herleitung dargestellt.

---

27 S. Fn. 19.

Lösungsvorschlag

3. Weiter wird eine fehlerhafte Rechtsanwendung auf den festgestellten Sachverhalt gerügt, §§ 513 Abs. 1 Alt. 1, 546 ZPO: § 476 BGB ist auf den vorliegenden Vertrag bereits nicht anwendbar (a), der Tatbestand des § 476 BGB ist nach Maßgabe der berichtigten Feststellungen ohnedies nicht erfüllt (c) und selbst bei Vorliegen eines Mangels bestünde kein Leistungsverweigerungsrecht gegenüber der Klägerin (d).

Die Berufungsbegründung muss sich **konkret** mit den Wertungen des Ausgangsurteils **auseinandersetzen**.[28] Die Berufung sollte nicht nur eine andere rechtliche Würdigung präsentieren, sondern im Einzelnen darlegen, dass die **Rechtsauffassung des LG kaum oder nicht vertretbar ist**.[29] Denn falls das OLG überzeugt ist, dass die Berufung offensichtlich keine Aussicht auf Erfolg hat, droht eine **Zurückweisung durch Beschluss nach § 522 II ZPO**[30].

a) Das Landgericht ist davon ausgegangen, dass in der vorliegenden Konstellation § 476 BGB zugunsten des Beklagten im Rahmen eines Leasingvertrages anwendbar ist. Das ist jedoch nicht der Fall, da die Voraussetzungen des § 474 Abs. 1 S. 1 BGB nicht erfüllt sind. Denn danach finden die Vorschriften über den Verbrauchsgüterkauf nur Anwendung, wenn es sich um einen Kaufvertrag handelt. Der Begriff des Kaufvertrags ist in Gemäßheit zu § 433 BGB auszulegen.[31] Erfasst wird somit lediglich die dauerhafte Gebrauchsüberlassung gegen Entgelt. Der vorliegende Finanzierungsleasingvertrag ist jedoch nur auf eine zeitweilige Gebrauchsüberlassung gerichtet und wird somit nicht erfasst.[32] Eine andere Auslegung des Kaufbegriffs in § 474 BGB folgt auch nicht aus der zugrunde liegenden VerbGKRL, da diese nur auf den Eigentumsübergang gerichtete Verträge erfasst, zu denen der Leasingvertrag nicht gehört.[33] Eine Anwendung des § 476 BGB gegenüber der Klägerin scheidet also aus.[34]

Im Hinblick auf § 476 BGB müssen Klage (**Leasingvertrag**) und Drittwiderklage (**Kaufvertrag**) sauber getrennt werden!

Etwas anderes mag gelten, wenn der Verbraucher den Kaufvertrag selbst mit dem Lieferanten abschließt und der Leasinggeber diesen Vertrag übernimmt. Dies war hier aber unstreitig nicht der Fall.

Das wäre das sog. „Eintrittsmodell".[35]

---

28 *Reichold*, in: *Thomas/Putzo*, 33. Aufl. 2012, § 520 Rn. 20 ff.
29 *Doukoff*, Zivilrechtliche Berufung, 4. Aufl. 2010, § 10 Rn. 659; *Schellhammer*, Der Zivilprozess, 13. Aufl. 2010, Rn. 1002; *Eichele*, in: *Eichele/Hirtz/Oberheim*, Berufung im Zivilprozess, 3. Aufl. 2011, Kap IX. Rn. 47.
30 Man beachte die Neufassung des § 522 ZPO mit Wirkung ab 27.10.2011, § 38a EGZPO; vgl. zur Neufassung *Stackmann*, JuS 2011, 1087; *Meller-Hannich*, NJW 2011, 3393; *Baumert*, MDR 2011, 1145.
31 *Weidenkaff*, in: *Palandt*, 71. Aufl. 2012, § 474 Rn. 3.
32 *Lorenz*, in: MüKoBGB, 6. Aufl. 2012, § 474 Rn. 4.
33 *Koch*, in: MüKoBGB, 6. Aufl. 2012, Finanzierungsleasing, Rn. 68.
34 *Koch*, in: MüKoBGB, 6. Aufl. 2012, Finanzierungsleasing, Rn. 68.; **aA** *Graf v. Westphalen*, in: *Graf v. Westphalen*, Vertragsrecht und AGB-Klauselwerke, 29. EL 2011, Leasing Rn. 110.
35 Vgl. dazu *Seyderhelm*, in: *Tempel/Graßnack/Kosziol/Seyderhelm*, Materielles Recht im Zivilprozess, 5. Aufl. 2009, § 10 Rn. 16.

b) Ferner ist darauf hinzuweisen, dass der Abschluss eines Leasingvertrages auch kein Verstoß gegen zwingendes Verbraucherrecht in Form eines Umgehungsgeschäfts nach § 475 Abs. 1 S. 2 BGB darstellt.[36] Denn eine solche Umgehung ist erst dann anzunehmen, wenn die gewählte Gestaltung dazu dient, den Verbraucherschutz nach § 475 Abs. 1 S. 1 BGB zu verkürzen. Der Abschluss des Leasingvertrags zwischen der Klägerin und dem Beklagten diente aber gerade nicht dazu. Vielmehr konnte oder wollte der Beklagte keinen Kaufvertrag mit der Drittwiderbeklagten schließen und hat sich deshalb der Finanzierungsmöglichkeit durch das Leasing bedient. Etwas anderes folgt auch nicht aus der Abtretung der Mängelansprüche. Denn die Abtretung erfolgte nicht, um den Beklagten in eine käuferähnliche Stellung zu versetzen, sondern ausschließlich, um den Ausschluss der mietrechtlichen Gewährleistung der Klägerin auszugleichen und damit rechtlich erst zu ermöglichen.[37]

c) Das angegriffene Urteil beruht weiter auf einer Rechtsverletzung, da das Landgericht unter Verstoß gegen den Verhandlungsgrundsatz[38] streitiges und daher beweisbedürftiges Parteivorbringen in den Entscheidungsgründen als unstreitiges zu Grunde gelegt hat. Tatbestandsmäßige Voraussetzung des § 476 BGB ist, dass ein Sachmangel im Sinne des § 434 BGB feststeht. Nach den berichtigten Feststellungen im Ausgangsurteil, dort S. ..., ist eine negative Beschaffenheitsabweichung zwischen den Parteien streitig. Rechtsfehlerhaft hat das Ausgangsgericht aber in den Entscheidungsgründen als unstreitig zu Grunde gelegt, dass der Zahnriemen des streitgegenständlichen Fahrzeugs Mängel behaftet gewesen sei.

Nach den berichtigten Feststellungen, muss also zunächst der Beweis der Anknüpfungstatsache, des mangelhaften Zahnriemens, geführt werden. Nach der allgemeinen Beweislastregel[39] sowie nach § 363 BGB obliegt der Nachweis der Mangelhaftigkeit dem Beklagten. Erst nach dem Hauptbeweis der Anknüpfungstatsache („Grundmangel") greift die Vermutung

Da im Verfahren nach § 320 ZPO ausschließlich die Feststellungen im Tatbestand berichtigt werden, die **Entscheidungsgründe** aber **unverändert** bleiben, muss dieser rechtliche Angriff hier dargestellt werden.

---

36 *BGH*, NJW 2006, 1066 (1067); *Weidenkaff*, in: *Palandt*, 71. Aufl. 2012, Einf v § 535 Rn. 46 und § 475 Rn. 6; **aA** *Beckmann*, in: *Staudinger*, Bearb. 2004, Vorbem §§ 433 ff. Rn. 164.
37 *BGH*, NJW 2006, 1066 (1067).
38 Vgl. dazu *Reichold*, in: *Thomas/Putzo*, 33. Aufl. 2012, Vorbem § 253 Rn. 35.
39 *Reichold*, in: *Thomas/Putzo*, 33. Aufl. 2012, Vorbem § 284 Rn. 23.

Lösungsvorschlag

des § 476 BGB, wonach – ausschließlich in zeitlicher Hinsicht – vermutet wird, dass der Defekt bereits bei Übergabe vorgelegen habe.[40]

Den Beweis der Anknüpfungstatsache hat der Beklagte vorliegend aber nicht geführt: Das Sachverständigengutachten, welches das Berufungsgericht ohne Weiteres nach § 286 ZPO selbst würdigen darf, konnte gerade nicht bestätigen, dass eine schlechte Qualität des Zahnriemens ursächlich für dessen Riss war. Vielmehr bestehen – und so sieht es auch das Landgericht auf S. ... des Urteils – erhebliche Zweifel daran. Die von der Klägerin substantiiert vorgetragenen Alternativursachen stellen nach den Angaben des Sachverständigen abstrakt mögliche Kausalverläufe dar. Sie erscheinen jeweils auch hinreichend konkret: Denn die Beweiserhebung hat ergeben, dass ein deutlich übermäßiger Verschleiß vorliegt. Außerdem ist zwischen den Parteien unstreitig, dass es in der Wohnsiedlung des Beklagten häufig Marderbisse gibt.

Die sonach zu fällende Beweislastentscheidung geht somit zulasten des Beklagten.

d) Selbst wenn – wie nicht – ein Mangel des Leasinggutes vorliegen sollte, ist der Beklagte nicht berechtigt, die Zahlung der Leasingraten einzustellen. Denn die Mängelhaftung der Klägerin wurde wirksam abbedungen und der Beklagte auf eine Regulierung direkt mit der Drittwiderbeklagten verwiesen.

Der Mandantschaft ist bereits gedient, wenn die Interventionswirkung nach §§ 74 I, 68 S. 1 ZPO nicht die Mangelhaftigkeit des Pkw zum Gegenstand hat. In einer Klausur sind die übrigen Aspekte des Klagebegehrens freilich dennoch darzustellen.

(1) Die Mängelhaftung der Klägerin wurde wirksam abbedungen. Dies verstößt weder gegen die §§ 536–536b BGB noch gegen die §§ 305 ff. BGB. Insbesondere wird der Beklagte durch diese Konstellation nicht unangemessen benachteiligt im Sinne des § 307 Abs. 1 BGB. Denn er erhält im Gegenzug für den Haftungsausschluss von der Klägerin die kaufrechtlichen Mängelrechte vorbehaltlos und unwiderruflich abgetreten. Er ist somit nicht rechtlos gestellt und kann etwaige Mängelrechte direkt gegenüber dem sachnäheren Verkäufer geltend machen.[41]

(2) Dem Leasingnehmer steht daher auch bei Vorliegen eines Mangels keineswegs ohne Weiteres ein Leistungsverweigerungsrecht zu. So hat bereits die ältere

---

40 *BGH*, BGHZ 159, 215; NJW 2005, 3490; 2007, 2621; 2009, 580; *Weidenkaff*, in: Palandt, 71. Aufl. 2012, § 476 Rn. 8; vgl. dazu *Martis*, MDR 2010, 841; *Gsell*, JZ 2008, 29; *Saueressig*, NJOZ 2008, 2072.
41 *BGH*, NJW 2006, 1066 (1068) und öfter; *Weidenkaff*, in: Palandt, 71. Aufl. 2012, Einf v § 535 Rn. 53 und 56.

Rechtsprechung angenommen, dass der Leasingnehmer die Zahlung der Raten erst einstellen kann, wenn er den Lieferanten auf Zustimmung zur Wandelung verklagt habe.[42] An dieser Interessenlage hat sich auch durch das SMG und die Konstruktion des Rücktritts als einseitiges Gestaltungsrecht nichts geändert.[43] Somit bleibt es zukünftig dabei, dass die Leasingraten allenfalls ab Erhebung der Klage auf Rückzahlung des Kaufpreises aufgrund des erklärten Rücktritts eingestellt werden dürfen.

(3) Die Klage gegen die Drittwiderbeklagte wurde vorliegend aber noch gar nicht wirksam erhoben, da die mündliche Erhebung zu Protokoll in der mündlichen Verhandlung nicht wirksam war (vgl. dazu unten II. 1.).

> Die unwirksame Klageerhebung könnte vertretbar auch hier dargestellt werden. Nach Möglichkeit sollten Inzidentprüfungen in Schriftsätzen in der Praxis aber vermieden werden.

II. Zur Drittwiderklage

Die Verurteilung auf die Drittwiderklage hin beruht auf Rechtsverletzungen, §§ 513 Abs. 1 Alt. 1, 546 ZPO: Die Drittwiderklage ist bereits nicht wirksam erhoben worden (1.), jedenfalls liegen die Prozessvoraussetzungen nicht vor (2.). Auch in der Sache kann die Drittwiderklage aus mehreren, voneinander unabhängigen Gründen keinen Erfolg haben (3.). Der Antrag auf Abweisung wird daher mit der Berufung weiter verfolgt.

1. Die Verurteilung im Hinblick auf die Drittwiderklage ist bereits deswegen aufzuheben, weil es an einer ordnungsgemäßen Klageerhebung nach § 253 ZPO fehlt.

Denn die Erhebung einer Klage erfolgt durch Zustellung eines Schriftsatzes, der den im Gesetz bestimmten Mindestinhalt hat, § 253 ZPO. Dies ist vorliegend nicht erfolgt. Etwas anderes folgt hier auch nicht aus §§ 261 Abs. 2, 297 Abs. 1 S. 3 ZPO. Zwar kann ein Antrag danach grundsätzlich auch durch Erklärung zu Protokoll in der mündlichen Verhandlung rechtshängig gemacht werden. Dies gilt aber nur im Rahmen eines Prozessrechtsverhältnisses, hier zwischen der Klägerin und dem Beklagten. Durch Erhebung der Drittwiderklage soll aber ein neues Prozessrechtsverhältnis begründet werden. Für diese erstmalige Begründung

> Es ist nicht geklärt, was die **Fehlerfolge** der nur mündlichen Antragserhebung ist. Teilweise wird angenommen, dass der Antrag **nicht rechtshängig** wird und also unbeachtlich ist.[44] Die wohl überwiegende Auffassung hält den Antrag für wirksam erhoben aber **unzulässig**.[45]

---

42 *BGH*, BGHZ 97, 135 (141 ff.).
43 *BGH*, NJW 2010, 2798 (2800); vgl. dazu *Tavakoli*, NJW 2010, 2768, und *Gsell*, ZJS 2010, 540; *Weidenkaff*, in: Palandt, 71. Aufl. 2012, Einf v § 535 Rn. 58 unter (1).
44 *OLG Köln*, JR 1955, 186.
45 *Reichold*, in: Thomas/Putzo, 33. Aufl. 2012, Vorbem § 253 Rn. 16 und 34; *Roth*, in: Stein/Jonas, 22. Aufl. 2008, § 261 Rn. 11 mit Fn. 37 und § 253 Rn. 59; *Assmann*, in: Wieczorek/Schütze, 3. Aufl. 2008, § 261 Rn. 38 und Vor § 253 Rn. 58.

gilt § 261 Abs. 2 ZPO gerade nicht.[46] Das gilt insbesondere gegenüber dem Streitgehilfen oder bloßen Streitverkündeten.[47] In diesen Fällen ist die Zustellung eines Schriftsatzes nach § 253 ZPO notwendig.

Dieser Mangel der Klageerhebung ist auch nicht etwa mangels Rüge geheilt worden, § 295 Abs. 1 ZPO. Die Drittwiderbeklagte hat den Mangel der Klageerhebung ausdrücklich und unverzüglich gerügt (vgl. Protokoll S. ...).

> Für eine etwaige **Heilung** ist zwischen einer **fehlenden** (dann § 295 ZPO mit Wirkung ex nunc) oder einer **fehlerhaften Zustellung** (dann § 189 ZPO mit Wirkung ex tunc) zu **unterscheiden**.[48]

2. Die Drittwiderklage ist weiter auch unzulässig. Die Prozessvoraussetzung des Zusammenhangs nach § 33 ZPO liegt nicht vor.

> Die Rechtsprechung des BGH zu den verschiedenen Arten der Drittwiderklage ist im Fluss. Hier werden freilich nur die Aspekte der Rspr genannt, die dem Berufungsbegehren förderlich sind. RRef müssen hier aber auf dem Laufenden bleiben![49]

a) Nach der höchstrichterlichen Rechtsprechung ist eine isolierte Drittwiderklage, die sich also nicht auch gegen die Klagepartei richtet, grundsätzlich unzulässig.[50] Die speziellen Privilegien, die dem Widerkläger zugutekommen, gesteht das Gesetz grundsätzlich nur der einfachen Widerklage zu.

b) Eine Ausnahme von dem genannten Grundsatz ist hier nicht zuzulassen. Nach der höchstrichterlichen Rechtsprechung ist eine isolierte Drittwiderklage allenfalls dann zuzulassen, wenn eine tatsächliche und rechtliche enge Verknüpfung zur Klage gegeben ist, keine schutzwürdigen Interessen der Drittwiderbeklagten entgegenstehen und entweder die Drittwiderbeklagte zustimmt oder die Zulassung der Drittwiderklage sachdienlich i.S.d. § 267 ZPO ist.[51] Vorliegend fehlt es bereits an der tatsächlich und rechtlich engen Verknüpfung: Im Rahmen der Klage geht es allein um ein Leasingverhältnis, bei dem es insbesondere nicht auf das Vorliegen eines Mangels ankommt. Die Drittwiderklage stützt sich hingegen ausschließlich auf Kaufrecht, so dass andere Tatsachen, z.B. der behauptete Mangel, erheblich werden.

> Tatsächlich liegt hier die Bejahung des Zusammenhangs i.S.d. § 33 ZPO nicht fern. Jedoch darf der Anwalt **ausschließlich** seinem Mandanten **günstige Tatsachen oder Rechtsansichten** und –argumente vortragen.
> Die ggf. **fehlende örtliche Zuständigkeit** stellt nach § 513 II ZPO keine Rechtsverletzung dar, welche die Berufung begründet! Sie wird daher im Vermerk besprochen.

---

46 *Hüßtege*, in: *Thomas/Putzo*, 33. Aufl. 2012, § 33 Rn. 13; *Greger*, in: *Zöller*, 29. Aufl. 2012, § 261 Rn. 6; *Foerste*, in: *Musielak*, 8. Aufl. 2011, § 261 Rn. 6; *Becker-Eberhard*, in: MüKoZPO, 3. Aufl. 2008, § 261 Rn. 32.
47 *Assmann*, in: *Wieczorek/Schütze*, 3. Aufl. 2008, § 261 Rn. 37 f.; *OLG Köln*, JR 1955, 186; *Uhlmannsiek*, JA 1996, 253 (255) mit einer Rückausnahme für streitgenössische Nebenintervenienten nach § 69 ZPO.
48 Angedeutet von *Reichold*, in: *Thomas/Putzo*, 33. Aufl. 2012, § 253 Rn. 19 und 21.
49 Vgl. *BGH*, BGHZ 187, 112 = NJW 2011, 460 mit Anm. *Voss*; *Skusa*, NJW 2011, 2697; *Schöler*, MDR 2011, 522; *Fellner*, MDR 2011, 146.
50 *BGH*, BGHZ 187, 112 = NJW 2011, 460 (461), *Hüßtege*, in: *Thomas/Putzo*, 33. Aufl. 2012, § 33 Rn. 11.
51 *Hüßtege*, in: *Thomas/Putzo*, 33. Aufl. 2012, § 33 Rn. 12.

Das Fehlen dieser Prozessvoraussetzung ist auch nicht nach § 295 Abs. 1 ZPO geheilt worden, da die Drittwiderbeklagte auch diesen Mangel ausdrücklich und unverzüglich gerügt hat (vgl. Protokoll S. .....).

3. Die Drittwiderklage ist überdies jedenfalls unbegründet. Die Voraussetzungen der §§ 398, 437, 434 BGB sind nicht erfüllt. So liegt bereits kein Mangel vor (a). Jedenfalls fehlt es aber an einer wirksamen Fristsetzung zur Nacherfüllung (b).

a) Ein Mangel nach § 434 BGB liegt nicht vor.

(1) Der dahin gehende streitige Vortrag des Beklagten ließ sich nicht feststellen. Um Wiederholungen zu vermeiden, wird insoweit auf die Ausführungen zur Klage (I.3.c) verwiesen.

(2) Auch im Rahmen der Drittwiderklage kommt dem Beklagten nicht die Wirkung des § 476 BGB zugute.[52] Denn Voraussetzung für die Anwendung des § 476 BGB auf den Kaufvertrag ist nach § 474 Abs. 1 S. 1 BGB, dass es sich um einen Verbrauchsgüterkauf handelt. Die persönlichen Voraussetzungen eines Verbrauchsgüterkaufs liegen hier aber nicht vor: Der Kaufvertrag wurde zwischen zwei Aktiengesellschaften, mithin Unternehmer nach § 14 BGB und Formkaufleute nach § 6 Abs. 2 HGB, abgeschlossen.

(3) Eine Anwendung der §§ 474, 476 BGB folgt vorliegend auch nicht aus der nach Abschluss des Kaufvertrages erfolgten Abtretung der Mängelrechte.[53] Denn nach dem Prinzip des Schuldnerschutzes, das in § 404 BGB Ausdruck findet, können die Parteien des Abtretungsvertrages nicht über den Inhalt des abzutretenden Rechts disponieren. Insofern der zwingende Verbraucherschutz der §§ 474 ff. BGB hier etwas anderes verlangt, geht dies nicht zulasten der Drittwiderbeklagten. Vielmehr dürfte in diesem Fall der Haftungsausschluss der Klägerin nach § 307 Abs. 1 BGB unwirksam sein und dieselbe dann nach mietrechtlicher Gewährleistung haften.[54]

Der Aspekt des § 404 BGB ist im Rahmen der Klage nicht anzusprechen, da dessen Schutz lediglich die Mandantschaft begünstigt.

---

52 *Koch*, in: MüKoBGB, 6. Aufl. 2012, Finanzierungsleasing, Rn. 68 mit Fn. 1; *Wolf/Eckert/Ball*, HdbLeasR, 10. Aufl. 2009, Rn. 1885; *OLG Köln*, Urt. v. 27.3.2008–15 U 175/07; *LG Ravensburg*, SVR 2005, 231; offen gelassen von *BGH*, NJW 2011, 1664 (1665) sowie von *OLG München*, Urt. v. 20.5.2009–20 U 5476/09; **aA** *Omlor*, JuS 2011, 305 (309 f.); *ders.*, ZGS 2008, 220 (225).
53 *Matusche-Beckmann*, in: Martinek/Stoffels/Wimmer-Leonhardt, HdbLeasR, 2. Aufl. 2008, § 52 Rn. 89.
54 *Weidenkaff*, in: Palandt, 71. Aufl. 2012, Einf v § 535 Rn. 53 und 56; *Woitkewitsch*, in: Graf v. Westphalen, Der Leasingvertrag, 6. Aufl. 2008, Kap. L Rn. 250.

Lösungsvorschlag

(4) Selbst wenn der § 476 BGB im Rahmen der Drittwiderklage Anwendung finden sollte, greift die Rechtsfolge hier nicht ein, da bereits der Tatbestand nicht erfüllt ist. Die Anknüpfungstatsachen („Grundmangel") sind weder unstreitig noch bewiesen (s.o. I. 3.c).

b) Auch ungeachtet des – nicht vorliegenden – Mangels, steht dem Beklagten kein Rücktrittsrecht zu, da die weiteren gesetzlichen Voraussetzungen der §§ 437 Nr. 3, 439, 323 BGB nicht vorliegen. Danach obliegt es dem Käufer vor dem Rücktritt dem Verkäufer eine angemessene Frist zur Nacherfüllung zu setzen. Die Fristsetzung durch den Beklagten war hier aber nicht wirksam.

> Diese Hilfsbegründung sollte unbedingt erfolgen. Denn es ist nicht sicher vorhersehbar, welcher Auffassung das OLG bezüglich der Anwendbarkeit und Tatbestandserfüllung des § 476 BGB folgt.

Zu dieser Obliegenheit, welcher der Beklagte im eigenen Interesse nachzukommen hat, gehört nämlich auch die Bereitschaft, die Kaufsache der Drittwiderbeklagten für eine entsprechende Untersuchung zur Verfügung zu stellen. Die Drittwiderbeklagte hingegen ist nicht verpflichtet sich auf ein Nacherfüllungsverlangen einzulassen, bevor der Beklagte ihr nicht die Gelegenheit zu einer solchen Untersuchung der Kaufsache gegeben hat.[55] Der Obliegenheit ist der Beklagte vorliegend nicht ordnungsgemäß nachgekommen. Denn er hat die Drittwiderbeklagte aufgefordert, den fahrunfähigen Pkw in Traunstein abzuholen und anschließend die Nacherfüllung durchzuführen. Die Nacherfüllungspflicht der Drittwiderbeklagten ist aber auf die Vornahme der hierzu erforderlichen Handlungen am Erfüllungsort begrenzt.[56]

Der Erfüllungsort einer etwaigen Nacherfüllungspflicht war hier in München begründet, § 269 BGB. Denn nach der neueren höchstrichterlichen Rechtsprechung folgt die Bestimmung des Erfüllungsortes nicht aus § 439 BGB, so dass es auf die Regelung im allgemeinen Schuldrecht ankommt.[58] § 439 Abs. 1 BGB spricht zwar von der Lieferung. Daraus ergibt sich aber nicht, an welchem Ort die Verpflichtung zu erfüllen ist.[59] § 439 Abs. 2 BGB hingegen stellt eine bloße Kostentragungsregel dar. Wie ein Gegenschluss zu

> Diese neue Judikatur strahlt über § 29 ZPO auch auf den Gerichtsstand aus.[57] Sie bietet sich – auch – daher für das Assessorexamen an!
>
> Auf die Regelung in § 3 Abs. 2 des Leasingvertrags (Ort der Rückgabe) ist nicht einzugehen, da diese nur den Leistungsort im Verhältnis zur Klägerin, nicht aber zur Mandantschaft regelt!

---

55 *BGH*, NJW 2010, 1448 (1448).
56 *BGH*, NJW 2011, 2278 (2278 Tz. 14); **aA** *Gsell*, JZ 2011, 988 (994).
57 *Staudinger/Artz*, NJW 2011, 3121 (3125).
58 *BGH*, NJW 2011, 2278 (2279 Tz. 20 ff.) = JuS 2011, 748 mit Anm. *Faust*; vgl. dazu *Gsell*, JZ 2011, 988; *Staudinger/Artz*, NJW 2011, 3121; *Schüßler/Feurer*, MDR 2011, 1077.
59 *BGH*, NJW 2011, 2278 (2279 Tz. 21).

§ 269 Abs. 3 BGB ergibt, folgt aber aus der Kostentragung noch gerade kein Erfüllungsort.[60]

Im Rahmen des § 269 BGB sind alle Umstände sowie die Natur des Schuldverhältnisses zu berücksichtigen, so dass es keine schematische Lösung des Erfüllungsortes der Nacherfüllung gibt. Beim Fahrzeugkauf wird der Erfüllungsort aber in aller Regel, und so auch hier, beim Verkäufer anzusiedeln sein. Schließlich erfordern die Nachbesserungsarbeiten aufwändige Diagnose- und Reparaturarbeiten, die wegen der beim Verkäufer vorhandenen sachlichen und personellen Mittel sinnvoll nur am Betriebsort des Händlers vorgenommen werden können.[62]

> Der BGH hat ausdrücklich klargestellt, dass sich diese Argumentation **ausschließlich** auf den Erfüllungsort der **Nacherfüllung** bezieht.[61] Sie lässt sich mangels Vergleichbarkeit **nicht** auf den Erfüllungsort der Rückgewährpflicht aufgrund **Rücktritts** übertragen!

c) Die Fristsetzung war vorliegend auch nicht aus anderen Gründen entbehrlich. Es lag weder ein Fall der fehlgeschlagenen Nacherfüllung, § 440 BGB, der Unmöglichkeit, § 326 Abs. 5 BGB, oder ein Fall des § 323 Abs. 2 BGB vor.

[Unterschrift]

III. Vermerk für RA Dr. Schaaf

I. Behandlung der Drittwiderklage durch das OLG

Nach der hier vertretenen Auffassung wurde die Drittwiderklage nicht wirksam erhoben. Es fehlt somit eine Prozessvoraussetzung, so dass die Klage unzulässig ist. Die Rechtsprechung hat für diese Konstellation jedoch entschieden, dass das OLG die Klage nicht als unzulässig abweist, sondern in die erste Instanz zurückverweist, damit der Mangel dort geheilt werden kann.[63] Vorliegend wurde kein Antrag auf Zurückverweisung nach § 538 Abs. 2 aE ZPO gestellt. Es bleibt abzuwarten, ob der Beklagte diesen Antrag stellt. Falls nicht, wird das OLG die Verurteilung im Rahmen der Drittwiderklage aufheben und sie als unzulässig abweisen.

II. Örtliche (Un-)Zuständigkeit bzgl. Drittwiderklage

Fragen der örtlichen Zuständigkeit können in der Berufung wegen § 513 Abs. 2 ZPO nicht als Rechtsverletzung geltend gemacht werden.

---

60 *BGH*, NJW 2011, 2278 (2280 Tz. 25).
61 *BGH*, NJW 2011, 2278 (2280 Tz. 28).
62 *BGH*, NJW 2011, 2278 (2281 Tz. 33); *OLG München*, NJW 2007, 3214 (3215); *Schüßler/Feurer*, MDR 2011, 1077 (1078);.
63 *BGH*, NJW 1992, 2099 (2100); nach der damaligen Rechtslage war jedoch kein Antrag zur Zurückverweisung nötig.

Lösungsvorschlag

1. Die örtliche Zuständigkeit folgte hier wohl nicht aus § 33 ZPO. Denn der *BGH* geht von der grundsätzlichen Unzulässigkeit der isolierten Drittwiderklage aus. Jedenfalls enthält er solchen Klagen aber die spezifischen Privilegien der Drittwiderklage, namentlich den besonderen Gerichtsstand, vor. Davon ist er zwar in einer jüngeren Entscheidung teilweise abgerückt (s. Fn. 49). Diese Entscheidung betraf allerdings die Drittwiderklage gegen den Zedenten der Hauptklageforderung. Diesen erachtete der *BGH* für weniger schutzwürdig als sonstige Dritte. Denn ohne die Abtretung wäre der Drittwiderbeklagte selbst der (Haupt-)Kläger gewesen und hätte sich ebenfalls einer Widerklage am nämlichen Gericht ausgesetzt gesehen. Diese Wertung dürfte vorliegend allerdings nicht durchgreifen. Denn Drittwiderbeklagte ist hier die Schuldnerin des abgetretenen Anspruchs, die den Schutz des § 404 BGB genießt.

Während im Schriftsatz apodiktische Feststellungen zu formulieren sind, sollte im Hilfsgutachten demonstriert werden, dass der Anwalt die rechtlichen Würdigungen anderer prognostiziert.

2. Die örtliche Zuständigkeit könnte sich ferner aus § 29 ZPO, §§ 269, 346 BGB ergeben, falls der Leistungsort der Rückgewährpflicht nach Rücktritt in Traunstein lag. Wo der Erfüllungsort insoweit liegt, ist vom *BGH* nach neuem Schuldrecht noch nicht beantwortet worden (s. Fn. 61). Bislang wurde überwiegend davon ausgegangen, dass der Erfüllungsort dort liegt, wo sich die Sache im Zeitpunkt des Rücktritts nach dem Vertrag befindet, da an diesem Ort die Kaufsache zurück zu gewähren ist.[64] Nach einer neueren Auffassung gibt es keinen allgemeinen Erfüllungsort des Vertrages. Vielmehr ist dieser für jede Pflicht nach § 269 BGB zu ermitteln, so dass die Klage auf Rückzahlung jeweils am Sitz der Niederlassung des Verkäufers zu erheben ist.[65] Ob und inwieweit sich die letztgenannte Ansicht im Anschluss an die neue Judikatur zum Erfüllungsort bei der Nacherfüllung durchsetzen wird bleibt abzuwarten. Vorerst sollte davon ausgegangen werden, dass die herrschende Meinung weiter den Erfüllungsort am vertragsgemäßen Belegenheitsort der Sache annimmt.

Im Hinblick auf den **Leistungsort** *aufgrund* **Rücktritts** *im Rahmen der Drittwiderklage (Kaufvertrag) durfte* **nicht** *auf die Regelung in § 3 Abs. 2 des* **Leasingvertrages** *zurückgegriffen werden. Denn diese regelt freilich nur das Leasingverhältnis im Rahmen der Klage.*

---

64 *BGH*, BGHZ 87, 109; *Grüneberg*, in: *Palandt*, 71. Aufl. 2012, § 269 Rn. 16; *Vollkommer*, in: *Zöller*, 29. Aufl. 2012, § 29 Rn. 25 „Kaufvertrag".
65 *Stöber*, NJW 2006, 2661 (2664); *Hüßtege*, in: *Thomas/Putzo*, 33. Aufl. 2012, § 29 Rn. 6; *KG*, Urt. v. 30.11.2009–20 U 113/09; *LG Krefeld*, MDR 1977, 1018; *LG Stralsund*, Beschl. v. 13.10.2011–6 O 211/11; *LG Ansbach*, Urt. v. 24.9.2008–2 O 855/09.

III. Klage auf zukünftige Leistung

Der Klageantrag in Ziffer II. ist nicht nach § 258 ZPO zulässig. Denn eine wiederkehrende Leistung unterfällt nur dann dem § 258 ZPO, wenn es sich um eine einseitige Leistungspflicht aufgrund eines einheitlichen Rechtsverhältnisses handelt, die nur noch vom Zeitablauf abhängig ist, wie es etwa bei Rentenansprüchen nach §§ 759 ff. BGB der Fall ist. Miet- und auch Leasingraten fallen aber nicht darunter, da es sich bei ihnen um gegenseitige Pflichten handelt.[66] Jedoch folgt die Zulässigkeit der Klage auf zukünftige Leistung hier aus § 259 ZPO. Einzige Voraussetzungen ist insoweit, dass zu besorgen ist, dass sich der Schuldner der rechtzeitigen Leistung entziehen werde. Dafür genügt bereits ein ernstliches Bestreiten des Klageanspruchs nach Grund, Fälligkeit oder Betrag.[67] Dies ist hier der Fall, da der Beklagte mit Schreiben vom 4.6.2011 angekündigt hat, die zukünftigen Raten nicht mehr zu zahlen und auch tatsächlich die Zahlungen seither eingestellt hat.

Da vorliegend weder der Beklagte noch das Landgericht einen Zweifel an der Zulässigkeit des Antrags hatten, musste dies nicht unbedingt im Rahmen der Berufungsbegründung thematisiert werden. Sollte das OLG anderer Auffassung sein, würde es einen Hinweis nach § 139 ZPO erteilen, auf den dann zu reagieren wäre.

---

66 *Reichold*, in: *Thomas/Putzo*, 33. Aufl. 2012, § 258 Rn. 2.
67 *Foerste*, in: *Musielak*, 9. Aufl. 2012, § 259 Rn. 5.

Klausur Nr. 4 – Berufungseinlegung und -begründung (Schriftsatz an das Gericht und Mandantenschreiben)

Sachverhalt

Am 23.8.2012 begibt sich der Malermeister Klaus Schlag, wohnhaft Pommernstraße 87, 93073 Neutraubling, zu Rechtsanwältin Dr. Brigitte Eigner in deren Kanzlei in 93053 Regensburg, Landshuter Straße 66, und trägt folgenden Sachverhalt vor:

„Sehr geehrte Frau Rechtsanwältin, im Verfahren vor dem Landgericht Regensburg, Az.: 6 O 1499/12, bei dem ich Beklagter war, wurde ich in erster Instanz von Herrn Rechtsanwalt Kurz vertreten. Diesem habe ich allerdings anlässlich einer persönlichen Auseinandersetzung am 17.8.2012 das Mandat entzogen.

In dem genannten Rechtsstreit erging gegen mich auf die mir am 18.4.2012 zugestellte Klage am 16.8.2012 ein Endurteil, welches ich Ihnen hiermit vorlege. Dieses wurde meinem früheren Anwalt am 20.8.2012 zugestellt.

In diesem Verfahren wurde ich als Mitglied der Erbengemeinschaft nach meinem Vater Siegfried Schlag von dem Autohändler Stefan Holler, wohnhaft Niefangweg 14, 93049 Regensburg, bei dem mein Vater einen neuen Pkw gekauft hatte, auf Kaufpreiszahlung verklagt. Der Kläger wurde hierbei von Rechtsanwalt Günther Straub, Ludwigstraße 19, 93047 Regensburg, vertreten.

Mein bisheriger Anwalt hielt die Klage des Holler für unzulässig, jedenfalls aber für unbegründet, ist mit seinen Argumenten indes nicht durchgedrungen.

Ich habe im Rahmen einer Umschulungsmaßnahme auch Unterricht im Fach Rechts- und Sozialwesen belegt. Das Urteil ist nach Lektüre der einschlägigen Vorschriften des BGB und der ZPO meiner Ansicht nach aus folgenden Gründen aufzuheben:

Ich sehe nicht ein, dass ich als Miterbe allein für den Restkaufpreis aufkommen soll. Nach dem Urteil, welches nach Klageantrag entschied, müsste ich Zahlung aus dem ungeteilten Nachlass leisten, was ich doch gem. § 2040 Abs. 1 BGB gar nicht kann. Es hätte daher meine Mutter als Miterbin mitverklagt werden müssen.

Die **Adressangaben** der Beteiligten sind genau in die zu fertigenden Schriftsätze zu übernehmen.

Dem Leser sollte **auffallen**, dass vor der Urteilszustellung am 20.8.2012 dem für die erste Instanz bestellten Prozessbevollmächtigten bereits das Mandat entzogen war. Führt dies zur Unwirksamkeit der Zustellung ohne Ingangsetzung der Rechtsmittelfristen?

Die im Folgenden durch den Mandanten erhobenen "Rügen" betreffend das erstinstanzliche Urteil enthalten – entsprechend der bei einer Urteilsklausur in den Anwaltsschriftsätzen geäußerten **Rechtsauffassungen** – die bei der Lösung unbedingt zu beachtenden **Schwerpunkte** aus der Sicht des Erstellers der Klausur.

An dieser Stelle empfiehlt sich bereits ein Blick in den **Tenor** des anzugreifenden Endurteils, aus dem sich ergibt, dass dieses auf eine sogenannte **Gesamthandsklage** hin gegen einen einzelnen Miterben erging. Diese ist aber gem. § 2059 Abs. 2 BGB grundsätzlich gegen sämtliche Miterben zu erheben. Die Klage nur gegen einen einzelnen Miterben ist daher grundsätzlich unzulässig.

Ich habe gelernt, dass im Werkvertragsrecht bei Werkmängeln der Besteller ein Recht zur sog. Selbstvornahme hat und er die diesbezüglichen Kosten vom Unternehmer verlangen kann. Das müsste zumindest sinngemäß doch auch bei einem Kauf gelten.

Darüber hinaus entsprechen die vom LG Regensburg in seinem Urteil niedergelegten Tatsachen, die ansonsten zutreffen, insoweit nicht der Wahrheit, als der Kläger die eingeklagte Restkaufpreisforderung am 15.8.2012 an die Sparkasse Regensburg zur Tilgung eines Geschäftskredits abgetreten hat. Die Sparkasse Regensburg hat mir diesen Sachverhalt unter Zahlungsaufforderung bis 28.9.2012 mit Schreiben vom 22.8.2012 mitgeteilt. Dieses Schreiben übergebe ich Ihnen, da es sicher für das weitere Verfahren von Bedeutung sein wird.

Ich habe schließlich selbst gegen den Kläger Gegenansprüche, die ich im o.g. Rechtsstreit fruchtbar machen möchte:

Zum einen bin ich Inhaber eines mittlerweile rechtskräftig gerichtlich bestätigten Anspruchs auf Werklohn gegen den Kläger. Das Amtsgericht Regensburg hat mir im Verfahren 2 C 1299/12 mit Urteil vom 5. Juli 2012 eine Forderung von 1.244 € zugesprochen. Auch dieses Urteil, das mit einem Rechtskraftvermerk vom 10.8.2012 versehen ist, habe ich Ihnen mitgebracht.

Zum anderen hat der Kläger anlässlich eines von mir am 31.3.2012 in Auftrag gegebenen Reifenwechsels ein in meinem Eigentum stehendes mobiles Navigationsgerät, Marke Navigon zerstört, als er es aus dem Kfz entfernte und aus Unachtsamkeit in eine Wasserpfütze fallen ließ. Das Navigationsgerät war 800 € wert. Der Kläger bestätigte mir am 2.4.2012 schriftlich, dass er für den Schaden aufkommen werde, wenn eine Einigung über den noch ausstehenden Restkaufpreis für den Pkw VW Golf 1.6 TDI erzielt worden sei. Meiner Meinung nach kann der Kläger die Zahlung nicht von einer Einigung im Verfahren vor dem Landgericht Regensburg abhängig machen. Zur Leistung habe ich den Kläger insoweit allerdings noch nicht aufgefordert. Dieser Sachverhalt wurde in den Prozess bislang nicht eingeführt, da ich die „Bestätigung" des Klägers erst heute in der Früh gefunden habe und befürchtete, den Vorfall anders nicht nachweisen zu

---

Hier wird das **zentrale materiellrechtliche Problem** der Klausur angesprochen, nämlich die Frage, ob der Käufer bei Mangelhaftigkeit der Kaufsache ohne vorherige Ermöglichung einer Nachbesserung diese in eigener Regie reparieren lassen und die entsprechenden Kosten gegen den Verkäufer geltend machen kann.

Da die im anzugreifenden Urteil im Tatbestand festgestellten Tatsachen nach den Angaben des Mandanten **zutreffen**, gibt es keine Angriffspunkte im Sinne der §§ 520 Abs. 1 Nr. 3, 529 Abs. 1 Nr. 1 ZPO. Allerdings ist bereits hier zu erkennen, dass die Abtretung der streitbefangenen Forderung durch den Kläger die Klage auf Zahlung an sich selbst unbegründet macht, sog. **Relevanztheorie**. Die Zulässigkeit der Einführung dieser in der Berufungsinstanz neuen Tatsache ist **an § 531 Abs. 2 ZPO** zu messen.

Die "Geltendmachung" von Gegenansprüchen durch den Beklagten im Wege der Berufung ist einmal mit der **(Hilfs-) Aufrechnung** und zum anderen mit der Erhebung einer **(Hilfs-) Widerklage** möglich. In beiden Fällen ist die Hürde des **§ 533 ZPO** unbedingt zu beachten.

Im Hinblick auf § 322 Abs. 2 ZPO ist zu überlegen, wie die Aufrechnung im Prozess mit einer bereits **rechtskräftig ausgeurteilten Forderung** zu behandeln ist.

Sachverhalt

können. Gelegentlich eines gestern in anderer Sache geführten Telefongesprächs hat mir der Kläger allerdings mitgeteilt, dass er die Angelegenheit mit dem Navigationsgerät nur außergerichtlich regeln möchte und nicht bereit sei, deswegen im Verfahren vor dem LG Regensburg irgendwelche Zugeständnisse zu machen.

Vielleicht kann man diese beiden Ansprüche ja mit einer Gegenklage oder auf anderem Wege geltend machen.

Bitte unternehmen Sie etwas, dass ich den Kaufpreis für den Pkw nicht zahlen muss. Es kann doch nicht sein, dass ich auf den von mir nicht verschuldeten Mängelkosten sitzen bleibe. Sollte es einen Rechtsbehelf gegen das Urteil des LG Regensburg geben, müssen Sie einen solchen unbedingt einlegen."

Rechtsanwältin Dr. Eigner kommt mit dem Klaus Schlag nach einer kurzen Besprechung der Rechtslage wunschgemäß überein, in einem etwaigen Rechtsbehelf das Urteil mit allen vertretbaren tatsächlichen und rechtlichen Argumenten anzugreifen, unabhängig davon, ob diese der herrschenden Rechtsauffassung oder der höchstgerichtlichen Rechtsprechung entsprechen.

Des Weiteren sollen – falls möglich und zum jetzigen Zeitpunkt sinnvoll – auch das zugunsten des Mandanten Schlag ausgegangene Verfahren vor dem Amtsgericht Regensburg, Az.: 2 C 1299/12, sowie die „Bestätigung" vom 2. April 2012 in dem Rechtsbehelf verwertet werden.

In einem Begleitschreiben soll Rechtsanwältin Dr. Eigner die Gründe für ihr Vorgehen näher erklären und auch auf etwaige Reaktionsmöglichkeiten des Klägers im Rahmen eines etwaigen Rechtsmittels des Beklagten eingehen.

Die der Rechtsanwältin Dr. Eigner vorgelegten Endurteile lauten auszugsweise wie folgt:

(A) Urteil des Landgerichts Regensburg vom 16. August 2012 im Verfahren Holler ./. Schlag, Az.: 6 O 1499/12:

(...)

Endurteil

I. Der Beklagte wird verurteilt, wegen der Forderung von 5.036 € die Zwangsvollstreckung in den Nachlass nach Herrn Siegfried Schlag zu dulden.

Selbstverständlich hat der Rechtsanwalt auch in einer Klausur den **Wünschen des Mandanten** zu entsprechen. Wünscht dieser, gegen ein Urteil mit „allen vertretbaren Argumenten" vorzugehen, hat der Anwalt dies umzusetzen, gleichzeitig den Mandanten aber über die vor dem Hintergrund einer gefestigten Rechtsprechung ggf. **geringen Chancen** einer bestimmten Argumentationsweise im Mandantenschreiben zu informieren. Ferner hat der Rechtsanwalt natürlich auch die **Erfolgsaussichten** seiner Verteidigung bzw. von Gegenangriffen **in tatsächlicher Hinsicht** einzuschätzen und dem Mandanten in realistischer Weise mitzuteilen.

Bei der Verurteilung zur „Duldung der Zwangsvollstreckung in den Nachlass nach ..." kommt eindeutig zum Ausdruck, dass Gegenstand des Verfahrens eine sog. **Gesamthandsklage** iSd § 2059 Abs. 2 BGB ist.

II. Der Beklagte trägt die Kosten des Rechtsstreits.

III. Das Urteil ist gegen Sicherheitsleistung von 110 % des zu vollstreckenden Betrages vorläufig vollstreckbar.

Tatbestand

Der Kläger macht gegen den Beklagten als Miterben des Erblassers Siegfried Schlag einen Anspruch auf restliche Kaufpreiszahlung geltend.

Der am 16.3.2012 verstorbene Erblasser Siegfried Schlag wurde laut gemeinschaftlichem Erbschein des AG Regensburg vom 2.5.2012 (Az.: IV 881/12) vom Beklagten und dessen Mutter Elfriede Schlag je zur Hälfte beerbt. Diese haben den Nachlass noch nicht untereinander aufgeteilt.

Der Erblasser schloss mit dem Kläger, der mit EU-Neuwagen handelt, am 20.12.2011 einen Kaufvertrag über einen neuen Pkw VW Golf 1.6 TDI zum Kaufpreis von 23.800 € inklusive MWSt. Hierbei wurde an Stelle eines Nachlasses vereinbart, dass der Erblasser den Kaufpreis erst zum 1.2.2012 zu bezahlen hatte. Das Fahrzeug wurde am 22.12.2011 ausgeliefert. Am 21.1.2012 erlitt der Erblasser bei einer Autobahnfahrt einen kapitalen Motor- und Getriebeschaden.

Dieser ließ am 31.1.2012 bei einem VW-Vertragshändler in Regensburg einen neuen Motor sowie ein neues Getriebe einbauen, wofür er insgesamt 5.036 € aufzuwenden hatte.

Die VW-AG lehnte die Übernahme der Reparaturkosten mit Schreiben vom 9.2.2012 ab, weil die Bedingungen der für Neuwagen bestehenden Werksgarantie nicht erfüllt seien.

Zum 15.2.2012 überwies der Erblasser dem Beklagten einen Betrag von lediglich 18.764 €. In Höhe der genannten Reparaturkosten von 5.036 € erklärte er die Aufrechnung mit dem Kaufpreis.

Der Kläger behauptet, der Erblasser habe den Motor- und Getriebeschaden durch unsachgemäße Fahrweise verursacht, indem er bei hoher Geschwindigkeit in einen zu niedrigen Gang geschaltet habe. Ein Gewährleistungsgrund läge daher nicht vor.

Er ist darüber hinaus der Meinung, er könne vom Beklagten Zahlung aus dem Nachlass verlangen, solange dieser noch nicht geteilt sei. Der Beklagte hätte als Erbe des Erblassers für den restlichen Kaufpreis im Übrigen auch unabhängig von der Schadensursache ein-

Das Berufungsgericht und damit auch der Berufungsführer ist grundsätzlich an die **Feststellungen** im Tatbestand des anzutreffenden Urteils gebunden, § 529 Abs. 1 Nr. 1 ZPO. Bei der Rüge von **Rechtsverletzungen** (§ 513, 546 ZPO) ist daher nachzuweisen, dass die im Tatbestand getroffenen Feststellungen die vom Gericht getroffenen Subsumtionsschlüsse nicht rechtfertigen, wobei das Berufungsgericht hierbei an die geltend gemachten Gründe nicht gebunden ist, § 529 Abs. 2 S. 2 ZPO). **Unrichtigkeiten des Tatbestandes** können nach § 320 ZPO geltend gemacht werden, vgl. die Klausur Nr. 3.

Sachverhalt

zustehen, da es der Erblasser verabsäumt habe, die Reparatur bei ihm durchführen zu lassen.

Der Kläger beantragt:

Der Beklagte wird verurteilt, wegen der Forderung von 5.036 € die Zwangsvollstreckung in den Nachlass nach Herrn Siegfried Schlag zu dulden.

Der Beklagte beantragt

    Klageabweisung.

Er behauptet, dass der Schaden an dem Pkw VW Golf durch einen gerissenen Zahnriemen infolge eines Materialfehlers entstanden sei, der zur Blockade des gesamten Antriebsstranges geführt habe (Beweis: Sachverständigengutachten).

Der Beklagte ist der Meinung, dass die Klage auf Zahlung aus dem Nachlass schon unzulässig sei. Jedenfalls sei sie aber unbegründet, da der Kläger durch die sachgerechte Durchführung der Reparatur ja Aufwendungen erspart habe, die ihm aber aus Gewährleistungsgesichtspunkten angefallen wären. In dieser Höhe könne der Beklagte daher auch die Aufrechnung mit dem Kaufpreis erklären.

Im Übrigen ergibt sich der Tatsachenvortrag der Parteien aus dem Klageschriftsatz vom 16.4.2012, aus dem Klageerwiderungsschriftsatz vom 6.6.2012 sowie aus dem Sitzungsprotokoll vom 2.8.2012. Auf diese Aktenbestandteile wird zur Ergänzung des Tatbestandes Bezug genommen.

Entscheidungsgründe

Die zulässige Klage ist in vollem Umfang begründet.

I.

Die Klage ist zulässig, insbesondere konnte der Kläger den Beklagten auch alleine als Miterben nach seinem Vater Siegfried Schlag verklagen. Zwar richtet sich die Klage auf Leistung aus dem ungeteilten Nachlass, solche Ansprüche können aber, wie schon die §§ 2032 und 2058 BGB zeigen, gegen jeden Miterben eingeklagt werden.

Der Hinweis des Gerichts auf die §§ 2032, 2058 BGB sollte unbedingt überprüft werden!

II.

Die Klage ist auch begründet.

Der Beklagte kann keine Mängelgewährleistungsrechte geltend machen. Infolge der Neuregelung des Kaufrechts durch die Schuldrechtsreform 2002 ist die Nacherfüllung gegenüber der Geltendmachung von Minderung beziehungsweise Schadensersatz vorran-

Auch hier wird das zentrale materiellrechtliche Problem eines grundsätzlichen Vorrangs der Aufforderung zur Nachbesserung noch einmal ausdrücklich angesprochen.

gig. Hiernach wäre es erforderlich gewesen, den Kläger unter Fristsetzung zur Nacherfüllung aufzufordern; dies ist nicht geschehen. Der Beklagte ist vielmehr zunächst ausschließlich aus der Garantie gegen den Hersteller des Pkw, die VW-AG, vorgegangen. Zur Entbehrlichkeit der Nachbesserungsaufforderung gegenüber dem Kläger hat der Beklagte weder substantiiert vorgetragen, noch ergeben sich dafür greifbare Anhaltspunkte aus den Umständen.

Schließlich sind auch Gegenrechte des Beklagten als Käufer aus dem Gesichtspunkt ersparter Aufwendungen dem geltenden Recht fremd. Der Gesetzgeber hat zwar dem Besteller eines Werkvertrags das Recht zur Selbstvornahme eingeräumt, eine vergleichbare Regelung für das Kaufrecht jedoch nicht getroffen.

Die (fehlende) Vergleichbarkeit mit dem Werkvertragsrecht kann im Rahmen der Berufungsbegründung fruchtbar gemacht werden.

Eine Beweisaufnahme über den Entstehungsgrund für die am Pkw des Beklagten aufgetretenen Mängel hatte daher nicht zu erfolgen. Dieser ist aus den genannten Gründen nicht zur Aufrechnung etwaiger Reparaturkosten mit dem Kaufpreis berechtigt, dessen der Höhe nach unstreitig noch nicht beglichener Rest daher dem Kläger zusteht.

Hier ist **unbedingt zu beachten**, dass die unterlassenen Feststellungen im Wege einer Beweisaufnahme zur Frage der Mangelhaftigkeit des Pkw aus der rechtlichen Sicht des Gerichtes **konsequent** ist. Kommt man mit der Berufungsbegründung zum Ergebnis, dass die Mangelhaftigkeit schon relevant sei, darf man dem Gericht **nur eine Verletzung materiellen Rechts** (§§ 513, 546 ZPO) anlasten, **nicht aber zusätzlich rügen**, die Tatsachenfeststellungen im Urteil seien unvollständig (§§ 520 Abs. 3 Nr. 3, 529 Abs. 1 Nr. 1 ZPO).

(...)

Dr. Seiler

VRiLG

(B) Urteil des Amtsgerichts Regensburg vom 5.7.2012 im Verfahren Schlag ./. Holler, Az.: 2 C 1299/12, rechtskräftig seit 10.8.2012.

(...)

Endurteil

I. Der Beklagte wird verurteilt, an den Kläger 1.244 € zu bezahlen.

II. Der Beklagte trägt die Kosten des Rechtsstreits.

III. Das Urteil ist vorläufig vollstreckbar. Der Beklagte kann die Vollstreckung durch Sicherheitsleistung von 110 % des vollstreckbaren Betrages abwenden, wenn nicht der Kläger zuvor in Höhe von 110 % des zu vollstreckenden Betrages Sicherheit leistet.

Tatbestand

Der Kläger macht gegen den Beklagten einen Werklohnanspruch wegen der Durchführung von Malerarbeiten geltend.

Die Angaben zu den **tatsächlichen Voraussetzungen** des Werklohnanspruchs sind für die Geltendmachung der Hilfsaufrechnung im Rahmen der Berufungsbegründung zu verwenden.

Sachverhalt

Am 13.12.2011 weißelte der Kläger aufgrund einer am 8.12.2011 getroffenen Vereinbarung in den Geschäftsräumen des Beklagten, der einen Gebrauchtwagenhandel betreibt, sämtliche Wände und Decken. Zwischen den Parteien waren die „normalen Preise" für Material- und Arbeitskosten vereinbart.

Den angefallenen Material- und Arbeitsaufwand stellte der Kläger dem Beklagten nach Abnahme der Arbeiten mit Schreiben vom 22.12.2011 in einer Gesamthöhe von 3.244 € in Rechnung. Bezüglich der genauen Aufschlüsselung der einzelnen Rechnungspositionen wird auf den Klageschriftsatz vom 9.2.2012 Bezug genommen.

Der Beklagte bezahlte auf diesen Betrag am 3.1.2012 lediglich 2.000 €.

Der Kläger trägt vor, der von ihm geltend gemachte Gesamtbetrag von 3.244 € inklusive MWSt. sei ortsüblich und angemessen. Abzüglich der vom Beklagten bezahlten 2.000 € beantragt er:

Der Beklagte wird verurteilt, an den Kläger 1.244 € zu bezahlen.

Der Beklagte, der auf

Klageabweisung

anträgt, bringt vor, dass mehrere der vom Kläger in Rechnung gestellten Einzelpositionen in der Rechnung vom 22. Dezember 2012 nicht der üblichen bzw. ortsangemessenen Vergütung entsprächen. Die von ihm bereits erbrachten 2.000 € seien insoweit mehr als genug. Hinsichtlich der einzelnen Einwände des Beklagten wird auf den Klageerwiderungsschriftsatz vom 16. März 2012 Bezug genommen.

Das Gericht hat Beweis erhoben durch die uneidliche Einvernahme des Sachverständigen Walter Bauhaber. Auf dessen schriftliches Gutachten vom 27. April 2012 wird ebenso Bezug genommen wie auf das Protokoll der mündlichen Verhandlung vom 23. Juni 2012, in der das Gutachten durch den Sachverständigen erläutert wurde.

Entscheidungsgründe

Die zulässige Klage ist begründet.

Der Kläger hat gegen den Beklagten aus einem mit diesem unstreitig abgeschlossenen Werkvertrag über die Weißelung sämtlicher Geschäftsräume des Beklagten einen restlichen Werklohnanspruch in klagegegenständlicher Höhe, § 631 Abs. 1 BGB.

Die Parteien haben zwar unstreitig keine bestimmten Sätze für die durchzuführenden Arbeiten oder gar einen Pauschalpreis vereinbart. Vielmehr kamen sie unstreitig überein, dass der Kläger die „normalen Preise" verlangen dürfe. Die vom Kläger in Rechnung gestellte Gesamthöhe von 3.244 € ist aber üblich i.S. von § 632 Abs. 2 BGB, jedenfalls angemessen.

Dies ergibt sich aus den nachvollziehbaren Angaben des kompetenten Sachverständigen Bauhaber, der auch sämtliche Einwände des Beklagten in der mündlichen Verhandlung vom 23. Juni 2012 zur vollen Überzeugung des Gerichts entkräften konnte.

Im Einzelnen waren folgende Gesichtspunkte maßgebend:

(...)

Feuchtinger

RiAG

> Hier stellt sich die **Frage**, ob im Falle der Aufrechnung mit dem Werklohnanspruch in einem anderen Verfahren (hier: im Wege der Berufung gegen das Urteil des LG Regensburg, 6 O 1499/12) vom Gegner **abermals geltend gemacht werden kann**, der Werklohn entspreche nicht der Üblichkeit iSv § 632 Abs. 2 BGB.

Die von Klaus Schlag der Rechtsanwältin Dr. Eigner weiter vorgelegten Schriftstücke lauten wie folgt:

(A) Schreiben der Sparkasse Regensburg vom 22. August 2012:

Sparkasse Regensburg   22. August 2012
Geschäftskredite
Lilienthalstr. 20
93049 Regensburg

Herrn
Klaus Schlag
Pommernstraße 87
93073 Neutraubling

Betr.: Abtretung einer Kaufpreisforderung

Sehr geehrter Herr Schlag,

Herr Stefan Holler hat der Sparkasse Regensburg am 15. August 2012 seine gegen Sie als Miterben des Herrn Siegfried Schlag bestehende und mittlerweile titulierte restliche Kaufpreisforderung i.H. von 5.036 € zur teilweisen außerordentlichen Tilgung eines Geschäftskredits abgetreten.

Wir dürfen Sie zur Vermeidung weiterer, ggf. gerichtlicher Schritte sowie von Kosten, die eine Umschreibung des Urteils des LG Regensburg aus dem Verfahren 6 O 1499/12 auf die Sparkasse Regensburg nach sich ziehen würde, höflich zur Begleichung des o.g.

> Die vom Mandanten hier vorgelegten Schriftstücke müssen im Rahmen der Berufungsbegründung unbedingt als **Beweismittel** angeboten werden.

Sachverhalt

Betrages bis spätestens 28.9.2012 auf unser Kto. 2134 45 123 auffordern.

Mit freundlichen Grüßen

i.V. Nikolaus Kogmann

Justiziar

(B) „BESTÄTIGUNG" DES KLÄGERS HOLLER VOM 2. APRIL 2012:

Bestätigung

Hiermit bestätigt Herr Stefan Holler, am 31. März 2012 im Rahmen eines Reifenwechsels ein Herrn Klaus Schlag gehörendes mobiles Navigationsgerät im Wert von 800 € zerstört zu haben.

Der Schaden wird Herrn Klaus Schlag vom Unterzeichner ersetzt, wenn eine Einigung über den noch ausstehenden Restkaufpreis für den vom verstorbenen Vater des Herrn Schlag erworbenen Pkw VW Golf 1.6. TDI erzielt wird.

Regensburg, 2. April 2012

Holler Stefan

Vermerk für die Bearbeiter

Der Schriftsatz von Rechtsanwältin Dr. Eigner an das Gericht – falls aufgrund des erteilten Auftrags erforderlich – sowie ihr Schreiben an den Mandanten sind zu entwerfen. Der Schriftsatz hat auch diejenigen Rechtsausführungen zu enthalten, die das Begehren des Mandanten stützen.

Soweit im Schriftsatz an das Gericht und in dem Mandantenschreiben ein Eingehen auf alle berührten Rechtsfragen nicht erforderlich erscheint, sind diese in einem Hilfsgutachten zu erörtern.

Hinweis

Die in den vom Mandanten Schlag vorgelegten Schriftstücken nicht abgedruckten Passagen sind für die Falllösung nicht relevant.

Lösungsvorschlag

A. Schriftsatz zur Einlegung und Begründung der Berufung

Dr. Brigitte Eigner   Regensburg, 24.8.2012
Rechtsanwältin
93053 Regensburg
Landshuter Str. 66

VORAB PER FAX!

An das Oberlandesgericht Nürnberg

– Zivilsenat –

In Sachen

Stefan Holler, Niefangweg 14, 93049 Regensburg

– Kläger und Berufungsbeklagter –

Prozessbevollmächtigter 1. Instanz: Rechtsanwalt Günther Straub, Ludwigstr. 19, 93047 Regensburg

gegen

Klaus Schlag, Pommernstr. 87, 93073 Regensburg

– Beklagter- und Berufungskläger –

Prozessbevollmächtigte: Dr. Brigitte Eigner, Landshuter Str. 66, 93053 Regensburg

bestelle ich mich als Prozessbevollmächtigte des Beklagten und Berufungsklägers für die Berufungsinstanz und lege in dessen Namen gegen das in beglaubigter Abschrift beigefügte Endurteil des Landgerichts Regensburg vom 16.8.2012 – Aktenzeichen 6 O 1499/12 –, zugestellt am 20.8.2012,

Berufung

zum Oberlandesgericht Nürnberg ein.

Ich beantrage:

I. Das Urteils des Landgerichts Regensburg vom 16.8.2012, Az. 6 O 1499/12, wird abgeändert und die Klage abgewiesen.

II. Der Kläger hat die Kosten beider Rechtszüge zu tragen.

III. Die Zwangsvollstreckung aus dem Urteil des Landgerichts Regensburg vom 16.8.2012 wird – gegebenenfalls gegen Sicherheitsleistung – vorläufig eingestellt.

Mit einer Übertragung der Entscheidung auf den Einzelrichter besteht kein Einverständnis, da der Rechtsstreit erhebliche Schwierigkeiten tatsächlicher und

---

Jedenfalls dann, wenn – wie allerdings im vorliegenden Fall nicht – der Ablauf der Fristen zur Einlegung und/oder Begründung der Berufung unmittelbar bevorsteht, müssen die entsprechenden Schriftsätze **per Fax** an das Berufungsgericht versandt werden.

Die **funktionelle Zuständigkeit** des Berufungsgerichts ergibt sich aus § 72 GVG bzw. (vorliegend) aus § 119 Abs. 1 Nr. 2 GVG. Die **örtliche Zuständigkeit** ergibt sich aus dem über Überordnungsprinzip in Verbindung mit dem einschlägigen Gerichtsorganisationsgesetz (das LG Regensburg befindet sich im Bezirk des OLG Nürnberg).

Verfehlt wäre es, wenn anstelle eines gemeinsamen Schriftsatzes zur Einlegung und Begründung der Berufung zwei getrennte Schriftsätze gefertigt würden, die unter demselben Datum an das Berufungsgericht versandt werden. Hierzu verleiten aber die – Einlegung und Begründung getrennt behandelnden – Muster in der Formularsammlung Böhme/Fleck/Kroiß, Nr. 15 und 16.

Möglich ist – bei der vollständigen „Abänderung", wie hier – auch die Formulierung „wird aufgehoben", § 528 S. 2 ZPO spricht aber explizit (nur) von „Abänderung".

Der Antrag auf einstweilige Einstellung der Zwangsvollstreckung, der in der **Praxis besonders wichtig ist,** wird häufig vergessen.

Falls mit der Übertragung auf den Einzelrichter kein Einverständnis besteht, sollte die diesbezügliche Stellungnahme (§ 520 Abs. 4 Nr. 2 ZPO) kurz **begründet** werden.

Lösungsvorschlag

rechtlicher Art aufweist sowie betreffend die Frage der Selbstvornahme einer Mängelbeseitigung im Kaufrecht grundsätzliche Bedeutung hat, § 526 Abs. 1 Nr. 2 und 3 ZPO.[1]

Begründung

Das erstinstanzliche Urteil des Landgerichts Regensburg kann keinen Bestand haben. Zum einen beruht die Entscheidung in mehrfacher Hinsicht auf Rechtsverletzungen. Zum anderen erklärt der Berufungskläger hilfsweise die Aufrechnung mit einer bereits rechtskräftig titulierten Gegenforderung.

I. Die Klage ist schon unzulässig.

Erhoben ist, wie auch der Tenor des Urteils eindeutig wiederholt, eine sog. Gesamthandklage gem. § 2059 Abs. 2 BGB[2]. Der Berufungskläger wurde als Miterbe des Siegfried Schlag verklagt und verurteilt, die Zwangsvollstreckung in den Nachlass des Erblassers zu dulden, nicht etwa – im Wege der sog. Gesamtschuldklage[3] gem. § 2058 BGB – aus seinem Privatvermögen die behauptete Forderung gegen den Erblasser (als Gesamtschuldner) zu bezahlen.[4]

Da eine Gesamthandschuld vorliegt, müssen bei der Gesamthandklage – wie sich bereits aus dem Wortlaut des § 2059 Abs. 2 BGB ergibt – „sämtliche Miterben" verklagt werden, die als solche dann notwendige Streitgenossen gem. § 62 Abs. 1 Alt. 1 ZPO sind[5].

Die nur gegen einen (von zwei) Miterben, vorliegend gegen den Berufungskläger, gerichtete Klage ist daher bereits unzulässig, da sie wegen ihres eindeutigen Klageantrages auch nicht in eine – nur gegen den Beklagten als Miterben wegen seiner persönlichen Haf-

Sofern das eingelegte Rechtsmittel – wie hier – unproblematisch zulässig ist, sind weder bei der Einlegung noch bei der Begründung der Berufung Ausführungen zur Zulässigkeit veranlasst. Allerdings sollte im **Mandantenschreiben** kurz auf die Zulässigkeit des Rechtsmittels eingegangen werden, s.u.

Im **Sachverhalt** der Aufgabe ist auf die **Zulässigkeitsproblematik** vor dem Hintergrund des § 2059 Abs. 2 BGB mehrfach hingewiesen, vgl. die Anmerkungen dort.

---

1 Die vom Berufungskläger erstrebte und im Widerspruch zur bisherigen BGH-Rechtsprechung stehende Entscheidung des Berufungsgerichts wäre vor dem Hintergrund der streitigen Erörterung einer Rechtsfrage in Rechtsprechung und Literatur zu sehen. Damit und auch im Hinblick auf eine erneute Befassung des BGH mit dieser Problematik dient sie der Fortbildung des Rechts und hat daher auch grundsätzliche Bedeutung, vgl. Reichold in: Thomas/Putzo, § 511 Rn. 21.
2 Vgl. Weidlich in: Palandt, § 2059 Rn. 10 f.
3 Zu dieser vgl. Weidlich in: Palandt, § 2059 Rn. 4 und 11.
4 Ann in: MüKo, § 2059 Rn. 24.
5 Vgl. Weidlich in: Palandt, § 2059 Rn. 11; Hüßtege in: Thomas/Putzo, § 62 Rn. 14; Ann in: MüKo, § 2059 Rn. 22 und 24. Eine Ausnahme von diesem Grundsatz wird nur dann erlaubt, wenn einzelne Miterben mit der Befriedigung aus dem Nachlass einverstanden sind, vgl. BGH, WM 1994, 2124, 2127; NJW 1982, 441, 442.

tung gem. § 2058 BGB gerichtete – Gesamtschuldklage ausgelegt werden kann[6].

II. Die Klage ist darüber hinaus auch in zweifacher Hinsicht unbegründet.

1. Der vom Berufungsbeklagten erstinstanzlich geltend gemachte Restkaufpreisanspruch i.H. von 5.036 € ist nämlich entgegen der Ansicht des LG Regensburg erloschen. Der Berufungsbeklagte muss sich auf seinen unstreitigen Kaufpreisanspruch für den Pkw VW Golf TDI i.H. von 23.800 € den dem Berufungskläger entstandenen Nachbesserungsaufwand in klagegegenständlicher Höhe anrechnen lassen. Dem steht nicht entgegen, dass letzterer die Nachbesserung selbst hat durchführen lassen, ohne zuvor dem Berufungsbeklagten eine Frist zu setzen. Der insoweit vom BGH vertretenen Gegenansicht, der sich das LG Regensburg offensichtlich angeschlossen hat, kann aus nachfolgenden Gründen nicht gefolgt werden:

a) Das LG Regensburg hat in dem angegriffenen Endurteil ausgeführt, dass infolge der Neuregelung des Kaufrechts durch die Schuldrechts-Reform 2002 die Nacherfüllung gegenüber der Geltendmachung von Minderung beziehungsweise Schadensersatz vorrangig sei. Hiernach sei es erforderlich gewesen, dass der Berufungskläger den Berufungsbeklagten unter Fristsetzung zur Nacherfüllung aufforderte, was nicht geschehen sei. Zur Entbehrlichkeit der Nachbesserungsaufforderung gegenüber dem Berufungsbeklagten habe der Berufungskläger weder substantiiert vorgetragen, noch ergäben sich dafür greifbare Anhaltspunkte aus den Umständen. Schließlich seien auch Gegenrechte des Berufungsklägers als Käufer aus dem Gesichtspunkt ersparter Aufwendungen dem geltenden Recht fremd. Der Gesetzgeber habe zwar dem Besteller eines Werkvertrags das Recht zur Selbstvornahme eingeräumt, eine vergleichbare Regelung für das Kaufrecht jedoch nicht getroffen.

b) Es ist zwar zutreffend, dass der BGH[7] und Teile der Literatur[8] dem Käufer im Falle der eigenmächtigen

Zur Darstellung einer Rechtsverletzung iSd §§ 513, 546 ZPO empfiehlt sich folgende **Vorgehensweise** (vgl. Reichold in Thomas/Putzo, § 520 Rn. 20):
1. Zusammenfassendes Ergebnis
2. Darstellung der erstinstanzlichen Begründung
3. Ausführliche Darstellung des Berufungsführers, inwiefern die erstinstanzliche Begründung nicht zutrifft.

---

6 Vgl. etwa BGH, NJW 1963, 1612.
7 BGH, NJW 2005, 1348, m.w.N.
8 Weidenkaff in: Palandt, § 437 Rn. 4a, m.w.N. auch zur Gegenmeinung; Grüneberg in: Palandt, § 326 Rn. 13, m.w.N. auch zur Gegenmeinung; Dauner-Lieb/Dötsch, ZGS 2003, 250; Dötsch, MDR 2004, 975, 977 f., m.w.N.; Ball, NZV 2004, 217, 227; H.P. Westermann in: MüKo, § 437 Rn. 9 iVm§ 439 Rn. 10; Schroeter, JR 2004, 441; Dauner-Lieb/Arnold, ZGS 2005, 10.

Lösungsvorschlag

Beseitigung von Mängeln keine Rechte zugestehen, weil § 437 BGB die Käuferrechte abschließend regele und es an den Voraussetzungen für die Anwendung dieser Norm fehle. Der BGH führt hierzu im Wesentlichen aus:

Beseitige der Käufer einen Mangel der gekauften Sache, ohne dass er dem Verkäufer zuvor eine erforderliche Frist zur Nacherfüllung gesetzt habe, könne er Kosten der Mängelbeseitigung nicht gemäß § 326 Abs. 2 S. 2, Abs. 4 BGB (analog) oder aus GoA und ungerechtfertigter Bereicherung (§§ 684, 818 BGB) erstattet verlangen. Die §§ 437 ff. BGB enthielten insoweit abschließende Regelungen, die v.a. auch einen Anspruch auf Herausgabe ersparter Aufwendungen in unmittelbarer bzw. analoger Anwendung des § 326 Abs. 2 Satz 2 BGB ausschlössen. Anderenfalls würde dem Käufer im Ergebnis ein Selbstvornahmerecht auf Kosten des Verkäufers zugebilligt, auf das der Gesetzgeber bewusst verzichtet habe; zudem würde der Vorrang des Nacherfüllungsanspruchs unterlaufen, der den §§ 437 ff. BGB zugrunde liegt; das sog. Nachbesserungsrecht des Verkäufers werde andernfalls ausgehebelt.

> Eine noch umfangreichere Darstellung der Argumente des BGH kann im Rahmen der Bearbeitungszeit von 5 Stunden und auch in einer Berufungsbegründungsschrift nicht erwartet werden, zumal nach dem Willen des Mandanten die **Unrichtigkeit** dieser Auffassung aufgezeigt und – ausführlich – dargestellt werden soll.

c) Zu folgen ist allerdings der in der Literatur weithin vertretenen und im Vordringen befindlichen Gegenauffassung.[9]

Zu Recht wird von dieser die Anrechnung eines dem Käufer durch eigene Nachbesserung ohne Fristsetzung an den Verkäufer entstandenen Aufwands auf den Kaufpreisanspruch gem. § 326 Abs. 2 S. 2 BGB bejaht.

> Wie sich o.w. der **Kommentierung** bei Weidenkaff in: Palandt, § 437 Rn. 4a sowie bei Grüneberg in: Palandt, § 326 Rn. 13 entnehmen lässt, ist die Frage, ob die Beseitigung des Mangels zum Verlust des Anspruches aus § 437 BGB führt, **sehr umstritten**. Dort sind auch die Argumente der Gegenauffassung, auf welche sich nach dem Willen des Mandanten die Begründung der Berufung (auch) stützen soll, angedeutet.

Entgegen der Ansicht des BGH gibt es keine Anhaltspunkte für einen Willen des Gesetzgebers, die sich aus direkter Anwendung von § 326 Abs. 2 S. 2 BGB ergebende Anrechnung ersparter Nacherfüllungsaufwendungen des Verkäufers durch § 437 BGB auszuschließen. Aus § 437 BGB ergibt sich vielmehr das genaue Gegenteil, nämlich die grundsätzliche Rückführung des Gewährleistungsrechts auf die Rechtsbehelfe des allgemeinen Leistungsstörungsrechts – eines der erklärten Hauptziele der Schuldrechtsreform 2002.

Der Käufer verletzt kein „Nachbesserungsrecht" des Verkäufers, indem er die Nachbesserung ohne Aufforderung mit Fristsetzung an diesen selbst durchführt.

---

9 Vgl. Lorenz, NJW 2005, 1321, m.w.N.; Faust in: Bamberger/Roth, § 437 Rn. 37; Otto in: Staudinger, § 326 Rn. C 67; Wall, ZGS 2011, 166, 168 ff.

Vielmehr verstößt der Käufer insoweit lediglich gegen eine Obliegenheit, die ihn – zunächst mangels Fristsetzung, dann wegen seiner eigenen überwiegenden Verantwortlichkeit für die Unmöglichkeit der Nacherfüllung – um das Recht zu Rücktritt, Minderung und den Anspruch auf Schadensersatz statt der Leistung bringt.

Daher trifft auch der vom BGH angeführte abschließende Charakter der Fristsetzungsentbehrlichkeitstatbestände in den §§ 437 ff. BGB nicht zu.

Zwar sind die gewährleistungsrechtlichen Rechtsbehelfe des Käufers, solange der Mangel noch nicht behoben ist, in der Tat mangels Fristsetzung bzw. Fristablauf nicht entstanden. Mit der Selbstvornahme der Nacherfüllung durch den Käufer können sich aber solche Rechtsbehelfe aus dem Gesichtspunkt eines (nunmehr) unbehebbaren Mangels ergeben, da dessen Behebung durch Zweckerreichung i.S. von § 275 Abs. 1 BGB unmöglich geworden ist. Die deshalb einschlägigen Unmöglichkeitsregelungen (für Rücktritt und Minderung § 326 Abs. 5 i.V. mit § 323 BGB bzw. § 441 Abs. 1 BGB, für Schadensersatz statt der Leistung §§ 280 Abs. 1 und 3 i.V. mit § 283 BGB) sehen aber ein Fristsetzungserfordernis gar nicht vor. Rechtsbehelfe des Käufers scheitern also entgegen der Ansicht des BGH nach der Selbstvornahme nicht mehr daran, dass er dem Verkäufer keine Frist gesetzt hat, sondern daran, dass er in diesem Fall zumindest in der Regel für die Unmöglichkeit der Nacherfüllung verantwortlich ist (§ 326 Abs. 5 i.V. mit § 323 Abs. 6 BGB) bzw. der Verkäufer diese Unmöglichkeit nicht zu vertreten hat. Das führt aber zwangsläufig zur direkten, jedenfalls aber analogen Anwendbarkeit von § 326 Abs. 2 S. 2 BGB.[10]

Diese Auffassung wahrt zum einen den Erfüllungsanspruch des Käufers auf sachmangelfreie Leistung aus

---

10 Vgl. Lorenz, NJW 2005, 1321, m.w.N.; von den die Auffassung des BGH ablehnenden Stimmen wird insoweit auch die analoge Anwendung des § 326 Abs. 2 S. 2 BGB befürwortet, da zwar der Wortlaut dieser Regelung erfüllt sei, die direkte Anwendung aber deren Systematik unberücksichtigt lasse. § 326 Abs. 2 BGB enthalte eine anspruchserhaltende Norm, die voraussetze, dass der Gegenleistungsanspruch nach § 326 Abs. 1 S. 1 BGB untergegangen sei. Da dies wegen § 326 Abs. 1 S. 2 BGB in Fällen der Vereitelung des Nacherfüllungsanspruchs nicht der Fall sei, müsse § 326 Abs. 2 S. 2 BGB analog angewendet werden, vgl. etwa Ulrici, JURA 2005, 612; Faust in: Bamberger/Roth, § 437 Rn. 37. Eine Auseinandersetzung mit dem Problem direkter oder analoger Anwendung des § 326 Abs. 2 S. 2 BGB kann aber nicht verlangt werden.

§ 433 Abs. 1 S. 2 BGB und vereitelt dabei auch nicht durch ein dem Käufer eingeräumtes „Recht auf Selbstvornahme" das Recht des Verkäufers, sich im Wege der Nacherfüllung den Kaufpreis zu verdienen. Dieser trägt nämlich lediglich die Kosten, die er auch bei eigener Nacherfüllung zu tragen gehabt hätte. Seine Position wird daher weder materiell, aber auch nicht prozessual in Bezug auf die Beweisführung verschlechtert. Nach allgemeinen Grundsätzen hat nämlich der Käufer, der aus § 326 Abs. 2 S. 2 BGB vorgeht, die Mangelhaftigkeit der gekauften Sache zu behaupten und zu beweisen.

Die ratio des Nacherfüllungsvorrangs deckt mithin nur den Verlust von Rücktritt, Minderung und Ersatz der Nacherfüllungskosten des Käufers, nicht aber die vollständige Anspruchslosigkeit des Verkäufers.

Der Berufungskläger kann daher seinen der Höhe nach unstreitigen Nachbesserungsaufwand von 5.036 € gegen den Restkaufpreisanspruch des Berufungsbeklagten mit Erlöschenswirkung aufrechnen, §§ 387, 389 BGB.

Daher kommt es aber entgegen der Auffassung des Landgerichts schon auf das Bestehen eines Mangels an dem Pkw VW Golf 1.6 TDI und auf den hierdurch dem Berufungskläger entstandenen Nachbesserungsaufwand an.

Die vom Berufungskläger insoweit erstinstanzlich vorgetragene Behauptung, dass der Schaden an dem Pkw VW Golf durch einen gerissenen Zahnriemen infolge eines Materialfehlers entstanden sei, der zur Blockade des gesamten Antriebsstranges geführt habe, wird ausdrücklich aufrechterhalten.

Beweis: Sachverständigengutachten

2. Unabhängig davon, dass nach den vorstehenden Ausführungen ein Anspruch des Berufungsbeklagten nicht besteht, wäre dieser nicht mehr Inhaber der im Urteil des Landgerichts Regensburg, 6 O 1499/12 titulierten Forderung.

Der Berufungsbeklagte hat nämlich am 15.8.2012 die angebliche Restkaufpreisforderung in urteilsgegenständlicher Höhe an die Sparkasse Regensburg zur teilweisen außerordentlichen Tilgung eines Geschäftskredits abgetreten.

Beweisanträge sind einzeln und ausdrücklich zu wiederholen, vgl. Reichold in: Thomas/Putzo, vor § 284 Rn. 2. Dies gilt auch dann, wenn die Nichtberücksichtigung der Beweisanträge nicht auf einem Versehen beruht, sondern aus der rechtlichen Sicht des Ausgangsgerichts zutreffend war.

Beweis:
1. Schreiben der Sparkasse Regensburg vom 22.8.2012 in Kopie
2. Nikolaus Kogmann, Justiziar bei der Sparkasse Regensburg, Lilienthalstr. 20, 93049 Regensburg, zu laden über diese

Nach der Abtretung der titulierten Forderung würde der Berufungsbeklagte aber bei Aufrechterhaltung des Urteils etwas bekommen, worauf er nach materiellem Recht keinen Anspruch hat.

Der Berufungskläger kann diesen gegenüber der ersten Instanz neuen, zusätzlichen Sachvortrag auch unabhängig davon, ob ihn der Berufungsbeklagte bestreiten wird, im Berufungsrechtszug geltend machen. Im Falle des Nichtbestreitens sind nämlich neue Verteidigungsmittel auch im Berufungsrechtszug immer, d.h. ohne die Beschränkungen des § 531 ZPO zu berücksichtigen.[11] Aber auch im Falle des Bestreitens einer Abtretung wäre das diesbezügliche Vorbringen zuzulassen, weil die entsprechenden Tatsachen, nämlich die Abtretung der Forderung, erst einen Tag (15.8.2012) vor Verkündung des Endurteils (16.8.2012) entstanden sind und vom Beklagten nicht aus Nachlässigkeit nicht im ersten Rechtszug geltend gemacht worden sind, § 531 Abs. 2 Nr. 3 ZPO. Er hat nämlich von diesem Umstand erst mit Schreiben der Sparkasse vom 22. August 2012 erfahren.

III. Hilfsaufrechnung

Ferner rechnet der Berufungskläger für den Fall, dass das Berufungsgericht die Forderung des Berufungsbeklagten als zutreffend anerkennen sollte, hilfsweise mit einer ihm gegen diesen zustehenden und bereits rechtskräftig titulierten Restwerklohnforderung auf.

1. Am 13.12.2011 weißelte der Kläger aufgrund einer am 8.12.2011 getroffenen Vereinbarung in den Geschäftsräumen des Beklagten, der einen Gebrauchtwagenhandel betreibt, sämtliche Wände und Decken. Zwischen den Parteien waren die ortsüblichen Sätze für Material- und Arbeitskosten vereinbart.

Den angefallenen Material- und Arbeitsaufwand stellte der Berufungskläger dem Berufungsbeklagten nach Abnahme der Arbeiten mit Schreiben vom 22.12.2011 in einer Gesamthöhe von 3.244 € in Rechnung. Bezüglich der genauen Aufschlüsselung der einzelnen Rechnungspositionen wird auf dieses Schrei-

---

Selbstverständlich muss auch in der 2. Instanz (nach Maßgabe des § 531 Abs. 2 ZPO zulässiges) neues Tatsachenvorbringen unter **Beweis** gestellt werden.

Auf die – nach Abtretung der streitbefangenen Forderung bestehende – Pflicht des Berufungsbeklagten, seine Klage auf Leistung an die Sparkasse **umzustellen** (vgl. Reichold in: Thomas/Putzo, § 265 Rn. 12 und das Mandantenschreiben) ist vom Berufungskläger als Gegner nicht hinzuweisen.

Für den Fall, dass mit der Berufung **neue**, d.h. in 1. Instanz noch nicht vorgebrachte **Angriffs- und Verteidigungsmittel** in das Verfahren eingeführt werden, muss der Berufungsführer schon für die Zulässigkeit der Berufung mit deren Begründung genau darlegen, inwiefern die tatsächlichen Voraussetzungen für deren Zulassung nach § 531 Abs. 2 ZPO vorliegen, § 520 Abs. 3 Nr. 4 ZPO.

Die **Glaubhaftigkeit fehlender Nachlässigkeit** (beachte auch § 531 Abs. 2 S. 2 ZPO) ergibt sich ohne Weiteres aus dem nach Urteilsverkündung datierenden Schreiben der Sparkasse.

Für den Fall eines **hilfsweisen** Vorbringens muss die Partei immer genau die Bedingung postulieren, unter der das Vorbringen berücksichtigt werden soll. Dies würde auch für den Fall einer Hilfswiderklage gelten.

Die die Forderung, mit der hilfsweise aufgerechnet wird, betreffenden Tatsachen müssen **wie bei einer Klage** (vgl. § 253 Abs. 2 Nr. 3 ZPO) dargestellt werden. Nicht ausreichend wäre es, ohne Darstellung des zugrunde liegenden Lebenssachverhaltes einfach auf das amtsgerichtliche Urteil Bezug zu nehmen.

Soweit es **einzelne Rechnungspositionen** betreffend eines geltend gemachten Gesamtbetrages betrifft, ist es regelmäßig ausreichend, auf Anlagen (Rechnungen usw.), die dem jeweiligen Schriftsatz beigegeben werden, Bezug zu nehmen. Genügt dieses dem entscheidenden Gericht nicht, muss es einen Hinweis gemäß § 139 Abs. 1 ZPO erteilen.

---

11 Vgl. Reichold in: Thomas/Putzo, § 531 Rn. 1.

Lösungsvorschlag

ben des Berufungsklägers Bezug genommen. Sollte der Beklagte den noch offenen Restbetrag substantiiert bestreiten, wird zu den einzelnen Positionen detailliert vorgetragen.

Beweis: Schreiben vom 22.12.2011

Der Berufungsbeklagte bezahlte auf diesen Betrag am 3.1.2012 2.000 €. Eine zum 10.1.2012 erfolgte schriftliche Anmahnung des ausstehenden Restbetrages von 1.244 € blieb erfolglos.

Der Berufungskläger erhob daraufhin Klage zum Amtsgericht Regensburg. Unter dem Az. 2 C 1299/12 erließ das Amtsgericht am 5.7.2012 ein seit 10.8.2012 rechtskräftiges Endurteil, mit dem ihm der gesamte offene Restbetrag von 1.244 € zugesprochen wurde. Zur Begründung wurde unter Bezugnahme auf ein vom Gericht eingeholtes Sachverständigengutachten ausgeführt, dass die gesamten vom Berufungskläger in Rechnung gestellten Material- und Arbeitskosten üblich i.S. des § 632 Abs. 2 BGB seien.

Beweis: Endurteil des Amtsgerichts Regensburg vom 5.7.2012 mit Rechtskraftvermerk.

Des erneuten Angebots eines Sachverständigengutachtens zur Üblichkeit bedarf es nicht, da die tatsächlichen Feststellungen des Amtsgerichts Regensburg aus dem Urteil 2 C 1299/05 für die Widerklageforderung eine **Präklusionswirkung** dergestalt entfalten, dass widersprechender Sachvortrag als auch eine abweichende rechtliche Beurteilung ausgeschlossen sind, vgl. Reichold in: Thomas/Putzo, § 322 Rn. 36 f.

2. Der dem Berufungskläger gem. § 631 Abs. 1 BGB zustehende restliche Werklohnanspruch kann gegen den vom Berufungsbeklagten eingeklagten restlichen Kaufpreisanspruch auch in zweiter Instanz zulässig aufgerechnet werden.

a) Keine entgegenstehende Rechtskraft

Einer Aufrechnung der Werklohnforderung steht zunächst nicht die Rechtskraft des Endurteils des Amtsgerichts Regensburg, Az.: 2 C 1299/12, entgegen. Die Aufrechnung führt nach ganz h.M. nämlich gerade nicht zur Rechtshängigkeit der aufgerechneten Forderung.[12] Dies ergibt sich aus § 253 Abs. 1 ZPO, wonach der Eintritt der Rechtshängigkeit einer Klageerhebung bedarf sowie aus § 322 Abs. 2 ZPO, wonach nur eine Entscheidung über die aufgerechnete Forderung der Rechtskraft fähig ist.

Exkurs: Führt die (Hilfs-) Aufrechnung mit einer in einem anderen Verfahren bereits rechtskräftig titulierten Forderung zum Erfolg mit der Folge einer rechtskräftigen Klageabweisung, kann der unterliegende Kläger dieses Verfahrens gegen die Zwangsvollstreckung aus dem Urteil desjenigen Verfahrens, in dem er als Beklagter unterlegen war und aus dem die Aufrechnungsforderung stammt, mit der **Vollstreckungsabwehrklage** nach § 767 ZPO vorgehen.

b) Zulässigkeit nach § 533 ZPO

Die Aufrechnung ist auch nach den Maßgaben des § 533 ZPO zulässig.

aa) Sachdienlichkeit, § 533 Nr. 1 ZPO

Selbst wenn der Berufungsbeklagte seine Einwilligung in die Aufrechnung verweigern sollte, wäre diese

Ebenso wie beim Vorbringen neuer Angriffs- und Verteidigungsmittel in der Berufungsinstanz (s.o.) muss der Berufungsführer, der erstmalig in der Berufungsinstanz aufrechnet oder eine Widerklage erhebt, genau zu den **tatsächlichen Voraussetzungen des § 533 ZPO** Stellung nehmen.

Der Berufungsführer muss natürlich damit kalkulieren, dass der Gegner nicht iSd § 533 Nr. 1 ZPO einwilligt.

---

12 Vgl. Reichold in: Thomas/Putzo, § 145 Rn. 20.

vom Gericht als sachdienlich anzusehen. Zwar hat der Berufungsbeklagte für die Werklohnforderung bereits einen Titel, so dass die Zulassung der Aufrechnung nicht der Vermeidung eines (weiteren) Prozesses zur klageweisen Geltendmachung der aufgerechneten Forderung führen würde.[13] Allerdings ist zu beachten, dass die Sachdienlichkeit einer Aufrechnung in zweiter Instanz nach zutreffender Ansicht danach zu bemessen ist, ob sich die Entscheidung über die eingeklagte Forderung, gegen die aufgerechnet wird, verzögert (Gesichtspunkt der Prozesswirtschaftlichkeit).[14] Dies ist allerdings schon deswegen nicht der Fall, weil die aufzurechnende Forderung rechtskräftig tituliert ist und die Feststellungen des Amtsgerichts Regensburg in dem Urteil, Az.: 2 C 1299/12, für die Entscheidung über die Aufrechnung derselben Forderung im Verfahren vor dem Landgericht Regensburg, Az.: 6 O 1499/12, jegliches andere Vorbringen innerhalb desselben Subsumtionsschlusses (v.a. des Klägers zur Berechtigung dieser Forderung) präkludiert.[15]

bb) Verwertbarkeit der bisherigen Tatsachengrundlage

Auch an § 533 Nr. 2, 529 Abs. 1 Nr. 2, 531 Abs. 2 ZPO würde die Hilfsaufrechnung nicht scheitern. Zwar kann der bisherige im Verfahren vor dem Landgericht Regensburg, Az.: 6 O 1499/12, von den Parteien vorgetragene Tatsachenstoff zur Entscheidung über das Bestehen der aufzurechnenden Werklohnforderung nicht verwendet werden. Allerdings bezieht sich auf die dieser Forderung zugrundeliegenden Tatsachen – wie soeben unter aa) gezeigt – die Präklusionswirkung[16] der Rechtskraft des amtsgerichtlichen Urteils. Damit ist der diesbezügliche, jetzt zur Begründung der Aufrechnung heranzuziehende Streitstoff aber so anzusehen, als sei er unstreitig. Er ist daher o.w. auch im Rahmen des (erstmaligen) Aufrechnungseinwands in der Berufungsinstanz zu berücksichtigen.[17]

Insoweit erscheint allerdings auch die **gegenteilige Auffassung** mit der entsprechenden Begründung **vertretbar**; dann wäre die Problematik der (unzulässigen) Hilfsaufrechnung im Mandantenschreiben abzuhandeln.

3. Die Hilfsaufrechnung führt im Falle des Eintritts ihrer Bedingung auch zum Erfolg. Das Berufungsgericht ist nämlich bei der Beurteilung der zugrundeliegenden restlichen Werklohnforderung an die tatsächliche und

---

13 Mit dieser Begründung ließe sich die Sachdienlichkeit der Aufrechnung aber aus guten Gründen verneinen.
14 Vgl. Reichold in: Thomas/Putzo, § 533 Rn. 3/4.
15 Vgl. Reichold in: Thomas/Putzo, § 322 Rn. 36. 37 und 10; Rosenberg/Schwab/Gottwald, § 154 Rn. 1 ff., 6.
16 Vgl. Fn. 15.
17 Vgl. Reichold in: Thomas/Putzo, § 531 Rn. 1.

Lösungsvorschlag

rechtliche Beurteilung durch das Amtsgericht Regensburg, das über die Forderung rechtskräftig entschieden hat, gebunden. Dies ergibt sich aus der tatsächlichen und rechtlichen Präklusionswirkung der Rechtskraft.[18]

IV. Die Zwangsvollstreckung ist schon wegen der Unzulässigkeit der Klage und der Abtretung des titulierten Anspruchs und damit wegen der voraussichtlichen hohen Wahrscheinlichkeit eines Erfolgs der Berufung gem. §§ 719, 707 ZPO einstweilen einzustellen.

Dr. Eigner
Rechtsanwältin

B. Begleitschreiben an den Mandanten

Dr. Brigitte Eigner   Regensburg, 24.8.2012
Landshuter Str. 66
93053 Regensburg

Herrn
Klaus Schlag
Pommernstr. 87
93073 Neutraubling

Betr. Ihr Rechtsstreit mit Herrn Stefan Holler

Landgericht Regensburg, Az.: 6 O 1499/12

Sehr geehrter Herr Schlag,

für die Übertragung des Mandats im o.g. Verfahren möchte ich mich nochmals freundlich bedanken.

In der Anlage füge ich eine Abschrift des Schriftsatzes bei, mit dem ich Berufung gegen das Endurteil des Landgerichts Regensburg zum örtlich und gem. § 119 Abs. 1 Nr. 2 GVG auch funktionell zuständigen Oberlandesgericht Nürnberg eingelegt und diese begründet habe. Die Berufung habe ich noch am heutigen Tag per Fax eingereicht, obwohl die einmonatige Frist zur Berufungseinlegung, die am 21.8.2012 durch die Zustellung an ihrem ehemaligen Prozessbevollmächtigten – trotz Mandatskündigung – begann, erst am 20.9.2012 abläuft (§§ 517, 222 Abs. 1 ZPO, 187 Abs. 1, 188 Abs. 2 BGB). Zustellungen an den bestellten Anwalt sind im Anwaltsprozess nämlich so lange wirksam, als sich nicht – etwa nach Kündigung des Mandats – ein anderer Anwalt bestellt, § 87 Abs. 1 ZPO.

Der Antrag auf **einstweilige Einstellung der Zwangsvollstreckung** muss ebenfalls **begründet** werden. Maßgeblich hierbei ist hinreichende Erfolgsaussicht der Berufung, Seiler in: Thomas/Putzo, § 719 Rn. 2.

Da für die Einlegung und Begründung der Berufung das Schriftlichkeitserfordernis gilt, müssen die entsprechenden bestimmenden Schriftsätze auch – von einem Anwalt, § 78 Abs. 1 ZPO – **unterschrieben** sein, §§ 519 IV, 130 Nr. 6 ZPO, vgl. Rosenberg/Schwab/Gottwald, § 136 Rn. 15; Reichold in: Thomas/Putzo, § 129 Rn. 5 ff. Die Unterschrift hat mit dem **Namen des in der Klausur tätig gewordenen Anwalts** zu erfolgen.

Zum Inhalt sowie zur Formulierung eines Mandantenschreibens vergleiche den **Anhang** zur Lösung dieser Klausur.

Das Anschreiben an den Mandanten hat einen vollständigen **Briefkopf** und einen "**Betreff**" zu enthalten.

Das Anschreiben muss mit einer "**Höflichkeitsfloskel**" eingeleitet werden.

Zu der bei einer Berufungsklausur regelmäßig unproblematischen Zulässigkeit des Rechtsmittels sollte im **Mandantenschreiben** kurz Stellung genommen werden.

Soweit der Inhalt eines Schriftsatzes für den Mandanten aus Sicht des Anwalts ohne Weiteres verständlich ist, kann den Mandantenschreiben hierauf **Bezug genommen werden**. Etwaige **Reaktionsmöglichkeiten des Gegners**, welche die Angriffe der Berufung entkräften könnten, sind dem Mandanten zu erläutern.

Sodann folgt die **Erläuterung** des durch den Rechtsanwalt veranlassten Vorgehens, insbesondere angefertigter Schriftsätze.

---

18 Vgl. Reichold in: Thomas/Putzo, § 322 Rn. 36 f.; Rosenberg/Schwab/Gottwald, § 154 Rn. 8 ff.

Sie wollen mit einem etwaigen Rechtsbehelf das Urteil mit allen vertretbaren tatsächlichen und rechtlichen Argumenten angreifen, unabhängig davon, ob diese der herrschenden Rechtsauffassung entsprechen.

Des Weiteren sollen – falls möglich und zum jetzigen Zeitpunkt sinnvoll – auch das zu Ihren Gunsten ausgegangene Verfahren vor dem Amtsgericht Regensburg, Az.: 2 C 1299/12, sowie die „Bestätigung" vom 2.4.2012 in dem Rechtsbehelf verwertet werden.

Mein bisheriges Vorgehen sowie etwaige Reaktionsmöglichkeiten des Klägers möchte ich wie folgt erläutern:

I. Erläuterung des Berufungsschriftsatzes vom 24.8.2012

Nach eingehender Prüfung der Sach- und Rechtslage bin ich zunächst zum Ergebnis gekommen, dass eine Berufung gegen das Endurteil des LG Regensburg vom 16.8.2012 sinnvoll ist:

1. Unzulässigkeit der Klage

Die von Herrn Holler erhobene Klage ist als sog. Gesamthandsklage bereits unzulässig, da sie nicht auch gegen Ihre Mutter als weitere Miterbin gerichtet ist. Die nähere Begründung hierfür entnehmen Sie bitte dem Berufungsschriftsatz.

Allerdings ist insoweit auf folgendes hinzuweisen:

a) Der Kläger kann seine Klage zwar nicht durch Klageerweiterung auf Ihre Mutter zulässig machen, da eine solche unzulässig wäre.

aa) Die Zulassung und die Voraussetzungen einer gewillkürten Parteierweiterung in zweiter Instanz sind streitig:

(1) Der BGH[19] und Teile der juristischen Literatur[20] lassen die sog. gewillkürte Parteierweiterung auf Beklagtenseite in zweiter Instanz dann zu, wenn der neue Beklagte zustimmt oder seine Zustimmung rechtsmissbräuchlich verweigert.

(2) Nach anderer Ansicht[21] ist im Berufungsrechtszug eine gewillkürte Parteierweiterung ausgeschlossen, da wegen der funktionellen Zuständigkeit der Rechtsmittelgerichte ein neues Prozessrechtsverhältnis

Die aus dem vorangegangenen Mandantengespräch ersichtlichen **Ziele** des Mandanten sind **vorweg darzustellen**, um diesem Klarheit darüber zu verschaffen, ob ihn sein Anwalt richtig verstanden hat.

---

19 BGHZ 90, 17 = NJW 1984, 1172; 92, 13 = NJW 1984, 2408; BGH, NJW 1987, 1946.
20 Vgl. Rosenberg/Schwab/Gottwald, § 42 Rn. 21.
21 Vgl. Hüßtege in: Thomas/Putzo, vor § 50 Rn. 26.

Lösungsvorschlag

nicht in einer höheren Instanz begründet werden kann.

bb) Selbst wenn man der Meinung des BGH folgen würde, wäre die Erstreckung der Klage auf Ihre Mutter aber unzulässig:

(1) Der Berufungsbeklagte kann mangels formeller Beschwer[22] keine eigene Hauptberufung führen und auf diesem Wege die Klage auf die Elfriede Schlag erweitern, da er erstinstanzlich in vollem Umfang Erfolg hatte.

(2) Der Berufungsbeklagte könnte sich zwar gem. § 524 ZPO auch ohne Beschwer[23] Ihrer Hauptberufung anschließen, aber nicht zum Zwecke der Parteierweiterung.[24] Eine solche Anschließung stellt nämlich nicht selbst ein Rechtsmittel, sondern lediglich eine Antragstellung innerhalb einer fremden Berufung dar.[25] Sie ist nur statthaft, wenn gegen den Berufungsführer als solchen mehr als die Zurückweisung seines Rechtsmittels erreicht werden soll. Sie kann hingegen nicht eingesetzt werden, um die gegen den Berufungsführer erfolgreiche Klage auf einen am Verfahren bisher nicht beteiligten Dritten zu erstrecken und Anträge gegen ihn zu stellen.[26]

*Der Mandant muss auf eine in Betracht kommende **Anschlussberufung** des Gegners hingewiesen werden.*

b) Der Berufungsbeklagte könnte seine Klage aber auch in der Berufungsinstanz im Wege der Anschlussberufung in eine zulässige Gesamtschuldklage i.S. des § 2058 BGB umstellen.

Mit dieser Klage kann von dem einzelnen Miterben für Nachlassverbindlichkeiten Befriedigung aus dem Privatvermögen mit den entsprechenden Vollstreckungsmöglichkeiten verlangt werden[27].

Die etwaige Umstellung der (vorliegend unzulässigen, s.o.) Gesamthands- (§ 2059 Abs. 2 BGB) auf die Gesamtschuldklage[28] (§ 2058 BGB) würde eine zulässige Klageänderung darstellen.

*Mit einem Übergang von der Gesamthands- zur Gesamtschuldklage im Wege der **Klageänderung** könnte der Kläger und Berufungsbeklagte die Unzulässigkeit seiner Klage beheben. Hierauf muss der Mandant **hingewiesen** werden.*

---

22 Vgl. Reichold in: Thomas/Putzo, vor § 511 Rn. 17, 18.
23 Vgl. Hüßtege in: Thomas/Putzo, § 524 Rn. 17.
24 Vgl. Hüßtege in: Thomas/Putzo, § 524 Rn. 8; BGH, NJW-RR 2000, 1114.
25 Vgl. BGH, VersR 1992, 75.
26 Vgl. BGH, WM 1989, 503, 504 und NJW-RR 1991, 510.
27 Vgl. Weidlich in: Palandt, § 2058 Rn. 2.
28 Der Tenor würde lauten: „Der Beklagte wird verurteilt, an den Kläger 5.036 € zu bezahlen."

aa) Der Berufungsbeklagte kann sich Ihrer Berufung auch ohne Beschwer[29] zum bloßen Zweck der Klageänderung anschließen, § 524 ZPO.[30]

bb) Ansonsten unterläge eine Klageänderung in der Berufungsinstanz den Voraussetzungen des § 533 ZPO. Hiernach müsste die Klageumstellung – falls Sie in diese nicht einwilligen – sachdienlich (Nr. 1) sein und die Klageänderung auf Tatsachen gestützt werden können, die gem. § 529 ZPO vom Berufungsgericht seiner Verhandlung und Entscheidung ohnehin zugrunde gelegt werden müssen (Nr. 2). Sachdienlichkeit liegt vor, wenn die Zulassung einer Klageänderung der Prozesswirtschaftlichkeit dient.[31] Dies ist jedenfalls dann zu bejahen, wenn – wie in unserem Fall – der gesamte bisherige Streitstoff für die Entscheidung über einen geänderten Klageantrag weiterverwendet werden könnte.[32] Die vom Kläger durchzuführende Klageänderung bestünde schließlich in einer reinen Antragsänderung unter Beibehaltung des gesamten bisherigen Sachvortrages der Parteien und wäre daher auch im Hinblick auf § 533 Nr. 2, 529 Abs. 1 Nr. 1 ZPO zulässig.

Allerdings könnten Sie in diesem Fall in Anbetracht des noch ungeteilten Nachlasses die sich aus § 2059 Abs. 1 BGB ergebenden Rechte geltend machen, d.h. mangels unbeschränkter Haftung[33] für Nachlassverbindlichkeiten die Leistung verweigern. Dies hätte aber keine Klageabweisung zur Folge, sondern, dass Sie – bei Bestehen eines Anspruchs des Klägers – zur Zahlung als Gesamtschuldner (mit Ihrer Mutter) verurteilt würden, ihnen aber die Beschränkung der Erbenhaftung im Urteil gem. § 780 ZPO vorbehalten würde.[34]

> Dem Mandanten sind auch die Möglichkeiten zur **Gegenreaktion** aufzuzeigen.

2. Unbegründetheit der Klage

a) Das zentrale materielle Problem der Klage ist, ob Ihnen die eigenmächtige Mängelbeseitigung an dem Pkw zustand und Sie Ihre entsprechenden Aufwendungen dem Kaufpreisanspruch des Klägers entgegenhalten können.

Wie Sie der Lektüre des Berufungsschriftsatzes entnehmen können, hat der Bundesgerichtshof im Jahr

> Der Mandant ist **ausdrücklich und ausführlich** auf die im Zusammenhang mit der materiellrechtlichen Würdigung durch das Landgericht in der Berufungsbegründung vertretene Literaturansicht, die von der Rechtsprechung des Bundesgerichtshofes **abweicht**, sowie die hiermit verbundenen Chancen und Risiken hinzuweisen.

---

29 Vgl. Fn. 23.
30 Vgl. Rosenberg/Schwab/Gottwald, § 137 Rn. 16.
31 Vgl. Reichold in: Thomas/Putzo, § 533 Rn. 3 und 4.
32 Vgl. Reichold in: Thomas/Putzo, § 263 Rn. 8.
33 Vgl. hierzu Weidlich in: Palandt, vor § 1967 Rn. 1 ff., 3.
34 Vgl. Weidlich in: Palandt, § 2059 Rn. 2.

Lösungsvorschlag

2005 zu diesem Problem im Sinne der Rechtsauffassung des Landgerichts Regensburg entschieden. Eine Kopie dieser Entscheidung ist diesem Schreiben beigefügt. Es erscheint daher sehr fraglich, ob das Oberlandesgericht Nürnberg als Berufungsgericht der Gegenauffassung, die Grundlage unserer Angriffe gegen das erstinstanzliche Urteil ist und sehr stichhaltige Argumente für sich in Anspruch nehmen kann, folgen wird. In diesem Fall müsste das Oberlandesgericht Nürnberg gem. § 543 Abs. 1 Nr. 1, Abs. 2 Nr. 2 ZPO auch die Revision zur Sicherung einer einheitlichen Rechtsprechung zulassen, da es von einer BGH-Entscheidung abweichen würde. Im Falle der Nichtzulassung der Revision könnte der Kläger eine mit hoher Wahrscheinlichkeit erfolgreiche Nichtzulassungsbeschwerde zum BGH einlegen (§ 544 ZPO). Insoweit wäre also mit einer weiteren Instanz zu rechnen.

b) Ferner ist die Klage deswegen momentan unbegründet geworden, weil der Kläger die titulierte Forderung an die Sparkasse Regensburg abgetreten hat.

Gem. § 265 Abs. 1 und Abs. 2 S. 1 ZPO ist die Abtretung der streitgegenständlichen Forderung auf den Prozess ohne Einfluss. Allerdings muss nach ganz überwiegender Ansicht der Kläger seine Klage auf Leistung an den Rechtsnachfolger umstellen.

Aus diesem Grund ist damit zu rechnen, dass der Kläger im Wege der Anschlussberufung gem. § 524 ZPO (s.o.) seine Klage auf Zahlung an die Sparkasse Regensburg ändert.[35] Dies wäre eine auch in zweiter Instanz gem. §§ 525, 264 Nr. 2 ZPO stets zulässige Klageänderung.[36]

Die Prozessführungsbefugnis des Klägers, der nach Abtretung an die Sparkasse Regensburg die Forderung im eigenen Namen einklagt, bleibt hierbei erhalten, da der er gem. § 265 Abs. 1 und Abs. 2 S. 1 ZPO zum sog. gesetzlichen Prozessstandschafter wird.[37]

Zwar hat der Kläger seine Sachlegitimation verloren, er muss sich aber gem. § 265 Abs. 2 S. 1 ZPO am Prozess festhalten lassen; die Klage bliebe nach Antragsum-

Auch auf die im Hinblick auf die **Abtretung** der gegenständlichen Forderung gegebenen **Reaktionsmöglichkeiten** des Klägers und Berufungsbeklagten im Wege der Umstellung der Klage auf Leistung an die Sparkasse muss hingewiesen werden.

---

35 Sog. Relevanztheorie, vgl. Reichold in: Thomas/Putzo, § 265 Rn. 13.
36 Vgl. Knöringer, § 10, S. 158; Reichold in: Thomas/Putzo, § 264 Rn. 4. Nach a.A. läge eine nach § 264 Nr. 3 ZPO zulässige Klageänderung vor, vgl. Becker-Eberhard in: Müko, § 265 Rn. 87. Jedenfalls gilt aber die einschränkende Regelung des § 533 ZPO nicht im Anwendungsbereich des § 264 ZPO, vgl. Reichold in: Thomas/Putzo, § 533 Rn. 11.
37 Vgl. Reichold in: Thomas/Putzo, § 265 Rn. 12.

stellung begründet, falls das Berufungsgericht die o.g. Einwände gegen das Bestehen der Forderung nicht für zutreffend erachtet.[38]

3. Hilfsaufrechnung oder Widerklage mit der Werklohnforderung

Jedenfalls mit dem Verteidigungsmittel der Hilfsaufrechnung im Hinblick auf Ihre rechtskräftig titulierte Werklohnforderung hätten wir ausweislich der Argumente, die Sie dem Berufungsschriftsatz entnehmen können, gute Aussichten, wenigstens die teilweise Abweisung der Klage in zweiter Instanz zu erreichen.

Die Erhebung einer Widerklage, die mit dem titulierten Restwerklohnanspruch begründet wäre, wäre indes unzulässig.

Es kann dahin stehen, ob insoweit die Voraussetzungen des § 533 ZPO für eine Widerklage in zweiter Instanz vorlägen, da einer Widerklage o. w. die Rechtskraft der amtsgerichtlichen Entscheidung entgegenstünde.[39]

II. Hilfsaufrechnung oder Widerklage mit einer Schadensersatzforderung gegen den Berufungsbeklagten

Von der Erhebung einer hilfsweisen Aufrechnung oder gar einer Widerklage vor dem Oberlandesgericht Nürnberg, die auf Ihren Schadensersatzanspruch wegen der Zerstörung des Navigationsgerätes durch den Kläger gestützt wären, habe ich allerdings momentan Abstand genommen, da die diesbezüglichen Erfolgsaussichten zweifelhaft erscheinen:

1. Zulässigkeit einer hilfsweisen Aufrechnung oder einer Widerklage

Sowohl Aufrechnung als auch Widerklage unterliegen in der Berufungsinstanz den Vorschriften des § 533 ZPO.

a) Zum einen wäre schon das Vorliegen der Voraussetzungen des § 533 Nr. 1 ZPO zweifelhaft. Nach dieser Regelung müsste der Kläger in eine Aufrechnung oder eine Widerklage einwilligen (wobei über § 525 ZPO die Einwilligungsvermutung des § 267 ZPO analog gälte) oder diese als sachdienlich anzusehen sein. Mit einer Einwilligung ist nach Ihrem unlängst mit dem Kläger geführten Telefongespräch allerdings nicht zu rechnen. Sachdienlichkeit liegt unter dem maßgeblichen Gesichtspunkt der Prozesswirtschaft-

---

Über die vor dem Hintergrund des § 533 ZPO **fehlenden Erfolgsaussichten** einer in der Berufung erhobenen **Aufrechnung oder Widerklage** mit einem Schadensersatzanspruch wegen Zerstörung des Navigationsgerätes ist der Mandant, der ja alle seine ihm zustehenden Ansprüche in der Berufung „fruchtbar" machen will, ausführlich aufzuklären.

Hinweis: Die Erhebung einer Hilfsaufrechnung im Rahmen der Berufung unter dem Gesichtspunkt eines Schadenersatzanspruches wegen der Zerstörung des Navigationsgerätes erscheint allerdings mit der Argumentation **gut vertretbar**, dass der Beklagte zweitinstanzlich die „Bestätigung" des Klägers vom 2. April 2012 vorlegen kann und sich dieser mit einem Bestreiten unter Glaubhaftigkeitsgesichtspunkten „schwer tun" wird. Auch der Abschluss eines Vergleiches in der Berufungsinstanz würde durch eine solche Aufrechnung zumindest nicht erschwert. Kostenrechtliche Nachteile durch die auf § 533 ZPO gestützte Nichtberücksichtigung einer Hilfsaufrechnung hätte der Beklagte nicht zu erwarten, da es in diesem Fall an einer sachlichen Entscheidung über die zur Aufrechnung gestellte Forderung fehlen würde, vgl. § 45 Abs. 3 GKG.

---

38 Vgl. Reichold in: Thomas/Putzo, § 265 Rn. 12.
39 Vgl. Reichold in: Thomas/Putzo, § 322 Rn. 11.

Lösungsvorschlag

lichkeit dann vor, wenn Aufrechnung oder Widerklage geeignet sind, den Streit zwischen den Parteien endgültig und alsbald auszuräumen. Sie ist aber zu verneinen, wenn das Berufungsgericht bei Zulassung von Aufrechnung oder Widerklage über einen völlig neuen, obgleich nach § 529 ZPO zulässigen Streitstoff entscheiden müsste.[40] Sachdienlichkeit läge in Ihrem Fall hiernach wohl nur vor, wenn die die Widerklage betreffenden Tatsachen unstreitig wären und daher keine wesentliche Verzögerung des Rechtsstreits durch die Widerklage einträte. Nach Ihrem Telefongespräch mit dem Kläger ist allerdings zu erwarten, dass sowohl dieser die objektiven als auch die subjektiven Umstände, die einen Schadenersatzanspruch wegen der Zerstörung des Navigationsgerätes gem. §§ 280 Abs. 1, 241 Abs. 2 BGB ergeben könnten, bestreiten wird.

b) Gleiches gilt im Prinzip für die ferner notwendigen Voraussetzungen des § 533 Nr. 2 ZPO. Hiernach muss sich der für Aufrechnung oder Widerklage heranzuziehende Tatsachenstoff aus den bisherigen Feststellungen des Urteils ergeben oder i.S. des § 531 Abs. 2 ZPO zuzulassen sein. Der von Ihnen im Wege einer Aufrechnung oder Widerklage geltend gemachte Tatsachenstoff (Zerstörung des Navigationsgerätes) wäre aber im Verhältnis zu den bisherigen Feststellungen im Urteil des LG Regensburg völlig neu. Zwar ist eine erstmals im Berufungsrechtszug erhobene Aufrechnung oder Widerklage auch dann – ungeachtet der Regelung des § 533 Nr. 2 ZPO – zulässig, wenn der Gegner einwilligt oder das Gericht die Widerklage für sachdienlich erklärt (s.o. unter a) und das Begehren auf unstreitigem Sachvortrag beruht.[41] Neue unstreitige Tatsachen sind im Berufungsrechtszug gemäß §§ 529 Abs. 1 Nr. 2, 531 Abs. 2 ZPO zu berücksichtigen. Die Regelung des § 531 Abs. 2 Nr. 3 ZPO über die Zulassung neuer Angriffs- und Verteidigungsmittel betrifft nur streitiges und daher beweisbedürftiges Vorbringen.[42] Unstreitige neue Tatsachen betreffend Ihren Schadensersatzanspruch könnten also die Grundlage einer Widerklage bilden. Bestreitet der Berufungsbeklagte allerdings – wie nach Ihrem Telefongespräch zu erwarten – Schädigungshandlung bzw. Schaden oder behauptet er sein Nichtverschulden, wä-

---

40 Vgl. BGH, NJW 1961, 362; NJW 1977, 49; Gummer in: Zöller, § 533 Rn. 10.
41 Vgl. BGH, MDR 2005, 588.
42 Vgl. OLG Hamm, MDR 2003, 650 f.; Heßler in: Zöller, § 531 Rn. 25.

ren Aufrechnung oder Widerklage wegen ihrer gegenüber dem bisherigen Streitstoff völlig anderen und bei Bestreiten beweisbedürftigen Tatsachengrundlage unzulässig. Eine Zulassung wäre nur unter den Voraussetzungen der §§ 533 Nr. 2, 529 Abs. 1 Nr. 2, 531 Abs. 2 Nr. 3 ZPO und damit dann denkbar, wenn Sie Aufrechnung oder Widerklage im Hinblick auf den diesen jeweils zugrunde liegenden Sachverhalt (Angriffs- oder Verteidigungsmittel) im ersten Rechtszug ohne Nachlässigkeit nicht geltend gemacht hätten. Indes waren Ihnen die Tatsachen, die zu einem Schadensersatzanspruch wegen der Zerstörung des Navigationsgerätes führen könnten, sämtlich schon vor Ablauf der Klageerwiderungsfrist bzw. dem Schluss der mündlichen Verhandlung im erstinstanzlichen Verfahren vor dem LG Regensburg bekannt. Dass insoweit in der ersten Instanz weder die Aufrechnung erklärt noch Widerklage erhoben worden, beruht leider auf Ihrer eigenen bzw. der Ihnen gem. § 85 Abs. 2 ZPO zuzurechnenden Nachlässigkeit ihres vormaligen Prozessbevollmächtigten. Auch dass Sie die „Bestätigung" des Klägers bis zum Schluss der mündlichen Verhandlung in erster Instanz dem Gericht nicht vorlegen konnten, weil Sie diese verlegt hatten, ändert an Ihrem schuldhaften Verhalten nichts, selbst wenn dieses Schreiben das einzige Beweismittel sein sollte. Die Regelung des § 531 Abs. 2 Nr. 3 ZPO soll nämlich eine „Flucht in die Berufung" aus prozesstaktischen Gründen, etwa weil ein Sachverhalt in erster Instanz momentan nicht beweisbar erscheint, verhindern. Anders läge der Fall etwa, wenn einzelne Beweismittel erst nach dem Schluss der mündlichen Verhandlung in erster Instanz überhaupt bekannt werden.[43]

c) Von der Erhebung einer Widerklage ist schließlich schon deswegen momentan abzuraten, weil Sie Gefahr laufen, dass der Kläger den Schadensersatzanspruch – entgegen seinen telefonischen Angaben – im Sinne des § 93 ZPO sofort anerkennt. Der Kläger hat Ihnen nämlich bislang keine Klageveranlassung gegeben. Vielmehr hat er seine Ersatzpflicht eingeräumt und Zahlung in Aussicht gestellt. Dass diese „bedingt" auf eine Einigung über den Restkaufpreis war, führt nicht zum Verzug des Berufungsbeklagten mit der Folge der Klageveranlassung nach § 93 ZPO.[44] Insbesondere hat der Kläger auch in dem von Ihnen angeführ-

Der Mandant ist auf das sich aus § 93 ZPO ergebende **Kostenrisiko**, welches sich im Falle fehlender vorgerichtlicher Geltendmachung eines Anspruches im Falle eines sofortigen Anerkenntnisses ergibt, hinzuweisen. Die **gerichtliche Geltendmachung** darf in diesem Fall nur mit ausdrücklicher Einwilligung des Mandanten erfolgen.

---

43 Vgl. Reichold in: Thomas/Putzo, § 533 Rn. 5 mit § 531 Rn. 16.
44 Vgl. insoweit Hüßtege in: Thomas/Putzo, § 93 Rn. 5 ff.

Lösungsvorschlag

ten Telefongespräch die Leistung nicht (endgültig) verweigert im Sinne des § 286 Abs. 2 Nr. 3 BGB.[45] Der Erhebung einer Widerklage müsste daher in jedem Fall eine verbindliche Zahlungsaufforderung an den Kläger unter Fristsetzung und Androhung der Widerklage im laufenden Verfahren vorangehen.

2. Gerne verfasse ich kurzfristig ein entsprechendes Schreiben an den Kläger und ergänze innerhalb noch offener und bis 20.9. 2012 laufender Frist die Berufungsbegründung durch die Erhebung einer entsprechenden Hilfsaufrechnung oder Widerklage, falls Sie unter Berücksichtigung der oben unter 1. aufgezeigten Risiken betreffend deren Zulässigkeit zustimmen. Immerhin erscheint es möglich, dass der Kläger ein momentan wahrscheinliches Bestreiten der einen Schadenersatzanspruch begründenden Tatsachen im Laufe des Berufungsverfahrens nach Konfrontation mit seiner „Bestätigung" vom 2.4.2012 fallen lässt, jedenfalls aber eher bereit ist, zur „Gesamtbereinigung" aller Ansprüche und Gegenansprüche einen Vergleich zu schließen.

Andernfalls wäre bei Zahlungsverweigerung durch den Berufungsbeklagten die gesonderte Klageerhebung in einem neuen Verfahren ins Auge zu fassen.

In Erwartung Ihrer Stellungnahme bis spätestens 5.9.2012 verbleibe ich

Mit freundlichen Grüßen

Dr. Eigner

Rechtsanwältin

Sind aus Sicht des Rechtsanwaltes vor der gerichtlichen Geltendmachung von Ansprüchen noch **weitere Schritte**, etwa die Abfassung von Mahnschreiben usw., nötig, muss deren Vollziehung dem Mandanten **angeboten** werden.

Sind **Fristen**, wie vorliegend der Ablauf der Berufungsbegründungsfrist, einzuhalten, fehlen aber noch notwendige Stellungnahmen des Mandanten, muss auch diesem eine **Frist** zur Beibringung gesetzt werden.

C. Hilfsgutachten

Bestehen und Nachweis einer Schadensersatzforderung wegen der Zerstörung des Navigationsgerätes

Unproblematisch ergibt sich für den Beklagten gegen den Kläger ein Schadensersatzanspruch gem. §§ 241 Abs. 2, 280 Abs. 1 BGB, da der Kläger gelegentlich der Ausführung eines Werkvertrages zur Ausführung eines Reifenwechsels gegen seine vertragliche Nebenpflicht, Rechtsgüter des Beklagten, hier dessen Eigentum, nicht zu verletzen, verstoßen hat. Ein Entlastungsbeweis für fehlendes Verschulden würde dem Kläger zwar durch sein schriftliches „Schuldeingeständnis" vom 2. April 2012 nicht abgeschnitten, da es sich hierbei mangels erkennbaren

Im **Hilfsgutachten** sind nunmehr diejenigen durch den Klausursachverhalt berührten Rechtsfragen zu beantworten, auf die im Schriftsatz an das Gericht und in dem Mandantenschreiben nicht einzugehen war. Dies betrifft vorliegend nur das Bestehen sowie den Nachweis eines Schadensersatzanspruches im Hinblick auf die Zerstörung des Navigationsgerätes.

---

45 Vgl. hierzu etwa Grüneberg in: Palandt, § 286 Rn. 24.

rechtsgeschäftlichen Verpflichtungswillens nicht um ein deklaratorisches Schuldanerkenntnis handelt, sondern nur um eine einseitige Erklärung des Klägers, die dem Beklagten den (Gegen-) Beweis erleichtern soll (§ 133 BGB).[46] Es ist aber unwahrscheinlich, dass der Kläger angesichts dieser „Bestätigung" Tatsachen für sein Nichtverschulden vortragen kann.

Dass der Kläger den Schadensersatz von der Bedingung einer Einigung über die Zahlung des Restkaufpreises abhängig macht, bindet den Beklagten nicht (etwa im Sinne des § 158 Abs. 1 BGB oder – lediglich – fehlender Fälligkeit des Schadensersatzanspruches), da es sich insoweit nur um eine einseitige Erklärung des Klägers handelt, die vom Beklagten ersichtlich nicht akzeptiert wird.

Anhang:

Das Mandantenschreiben in der Assessorklausur

In den Klausuren zur Anfertigung anwaltlicher Schriftsätze wird regelmäßig auch ein sog. Mandantenschreiben verlangt. Dies dient vor allem der Information des Mandanten. In dem Schreiben sind die rechtlichen Überlegungen dem juristisch nicht gebildeten Mandanten plausibel zu machen, wobei aber durchaus auch das Gesetz zitiert und subsumiert werden muss. Lediglich auf juristische Spezialausdrücke (Bsp.: „ius variandi") sollte man verzichten (anders bei dem oft vorkommenden Mandanten, der „6 Semester Jura studiert hat", vgl. auch den juristisch „vorgebildeten" Mandanten im Fall 4).

Aufbauschema

I. Formalien

Besondere Formalien sind bei einem Mandantenschreiben nicht zu beachten.

1. Briefkopf des Anwalts, Tagesdatum, Anschrift des Mandanten
2. Kurzrubrum
    „In Ihrer Sache gegen ..."

---

[46] Vgl. hierzu Sprau in: Palandt, § 781 Rn. 6.

3. Anrede mit Dank für das Mandat
   „Sehr geehrter Herr …,

   für das in oben genannter Sache übertragene Mandat darf ich mich nochmals herzlich bei Ihnen bedanken.

II. Inhalt im Einzelnen

1. Hinweis auf das, was geschehen soll (Wünsche des Mandanten) oder ist (Informationsschreiben, Begleitschreiben).
2. Begründung der (beabsichtigten) Vorgehensweise.
3. Hinweis auf ein Risiko (Beweisprobleme!) sowie auf andere Vorgehensmöglichkeiten, ggf. Beantwortung konkret gestellter Fragen des Mandanten.
4. Hinweis auf Reaktionsmöglichkeiten des Gegners.
5. Aufforderung an den Mandanten, in bestimmter Hinsicht mitzuwirken (Vorlage von Beweismitteln – Urkunden, Benennung ladungsfähiger Anschriften von Zeugen).
6. Hinweis auf Fristen.

III. Unterschrift des Anwaltes

Klausur Nr. 5 – Klageerwiderung und Drittwiderklage

Sachverhalt

Am 10. Juli 2012 erhält Rechtsanwalt Gabriel Marc, Färbergasse 7, 94469 Deggendorf, ein Schreiben der Bavaria-Assekuranz-Aktiengesellschaft, München, mit der Bitte um Übernahme der Rechtsverteidigung für sie selbst und für ihren Versicherungsnehmer Franz Beckmann, Deggendorf, gegen eine Klage der Frau Paula Altdorfer vom 2. Juli 2012. Die Klageschrift (Anlage 1) ist dem Schreiben beigefügt. Die Versicherung teilt noch mit, dass ihr die Klageschrift am 9. Juli 2012 zugestellt worden sei.

Es ist empfehlenswert, an dieser Stelle sogleich zur **Klageschrift weiterzublättern** und zunächst diese zu lesen. Diese Vorgehensweise gewährleistet einen objektiven, von den Äußerungen des Mandanten noch nicht beeinflussten Blick auf die Klage. Zudem sind die nachfolgenden Informationen nach Lektüre der Klageschrift meist besser verständlich.

Rechtsanwalt Marc entnimmt den beigefügten Unterlagen ferner, dass die zuständige Richterin am Landgericht Schermann mit Verfügung vom 4. Juli 2012 das schriftliche Vorverfahren gemäß 276 Abs. 1 Satz 2 ZPO angeordnet und die Frist zur Klageerwiderung auf vier Wochen ab Zustellung der Klage festgesetzt hat. Die Verfügung wurde mit den erforderlichen Belehrungen zusammen mit der Klageschrift zugestellt.

Die gewählte Verfahrensart nebst Fristen und Belehrungen ergibt sich aus §§ 276, 277 ZPO. Es handelt sich um eine originäre Einzelrichtersache, § 348 ZPO.

Eine Prozessvollmacht[1] zur Abwehr der geltend gemachten Ansprüche für beide Beklagte liegt dem Schreiben bei.

Die Versicherungsgesellschaft weist Rechtsanwalt Marc darauf hin, dass sie aufgrund der Unfallschilderung ihres Versicherungsnehmers, des Beklagten zu 1), vorprozessual jede Zahlung abgelehnt habe. Sie sei bisher von einem Alleinverschulden des Unfallgegners, des Fahrers Max Altdorfer, ausgegangen. Sie bittet den Rechtsanwalt aber darum, mit Franz Beckmann, dem Beklagten zu 1), bezüglich des Unfallhergangs Rücksprache zu nehmen und dann eigenverantwortlich zu entscheiden, ob und in welchem Umfang eine Verteidigung gegen die Klage Erfolg verspricht. Eine in rechtlicher oder tatsäch-

---

[1] Im Kfz-Haftpflichtprozess bestimmt sich das Innenverhältnis zwischen Halter (Versicherungsnehmer) und Haftpflichtversicherung nach dem zwischen ihnen bestehenden Versicherungsvertrag. Gemäß den „Allgemeinen Bedingungen für die Kraftfahrtversicherung (AKB)" ist die Versicherung bei Inanspruchnahme des Versicherten durch einen Geschädigten zur Regulierung bevollmächtigt und hat auch einen Anwalt zu bezahlen, vgl. A.1.1.2 und A.1.1.3 AKB (F. vom 01. 10. 2011). Solche Einzelheiten müssen in einer Examensklausur natürlich nicht gewusst werden!

licher Hinsicht aussichtslose Rechtsverteidigung möge aus Kostengründen unterbleiben.

Das von der Klägerin vorgelegte Schadensgutachten soll inhaltlich nicht bestritten werden, ebenso wenig die dafür angefallenen Kosten; auch die Höhe eines eventuellen Nutzungsersatzes könne akzeptiert werden. Auch treffe zu, dass die klägerische Anwältin schon vorprozessual mit ihr, der Versicherung, korrespondiert habe, damals noch im Namen des Ehemanns der Klägerin.

Am 12. Juli 2012 erscheint Franz Beckmann in der Kanzlei von Rechtsanwalt Marc. Auch ihm sind Klage und richterliche Verfügung am 9. Juli 2012 zugestellt worden. Im Übrigen macht er folgende Angaben:

„Herr Rechtsanwalt, die Klage ist eine Unverschämtheit. Ich kann bereits überhaupt nicht verstehen, wieso hier Frau Paula Altdorfer klagt. Sie hat doch mit dem ganzen Unfall überhaupt nichts zu tun. Am Steuer des Audi, der mich gerammt hat, saß nämlich Herr Altdorfer. Mein Sohn Pablo, der im 12. Semester Jura studiert, hat mir gesagt, es handle sich hier um einen ganz üblen Trick, um den Herrn Altdorfer zum Zeugen zu machen. Das sei ein Rechtsmissbrauch, den man nicht hinnehmen müsse. Ich habe allerdings nicht ganz verstanden, was er damit gemeint hat und bitte Sie, dies zu prüfen.

Also, an dieser ganzen Klage stimmt eigentlich nur, dass es wirklich den Unfall gegeben hat. Ich habe aber überhaupt keine Schuld daran. Sie müssen wissen, dass es sich bei meinem Mercedes um einen Oldtimer handelt, den ich wie meinen Augapfel pflege. Ich hatte schon mehrere Kaufinteressenten, die mir bis zu 18.000 € geboten hatten, aber den gebe ich nicht her. Ich fahre damit nur an sonnigen, trockenen Tagen und immer langsam und äußerst vorsichtig, auch auf freier Strecke höchstens 60–70 km/h. Ich bin ein echter Genussfahrer. Der 20. März war jedenfalls der erste herrliche Frühlingstag in diesem Jahr, da habe ich mein Schmuckstück, Baujahr 1974, für eine Spazierfahrt aus der Garage geholt. Und dann kam plötzlich dieser Audi regelrecht auf mich zugerast. Ich habe dann bemerkt, dass er über die Straßenmitte auf meine Seite herüberzieht. Der Fahrer hat gar nicht richtig auf die Straße geschaut. Soweit ich es erkennen konnte,

---

Hier müssen Sie sehr genau differenzieren: die Versicherung will lediglich eine Beweisaufnahme über die **Höhe** der genannten Positionen vermeiden. Sie als Anwalt müssen aber prüfen, ob die **Ansprüche dem Grunde nach** berechtigt sind!

In der Anwaltsklausur muss die Schilderung des Mandanten mit großer Aufmerksamkeit gelesen und anschließend eigenständig geprüft werden. Achten Sie dabei von vorneherein auf eine strikte **Unterscheidung** zwischen **Tatsachen** und **Rechtsauffassungen**.

Konzentrieren Sie sich zunächst auf erstere und markieren Sie die wichtigsten Punkte.

Der oft unstrukturierte Mandantenvortrag ist dann zu ordnen und auf seine rechtliche Relevanz zu untersuchen. Die Frage lautet: Sind die Tatsachenbehauptungen des Mandanten, deren Richtigkeit unterstellt, überhaupt geeignet, die Klageansprüche abzuwehren und/oder eigene Ansprüche zu begründen?

Anschließend ist zu klären, **welche Tatsachen streitig** sind und für welche Ihr Mandant die **Beweislast** trägt. Beweisangebote sollten gleich notiert werden. Gibt es keine, ist vorzumerken, dass im Begleitschreiben auf das Beweisrisiko hingewiesen werden muss.

hat er sich zum Fußraum hinuntergebeugt. Obwohl ich noch ganz nach rechts gelenkt und fast bis zum Stillstand abgebremst habe, hat der Audi, der mindestens zur Hälfte auf meiner Seite war, noch voll mein Fahrzeug auf der Fahrerseite erwischt und ist über die gesamte Fahrzeuglänge daran entlanggeschrammt. Sie können sich gar nicht vorstellen, wie ich gelitten habe. Es war ein richtiger Schock. Zum Glück wurde ich wenigstens nicht verletzt.

Dieser Max Altdorfer hat dann gleich angefangen, herumzuschreien, dass ich an dem Unfall Schuld hätte. Plötzlich waren zwei Polizeibeamte da; wer die gerufen hat, weiß ich auch nicht. Jedenfalls hat der eine von den beiden, ein PHM Pikass, Fotos angefertigt. Auf der Straße waren nämlich einige Brems- und Kratzspuren zu sehen, und auch die Fahrzeuge hat er fotografiert, aber die waren da schon beide an den Straßenrand geschoben worden. Meines Erachtens ergeben diese Bilder klar, dass die Kollision auf meiner Straßenseite war. Ich habe später einen Bescheid bekommen, in dem ich freigesprochen wurde. Also das beweist doch eigentlich schon, dass der Altdorfer an allem schuld war.

Außerdem hatte ich damals auf einem Feldweg in der Nähe einen Spaziergänger mit einem großen schwarzen Hund gesehen. Ich habe dann vor einigen Tagen eine Anzeige im „Passauer Tagblatt" geschaltet, um den Mann ausfindig zu machen, und tatsächlich hat sich Herr Matthias Grünwald bei mir gemeldet, wohnhaft in 94161 Hofstadt, Am Klostergut 9. Am Telefon hat er mir gesagt, der Audi sei ihm wegen seiner hohen Geschwindigkeit aufgefallen und er glaube, dass der Fahrer die Kontrolle über sein Fahrzeug verloren habe. Er sei ziemlich sicher, dass der auf meine Fahrbahnseite herübergeraten sei.

Wenn ich jetzt in der Klageschrift lese, dass die Frau Altdorfer Reparaturkosten verlangt, so muss ich Ihnen auch noch sagen, dass sie und ihr Mann an dem Unfall anscheinend kräftig verdienen wollen, aber da machen Sie ihnen sicher einen Strich durch die Rechnung. Ich habe nämlich erfahren, dass der Audi gar nicht in der Werkstatt war, sondern den hat der Herr Altdorfer selbst mit ein paar Freunden hergerichtet, das hat bestimmt höchstens 1.000 € gekostet. Dafür habe ich sogar einen Zeugen, näm-

Auch die **Rechtsansichten** der Mandanten sind aufmerksam zur Kenntnis zu nehmen und (am besten andersfarbig) zu markieren. Der Aufgabensteller gibt Ihnen hier deutliche Hinweise – Sie müssen sich mit den geäußerten Rechtsmeinungen auseinander setzen.

Unzutreffende Ansichten des Mandanten dürfen **keinesfalls im Schriftsatz an das Gericht** erwähnt und dann dort abgelehnt werden. (Das wäre ein sehr **schwerer Fehler**, der leider nicht selten zu lesen ist, etwa wie folgt: „Obwohl der Gegner sein Fahrzeug nicht repariert hat, steht ihm ein Anspruch auf Reparaturkosten zu ...") Bedenken Sie ganz grundlegend: Sie vertreten **nur Ihren eigenen Mandanten und dessen Interessen.** Sie müssen einen Schriftsatz fertigen, kein Gutachten.

Rechtsansichten Ihres Mandanten, die nicht zutreffen, lassen Sie vielmehr im Schriftsatz einfach weg. Erklären Sie Ihrem Mandanten in einem gesonderten Anschreiben, warum Sie seine Ansicht nicht aufgegriffen haben. Ist das Mandantenschreiben erlassen, stellen Sie das Problem im Hilfsgutachten dar. Keinesfalls darf es einfach ganz weggelassen werden – die Äußerung des Mandanten ist eine Aufforderung an den Klausurbearbeiter zur Stellungnahme. Verschenken Sie keine „Punkte"!

Sachverhalt

lich den Vassili Greco, Malerwinkel 7, Passau. Auch mein Sohn sagt, für so eine Billigreparatur müsse man nichts zahlen.

Natürlich war auch mein eigenes Auto schwer beschädigt. Meine Werkstatt hat sich bemüht, die erforderlichen Original-Ersatzteile zu besorgen, und zum Glück ist dies nach vier Wochen intensiver Suche schließlich auch gelungen. Ich musste für die Teile und die Reparatur, die nochmals eine Woche dauerte, insgesamt 6.800 € bezahlen; die Rechnung der Werkstatt habe ich Ihnen mitgebracht (Anlage 2). Unter der langen Reparaturdauer habe ich übrigens sehr gelitten, denn ich fahre ja meinen Mercedes so gerne an schönen, trockenen Tagen (ansonsten benutze ich meinen Toyota Corolla). Gerade Ende März und dann wieder an Ostern vom 6. April bis 9. April herrschte im ostbayerischen Raum herrliches Frühlingswetter. Ich hätte in dieser Zeit meinen „Oldie" an mindestens sechs Tagen für Ausflüge ins Grüne genutzt; meine Lebensfreude war also erheblich beeinträchtigt. Sie müssen wissen, ich habe sonst keine Hobbies. Wenn ich jetzt lese, dass die Frau Altdorfer „Nutzungsersatz" verlangt, dann finde ich erstens, dass ihr das gar nicht zusteht, denn sie hatte doch Leihautos zur Verfügung, und außerdem war es gar nicht ihr Auto, das beschädigt war. Zweitens finde ich: wenn schon, dann will ich gleiches Recht, dann will ich auch so einen Nutzungsersatz; die Höhe sollten Sie überlegen.

In dem Zusammenhang habe ich, Herr Rechtsanwalt, dann vielleicht einen Fehler gemacht. Ich habe, auf den Rat meines Sohnes, den Herrn Altdorfer schon verklagt, und zwar auf Zahlung von vorerst 2.000 € Reparaturkosten. Mein Sohn hat gemeint, ich soll erst mal diesen Teil einklagen, um Kosten zu sparen. Er hat die Klage entworfen und ich habe sie zum Amtsgericht Passau eingereicht. Anscheinend hat sich der Herr Altdorfer dort nicht gemeldet, denn ich habe am 23. Mai ein Versäumnisurteil bekommen, das ich mitgebracht habe (Anlage 3). Altdorfer wurde zur Zahlung von 2.000 € verurteilt. Leider kam kurz danach eine weitere Zustellung, und zwar ein „Einspruch" dieses unbelehrbaren Altdorfer. Gleichzeitig wurde mir mitgeteilt, dass wegen einer längeren Erkrankung des Amtsrichters mit einer Terminierung bis auf weiteres nicht gerechnet werden kann (Anlage 4).

Ich möchte eigentlich jetzt in diesem Prozess vor dem Landgericht auch meine gesamten Schäden geltend machen, und zwar gegen diesen Altdorfer oder seine Frau, und auch gegen die Versicherung. Die Anschrift habe ich Ihnen mitgebracht (Anlage 5). Bisher haben die jede Zahlung angelehnt. Notfalls will ich zum Gegenangriff übergehen. Meinetwegen soll die 2.000 € nur der Altdorfer zahlen, nicht seine Versicherung, und auch Zinsen brauche ich daraus keine. Aber mir steht ja noch mehr zu, dafür soll unbedingt auch die Versicherung einstehen. Kann man da im jetzigen Prozess irgendetwas machen? Mein Sohn hat gemeint, dass das wegen der sogenannten „Rechtshängigkeit" vor dem Amtsgericht nicht möglich sei. Herr Rechtsanwalt, wenn da etwas zu retten ist, müssen Sie das unbedingt tun. Das Ganze sollte natürlich keine unnötigen Kosten verursachen.

Zu guter Letzt müssen Sie mir noch etwas erklären: diese geldgierige Frau Altdorfer will doch eine überhaupt nicht näher erklärte „Unkostenpauschale", die ihr sicher nicht zusteht. Möge sie doch erst einmal beweisen, was das für Kosten sind. Außerdem verlangt sie auch noch „Rechtsanwaltskosten". Mein Sohn hat gesagt, das sei blanker Unsinn, weil über die Anwaltskosten im Urteil sowieso entschieden werden müsse. Ich bin mir nach alledem aber gar nicht mehr sicher, ob aus dem Jungen ein guter Jurist geworden ist. Müssen wir da etwa auch etwas einklagen? Bitte tun Sie alles, was erforderlich ist. Und erklären Sie mir bitte in einem Schreiben die von Ihnen unternommenen Schritte.

Auf Hinweis des Anwalts über den Umfang der bisherigen Vollmacht[2] und auf voraussichtlich zusätzlich entstehende Gerichts- und Anwaltskosten[3] erteilt Franz Beckmann Rechtsanwalt Marc umfassende Prozessvollmacht für alle prozessualen

In der Arbeit sind rechtlich bisher lediglich „Standardprobleme" aus dem Verkehrsunfallrecht und dem allgemeinen Schadensrecht aufgetaucht, die jeder Bearbeiter beherrschen muss.

Hier erhebt sich nun erstmals eine wirklich anspruchsvolle Aufgabenstellung, und zwar in prozessualer Hinsicht. Im Klausursachverhalt werden zwar Hinweise auf die Problemstellung gegeben, aber nur vage in Richtung auf die Lösung.

Wirklich gute Bearbeiter können hier juristischen Sachverstand und Kreativität zeigen, aber auch für schwächere Kandidaten bietet sich immerhin eine „zweitbeste" Lösung an (vgl. näher unten).

---

2 Das Mandat besteht bisher nur für die Rechtsverteidigung. Der Vortrag des Bekl. zu 1) legt aber einen „Gegenangriff" nahe, also eine Widerklage. Dafür muss er dem Rechtsanwalt selbst ein Mandat erteilen und die entsprechenden Kosten tragen. Seine Versicherung, die Bekl. zu 1), ist insoweit nicht mit „im Boot"; s. dazu schon näher Fn. 1.

3 Infolge der Widerklage erhöht sich der Gebührenstreitwert, § 45 Abs. 1 ZPO, der für die Gerichtskosten und gem. § 23 Abs. 1 S. 1 RVG auch für die Anwaltskosten des Bekl. zu 1) maßgeblich ist. Einen Gerichtskostenvorschuss hat er allerdings nicht zu entrichten, § 12 Abs. 2 Nr. 1 GKG. An den Kosten der Widerklage wird sich die Bekl. zu 2) nicht beteiligen müssen.

Schritte und verpflichtet sich zur Tragung der entsprechenden Kosten.

Rechtsanwalt Marc nimmt im Anschluss an das Gespräch Einsicht in die Ermittlungsakten der Staatsanwaltschaft Passau, Az. 317 Js 756/12 und stellt fest, dass das Verfahren dort gegen Max Altdorfer und Franz Beckmann, jeweils wegen Verdachts der fahrlässigen Gefährdung des Straßenverkehrs, geführt war. In der Akte befinden sich die von Franz Beckmann richtig beschriebenen Lichtbilder vom Unfallort. PHM Pikass und POM Hodler von der Polizeiinspektion Passau waren vor Ort. Der Zeuge Grünwald war nicht vernommen, ein Unfallgutachten nicht erholt worden. Das Verfahren ist mit Verfügung der sachbearbeitenden Staatsanwältin vom 20.4.2012 gemäß § 170 Abs. 2 StPO eingestellt worden, weil eine Straftat unabhängig vom genauen Unfallhergang nicht vorliege; Ordnungswidrigkeiten wurden nicht verfolgt, § 47 OWiG.

Anlage 1: Klageschrift

(eingegangen am 2. Juli 2012 beim Landgericht Passau)

Dr. Frieda Münter 2. Juli 2012
Rechtsanwältin
Bauhausstiege 12a
94030 Passau

An das
Landgericht Passau
– Zivilkammer –
Zengergasse 1
94032 Passau

Klage

in der Sache

Paula Altdorfer, Bankangestellte, Donaustr. 17, 94032 Passau

– Klägerin –

gegen

Franz Beckmann, Schalinski-Weg 32a, 94469 Deggendorf

– Beklagter zu 1) –

Bavaria-Assekuranz Aktiengesellschaft, Kandinsky-Str. 109, 80336 München, vertreten durch den Vorstand Gerhard Arp, ebda.

– Beklagte zu 2) –

wegen Schadensersatz aus Verkehrsunfall

Streitwert: 6.665 €

Die Angabe zum Streitwert beruht auf § 253 Abs. 3 ZPO und ist für das Gericht nicht verbindlich.

Namens und im Auftrag der Klägerin erhebe ich unter Vorlage einer Vollmacht (Anlage K1) Klage zum Landgericht Passau mit den

Anträgen

I. Die Beklagten werden als Gesamtschuldner verurteilt, an die Klägerin 6.665 € sowie 463,12 € vorgerichtliche Anwaltskosten nebst Zinsen aus 7.128,12 € in Höhe von 5 Prozentpunkten über dem Basiszinssatz seit Klageerhebung zu zahlen.

II. Die Beklagten tragen als Gesamtschuldner die Kosten des Rechtsstreits.

Die Anträge II und III sind nicht erforderlich, da insoweit von Amts wegen entschieden werden muss. Sie sind aber in der Praxis üblich.

III. Das Urteil ist, notfalls gegen Sicherheitsleistung, vorläufig vollstreckbar.

Der Erlass eines Versäumnis- bzw. Anerkenntnisurteils im schriftlichen Vorverfahren für den Fall, dass die Voraussetzungen vorliegen, wird beantragt.

Gegen eine Entscheidung der Sache durch den Einzelrichter bestehen keine Bedenken.

Die Äußerung beruht auf § 253 Abs. 3 ZPO. Die originär zuständige Einzelrichterin (s.o.) könnte den Rechtsstreit nämlich gem. § 348 Abs. 3 auf die Kammer übertragen.

Begründung

Die Klägerin macht aus abgetretenem Recht Schadensersatzansprüche aus einem Verkehrsunfall geltend.

Ein Einleitungssatz, der den Rechtsstreit grob umreißt, ist üblich und sinnvoll

I.

Der Klage liegt folgender Sachverhalt zu Grunde:

Der Ehemann der Klägerin, Max Altdorfer, hat der Klägerin sämtliche Rechte abgetreten, die ihm gegen die Beklagten aus dem nachfolgend geschilderten Verkehrsunfall vom 20. März 2012 zustehen.

In Anwaltsschriftsätzen muss stets klar zwischen **Tatsachenvortrag** (erforderlich gem. § 253 Abs. 2 Nr. 2 ZPO) und **Rechtsansichten** unterschieden werden. Letztere werden vom Gesetz nicht verlangt („iura novit curia"), sind in der Examensklausur aber natürlich unabdingbar.

Beweis: Abtretungsvereinbarung vom 22. April 2012
(Anlage K 2)

Der Ehemann der Klägerin ist Halter und Eigentümer des Pkw Audi A3 Sportback, amtliches Kennzeichen PA –OW 752. Der Beklagte zu 2) ist Halter und Eigentümer des Pkw Mercedes MB 230, amtliche Kennzeichen DEG-FB 9876, welcher bei der Beklagten zu 2) haftpflichtversichert ist.

Sachverhalt

Am 20.3.2012 befuhr Max Altdorfer mit seinem Pkw Audi gegen 14.30 Uhr die Kreisstrasse PA 4 von Passau her kommend in Richtung Patriching. Etwa 2 km nach dem Ortsausgang von Passau näherte sich aus der Gegenrichtung der genannte Mercedes, gesteuert vom Bekl. zu 1), und zwar mit deutlich überhöhter Geschwindigkeit. Der Mercedes geriet schließlich auf dem kerzengeraden Strassenabschnitt immer mehr auf die Fahrbahn des Herrn Altdorfer herüber. Obwohl dieser noch versuchte, an den äußersten rechten Straßenrand auszuweichen und gleichzeitig abzubremsen, konnte er eine Kollision mit dem gegnerischen Fahrzeug nicht mehr vermeiden. Der Mercedes prallte gegen den vorderen linken Kotflügel des Audi und schlitterte dann noch an dessen Fahrerseite entlang, wodurch erheblicher Sachschaden entstand. Der Pkw Audi befand sich bei dem Aufprall vollkommen auf der für ihn rechten Straßenseite. Der Unfall war für Max Altdorfer überhaupt nicht vermeidbar.

Das Gegenteil müssten die Beklagten erst einmal beweisen.

Eine solche Äußerung ist ein deutlicher Hinweis an Sie, dass Sie sich über die Beweislast Gedanken machen sollen.

Beweis   für den gesamten Unfallablauf:

    Max Altdorfer, wohnhaft wie die Klägerin, als Zeuge

Um den Umfang des Schadens zu klären, holte Max Altdorfer ein Sachverständigengutachten ein, für welches er 500 € inkl. USt. bezahlen musste, die hiermit geltend gemacht werden. Nach dem Gutachten betragen die Reparaturkosten 5.000,00 € netto, zzgl. Umsatzsteuer von 19 % (also 950 €), insgesamt also 5.950 €. Die Reparaturdauer beträgt laut Gutachten 5 Tage. Die Kosten für die Anschaffung eines gleichwertigen Fahrzeugs belaufen sich auf 12.500 €, der Restwert des beschädigten Fahrzeugs beträgt 5.500 €.

Hierbei handelt es sich nicht um ein Sachverständigengutachten i.S.d. § § 402 ff. ZPO, sondern um ein privates Gutachten. Damit ist es letztlich nichts anderes als (qualifizierter) Parteivortrag und kann demzufolge bestritten werden, um die Einholung eines gerichtlichen Gutachtens zu erzwingen.

Beweis: Gutachten des Sachverständigen Dipl.-Ing (FH) Alexander Kalter vom 22.3.2012 (Anlage K3)

Max Altdorfer hat inzwischen einen neuen Audi aus privater Hand für 16.500 € erworben und das Unfallfahrzeug verkauft. Die Klägerin macht hier die Reparaturkosten auf Gutachterbasis geltend, mithin 5.950 €.

Ferner wird für die angenommene Reparaturdauer von 5 Tagen eine Nutzungsentschädigung von 38 € je Tag, insgesamt 190 €, geltend gemacht. Bei dem Pkw handelt es sich um ein Familienfahrzeug, das nicht nur vom Ehemann der Klägerin, sondern auch von der Klägerin selbst ständig, insbesondere zu nahezu täglichen Besorgungsfahrten genutzt wurde. Da der Ehemann der Klägerin nach dem Unfall, ab 22. März, eine schon lange geplante Kur antrat und das Fahrzeug nicht benötigte, konnte von der – erheblich teureren – Anmietung eines Ersatzfahrzeugs abgesehen werden. Die Klägerin hat sich notdürftig mit Leihfahrzeugen aus dem Bekannten- und Verwandtenkreis beholfen.

Da der Ehemann der Klägerin in Rechtsdingen gänzlich unerfahren ist, hat er sich am 22. März an Unterfertigte gewandt und sie damit beauftragt, seine Ansprüche gegenüber den Beklagten geltend zu machen. Die Unterfertigte hat mit Schreiben vom 30.3.2012 von den Beklagten die Zahlung von 6.665 € an die Klägerin verlangt, die sich wie folgt zusammensetzen:

Reparaturkosten:	5.950 €
Nutzungsausfallschaden:	190 €
Gutachterkosten:	500 €
Unkostenpauschale:	25 €
Summe:	6.665 € (Klageantrag I, erste Position)

Ferner hat Unterfertigte die Erstattung der anwaltlichen Geschäftsgebühr für vorgenanntes Tätigwerden – die Max Altmann auch bereits entrichtet hat – geltend gemacht. Die Gebühr errechnet sich aus einem Gebührensatz von 1,3, zzgl. USt, aus einem Geschäftswert von 6.665 € und beträgt mithin 926,25 €.

In diesem Verfahren wird hiervon die Hälfte geltend gemacht, also weitere 463,12 € (Klageantrag I, zweite Position).

> Grundzüge des anwaltlichen Gebührenrechts sind nicht etwa etwas „Exotisches", sondern müssen von einem Kandidaten in der zweiten juristischen Staatsprüfung beherrscht werden.

II.

In rechtlicher Hinsicht wird Folgendes ausgeführt:

Die Beklagten schulden der Klägerin Schadensersatz aus § 823 BGB sowie aus §§ 7, 18 StVG, jeweils i.V.m. § 398 BGB und § 115 Abs. 1 S. 1 Nr. 1 VVG, § 1 PflVG. Sie haften als Gesamtschuldner gem. § 115 Abs. 1 S. 4 PflVG.

Der Beklagte zu 1) hat den Unfall allein verschuldet, weil er unter Verstoß gegen geltende Verkehrsregeln nicht seine Fahrbahnhälfte eingehalten hat und zudem zu schnell gefahren ist. Der Ehemann der Klägerin, der sich völlig ordnungsgemäß im Straßenverkehr

> Hier folgen nun, klar von den Tatsachen getrennt, Rechtsausführungen.
> Mit diesen müssen Sie sich natürlich ebenso sorgfältig auseinandersetzen wie mit denjenigen Ihrer eigenen Mandanten.

bewegt hat, konnte den Unfall schlechterdings nicht verhindern.

Höchst vorsorglich für den Fall, dass das Gericht wider Erwarten eine Haftung der Beklagten zu weniger als 100 % annehmen sollte, sei zu den Kosten des Sachverständigengutachtens ausgeführt, dass diese in jedem Fall in voller Höhe zu ersetzen sind, denn ohne das Gutachten wäre es nicht möglich gewesen, auch nur einen quotenmäßigen Teil der entstanden Schäden zu beziffern. Seine Einholung war daher selbst dann, wenn der Ehemann der Klägerin eine Mithaftungsquote träfe, zur angemessenen Rechtsverfolgung erforderlich.

Da die Beklagten jegliche Zahlung ablehnten, ist nunmehr Klage geboten.

Dr. Münter

Rechtsanwältin

Die der Klageschrift beigefügten Anlagen K1 – K3 bestätigen den jeweiligen Sachvortrag; von ihrem Abdruck wird daher abgesehen. Das Verfahren erhielt das Aktenzeichen 1.O.413/12

Zu den weiteren Anlagen, die von Franz Beckmann übergeben wurden:

Anlage 2: Rechnung der „Kfz-Kirchner"-GbR vom 11.5.2012, welche Reparaturkosten am Mercedes in Höhe von 6.800 € (inkl. USt) ausweist.

Anlage 3: Versäumnisurteil des Amtsgerichts Passau, Az. 12 C 1365/12, vom 23.5.2012, in welchem Max Altdorfer kostenpflichtig verurteilt wurde, an Franz Beckmann 2000 € zu zahlen; vorläufige Vollstreckbarkeit ist angeordnet.

Anlage 4: RA Marc entnimmt dieser Anlage, dass Max Altdorfer gegen vorgenanntes Versäumnisurteil rechtzeitig Einspruch eingelegt hat und dass das Verfahren noch nicht abgeschlossen ist. Ein Termin ist noch nicht bestimmt.

Anlage 5: Aus dem Schreiben ergibt sich, dass der Pkw Audi des Max Altdorfer bei der All-Sekur Aktiengesellschaft, vertreten durch den Vorstand Gerd Richter, Menzelstr. 25, 60311 Frankfurt a.Main, versichert ist.

In dem Schreiben lehnt die Versicherung Schadensersatzleistungen an Franz Beckmann ab.

Bearbeitervermerk

Der Schriftsatz/die Schriftsätze von Rechtsanwalt Marc an das Gericht ist/sind zu entwerfen. Der Schriftsatz hat auch diejenigen Rechtsausführungen zu enthalten, die die Verteidigung gegen die Klage und eventuell geltend zu machende Begehren stützen.

Ferner ist ein Schreiben an Franz Beckmann zu fertigen, welches die von ihm aufgeworfenen Fragen beantwortet, soweit diese nicht schon im Schriftsatz erläutert werden. Hinsichtlich des Mandantenschreibens ist eine Sachverhaltsdarstellung erlassen.

Anträge und Ausführungen zur Kostenentscheidung sowie zum Streitwert im vorliegenden Verfahren sind erlassen, ebenso das Begleitschreiben an die Beklagte zu 2).

Für den Fall, dass für Franz Beckmann ein Nutzungsausfall geltend gemacht werden soll, ist davon auszugehen, dass dieser in Höhe von 38 € pro Tag angemessen wäre, wobei diese im Schriftsatz nicht näher zu begründen ist.

Soweit in dem Schriftsatz an das Gericht und dem Schreiben an den Mandanten ein Eingehen auf alle aufgeworfenen Rechtsfragen nicht erforderlich erscheint, sind diese in einem Hilfsgutachten zu erörtern.

Der Bearbeitervermerk sollte immer zuerst gelesen werden – je nach Arbeitsauftrag wird der Klausursachverhalt dann schon mit der richtigen „Voreinstellung" erfasst.

Das Gesetz verlangt vom Anwaltsschriftsatz an sich keine **Rechtsausführungen** (§ 253 ZPO für die Klageschrift), s.o. Die Prüfungsämter weisen daher zur Sicherheit im Bearbeitervermerk regelmäßig darauf hin, dass rechtliche Darlegungen verlangt werden. Auch in der Praxis sind rechtliche Ausführungen zumindest in Anwaltsschriftsätzen selbstverständlich.

Lösungsvorschlag

A. Klageerwiderung

Gabriel Marc 19. Juli 2012
Rechtsanwalt
Färbergasse 7
94469 Deggendorf

An das
Landgericht Passau
Zengergasse 1
94032 Passau

Az.: 1.O.413/12

Klageerwiderung und Drittwiderklage

In dem Rechtsstreit

Paula Altdorfer gegen Franz Beckmann und Bavaria-Assekuranz Aktiengesellschaft, Az. 1.O.413/12

zeige ich unter Vorlage einer ordnungsgemäßen Vollmacht an, dass ich die Beklagten vertrete. Namens und im Auftrag der Beklagten zeige ich an, dass sich diese gegen die Klage verteidigen.

Ich **beantrage,**

die Klage abzuweisen.

Gleichzeitig erhebe ich hiermit im Auftrag und im Namen des Beklagten zu 1) und Widerklägers

(Dritt-)Widerklage

gegen
1. Max Altdorfer, Donaustr. 17, 94032 Passau

– Drittwiderbeklagter zu 1) –

2. All-Sekur- Aktiengesellschaft, vertreten durch den Vorstand Gerd Richter, Menzelstr. 25, 60311 Frankfurt a.Main

– Drittwiderbeklagte zu 2) –

Für den Beklagten zu 1) als Widerkläger stelle ich den

Antrag

Die Drittwiderbeklagten werden als Gesamtschuldner verurteilt, an den Bekl. zu 1) 4.825 € nebst Zinsen aus 4.800 € in Höhe von 4 % vom 20.3.2012 bis zur Rechtshängigkeit der Widerklage und aus 4.825 € in Höhe

---

Ein vollständiges Parteirubrum ist in der Klageerwiderung nicht erforderlich, es genügt ein sog. Kurzrubrum.

Etwas anderes gilt, soweit – wie hier mit der Widerklage – weitere Parteien in den Rechtsstreit einbezogen werden sollen.

Hierbei handelt es sich um die **Verteidigungsanzeige** gem. § 276 Abs. 1 S. 1 ZPO. In Klausuren ist typischerweise im selben Schriftsatz die **Klageerwiderung** gem. § 276 Abs. 1 S. 2 ZPO zu fertigen – die hier sogleich folgt.

Anträge, auch Widerklageanträge, sollten immer gleich **zu Beginn** des Schriftsatzes auch **optisch deutlich hervorgehoben** formuliert werden.

Es handelt sich hier um eine sog. „**Drittwiderklage**", die sich gegen bisher nicht am Prozess beteiligte Parteien richtet und damit eigentlich keine „Wider-" klage ist. Da die Terminologie „Drittwiderbeklagte" schwerfällig ist, ist es auch gut vertretbar, im weiteren Verlauf nur von „Widerbeklagten" zu sprechen, wenn Sie hier im Rubrum bereits gezeigt haben, dass Sie die Terminologie beherrschen.

In der Praxis ist es zwar üblich, Kostenanträge zu stellen. Hier entbindet der **Bearbeitervermerk** aber ausdrücklich davon. Solche **erlassenen Aufgabenteile** dürfen niemals angefertigt werden – das gibt keine „Zusatzpunkte", sondern kann sich im Gegenteil negativ auswirken.

von 5 Prozentpunkten über dem Basiszinssatz ab Rechtshängigkeit der Widerklage zu zahlen[4].

Um die Widerbeklagten über den Stand des Rechtsstreits zu informieren, ist diesem Schriftsatz die Klageschrift in zweifacher Ablichtung beigefügt mit der Bitte, diese den Widerbeklagten zusammen mit der Widerklage zuzustellen.

Begründung

I.

Der Sachvortrag der Klägerin bedarf in einigen zentralen Punkten der Ergänzung und Korrektur. Sowohl der Klageabweisungsantrag als auch die Widerklage stützen sich, teilweise abweichend von der klägerischen Schilderung, auf folgendes tatsächliche Geschehen:

1. Das Fahrzeug Audi des Widerbekl. zu 1) war bei der Widerbekl. zu 2) haftpflichtversichert, was unstreitig bleiben dürfte.

2. Am Sachvortrag der Klägerin zum Unfallhergang ist zunächst richtig, dass es am angegeben Ort zu einer Kollision zwischen den beiden Fahrzeugen gekommen ist. Bestritten wird jedoch, dass dies die Folge eines Fahrfehlers des Bekl. zu 1) gewesen sei.

Richtig ist vielmehr, dass umgekehrt der Widerbekl. zu 1) mit etwa der halben Fahrzeugbreite seines Audi ohne jeden ersichtlichen Anlass, aber jedenfalls mit überhöhter Geschwindigkeit, auf die Straßenseite des Bekl. zu 1) herübergekommen ist. Der Fahrer des Audi schaute gar nicht auf die Straße. Offenbar hat er etwas im Fußraum der Beifahrerseite gesucht.

Der Bekl. zu 1) konnte den Unfall schlechterdings nicht vermeiden. Obwohl er seinen Mercedes geistesgegenwärtig noch an den äußersten rechten Fahrbahnrand gezogen und von der vorher gefahrenen Geschwindigkeit von etwa 60 km/h fast bis zum Stillstand abgebremst hatte, wurde sein Pkw vom Audi noch erfasst und an der gesamten linken Fahrzeugseite beschädigt.

Ein Schriftsatz muss immer sinnvoll gegliedert sein. Oberste Grundsätze dabei: Logik und Verständlichkeit.

Einwendungen gegen die Zulässigkeit der Klage stehen dabei grundsätzlich an erster Stelle. Solche sind hier aber nicht veranlasst.

Im Weiteren sollen auch in einer Klageerwiderung **Tatsachenvortrag** und **Rechtsausführungen** grundsätzlich **unterscheidbar** sein.

Eine Klageerwiderung muss zunächst zum klägerischen **Sachvortrag** konkret Stellung nehmen. Wollen Sie Tatsachen **bestreiten**, müssen Sie § 138, insb. Abs. 2, ZPO im Blick behalten. Insbesondere wäre pauschales Bestreiten („Alles wird bestritten soweit nicht ausdrücklich zugestanden...") unzulässig und wirkungslos.

Schon wirksames Bestreiten erfordert also ggf. einen konkreten Gegenvortrag: wie hat sich der Vorgang aus Sicht des Beklagten zugetragen?

Dies ist hier umso mehr erforderlich, als der Beklagte widerklagend eigene Ansprüche geltend macht. Da Klage und Widerklage auf demselben Geschehen beruhen, kann der gesamte Sachvortrag hier zusammengefasst dargestellt werden.

---

[4] Wegen der unterschiedlichen Beteiligung der Parteien am Gesamtstreitwert, vgl. § 45 Abs. 1 GKG, wäre ein Antrag zu den Kosten hier selbst bei einem völligen Obsiegen des Mandanten in Klage und Widerklage nicht ganz einfach; es muss eine Quotierung nach § 100 Abs. 2 und 4 ZPO und zudem unter Anwendung der sog. Baumbach'schen Kostenformel erfolgen. Kompliziertere Kostenentscheidungen sind in Examensaufgaben häufig erlassen.

Lösungsvorschlag

Dem Bekl. zu 1) ist es nunmehr gelungen, einen Zeugen ausfindig zu machen, der den Unfall beobachtet hat. Er wird bestätigen können, dass allein der Widerbeklagte zu 1) durch sein unkontrolliertes Fahrmanöver den Unfall verursacht hat.

Beweis: Matthias Grünwald, Am Klostergut 9, 94161 Hofstadt

Die Beklagten erlauben sich an dieser Stelle den Hinweis, dass der von der Klägerin zum Beweis ihres Vortrags angebotene „Zeuge" Max Altdorfer sowohl Halter und Fahrer als auch Eigentümer des Audi war und ein ausgeprägtes Eigeninteresse am Ausgang dieses Rechtsstreits hat. Die von der Klägerin vorgetragene Abtretung stellt ein leicht durchschaubares prozesstaktisches Manöver dar, um ihrem Ehemann eine Zeugenstellung in diesem Verfahren zu verschaffen. Abgesehen davon, dass das Gericht dies bei seiner Beweiswürdigung nach § 286 ZPO sicher zu würdigen wissen würde[5], wird ausdrücklich darauf hingewiesen, dass Max Altdorfer durch diesen Schriftsatz als Partei in den Prozess einbezogen wird und eine Vernehmung als Zeuge daher nun ohnehin ausscheidet[6].

Die Klägerin unterlässt es in diesem Zusammenhang auch zu erwähnen, dass Beamte der PI Passau den Unfall aufgenommen und Lichtbilder vom Unfallort und den Schadensbildern an den Fahrzeugen gefertigt haben. Auf den Lichtbildern zeigen sich Brems- und Kratzspuren allein auf der in Fahrtrichtung des Bekl. zu 1) rechten Straßenseite. Auch die Beamten werden dies bestätigen können.

Beweismittel gehören zum Sachvortrag.

Rechtsfragen zur Beweiserhebung können daher sinnvoll bereits hier dargestellt werden.

Grundsätzlich können Sie in der Examensklausur Rechtsausführungen auch mit Fundstellen aus den zugelassenen Hilfsmitteln belegen, sollten sie aber nicht als Fußnoten, sondern in Klammern in den Text setzen.

Generell gilt jedoch: **Dosieren Sie Zitate sparsam.** In erster Linie ergeben sich Lösungen aus dem Gesetz. Allenfalls bei echten Streitfragen, oder wenn Sie eine nicht geläufige Meinung vertreten, die sie mit dem Kommentar belegen möchten, sollten Sie davon Gebrauch machen. Niemals jedoch ersetzt das Zitat die erforderliche **eigene Argumentation!**

---

[5] Während in der Klausur nur aus zugelassenen Hilfsmitteln zitiert werden darf, erfolgen weiterführende Hinweise hier in Fußnoten; sie sind nicht Bestandteil des Lösungsvorschlags. Zur Beweiswürdigung, wenn Zedenten als Zeugen im Prozess des Zessionars vernommen werden, vgl. BGH WM 1976, 424; NJW 2001, 826, 827; Zimmermann, Klage, Gutachten und Urteil, Rn. 521. Zur Herstellung der sog. prozessualen Waffengleichheit durch Parteivernehmung gem. § 448 ZPO vgl. Reichold in: Thomas/Putzo, § 448 Rn. 4. Die – streng zu unterscheidende, aber ebenfalls ausreichende – persönliche Parteianhörung gem. § 141 ZPO muss bei Unfallprozessen von den Gerichten ohnehin grundsätzlich zur Gewährung rechtlichen Gehörs durchgeführt werden, vgl. OLG München NJW 2011, 3729.

[6] Hüßtege in: Thomas/Putzo, vor § 373 Rn. 6. Zwar können Parteien über solche Tatsachen als Zeugen vernommen werden, die ausschließlich andere Parteien betreffen. So liegen die Dinge aber hier gerade nicht: der Unfallhergang als einheitliches Geschehen ist sowohl Grundlage der Klage als auch der Widerklage.

Beweis: PHM Pikass und POM Hodler, beide zu laden über die PI Passau

Lichtbilder vom Unfallort und den beteiligten Fahrzeugen, in den Ermittlungsakten der StA Passau, Az. 317 Js 756/12, deren Beiziehung beantragt wird

Bei Polizeibeamten genügt es in Anlehnung an § 68 Abs. 1 S. 2 StPO, die Dienstanschrift anzugeben.

Aus alledem ergibt sich, dass der Ehemann der Klägerin, der Drittwiderbeklagte zu 1), den Unfall allein verursacht hat. Vorsorglich wird zum

Beweis: die Einholung eines unfallanalytischen Sachverständigengutachtens nach Auswahl des Gerichts

auf der Basis der in der mündlichen Verhandlung zu gewinnenden Beweisanzeichen angeregt.

Die Einholung eines Sachverständigengutachtens kann auch von Amts wegen erfolgen, § 144 ZPO. Zur Auswahl durch das Gericht vgl. § 404 ZPO.

3. Dem Vortrag der Klägerseite zu den entstandenen Schäden wird in tatsächlicher Hinsicht nicht entgegengetreten; gleichwohl werden diese – dazu nachfolgend – aus rechtlichen Gründen nicht bzw. nicht in voller Höhe zu erstatten sein.

Hilfsweise für den Fall, dass das Gericht einen Anspruch der Klägerin bejaht, erklärt der Beklagte zu 1) hiermit die

Aufrechnung

mit einem Gegenanspruch, der ihm gegen den Widerbeklagten zu 1) zusteht, und zwar wegen der Reparaturkosten an seinem Pkw in Höhe eines Teilbetrages von 2000 €, der sich aus nachfolgendem Sachvortrag ergibt.

Immer dann, wenn Sie in Schriftsätzen „hilfsweise" Anträge stellen oder aufrechnen, müssen Sie die **Bedingung**, von der sie Ihr Begehren abhängig machen wollen **genau bezeichnen**.

Bei der Aufrechnung an dieser Stelle handelt es sich (noch) nicht um eine Rechtsausführung, sondern zunächst rein faktisch um die Erklärung als solche.

4. Auch am Pkw des Beklagten zu 1) ist ein Unfallschaden entstanden, der repariert werden musste.

Es handelt sich bei seinem Pkw Mercedes um ein bei Sammlern begehrtes Oldtimer-Fahrzeug, Baujahr 1974, das vor dem Unfall einen Wert von etwa 18.000 € hatte. Der Kfz-Werkstatt des Bekl. zu 1) ist es gelungen, die erforderlichen Ersatzteile zu beschaffen und die Schäden zu reparieren; für die Reparatur fielen Kosten in Höhe von 6.800 € (inkl. USt) an.

Beweis: Rechnung der „Kfz-Kirchner" GbR vom 11.5.2012 (Anlage B1)

vorsorglich: Einholung eines gerichtlichen Sachverständigengutachtens zum Wert des Fahrzeugs und den Reparaturkosten

In Höhe eines Teilbetrages von 2.000 € aus diesem Schaden hat der Beklagte zu 1) bereits gegen den

Lösungsvorschlag

Drittwiderbeklagten zu 1) Klage zum Amtsgericht Passau erhoben; im dortigen Verfahren, Az. 12 C 1365/12, ist am 23.5.2012 ein Versäumnisurteil erlassen worden, in welchem der dortige Beklagte kostenpflichtig verurteilt wurde, an den dortigen Kläger und jetzigen Bekl. zu 1) 2.000 € zu zahlen. Gegen dieses Urteil ist Einspruch eingelegt, ein Termin ist noch nicht bestimmt und auch nicht absehbar. Die Beiziehung der Akten wird angeregt[7].

Die verbleibenden Reparaturkosten in Höhe von 4.800 € sowie eine Schadenspauschale von 25 €, jeweils nebst Zinsen, macht der Beklagte zu 1) hiermit im Wege der Drittwiderklage als Zahlungsanspruch geltend.

II.

In rechtlicher Hinsicht wird zur Klage Folgendes ausgeführt:

1. Die Klage kann schon dem Grunde nach keinen Erfolg haben.

Der Klägerin steht kein Anspruch aus § 7 Abs. 1 StVG[8] i.V.m. § 389 BGB gegen den Beklagten zu 1) zu, weil ihr Ehemann keine derartigen Ansprüche innehatte. Die Abtretung geht daher ins Leere.

Grundzüge der Gerfährdungshaftung nach dem StVG gehören nach den meisten Prüfungsordnungen zum Pflichtfachbereich der ersten und zweiten juristischen Staatsprüfung, vgl. nur § 19 Abs. 2 Nr. 1 a und § 38 Abs. 2 Nr. 1 Bay JAPO. Zu Recht – deren Praxisbedeutung ist enorm.

---

7 Das Verfahren vor dem Amtsgericht Passau wird hier nicht zu Beweiszwecken angeboten (den Bekl. zu 1) trifft keine Beweislast), sondern zur Information und auch als Erklärung dafür, warum hier nicht der volle Schadensbetrag mit der Widerklage geltend gemacht wird. Dem stünde nämlich, jedenfalls bezüglich des Drittwiderbeklagten zu 1) (Beklagter im dortigen Verfahren) in Höhe der 2.000 € ein Zulässigkeitshindernis entgegen, nämlich entgegenstehende Rechtshängigkeit, § 261 Abs. 3 Nr. 1 ZPO.

8 Die Ersatzansprüche nach dem StVG spielen bei Verkehrsunfallsachen in der Praxis eine herausragende Rolle. Liegen die Voraussetzungen nach § 7 StVG (Haftung des Kfz-Halters) oder nach § 18 StVG (Haftung des Kfz-Führers) vor, werden die deliktischen Anspruchsgrundlagen des BGB regelmäßig nicht mehr geprüft. Dies gilt umso mehr, als nach dem 2. Schadensrechtsänderungsgesetz, in Kraft seit 1.8. 2002, auch Schmerzensgeldansprüche bei nicht-deliktischer Haftung bestehen, § 253 Abs. 2 BGB, während vorher nach § 847 BGB a.F. Schmerzensgeld nur bei Verschulden in Betracht kam. Für die Lektüre älterer Entscheidungen sollte dies bekannt sein.

Ein Kommentar zum StVG ist, soweit ersichtlich, in keinem Bundesland als Hilfsmittel im Examen zugelassen. Sehr hilfreich ist aber die Kommentierung im (meist zugelassenen) Palandt, BGB-Kommentar, und zwar bei Sprau in: Palandt, § 823 Rn. 232 ff. sowie, zur Abwägung nach § 17 StVG, Grüneberg in: Palandt, § 254, Rn. 60 ff. Lesenswert, um sich einen Überblick zu verschaffen: Garbe/Hagedorn, Die zivilrechtliche Haftung beim Verkehrsunfall, JuS 2004, 287; Wille, Einführung in die Straßenverkehrshaftung, JA 2008, 210.

Allein die Tatsache, dass der Bekl. zu 1) Halter des Pkw Mercedes ist, führt noch nicht zu seiner Haftung. Die Ersatzpflicht mehrerer unfallbeteiligter Fahrzeughalter untereinander richtet sich nach § 17 StVG, der hier zur Leistungsfreiheit des Bekl. zu 1) führt.

a) Für den Beklagten zu 1) war der Unfall bereits unabwendbar im Sinne des § 17 Abs. 3 S. 1 StVG. Er hat mit äußerster Sorgfalt wie ein „Idealfahrer" am Straßenverkehr teilgenommen und keine Verkehrsvorschriften verletzt. Er hat reaktionsschnell und umsichtig auf das Fehlverhalten des Audi-Fahrers reagiert. Er konnte die Kollision schlechterdings nicht verhindern.

Die „Unabwendbarkeit" des Unfalls ist stets von demjenigen zu beweisen, der sich darauf beruft, hier also von den Beklagten. Zweifel gehen zu seinen Lasten. Da unwahrscheinlich ist, dass dieser Beweis gelingt, müssen vorsorglich noch nachstehende Argumente gebracht werden.

b) Doch selbst wenn sich das Gericht davon nicht überzeugen können sollte, haftet der Beklagte nicht. Bei der gem. § 17 Abs. 1 und 2 StVG vorzunehmenden Abwägung hängt die Schadensverteilung davon ab, in welchem Umfang die Fahrzeuge jeweils zum Unfall beigetragen haben. Zwar ist einzuräumen, dass grundsätzlich hierbei auch auf Seiten des Beklagten zu 1) die Betriebsgefahr seines Fahrzeugs im Sinne des § 7 Abs. 1 StVG einzustellen ist. Es ist jedoch anerkannt, dass die einfache Betriebsgefahr dann vollständig hinter den Verursachungsanteil des anderen Beteiligten zurücktritt, wenn diese durch besondere gefahrerhöhende Momente, insbesondere grob verkehrswidriges Verhalten des Gegners, erhöht ist[9].

So aber liegen die Dinge hier: zulasten der Klägerseite fällt ins Gewicht, dass der Halter und Fahrer des Pkw Audi, der nunmehrige Drittwiderbeklagte zu 1), durch einen groben und schuldhaften, nämlich zumindest grob fahrlässigen Verstoß gegen das Rechtsfahrgebot des § 2 Abs. 1 und 2 StVO den Unfall allein verursacht hat.

Die Beweislast für gefahrerhöhende Umstände aus Seiten eines Unfallbeteiligten trifft immer den Unfallgegner. Nur nachgewiesene Verkehrsverstöße und sonstige Umstände können also bei der Abwägung berücksichtigt werden.

Bleibt der Unfallhergang unaufklärbar, haften beide Halter wegen der bei Pkws grds. gleich hoch anzusetzenden Betriebsgefahr zu je 50 %.

Suchen Sie bzgl. etwaiger Verkehrsverstöße **stets aktiv in der StVO** nach evtl. verletzten Regeln!

Dem Beklagten zu 1) hingegen wird kein Verkehrsverstoß nachzuweisen sein. Eine Mithaftung findet nicht statt.

Damit entfällt gleichzeitig jede Haftung der Beklagten zu 2) nach § 115 Abs. 1 Nr. 1 VVG, § 1 PflVG.

---

[9] Grüneberg in: Palandt, § 254 Rn. 60, 67.

Lösungsvorschlag

2. Nur noch höchst vorsorglich wird zu den von der Klägerin geltend gemachten Schadenspositionen[10] Folgendes ausgeführt:

a) Die Klägerin verlangt zu Unrecht die auf die Reparaturkosten entfallende Umsatzsteuer in Höhe von 950 €. Diese ist gem. § 249 Abs. 2 S. 2 BGB nur zu erstatten, wenn sie angefallen ist. Dazu fehlt jeder Sachvortrag.

b) Die geltend gemachten Sachverständigenkosten[11] sind, entgegen der Auffassung der Klägerin, allenfalls in Höhe einer eventuellen Haftungsquote der Beklagten erstattungsfähig. Die Beklagten stellen nicht in Abrede, dass es sich bei diesen Kosten um einen Vermögensnachteil handelt, der nach § 249 Abs. 1 BGB auszugleichen ist. Die Auffassung, wonach diese Kosten stets in voller Höhe zu erstatten wären, wäre mit den Grundsätzen des Schadensersatzrechts jedoch nicht vereinbar und findet auch im Gesetz keine Stütze[12]. § 17 Abs. 1 und 2 StVG regeln ja gerade eine Beschränkung der Ersatzansprüche, wenn der Geschädigte für den Schaden selbst mitverantwortlich ist.

Auch kann das Argument nicht überzeugen, das Gutachten habe nur dazu gedient, die Ansprüche gegen die Beklagten beziffern zu können. Es liegt vielmehr auch im eigenen Interesse des mitverantwortlichen Geschädigten, Gewissheit über das Ausmaß der Schäden und die Höhe der Kosten zu erlangen, die er letztlich selbst tragen muss. In diesem Sinne hat jüngst auch der Bundesgerichtshof entschieden[13].

c) Die geltend gemachte anwaltliche Geschäftsgebühr wäre selbst dann schon überhöht, wenn man von einer vollen Haftung der Beklagten ausginge. Die Klä-

Anders als im Urteil, in dem sich das Gericht auf den wichtigsten Abweisungsgrund beschränkt, gilt für den Anwalt das **Gebot des sichersten Wegs**: Es kann nicht gewusst werden, ob das Gericht der eigenen Auffassung folgt. Deshalb sind vorsorgliche (Hilfs-)Ausführungen zu weiteren Schwachstellen der Klage angebracht.

Hinsichtlich der tatsächlichen Reparatur ist die Klägerin vortrags- und beweispflichtig. Es besteht also insbesondere kein Anlass, den (Gegen-)Zeugen Greco hier zu benennen.

Begründen Sie die grundsätzliche Erstattungsfähigkeit der Sachverständigenkosten hier nicht – im Schriftsatz übernehmen Sie nie die Aufgaben der Gegenseite!

Ausführungen dazu gehören vielmehr in das Schreiben an den Mandanten.

Neuere Entscheidungen des BGH fließen nicht selten in die Aufgabenstellungen des zweiten Staatsexamens ein. Dennoch: Die zu honorierende Prüfungsleistung ist nie das Reproduzieren von Entscheidungs-Leitsätzen. Wichtig an dieser Stelle ist vielmehr die **eigenständige Begründung**. Dennoch zeugt es von Praxisnähe, wenn Sie auch auf eine Ihnen bekannte Entscheidung kurz hinweisen.

Es handelt sich um die Gebühr für außergerichtliche Vertretung nach Nr. 2300 VV RVG mit einem Gebührensatz von 0,5 bis 2,5. Für solche sog. Rahmengebühren sind die Kriterien des § 14 RVG zu berücksichtigen.

---

10 Auch über die bei Verkehrsunfällen regelmäßig geltend zu machen Schadenspositionen sollte sich der Examenskandidat einen Überblick verschaffen. Erst im Examen im Palandt nachzulesen, ist zu spät und kostet zu viel Zeit! Lesenswerte Überblicke: Hirsch, Schuldrecht, Allgemeiner Teil, Rn. 900 ff; ders., Schadensersatz nach Verkehrsunfall, JuS 2009, 299; Armbrüster, Grundfälle zum Schadensrecht, JuS 2007, 411 ff.
11 Es handelt sich um sog. „Rechtsverfolgungskosten"; dazu Palandt-Grüneberg, § 249 BGB Rn. 58.
12 Zu dieser Frage kann auch eine andere Rechtsauffassung vertreten werden – sinnvoll ist dies hier aber nicht, weil sie dem Mandanten ungünstig ist. Jedenfalls dürfte eine mit der Klägeransicht übereinstimmende Auffassung keinesfalls im Schriftsatz selbst dargelegt werden.
13 BGH, SVR 2012, 259 (Urteil vom 7.2.2012, VI ZR 249/11, BeckRS 2012, 05521) gegen verschiedentlich andere Auffassungen in der obergerichtlichen Rechtsprechung, vgl. nur OLG Rostock, NJW 2011, 1973.

gerin legt der Forderung einen unrichtigen Gegenstandswert zu Grunde. Die Höhe der angesetzten Gebühr von 1,3 soll hingegen nicht beanstandet werden[14].

aa) Rechtsverfolgungskosten, zu denen auch Anwaltskosten zählen, sind nur insoweit gem. § 249 BGB erstattungsfähig, als sie angemessen und notwendig waren[15]. Dies ist nur insoweit zu bejahen, als Forderungen in einer berechtigten Höhe geltend gemacht werden. Der Ehemann der Klägerin hat vorgerichtlich über seine Anwältin Zahlung von 6.665 € gefordert und aus diesem Geschäftswert gem. § 13 RVG iVm Anlage 2 RVG die Anwaltsgebühren errechnet. Diese Forderung war aber, wie dargelegt, von vorneherein in Höhe der geltend gemachten Umsatzsteuer von 950 € überhöht. Die auf diese Zuvielforderung entfallenden Anwaltsgebühren können daher auch nicht auf die Beklagten überbürdet werden. Hätte die Anwältin für Max Altmann nur den reduzierten Betrag von 5715 € geltend gemacht, hätte die Gebühr lediglich 1,3 x 338 € zzgl. USt. in Höhe von 19 %, mithin 522,88 € betragen.

Die Hälfte hiervon beträgt 261,44 €. Hinsichtlich der darüber hinausgehenden Klageforderung ist die Klage bereits unschlüssig.

> Die Klägerin hat wegen der Anrechnungsvorschrift RVG VV Vorbem. 3 IV nur die Hälfte der Geschäftsgebühr eingeklagt. Nehmen Sie dies hin – nicht begründen!

bb) Hinzu kommt, dass die Beklagten, wenn überhaupt, allenfalls mit einer geringen Haftungsquote für die geltend gemachten Schäden einzustehen haben. Auch die Anwaltskosten werden entsprechend zu reduzieren sein, und zwar in der Form, dass sie aus dem Geschäftswert, der der berechtigten Forderung entspricht, zu berechnen (und nicht entsprechend der eventuellen Haftungsquote zu kürzen) sein wird[16]. Die Klägerin kann allenfalls die Kosten erstattet verlangen, die entstanden wären, wenn von vornherein Forderungen (nur) in berechtigter Höhe gestellt worden wären.

3. Die geltend gemachte Hilfsaufrechnung in Höhe eines Teilbetrages von 2.000 € beruht auf folgenden rechtlichen Erwägungen:

---

14 Für Verkehrsunfälle ohne besondere Schwierigkeiten wird in der Regel eine Gebühr von 1,3 zugebilligt, vgl. nur BGH r+s 2007, 439; AG Kassel, NJW 2009, 2898.
15 Grüneberg in: Palandt, § 249 Rn. 57.
16 Zu dieser Berechnungsmethode vgl. BGH NJW 2008, 1888; BGH SVR 2012, 259 (s. Fn.13).

Lösungsvorschlag

a) Die Aufrechnung steht unter der bereits genannten Bedingung, dass das primäre Verteidigungsvorbringen erfolglos bleibt. Sowohl für die Aufrechnung als Prozesshandlung als auch, trotz § 388 S. 2 BGB, für das gleichzeitig damit geltend gemachte materiellrechtliche Gestaltungsrecht ist die Zulässigkeit der hilfsweisen Geltendmachung allgemein anerkannt. Sie ergibt sich aus der Überlegung, dass es sich um eine sog. innerprozessuale Bedingung oder Rechtsbedingung handelt, die den Aufrechnungsgegner nicht in eine ungewisse Lage versetzt[17].

b) Die Aufrechnung greift auch durch. Dem Beklagten zu 1) steht seinerseits ein Anspruch aus § 7 StVG i.V.m. § 249 BGB auf Ersatz der Reparaturkosten in Höhe von 6.800 € gegen Max Altmann, den Widerbeklagten zu 1) zu.

Letzterer haftet als Halter des Pkw Audi aus § 7 StVG. Ihm wird weder der Nachweis der Unabwendbarkeit gem. § 7 Abs. 3 StVG gelingen, noch wird dem Beklagten zu 1) ein verkehrswidriges Verhalten nachzuweisen sein. Die einfache Betriebsgefahr des Pkw Mercedes tritt vollständig hinter die durch den groben Verkehrsverstoß erhöhte Betriebsgefahr des Pkw Audi zurück.

> Verweisen Sie hier nicht einfach vollständig nach oben, sondern zeigen Sie, dass Sie sich über die nun umgekehrte Beweislast im Klaren sind.

Die Reparaturkosten am Mercedes des Beklagten zu 1) sind, einschließlich der ausgewiesenen Umsatzsteuer, tatsächlich angefallen und damit gem. § 249 Abs. 2 BGB erstattungsfähig.

c) Aus den dargestellten Reparaturkosten macht der Beklagte zu 1) einen Teilbetrag in Höhe von 2.000 € im Wege der Hilfsaufrechnung gegen die Klageforderung geltend. Es handelt sich dabei ausdrücklich um denjenigen Teilbetrag, der Gegenstand des Rechtsstreits vor dem Amtsgericht München gegen den Widerbeklagten zu 1) ist.

> Grob fehlerhaft wäre es, diesen Betrag im Wege der Widerklage gegen Max Altdorfer geltend zu machen: dem stünde die Rechtshängigkeit des Anspruchs vor dem AG München entgegen. Wer aber die Möglichkeit der Aufrechnung nicht erkennt, müsste als „zweitbeste Lösung" die Klage vor dem AG weiterbetreiben oder sie dort zurücknehmen und hier mit der Widerklage den Gesamtbetrag geltend machen.

Nur vorsorglich wird darauf hingewiesen, dass die Rechtshängigkeit des Anspruchs im dortigen Verfahren einer Geltendmachung desselben Anspruchs im Wege der Aufrechnung in diesem Verfahren nicht entgegensteht. Die Prozessaufrechnung stellt nämlich eine bloße Einwendung dar und führt folglich nicht ihrerseits zur Rechtshängigkeit des Aufrechnungsan-

---

17 Ellenberger in: Palandt, vor § 158 Rn. 13, § 388 Rn. 3.

spruchs[18], so dass kein Verstoß gegen das Verbot der doppelten Rechtshängigkeit nach § 261 Abs. 3 Nr. 1 ZPO vorliegt[19].

d) Mit der gegenüber dem Widerbeklagten zu 1) bestehenden Gegenforderung kann gem. § 406 BGB auch gegenüber der Klägerin als Zessionarin aufgerechnet werden.

III.

Zur Zulässigkeit der Drittwiderklage gilt in rechtlicher Hinsicht schließlich Folgendes:

Zwar richtet sie sich, dessen ist sich der Widerkläger bewusst, ausschließlich gegen Parteien, die bisher am Rechtsstreit nicht beteiligt waren, ohne dass die bisherige Klägerin gleichzeitig als Streitgenossin mit verklagt wird, so dass eine „Wider-" Klage im eigentlichen Sinn nicht vorliegt[20]. Dennoch ist die Klageerhebung gegen beide Widerbeklagte hier zulässig. Im Einzelnen sei dazu ausgeführt:

Die Zulässigkeit einer Klage wird zwar vom Gericht von Amts wegen überprüft, so dass Ausführungen hierzu an sich nicht notwendig wären. Zumindest zu solchen Fragen, die im Einzelfall problematisch sind, müssen Sie sich in einer Klausur jedoch unbedingt äußern.

1. Zur Klage gegen den Drittwiderbeklagten zu 1)

a) Hinsichtlich dieses Widerbeklagten sind diejenigen Voraussetzungen erfüllt, unter denen ausnahmsweise die Erhebung einer solchen „isolierten" Drittwiderklage zulässig ist[21]. Dies folgt aus einer entsprechenden Anwendung des § 33 ZPO unter Berücksichtigung des Umstandes, dass zwischen der Klage und der Drittwiderklage vorliegend ein besonders enger Zusammenhang besteht.

Sinn und Zweck der Widerklage ist es, zusammengehörende Ansprüche einheitlich zu verhandeln und zu

Auf die Bedenken gegen die Zulässigkeit sollten Sie hier nicht gesondert hinweisen – Sie sollen kein Gutachten fertigen, sondern einen Anwaltsschriftsatz, und der muss den Fokus auf diejenigen Argumente legen, die für Ihren Mandanten sprechen.

Sie sollten sich insbesondere in solchen Fragen, die ersichtlich zu den rechtlichen Schwerpunkten der Arbeit gehören, immer um eine eigenständige Argumentation der vertretenen Auffassung bemühen. Das bloße Zitat einer Kommentarstelle kann die juristische Argumentation – die in der Bewertung die „Punkte" bringt, nie ersetzen – s. dazu bereits obige Randanmerkung.

---

18 Reichold in: Thomas/Putzo, § 145 ZPO, Rn. 20. Es kann aus demselben Grund sogar in mehrerer Prozessen ein- und dieselbe Gegenforderung zur Aufrechnung gestellt werden, BGH NJW 2004, 1000, bis in einem der Prozesse rechtskräftig über sie entschieden wird.
19 Auf die Frage, ob dies auch schon deshalb gilt, weil im Amtsgerichtsprozess gegen Max Altdorfer geklagt, hier aber gegenüber Paula Altdorfer aufgerechnet wird und deshalb keine Parteiidentität besteht, kommt es daher hier nicht an.
20 Nach bisheriger Rechtsprechung ist eine Drittwiderklage *grundsätzlich* unzulässig, wenn sie sich ausschließlich gegen einen am Prozess bislang nicht beteiligten Dritten richtet; vgl BGH NJW 2001, 2094.
21 Siehe hierzu und zum Folgenden BGH NJW 2007, 1753 für die der vorliegenden Fallgestaltung entsprechende Konstellation (Klage eines Zessionars aus Verkehrsunfall, Widerklage gegen den Zedenten). Auch in weiteren Fällen, in denen die Klageansprüche an die jeweiligen Kläger abgetreten waren und sich die Widerklagen gegen die jeweiligen Zedenten richtete, hat der BGH diese zugelassen, vgl. NJW 2001, 2094 und 2008, 2852.

Lösungsvorschlag

entscheiden, um eine Vervielfältigung und Zersplitterung von Prozessen und die damit einhergehende Gefahr von widersprüchlichen Entscheidungen zu vermeiden[22]. Dieses Ziel beansprucht gerade auch in der vorliegenden Fallkonstellation Geltung und kann dadurch erreicht werden, dass die Widerklage gegen den bisher nicht am Streit beteiligten Drittwiderbeklagten zu 1) zugelassen wird.

Die gegenseitig geltend gemachten Ansprüche der Parteien beruhen auf einem einheitlichen Schadensereignis, nämlich dem Verkehrsunfall vom 20.3.2012, dessen Hergang streitig ist und durch eine Beweisaufnahme zu klären ist. Die gegenseitigen Ansprüche sind auch insoweit besonders eng miteinander verknüpft, als sich die jeweilige Haftungsquote für die einzelnen Schadenspositionen nach den Verursachungsanteilen bestimmt, die zu dem Unfall geführt haben. Bereits erhebliche prozessökonomische Gründe sprechen daher für ein einheitliches Verfahren und eine einheitliche Beweiserhebung.

b) Hinzu kommt, dass schützenswerte Interessen des Widerbeklagten zu 1) seiner Einbeziehung in das Verfahren nicht entgegenstehen. Er selbst ist als Fahrer des Pkw Audi unmittelbar Unfallbeteiligter und als dessen Eigentümer Träger des verletzten Rechts, also die eigentliche „materielle" Partei auf der Klägerseite. Durch die Abtretung seiner Ansprüche hat er selbst die Ursache für das Auseinanderfallen der Parteirollen gesetzt. Hätte er, der Rechtsinhaber, selbst geklagt, so wäre die Widerklage gegen ihn ohne Weiteres zulässig gewesen. Selbst wenn es sich bei dem in § 33 Abs. 1 ZPO genannten Sachzusammenhang um eine besondere Zulässigkeitsvoraussetzung der Widerklage handeln würde[23], lägen diese Voraussetzungen nach den soeben geschilderten Umständen fraglos vor[24].

c) Hingewiesen sei ferner darauf, dass der Widerbekl. zu 1) auch im Hinblick auf die Zuständigkeit des Gerichts keine Nachteile erleidet.

aa) Für die örtliche Zuständigkeit ergibt sich bereits aus den allgemeinen Vorschriften ein Gerichtsstand in

Der BGH hat in der in Fn. 21 zitierten Entscheidung noch ausgeführt, dass die Widerklage auch nicht deshalb rechtsmissbräuchlich sei, weil der Widerbeklagten dadurch gehindert wird, als Zeuge zum Unfallhergang auszusagen. Darauf sollten Sie als Anwalt aber **nicht schon „vorsorglich" eingehen** – allenfalls dann, wenn ein solcher Einwand von der Gegenseite vorgebracht würde. Vgl. Sie dazu noch das Mandantenschreiben. Die Frage, ob die Konnexität i.S. des § 33 ZPO eine besondere Prozessvoraussetzung darstellt (s. Fn. 23) brauchen Sie in der Klausur nicht zu entscheiden, wenn – wie meist – der Sachzusammenhang tatsächlich gegeben ist. Sie sollten die Frage dann „dahinstehen" lassen.

Da die Frage der örtlichen Zuständigkeit bei § 33 ZPO hier nicht entscheidungserheblich wird, brauchen Sie dazu keine weiteren Ausführungen zu machen. Die Entscheidung des BGH (Fn. 25), die eine jahrzehntelange Rechtsprechung ändert, müssen Sie aber **unbedingt kennen!**

Sollten Sie selbst bzgl. der sachlichen Zuständigkeit Bedenken haben (s. dazu Fn. 26), dürfen Sie diese hier natürlich nicht darlegen!

---

22 S. bereits BGH NJW 1964, 44, und st. Rspr.
23 So die Rspr. entgegen der h.M. in der Literatur; vgl. nur Hüßtege in: Thomas/Putzo, § 33 Rn. 1 m.w.N.
24 Wenn die Rspr. für die isolierte Drittwiderklage einen „besonders engen Zusammenhang" zwischen Klage und Widerklage verlangt, ist damit der „einfache" Zusammenhang des § 33 Abs. 1 ZPO gleichsam automatisch mit enthalten und bedarf an sich keiner besonderen Prüfung.

Passau, nämlich nach §§ 12, 13 ZPO (Wohnort des Widerbeklagten) als auch nach § 20 StVG (Unfallort). Nur der Vollständigkeit halber soll erwähnt werden, dass der Bundesgerichtshof jüngst in Fällen der isolierten Drittwiderklage auch die Anwendbarkeit des § 33 ZPO – dessen Voraussetzungen hier ebenfalls vorliegen – bejaht hat [25].

bb) Die sachliche Zuständigkeit des Landgerichts ergibt sich ebenfalls aus allgemeinen Vorschriften. Zwar wird mit der Widerklage eine Forderung geltend gemacht, die in den Zuständigkeitsbereich des Amtsgerichts nach § 23 Nr. 1 GVG fiele. Unter Heranziehung des Gedankens des § 506 ZPO, der den umgekehrten Fall regelt, ist das für die Klage sachlich zuständige Landgericht hier aber auch für die Widerklage zuständig, die isoliert vor dem Amtsgericht zu erheben wäre[26].

d) Für den Fall, dass das Gericht auf die vorliegende Parteierweiterung[27] die Regeln über die Klageänderung gem. § 263 ff. ZPO für entsprechend anwendbar hält[28], werden beide Widerbeklagte hiermit aufgefordert, im Interesse einer prozessökonomischen Erledigung des gesamten Streits in einem einheitlichen Verfahren, auch zur Vermeidung unnötiger zusätzlicher Kosten eines weiteren Prozesses, ihre Zustimmung zur Parteierweiterung zu erteilen. Anderenfalls wird davon ausgegangen, dass das Gericht aus denselben

---

25 BGH NJW 2011, 460.
26 Der Bundesgerichtshof hatte noch nicht über die Frage zu entscheiden, ob das auch für die isolierte Drittwiderklage gilt. Immerhin stellt eine Klage vor dem Landgericht – mit Anwaltszwang – statt vor dem sonst zuständigen Amtsgericht für den Drittwiderbeklagten einen Nachteil dar. Der Anwalt sollte diese Bedenken im Schriftsatz auf keinen Fall aus erwähnen. Zum einen besteht die Möglichkeit, dass sich der Widerbeklagte rügelos einlässt, § 39 ZPO. Im Übrigen dürfte davon auszugehen sein, dass entsprechend der Überlegungen zur Zulässigkeit der isolierten Drittwiderklage an sich auch die sachliche Zuständigkeit des Gerichts der Klage bejaht werden müsste, wie es der BGH für die örtliche Zuständigkeit nach § 33 ZPO nunmehr bereits entschieden hat, vgl. Fn. 25.
27 Nach allgemeiner Meinung in Rechtsprechung in Literatur gelten für die Drittwiderklage die Regeln über die Parteierweiterung. Auch bei der isolierten Drittwiderklage liegt eine Parteierweiterung vor, soll doch eine bisher nicht am Rechtsstreit beteiligte Partei in diesen hineingezogen werden; so auch BGH NJW 2001, 2094, 2095.
28 Dies entspricht ständiger Rechtsprechung, entgegen anderer Auffassungen in der Literatur; vgl. zum Ganzen nur Hüßtege in: Thomas/Putzo, vor § 50 Rn. 25.

Gründen die Sachdienlichkeit i.S.d. § 263 2. Alt. ZPO bejahen wird.

2. Zur Klage gegen die Drittwiderbeklagte zu 2)

Nachdem die Klage gegen den Widerbeklagten zu 1) zulässig ist, richtet sich nach diesseitiger Rechtsauffassung die Klage gegen die Widerbeklagte zu 2) nun folgerichtig nach den allgemeinen Regeln über die parteierweiternde Drittwiderklage[29].

Wäre nämlich der Widerbeklagte zu 1), der Versicherungsnehmer der Widerbeklagten zu 2), selbst als Kläger aufgetreten, so könnte an der Zulässigkeit einer Widerklage gegen ihn selbst und einer parteierweiternden Drittwiderklage gegen die Haftpflichtversicherung kein Zweifel bestehen:

a) Bei den beiden Drittwiderbeklagten handelt es sich um Streitgenossen i.S. d. §§ 59, 60 ZPO. Sie haften aus demselben Schadensereignis, dem Unfall, für Ansprüche des Beklagten zu 1) als Gesamtschuldner gem. §§ §§ 7, 18 StVG, § 115 Abs. 1 S. 1 Nr. 1 und S. 4 PflVG, und stehen damit in Rechtsgemeinschaft.

b) Aus den bisherigen Ausführungen ergibt sich bereits zwanglos, dass die Widerklage auch im Verhältnis zur Widerbeklagten zu 2) zur Klage in einem engen Sachzusammenhang gem. § 33 ZPO steht, handelt es sich doch bei dem klagegegenständlichen Unfall um denselben Lebenssachverhalt, aus dem auch die Widerbeklagte zu 2) in Anspruch genommen wird.

c) Gleichzeitig ist die Erweiterung der Widerklage auf die mithaftende Widerbeklagte zu 2) damit jedenfalls sachdienlich i.S.d. § 263 ZPO. Durch diese Erweiterung wird weder neuer Prozessstoff eingeführt noch ist eine

Die Konstellation, dass neben einer – zulässig – isoliert drittwiderbeklagten Partei noch eine weitere Partei als deren Streitgenossin gem. §§ 59, 60 in den Prozess einbezogen werden soll, ist, soweit ersichtlich, höchstrichterlich noch nicht entschieden. Vom Klausurbearbeiter wird hier eigenständiges Denken, nicht nur die Reproduktion von „Entscheidungswissen" verlangt. Der Anwalt sollte das Thema aber aus prozesstaktischen Gründen nicht vertiefen und die Stellungnahme der Widerbeklagten, evtl. sogar eine rügelose Einlassung gem. §§ 39, 295 ZPO, abwarten. Zu den grundsätzlichen Anforderungen an eine parteierweiternde Drittwiderklage vgl. Fn. 29.

---

29 Zur parteierweiternden Drittwiderklage vgl. grundlegend BGH NJW 1964, 44: der BGH wendet die Regeln über die **Streitgenossenschaft**, §§ 59, 60 ZPO an, sowie diejenigen über die **Parteierweiterung**, welche er wiederum er den Regeln der **Klageänderung** unterwirft, §§ 263 f. ZPO. Ferner muss im Verhältnis zu allen widerbeklagten Streitgenossen **Konnexität** i.S.d. § 33 ZPO bestehen. Damit darf aber nicht verwechselt werden: den privilegierten **Gerichtsstand** des § 33 ZPO wendet die Rechtsprechung (bislang) nicht zum Nachteil des streitgenössischen Drittwiderbeklagten an; für ihn muss am Ort der Klage also aus anderen Regeln ein Gerichtsstand begründet werden. Anderes gilt nach der neusten Rechtsprechung bisher nur für den „isoliert" Drittwiderbeklagten, vgl. Fn. 25.

etwaige Beweisaufnahme zu wiederholen, steht doch der Prozess noch ganz am Anfang[30].

d) Zuletzt ist schließlich auch ein Gerichtsstand aus § 20 StVG, der auf die Haftpflichtversicherung entsprechende Anwendung findet[31], gegeben[32]; eines Rückgriffs auf § 33 ZPO bedarf es nicht.

IV.

Zur Begründetheit der Drittwiderklage ist in rechtlicher Hinsicht Folgendes auszuführen:

1. Die Widerbeklagten müssen dem Widerkläger die geltend gemachten Schäden aus §§ 7, 18 StVG, § 115 I Nr. 1 VVG, § 1 PflVG, § 249 BGB als Gesamtschuldner ersetzen.

2. Zur alleinigen Verursachung des Unfalls durch den Widerbeklagten zu 1) und zum Zurücktreten jeglicher Haftung des Beklagten zu 1) wird auf die Ausführungen unter II.) vollumfänglich Bezug genommen.

3. Dem Beklagten zu 1) sind die geltend gemachten Reparaturkosten (Teilbetrag von 4.800 €) einschließlich Umsatzsteuer zu ersetzen, weil diese tatsächlich angefallen ist, § 249 Abs. 2 S. 2 BGB.

4. Die Schadenspauschale von 25 € fußt auf § 249 BGB unter dem Gesichtspunkt notwendiger Rechtsverfolgungskosten.

5. Der Zinsanspruch beruht, soweit er in Höhe von 4 % aus 4.800 € vom 20.3.2012 (Unfallzeitpunkt) bis zur Klagezustellung geltend gemacht wird, auf § 849 und der Höhe nach auf § 246 BGB. Ab Klageerhebung beruht er auf §§ 291, 288 Abs. 1 S. 2 BGB.

Marc

Rechtsanwalt

Achtung: der Zinsanspruch aus § 849 BGB, der unabhängig vom Verzug bereits ab dem Schadenszeitpunkt (nur für die Reparaturkosten und lediglich in Höhe des gesetzlichen Zinssatzes von 4 %) geltend gemacht werden kann, wird in der Praxis so gut wie nie eingeklagt. Offenbar ist er unter Anwälten kaum bekannt. Gerade in der derzeitigen Niedrigzinsphase sollte sich das eigentlich ändern!

---

30 Dieser Aspekt ist allerdings nicht ausschlaggebend, BGH NJW 1996, 196. Grundsätzlich ist zwischen der Zulässigkeit der Parteierweiterung als solcher und der Frage zu unterscheiden, ob die neue Partei an die bisherige Beweisaufnahme, die sie nicht beeinflussen konnte, gebunden ist. Ggf. muss diese ergänzt oder wiederholt werden; BGH aaO.

31 BGH NJW 1983, 1799.

32 Zur Frage der sachlichen Zuständigkeit sollte der Anwalt hier wiederum schweigen und auf rügelose Einlassung hoffen, da sie, anders als die örtliche Zuständigkeit, dogmatisch nicht ganz eindeutig begründet werden könnte. Wendet man nämlich § 33 zum Schutz des Dritten nicht gegen ihn an, könnte man immerhin auch die Frage stellen, ob er nicht auch bzgl. der sachlichen Zuständigkeit Schutz verdient, ob er also trotz amtsgerichtlichen Streitwerts in einen Landgerichtsprozess mit Anwaltszwang gedrängt werden darf. In der Rechtsprechung ist dies, soweit ersichtlich, nicht problematisiert worden.

B. Mandantenschreiben

Rechtsanwalt Marc 19. Juli 2012
(...) Passau

Herrn
Franz Beckmann
(...) Passau

Zivilverfahren LG Passau, Az. 1.O.413/12

Mit 1 Anlage

Sehr geehrter Herr Beckmann,

ich bedanke mich in obiger Sache nochmals für die Übertragung des Mandats. In der Anlage übersende ich Ihnen den Schriftsatz vom heutigen Tage an das Landgericht Passau und darf Ihnen nachfolgend das rechtliche Vorgehen in dieser Sache erläutern sowie die von Ihnen gestellten Fragen beantworten.

Gleich vorweg möchte ich hervorheben, dass ich Ihrem Interesse, nun Ihrerseits Ansprüche aus dem Unfall geltend zu machen, auf zweierlei Weise nachgekommen bin: Hinsichtlich des Betrags, den Sie bereits beim Amtsgericht Passau gegen Max Altdorfer geltend gemacht haben (2.000 €), habe ich eine (hilfsweise) Aufrechnung erklärt, hinsichtlich eines weiteren Betrags von 4.825 € habe ich Widerklage erhoben. Näheres dazu nachstehend.

Lassen Sie mich an dieser Stelle auch gleich darauf hinweisen, dass Ihre Chancen in diesem Verfahren davon abhängen, wie die Beweisaufnahme zum Unfallhergang verlaufen wird. Das kann man aufgrund der bisherigen Erkenntnisse nicht sicher abschätzen; viel wird von der Aussage des Unfallzeugen Grünwald abhängen. Sollte es nicht gelingen, das Gericht davon zu überzeugen, dass Max Altdorfer den Unfall allein verursacht hat, müssen Sie damit rechnen, einen Teil Ihres Schadens selbst tragen und zudem an die Klägerin einen Teil der Klagesumme zahlen zu müssen. Das würde auch bedeuten, dass Sie einen entsprechenden Teil der Gerichts- und Anwaltskosten zu tragen hätten. Ich bin aber zuversichtlich, dass es andererseits auch der Klägerin nicht gelingen wird, Ihnen die Alleinschuld nachzuweisen, so dass ein vollständiger Prozessverlust wenig wahrscheinlich, wenn auch nicht ganz auszuschließen ist.

Im Einzelnen:

1. Bezüglich der Abtretung der Forderungen des Max Altdorfer an seine Ehefrau habe ich davon abgesehen,

die Unzulässigkeit der Klage geltend zu machen, etwa wegen Rechtsmissbrauchs, denn dies wäre wenig aussichtsreich gewesen. In der Rechtsprechung ist anerkannt, dass solche Abtretungen im Regelfall nicht nichtig sind. Insbesondere liegt kein nichtiges Scheingeschäft nach § 117 BGB vor[33]. Von einem solchen kann nur die Rede sein, wenn einverständlich nur der äußere Schein eines Rechtsgeschäfts hervorgerufen wird, während die damit verbundenen Rechtswirkungen gar nicht eintreten sollen. Dies liegt hier aber nicht erkennbar vor, und auch die Voraussetzungen einer Gesetzes- oder Sittenwidrigkeit nach §§ 134 bzw. § 138 BGB werden wir kaum nachweisen können.

Dennoch brauchen Sie sich deswegen keine Sorgen zu machen. Wir haben Max Altdorfer durch Erhebung der Widerklage nun ohnehin als Zeugen „ausgeschaltet", wie ich schon im Schriftsatz dargelegt habe. Wir brauchen auch unsererseits nicht zu befürchten, dass dies als „Rechtsmissbrauch" angesehen wird. Die taktische Abtretung von Max Altdorfer an seine Frau hatte bewirkt, dass aus dem eigentlichen Anspruchsinhaber nicht der Kläger, sondern ein Zeuge wurde. Durch die Widerklage haben wird letztlich nur „Waffengleichheit" wieder hergestellt. So sieht es auch die höchstrichterliche Rechtsprechung[34].

2. Welche Überzeugung das Gericht vom Unfallhergang selbst gewinnen wird, lässt sich nur schwer vorhersagen.

a) Zum einen muss ich Sie enttäuschen, wenn Sie meinen, die Verfügung der Staatsanwaltschaft habe für den jetzigen Zivilprozess eine bindende Wirkung. Das Verfahren ist nur eingestellt worden, weil keine Straftat vorliegt. Die Staatsanwaltschaft hat die Frage, wer den Unfall verschuldet hat, gar nicht geklärt. Hinzu kommt, dass der Maßstab für den Schuldnachweis im Strafrecht nicht identisch ist mit dem der Haftung im Zivilrecht, wo bei Verkehrsunfällen insbesondere auch die Gefährdungshaftung, ganz ohne Verschulden, eingreift.

b) Immerhin können wir ja nun einen „neutralen" Unfallzeugen, Herrn Grünwald, benennen[35]. Wir müssen

---

33 BGH WM 1976, 424.
34 BGH NJW 2007, 1753; vgl. auch Vollkommer in: Zöller, ZPO, § 33 Rn. 27.
35 Da dieser Zeuge benannt werden kann, besteht kein Anlass, eine Parteivernehmung gem. § 448 ZPO anzuregen, dies hätte kaum Erfolgsaussicht.

Lösungsvorschlag

abwarten, ob seine Aussage die Überzeugung des Gerichts vom Unfallhergang zu unseren Gunsten beeinflussen kann.

c) Ich gehe davon aus, dass auch ein unfallanalytisches Sachverständigengutachten eingeholt werden wird. Aufgrund der Lichtbilder in der staatsanwaltlichen Ermittlungsakte sehe ich hier ganz gute Chancen für Ihre Unfallversion.

d) Letztlich müssen wir aber dennoch darauf gefasst sein, dass sich der Verlauf nicht genau klären lässt. Dies würde dazu führen, dass Sie mit einer gewissen Haftungsquote, die aber nicht über 50 % hinausgehen dürfte, als mitverantwortlich angesehen würden und einen Teil der Schäden sowie der Kosten des Verfahrens zu tragen hätten.

3. Zu den einzelnen Schadenspositionen möchte ich Ihnen noch Folgendes erläutern:

a) Zu den von der Klägerin geltend gemachten Kosten für das Sachverständigengutachten (bezüglich der Reparaturkosten) geht Ihre Versicherung, die Beklagte zu 2), zu Recht von einer erstattungsfähigen Schadensposition aus, die man als solche nicht sinnvoll in Abrede stellen kann. Es handelt sich dabei, wie im Schriftsatz nur angedeutet, um sog. „Rechtsverfolgungskosten"[36], die durch das Schadensereignis (den Unfall) ausgelöst wurden. Solche Kosten sind zu erstatten, wenn und soweit ein verständiger und wirtschaftlich vernünftig denkender Geschädigter die Maßnahme als sachdienlich ansehen durfte. Da ohne sachverständige Hilfe der Geschädigte bei einem Verkehrsunfall nicht in der Lage wäre, seinen Schaden zu beziffern und einzuklagen, ist, wenn der Schaden wie hier nicht ganz geringfügig ist, dieser Aufwand zu ersetzen[37].

b) Die Klägerin kann (aus abgetretenem Recht ihres Ehemannes) auch dann Reparaturkosten verlangen, wenn der Audi tatsächlich nicht oder nur „billig" repariert wurde, deshalb habe ich auch den Zeugen Greco nicht benannt. Nach dem Gesetz kann der Geschädigte entweder die tatsächliche Reparatur seines Fahrzeugs verlangen oder, nach seiner Wahl, gemäß § 249 Abs. 2 S. 1 BGB, den hierfür erforderlichen Geldbetrag. Diesen darf er dann nach freiem Belieben verwenden. Man spricht hier von sog. „fiktiven Reparaturkosten". Einschränkungen gelten erst dann, wenn

---

36 Grüneberg in: Palandt, § 249 BGB Rn. 58.
37 Vgl. nur BGH NJW 2012, 1370.

eine Reparatur wegen hoher Kosten eigentlich unwirtschaftlich ist. Das ist dann der Fall, wenn sie teurer wäre als die Beschaffung eines gleichwertigen Ersatzfahrzeugs unter Berücksichtigung des Restwertes des beschädigten Fahrzeugs[38]; das liegt hier aber nicht vor. Lediglich die Umsatzsteuer kann die Klägerin, wie im Schriftsatz dargelegt, nicht verlangen.

c) Was Ihre eigenen Reparaturkosten betrifft, ist aber die Umsatzsteuer tatsächlich von Ihnen bezahlt und muss erstattet werden. Ich gehe davon aus, dass die Rechnung Ihrer Werkstatt akzeptiert wird, so dass kein aufwändiges Schadensgutachten eingeholt werden muss.

d) Bezüglich des sog. „Nutzungsausfallschadens" habe ich mich nicht gegen die klägerische Forderung gewehrt, denn damit hätten wir keinen Erfolg.

Der Pkw Audi konnte, das ergibt sich aus dem von der Klägerin vorgelegten Gutachten, das wir nicht angreifen wollen, 5 Tage lang nicht genutzt werden. Es ist allgemein anerkannt, dass der Eigentümer eines privat genutzten Pkw für diesen Nachteil selbst dann Schadensersatz verlangen kann, wenn er sich kein Ersatzfahrzeug mietet. Das beruht auf dem Gedanken, dass die bloße Möglichkeit, einen Pkw ständig zur Nutzung zur Verfügung zu haben, einen in Geld messbaren Wert darstellt. Man spricht hier von der sog. Kommerzialisierung der Nutzungsmöglichkeit[39]; wird sie beeinträchtigt, ist dafür eine sog. „Nutzungsausfallentschädigung" zu leisten, die hier mit 38 €/Tag auch angemessen beziffert wurde.

Ein solche Entschädigung setzt zwar voraus, dass der Eigentümer in der fraglichen Zeit in der Nutzung des Fahrzeugs überhaupt fühlbar beeinträchtigt war; verlangt wird insoweit, dass er das Fahrzeug überhaupt hätte nutzen wollen und auch können. Wie die Klägerin selbst vorträgt, war dies zwar bei ihrem Ehemann wegen seines Kuraufenthaltes gar nicht der Fall. Andererseits hatte Herr Altmann – das werden wir kaum sinnvoll bestreiten können – das Fahrzeug auch seiner Ehefrau, der Klägerin, zur eigenen Nutzung überlassen. Diese Zweckbestimmung wird ebenfalls als Vermögenswert angesehen, der, wenn er beeinträchtigt wird, einen Nutzungsausfallschaden darstellt[40]. Ins-

---

38 Vgl. hierzu die in Fn. 10 genannten Übersichten. Einzelheiten bei Wellner, Typische Fallgestaltungen bei der Abrechnung von Kfz-Schäden. NJW 2012, 7 ff.
39 Einzelheiten bei Grüneberg in: Palandt, § 249 Rn. 40.
40 S. nur BGH NJW 1975, 922; Grüneberg in: Palandt, § 249 Rn. 42.

besondere wird diese Beeinträchtigung nicht dadurch beseitigt, dass Frau Altmann in Einzelfällen Leihfahrzeuge benutzen konnte. Wie Sie in diesem Zusammenhang selbst ganz richtig gesehen haben, hat Frau Altmann, weil sie nicht Eigentümerin des Audi war, natürlich keine eigenen Ansprüche. Sie macht vielmehr (zulässig) die Ansprüche des geschädigten Herrn Altmann aus abgetretenem Recht geltend.

e) Was Ihre eigene Nutzungsbeeinträchtigung am Mercedes betrifft, muss ich Sie aber leider enttäuschen. Wie Sie selbst mitgeteilt haben, hatten Sie während der gesamten Reparaturdauer ein einsatzbereites Zweitfahrzeug, Ihren Corolla, zur jederzeitigen Benutzung zur Verfügung; sie erlitten also keine fühlbaren vermögenserheblichen Entbehrungen[41].

Wenn Sie schildern, dass Ihre Lebensfreude erheblich beeinträchtigt war, kann ich das zwar gut nachvollziehen. Das deutsche Schadensersatzrecht gewährt jedoch, außer in speziellen gesetzlich geregelten Fällen, z.B. dem Schmerzensgeld gem. § 253 Abs. 2 BGB, für immaterielle Beeinträchtigungen keinen Geldersatz, § 253 Abs. 1 BGB[42].

f) Bezüglich der Anwaltskosten, die die Klägerin verlangt, hat Ihr Sohn nicht ganz Recht: Zwar trifft es zu, dass in einem Urteil von Amts wegen gem. §§ 91 ff. ZPO darüber zu entscheiden ist, wer die Kosten des Verfahrens zu tragen hat. Das bezieht sich zwar auch auf Kosten für die Beauftragung eines Anwalts, jedoch nur, soweit diese gerade anlässlich der Vertretung des Mandanten in einem Zivilprozess entstanden sind[43].

Bei den Kosten, die die Klägerin verlangt, handelt es sich hingegen um Gebühren, die ihr Ehemann seiner Anwältin zahlen musste, weil sie bereits vor und unabhängig vom Prozess für ihn tätig geworden ist. Diese werden von der Kostenentscheidung im Urteil nicht erfasst. Hier handelt es sich für den geschädigten Ehemann um vorprozessuale Rechtsverfolgungskosten, die, wie schon für die Sachverständigenkosten erläutert, nach § 249 BGB erstattungsfähig sein können. Bei Verkehrsunfällen wird die Beauftragung eines Rechts-

Unterscheiden Sie bezüglich der Anwaltsgebühren immer sauber **zwei Fragen**:

1. **Das Verhältnis des Anwalts zu seinem eigenen Mandanten.** Dabei handelt es sich meist um einen Geschäftsbesorgungsvertrag mit Dienstvertragscharakter gem. §§ 675, 611 BGB. Die Höhe des zu entrichtenden Entgelts richtet sich nach dem RVG (gesetzlich festgelegte Gebührensätze bzw. Individualvereinbarungen). Der Anwalt kann sein Honorar von seinem eigenen Mandanten verlangen.

2. **Ein Anspruch auf Erstattung der Kosten** des Mandanten **gegenüber einem Dritten** kommt in zwei Fällen in Betracht:

a) **Prozesskosten** (vgl. Fn. 43) sind entsprechend der Kostenentscheidung im Urteil gem. §§ 91 ff. ZPO zu erstatten. Sie werden im Kostenfestsetzungsverfahren gem. §§ 103 ff. ZPO geltend gemacht,

b) **Vorprozessuale Kosten** sind nur erstattungsfähig, wenn es hierfür eine materiell-rechtl. Anspruchsgrundlage gibt, z.B. § 823 mit § 249, § 280 oder § 288 IV BGB. §§ 91 ff. ZPO sind hier nicht (analog) anwendbar (vgl. BGH NJW 2007, 1458).

---

41 BGH NJW 1976, 286.
42 Nutzungsentschädigung für einen Oldtimer ablehnend z.B. OLG Karlsruhe, NZV 2012, 234.
43 Es handelt sich dabei im vorliegenden erstinstanzlichen Streitverfahren um die Verfahrensgebühr, Nr. 3100, die Terminsgebühr, Nr. 3140, und ggf. eine Einigungsgebühr gem. Nr. 1003, die Auslagenpauschale nach Nr. 7002 und schließlich die Umsatzsteuer nach Nr. 7008, jeweils VV RVG.

anwalts regelmäßig als erforderlich und zweckmäßig angesehen[44].

Ich habe mich jedoch mit Nachdruck gegen die Höhe der geltend gemachten Kosten gewandt, bitte lesen Sie dazu meine Ausführungen im Schriftsatz.

Zum besseren Verständnis für Sie: Die Klägerin hat nur die Hälfte der Geschäftsgebühr eingeklagt. Das hat auch seine Richtigkeit, denn wegen der Anrechnungsvorschrift Vorbem. 3 IV VV RVG kann die Anwältin der Klägerin nicht in ein- und derselben Sache die Geschäftsgebühr und die (prozessuale) Verfahrensgebühr in voller Höhe verlangen, sondern eine von beiden nur zur Hälfte. Das gilt, wie der Bundesgerichtshof nun entschieden hat, bei abgetretenen Forderungen auch dann, wenn die Geschäftsgebühr dem geschädigten Zedenten, die Verfahrensgebühr aber erst dem Zessionar entstanden ist[45]. Nur dies wird dem Sinn und Zweck der Anrechnungsvorschrift gerecht: der Anwalt, der schon vorgerichtlich mit einer Sache befasst war, hat einen geringeren Einarbeitungsaufwand, wenn er auch im Prozess tätig wird.

Demnach verlangt die Klägerin von Ihnen richtigerweise eine der beiden fraglichen Gebühren, nämlich die Geschäftsgebühr, nur zur Hälfte erstattet. Sie wird demzufolge, sollte sie in diesem Prozess (teilweise) obsiegen und von Ihnen eine Kostenerstattung verlangen können, die für die Prozessvertretung an ihren Anwalt zu entrichtende Verfahrensgebühr im Kostenfestsetzungsverfahren nach §§ 103 ff. ZPO ungekürzt geltend machen.

g) Da Sie selbst vor dem Rechtsstreit weder mich noch einen anderen Anwalt mit der Wahrnehmung Ihrer Interessen betraut hatten, sind Ihnen selbst solche Geschäftsgebühren, die man mit einklagen müsste, nicht entstanden.

h) Die mit der Klage geltend gemachte Kostenpauschale umfasst Telefon-, Fahrt- Porto- und sonstige Kosten, die bei Abwicklung eines Schadensfalles typischerweise entstehen und naturgemäß im Einzelnen

---

44 Grüneberg in: Palandt, § 249 Rn. 57; BGH NJW 2006, 1065. Hätte erst die Klägerin (nach der Zession) die Anwältin beauftragt, lägen die Dinge komplizierter: Die Klägerin selbst hat keinen eigenen Schadensersatzanspruch, also wären die Kosten nicht über § 7 StVG i.V.m. § 249 BGB zu erstatten. Es käme dann nur ein Anspruch aus §§ 280 Abs. 2, 286 im Verzugsfall in Betracht; vgl. dazu Grüneberg in: Palandt, § 249 Rn. 57 a.E.
45 BGH NJW 2012, 781.

kaum nachgewiesen werden können. In solchen Fällen hat das Gericht die Möglichkeit, die Schadenshöhe nach § 287 ZPO zu schätzen. In der Gerichtspraxis werden in der Regel etwa 25 € zuerkannt[46], die ich auch für Sie mit der Widerklage geltend gemacht habe.

4. Mit der von mir erklärten Hilfsaufrechnung hat es folgende Bewandtnis:

a) Die Aufrechnung habe ich nur hilfsweise erklärt, weil ich hoffe, dass wir bereits mit unseren sonstigen Einwendungen gegen die Klage Erfolg haben.

b) Bezüglich der Forderung von 2.000 € musste ich den Weg der Aufrechnung wählen. Eine Widerklage gegen Max Altmann wäre bezüglich dieses Betrages nicht möglich gewesen, weil dieselbe Forderung bereits Gegenstand des Verfahrens vor dem AG München ist. Ein- und denselben Anspruch kann man aber nicht in zwei Prozessen gleichzeitig verfolgen, die Widerklage wäre wegen entgegenstehender Rechtshängigkeit insoweit unzulässig gewesen, § 261 Abs. 3 Nr. 1 ZPO. Die Möglichkeit, die Klage vor dem AG München zurückzunehmen, um die Rechtshängigkeit dort zu beenden, würde ich Ihnen nicht empfehlen, weil sie sonst zwangsläufig die Kosten des dortigen Verfahrens tragen müssten, § 269 Abs. 3 S. 2 ZPO.

Für die Aufrechnung gilt dies alles dagegen nicht; eine Prozessaufrechnung führt nicht zur Rechtshängigkeit[47].

c) Gegen die Versicherung des Herrn Altmann, die Widerbeklagte zu 2), hätte ich diese Forderung (nebst Zinsen) zwar einklagen können, denn sie ist am Rechtsstreit vor dem AG München ja nicht beteiligt. Davon habe ich aber gemäß Ihrer Anweisung der Einfachheit halber Abstand genommen. Dies wird für Sie wirtschaftlich im Ergebnis nicht nachteilig sein. Aufgrund Ihres Versicherungsvertrages ist nämlich die Beklagte zu 2) verpflichtet, Ihnen im Innenverhältnis alle Zahlungen zu erstatten, die Sie tätigen, um berechtigte Ansprüche des Unfallgegners zu erfüllen. Das gilt auch, wenn Sie Ihre Gegenforderung im Wege der Aufrechnung hierfür gleichsam „opfern" müssen. Dennoch können wir, wenn Sie es wünschen, die Widerklage gegen die All-Sekur-AG jederzeit noch um diesen Betrag erweitern.

---

46 Grüneberg in: Palandt, § 249 Rn. 79; BGH NJW 2011, 2871.
47 S. bereits Fn 18.

d) Wird über die Aufrechnung nicht entschieden, weil wir mit unserer Verteidigung gegen die Klage schon aus anderen Gründen Erfolg haben, kann der Prozess vor dem Amtsgericht weitergeführt werden. Im anderen Fall, wenn hier über die Aufrechnung befunden wird, berate ich Sie gerne, wie mit dem Verfahren vor dem AG weiter verfahren werden soll[48].

5. Zur erhobenen Drittwiderklage möchte ich Sie schließlich in erster Linie auf die Ausführungen in meinem Schriftsatz verweisen.

Hier geht es zunächst um Fragen der Zulässigkeit der Klage, die in der Rechtsprechung teilweise noch nicht vollständig geklärt sind. Wir dürften mit der von mir vertretenen Auffassung aber insoweit wohl durchdringen.

Was die Begründetheit der Widerklage betrifft, bitte ich Sie wie schon für die Klage selbst zu bedenken, dass der Ausgang von der Beweisaufnahme abhängen wird, letztlich also ein gewisses Risiko des Prozessverlusts bleibt.

6. Das Gericht wird auf unseren Schriftsatz hin zunächst allen Gegenparteien Gelegenheit zur schriftlichen Erwiderung einräumen[49] und dann einen Termin zur mündlichen Verhandlung bestimmen. Ich werde Sie selbstverständlich über den weiteren Verlauf, insbesondere über einen Termin, informieren.

Für weitere Fragen stehe Ich jederzeit gerne zur Verfügung.

Mit freundlichen Grüßen

Marc

Rechtsanwalt

---

[48] Für den Fall einer rechtskräftigen Entscheidung über die Gegenforderung in diesem Verfahren – vgl. § 322 Abs. 2 ZPO – wird die dortige Klage wegen entgegenstehender Rechtskraft unzulässig. Es könnte sich dann empfehlen, den dortigen Rechtsstreit für erledigt zu erklären.

[49] Richtigerweise wird bezüglich der Drittwiderbeklagten, die nun erstmals in den Prozess gezogen werden, sogar ein schriftliches Vorverfahren gem. § 276 ZPO angeordnet werden können, das auch den Erlass eines Versäumnisurteils bei unterbleibender Verteidigungsanzeige ermöglicht.

Klausur Nr. 6 – Erstinstanzliches Urteil ohne Tatbestand zur Drittwiderspruchsklage

Aktenauszug

Auszug aus den Akten des Landgerichts Regensburg, Az.: 2 O 797/12

Ferdinand Köderl   Regensburg, den 20.6.2012
Rechtsanwalt
Prüfeningerstraße 166
93049 Regensburg

> Landgericht Regensburg
> Eingang: 21.6.2012

An das Landgericht Regensburg
Kumpfmühler Str. 4
93047 Regensburg

Klage

in Sachen

Dr. Herbert Morgentau, Lottnerstraße 1, 93049 Regensburg,

– Kläger –

gegen

Fa. Abacap GmbH, gesetzlich vertreten durch ihren Geschäftsführer Prof. Dr. Arm, Thundorfer Str. 23, 93047 Regensburg

– Beklagte –

wegen Unzulässigkeit der Zwangsvollstreckung

Streitwert: 23.354 € (Verrechnungsscheck für den Gerichtskostenvorschuss liegt bei)

Namens und im Auftrag des Klägers erhebe ich hiermit Klage zum LG Regensburg mit folgenden

Anträgen

I. Die Zwangsvollstreckung der Beklagten aus dem Endurteil des Landgerichts Regensburg vom 26.3.2012 (Az.: 3 O 1978/11) in den am 4.7.2012 bei der Rechtsanwaltssozietät Dr. Maier und Partner GdbR, Rennweg 112, 93049 Regensburg, gepfändeten Pkw Opel Insignia OPC, Erstzulassung: 2.12.2011, amtl. Kennzeichen: R-HM 325, Fahrgestell-Nr.: WOL003748859960000, wird für unzulässig erklärt.

II. Die Beklagte trägt die Kosten des Rechtsstreits.

> Beim Klageantrag einer Drittwiderspruchsklage sind das Urteil, aus dem vollstreckt wird, der Gegenstand, in den vollstreckt wird, sowie die betreffende Vollstreckungsmaßnahme so genau wie möglich zu bezeichnen, vgl. Seiler in: Thomas/Putzo, § 771 Rn. 7.

III. Das Urteil ist vorläufig vollstreckbar.

IV. Die Zwangsvollstreckung wir nach Maßgabe der Ziffer I. – ggf. gegen Sicherheitsleistung – einstweilen eingestellt.

> Der Antrag auf einstweilige Einstellung der Zwangsvollstreckung ist immer sinnvoll und richtet sich nach den §§ 771 Abs. 3, 769, 770 ZPO.

Begründung

Der Kläger wendet sich im Wege der Drittwiderspruchsklage gegen die Zwangsvollstreckung der Beklagten in den im Klageantrag näher bezeichneten Pkw Opel.

I. Sachverhalt

1. Die Beklagte erstritt gegen die Vollstreckungsschuldnerin, die in der Form einer Gesellschaft des bürgerlichen Rechts geführte Rechtsanwaltssozietät Dr. Maier und Partner GdbR, Rennweg 112, 93049 Regensburg, wegen rechtsgrundlos gezahlten Anwaltshonorars am 26. März 2012 ein seit 19.6.2012 rechtskräftiges Endurteil des Landgerichts Regensburg (Az.: 3 O 1978/11) über einen Betrag von 23.354 €.

Beweis: Endurteil des Landgerichts Regensburg im Verfahren Az.: 3 O 1978/11 (Anlage K 1)

Nach Erteilung einer vollstreckbaren Ausfertigung für dieses Endurteil beauftragte die Beklagte den Gerichtsvollzieher mit der Zwangsvollstreckung.

> Zur vollstreckbaren Ausfertigung vgl. § 724 ZPO.

Gemäß Pfändungsprotokoll vom 4.7.2012 pfändete der Gerichtsvollzieher den im Klageantrag näher bezeichneten Pkw Opel, den der Kläger am Parkplatz der Rechtsanwaltssozietät Dr. Maier und Partner GdbR abgestellt hatte.

Beweis: Pfändungsprotokoll des Gerichtsvollziehers Bauhuber (Anlage K 2).

Ein Termin zur Versteigerung des Pkw wird laut Auskunft des Gerichtsvollziehers in Übereinstimmung mit der Beklagten in den nächsten drei Monaten nicht bestimmt.

> Auch wenn die Versteigerung noch nicht unmittelbar bevorsteht, war der mit der Klage erhobene Antrag auf Erlass einer einstweiligen Anordnung nach den §§ 771 Abs. 3, 769, 770 ZPO sinnvoll, s.o.

Beweis: Schriftliche Auskunft des Gerichtsvollziehers Bauhuber (Anlage K 3).

2. Der Kläger ist mit Vertrag vom 1.6.2012 von den übrigen Gesellschaftern der Sozietät Dr. Maier und Partner GdbR als Partner und Gesellschafter aufgenommen worden.

Beweis: Partnerschaftsaufnahmevertrag vom 1.6.2012 (Anlage K 4).

Den im Klageantrag näher bezeichneten Pkw Opel hatte der Kläger bereits mit Vertrag vom 21.5.2012 von Rechtsanwalt Dr. Werner Lautenschläger, Partner in der Rechtsanwaltssozietät Dr. Maier und Partner GdbR, zum Preis von 38.000 € zu Eigentum erworben.

Aus dem Vertrag ergibt sich u.a. wörtlich, dass „die Vertragsparteien über den Eigentumsübergang auf den Käufer einig sind und der Verkäufer den Pkw samt Zulassungsbescheinigung Teil 2 und sämtlicher Schlüssel übergibt."

Beweis: Vertrag vom 21.5.2012 (Anlage K 5)
  Dr. Werner Lautenschläger, Martin-Ernst-Straße 24, 93049 Regensburg.

II. Rechtliche Würdigung

Die Zwangsvollstreckung der Beklagten in das streitgegenständliche Fahrzeug ist aus den nachfolgenden Gründen unzulässig:

1. Zunächst war der Pkw als ein für die Berufsausübung notwendiger Gegenstand i.S. des § 811 Abs. 1 ZPO schon unpfändbar. Darüber hinaus hat der Gerichtsvollzieher auch gegen § 808 ZPO verstoßen, da sich der Pkw zwar am Parkplatz der Rechtsanwaltssozietät, nicht aber in deren Gewahrsam befand.

2. Der Kläger hat darüber hinaus aufgrund des geschilderten Sachverhalts ein die Veräußerung hinderndes Recht i.S. des § 771 ZPO.

3. Schließlich ist nach dem Recht der Personengesellschaften nicht möglich, dass aus einem gegen die Gesellschaft erwirkten Titel in das Vermögen eines Gesellschafters vollstreckt wird.

Einer Entscheidung durch den Einzelrichter stehen keine Einwände entgegen.

Köderl

Rechtsanwalt

In den Hinweisen der Parteien zur rechtlichen Würdigung sind die Schwerpunkte der Klausur enthalten.

Hier ist zu erkennen, dass es sich um lediglich das Vollstreckungsverfahrensrecht betreffende Einwendungen handelt, für die die Drittwiderspruchsklage schon ihrem Wortlaut nach – „die Vollstreckung hinderndes Recht"- nicht zur Verfügung steht, sondern vielmehr die Erinnerung nach § 766 ZPO.

Hier liegt ein Hinweis auf § 129 Abs. 4 HGB „versteckt".

Die Klageschrift wurde der Beklagten auf Anordnung der nach der Geschäftsverteilung zuständigen Einzelrichterin Dr. Quast ordnungsgemäß zugestellt. Im Übrigen wurde der Beklagten mit der erforderlichen Belehrung gem. § 277 Abs. 2 ZPO eine Frist von drei Wochen zur Klageerwiderung gesetzt und Termin zur Güteverhandlung mit anschließendem frühen ersten Termin auf Donnerstag, den 26.7.2012, 10.00 Uhr, Sitzungssaal 3, bestimmt.

2 O 797/12

Protokoll

aufgenommen in der öffentlichen Sitzung
des Landgerichts Regensburg
vom 26.7.2012

Gegenwärtig: Richterin am Landgericht Dr. Quast als Einzelrichterin
Justizangestellter Dreier als Urkundsbeamter der Geschäftsstelle.

In dem Rechtsstreit

Dr. Morgentau Herbert ./. Fa. Abacap GmbH

wegen Unzulässigkeit der Zwangsvollstreckung

erscheinen nach Aufruf der Sache um 10.00 Uhr:

Der Kläger persönlich mit Rechtsanwalt Ferdinand Köderl;

für die Beklagte erscheint trotz Zuwartens bis 10.20 Uhr niemand.

Das Gericht stellt fest, dass die Beklagte mit Einschreiben-Rückschein am 2.7.2012 ordnungsgemäß zum Termin geladen wurde.

Der Klägervertreter beantragt den Erlass eines Versäumnisurteils nach Maßgabe der Klageschrift.

Es wird sodann ein auf die Klageschrift Bezug nehmendes Versäumnisurteil verkündet.

Vgl. § 313b Abs. 2 S. 4 ZPO.

Dr. Qast	Dreier
RiLG	Justizangestellter

Das Versäumnisurteil wurde der Beklagten mit Einschreiben-Rückschein am Mittwoch, 1.8.2012, ordnungsgemäß zugestellt.

Dr. Klaus Schlagbauer   Regensburg, 6.8.2012
Rechtsanwalt
Friedenstraße 65
93053 Regensburg

Aktenauszug

> Landgericht Regensburg
> Eingang: 7.8.2012

An das Landgericht Regensburg
Kumpfmühler Straße 4
93047 Regensburg

In Sachen

Dr. Herbert Morgentau

– Kläger –

gegen

Fa. Abacap-GmbH

– Beklagte –

wegen Unzulässigkeit der Zwangsvollstreckung
Az.: 2 O 797/12

bestelle ich mich als Prozessbevollmächtigter für den Kläger und lege für diesen gegen das Versäumnisurteil vom 26.7.2012

Einspruch

mit dem Antrag ein,

das Versäumnisurteil aufzuheben und die Klage abzuweisen.

Begründung

Zwar werden die bislang vom Kläger in der Klageschrift behaupteten Tatsachen nicht bestritten.

Die Klage ist aber aus folgenden Gründen abzuweisen:

1. Zunächst ist darauf hinzuweisen, dass die Klage bereits unzulässig wäre, wenn – wie allerdings nicht – die Pfändung des Pkw Opel gegen die §§ 811 Abs. 1 bzw. 808 ZPO verstoßen hätte. Die Pfändung wäre zwar wirksam, der Klägerin stünde aber der Rechtsbehelf der Vollstreckungserinnerung gem. § 766 ZPO zur Verfügung. Für die vom Kläger erhobene Drittwiderspruchsklage würde neben diesem Rechtsbehelf das Rechtsschutzbedürfnis fehlen.

> Das Verhältnis der Drittwiderspruchsklage zu vollstreckungsrechtlichen Rechtsbehelfen, insbesondere der Erinnerung, ist ein „klassisches" Problem.

2. Die Klage ist im Übrigen im vollen Umfang unbegründet:

a) Der Kläger kann zum einen aus einer angeblichen Rechtsstellung zum gepfändeten Pkw Opel kein die Veräußerung hinderndes Recht geltend machen, weil er diesen Pkw niemals wirksam zu Eigentum erworben hat. Zwar hat der Kläger mit dem Sozius der Rechtsanwaltssozietät Dr. Maier und Partner GdbR, Herrn Dr. Werner Lautenschläger, am 21.5.2012 einen Vertrag zum Erwerb des streitgegenständlichen Pkw abgeschlossen.

Dieser Vertrag ist aber gem. § 117 Abs. 1 BGB nichtig. Das Eigentum verblieb beim Verkäufer Dr. Werner Lautenschläger, auf den ausweislich der vom Gerichtsvollzieher Eisele bei der Pfändung in Besitz genommenen Zulassungsbescheinigung Teil 2 das Fahrzeug nach wie vor zugelassen ist.

Beweis: Anwaltlich beglaubigte Kopie der Zulassungsbescheinigung Teil 2 (Anlage B 1).

Die Zulassungsbescheinigung Teil 2 (früher: Kfz-Brief) ist kein Legitimationspapier, sondern analog § 952 BGB zu behandeln. Da das Recht am Papier dem Recht aus dem Papier folgt, ist die Eintragung in diesem Papier für die Beantwortung der Frage nach dem Eigentum des jeweiligen Kfz irrelevant.

Die vermeintliche Übertragung des Eigentums am streitgegenständlichen Pkw Opel auf den Kläger hatte einzig und allein den Zweck, diesem für die Gewährung eines Gesellschafterdarlehens eine Kreditunterlage zu verschaffen, wie sogleich unter 2. auszuführen sein wird.

2. Wie die Beklagte nämlich aus sicherer Quelle erfahren hat, hat der Kläger den Pkw am 15.6.2012 an die Rechtsanwaltssozietät Dr. Maier und Partner GdbR zur Sicherung eines von dieser erhaltenen Darlehens in Höhe von 50.000 € übereignet.

Hier muss erkannt werden, dass es sich um die Problematik „Drittwiderspruchsklage und Treuhandverhältnisse" handelt und hierbei konkret um die Möglichkeit der Intervention des Treugebers bei der Zwangsvollstreckung durch Gläubiger des Treunehmers, vgl. hierzu auch Seiler in: Thomas/Putzo, § 771 Rn. 19.

Der zum Abschluss des Darlehensvertrages von den Gesellschaftern bevollmächtigte Senior Dr. Manfred Maier gab sich hierbei mit der Vorlage des Erwerbsvertrages vom 21.5.2012 zufrieden und verzichtete auf die Vorlage bzw. Übergabe der Zulassungsbescheinigung Teil 2.

Beweis: Frau Carola Binder, Kanzleisekretärin bei der Rechtsanwaltssozietät Dr. Maier und Partner GdbR, zu laden über diese, als Zeugin.

Selbst wenn die Übereignung des Pkw an den Kläger nicht gem. § 117 BGB nichtig gewesen wäre, wäre dieser daher nicht mehr materieller Eigentümer des Fahrzeuges und könnte kein die Veräußerung hinderndes Recht an diesem geltend machen.

3. Abgesehen davon wäre die Geltendmachung des Eigentums an dem streitgegenständlichen Pkw Opel durch den Kläger im Wege des § 771 ZPO ein Verstoß gegen das Verbot der unzulässigen Rechtsausübung, da dieser als Gesellschafter für die gegen die Rechtsanwaltssozietät Dr. Maier und Partner GdbR titulierte Rückzahlungsforderung der Beklagten auch persönlich haften würde.

Aus diesem Grund bedurfte die Beklagte zur Vollstreckung in den Pkw auch keines Titels gegen den Kläger.

Dass die Zeugin Binder nicht einvernommen wird, liegt daran, dass die Tatsache der Sicherungsübereignung des Pkw an die Sozietät unstreitig ist. Auf keinen Fall darf daher eine Einvernahme mit einem fiktiven Ergebnis unterstellt werden.

Die Argumentation auf Beklagtenseite otientiert sich bei näherem Hinsehen exakt am Schema zur Begründetheit einer Drittwiderspruchsklage, nämlich:

I. (Kein) Bestehen eines die Veräußerung hindernden Rechts (vgl. „2.").

II. Einwendungen des Beklagten, insbesondere aus dem Gesichtspunkt des § 242 BGB, vgl. „3." (weitere solche Einwendungen nach „§ 242 BGB könnten sein: Eigenhaftung des Klägers für die titulierte Forderung oder Pflicht des Klägers zur Rück-Übertragung des geltend gemachten Rechtes auf den Vollstreckungsschuldner, etwa bei der Sicherungsübereignung).

Einer Entscheidung durch den Einzelrichter stehen keine Einwände entgegen.

Dr. Schlagbauer
Rechtsanwalt

Nach Eingang des Einspruchs bestimmte die Einzelrichterin noch am selben Tag gem. § 341a ZPO unter gleichzeitiger Ladung der beiden Prozessbevollmächtigten Termin zur mündlichen Verhandlung auf Donnerstag, den 6.9.2012, 9.00 Uhr, Sitzungssaal 3. Der Einspruchsschriftsatz wurde dem Klägervertreter zur Stellungnahme bis Freitag, 24.8.2012 zugestellt.

Ferdinand Köderl   Regensburg, den 24.8.2012
Rechtsanwalt
Prüfeningerstraße 166
93049 Regensburg

> Landgericht Regensburg
> Eingang: 24.8.2012

An das Landgericht Regensburg
Kumpfmühler Str. 4
93047 Regensburg

In Sachen

Dr. Morgentau ./. Fa. Abacap GmbH

veranlasst der Einspruchsschriftsatz vom 6.8.2012, mir zugegangen am Montag, 8.8.2012, zu folgender Stellungnahme:

I. Zunächst ist der Einspruch schon unzulässig, da er nicht formgerecht ist. Der Einspruch wurde nämlich ausdrücklich „für den Kläger" eingelegt. Eine Erklärung der Beklagten, gegen die das Versäumnisurteil ergangen ist, Einspruch einzulegen, kann ich dem Einspruchsschriftsatz nicht entnehmen.

Hier ist § 340 Abs. 2 Nr. 2 ZPO zu erkennen, vgl. die Lösung.

II. Selbstverständlich ist die Klage zulässig und begründet.

1. Im Hinblick auf die durch den Kläger geltend gemachte Unwirksamkeit der Pfändung des Pkw Opel unter dem Gesichtspunkt des § 811 Abs. 1 ZPO bestehen keine Bedenken gegen das Rechtsschutzbedürfnis für die Drittwiderspruchsklage. Es muss einen Weg für den Kläger geben, die Unzulässigkeit der Zwangsvollstreckung in einem Urteilsverfahren geltend zu machen ohne Rücksicht darauf, ob er dies auch mit dem minderen Rechtsbehelf einer Vollstreckungserinne-

Dieses Argument muss für die Lösung natürlich beachtet werden. Im Kommentar lässt sich das Verhältnis der Drittwiderspruchsklage zur Vollstreckungserinnerung ohne Weiteres finden, vgl. etwa Seiler in: Thomas/Putzo, § 771 Rn. 2.

rung könnte, den der Kläger auch gar nicht erheben will. Auf einen solchen braucht er sich nicht verweisen zu lassen.

2. Die Klage ist auch begründet.

a) Es entspricht nicht den Tatsachen, dass der Kläger das Eigentum an dem streitgegenständlichen Pkw Opel Insignia vom Sozietätspartner Dr. Werner Lautenschläger am 20.5.2012 nur zum Schein erworben hat. Es ist zwar richtig, dass der Kläger bislang nicht in der Zulassungsbescheinigung Teil 2 eingetragen wurde. Die Eintragung in dieser hat aber keinerlei bindende Aussagekraft über das Eigentum an dem betreffenden Fahrzeug. Nur der Vollständigkeit halber wird darauf hingewiesen, dass die Eintragung des Klägers in der Zulassungsbescheinigung Teil 2 unterblieb, um bei einem Weiterverkauf des Autos durch Vermeidung einer weiteren Eintragung einem zusätzlichen Wertverlust entgegenzuwirken. Selbstverständlich waren sich aber der Verkäufer und der Kläger als Käufer über den Eigentumsübergang einig.

Beweis: Herr Dr. Werner Lautenschläger, b.b.

„b.b." bedeutet: "bereits bekannt". Dass der Zeuge nicht einvernommen wird, liegt daran, dass er nur zum Gegenbeweis eines Scheingeschäfts angeboten wird, der Kläger aber einen diesbezüglichen Hauptbeweis bereits nicht angetreten hat.

Bei Klausurfällen zur Drittwiderspruchsklage sind Treuhandkonstellationen mit den Fragen, ob entweder Treugeber – wie hier – oder Treunehmer intervenieren können, häufig zu erwarten.

b) Ferner ist es zwar richtig, dass der Kläger den Pkw am 15.6.2012 zur Sicherung eines Gesellschafterdarlehens in Höhe von 50.000 € unter den von der Beklagten geschilderten Umständen an die Rechtsanwaltssozietät Dr. Maier und Partner GdbR übereignet hat. Damit hat er aber nicht die Möglichkeit verloren, seine zu dem Fahrzeug immer noch bestehende Rechtsstellung als ein die Veräußerung hinderndes Recht geltend zu machen. Der Kläger hat nämlich aus dem Sicherungsvertrag gegenüber der Sozietät als Sicherungsnehmerin einen auf die vollständige Rückzahlung des Kredits bedingten Rückübereignungsanspruch. Dies muss als Recht i.S. des § 771 ZPO genügen.

c) Schließlich kann der Klage auch kein Einwand aus § 242 BGB entgegen gehalten werden. Selbst wenn dem bei einer Eigenhaftung des Klägers für die zugunsten der Beklagten titulierte Gesellschaftsschuld so wäre, ist eine persönliche Haftung des Klägers im vorliegenden Fall ausgeschlossen. Der Kläger ist nämlich unstreitig erst zum 1.7.2012 Partner und damit Gesellschafter der Rechtsanwaltssozietät Dr. Maier und Partner GdbR geworden. Dies geschah mithin zu einem Zeitpunkt, als die Rückzahlungsforderung der Beklagten gegen letztere längst entstanden, ja bereits tituliert war. Für solche Altschulden hat der Kläger als neu eintretender Partner einer Rechtsanwaltssozietät

Hier wird die – aus Sicht des Klägers – nicht bestehende Einwendung aus dem Gesichtspunkt von Treu und Glauben noch einmal aufgenommen.

schon wegen des unüberschaubaren Haftungsrisikos sowie aus Vertrauensgesichtspunkten auf keinen Fall zu haften.

In der mündlichen Verhandlung werden daher folgende Anträge gestellt werden:

I.

1. Der Einspruch des Beklagten gegen das Versäumnisurteil vom 28. 7.2012 wird verworfen.
2. Hilfsweise insoweit: Das Versäumnisurteil vom 28.7.2012 wird aufrechterhalten.

II. Der Beklagte trägt die weiteren Kosten des Rechtsstreits.

III. Das Urteil ist vorläufig vollstreckbar.

Köderl

Rechtsanwalt

In Klausuren hält der Gegner den tatsächlich zulässigen Einspruch häufig für unzulässig und beantragt – aus seiner Sicht konsequent – in erster Linie Verwerfung desselben, hilfsweise Aufrechterhaltung des VU. Dabei ist zu erkennen, dass es sich nicht um eine echte „Haupt- Hilfsantragskonstellation" handelt, sondern der „Verwerfungsantrag" lediglich eine prozessuale Anregung an das Gericht ist, den Einspruch wegen Unzulässigkeit von Amts wegen zu verwerfen, § 341 ZPO. Der „Verwerfungsantrag" wird dann bei der Zulässigkeit des Einspruchs kurz angesprochen.

Der Schriftsatz des Klägers vom 24.8.2012 wurde dem Beklagtenvertreter gem. §§ 172, 174 ZPO ordnungsgemäß am Mittwoch, den 29.8.2012 zugestellt.

2 O 797/12

Protokoll

aufgenommen in der öffentlichen Sitzung

des Landgerichts Regensburg

am 6.9.2012

Gegenwärtig: Richterin am Landgericht Dr. Quast als Einzelrichterin

Justizangestellter Dreier als Urkundsbeamter der Geschäftsstelle

In dem Rechtsstreit

Dr. Morgentau Herbert ./. Fa. Abacap GmbH

wegen Unzulässigkeit der Zwangsvollstreckung

erscheinen nach Aufruf der Sache um 10.00 Uhr:

Der Kläger persönlich mit Rechtsanwalt Ferdinand Köderl sowie für die Beklagte Rechtsanwalt Dr. Klaus Schlagbauer.

Eine gütliche Beilegung des Rechtsstreits scheitert.

Der Klägervertreter wiederholt seine Auffassung, dass der Einspruch gegen das Versäumnisurteil vom 26.7.2012 nicht der erforderlichen Form entspreche und daher auch nicht geeignet sei, die Frist des § 339 Abs. 1 ZPO einzuhalten.

Der Beklagtenvertreter hält den Einspruch für wirksam, da für einen unvoreingenommenen Betrachter kein Zweifel bestehen könne, dass eine Prozesshandlung für den Beklagten vorliege. Vorsorglich werde aber für den Fall, dass der Einspruch gegen das Versäumnisurteil vom 26.7.2012 nicht form- und fristgerecht sei, erneut Einspruch eingelegt und beantragt, dem Beklagten gegen die eventuelle Versäumung der Einspruchsfrist Wiedereinsetzung in den vorigen Stand zu gewähren. Als er den Einspruchsschriftsatz vom 5.8.2012 auf Tonband diktiert habe, habe er sehr wohl die Beklagte als Einspruchsführerin bezeichnet, lediglich seine ansonsten stets zuverlässige Anwaltsgehilfin Sonnleitner habe beim Schreiben wegen einer momentanen Gedankenlosigkeit die Parteinamen vertauscht. Dieser Fehler sei ihm bei Unterschrift des Schriftsatzes bedauerlicherweise nicht mehr aufgefallen. Dies werde zur Glaubhaftmachung anwaltlich versichert.

> Auch mit Wiedereinsetzungsanträgen muss in Klausuren gerechnet werden. Diese sind allerdings häufig im Hilfsgutachten abzuarbeiten, da die diesbezüglichen Fristen tatsächlich eingehalten sind.

Ferner ist der Beklagtenvertreter der Ansicht, dass der Kläger zum einen aufgrund der Sicherungsübereignung des Pkw nicht mehr dessen materieller Eigentümer sei, worauf es aber entscheidend ankomme; zum anderen hafte er entgegen der im Schriftsatz vom 26.8.2012 geäußerten Auffassung als Gesellschafter auch für solche Schulden der Sozietät, die vor seiner Aufnahme in diese begründet worden seien. Dies ergebe sich aus der mittlerweile auch von der Rechtsprechung anerkannten Nähe der bürgerlich-rechtlichen Gesellschaft zur offenen Handelsgesellschaft und aus § 8 Abs. 1 PartGG.

> Die hier zur Haftung des eintretenden BGB-Gesellschafters geäußerte Rechtsansicht ist für die materiellrechtliche Klausurlösung unbedingt zu beachten, da sie gleichzeitig Argumente für den Bearbeiter enthält.

Der Klägervertreter hält den Wiedereinsetzungsantrag der Beklagten für unzulässig, jedenfalls für unbegründet und stellt im Übrigen die <u>Anträge</u> aus dem Schriftsatz vom 26.8.2012.

Der Beklagtenvertreter stellt die <u>Anträge</u> aus dem Schriftsatz vom 5.8.2012.

Aktenauszug

Die Einzelrichterin verkündet sodann folgenden

Beschluss

Eine Entscheidung wird am Ende der mündlichen Verhandlung, etwa gegen 16.00 Uhr, im SS 3 verkündet.

Dr. Qast	Dreier
RiLG	Justizangestellter

Das Urteil wird gem. § 310 Abs. 1 1 ZPO entweder – wie hier – in der mündlichen Verhandlung (sog. „Stuhlurteil") oder in einem anzuberaumenden Termin verkündet. In letzterem Fall muss es bei Verkündung bereits in vollständiger Form abgefasst sein, § 310 Abs. 2 ZPO.

Vermerk für die Bearbeiter

Die Entscheidung des Gerichts ist zu entwerfen. Der Tatbestand ist erlassen.

Ladungen, Zustellungen und sonstige Formalien sind in Ordnung, soweit sich aus dem Sachverhalt nichts anderes ergibt. § 139 ZPO wurde beachtet.

Der genaue Wortlaut der Anlagen zur Klageschrift sowie zum Einspruchsschriftsatz ist für die Entscheidung ohne Bedeutung. Wenn das Ergebnis der mündlichen Verhandlung nach Ansicht der Bearbeiter für die Entscheidung nicht ausreicht, ist zu unterstellen, dass trotz Wahrnehmung der richterlichen Aufklärungspflicht keine weitere Aufklärung zu erzielen ist.

Soweit die Entscheidung keiner Begründung bedarf oder in den Gründen ein Eingehen auf alle berührten Rechtsfragen nicht erforderlich erscheint, sind diese in einem Hilfsgutachten zu erörtern.

Der Bearbeitervermerk ist als erstes zu lesen. Fatal wäre es, erlassene Teile des zu fertigenden Endurteils, hier den Tatbestand, abzufertigen. Zu erkennen ist vorliegend, dass – nach dem vollständigen Endurteil – ein **Streitwertbeschluss** abzufassen ist, § 63 Abs. 2 S. 1 GKG.

Lösungsvorschlag

Landgericht Regensburg
Az.: 2 O 797/12

Zum Rubrum (Kopf) des Zivilurteils vgl. § 313 Abs. 1 Nr. 1–3 ZPO).

Im Namen des Volkes

In dem Rechtsstreit

Dr. Herbert Morgentau, Lottnerstraße 1, 93049 Regensburg,

– Kläger –

gegen

Fa. Abacap GmbH, gesetzlich vertreten durch ihren Geschäftsführer Prof. Dr. Arm, Thundorfer Str. 23, 93047 Regensburg

– Beklagte –

wegen Unzulässigkeit der Zwangsvollstreckung

erlässt das Landgericht Regensburg durch Richterin am Landgericht Dr. Quast aufgrund der am 6. September 2012 geschlossenen mündlichen Verhandlung folgendes

Endurteil

Zum Urteilstenor vgl. § 313 Abs. 1 Nr. 4 ZPO.

I. Das Versäumnisurteil des Landgerichts Regensburg vom 26. Juli 2012 wird aufgehoben und die Klage abgewiesen.

Vgl. § 343 S. 2 ZPO. Falls ein zusprechendes VU aufgehoben wird, lebt der ursprüngliche Klageantrag wieder auf und muss folglich abgewiesen werden, § 308 Abs. 1 ZPO.

II. Der Kläger hat die Kosten des Rechtsstreits zu tragen.

III. Das Urteil ist gegen Sicherheitsleistung in Höhe von 110 % des jeweils zu vollstreckenden Betrages vorläufig vollstreckbar.

Vgl. § 709 S. 1 und 2 ZPO.

Tatbestand: Erlassen!

Entscheidungsgründe

Die Beklagte hat gegen das Versäumnisurteil vom 26. Juli 2012 zulässig Einspruch eingelegt. Die Drittwiderspruchsklage ist zwar zulässig, aber unbegründet.

Die Entscheidungsgründe haben mit einem Einleitungssatz zu beginnen, der das Gesamtergebnis zusammenfasst.

I.

Der Einspruch gegen das Versäumnisurteil vom 26. Juli 2012 ist entgegen der Ansicht des Klägers, der dessen Verwerfung angeregt hat, zulässig.

1. Das Versäumnisurteil wurde der Beklagten am 1. August 2012 gem. § 175 ZPO ordnungsgemäß zugestellt. Hiergegen war zum einen der beim Landgericht Regensburg eingelegte Einspruch der gem.

*Die Zulässigkeit des Einspruchs ist vorweg zu prüfen, vgl. § 341 Abs. 1 ZPO. Der **Aufbau** nach Einspruch gegen ein erstes VU lautet daher:*
1. Zulässigkeit des Einspruchs
2. Zulässigkeit der Klage
3. Begründetheit der Klage

Lösungsvorschlag

§ 338 ZPO statthafte Rechtsbehelf, welcher am 7. August 2012 binnen laufender Zweiwochenfrist bei Gericht einging, § 339 Abs. 1 ZPO.

2. Entgegen der Ansicht der Klägerin erfolgte der Einspruch auch in der gem. § 340 Abs. 1 und 2 ZPO vorgeschriebenen Form. Zwar hat sich der Prozessbevollmächtigte des Beklagten im Einspruchsschriftsatz vom 6. August 2012 „für den Kläger" bestellt und „für diesen" Einspruch eingelegt. Dennoch erfüllt der Einspruch die Anforderungen, die § 340 Abs. 2 ZPO im Sinne der Rechtsklarheit an die genaue Parteibezeichnung bei der Einlegung eines Einspruchs gegen ein Versäumnisurteil stellt.

Die als Rechtsmeinung des Klägers angesprochene (vgl. die Angabe) und angeblich fehlende Formwirksamkeit des Einspruchs war zu erkennen. Ein formunwirksamer Einspruch wäre iÜ auch nicht geeignet gewesen, die Einspruchsfrist des § 339 Abs. 1 ZPO einzuhalten, womit auch der Wiedereinsetzungsantrag der Beklagten zu erklären ist (vgl hierzu aber unten im Hilfsgutachten).

a) Bezüglich der Erfordernisse an die Einspruchsschrift nach § 340 Abs. 2 ZPO gilt insoweit nichts anderes als nach § 519 Abs. 2 ZPO für den notwendigen Inhalt der Berufungsschrift[1]. Hiernach muss für das Vorliegen eines zulässigen Rechtsbehelfs bis zum Ende der Einspruchsfrist angegeben sein, für wen und gegen wen Einspruch eingelegt werden soll, vgl. Nr. 2 und die der Diktion nach gleichlautende Regelung des § 340 Abs. 2 Nr. 2 ZPO[2].

Falls sich im Gesetz Vorschriften mit identischem Inhalt oder Zweck finden, ist es immer ratsam, sich diese jeweils zu der anderen Vorschrift im Gesetzestext am Rand zu „kommentieren": Spätestens in der mündlichen Prüfung können solche Verweise bei der Beantwortung von Grundlagenfragen „Gold" wert sein.

b) Unter Beachtung der Verfahrensgarantie des Grundgesetzes darf aber der Zugang zu den in den Verfahrensordnungen eingerichteten Instanzen nicht in unzumutbarer, sachlich nicht gerechtfertigter Weise erschwert werden[3]. Dies gilt insbesondere bei fehlerhaften oder unvollständigen Angaben, wenn für Gericht und Prozessgegner das wirklich Gewollte deutlich wird[4].

c) Im Einspruchsschriftsatz vom 6. August 2012 ist zwar anstelle der Beklagten der Kläger als derjenige bezeichnet, in dessen Namen und Vollmacht Einspruch eingelegt wurde. Bei Berücksichtigung der genannten verfassungsrechtlichen Grundsätze kann dieser Einspruch indes als Rechtsbehelf der Beklagten angesehen werden. Hiergegen sprechende Umstände sind aus der Sicht der Kammer bei einer Gesamtwürdigung in Auslegung des Einspruchsschriftsatzes[5] entsprechend den §§ 133, 157 BGB[6] nämlich nicht erkennbar. Das ergangene Versäumnisurteil vom

Aus klausurtaktischen Erwägungen heraus werden eine Klage, ein Rechtsbehelf oder ein Rechtsmittel nur in seltenen Fällen unzulässig sein. In diesen Fällen haben nämlich reine Prozessentscheidungen zu ergehen (vgl. etwa die §§ 341 und 522 ZPO), womit die regelmäßig vorhandenen materiellrechtlichen Probleme der Klausur in einem Hilfsgutachten abzuhandeln wären – ein wenig wahrscheinliches Szenario!

---

1 Vgl. Reichold in: Thomas/Putzo, § 340 Rn. 3; BGH, VersR 1987, 988, 989 (zum alten Recht).
2 Vgl. BGH, NJW 1998, 3401, m.w.N.
3 Vgl. BVerfG 1991, 3140.
4 Vgl. BGH, NJW 1996, 320.
5 Vgl. a. BGH, NJW-RR 2001, 938.
6 Vgl. Rosenberg/Schwab/Gottwald, § 65 Rn. 22.

26. Juli 2012 beschwerte lediglich den Beklagten und die Bezeichnung als Einspruch wies auf einen Rechtsbehelf für den Beklagten als säumige Partei hin. Jedenfalls die im selben Schriftsatz bereits abgegebene Begründung des Einspruchs macht im Hinblick auf die bereits gestellten Urteilsaufhebungs- und Klageabweisungsanträge deutlich, dass trotz der dem Wortlaut nach eindeutigen Bezeichnung der Klägerin als Einspruchsführerin eine versehentliche Verwechslung vorlag und es sich um einen Einspruch des Beklagten handelte.

II.

Der zulässige Einspruch versetzte das Verfahren in die Lage vor der Säumnis zurück, § 342 ZPO.

Die Drittwiderspruchsklage ist auch zulässig.

1. Sie ist ohne Weiteres statthaft, da sie sich gegen die Pfändung aus einem Vollstreckungstitel in eine bewegliche Sache richtet, durch die ein Dritter, der weder Vollstreckungsschuldner noch Vollstreckungsgläubiger ist[7], betroffen ist[8].

> Die zur **Zulässigkeit** einer Drittwiderspruchsklage zu prüfenden Gesichtspunkte lassen sich dem Kommentar Thomas/Putzo bei § 771 Rn. 8 ff. entnehmen. Zur Frage der „Prozessführungsbefugnis" (Seiler in Thomas/Putzo, § 771 Rn. 9) vgl. die Anmerkung unten bei der Aktiv- und Passivlegitimation (Begründetheit).

2. Das Landgericht Regensburg ist gem. §§ 23 Nr. 1, 71 Abs. 1 GVG sachlich zuständig. Der nach § 6 ZPO zu bemessende Zuständigkeitsstreitwert richtet sich zwar vorliegend nach der im Vergleich zum Wert des gepfändeten Pkw (31.000 € am 20.5.2005) geringeren titulierten Forderung, wegen der vollstreckt wird[9], beträgt somit aber 23.354 €. Die ausschließliche örtliche Zuständigkeit des Landgerichts Regensburg ergibt sich aus den §§ 771 Abs. 1, 802 ZPO, da die streitgegenständliche Pfändung des Pkw Opel in Regensburg stattfand.

3. Der Kläger hat für sein Vorgehen im Wege der Interventionsklage nach § 771 ZPO auch ein Rechtsschutzbedürfnis.

a) Ein solches fehlt zum einen entgegen der Ansicht der Beklagten nicht schon deswegen, weil der Kläger wegen angeblicher Verstöße bei der Pfändung gegen die Regelungen der §§ 808 Abs. 1, 809 und 811 Abs. 1 Nr. 7 ZPO mit der Vollstreckungserinnerung vorgehen könnte. Zwar könnte die Verletzung dieser Regelungen mit dem (im Vergleich zu einer Drittwiderspruchsklage) einfacheren und billigeren Rechtsbehelf der Vollstreckungserinnerung gem. § 766 ZPO geltend ge-

---

7 Vgl. Seiler in: Thomas/Putzo, vor § 704 Rz. 12.
8 Vgl. Seiler in: Thomas/Putzo, § 771 Rz. 6.
9 Vgl. Seiler in: Thomas/Putzo, § 771 Rn. 25.

Lösungsvorschlag

macht werden, der bei seinem Erfolg auch zur Unzulässigerklärung der Zwangsvollstreckung in den streitgegenständlichen Pkw Opel führen würde[10]. Trotzdem können Vollstreckungserinnerung und Drittwiderspruchsklage grundsätzlich alternativ und auch kumulativ geltend gemacht werden. Den beiden Verfahren ist nämlich ein völlig unterschiedlicher Verfahrensgegenstand zu eigen. Mit der Drittwiderspruchsklage wird anders als bei einer Vollstreckungserinnerung kein Verstoß gegen Verfahrensvorschriften bei der Zwangsvollstreckung, sondern ein materielles, die Veräußerung hinderndes Recht geltend gemacht[11]. Eine Ausnahme von der Alternativität dieser Rechtsbehelfe läge nur dann vor, wenn in einem Erinnerungsverfahren über die Unpfändbarkeit des Pkw bereits rechtskräftig entschieden wäre[12]. Vorliegend will der Kläger aber gegen die Zwangsvollstreckung in den Pkw unstreitig nur mit der Interventionsklage vorgehen.

b) Die Drittwiderspruchsklage ist auch zeitlich zulässig, da die Zwangsvollstreckung in den Pkw Opel durch dessen Pfändung bereits begonnen hat und – bereits mangels Bestimmung eines Versteigerungstermins – noch nicht beendet ist[13].

III.

Die Klage ist allerdings nicht begründet, weil dem Beklagten die Einwendung der unzulässigen Rechtsausübung zur Seite steht.

1. Der Kläger ist in seiner formellen Parteirolle weder Vollstreckungsschuldner noch Vollstreckungsgläubiger und damit aktivlegitimierter „Dritter" i.S. des § 771 ZPO[14].

2. Passivlegitimiert ist die die Zwangsvollstreckung betreibende Beklagte als Vollstreckungsgläubigerin.

3. Zwar kann der Kläger im Wege der Drittwiderspruchsklage nicht etwaige Verstöße gegen die bei der Durchführung der Zwangsvollstreckung zu beachtenden Vorschriften der §§ 808 Abs. 1, 809 und 811 Abs. 1 Nr. 7 ZPO rügen. Insoweit handelt es sich nämlich um Einwendungen, die nur mit der Vollstreckungserinnerung gem. § 766 ZPO geltend gemacht

---

10 Vgl. Seiler in: Thomas/Putzo, § 766 Rn. 11.
11 Vgl. Seiler in: Thomas/Putzo, § 771 Rn. 2.
12 Vgl. Zöller/Herget, § 771 Rn. 2 unter Hinweis auf KG, JW 1930, 3862.
13 Vgl. Seiler in: Thomas/Putzo, § 771 Rn. 10 und 11.
14 Vgl. Zöller/Herget, § 771 Rn. 10 f.

Der **Grundaufbau** zur Begründetheit einer Drittwiderspruchsklage ist im 2. Staatsexamen unbedingt zu kennen:

1. **Aktiv- und Passivlegitimation** (hierunter fällt die Frage, ob der Kläger „Dritter" iSd § 771 ZPO ist, vgl. Kindl in: Hk-ZPO, § 771 Rn. 19; nach aA ist dies eine Frage der Prozessführungsbefugnis, vgl. Seiler in: Thomas/Putzo, § 771 Rn. 9)

2. Bestehen eines „**die Veräußerung hindernden Rechts**" (Interventionsrecht)

3. **Einwendungen** des Beklagten
a) Angriffe gegen das Interventionsrecht
b) Sonstige Einwendungen, v.a. nach „§ 242 BGB", vgl. a. Seiler in: Thomas/Putzo, § 771 Rn. 14a: aa) Materiellrechtliche Pflicht des Klägers, den Gegenstand der Zwangsvollstreckung auf den Vollstreckungsschuldner zu übertragen; bb) rangbesseres Recht des Beklagten; cc) unzulässige Rechtsausübung wegen Eigenhaftung des Klägers, etwa aus den Gesichtspunkten der §§ 128 HGB, 765 BGB oder § 421 BGB; dd) Einwand des Rechtsmissbrauchs, etwa wenn das Interventionsrecht durch unerlaubte Handlung erlangt oder dem Vollstreckungsgläubiger Vermögen des Vollstreckungsschuldners infolge einer Kollusion zwischen beiden ohne wirtschaftliche Grundlage entzogen wurde, etwa im Fall der Übersicherung.

werden können[15], und nicht um materielle Rechte an dem gepfändeten Pkw i.S. des § 771 Abs. 1 ZPO.

4. Auch kann der Kläger nicht das Eigentum an dem streitgegenständlichen Fahrzeug als ein Recht i.S. des § 771 Abs. 1 ZPO ins Feld führen, da er dieses zwar vom Sozietätspartner Dr. Werner Lautenschläger wirksam erworben, durch die Sicherungsübereignung an die Sozietät Dr. Maier und Partner GdbR aber wieder verloren hat.

aa) Der Kläger hat den Pkw Opel wirksam vom Sozietätspartner Dr. Werner Lautenschläger zu Eigentum erworben. Aus dem vom Kläger vorgelegten Erwerbsvertrag vom 21. Mai 2012 ergibt sich zunächst ohne Weiteres die für den Eigentumsübergang gem. § 929 S. 1 BGB notwendige Einigung samt Übergabe des Pkw.

Dem gegenüber hat die Beklagte zwar in erheblicher und substantiierter Weise das Vorliegen eines gem. § 117 Abs. 1 BGB nichtigen Scheingeschäftes behauptet, indem sie vorgetragen hat, die Einigung sei nur zu dem Zwecke erfolgt, dem Kläger eine Kreditunterlage für die Gewährung eines Gesellschafterdarlehens durch die Sozietät zu verschaffen. Diese Einwendung hat der Kläger aber seinerseits substantiiert damit bestritten, seine Eintragung in der Zulassungsbescheinigung Teil 2 und die Zulassung des Pkw auf ihn sei unterblieben, um einen zusätzlichen Wertverlust zu vermeiden. Damit wurde aber die Beweispflicht der insoweit für ihre Einwendung beweisbelasteten Beklagten[16] ausgelöst, der sie nicht nachgekommen ist. Die – unstreitig – unterbliebene Eintragung des Klägers in die Zulassungsbescheinigung Teil 2 kann bestenfalls ein Indiz für ein von der Beklagten behauptetes Scheingeschäft i.S. des § 117 BGB sein, ist aber nicht geeignet, einen zur Überzeugung des Gerichts führenden Hauptbeweis zu erbringen. Die vom Kläger als Motiv für die Unterlassung der Eintragung vorgebrachte Vermeidung eines weiteren Wertverlustes an dem Pkw ist nämlich für sich gesehen genau so wahrscheinlich oder unwahrscheinlich wie die von der Beklagten behauptete und von den Vertragsparteien gewollte Belassung des Eigentums beim Verkäufer. Da die Beklagte einen weiteren Beweis für das Vorliegen eines Scheingeschäfts nicht angeboten hat, war von

Bereits beim Klausurtext wurde das vom Bearbeiter zu erkennende Problem angemerkt, dass es mangels Beweisangebots der Beklagten für ihre Einwendung "Scheingeschäft" auf eine Beweislastentscheidung hinausläuft. Im Kommentar von **Palandt** befinden sich aber regelmäßig **Anmerkungen zur prozessualen Beweislastverteilung**, die bei der Klausurbearbeitung natürlich zu nutzen sind.

---

15   Vgl. Seiler in: Thomas/Putzo, § 808 Rn. 19, 809 Rn. 9, und § 811 Rn. 43.
16   Vgl. Ellenberger in: Palandt, § 117 Rn. 9.

Lösungsvorschlag

einem wirksamen Eigentumserwerb des Klägers an dem Pkw zum Zeitpunkt des 21. Mai 2012 auszugehen, ohne dass der vom Kläger für die Umstände des Eigentumserwerbs gegenbeweislich angebotene Zeuge Dr. Werner Lautenschläger einzuvernehmen war.

bb) Der Kläger hat sein Eigentum aber unstreitig an die Sozietät verloren, da er den Pkw an diese zur Sicherung eines Darlehens übereignet hat. Die Sicherungsübereignung führte jedoch zum Verlust der materiellen Eigentümerstellung des Klägers ohne Rücksicht darauf, dass die Sozietät Dr. Maier und Partner GdBR den Pkw vor Eintritt der im sog. Sicherungsvertrag vereinbarten Vollstreckungsreife nicht verwerten darf und umgekehrt der Kläger als Treugeber beim endgültigen Wegfall des Sicherungszwecks einen Rückgewähranspruch hat[17].

Hier war zu erkennen, dass im Falle einer Intervention des Treugebers (hier: des Klägers) gegen die Zwangsvollstreckung durch Gläubiger (hier: der Beklagten) des Treunehmers (hier: der Rechtsanwaltssozietät) das zur Sicherung übertragene Eigentum Ersterem **kein Interventionsrecht** mehr verleiht, trotzdem aber nach h.M. diesem aus **wirtschaftlichen Gesichtspunkten** ein solches zusteht, vgl. 5.

5. Der Kläger hat indes aus dem Sicherungsvertrag und dem hieraus resultierenden Rückgewähranspruch dennoch grundsätzlich ein Recht i.S. des § 771 ZPO, da die vertraglich vereinbarte Verwertungsreife unstreitig nicht eingetreten ist[18].

a) Ein solches Interventionsrecht wird zwar z.T. verneint, weil auf die materielle Rechtsstellung als Eigentümer abzustellen sei, die der Sicherungsgeber, hier der Kläger gerade verloren habe[19]. Für diese Auffassung spricht auch, dass für den (umgekehrten) Fall der Pfändung durch Gläubiger des Sicherungsgebers nach h.M.[20] auf eine formal-juristische Betrachtungsweise abzustellen ist und dem Sicherungsnehmer als Eigentümer die Klagemöglichkeit nach § 771 ZPO zugestanden wird. Für den (vorliegend gegebenen) Fall der Pfändung durch Gläubiger des Sicherungsnehmers dürfe nach dieser Ansicht aber nichts anderes gelten. Andernfalls würde man das Sicherungsgut völlig der Zwangsvollstreckung entziehen.

Der Meinungsstreit zur Frage eines Interventionsrechts des Treugebers lässt sich ohne Weiteres der Kommentierung bei Bassenge in: Palandt, § 930 Rn. 34 entnehmen. Dabei wird es grundsätzlich genügen, sich der h.M. mit dem nachvollziehbaren Argument anzuschließen, dass der Sicherungsgeber bis zu Verwertungsreife im wirtschaftlichen Sinn Eigentümer des Sicherungsgutes bleibt, vgl. nachfolgend b).

b) Zuzustimmen ist allerdings der h.M., die dem Treugeber auch bei der eigennützigen Treuhand ein Interventionsrecht zubilligt[21]. Sinn und Zweck des § 771 ZPO führen nämlich dazu, den Sicherungsgeber jedenfalls solange wie einen Eigentümer zu behandeln,

Eine Darstellung der h.M. in dieser argumentativen Breite kann auch von sehr guten Arbeiten natürlich nicht verlangt werden.

---

17 Vgl. insgesamt zum Sicherungseigentum Bassenge in: Palandt, § 930 Rn. 13 ff.
18 Vgl. BGHZ 72, 141.
19 Vgl. Weber, NJW 1976, 1601, 1605; Derleder, BB 1969, 728.
20 Vgl. BGHZ 72, 141; Seiler in: Thomas/Putzo, § 771 Rn. 15 und 19.
21 Vgl. BGHZ 72, 141; Berg in: Staudinger, § 929 Rn. 40; Bassenge in: Palandt, § 930 Rn. 34; Seiler in: Thomas/Putzo, § 771 Rn. 15 und 19.

als nicht die Verwertungsreife des Sicherungsgutes eingetreten ist. Bis zu diesem Zeitpunkt darf der Sicherungsnehmer dieses nämlich nach dem Sicherungsvertrag nicht verwerten. Ist der Treuhänder (vorliegend die Sozietät Dr. Maier und Partner GdbR) danach in seinem Verwertungsrecht gegenüber dem Treugeber (vorliegend dem Kläger) eingeschränkt, rechtfertigt es sich auch, dem Treugeber grundsätzlich ein Widerspruchsrecht zuzubilligen, wenn Gläubiger des Treunehmers die Einzelzwangsvollstreckung in das Treugut betreiben. Der Umstand, dass dem Treunehmer ebenfalls ein Widerspruchsrecht gegen Vollstreckungsmaßnahmen von Gläubigern des Treugebers zusteht, steht dem nicht entgegen. Dieses Recht des Sicherungsnehmers lässt sich aus der allgemein die „Veräußerung" durch Dritte „hindernden" Wirkung des Eigentums herleiten. Eine im Sicherungsvertrag begründete vertragliche Vewertungsbeschränkung zulasten des Sicherungsnehmers und damit ein Widerspruchsrecht des Sicherungsgebers wird dadurch nicht ausgeschlossen[22]. Hiermit soll auch der Treugeber nicht dazu gezwungen werden, zur Rückerlangung der formalen Eigentümerposition das Treugut schon vor der Fälligkeit der gesicherten Schuld auszulösen. Schließlich ist das Sicherungsgut auch nicht völlig dem Vollstreckungszugriff entzogen, da vollstreckende Gläubiger (hier die Beklagte) des Sicherungsnehmers (hier der Sozietät Dr. Maier und Partner GdbR) die noch offene gesicherte Restforderung (hier den restlichen Darlehensrückzahlungsanspruch) pfänden können. Andererseits kann ein vollstreckender Gläubiger des Sicherungsgebers dessen Anwartschaft auf Rückerwerb bzw. dessen künftigen Anspruch auf Rückübertragung der Forderung pfänden.

6. Die Geltendmachung der Stellung als Sicherungsgeber durch den Kläger verstößt vorliegend aber gegen Treu und Glauben, da dieser entsprechend den §§ 128, 130 HGB persönlich für die zugunsten der Beklagten titulierte Forderung haftet[23]. Die Beklagte bedarf für die Vollstreckung in das Privatvermögen des Klägers daher auch keines gegen diesen gerichteten Titels.

---

22 Vgl. BGHZ 72, 141.
23 Vgl. Seiler in: Thomas/Putzo, § 771 Rn. 14a.

Lösungsvorschlag

a) Der Kläger hat persönlich als Gesellschafter der Rechtsanwaltssozietät Dr. Maier und Partner GdbR für die zugunsten der Beklagten ausgeurteilte Honorarrückzahlungsforderung einzustehen.

aa) Dies ergibt sich zum einen aus der akzessorischen Haftung des Gesellschafters einer GdbR für Forderungen, die sich gegen die Gesellschaft richten. Nach zutreffender Auffassung ist dies das Ergebnis einer Analogie zu § 128 HGB als der Grundnorm für die akzessorische Haftung eines Gesellschafters im Handelsrecht[24]. Die Analogie zu den für die rechtsfähigen Personengesellschaften (oHG, KG) geltenden §§ 124 ff. HGB betreffs die Rechtsverhältnisse der Gesellschaft zu Dritten ist die konsequente Fortführung der auch vom BGH mittlerweile anerkannten Rechtsfähigkeit der werbenden Außen-GdbR. Nach neuerer Rechtsprechung des BGH kann die Gesellschaft bürgerlichen Rechts als Gesamthandsgemeinschaft ihrer Gesellschafter im Rechtsverkehr nämlich grundsätzlich, d.h., soweit nicht spezielle Gesichtspunkte entgegenstehen, jede Rechtsposition einnehmen[25]. Soweit sie in diesem Rahmen eigene Rechte und Pflichten begründet, ist sie (ohne juristische Person zu sein) rechtsfähig (vgl. § 14 Abs. 2 BGB)[26]. Dies rechtfertigt es aber, den Gesellschafter einer GdbR wie den oHG-Gesellschafter für eine von der Gesellschaft geschuldete Leistung (mit seinem ganzen Vermögen) persönlich, (ohne gesonderte Vereinbarung mit dem Gläubiger) unbeschränkt, unmittelbar, primär und in vollem Umfang der Forderung in Anspruch zu nehmen[27].

bb) Zum anderen steht der persönlichen Haftung des Klägers auch nicht entgegen, dass er erst nach dem

Die Problematik einer akzessorischen Haftung der Gesellschafter einer GdbR sowie der Haftung eines neu eintretenden Gesellschafters für Altverbindlichkeiten muss zum sicher zu beherrschenden Standardrepertoire des Gesellschaftsrechts gezählt werden. Die diesbezügliche Kommentierung von Sprau in: Palandt, § 714 Rn. 11 ff. und § 736 Rn. 5 f., dürfte sämtliche in einer Klausur auftauchenden Hürden abdecken.

---

24 Vgl. Sprau in: Palandt, § 714 Rn. 12; Ulmer in: MünchKomm, § 714 Rn. 35 f. m.w.N. in Fn. 6. Der BGH (BGHZ 142, 315, 319 = NJW 1999, 3483; 146, 341, 358 = NJW 2001, 1056; NJW 2002, 1642) leitet die akzessorische Haftung aus einem allgemeinen Rechtsprinzip her, nach dem derjenige, der alleine oder zusammen mit anderen Geschäfte betreibe, auch mit seinem persönlichen Vermögen hafte, wenn er nicht für eine vertraglich mit dem Gesellschaftsgläubiger vereinbarte Haftungsbeschränkung gesorgt oder sich auf eine entsprechende gesetzliche berufen könne.

25 Vgl. BGHZ 116, 86, 88; 136, 254, 257; 146, 341, 358 = NJW 2001, 1056; im Ansatz auch bereits BGHZ 79, 374, 378 f.

26 So mit ausführlicher Begründung BGHZ 146, 341 ff. = NJW 2001, 1056. Eine nähere Abhandlung der für die Rechtsfähigkeit einer GdbR sprechenden Argumente ist bei der Klausurbearbeitung allerdings nicht (mehr) zu verlangen, da diese Auffassung mittlerweile ganz h.M. ist, vgl. die Nachweise bei Sprau in: Palandt, § 705 Rn. 24 und 24a.

27 Vgl. Sprau in: Palandt, § 714 Rn. 12 ff.

Entstehen der Verbindlichkeit in die Sozietät Dr. Maier und Partner GdbR eingetreten ist. Die vertragliche Aufnahme neuer Gesellschafter in eine GdbR ist zunächst o.w. auch bei Aufrechterhaltung deren Identität möglich. Dies ist dem Grundsatz der Privatautonomie und daraus zu entnehmen, dass das Gesetz in § 727 BGB selbst von der Möglichkeit eines vertraglich bestimmten Fortbestandes der Gesellschaft nach dem Ausscheiden eines Gesellschafters durch seinen Tod ausgeht[28]. Als wirksam neu in die Gesellschaft eingetretener Gesellschafter hat der Kläger aber nach zutreffender Auffassung im Rahmen seiner akzessorischen Haftung für alle zu diesem Zeitpunkt gegen die Gesellschaft bestehenden Forderungen im o.g. Sinn persönlich einzustehen, d.h. analog § 130 HGB gerade auch für die sog. „Altschulden"[29]. Dieser Grundsatz gilt darüber hinaus auch für Gesellschaften bürgerlichen Rechts, in denen sich Angehörige freier Berufe zu gemeinsamer Berufsausübung zusammengeschlossen haben.

(1) Gegen eine Analogie zur Vorschrift des § 130 HGB wird zwar eingewandt, dass sie nicht notwendige Folge der zur Begründung einer akzessorischen Haftung der Gesellschafter einer GdbR herangezogenen Analogie zu § 128 HGB sei und zu einem deutlich erhöhten Haftungsrisiko für neu eintretende Gesellschafter (in freiberufliche Sozietäten) führe (dies zeigt sich durchaus auch an vorliegendem Fall). Der Schritt zur Haftung der Neugesellschafter einer GdbR für deren Altverbindlichkeiten müsse daher dem Gesetzgeber vorbehalten bleiben, zumal es eine „umgekehrte Maßgeblichkeit" des oHG-Rechts für die GdbR nur ausnahmsweise (etwa in § 736 Abs. 2 BGB) gebe[30].

---

28 Vgl. Sprau in: Palandt, § 736 Rn. 5.
29 Vgl. BGHZ 154, 370 = NJW 2003, 1803; Sprau in: Palandt, § 736 Rn. 6.
30 Vgl. die vor der Entscheidung des BGH in BGHZ 154, 370 = NJW 2003, 1803, datierende Literatur, z.B. Wiedemann, JZ 2001, 661, 664; H. Baumann, JZ 2001, 895, 900 f.; H. Baumann/Rößler, NZG 2002, 793 ff. Aus der Rechtsprechung vgl. OLG Düsseldorf, ZIP 2002, 616, 618 f. Nach der genannten BGH-Entscheidung: Böhmer, NZG 2003, 764. Diese Ansicht lässt sich in der Klausur mit der entsprechenden Begründung durchaus vertreten. Der BGH hatte in einer früheren Entscheidung (BGHZ 74, 240, vgl. a. Armbrüster, ZGR 2005, 34, 47) die analoge Anwendung des § 130 HGB von seinem früheren Standpunkt der sog. Doppelverpflichtungslehre zwar abgelehnt, schon damals aber diese Analogie aus Sicht der (heute vertretenen, vgl. BGHZ 146, 341 ff. = NJW 2001, 1056) Akzessorietätstheorie als konsequent bezeichnet.

Lösungsvorschlag

(2) Die besseren Gründe sprechen aber für die Analogie zu § 130 HGB. Die Annahme der Mithaftung auch des neu eingetretenen Gesellschafters einer Gesellschaft bürgerlichen Rechts für die bereits bei seinem Eintritt begründeten Verbindlichkeiten der Gesellschaft ergänzt in rechtspraktischer und methodisch folgerichtiger Weise die Rechtsprechung des BGH, wonach bei der Gesellschaft bürgerlichen Rechts die persönliche Haftung der Gesellschafter für die Verbindlichkeiten der Gesellschaft derjenigen bei der oHG entspricht[31].

Dass ein neu in eine GdbR eintretender Gesellschafter auch ohne entsprechende besondere Verpflichtungserklärungen gegenüber den Gläubigern in die bestehenden Verbindlichkeiten der Gesellschaft eintritt, ist Kennzeichen der Personengesellschaft als auch – damit innerlich zusammenhängend – Ausfluss einer im Verkehrsschutzinteresse zu Ende gedachten Akzessorietät der Haftung[32].

Die persönliche Haftung aller Gesellschafter in ihrem jeweiligen personellen Bestand korrespondiert darüber hinaus mit dem Wesen der Personengesellschaft und ihren Haftungsverhältnissen, weil die Gesellschaft kein eigenes, zugunsten ihrer Gläubiger gebundenes garantiertes Haftkapital besitzt. Ihr Gesellschaftsvermögen steht dem Zugriff der Gesellschafter, auch des Klägers als Neugesellschafter, jederzeit uneingeschränkt und sanktionslos offen. Bei dieser Sachlage ist die persönliche Haftung ihrer Gesellschafter für die Gesellschaftsverbindlichkeiten nicht nur die alleinige Grundlage für die Wertschätzung und Kreditwürdigkeit der Gesellschaft; sie ist vielmehr das notwendige Gegenstück zum Fehlen jeglicher Kapitalerhaltungsregeln. Zudem erwarb der neu eintretende Kläger mit seinem Eintritt in die Gesellschaft auch Anteil an dem Vermögen, der Marktstellung sowie den Mandantenbeziehungen, die die Gesellschaft durch ihre bisherige wirtschaftliche Tätigkeit begründet hat. Es ist deshalb nicht unangemessen, wenn er im Gegenzug auch in die Verbindlichkeiten eintritt, die die Gesellschaft im Zuge ihrer auf Erwerb und Ver-

---

31 Vgl. BGHZ 142, 315 und 146, 341 = NJW 2001, 1056.
32 So ausdrücklich BGHZ 154, 370 = NJW 2003, 1803; BGH, NJW 2006, 765; Sprau in: Palandt, § 736 Rn. 6 und § 714 Rn. 11 f.; zust. auch Habersack/Schürnbrand, JuS 2003, 739 und Arnold/Dötsch, DStR 2003, 1398. Schon vor der Entscheidung des BGH, a.a.O., vertraten eine analoge Anwendung des § 130 HGB auf die GdbR etwa Habersack, BB 2001, 477, 482; K. Schmidt, NJW 2001, 993, 999; Scholz, NZG 2002, 153, 162. Aus der Rechtsprechung vgl. OLG Hamm, ZIP 2002, 527, 529.

mehrung dieser Vermögenswerte gerichteten wirtschaftlichen Tätigkeit begründet hat.

Die Gesetzeskonformität dieser Abwägung wird ferner dadurch belegt, dass das kodifizierte deutsche Recht überall dort, wo es eine ausdrückliche Regelung getroffen hat, zumindest eine grundsätzliche Mithaftung neu eintretender Gesellschafter vorsieht, so außer in § 130 HGB auch in § 173 HGB sowie in § 8 Abs. 1 PartGG[33].

Die Mithaftung der neu in die Gesellschaft eingetretenen Person bringt auch für die vor ihrem Beitritt begründeten Gesellschaftsverbindlichkeiten den Vorteil mit sich, dass sich der Gläubiger nicht auf einen gerade in der Gesellschaft bürgerlichen Rechts in Ermangelung jedweder Registerpublizität u.U. besonders heiklen Streit über die Zeitpunkte des Entstehens seiner Forderung und der Mitgliedschaft der in Anspruch genommenen Person einlassen muss[34].

Die weitere, ausführliche Begründung des BGH in BGHZ 154, 370 für eine Analogie zu § 130 HGB, insbesondere zur Vermeidung einer (in Extremfällen) möglicherweise durch Aus- und Neueintritt nicht mehr gegebenen Gesellschafterhaftung, v.a. bei Dauerschuldverhältnissen, kann bei der Klausurbearbeitung nicht verlangt werden.

Der Grundsatz der persönlichen Haftung des Klägers als Neugesellschafter für Altverbindlichkeiten gilt schließlich auch dann, wenn die Gesellschaft – wie in vorliegendem Fall – von Angehörigen freier Berufe zur gemeinsamen Berufsausübung gegründet worden ist. Der Gesetzgeber hat in § 8 Abs. 1 PartGG die Haftung für Verbindlichkeiten einer – im vorliegenden Fall allerdings nicht gegebenen – Partnerschaft dahin geregelt, dass neben deren Vermögen die Partner als Gesamtschuldner den Gläubigern haften (Satz 1 der Bestimmung) und insoweit die Vorschriften der §§ 129 und 130 HGB entsprechend anzuwenden sind (Satz 2), also ein neu in die Partnerschaft eintretender Gesellschafter auch für bereits bestehende Verbindlichkeiten der Partnerschaft haftet.

Die Parallele zu § 8 PartGG ist im Klausursachverhalt (vgl. die vom Beklagtenvertreter geäußerte Rechtsauffassung in der mündlichen Verhandlung) angesprochen.

Da der Gesetzgeber mit dem Partnerschaftsgesellschaftsgesetz eine spezielle Rechtsform geschaffen hat, die gerade den besonderen Verhältnissen und legitimen Bedürfnissen der freien Berufe Rechnung tragen soll, können keine Bedenken dagegen bestehen, auch die in einer „schlichten" GdbR zusammengeschlossenen Angehörigen freier Berufe grundsätzlich einer Haftung zu unterwerfen, die hinsichtlich Altver-

---

33 So ausdrücklich BGHZ 154, 370 = NJW 2003, 1803.
34 So wiederum ausdrücklich BGHZ 154, 370 = NJW 2003, 1803 unter Bezugnahme auf Ulmer, ZIP 2001, 585, 598; K. Schmidt, NJW 2001, 993, 999 und Habersack, BB 2001, 477, 482.

bindlichkeiten derjenigen des Gesellschafters einer offenen Handelsgesellschaft gleicht[35].

(3) Die persönliche Haftung des Klägers für die zugunsten der Beklagten titulierte Honorarrückzahlungsforderung entfällt auch nicht wegen eines schutzwürdigen Vertrauens des Klägers auf die alte Rechtsprechung des BGH, die bis zur Rechtsprechungsänderung mit der BGH-Entscheidung vom 7. April 2003 eine Haftung des Neugesellschafters für Altschulden ablehnte[36]. Der Eintritt des Klägers in die Sozietät Dr. Maier und Partner wurde nämlich unstreitig erst am 1. Juni 2012 vollzogen.

b) Der Kläger handelt wegen seiner Eigenhaftung aber rechtsmissbräuchlich, wenn er als Gesellschafter der GdbR gegen die Vollstreckung eines Gesellschaftsgläubigers in sein Privateigentum gem. § 771 ZPO interveniert[37].

Insoweit war einmal für den Fall einer (durch das EGInsO zum 1. Januar 1999 aufgehobenen[38]) Eigenhaftung des Gesellschafters wegen Vermögensübernahme gem. § 419 BGB a.F. in der Rechtsprechung anerkannt, dass der Vollstreckungsgläubiger einer Drittwiderspruchsklage des das Vermögen des Titelschuldners Übernehmenden den Einwand des Rechtsmissbrauches entgegenhalten kann[39], da § 419 BGB a.F. einen (inhaltlich beschränkten) Schuldbeitritt anordnete[40].

Aber auch für sonstige Fälle der Eigenhaftung des Interventionsklägers für die titulierte Forderung, insbesondere auch des oHG-Gesellschafters gem. § 128 HGB, wird dem Vollstreckungsgläubiger die Arg-

Der „Hinweis" auf § 129 Abs. 4 HGB wurde vom Kläger bereits am Ende der Klageschrift gegeben.

---

35 Nach Ansicht des BGH, BGHZ 154, 370 = NJW 2003, 1803, könnte eine Ausnahme lediglich für Verbindlichkeiten aus beruflichen Haftungsfällen in Betracht kommen, da diese, wie die Bestimmung des § 8 Abs. 2 PartGG zeigt, eine Sonderstellung einnehmen. Ob der Grundsatz der persönlichen Haftung für Altverbindlichkeiten auch insoweit Anwendung findet (bejahend Habersack/Schürnbrand, JuS 2003, 739; LG Frankenthal, NJW 2004, 3060), kann allerdings für die hier zu treffende Entscheidung mangels Vorliegens eines Anspruches der Beklagten wegen anwaltlicher Haftung gegen die Sozietät offen bleiben.
36 Vgl. hierzu BGHZ 154, 370 = NJW 2003, 1803.
37 Seiler in: Thomas/Putzo, § 771 Rn. 14a.
38 Vgl. Palandt/Heinrichs, Anm. zu § 419 a.F.
39 Vgl. insbes. BGHZ 80, 296 = NJW 1981, 1836; RGZ 143, 275.
40 Vgl. BGHZ 90, 272; die Parallele zu § 419 BGB a.F. kann bei der Klausurbearbeitung natürlich nicht verlangt werden.

listeinrede gem. § 242 BGB zugestanden[41]. Dieser steht insbesondere § 129 Abs. 4 HGB nicht entgegen, wonach die Beklagte als Vollstreckungsgläubigerin zur Pfändung in das Privatvermögen des Klägers grundsätzlich eines gegen diesen gerichteten Titels bedarf[42]. Bei der Drittwiderspruchsklage begibt sich der Kläger nämlich trotz der speziellen prozessualen Wirkung als Gestaltungsklage auf die Ebene des materiellen Rechts, indem er sein Eigentum als Recht auf Freigabe dem Recht der Beklagten auf Verwertung nach Pfändung entgegenhält. Dann muss er sich aber seine materielle Haftung für die titulierte Forderung entgegenhalten lassen. Die Regelung des § 129 Abs. 4 HGB wird dadurch nicht gegenstandslos, da sie nur bei der Drittwiderspruchsklage, nicht aber im Vollstreckungsverfahren beiseitegeschoben wird[43].

Gegen die Geltung der Regelung des § 129 Abs. 4 HGB bei der Drittwiderspruchsklage des Gesellschafters spricht schließlich, dass es prozessunökonomisch wäre, die Beklagte auf eine (nach dem oben Gesagten begründete) (Wider-)Klage gegen den Kläger aus dem Gesichtspunkt dessen akzessorischer Haftung für die Honorarrückzahlungsforderung zu verweisen, um gegen diesen aus einem entsprechenden Titel vollstrecken zu können[44].

IV.

Die Kostenentscheidung ergibt sich aus § 91 Abs. 1 ZPO. Eine Überbürdung der Säumniskosten auf die Beklagte gem. § 344 ZPO hatte zu unterbleiben, da das gegen diese ergangene Versäumnisurteil mangels Schlüssigkeit der Klage (vgl. § 331 Abs. 2 ZPO) nicht rechtmäßig[45] war. Der Kläger hat nämlich die Tatsa-

---

41 Vgl. Seiler in: Thomas/Putzo, § 771 Rn. 14a; K. Schmidt, JuS 1982, 137; JuS 1970, 549; Arens/Lüke, JuS 1984, 263; Staub/Habersack, § 129 Rn. 27; Ebenroth/Boujong/Joost/Hillmann, § 129 Rn. 15.
42 Vgl. Staub/Habersack, § 129 Rn. 27; Ebenroth/Boujong/Hillmann, § 129 Rn. 15. Demgegenüber will Baumbach/Hopt, § 129 Rn. 15 dem Gesellschafter wohl auch in diesen Fällen unter Berufung auf § 129 Abs. 4 HGB die Klage nach § 771 ZPO eröffnen, ohne die Arglistproblematik anzusprechen. Auch unter Berücksichtigung dieser Kommentarstelle muss dieses von den Parteien ausführlich erörterte Problem aber dargestellt werden.
43 Vgl. Karsten Schmidt, Gesellschaftsrecht, § 49 VI 2.
44 Vgl. Arens/Lüke, JuS 1984, 263; BGHZ 80, 296 = NJW 1981, 1836.
45 Vgl. zur Schlüssigkeit der Klage als Rechtmäßigkeitsvoraussetzung für ein Versäumnisurteil Reichold in: Thomas/Putzo, § 344 Rn. 5 und § 331 Rn. 5.

chen, die die zur Klageabweisung führende Einwendung des Rechtsmissbrauchs ergeben, schon in seiner Klage vorgetragen.

Die Entscheidung zur vorläufigen Vollstreckbarkeit ergibt sich aus den §§ 708 Nr. 11, 709 S. 2 ZPO.

Dr. Quast
Richterin am Landgericht

Beschluss

Der Streitwert wird auf 23.354 € festgesetzt, §§ 48 Abs. 1 S. 1 GKG, 6 ZPO.

Dr. Quast
Richterin am Landgericht

Hilfsgutachten

I. Der Wiedereinsetzungsantrag des Beklagten

1. Zulässigkeit

a) Statthaftigkeit: Der zu Protokoll in der mündlichen Verhandlung vom 6. September 2012 gestellte Wiedereinsetzungsantrag gegen die Versäumung der Einspruchsfrist wäre, da es sich bei § 339 Abs. 1 Hs. 2 ZPO um eine Notfrist handelt, statthaft, § 233 ZPO.

b) Form und Frist: Das beim LG Regensburg als zuständiges Prozessgericht angebrachte Wiedereinsetzungsgesuch wäre im übrigen nicht formgerecht, da die Erhebung zu Protokoll in mündlicher Verhandlung anders als die Bezugnahme auf einen (wie hier nicht) existenten Wiedereinsetzungsschriftsatz[46] die gem. §§ 236, 340 Abs. 1 ZPO erforderliche Schriftform nicht ersetzen kann[47].

Die Frist zur Einlegung des Wiedereinsetzungsantrages, die gem. § 234 Abs. 1 ZPO zwei Wochen beträgt und nach § 234 Abs. 2 ZPO mit der Behebung des Hindernisses zu laufen beginnt, wäre allerdings eingehalten, da der Prozessbevollmächtigte der Beklagten die die mögliche Unzulässigkeit des Einspruches begründenden Tatsachen (falsche Bezeichnung des Ein-

Die **Kostenentscheidung** bedarf nur einer **näheren Begründung**, wenn sog., etwa in den **Kostentrennungstatbestände** §§ 344, 281 Abs. 3 S. 2, 238 Abs. 4 ZPO, in Betracht kommen. Auch die Voraussetzungen des § 92 Abs. 2 ZPO sollten – falls relevant – subsumiert werden. Ansonsten genügt das reine „Zitat" der „§§ 91 oder 92 Abs. 1 ZPO".

Die Voraussetzungen für die Anwendung des § 344 ZPO sollten – am besten auswendig – beherrscht werden:

1. Aufhebung oder Abänderung des VU zugunsten des Einspruchsführers (bei voller Aufrechterhaltung trägt dieser auch im Falle der Gesetzwidrigkeit des VU „die weiteren Kosten des Rechtsstreits"), Reichold in: Thomas/Putzo, § 344 Rn. 1 und 3.

2. VU in gesetzlicher Weise ergangen, Reichold in: Thomas/Putzo, § 344 Rn. 3 und 5.

Zusammen mit dem Endurteil muss der **Streitwert** festgesetzt werden, § 63 Abs. 2 S. 1 ZPO. Einer näheren Begründung bedarf dieser Beschluss nicht, vgl. aber unten II. im Hilfsgutachten.

Auf den Wiedereinsetzungsantrag ist im Hilfsgutachten einzugehen, da im Hinblick auf den formgerechten Einspruch auch die Einspruchsfrist des § 339 ZPO gewahrt war. Im Folgenden muss also die Fristversäumnis unterstellt werden.

Ein brauchbares **Aufbauschema** zur Zulässigkeit eines Wiedereinsetzungsgesuchs findet sich bei Hüßtege in: Thomas/Putzo, § 233 Rn. 6 ff.

---

46 Vgl. hierzu BGHZ 105, 197.
47 Vgl. für das Schriftlichkeitserfordernis beim Einspruch Reichold in: Thomas/Putzo, § 340 Rn. 1. Nach OLG Zweibrücken, MDR 1992, 998, genügt die Einlegung zu Protokoll, weil die Protokollierung in mündlicher Verhandlung gem. § 127a ZPO die Schriftform ersetze. Diese Auffassung ist abzulehnen, weil § 127a ZPO als Ausnahmevorschrift nur für den gerichtlichen Vergleich gilt, vgl. In: Thomas/Putzo, a.a.O., und MünchKomm/Prütting, § 340 Rn. 2.

spruchsführers) mit dem klägerischen Schriftsatz vom 24. August 2012 im Zeitpunkt dessen Zustellung am 29. August 2012 (Mittwoch) erfuhr (Behebung des Hindernisses) und in der mündlichen Verhandlung vom 6. September 2012 fristgerecht Wiedereinsetzung beantragte.

Auch im Übrigen enthält der Wiedereinsetzungsantrag den nach § 236 Abs. 2 S. 1 Hs. 1 und Abs. 2 S. 2. Hs. 1 ZPO notwendigen Inhalt (die Wiedereinsetzung begründende Tatsachen und Wiederholung der versäumten Prozesshandlung – Einspruch).

2. Begründetheit

Der Antrag wäre indes bei Auswirkung der Verwechslung des Einspruchsführers unbegründet, da ein dem Beklagten gem. § 85 Abs. 2 ZPO zurechenbares Anwaltsverschulden gegeben wäre. Zwar liegt hier zunächst ein Verschulden der Büroangestellten des Anwaltes vor, da diese das richtige Diktat falsch übertragen hat. Ein Büroverschulden ist dem Anwalt zwar grundsätzlich nicht und damit auch nicht über § 85 Abs. 2 ZPO seiner Partei zuzurechnen, sofern nicht ein Organisationsverschulden oder ein eigenes zusätzliches Verschulden des Anwaltes selbst vorliegen[48]. Ein solches eigenes Verschulden fällt dem Anwalt hier aber zur Last. Wie bei Rechtsmittelschriften ist der Anwalt auch bei einer Einspruchsschrift verpflichtet, diese auf ihre inhaltliche Richtigkeit hin zu überprüfen[49]. Der Anwalt des Beklagten hat vorliegend aber den Einspruchsschriftsatz vor der Unterschrift gar nicht oder nicht genau genug durchgelesen und hätte damit aber nicht ohne Verschulden i.S. der §§ 233, 85 Abs. 2 ZPO gehandelt.

II. Streitwert und vorläufige Vollstreckbarkeit

Der für die Berechnung der Sicherheitsleistung im Rahmen der vorläufigen Vollstreckbarkeit einzusetzende Gebührenstreitwert beziffert sich wie der Zuständigkeitsstreitwert[50] gem. §§ 48 Abs. 1 S. 1 GKG, 6 ZPO nach dem (niedrigeren) Wert der titulierten Forderung (23.354 €).

Die Beklagte kann (nur) ihre außergerichtlichen Kosten vollstrecken, die über 1.500 € liegen (vgl. §§ 708 Nr. 11, 709 ZPO).

Ein Schema zur **Begründetheit** eines Wiedereinsetzungsgesuchs findet sich bei Hüßtege in: Thomas/Putzo, § 233 Rn. 10 ff.

Der nicht begründete **Streitwertbeschluss** sollte im Hilfsgutachten kurz erläutert werden, wenn es sich – wie vorliegend – nicht um eine bezifferte Zahlungsklage handelt.

Eine Erläuterung der Entscheidung zur **vorläufigen Vollstreckbarkeit** ist auch im Hilfsgutachten nicht nötig, schadet aber auch nicht.

---

48 Vgl. BGH, VersR 1987, 286; Musielak, § 233 Rz.15.
49 Vgl. BGH, NJW-RR 1993, 254; Musielak, § 233 Rz.45.
50 Vgl. Hüßtege in: Thomas/Putzo, § 6 Rn. 1.

Lösungsvorschlag

III. Verstöße gegen die Art und Weise der Zwangsvollstreckung

1. Fehlen eines gegen den Kläger gerichteten Titels

Zwar regelt einerseits § 129 Abs. 4 HGB, dass gegen den Gesellschafter wegen eines gegen die Gesellschaft ergangenen Titels nicht vollstreckt werden darf und kann andererseits ein solcher Mangel (Fehlen eines Titels als allgemeine Vollstreckungsvoraussetzung, vgl. § 750 Abs. 1 ZPO) auch im Wege der Vollstreckungserinnerung geltend gemacht werden[51]. Allerdings stünde wie bei der Drittwiderspruchsklage auch der Vollstreckungserinnerung der Einwand des Rechtsmissbrauchs entgegen, weil der Kläger für die titulierte Forderung persönlich haftet.

2. §§ 808, 809, 811 Abs. 1 Nr. 7 ZPO

a) §§ 808, 809 ZPO

Der Gerichtsvollzieher hat unproblematisch gegen die §§ 808, 809 ZPO verstoßen, weil der von ihm gepfändete Pkw Opel nicht im Gewahrsam der Dr. Maier und Partner GdbR als Vollstreckungsschuldnerin, sondern in demjenigen des nicht herausgabebereiten Klägers stand.

b) § 811 Abs. 1 Nr. 7 ZPO

Der Gerichtsvollzieher hat ferner gegen § 811 Abs. 1 Nr. 7 ZPO verstoßen, wenn – was Fallfrage ist – der Kläger auf diesen Pkw zur Berufsausübung angewiesen ist, um etwa Gerichtstermine wahrzunehmen oder Mandanten aufzusuchen[52].

c) Vollstreckungserinnerung

Eine allfällige Vollstreckungserinnerung des Klägers wegen der genannten Mängel wäre allerdings ebenso wie die Drittwiderspruchsklage wegen des Einwands des Rechtsmissbrauchs (Eigenhaftung des Klägers für die titulierte Forderung) unbegründet (s.o. 1.).

Die von der Beklagten gerügten, bei der Entscheidung aber irrelevanten Verstöße gegen das Zwangsvollstreckungsrecht müssen als „berührte" Rechtsfragen im Hilfsgutachten abgehandelt werden.

---

51 Vgl. Seiler in: Thomas/Putzo, § 766 Rn. 23.
52 Vgl. a. Seiler in: Thomas/Putzo, § 811 Rn. 31.

Klausur Nr. 7 – Klageschrift (Vollstreckungsgegenklage)

Sachverhalt

Bei Rechtsanwalt Hans Pollock, Lindbergweg 1, 94032 Passau, erscheint am 7. August 2012 Georg Immendorf und trägt unter Vorlage der nachstehend in Bezug genommenen Unterlagen Folgendes vor:

Ich bin Geschäftsführer der „Sun-Immo-GmbH", Am Goldberg 12, 94034 Passau. Die GmbH, deren Alleingesellschafter ich bin, betätigt sich u.a. als Bauträgerin. Im Jahr 2007 erwarb die GmbH von der Erbin eines verstorbenen Landwirts, Frau Johanna Christo, ein größeres landwirtschaftliches Grundstück am Stadtrand von Passau, das damals Bauerwartungsland war, zum Preis von 1,2 Mio. €. Erwartungsgemäß wurde für das Areal sodann ein Bebauungsplan aufgestellt, der Wohnbebauung erlaubte. Die Sun-Immo hat es dann in einzelne Parzellen aufgeteilt und mit Einfamilien- bzw. Reihen- und Doppelhäusern bebaut. Eine Doppelhaushälfte, Anwesen Sonnenweg 12a, wurde von der GmbH an das Ehepaar Leonie und Andreas Feichtinger mit notariell beurkundetem Vertrag vom 23.6.2008 verkauft, zum Preis von 275.000 €. Ich habe mit den Eheleuten noch am selben Tag das bereits vollständig fertiggestellte Objekt angeschaut. Sie haben alles als vertragsgerecht akzeptiert und ein Abnahmeprotokoll unterzeichnet. Wenige Tage später sind sie eingezogen. Hinsichtlich des Kaufpreises haben sich die Eheleute in dem Vertrag der sofortigen Zwangsvollstreckung unterworfen (Anlage 1). Bisher haben sie zwar nur 215.000 € bezahlt, dennoch wurden sie aus mir nicht näher erklärlichen Gründen bereits im Grundbuch von Passau, Gemarkung Hohenwies, Flurstück 471/1, als Bruchteilseigentümer zu je ½ eingetragen. Das ist jetzt aber gar nicht der Grund, warum ich zu Ihnen komme. Diese ganze Angelegenheit hat sich äußerst unerfreulich entwickelt. Die Anwältin, die ich für die GmbH bisher hatte, Ottilie Dix, hat da wohl einige Fehler gemacht. Dennoch möchte ich vorerst weder gegen sie noch gegen Frau Christo vorgehen, von der gleich noch die Rede sein wird. Mir geht es vielmehr allein darum, ob Sie meiner GmbH gegen

---

Jede Klausurbearbeitung beginnt mit der genauen Lektüre des Bearbeitervermerks. Sie ersehen sofort, dass ein Anwaltsschriftsatz verlangt ist und können die Angabe gleich unter der erforderlichen („mandantennützlichen") Perspektive lesen (s. dazu auch bereits bei Klausur 5).

Die **erste Aufgabe einer Anwaltsklausur** besteht darin, den bisweilen unstrukturierten **Vortrag des Mandanten** auf seine rechtliche Relevanz zu untersuchen. Jedoch darf man keinesfalls dabei stehen bleiben, nur die Ansprüche und Rechtsmeinungen zu prüfen, die der Mandant selbst schon erkannt hat bzw. vorschlägt. Aufgabe des Anwalts ist es vielmehr, seinen Auftraggeber **umfassend und erschöpfend zu beraten** und den ihm vorgetragenen Sachverhalt **selbstständig auf alle Möglichkeiten zu überprüfen**, mit denen den Mandanteninteressen gedient werden kann. Diese Schritte hat er dann vorzunehmen bzw. zu empfehlen (vgl. nur BGH NJW-RR 2011, 2649). Beachten Sie dabei jedoch die in Fn. 1 aufgezeigten Grenzen.

die Eheleute Feichtinger zu ihrem Recht verhelfen können[1].

Aber nun der Reihe nach:

Die Eheleute Feichtiger haben einige Zeit nach ihrem Einzug der Sun-Immo noch einen Zusatzauftrag erteilt, nämlich den Bau einer Garage. Mit Vertrag vom 20.12.2010 haben wir dafür einen Preis von pauschal 18.000 € vereinbart. Obwohl die Garage völlig ordnungsgemäß errichtet wurde – wir haben Mitte August 2011 die Arbeiten abgeschlossen – haben die Eheleute später unter Berufung auf angebliche Baumängel sowohl die Abnahme als auch eine Zahlung verweigert.

Dann kam es noch schlimmer: die Feichtingers haben die Sun-Immo GmbH im Jahre 2011 beim Landgericht Passau wegen des erworbenen Hauses auf Zahlung von „angemessenen Mängelbeseitigungskosten" – es ging dabei um eine kleine Unebenheit der Terrasse – sowie auf weitere 100.000 € verklagt. Frau Christo, die uns das Baugrundstück verkauft hatte, hatte gegenüber den Feichtingers behauptet, die GmbH hätte den Kaufpreis noch nicht vollständig bezahlt. Die angeblich ausstehenden 100.000 € hat sie dann an die Eheleute Feichtinger „abgetreten", und die haben wegen dieser Summe gegen die GmbH geklagt. In Wahrheit war dieser Preis natürlich längst beglichen, was unsere Anwältin in dem Verfahren auch vehement geltend gemacht hatte. Aber es war damals auch zu Bargeldzahlungen gekommen, die wir dann im Prozess nicht beweisen konnten. Die

Spätestens hier wird ersichtlich, dass es um diverse Ansprüche und Gegenansprüche der Parteien geht, sowie um deren prozessuale Einkleidung. Verschaffen Sie sich über die wechselseitigen Ansprüche zunächst einen ganz klaren Überblick durch Anfertigung einer **Tabelle** auf einem **gesonderten Konzeptblatt**. Nachfolgend überprüfen Sie jeden einzelnen Anspruch zunächst isoliert auf seine Berechtigung. Versuchen Sie immer, **komplexe Sachverhalte** in solche **übersichtlichen Einzelfragen zu „zerlegen"**. So behalten Sie stets den Überblick.

---

[1] Beachten Sie zu den in der Randanmerkung hierzu gegebenen Arbeitsempfehlungen Folgendes: Referendare zu Beginn ihrer Ausbildung neigen bisweilen dazu, den vorgegebenen Tatsachenstoff auf der Suche nach weiteren Anspruchsgrundlagen oder Rechtsfolgen phantasievoll zu „ergänzen". *Hier* könnte sich zwar der Gedanke nach einem dolosen, vielleicht sogar strafbaren Handeln der Eheleute Feichtinger aufdrängen – aber bei genauer Betrachtung ist das nur reine Vermutung. Weder enthält der Vortrag des Mandanten genügend Anhaltspunkte in diese Richtung, noch ergeben sich sonst hinreichend konkrete Fakten für einen sinnvollen Prozessvortrag, wie er z.B. für eine Klage auf Unterlassung der Zwangsvollstreckung und Herausgabe des vor dem Landgericht Passau erstrittenen Titels, gestützt auf § 826 BGB (s. hierzu Sprau in: Palandt, § 826 Rn. 52; Reichold in: Thomas/Putzo, § 322 ZPO, Rn. 50 ff.) erforderlich wäre. Generell gilt: bevor Sie sich auf prozessual unsicheres Terrain begeben und einen „Ausnahmerechtsbehelf", z.B. § 826 BGB, ergreifen, sollten Sie zunächst die Erfolgsaussichten eines Regelrechtsbehelfs überprüfen – hier drängt sich im Folgenden § 767 ZPO auf.

GmbH wurde also zur Zahlung von 100.000 € verurteilt, außerdem zu Mängelbeseitigungskosten nach Maßgabe eines Gutachtens. Rechtsanwältin Dix hatte im damaligen Prozess noch eine „Hilfsaufrechnung", wie sie es nannte, bezüglich der oben genannten 18.000 € erklärt. Diese hat das Gericht aber in dem Urteil nicht berücksichtigt, weil damals die Garage – was zutrifft – noch nicht einmal ganz fertig war. Das Urteil vom 25.8.2011, gegen das wir nichts unternommen haben, habe ich mitgebracht (Anlage 2).

Leider hat die Anwältin im damaligen Prozess kein Wort darüber verloren, dass die Feichtingers ihrerseits noch einen Restkaufpreis von 60.000 € schuldig waren. Hätte sie das nicht tun müssen? Können Sie vielleicht in dieser Richtung jetzt noch etwas unternehmen? Rechtsanwältin Dix hat mir zwar erklärt, dass ich den noch offenen Betrag „unmittelbar vollstrecken" könne. Nach meinen Informationen ist dort aber nichts mehr zu holen: Herr Feichtinger ist kürzlich arbeitslos geworden, und außer dem Haus – das mit einer Grundschuld in Höhe von 400.000 € belastet ist, wie sich aus dem Grundbuch ergibt – haben die beiden kein nennenswertes Vermögen. Nochmals zurück zur Garage: Die GmbH hat Ende August 2011 einige kleinere „Mängel", die gerügt worden waren, fachgerecht ausgebessert: ein klemmendes Garagentor, einen fleckigen Anstrich des Sockelputzes und fehlende Dehnungsfugen am Übergang vom Vorplatz zur Garageneinfahrt. Ich habe dann einen Bausachverständigen, Herrn Dipl. Ing. David Friedrich, Casparstr. 18, 94078 Freyung, am 24.8.2011 zu der Objektbegehung mitgenommen, und der hat mir und den anwesenden Feichtingers bestätigt, dass alles einwandfrei ist. Dennoch haben diese – ohne Begründung – die Unterschrift unter das vorgelegte Abnahmeprotokoll verweigert. Ich habe ihnen dann gleich an Ort und Stelle dafür mündlich eine letzte Frist bis zum 20.9.2011 gesetzt, aber nichts mehr von ihnen gehört.

Rechtsanwältin Dix hat übrigens kürzlich noch etwas veranlasst, was mir etwas komisch vorkommt. Ob das überhaupt rechtlich in Ordnung ist? Sie hat auf ihren Antrag für den notariellen Vertrag vom 23.6.2008 von der Notarin Dr. Pauline Klee am 7.5.2012 eine Vollstreckungsklausel erhalten und

> Der Bearbeiter sollte bereits hier erkennen, dass das Unterlassen der Aufrechnung ein erhebliches Problem im Hinblick auf § 767 Abs. 2 ZPO aufwirft. Die damals mögliche Aufrechnung könnte nunmehr präkludiert sein. Dies wird sich als das anspruchsvollste prozessuale Problem dieser Arbeit erweisen.
>
> Da jetzt bereits erkennbar ist, dass § 767 Abs. 2 ZPO im Zentrum der Lösung stehen wird, notieren Sie zur obigen Tabelle gleich auch alle erforderlichen Daten in übersichtlicher Form dazu.

> Sollten Ihnen die hier beschriebenen Vorgänge nicht ganz geläufig sein, suchen Sie rasch die anzuwendenden Vorschriften heraus und lesen Sie diese genau nach, damit Sie sie bei der Lösung parat haben: Bzgl. der Vollstreckbarkeit der Urkunde § 794 Abs. 1 Nr. 5; bzgl. der Klausel §§ 724, 797 Abs. 2; bzgl. der Zustellung §§ 795, 750, bzgl. der Pfändung und Überweisung §§ 828, 764, 829, 835, jeweils ZPO.

Sachverhalt

hat den Feichtingers dann den Vertrag durch einen Gerichtsvollzieher am 9.5.2012 zustellen lassen. Ich habe darüber einen Nachweis. Dann hat sie beim Vollstreckungsgericht Passau einen „Pfändungs- und Überweisungsbeschluss" beantragt. Das Gericht hat den tatsächlich am 31.5.2012 erlassen (Anlage 3); der Beschluss wurde an uns und an die Beklagten zugestellt, den Nachweis habe ich dabei. Ich werde aber nicht ganz schlau daraus. Er betrifft doch die Forderung gegen die Sun-Immo selbst. Soll die jetzt etwa an sich selbst zahlen? Rechtsanwältin Dix hat den Gegnern die „Aufrechnung" erklärt. Die Feichtingers haben aber durch ihren Rechtsanwalt schreiben lassen, dass das alles „null und nichtig" sei. Was halten Sie davon?

Lesen Sie einen Klausursachverhalt auch unter klausurtaktischen Gesichtspunkten. Nebenstehend geht es ersichtlich um ein Problem auf hohem Niveau.

Inzwischen ist mir außerdem zu Ohren gekommen, dass die Eheleute auch noch bei anderen Gläubigern in der Kreide stehen. Zwei von ihnen, die wegen der Vermögensverhältnisse der Feichtingers selbst nichts mehr unternehmen wollen, haben mir ihre Forderungen letzte Woche, am 30.7.2012, abgetreten. Ich habe beide Abtretungserklärungen mitgebracht. Wir haben vereinbart, dass ich, falls und soweit ich diese Forderungen erfolgreich „versilbern" kann, ihnen jeweils 20 % des Erlöses hiervon auszahle.

Es geht dabei um Ansprüche zweier Handwerker wegen eines Ausbaus im Dachgeschoss, den die Eheleute Feichtinger haben vornehmen lassen. Sie haben den Zimmerer- und Schreinermeister Albrecht Dürr, Rosengasse 4, Passau, mit Vertrag vom 30.7.2008 damit beauftragt, drei Dachflächenfenster einzubauen; vereinbart war ein Pauschalpreis von 5000 €. Die Arbeiten wurden laut Dürr ordnungsgemäß erledigt und am 20.12.2008 abgenommen. Die Rechnung über die 5000 €, die er den Bauherren am Tag der Abnahme persönlich ausgehändigt hat, haben diese allerdings trotz vielfacher Mahnungen nie bezahlt. Vertrag, Abnahmeerklärung und Rechnung habe ich dabei. Als Dürr im März dieses Jahres endlich mit Klage drohte, beriefen sich die Eheleute Feichtinger ihm gegenüber durch einen Anwalt ausdrücklich auf Verjährung. Ich glaube ja nicht, dass das richtig sein kann, denn meines Wissens verjähren Forderungen aus Arbeiten an Gebäuden erst nach 5 Jahren.

Die Prüfungsämter achten aber erfahrungsgemäß darauf, eine Klausur nicht mit einem zentralen Problem „stehen und fallen" zu lassen. Häufig werden daher noch geläufigere Fragestellungen „eingebaut". Es deutet alles darauf hin, dass dies hier so ist.

Bzgl. der ersten abgetretenen Forderung wird ausdrücklich das Thema Verjährung angesprochen; das sollte nach diesem Hinweis sehr schnell lösbar sein.

Mit dem Innenausbau (Errichtung einer kleinen Dachwohnung) hatten die Feichtingers, ebenfalls 2008, das Trockenbauunternehmen Michaela Engel beauftragt. Frau Engel berechnete hierfür 22.000 €. Als keine Zahlung einging, erhob sie Ende 2011 Klage gegen die Eheleute zum Landgericht Passau. Mir hat sie erzählt, dass ihre Arbeiten völlig mangelfrei gewesen seien und Ende 2008 eine Abnahme stattgefunden habe, das habe sie auch in die Klage geschrieben. Weil für die Eheleute im Termin kein Anwalt erschien, hat das Landgericht Passau am 10.4.2012 ein Versäumnisurteil gegen sie erlassen (Anlage 4). Unter Vorlage der Abtretungserklärung von Frau Engel habe ich die Feichtingers Anfang Juli 2012 zur Zahlung aufgefordert, aber sie behaupten einfach, sie hätten wegen „Nichteinhaltung der Schallschutznormen" gar keine Abnahme erklärt. Der ganze Ausbau sei wegen dieses Fehlers wertlos. Frau Engel hat mir mitgeteilt, dass ihr gegenüber davon nie die Rede gewesen sei.

Die zweite Forderung ist bereits rechtskräftig tituliert – es liegt also nahe, dass es weniger um ein materiellrechtliches als um ein prozessuales Problem geht. Bei näherem Hinsehen wird sich dies dann als überschaubar und rasch lösbar erweisen.

Herr Rechtsanwalt, jetzt wird es richtig brenzlig! Gestern war in den Firmenräumen der Sun-Immo der Gerichtsvollzieher Kravag, der mir eine vollstreckbare Ausfertigung des Urteils vom 25.8.2011 gegen die GmbH vorzeigte. Außerdem legte er ein Gutachten eines öffentlich bestellten und vereidigten Bausachverständigen vor, das die Feichtingers in Auftrag gegeben haben, wonach die Beseitigung der Unebenheiten in der Terrasse 5.000 € kosten soll. Meines Erachtens dürfte der Betrag zwar stimmen, aber meine Firma kann für die Unebenheiten ja gar nichts. Das war ein Fehler des Fliesenlegers, das Landgericht hat uns zu Unrecht verurteilt. Aus dem Gutachten geht das jetzt ja auch klar hervor.

*Hier bringt der Mandant selbst einen Hinweis, dass es jetzt „eilt". Nehmen Sie einen solch **deutlichen „Wink"** des Sachverhalts aktiv entgegen und denken Sie über **Eilanträge** nach!*

Jedenfalls pfändete der Gerichtsvollzieher dann ein Gemälde, das im Empfangsraum der GmbH hängt, obwohl ich ihm ausdrücklich gesagt habe, dass das meiner Frau gehört. Meine Frau Katharina ist leidenschaftliche Kunstsammlerin. Das Ölgemälde des tschechischen Künstlers Robert Arató, „o.T. XVI/11", hat sie erst vor einigen Wochen zum Preis von 35.000 € gekauft und wegen seiner Größe (1,90 auf 2,50 Meter) hat sie noch keinen Platz in unserem Haus gefunden. Deshalb hat sie es der GmbH als Leihgabe zur Verfügung gestellt. Das kann meine Frau alles bezeugen. Außerdem habe ich die Rechnung vom 29.6.2012 dabei. Die GmbH kann doch keinesfalls hinnehmen, dass ihre Ver-

*In kaum einer Zwangsvollstreckungsklausur fehlt ein solches **Tätigwerden eines Vollstreckungsorgans** und einem dazu thematisierten (vermeintlichen) Fehler. Anhand eines solchen Zusatzproblems kann geprüft werden, ob der Bearbeiter die gegen eine Zwangsvollstreckung **statthaften Rechtsbehelfe** voneinander abgrenzen kann.*

Sachverhalt

tragspartner auf diese Weise geschädigt werden, dagegen können wir sicher vorgehen. Der Gerichtsvollzieher hat angekündigt, es werde demnächst zu einem Versteigerungstermin kommen. Ein Pfändungsprotokoll hat er mir dagelassen.

Ich hoffe sehr, Herr Rechtsanwalt, dass Sie mir möglichst schnell aus diesem Schlamassel helfen können. Um nicht weiter unnötig Kosten zu riskieren, möchte ich vorerst, dass Sie nur gegen die Vollstreckung vorgehen und alle vorgenannten Forderungen nur zu diesem Zweck einsetzen. Eine Zahlungsklage möchte ich gegen die Feichtingers wegen deren Vermögenslosigkeit nicht erheben, ebenso wenig gegen Rechtsanwältin Dix oder Frau Christo, die unbekannt verzogen ist. Außerdem erteile ich Ihnen nur für die GmbH Auftrag und Vollmacht; eventuelle persönliche Ansprüche meinerseits oder meiner Frau sollen vorerst nicht verfolgt werden. Sollte es für irgendwelche Zwecke erforderlich sein, kann die GmbH jederzeit eine Sicherheitsleistung erbringen. Abschließend bitte ich Sie aus Kostengründen, nur solche Schritte in die Wege zu leiten, für die hinreichende Erfolgsaussicht besteht. Die Einschätzung insoweit überlasse ich natürlich Ihnen.

> Hier finden Sie eine **ganz klare Beschränkung des Arbeitsauftrags** – beherzigen Sie diese! Nicht selten bearbeiten Examenskandidaten gar nicht verlangte Aufgaben. Das ist nicht nur überflüssig, sondern schädlich, denn es ist ein „Zeitfresser" – kostbare Arbeitszeit für die eigentliche Aufgabe geht verloren.

Anlage 1

Auszug aus dem notariellen Kaufvertrag vom 23.6.2008, geschlossen vor der Notarin Dr. Pauline Klee, Passau, Urkundenrolle Nr. 1987/2008:

„... erschienen heute:

1. die Eheleute Leonie und Andreas Feichtinger, Narzissenweg 19, 94034 Passau (Käufer)
2. Herr Georg Immendorf, als allein vertretungsberechtigter Geschäftsführer der „Sun-Immo-GmbH", Am Goldberg 12, 94034 Passau (Verkäuferin) ....

(In Ziff. II ist geregelt, dass die Verkäuferin an die Käufer zu je ½ Miteigentumsanteil das Grundstück Sonnenweg 12a, 94032 Passau, vorgetragen im Grundbuch von Passau, Gemarkung Hohenwies, Flurstück 471/1, mit aufstehender neu errichteter Doppelhaushälfte, zum Preis von 275.000 € verkauft und beide Käufer als Gesamtschuldner haften).

> Wenn Sie eine Klageschrift fertigen, müssen Sie im Rubrum immer die aktuelle **ladungsfähige Anschrift** des/der Beklagten angeben, also im Sachverhalt bewusst danach suchen. Hier müssen Sie erkennen, dass dies die vormalige, nicht mehr aktuelle Adresse der Beklagten war. Sinnvoll ist es, die aktuelle Anschrift im Text immer gleich deutlich zu kennzeichnen (bewährt hat sich die Verwendung derselben Farbe für alle Formalien, die Sie für den Schriftsatz benötigen), um sie in der „Ausarbeitungsphase" schnell zu finden.

XII.

Jeder einzelne Käufer unterwirft sich wegen der in Ziffer II. dieser Urkunde eingegangenen Verpflichtungen

> Nochmals: Einschlägige Vorschriften dazu gleich heraussuchen und lesen (s.o.).

der sofortigen Zwangsvollstreckung aus dieser Urkunde in sein gesamtes Vermögen. Vollstreckbare Ausfertigung dieser Urkunde kann jederzeit ohne Nachweis der Fälligkeit erteilt werden.

....

Vorgelesen von der Notarin, von den Beteiligten genehmigt und von diesen sowie von der Notarin eigenhändig unterschrieben."

Anlage 2

Auszug aus dem Endurteil des Landgerichts Passau, Az. 1.O. 1314/11, vom 25.8.2011, rechtskräftig seit 4.10.2011, in Sachen

„Leonie und Andreas Feichtinger, Sonnenweg 12a, 94034 Passau

– Kläger zu 1) und 2) –

vertreten durch Rechtsanwalt Dr. August Rothin, Am Kirchplatz 12, 94032 Passau, gegen die

Sun-Immo-GmbH, gesetzlich vertreten durch Georg Immendorf, Am Goldberg 12, 94034 Passau

– Beklagte –

vertreten durch Rechtsanwältin Ottilie Dix, Malersteig 13, 94032 Passau,

aufgrund der mündlichen Verhandlung vom 5.8.2011

Sie haben nunmehr schon erkannt, dass die Aufgabe auf eine **Klage nach § 767 ZPO** gegen dieses **Urteil** hinauslaufen wird.

Notieren Sie jetzt auf dem Konzeptblatt, auf dem bereits die Gegenforderungen (mit Daten!) vermerkt sind, deutlich abgesetzt **die für § 767 Abs. 2 ZPO maßgeblichen Daten** des Urteils (welche sind das?).

Endurteil

I. Die Beklagte wird verurteilt, an die Kläger als Gesamtgläubiger 100.000 € ... zu zahlen.

II. Die Beklagte wird weiter verurteilt, an die Kläger als Gesamtgläubiger den für die Beseitigung der Unebenheiten in der gepflasterten Südterrasse auf dem Grundstück Sonnenweg 12a, 94034 Passau, erforderlichen Betrag zu zahlen, dessen Höhe sich aus einem von den Klägern noch zu erholenden Gutachten eines öffentlich bestellten und vereidigten Bausachverständigen ergibt. ...

...

Bei Ziff. II zeigt sich, dass auch **Anlagen sorgfältig gelesen werden müssen**. Nicht immer gibt der **Mandant** in seinem Vortrag alles richtig und vollständig wieder. Hier sollte Ihnen die Ziff. II problematisch geradezu „ins Auge springen" – der Mandant selbst hat das rechtliche Problem jedenfalls nicht erkannt. Zu den umfassenden Beratungspflichten des Anwalts s. bereits oben.

Entscheidungsgründe

Zu Ziff. I: ... Den Klägern steht der Anspruch aus abgetretenem Recht der Zedentin Johanna Christo aus § 433 Abs. 2 BGB zu ... Die Beklagte konnte ihr Vorbringen, der Kaufpreis an Frau Christo sei bereits in voller Höhe bezahlt, nicht beweisen ... Soweit die Beklagte hilfsweise mit einem Gegenanspruch auf Werklohn in

Sachverhalt

Höhe von 20.000 € aus dem Vertrag vom 20.12.2010 die Aufrechnung erklärt, konnte sie damit bereits deshalb keinen Erfolg haben, weil die Forderung noch nicht fällig ist. Die Beklagte selbst räumt ein, dass der Garagenbau noch nicht fertiggestellt und demzufolge auch weder abgenommen noch abnahmereif ist ...

Zu Ziff. II: Die Kläger haben Anspruch auf Mängelbeseitigungskosten aus §§ 633, 634 Nr. 1, 637 Abs. 1 BGB ..."

Anlage 3

Auszug aus dem Beschluss des Amtsgerichts Passau, Vollstreckungsgericht, Az. 2 M 165/12, vom 31.5.2012 in der Zwangsvollstreckungssache Sun-Immo-GmbH (Gläubigerin) gegen Leonie und Andreas Feichtinger (Schuldner):

Ein Muster für einen Antrag auf Pfändungs- und Überweisungsbeschluss findet sich bei Böhme/Fleck/Kroiß, Formularsammlung, 22. A. 2011.

... Es wird „wegen des Anspruchs der Gläubigerin auf Zahlung von 60.000 € aus der vollstreckbaren Ausfertigung der notariellen Urkunde vom 23.6.2008, URNr. 1987/2008, ... bis zur Höhe dieses Anspruchs der angebliche Anspruch der Schuldner gegen die Sun-Immo-GmbH auf Zahlung von 100.000 € aus Ziff. II des Urteils des Landgerichts Passau vom 25.8.2011, Az. 1.O.1314/11, gepfändet und zur Einziehung überwiesen. ... (folgen Verbot gem. § 829 Abs. 1 S. 1 und Gebot nach § 829 Abs. 1 S. 2 ZPO)"

Anlage 4

Auszug aus dem Versäumnisurteil des Landgerichts Passau, Az. 4.O. 1876/2012, vom 10.4.2012, in Sachen Michaela Engel (Klägerin) gegen Leonie und Andreas Feichtinger (Beklagte), rechtskräftig seit 30.4.2012:

„I. Die Beklagten werden gesamtschuldnerisch verurteilt, an die Klägerin 22.000 € zu bezahlen. ..."

Vermerk für die Bearbeiter

Der Schriftsatz des Rechtsanwalts Pollock an das Gericht ist zu fertigen. Er hat auch diejenigen Rechtsausführungen zu enthalten, die die zu stellenden Anträge stützen. Soweit nicht bereits im Schriftsatz enthalten, sind Fragen der Mandantin und Erläuterungen zum gewählten Vorgehen in einem Begleitschreiben an die Mandantin darzustellen. Ausführungen zu den Gerichtskosten und Anwaltsgebühren sind erlassen.

Soweit in dem Schriftsatz an das Gericht und dem Schreiben an die Mandantin nach Ansicht des Bearbeiters ein Eingehen auf alle aufgeworfenen Rechtsfragen nicht erforderlich erscheint, sind diese in einem Hilfsgutachten zu prüfen.

Ansprüche gegen Rechtsanwältin Dix und Frau Johanna Christo sind nicht zu erörtern.

Auf die Vergabe- und Vertragsordnung für Bauleistungen, Teil B (VOB/B), auf die Gewerbeordnung sowie auf die Makler- und Bauträgerverordnung (MaBV) ist nicht einzugehen.

Lösungsvorschlag

A. Klageschrift

Hans Pollock
Rechtsanwalt
Lindbergweg 1
94032 Passau

Passau, den 8. August 2012

An das
Landgericht Passau
Zengergasse 1
– Zivilkammer –
94032 Passau

Die zentrale Norm, die bei Abfassung der Klageschrift zu beachten ist, ist § 253 ZPO. Ein Muster finden Sie bei Böhme/Fleck/Kroiß, Formularsammlung. Hilfreich ist auch die Kommentierung von Reichold zu § 253 ZPO in: Thomas/Putzo.

Das Gericht ist nach §§ 767 Abs. 1, 802 ZPO sachlich und örtlich ausschließlich zuständig. Die Zuständigkeit des Spruchkörpers richtet sich nach der Geschäftsverteilung gem. § 21e Abs. 1 GVG (meist wird dort der Spruchkörper des Ausgangsverfahrens für zuständig erklärt). Adressieren Sie also hier nicht an „die 1. Zivilkammer".

Klage

in Sachen

Sun-Immo-GmbH, gesetzlich vertreten durch Georg Immendorf, Am Goldberg 12, 94034 Passau

– Klägerin –

Prozessbevollmächtigter: Rechtsanwalt Hans Pollock, Lindbergweg 1, 94032 Passau,

Für die GmbH muss deren gesetzlicher Vertreter gem. § 35 GmbHG genannt werden. Die Angabe der Firmenanschrift ist ausreichend, weil dort zugestellt werden kann (vgl. auch Ersatzzustellung nach § 178 ZPO).

gegen

1. Leonie Feichtinger, Sonnenweg 12a, 94034 Passau
2. Andreas Feichtinger, ebda.

– Beklagte –

Prozessbevollmächtigter: Rechtsanwalt Dr. August Rothin, Am Kirchplatz 12, 94032 Passau

wegen Unzulässigkeit der Zwangsvollstreckung

Streitwert: 105.000 €

Namens und im Auftrag der Klägerin und unter Versicherung ordnungsgemäßer Bevollmächtigung erhebe ich hiermit Klage zum Landgericht Passau mit folgenden Anträgen:

I. Die Zwangsvollstreckung aus dem Urteil des Landgerichts Passau vom 25.8.2011, Az. 1.O. 1314/11, wird für unzulässig erklärt.

II. Die Beklagten tragen die Kosten des Verfahrens.

III. Das Urteil ist vorläufig vollstreckbar.

Für den Fall des Vorliegens der Voraussetzungen wird vorsorglich der Erlass eines Versäumnisurteils beantragt.

Hier kann ausnahmsweise bereits in der Klageschrift für die Beklagten ein Prozessvertreter genannt werden: die Prozessvollmacht im Ausgangsverfahren erstreckt sich gem. § 81 ZPO auch auf die Vollstreckungsgegenklage (h.M; Hüßtege in: Thomas/Putzo, § 81 Rn. 1).

Versicherung der Bevollmächtigung genügt zunächst (trotz des vermeintlich gegenteiligen Wortlauts des § 80 ZPO). Die Prozessvollmacht wird bei Anwälten nämlich nur auf Rüge geprüft, § 88 ZPO. Dann allerdings ist sie schriftlich nachzuweisen.

Anträge zu Kosten und Vorläufiger Vollstreckbarkeit sind nicht erforderlich, da über sie von Amts wegen entschieden werden muss, aber üblich. Auch ein (Gestaltungs-!) Urteil nach § 767 ZPO muss im Hinblick auf § 775 Nr. 1 ZPO für vorläufig vollstreckbar erklärt werden.

Ferner wird folgender Antrag im einstweiligen Rechtsschutz gestellt:

1. Die Zwangsvollstreckung gegen die Klägerin aus dem vorbezeichneten Titel wird – gegebenenfalls gegen Sicherheitsleistung – bis zum Erlass des Urteils eingestellt.
2. Es wird angeordnet, die Pfändung des Ölgemäldes des Malers Arató, „o.T. XVI/11", Größe etwa 1,90 x 2,50 Meter, in den Geschäftsräumen der Klägerin vom 6.8. 2012, vorsorglich gegen Sicherheitsleistung, aufzuheben.
3. Vorsorglich: Die Zwangsvollstreckung darf nur gegen Sicherheitsleistung der Beklagten fortgesetzt werden.

Im Hinblick auf Antrag 2.) wird eine Sicherheitsleistung in Höhe von 35.000 € (Wert des Kunstwerks) ausdrücklich angeboten.

Der Antrag auf einstweilige Einstellung beruht auf § 769 Abs. 1 S. 1 ZPO – die Klage allein ändert nämlich noch nichts an der Vollstreckbarkeit des angegriffenen Urteils. Wissen zum **einstweiligen Rechtsschutz** ist für die Anwaltsklausur übrigens unabdingbar!

Zu Antrag 2): Das Gericht kann die Pfändung nicht selbst aufheben (funktional zuständig ist der Gerichtsvollzieher, § 808 Abs. 1 ZPO), deshalb muss eine Anweisung bzw. Anordnung ergehen.

Begründung

Die Kläger wendet sich gegen die Zwangsvollstreckung aus dem im Antrag bezeichneten Urteil, und zwar gegen dessen Ziff. I. im Wege der Vollstreckungsabwehrklage sowie gegen Ziff. II mit der Titelabwehrklage in analoger Anwendung des § 767 ZPO.

Gegen den in Ziff. I titulierten Anspruch werden – in der vorgetragenen Reihenfolge – zwei nachfolgend näher erläuterte Gegenrechte aus eigenem Recht der Klägerin in Höhe von 60.000 und 18.000 € sowie eine weitere Gegenforderung aus abgetretenem Recht der Frau Michaela Engel in Höhe von 22.000 € geltend gemacht.

Gegen den in Ziff. II titulierten Anspruch wird die Klage darauf gestützt, dass er wegen mangelnder Bestimmtheit nicht vollstreckungsfähig ist.

Ein einleitender Satz zum Kern des Rechtsstreits ist üblich. Hier wurde, um einen besseren Überblick über das komplexe Vorbringen zu geben, darüber hinaus das „Gesamtprogramm" der Argumentation kurz umrissen.

Für den Aufbau der Klageschrift gilt als Grundregel: **Sachvortrag** muss **von den Rechtsausführungen stets klar unterscheidbar** sein.

§ 253 ZPO verlangt (neben den Anträgen) an sich nur Vortrag zum „Grund" des erhobenen Anspruchs – das sind die klagebegründenden **Tatsachen**. Diese müssen schlüssig gemacht werden – das Gericht muss die gewünschte Rechtsfolge bei Anwendung der Rechtsregeln selbst ziehen können; vgl. § 330 Abs. 2 ZPO.

Darüber hinaus sind jedoch in der Praxis und erst recht in der Klausur auch **Rechtsausführungen** selbstverständlich. Der Klarheit halber werden sie vom Bearbeitervermerk (wie hier) meist ausdrücklich verlangt.

A.

Die Klage beruht auf folgendem Sachverhalt:

I.

Die Beklagten erstritten gegen die Vollstreckungsschuldnerin – die nunmehrige Klägerin – das seit 4.10.2011 rechtskräftige Endurteil des Landgerichts Passau vom 25.8.2011 (Az. 1.O.1314/11) aufgrund mündlicher Verhandlung vom 5.8.2011.

Die Klägerin wurde in Ziff. I des Urteils zur Zahlung von 100.000 € (aus abgetretenem Recht) an die Beklagten verurteilt, in Ziff. II zur Zahlung eines „erforderlichen" – unbezifferten – Betrages zur Beseitigung eines Bau-

Unterschiedliche Aufbauprinzipien stehen zur Verfügung:

Sie können – wie hier – erst den **gesamten Sachverhalt** und im Anschluss die Rechtsausführungen bringen.

Bei **mehreren Streitgegenständen** kommt aber auch getrennter Vortrag zu diesen in Betracht, dann jeweils **untergliedert** nach Sach- und Rechtsausführungen. Entscheidend ist immer die Verständlichkeit.

Lösungsvorschlag

mangels an der Südterrasse des Anwesens der Beklagten.

Beweis: Urteil des Landgerichts Passau, Az. 1.O. 1314/11, vom 25.8.2011 (Anlage K1)
Beiziehung der Verfahrensakten Landgericht Passau Az. 1.O. 1314/11

Die Beklagten erholten das Gutachten eines öffentlich bestellten und vereidigten Bausachverständigen, wonach die Kosten für die Nachbesserung der Terrasse 5.000 € betragen sollen. Nach Zustellung des Urteils und Erteilung einer vollstreckbaren Ausfertigung beauftragten die Beklagten den Gerichtsvollzieher mit der Zwangsvollstreckung.

Am 6.8.2012 pfändete der Gerichtsvollzieher in den Geschäftsräumen der Klägerin das im Eingangsbereich hängende, im Antrag zur einstweiligen Einstellung (Ziff. 2) näher bezeichnete Ölgemälde.

Beweis: Pfändungsprotokoll des Gerichtsvollziehers Kravag vom 6.8.2012

Das Gemälde hat einen Wert von 35.000 €; zu diesem Preis wurde es erst vor kurzem gekauft.

Glaubhaftmachung: Rechnung vom 29.6.2012

Nur der Vollständigkeit halber sei darauf hingewiesen, dass dieses Bild, wie sich schon aus der Rechnung klar ergibt, nicht im Eigentum der Klägerin, sondern der Ehefrau des Geschäftsführers der Klägerin, Frau Katharina Immendorf, steht, die es der Klägerin leihweise und nur vorübergehend zur Präsentation zur Verfügung gestellt hat.

Der Gerichtsvollzieher teilte mit, dass demnächst ein Versteigerungstermin bestimmt werde.

II.

Soweit sich die Klage gegen die Vollstreckung aus Ziff. I des landgerichtlichen Urteils wendet, ist ferner folgender Sachverhalt vorzutragen:

1. Zur Verrechnung in Höhe von 60.000 €

Die Klägerin war und ist als Bauträgerin tätig. Mit notariellem Vertrag vom 23.6.2008 erwarben die Beklagten von der Klägerin das zuvor von der Klägerin im Jahre 2007/2008 mit einer Doppelhaushälfte bebaute Grundstück Sonnenweg 12a, Passau, zum Gesamtpreis von 275.000 €.

Zum Sachvortrag gehören auch die entsprechenden **Beweisangebote**. Zwar ist dies von der ZPO nicht vorgeschrieben – es kann auch erst abgewartet werden, was der Gegner bestreitet, ist doch nur dies beweisbedürftig, § 138 Abs. 3 ZPO. Da jedoch meist bereits vorhersehbar ist, was bestritten werden wird, dient es der Verfahrensbeschleunigung, für die zentralen Tatsachen bereits in der Klage Beweis anzubieten.

Zum Wert des Bildes wird im Hinblick auf die vom Gericht evtl. festzusetzende Sicherheitsleistung gem. § 769 Abs. 1 ZPO vorgetragen – insoweit genügt Glaubhaftmachung gem. § 769 Abs. 1 S. 3, 294 ZPO.

„Überschriften" wie im Gutachten sind in Schriftsätzen zwar grundsätzlich zu vermeiden; es sind ganze Sätze zu bilden. Bei komplexen Sachverhalten und insb. wie hier in „Punktesachen" sind sie jedoch für den Leser hilfreich (Übersichtlichkeit).

Beweis: Notariell beurkundeter Vertrag vom
23.6.2008, Urkundenrolle Nr. 1987/2008 der
Notarin Dr. Pauline Klee, Passau (Anlage K 1)

Die Beklagten haben sich bezüglich des vereinbarten Kaufpreises in derselben Urkunde jeweils der sofortigen Zwangsvollstreckung in ihr gesamtes Vermögen unterworfen. Die Erteilung der Vollstreckungsklausel sollte nicht vom Nachweis der Fälligkeit abhängig sein.

Beweis: Vertrag wie vorstehend, dort Ziff XII.

Vorsorglich wird dennoch vorgetragen, dass die Beklagten noch am 23.6.2008 das Kaufobjekt besichtigten, als vertragsgemäß akzeptierten und die Abnahme ausdrücklich erklärten.

Der Vortrag zu Kauf, Abnahme und Grundbucheintragung ist hier rechtlich nicht unbedingt notwendig, rundet das historische Geschehen aber ab und macht es verständlich.

Beweis: Abnahmeprotokoll vom 23.6.2008
(Anlage K 2)

Sie zogen noch im Juni 2008 in das Anwesen ein und bewohnen es seitdem. Sie wurden als Bruchteilseigentümer zu je ½ im Grundbuch von Passau, Gemarkung Hohenwies, Flurstück 471/1 eingetragen.

Beweis: Grundbuchauszug (Anlage K 3)

Gleichwohl bezahlten sie auf den vereinbarten Kaufpreis bislang lediglich 215.000 €. 60.000 € stehen daher noch zur Zahlung offen.

Zum Vortrag, dass nur 215.000 € gezahlt wurden, ist kein Beweis anzubieten: weitere Zahlungen müssten die Beklagten vortragen und beweisen. Sind Sie sich einmal unsicher über die Beweislast, können Sie notfalls ein Beweismittel „vorbehaltlich der Beweislast" anbieten.

Die Klägerin beantragte daraufhin durch ihre damalige Rechtsanwältin Ottilie Dix bei der Notarin Dr. Klee die Erteilung einer vollstreckbaren Ausfertigung der Urkunde vom 23.6.2008. Die Notarin hat dem Antrag entsprochen und die Vollstreckungsklausel am 7.5.2012 erteilt. Daraufhin ließ die Klägerin den Beklagten die notarielle Urkunde durch einen Gerichtsvollzieher am 9.5.2012 zustellen.

Beweis: Zustellbestätigung vom 7.5.2012
(Anlage K 4)

Das Datum der Zustellung der Urkunde ist im Hinblick auf die Wartefrist des § 798 ZPO wichtig!

Die Klägerin musste dann feststellen, dass das Wohnanwesen der Beklagten mit einer Grundschuld in Höhe von 400.000 € belastet ist,

Beweis: Grundbuchauszug wie vorstehend
(Anlage K 3),

und der einzige erkennbare Gegenstand im Vermögen der Beklagten, der für einen Vollstreckungszugriff in Betracht kommt, deren rechtskräftig titulierte Forderung gegen die Klägerin selbst ist. Sie stellte daher beim Vollstreckungsgericht Passau den Antrag, zum

Lösungsvorschlag

Zwecke der Zwangsvollstreckung aus der vorgenannten Urkunde die unter Ziff II. des Urteils vom 25.8.2011 den Beklagten zugesprochene Forderung (insgesamt 100.000 €) in Höhe von 60.000 € zu pfänden und an sich selbst zur Einziehung zu überweisen. Dem Antrag wurde mit Pfändungs- und Überweisungsbeschluss vom 31.5.2012 stattgegeben, der sowohl der Klägerin als auch den Beklagten zugestellt wurde, letzteren am 5.6.2012.

Beweis: Beschluss des AG Passau vom 31.5.2012, Az. 2 M 165/12 (Anlage K 5)
Zustellnachweis vom 5.6.2012 (Anlage K 6)

Die Klägerin ließ gleichzeitig erklären, die gepfändete Forderung nunmehr gegen die Forderung im gegenständlichen Urteil aufzurechnen. Diese Erklärung wird hiermit vorsorglich ausdrücklich wiederholt und gleichzeitig präzisiert, dass es sich um eine *Verrechnung* handelt.

2. Zur Aufrechnung in Höhe von 18.000 €

Der Klägerin steht gegen die Beklagten ferner eine Werklohnforderung in Höhe von 18.000 € wegen der Errichtung einer Garage zu, mit der sie hiermit ausdrücklich die Aufrechnung gegen den titulierten Anspruch der Beklagten erklärt.

Die Beklagten hatten bei der Klägerin mit Vertrag vom 20.12.2010 die Errichtung einer Garage auf ihrem Grundstück zum Preis von pauschal 18.000 € bestellt.

Beweis: Vertrag vom 20.12.2010 (Anlage K 7)

Die Beklagte hatte ihren daraus resultierenden Zahlungsanspruch zwar bereits gegen die Klage im Vorprozess im Wege der hilfsweisen Aufrechnung eingewandt, diesen ließ das Gericht jedoch als „derzeit nicht fällig" unberücksichtigt. Die letzte mündliche Verhandlung fand in jenem Verfahren am 5.8.2011 statt.

Beweis: Urteil des Landgerichts Passau (Anlage 1)

Inzwischen ist der Anspruch fällig geworden. Nach Errichtung der Garage Mitte August 2011 wurden zunächst noch einige von den Beklagten gerügte Mängel nachgebessert. Am 24.8.2011 fand eine Begehung der vollständig fertiggestellten Garage statt, an der der Geschäftsführer der Klägerin, die beiden Beklagten persönlich sowie der Bausachverständige Dipl. Ing. David Friedrich teilnahmen. Die Garage war fachgerecht errichtet und wies keinerlei Baumängel auf.

Der Vortrag, dass damals bereits die Aufrechnung erklärt worden ist, könnte sich zwar evtl. zum Nachteil des Mandanten auswirken, sollte aber bereits im Hinblick auf die Wahrheitspflicht des § 138 ZPO nicht unterbleiben. I.Ü. würde es ohnehin als gerichtsbekannt (nach Beiziehung der Akten des Ausgangsverfahrens) zur Sprache kommen.

Beweis: Dipl. Ing. David Friedrich, Casparstr. 18,
94078 Freyung

als Zeuge

vorsorglich: Einholung eines Sachverständigengutachtens nach Auswahl des Gerichts

Dennoch weigerten sich die Beklagten ohne Begründung, die Abnahme des Bauwerks zu erklären. Der Geschäftsführer der Klägerin setzte ihnen daraufhin an Ort und Stelle eine Frist hierfür bis zum 20.9.2012,

Beweis: Dipl. Ing. David Friedrich, wie vorstehend,

die die Beklagten ohne Reaktion verstreichen ließen.

3. Zur Aufrechnung in Höhe von 22.000 € aus abgetretenem Recht

Die Beklagten hatten im Jahre 2008 Frau Michaela Engel aus Niederndorf damit beauftragt, Trockenbauarbeiten im Dachgeschoss ihrer Doppelhaushälfte durchzuführen. Da die Beklagten das vereinbarte Entgelt, 22.000 €, schuldig blieben, wurden sie von der Unternehmerin auf Zahlung verklagt und mit Versäumnisurteil des Landgerichts Passau vom 10.4.2012, Az. 4.O.1876/2012, als Gesamtschuldner zur Zahlung dieser Summe an Michaela Engel verurteilt. Das Urteil ist seit 30.4.2012 rechtskräftig.

Beweis: Versäumnisurteil des Landgerichts Passau vom 10.4.2012, Az. 4.O. 1876/2012, mit Rechtskraftvermerk
Beiziehung der Verfahrensakten Landgericht Passau Az. 4.O. 1876/2012

Michaela Engel hat den Anspruch, auf den von den Beklagten keine Zahlung erfolgte, am 30.7.2012 schriftlich an die Klägerin abgetreten.

Beweis: Abtretungserklärung vom 30.7.2012
Frau Michaela Engel, Gewerbering 147, 94161 Niederndorf

als Zeugin

Die Beklagten haben trotz Aufforderung durch die Klägerin unter Vorlage einer Abtretungserklärung keine Zahlung erbracht. Die Klägerin erklärt hiermit die Aufrechnung mit diesem Anspruch in voller Höhe (22.000 €) gegen den unter Ziff. II. des streitgegenständlichen Urteils titulierten Anspruch der Beklagten.

Zu evtl. Mängeln an der Garage sollte hier hingegen nicht näher vorgetragen werden. Zwar liegt die Beweislast für die Mangelfreiheit des Werks hier beim Kläger, weil keine Abnahme vorliegt und daher für den Vergütungsanspruch die Voraussetzungen der Abnahmereife gem. § 640 Abs. 1 S. 3 BGB dargetan werden müssen. Der Besteller muss aber, um dem Unternehmer den Beweis zu ermöglichen, die behaupteten Mängel wenigstens benennen; vgl. Sprau in: Palandt, § 634 BGB Rn. 12; § 641 Rn. 18. Überlassen Sie das also hier dem Gegner und ignorieren Sie insoweit den Klausursachverhalt. Auch das gehört zur Aufgabenstellung der Anwaltsklausur: Verständnis für die Vortragslast zeigen!

Für die im Versäumnisurteil titulierte Forderung bedarf es keines Sachvortrages: es liegt ja bereits eine rechtskräftige Entscheidung vor, § 322 Abs. 1 ZPO. Ein Zurückgehen auf das materielle Recht ist insoweit weder nötig noch auch nur erlaubt. Auch insoweit ist der Mandantenvortrag zu „bereinigen".

Soweit über vorgreifliche Fragen des hier begehrten Urteils bereits ein rechtskräftige Entscheidung vorliegt, ist diese von Amts wegen zu Grunde zu legen; vgl. BGH NJW 2008, 1227. Das bedeutet aber nicht, dass das Gericht insoweit auch von Amts wegen ermittelt – im Zivilprozess gilt bezüglich der entscheidungserheblichen Tatsachen der Beibringungsgrundsatz! Unterbreiten Sie dem Gericht also alle erforderlichen Informationen.

Lösungsvorschlag

4. Dieser ist damit vollständig getilgt

Zugesprochener Betrag in Ziff. II des Urteils vom 25.8.2012:	100.000 €
– abzgl Verrechnung mit gepfändeter und zur Einziehung überwiesener Forderung	./. 60.000 €
– abzgl. Aufrechnung Werklohn Garage	./. 18.000 €
– abzgl. Aufrechnung abgetretener Anspruch Michaela Engel	./. 22.000 €
verbleibender Rest:	0,00 €

III.

Soweit sich die Klage gegen die Vollstreckung aus **Ziff. II** des landgerichtlichen Urteils wendet, sei zusätzlich folgender Sachverhalt vorgebracht:

Die Höhe des zur Nachbesserung der Terrasse erforderlichen Betrags von 5.000 € erscheint der Klägerin plausibel und soll nicht in Abrede gestellt werden. Nicht die Klägerin ist jedoch für diesen Mangel verantwortlich, sondern der damalige Fliesenleger. Auf beides wird es jedoch aus rechtlichen Gründen nicht ankommen.

> In den Rechtsausführungen werden Sie zwar darlegen, dass es auf den Mangel gar nicht ankommt – dennoch sollte man der Vollständigkeit halber auf diesen dem Mandanten günstigen Vortrag nicht verzichten – und sei es nur, um einer erneuten Mängelklage (möglicherweise sogar im Wege der [Hilfs-] Widerklage) durch die Gegner vorzubeugen.

B.

In rechtlicher Hinsicht wird Folgendes vorgetragen:

I.

Die Klage ist zulässig.

Bei der gegenständlichen Klage handelt es sich, soweit sie sich gegen die **Vollstreckung aus Ziff. I** des Urteils vom 5.8.2011 richtet, um eine Vollstreckungsabwehrklage gemäß § 767 ZPO; soweit sie sich gegen **Ziff. II** richtet, handelt es sich um eine Titelgegenklage in analoger Anwendung des § 767 ZPO. Beide Klagen werden bei dem gem. § 767 Abs. 1, 802 ZPO ausschließlich zuständigen Landgericht Passau erhoben. Wegen der mit der Pfändung des vorbezeichneten Gemäldes bereits begonnenen und noch nicht vollständig abgeschlossenen Zwangsvollstreckung besteht das erforderliche Rechtsschutzbedürfnis[2]. Auch im Übrigen liegt Zulässigkeit vor:

> Über die Zulässigkeit der Klage ist zwar von Amts wegen zu entscheiden, vgl. § 56 ZPO (der für alle Prozessvoraussetzungen gilt). Dennoch sind meist Ausführungen angebracht – und zwar immer zur **sachlichen und örtlichen Zuständigkeit** und zu den Voraussetzungen besonderer **Klagearten**; sonst nur zu **problematischen Punkten**. Spulen Sie nicht stereotyp das gesamte „Zulässigkeitsschema" ab. Hier wurden die für alle Anträge gemeinsamen Voraussetzungen vorweg zusammengefasst; die je besonderen Voraussetzungen werden im Anschluss beim jeweiligen Antrag dargelegt.

1. Bezüglich der **Ziff. I** des Urteils vom 5.8.2011 erhebt die Klägerin materiellrechtliche Einwendungen, die

---

[2] S. zu diesem Erfordernis vgl. Seiler in: Thomas/Putzo, § 767 Rn. 14 f. Diesen Punkt könnten Sie hier, da gänzlich unproblematisch, auch ganz weglassen.

den titulierten Anspruch betreffen und die allesamt nach der letzten mündlichen Verhandlung im Vorprozess – dem 5.8.2011 – entstanden sind[3].

a) Für dieses Rechtsschutzziel stellt die Vollstreckungsabwehrklage die statthafte Klageart dar. Klargestellt wird, dass mit dem Vortrag zu den Eigentumsverhältnissen am gepfändeten Gemälde nicht darauf abgezielt wird, Ansprüche aus § 771 ZPO geltend zu machen, die der Klägerin, wie ihr selbstverständlich bewusst ist, nicht zustehen. Der Vortrag erfolgte lediglich zur Information und im Zusammenhang mit dem Wert des Bildes im Hinblick auf eine bei Aufhebung der Maßnahme evtl. von der Klägerin zu erbringende Sicherheitsleistung.

In Klausuren zum Zwangsvollstreckungsrecht wird häufig geprüft, ob der Bearbeiter die verschiedenen Rechtsbehelfe voneinander abgrenzen kann. So darf man z.B. im Rahmen einer Klage nach § 767 ZPO keine „rechtsbehelfsfremden Einwendungen" erheben, die z.B. nur mit der Vollstreckungserinnerung, § 766 ZPO, geltend gemacht werden könnten. Zeigen Sie hier mit dem Hinweis auf § 771 ZPO souverän und in der notwendigen Kürze, dass Sie sich über die unterschiedlichen Rechtsschutzziele im Klaren sind.

b) Der Klage steht auch insoweit keine rechtskräftige gerichtliche Entscheidung entgegen, als die Aufrechnung mit derselben Werklohnforderung der Klägerin über 18.000 € erfolgt, die bereits im Vorprozess – erfolglos – zur Aufrechnung gestellt worden ist. Zwar kann gem. § 322 Abs. 2 ZPO auch die Entscheidung über eine Aufrechnungsforderung in materielle Rechtskraft erwachsen.

aa) Die materielle Rechtskraft macht eine erneute Klage im Folgeprozess aber nur dann unzulässig, wenn mit ihr derselbe Streitgegenstand oder dessen kontradiktorisches Gegenteil geltend gemacht werden[4]. Im Vorprozess ging es darum, mit der Aufrechnung einen Zahlungsanspruch durchzusetzen. Nach Auffassung der Klägerin stellt das nunmehr verfolgte Klageziel – Beseitigung der Vollstreckbarkeit des Titels[5] – selbst dann einen anderen Streitgegenstand dar, wenn man berücksichtigt, dass für dieses Ziel die seinerzeitige Aufrechnungsforderung zur Begründung vorgebracht wird. Es handelt sich bei der Frage, ob der Anspruch besteht, allenfalls um eine Vorfrage der hier erstreb-

Diese Analyse des Streitgegenstandes ist hier außerordentlich anspruchsvoll, und wäre selbst in guten Arbeiten nicht zwingend zu erwarten. Gut vertretbar wäre es, das Thema nur kurz anzusprechen und wegen der nachfolgenden Ausführungen „dahinstehen" zu lassen. Dies gilt insbesondere, als die Klausur in der vorgegebenen Arbeitszeit zu lösen ist und Sie eine sinnvolle Schwerpunktsetzung finden müssen. „Verzetteln" Sie sich also nicht in dogmatisch anspruchsvollen Fragen, die für den Fortgang der Lösung nicht unabdingbar sind.

---

[3] Bei der Frage, ob die Einwendungen tatsächlich nach dem gem. § 767 Abs. 2 ZPO maßgeblichen Zeitpunkt entstanden sind, handelt es sich nach allg. Auffassung nicht um eine Zulässigkeits- sondern um eine Begründetheitsfrage; so schon RGZ 77, 352, 354. Dennoch erscheint es sinnvoll, diese Voraussetzung im Rahmen der Zulässigkeit wenigstens zu *behaupten*. Vertiefen sollten Sie das Thema hier aber nicht: Möge das Gericht selbst entscheiden, in welcher Prüfungsstation es diese Frage erörtern will. Sie als Klägeranwalt stehen ja ohnehin auf dem Standpunkt, dass die Einwendungen *nicht präkludiert* sind.
[4] Vgl. nur Reichold in: Thomas/Putzo § 322 Rn. 11.
[5] S. hierzu Seiler in: Thomas/Putzo § 767 Rn. 3.

Lösungsvorschlag

ten Entscheidung[6], was die Zulässigkeit der Klage unberührt lässt[7].

bb) Doch selbst bei gegenteiliger Auffassung stünde § 322 Abs. 2 ZPO der jetzigen Klage nicht entgegen. Die Aufrechnungsforderung ist seinerzeit nicht schlechthin aberkannt, sondern ausweislich der Entscheidungsgründe nur als „derzeit nicht fällig" behandelt worden. In einem solchen Fall steht ihrer neuerlichen Geltendmachung, gestützt auf die Behauptung, es sei inzwischen (nämlich nachträglich) Fälligkeit eingetreten – wie es hier gerade vorgebracht wird –, nichts im Wege[8].

> Dass ein Anspruch als „derzeit nicht fällig" abgewiesen wurde, muss sich aus dem Urteil deutlich ergeben, zwar nicht notwendig (aber idealerweise) aus dem Tenor selbst, wenigstens aber aus den Entscheidungsgründen.

2. Bezüglich der **Ziff. II** des Urteils vom 5.8.2011 erhebt die Klägerin keine materiellrechtlichen Einwendungen gegen den titulierten Anspruch, so dass sie sich nicht unmittelbar auf § 767 Abs. 1 ZPO stützt. Sie wendet sich vielmehr gegen die Wirksamkeit des Titels als solchen. Geltend gemacht wird, dass der Urteilsausspruch mangels hinreichender Bestimmtheit nicht vollstreckungsfähig ist. Insoweit erhebt die Klägerin eine in analoger Anwendung des § 767 ZPO statthafte Titelgegenklage.

Die Zulässigkeit einer solchen Klage ist in der Rechtsprechung nunmehr seit längerem anerkannt und entspricht einem praktischen Bedürfnis. Die von der ZPO für das Vorgehen gegen einen unbestimmten,

> Machen Sie sich den Unterschied genau klar: mit der hier erhobenen Titel-**gegenklage** wird nicht der (nachträgliche) Wegfall des Anspruchs geltend gemacht, sondern Fehler des Titels als solchen – das fällt nicht unter den Wortlaut des § 767 ZPO. Die frühere Rechtsprechung verlangte für die Klage nach § 767 ZPO den Bestand eines vollstreckungsfähigen Titels, anderenfalls war gegen die erteilte Vollstreckungsklausel mit Klauselrechtsbehelfen, § 732 oder § 768 ZPO, vorzugehen (so noch BGH NJW-RR 1987, 1149). Vom Vorrang der Klauselerinnerung ist aber die neuere Rechtsprechung, insbesondere für den unbestimmten Titel, abgerückt (s. nachfolgend). Man spricht insoweit auch von einer **Gestaltungsklage sui generis** (s. Seiler in: Thomas/Putzo, § 767 ZPO Rn. 8a).

---

[6] Einerseits legt die allg. Meinung bei der Klage nach § 767 ZPO einen Streitgegenstandsbegriff wie soeben geschildert zugrunde: Es geht um die (Un-)Zulässigkeit der Zwangsvollstreckung wegen der geltend gemachten Einwendung, nicht aber um das Bestehen oder Nichtbestehen der Einwendung selbst; BGH NJW-RR 1990, 48; a.A. hingegen Schmidt in: MünchKomm-ZPO, § 767 Rn. 96. Anderseits könnte der Schuldner nicht noch einmal wegen derselben Einwendung die Klage nach § 767 ZPO erheben, vgl. Seiler in: Thomas/Putzo § 767 Rn. 28. Das spricht dafür, die geltend gemachte Einwendung – die Gegenforderung – doch als Teil des Streitgegenstandes zu betrachten. Wäre das so, müsste eine Klage, die sich auf eine anderweitig bereits rechtskräftig aberkannte Forderung stützt, bereits unzulässig sein. Die Konstellation ist, soweit ersichtlich, noch nicht höchstrichterlich entschieden.

[7] Soweit über Vorfragen, z.B. präjudizieller Rechtsverhältnisse, der im Folgeprozess zu treffenden Entscheidung bereits rechtskräftig erkannt wurde, entfaltet dies zwar auch Bindungswirkung gem. § 322 Abs. 1 ZPO, sog. Präjudizialität, aber erst auf der Ebene der Begründetheitsprüfung.

[8] S. hierzu BGH NJW-RR 2011, 1528. Für die *Zulässigkeit* der neuerlichen (Leistungs-) Klage hat es der BGH die *Behauptung* als ausreichend angesehen, dass nachträglich Fälligkeit eingetreten sei. Erst im Rahmen der Begründetheit wurde überprüft, ob es tatsächlich um *nachträgliche*, von der Rechtskraft noch nicht erfasste Entwicklungen ging (im Streitfall verneint).

nicht vollstreckungsfähigen Titel zur Verfügung gestellten Rechtsbehelfe werden nämlich dem Rechtsschutzbedürfnis der verurteilten Partei nicht hinreichend gerecht.

Zwar darf bei Unbestimmtheit des Titels bereits keine Vollstreckungsklausel erteilt werden[9]. Der Klägerin verkennt auch nicht, dass sie bei dem hier geltend gemachten Verstoß dementsprechend auch Klauselerinnerung gem. § 732 ZPO hätte erheben können[10]. Darauf ist sie jedoch nicht beschränkt[11]. Sie macht hier vielmehr von der in der neueren Rechtsprechung zur freien Wahl alternativ zugestandenen Möglichkeit Gebrauch, mit der Klage nach § 767 Abs. 1 ZPO analog, der sog. „Titelgegenklage sui generis", vorzugehen[12]. Während sich nämlich die Klauselerinnerung nur gegen die jeweilige vollstreckbare Ausfertigung richtet und die Erteilung einer weiteren Vollstreckungsklausel nicht zwingend ausschließt, beseitigt die Titelabwehrklage die Vollstreckbarkeit des Titels schlechthin und schafft damit dauerhafte Rechtssicherheit[13], was zugleich das Rechtsschutzbedürfnis für diesen Rechtsbehelf begründet. Gegen einen Vorrang der Klauselerinnerung spricht zudem, dass die Vollstreckungsabwehrklage nach allgemeiner Auffassung selbst dann als zulässig angesehen wird, wenn noch gar keine Vollstreckungsklausel erteilt worden ist[14]. Es wäre wenig überzeugend, sie dann bei Erteilung einer fehlerhaften Klausel zu versagen.

a) Dieselben Erwägungen gelten sinngemäß, wenn man darauf abstellt, dass die Klägerin mit der Voll-

Unterscheiden Sie von der Konstellation des **unbestimmten** (und damit per se nicht vollstreckungsfähigen) **Titels** diejenige, in der zwar der Titel hinreichend bestimmt und damit vollstreckbar ist (z.B. bezifferter Zahlungsausspruch), jedoch nicht erkennbar ist, um welchen **Streitgenstand** es sich handelt (kommt insb. bei Teilklagen vor). Ein solcher Titel ist nicht der materiellen Rechtskraft fähig (grundlegend BGH NJW 1994, 460). Seine Vollstreckbarkeit kann ebenfalls mit der Klage analog § 767 ZPO beseitigt werden (BGH aaO.)

---

9 Zum „Prüfungsprogramm" bei der Erteilung einer Vollstreckungsklausel s. Seiler in: Thomas/Putzo § 724 Rn. 6 ff. Der vollstreckungsfähige Inhalt des Titels gehört dazu.
10 Vor der nachfolgend dargestellten Rechtsprechung waren in diesen Fällen ausschließlich die Rechtsbehelfe gegen die Klauselerteilung statthaft. Heute werden sie vom BGH wahlweise zur Verfügung gestellt, vgl. grundlegend BGH NJW-RR 2004, 1718.
11 Anders noch die ältere Rechtsprechung, die dies als abschließenden einfacheren Weg des Rechtsschutzes ansah, s. nur BGH, NJW-RR 1987, 1149; s. bereits obige Randanmerkung.
12 Grundlegend BGH NJW-RR 2004, 472.
13 Zunächst hatte die neuere Rechtsprechung die Klage analog § 767 Abs. 1 „jedenfalls dann" für zulässig gehalten, wenn, wie hier, *außerdem* mit der Begründung geklagt wurde, der Anspruch bestehe aus materiellrechtlichen Gründen nicht mehr; vgl. BGH BGH NJW-RR 2004, 472. Später wurde diese Einschränkung fallen gelassen und auch die sog. „isolierte" Titelabwehrklage zugelassen, BGH NJW-RR 2007, 1724. Vgl. zur Titelgegenklage auch Özen/Hein, Jus 2010, 126; Kaiser, NJW 2010, 2933.
14 Wolfsteiner in: MünchKomm ZPO, § 797 Rdnr. 34.

Lösungsvorschlag

streckungserinnerung nach § 766 ZPO gegen die Pfändung durch den Gerichtsvollzieher vorgehen könnte[15]. Zwar hat das Vollstreckungsorgan – selbst wenn eine Klausel erteilt wurde, auf deren Prüfung es sich in der Regel beschränken darf – bezüglich der Bestimmtheit des Titels eine eigene Prüfungsbefugnis und -verpflichtung[16]. Eine Pflichtverletzung insoweit kann mit dem Rechtsbehelf nach § 766 ZPO geltend gemacht werden. Dies gilt aber nur für die jeweilige Vollstreckungsmaßnahme. Der Klägerin geht es aber vorrangig um die Beseitigung der Vollstreckbarkeit des Titels insgesamt.

II.

Die gegen Ziff. I und II des landgerichtlichen Urteils gerichteten Anträge können, auch wenn sie als unterschiedliche Streitgegenstände anzusehen sein mögen, gem. § 260 ZPO im Wege der Klagehäufung in einer einheitlichen Klage verbunden werden[17].

Da hier gegen die beiden Ziffern des Urteils mit unterschiedlichen Begründungen vorgegangen wird, handelt es sich um zwei Streitgegenstände (s. auch bereits oben Fn. 6). Achten Sie bei der Darstellung der objektiven Klagehäufung darauf, dass es sich nicht um eine Zulässigkeitsvoraussetzung der Klage handelt. Wäre die Verbindung unzulässig, hätte dies nämlich keine Klageabweisung, sondern lediglich eine Trennung des Verfahrens zur Folge, § 145 ZPO.

III.

Die Vollstreckungsabwehrklage gegen Ziff. I des landgerichtlichen Urteils wird sich in vollem Umfang als begründet erweisen; die geltend gemachten Gegenrechte haben die titulierte Forderung nämlich nachträglich in voller Höhe zum Erlöschen gebracht.

1. Zur Verrechnung mit gepfändeter Forderung über 60.000 €

Der im Urteil vom 25.8.2011 in Ziff. I den Beklagten zugesprochene Anspruch von 100.000 € gegen die Klägerin wurde wirksam in Höhe von 60.000 € zugunsten der Klägerin gepfändet und ihr zur Einziehung überwiesen. Die Klägerin verrechnet diesen überwiesenen Betrag mit dem streitgegenständlichen Titelanspruch der Beklagten, so dass dieser in Höhe von 60.000 € erloschen ist[18].

Wir kommen zum anspruchsvollsten prozessualen Problem der Arbeit. Unerlässlich ist es zunächst, das (immer wieder geprüfte) „Standardproblem" zu erkennen, dass eine „normale" **Aufrechnung mit der Gegenforderung** wegen Präklusion nach § 767 Abs. 2 ZPO nicht mehr möglich ist (s. Fn. 18). Zwar mag ein Rechtsanwalt – mandantengünstig – versuchen, das Gericht von der gegenteiligen Literaturmeinung zu überzeugen (s. Fn. 18). Das hätte angesichts der gefestigten Rechtsprechung jedoch wenig Aussicht auf Erfolg. Es musste also **ein anderer Weg** gefunden werden, den der Sachverhalt zur Erleichterung auch bereits vorzeichnet: es muss erkannt werden, dass gerade **nicht die Gegenforderung** (Zahlung von 60.000 €), sondern vielmehr der **gepfändete Anspruch der Bekl. gegen die Klägerin** der weiteren Vollstreckung entgegengehalten werden muss.

---

15 Dieser Aspekt wird in den Entscheidungen zur analogen Anwendung von § 767 Abs. 1 ZPO, soweit ersichtlich, nicht erörtert. Gut vertretbar wäre es, diesen Punkt hier wegzulassen und im Hilfsgutachten anzusprechen.
16 BGH NJW 1995, 1162.
17 Vgl. bereits BGH NJW-RR 2004, 1718.
18 Eine schlichte Aufrechnung mit der Gegenforderung in Höhe von 60.000 € aus der Urkunde kommt nicht mehr in Betracht: Bekanntlich präkludiert die Rechtsprechung den Aufrechnungseinwand bereits dann, wenn er schon im Vorprozess (in der letzten mündlichen Verhandlung) hätte geltend gemacht werden können, weil damals die **Aufrechnungslage** bereits bestand (statt vieler s. nur BGH NJW 2001, 231). A.A. ein Teil der Literatur, die z.T. die Aufrechnungserklärung für maßgeblich hält (Lackmann in: Musielak, ZPO, § 767 Rn. 22a).

Raab-Gaudin

a) Zur besseren Übersichtlichkeit sei zunächst Folgendes dargelegt:

Im vorliegend maßgeblichen Vollstreckungsverhältnis, dessen Grundlage die notarielle Urkunde vom 23.6.2008 bildet, handelt es sich bei der Klägerin um die Vollstreckungsgläubigerin und bei den Beklagten um die Vollstreckungsschuldner – beides im Hinblick auf die zugunsten der Klägerin titulierte Restforderung von 60.000 € aus dieser Urkunde. Gleichzeitig handelt es sich bei der Klägerin um die Drittschuldnerin i.S.d. § 829 ZPO, gegen die die Vollstreckungsschuldner ihrerseits eine Forderung innehaben, nämlich diejenige aus dem Urteil des Landgerichts Passau vom 25.8.2011, Ziff. I., in Höhe von 100.000 €. Gläubigerin (aus der Urkunde) und Drittschuldnerin (aus dem Urteil) sind also identisch. Der Anspruch *gegen die Klägerin* aus dem Urteil wurde *für die Klägerin* selbst gepfändet und ihr selbst zur Einziehung überwiesen; es handelt sich mithin um eine sog. Selbstpfändung[19].

Das hier geschilderte Verhältnis zwischen Gläubiger, Schuldner und Drittschuldner, bezogen auf die Urkunde vom 23.6.2008, sollten Sie sich unbedingt grafisch vor Augen führen.

b) Die Pfändung und Überweisung war wirksam; insbesondere ist sie, was allein der Wirksamkeit der Verrechnung entgegenstehen könnte, nicht nichtig[20]. Der Beschluss vom 31.5.2012 erfüllt alle insoweit bestehenden formalen Wirksamkeitsvoraussetzungen.

Das Amtsgericht Passau war als Vollstreckungsgericht für die Entscheidung sachlich und örtlich ausschließlich zuständig nach §§ 828 Abs. 1, Abs. 2, 764, 802 ZPO. Der Beschluss enthielt das gem. §§ 829 Abs. 1 S. 1 erforderliche Verbot an die Klägerin, an die Beklagten zu

Auch die Prüfung des Pfändungs- und Überweisungsbeschlusses (auf Nichtigkeit) ist hier in eine ungewöhnliche Konstellation eingebettet. „Standardmäßig" taucht diese Frage in der sog. „Einziehungsklage" des Vollstreckungsgläubigers gegen den Drittschuldner auf, s. hierzu § 856 Abs. 1 ZPO und Fn. 20. Hilfreich hierzu ist die Kommentierung von Seiler in: Thomas/Putzo, § 736 Rn. 2 ff.

S. auch Kaiser/Kaiser/Kaiser, Die Zwangsvollstreckungsklausur im Assessorexamen, 4. A. 2012, Rn. 49 ff.

Als Klausurleistung zu erbringen ist hier also eine geistige „Transferleistung" der Problematik von einem bekannten Klagegewand in ein unbekanntes.

---

19 Vgl. hierzu BGH NJW 2011, 2649; Seiler in: Thomas/Putzo, § 829 Rn. 11; § 835 Rn. 4.
20 Grundsätzlich steht nur die *Nichtigkeit* eines Pfändungs- und Überweisungsbeschlusses der Zahlungsverpflichtung des Drittschuldners im Rahmen einer Einziehungsklage des Gläubigers gegen den Drittschuldner entgegen; auch für die hier geltend gemachte Verrechnung dürfte das entsprechend gelten. Die nachfolgenden Darlegungen erfolgen also primär unter diesem Blickwinkel. Von Nichtigkeit einer Vollstreckungsmaßnahme ist nur bei besonders schweren Verfahrensfehlern auszugehen; vgl. Seiler in: Thomas/Putzo, § 829 Rn. 26 ff. und § 835 Rn. 2. Ist der Beschluss nur wegen „einfacher" Fehler anfechtbar, ändert das grds. nichts an seiner Wirksamkeit, s. auch § 836 Abs. 2 ZPO. Dennoch mag hier vorsorglich auf alle Voraussetzungen eines fehlerfreien Beschlusses eingegangen werden – vgl. Randanmerkung.

Lösungsvorschlag

zahlen[21] und das nach S. 2 erforderlichen Gebot an die Beklagten, sich jeder Verfügung über die Forderung zu enthalten[22]. Er ist sowohl der Klägerin als Drittschuldnerin gem. § 829 Abs. 2 S. 1 ZPO als auch den Beklagten als Vollstreckungsschuldnern gem. § 829 Abs. 2 S. 2 wirksam zugestellt worden.

c) Die allgemeinen und besonderen Vollstreckungsvoraussetzungen als Grundlage für den Pfändungs- und Überweisungsbeschluss waren ebenfalls gegeben[23].

aa) Bei der dem Beschluss zugrunde liegenden Urkunde vom 23.6.2008 handelt es sich um einen wirksamen vollstreckungsfähigen Titel[24] gem. § 794 Abs. 1 Nr. 5 ZPO, der eine notariell beurkundete Unterwerfung unter die sofortige Zwangsvollstreckung enthält. Dabei handelt es sich um eine Prozesshandlung der Schuldner und jetzigen Beklagten, welche ihrerseits keine Zweifel an ihrer Wirksamkeit aufkommen lässt[25]. Sie ist zunächst formgerecht – notariell beurkundet – erklärt. Ferner ist sie bestimmt, denn gemäß Ziff. XII des Vertrages bezieht sie sich auf eine klar bezifferte Zahlungsverpflichtung der Beklagten als Gesamtschuldner in Höhe von 275.000 €, wobei die Vollstreckung

Gut vertretbar ist es hier aber, außerdem vorsorglich auf alle Voraussetzungen eines fehlerfreien Beschlusses einzugehen – zumal in dieser besonderen Situation (Identität zwischen Gläubigerin und Drittschuldnerin) nicht auszuschließen ist, dass das Gericht den Schuldnern auch die Berufung auf eine bloße Anfechtbarkeit des Beschlusses gestatten würde.

Es geht hier nur um eine wirksame Titulierung – und diese bestimmt sich allein nach der Vollstreckungsunterwerfung, vgl. Fn. 25. Es wäre überflüssig und falsch, hier auf das zugrunde liegende **materielle Rechtsverhältnis** („Bauträgervertrag") einzugehen – selbst wenn Sie eventuelles Wissen hierzu darlegen möchten. Nur Zielführendes darf grundsätzlich erörtert werden.

---

21 Sog. **„arrestatorium"**; (nur) dessen Fehlen würde zwar nach allg. Meinung einen so schweren Verfahrensfehler darstellen, dass dieser zur Nichtigkeit des Beschlusses führt; ob dies auch im vorliegenden Sonderfall der Personenidentität gelten würde, mag hier offen bleiben.
22 Sog. **„inhibitorium"**.
23 Auch diese Ausführungen haben unmittelbare rechtliche Relevanz (nur) insoweit, als schwerste Fehler (auch ohne Einlegung eines Rechtsbehelfs) dem Pfändungs- und Überweisungsbeschluss die Grundlage entziehen könnten.
24 Das gänzliche Fehlen eines Titels oder dessen Ungeeignetheit für die jeweilige Zwangsvollstreckung hätte die Nichtigkeit der Vollstreckungsmaßnahme zur Folge, vgl. Seiler in: Thomas/Putzo, vor § 704 Rn. 58; BGH NJW 1993, 735.
25 Bei der Vollstreckungsunterwerfung handelt es sich nach allg. Meinung um eine Prozesshandlung, deren Wirksamkeit sich folglich nicht nach den Regeln einer Willenserklärung nach dem BGB, sondern nach den Prozessregeln über Prozesshandlungen richtet; vgl. nur BGH NJW-RR 2008, 1075; Seiler in: Thomas/Putzo § 794 Rn. 52. Insbesondere ist daher beispielsweise der Bestand der zugrunde liegenden sachlich-rechtlichen Einigung (!) keine Voraussetzung für eine wirksame Unterwerfung; § 139 BGB gilt nach h.M. nicht analog, s. BGH aaO. Zu weiteren Beispielsfällen vgl. BGH NJW 2004, 844 (für Vollmacht gelten nicht §§ 164 ff. BGB, sondern Regeln über Prozessvollmacht); BGH NJW 2008, 3363 (§ 2365 BGB gilt nicht).

nur wegen eines noch offenen Betrages von 60.000 € betrieben wird[26].

bb) Vorsorglich sei noch, ohne dass dies für die Wirksamkeit der Vollstreckungsmaßnahme als solcher von Bedeutung wäre, darauf hingewiesen, dass der Titel den Beklagten ordnungsgemäß gem. § 795, 750 ZPO zugestellt wurde und dass im Hinblick auf deren Zeitpunkt (9.5.2012) und auf das Erlassdatum des Beschlusses (31.5.2012) auch die von § 798 ZPO geforderte zweiwöchige Wartefreist eingehalten war.

> Sie können diese Ausführungen zur Zustellung hier daher auch weglassen, sollten Sie dann aber im Hilfsgutachten erwähnen.

d) Der Wirksamkeit der Pfändung und Überweisung steht auch nicht die Tatsache entgegen, dass sich die gepfändete Forderung der Beklagten gegen die Klägerin selbst als Schuldnerin richtet. Dabei kommt es hier nicht darauf an, ob eine solche Selbstpfändung ohne jede Einschränkung zuzulassen ist[27]; jedenfalls in der hier vorliegenden Konstellation muss sie nach allgemeiner und in der Sache zutreffender Meinung möglich sein. Insbesondere fehlt der Klägerin nicht das für die Zwangsvollstreckung erforderliche Rechtsschutzbedürfnis. Dem liegen folgende Überlegungen zugrunde:

> Bei der Zulässigkeit der Selbstpfändung handelt es sich um eines der zentralen Klausurprobleme. An solchen Stellen darf sich der Bearbeiter keinesfalls auf ein Zitat des zugelassenen Hilfsmittels beschränken. Bemühen Sie sich um eine eigenständige, überzeugungskräftige juristische Argumentation! Dennoch dürfen Sie zum Beleg natürlich aus dem zugelassenen Kommentar zitieren.

Für die Pfändung in eine eigene Schuld besteht dann ein unabwendbares Bedürfnis, und sie ist deshalb als unbedenklich zuzulassen, wenn, wie hier, dem Gläubiger eine *Aufrechnung* aus prozessualen oder materiellen Gründen nicht möglich ist[28]. Im Rahmen der hier angestrengten Vollstreckungsabwehrklage ist eine Aufrechnung mit der klägerischen Gegenforderung aus dem Bauträgervertrag vom 23.6.2008 von noch 60.000 € aus prozessualen Gründen aber nicht mehr zulässig, wenn der Auffassung der Rechtsprechung zum Umfang der zeitlichen Einwendungspräklusion gem. § 767 Abs. 2 ZPO gefolgt wird. Danach kommt es für Gestaltungsrechte, insbesondere die Aufrechnung, nicht auf den Zeitpunkt ihrer Ausübung, sondern darauf an, wann sie erstmals entstanden waren

---

26 Auch hier ist wegen der soeben dargestellten Grundsätze die Wirksamkeit der materiellen Vereinbarung nicht zu prüfen – entscheidend ist allein, dass die Höhe der Schuld, wegen derer die Unterwerfung erklärt wurde, klar feststellbar ist.
27 So z.B. OLG Köln, NJW-RR 1989, 190.
28 Vgl. auch bereits RGZ 20, 365, 371 sowie jüngst BGH NJW 2011, 2649; Smid in: Münch-Komm-ZPO, § 829 Rn. 77; Seiler in: Thomas/Putzo, § 829 Rn. 11 und § 835 Rn. 4).

und hätten ausgeübt werden können[29]. Wenn auch diese Auffassung aus klägerischer Sicht rechtlich angreifbar erscheint, wird diesseits nicht verkannt, dass insoweit eine gefestigte Rechtsprechung vorliegt, so dass weitere Ausführungen zur Gegenmeinung unterbleiben. Eine Aufrechnung wäre der Klägerin, das muss sie einräumen, bereits im Vorprozess möglich gewesen.

Diese prozessuale Situation darf aber nicht dazu führen, dass einem Gläubiger, hier der Klägerin, in der Zwangsvollstreckung Vermögensbestandteile der Schuldner, der jetzigen Beklagten, entzogen werden. Die Aufrechnungspräklusion berührt nicht die Vollstreckungsmacht des Gläubigers. Dies gilt umso mehr, als, wie dargelegt, im Vermögen der Beklagten keine weiteren erkennbaren Bestandteile vorhanden sind, in die mit Erfolgsaussicht vollstreckt werden könnte. Würde man hier der Klägerin die Selbstpfändung versagen, wäre ihr jede Möglichkeit des Zugriffs auf das Vermögen der Beklagten genommen; dafür gäbe es aber keinen rechtfertigenden Grund[30].

e) Die für die Klägerin nach alledem wirksam gepfändete eigene Schuld wurde ihr auch zur Einziehung überwiesen. Eine Überweisung führt zwar im Regelfall noch nicht zur Befriedigung des Vollstreckungsgläubigers, sondern erst dessen Leistung. Im vorliegenden besonderen Fall kann bzw. muss aber die Klägerin als Vollstreckungsschuldnerin nicht an sich selbst zahlen[31], das wäre reine Förmelei. Ob hier bereits ein automatisches Erlöschen der gegenseitigen Forderungen durch Konfusion eingetreten ist[32], soll nicht weiter erörtert werden, denn es kommt darauf nicht an. Es wird vielmehr noch einmal ausdrücklich auf die bereits erklärte Verrechnung der Forderungen verwiesen. Im

---

29 Sie müssen diese der Klägerin ungünstige Auffassung natürlich nicht näher darlegen; vgl. dazu nur Seiler in: Thomas/Putzo § 767 Rn. 22a und st. Rspr, etwa BGH NJW 2005, 2926 (zugleich aber zu den Grenzen dieser Auffassung: eine noch gar nicht bestehende Aufrechnungslage muss nicht geschaffen werden); BGH NJW-RR 2012, 110, 111.
30 So auch zuletzt BGH NJW 2011, 2649; vgl. hierzu die Besprechung von K. Schmidt, JuS 2011, 1032.
31 Zahlt ein Drittschuldner nach Pfändung und Überweisung nicht freiwillig an den Vollstreckungsgläubiger, muss er von diesem im Wege der Drittschuldner- bzw. Einziehungsklage in Anspruch genommen werden, s. bereits Fn. 20. Dies kommt hier natürlich erst recht nicht in Betracht – die Sun-Immo-GmbH kann sich nicht selbst verklagen.
32 Ablehnend Becker in: Musielak, ZPO, § 835 ZPO Rn. 7; K. Schmidt, JuS 2011, 1032, 1033; anders bei Überweisung an Zahlungs statt, vgl. K. Schmidt, aaO.

Falle der Selbstpfändung genügt jedenfalls eine solche Erklärung gegenüber dem Vollstreckungsschuldner als nach außen erkennbarer Akt der Einziehung[33].

f) Der Geltendmachung der Verrechnung in diesem Verfahren ist auch nicht gem. 767 Abs. 2 präkludiert.

Die Klägerin hat die Drittschuldnerforderung erst nach der letzten mündlichen Verhandlung des Vorprozesses (5.8.2011) pfänden und überweisen lassen. Der entsprechende Verrechnungseinwand konnte damit seinerzeit noch nicht geltend gemacht werden; es handelt sich um eine neue Tatsache i.S.d. § 767 Abs. 2 ZPO.

> Zwar soll sich die Klageschrift nicht bereits mit allen denkbaren, erst noch zu erhebenden Einwendungen der Gegenseite auseinandersetzen; § 767 Abs. 2 ZPO ist aber **von Amts wegen** zu prüfen, daher ist eine frühzeitige Stellungnahme sinnvoll, zumal der Einwand sich hier ja geradezu aufdrängt.

Die obenstehend erwähnten, für die Aufrechnung geltenden Grundsätze, sind nicht hierher übertragbar. Die Zwangsvollstreckung ist bereits kein Gestaltungsrecht; es kann für die Präklusion allein auf den Zeitpunkt des Wirksamwerdens der Vollstreckungsmaßnahme, hier § 829 Abs. 3 ZPO, abgestellt werden[34]. Hingewiesen sei auch auf die Rechtsprechung, wonach es nicht zur Präklusion nach § 767 Abs. 2 ZPO führt, wenn im Vorprozess zwar noch keine Aufrechnungslage bestand, aber hätte geschaffen werden können[35]. Gleiches muss auch hier gelten: im Vorprozess lag mangels Pfändung noch keine „Verrechnungslage" vor. Eine andere Auffassung würde § 767 Abs. 2 ZPO zum Nachteil des Schuldners unvertretbar weit ausdehnen. Auch würde die Möglichkeit der Selbstpfändung, die gerade für Fälle wie den vorliegenden entwickelt wurde, anderenfalls weitgehend leerlaufen.

2. Zur Aufrechnung mit Werklohnforderung über 18.000 €

Der Klägerin steht ferner ein wirksamer, fälliger Werklohnanspruch gem. § 631 Abs. 1 BGB in Höhe von 18.000 € zu, mit dessen Aufrechnung die titulierte Klageforderung in derselben Höhe zum Erlöschen gebracht wurde, § 389 BGB.

a) Die Forderung ist, auch unter dem Gesichtspunkt einer Vorfragenentscheidung, durch das Urteil im Vorprozess nicht nach § 322 Abs. 2 ZPO rechtskräftig aberkannt worden. Insoweit wird vollumfänglich auf die

> Obenstehend wurde dieser Aspekt unter dem Blickwinkel der Zulässigkeit der Klage bereits angesprochen; nunmehr geht es um die Präjudizialität bzgl. einer Vorfrage.

---

33 BGH NJW 2011, 2649; Seiler in: Thomas/Putzo § 835 Rn. 4; Smid in: Münch-Komm-ZPO, § 835 Rn. 8.
34 So auch BGH NJW 2011, 2649, 2651 für die Frage der Präklusion nach §§ 533, 529, 531 ZPO. Die dortige Argumentation ist ohne weiteres hierher übertragbar.
35 BGH NJW 2005, 2926.

Lösungsvorschlag

Ausführungen zur Zulässigkeit, oben I.1.b) bb), Bezug genommen.

b) Der Anspruch stützt sich materiellrechtlich auf § 631 Abs. 1 BGB. Die Beklagten haben die Klägerin mit dem Bau einer Garage und damit mit der Herstellung eines Werkes i.S.d. § 631 Abs. 2 beauftragt. Die Parteien haben sich auf einen Pauschalpreis von 18.000 € geeinigt, der noch nicht einmal teilweise entrichtet wurde.

In nahezu jeder Klausur gehört zur Prüfungsleistung eine sinnvolle Schwerpunktsetzung. Der Bearbeiter sollte hier erkennen, dass dieser Werklohnanspruch materiellrechtlich dem Grunde nach gänzlich unproblematisch und daher nur kurz darzustellen ist.

c) Der Anspruch ist inzwischen, anders als noch im Vorprozess, fällig gem. § 641 Abs. 1 S. 1, 640 Abs. 1 S. 2 BGB.

Die Fälligkeitsfrage erfordert zwar genaue Gesetzesanalyse, kann in der Darstellung aber ebenfalls knapp gehalten werden.

Die Tatsache, dass die Beklagten die Abnahme – grundlos – verweigerten, steht der Fälligkeit des klägerischen Anspruchs nicht entgegen. Das Bauwerk wurde etwa Mitte August 2011 vollständig fertiggestellt. Am 24.8.2011, dem vereinbarten Abnahmetermin, war es frei von jeglichen Baumängeln und in vertragsgemäßem Zustand. Damit waren die Beklagten zur Abnahme verpflichtet; es lag Abnahmereife i.S.d. § 640 Abs. 1 S. 3 BGB vor. Nach Ablauf der ihnen gesetzten und mit fast 4 Wochen ausreichend lang bemessenen Frist zur Abgabe der Erklärung trat spätestens mit Ablauf des 20.9.2012 die Abnahmefiktion i.S.d. § 640 Abs. 1 S. 3 und damit Fälligkeit nach § 641 Abs. 1 S. 1 BGB ein.

d) Die Aufrechnung ist auch dann nicht gem. § 767 Abs. 2 ZPO präkludiert, wenn man mit der Rechtsprechung darauf abstellt, ob die Aufrechnung als Gestaltungsrecht seinerzeit bereits hätte ausgeübt werden können.

Der für eine Präklusion maßgebliche Zeitpunkt ist die letzte mündliche Verhandlung im Vorprozess (5.8.2011). Zum damaligen Zeitpunkt war die Forderung der Klägerin nicht fällig; die Klägerin konnte sie also noch nicht im Sinne des § 387 BGB „fordern", wie das Landgericht damals auch zutreffend entschieden hat. Unabhängig davon, ob man für die Fälligkeit auf den Zeitpunkt der vollständigen mangelfreien Errichtung der Garage (Abnahmereife) oder erst auf den Eintritt der Abnahmefiktion seit Fristablauf abstellt, ist sie jedenfalls erst nach dem hier maßgeblichen Zeitpunkt – 5.8.2011 – eingetreten.

Damit ist die Titelforderung der Beklagten in Höhe von weiteren 18.000 € erloschen.

3. Zur Aufrechnung mit abgetretenem Anspruch über 22.000 €

Die Klägerin rechnet ferner wirksam mit dem ihr abgetretenen rechtskräftig titulierten Zahlungsanspruch von Frau Michaela Engel in Höhe von 22.000 € auf.

a) Das Versäumnisurteil über 22.000 €, welches Michaela Engel gegen die Beklagten erwirkt hat, ist mangels Einspruchs der Beklagten formell rechtskräftig seit 30.4.2012. Da es sich bei einem Versäumnisurteil um ein echtes Sachurteil handelt, ist damit gleichzeitig auch uneingeschränkte materielle Rechtskraft eingetreten[36]. Das Urteil ist daher zwischen den damaligen Parteien verbindlich, ohne dass hier nochmal auf das zugrunde liegende materielle Rechtsverhältnis eingegangen werden müsste bzw. dürfte.

b) Diese Rechtskraftwirkung erstreckt sich gem. § 325 Abs. 1 ZPO nunmehr auch auf die Klägerin. Frau Engel hat den seinerzeit streitbefangenen Anspruch nach Rechtshängigkeit, nämlich sogar erst nach Rechtskraft, an die Klägerin abgetreten. Diese ist Forderungsinhaberin geworden und damit Rechtsnachfolgerin der damaligen Klagepartei, umfasst doch § 325 ZPO neben der Gesamt- auch die rechtsgeschäftlich begründete Einzelrechtsnachfolge[37]. Infolge der Rechtskrafterstreckung sind die Beklagten an das Urteil auch im Verhältnis zur Klägerin endgültig gebunden, ohne noch Einwendungen aus dem materiellen Rechtsverhältnis erheben zu können.

c) 767 Abs. 2 steht der Aufrechnung nicht entgegen, ohne dass es darauf ankäme, wann die Forderung der Frau Engel gegen die Beklagten entstanden, fällig geworden oder tituliert war; auch nicht darauf, auf welchen Zeitpunkt insoweit bei der Aufrechnung abzustellen ist. Entscheidend ist vielmehr, dass der Rechtserwerb der Klägerin erst am 30.7.2012 und damit nach der mündlichen Verhandlung im Vorprozess erfolgt ist. Damit steht fest, dass die Klägerin seinerzeit von diesem Verteidigungsmittel noch gar nicht hätte Gebrauch machen können. Die Geltendmachung hing nämlich, anders als bei der Aufrechnung mit einer eigenen Forderung, nicht allein von ihrem Willen ab. Es bedurfte für die Abtretung noch der Erklärung von Michaela Engel, die damals noch nicht vorlag. Die Präklusionsvorschrift des § 767 Abs. 2 verfolgt nur den

Ist über einen Anspruch materiell rechtskräftig entschieden, darf nicht mehr auf den materiellen Rechtsgrund rekurriert werden. Bearbeiter, die das nicht erkennen, machen sich zudem zu viel Schreibarbeit und laufen Gefahr, in der Bearbeitungszeit nicht fertig zu werden.

*Zu § 325 ZPO gilt es zu beachten: eine dem Rechtsvorgänger **günstige** Entscheidung wirkt immer auch **für** den Rechtsnachfolger. Die Frage nach einem evtl. gutgläubigen Erwerb nach § 325 Abs. 2 ZPO stellt sich nur dann, wenn der Nachfolger an ein ihm **ungünstiges** Urteil gebunden werden soll. Gehen Sie hier also schon deshalb nicht etwa auf die von den Beklagten außergerichtlich behaupteten Mängel ein.*

---

36 S. BGH NJW 2003, 1044.
37 Reichold in: Thomas/Putzo § 325 ZPO Rd. 2.

Lösungsvorschlag

Zweck, die Ausübung bereits bestehender Rechte der Pflicht zur Prozessförderung zu unterwerfen. Sie begründet keine Pflicht, materiellrechtliche Voraussetzungen eines Gestaltungsrechts (beschleunigt) zu schaffen[38].

Dies führt zu einem weiteren – und damit nun vollständigen – Erlöschen der Titelforderung der Beklagten aus Ziff. I des Urteils vom 25.8.2012.

III.

Die Begründetheit der Titelabwehrklage gegen **Ziff. II** des landgerichtlichen Urteils ergibt sich aus Folgendem:

Ein Titel ist nur dann zur Zwangsvollstreckung geeignet, wenn er insbesondere Art und Umfang der Leistungspflicht bestimmt genug bezeichnet. Was der Schuldner genau zu leisten hat, muss sich bei einem Urteil allein aus dem Tenor selbst ergeben[39]. Bei einem Zahlungstitel, wie er hier vorliegt, muss also der Vollstreckungsbetrag zahlenmäßig genau festgelegt sein oder sich ohne jede Schwierigkeit errechnen lassen[40]. Daran fehlt es hier. Zwar mag es im Einzelfall ausreichen, wenn die Leistung zwar nicht bestimmt, aber hinreichend bestimmbar bezeichnet ist und sich die für die Berechnung erforderlichen Kriterien aus allgemein zugänglichen Quellen zuverlässig feststellen lassen, wie es beispielsweise für die Höhe des Basiszinses der Fall ist[41]. Diese Voraussetzungen liegen hier aber nicht vor. Das Urteil nimmt nicht nur auf ein außerhalb seiner selbst liegendes Schriftstück Bezug – was bereits fehlerhaft wäre -, sondern auf ein Gutachten, das zum Entscheidungszeitpunkt noch gar nicht existierte und das keine allgemein zugängliche Quelle darstellt. Es genügt den Anforderungen des Bestimmtheitsgebotes nicht[42].

Das Erfordernis der Bestimmbarkeit hängt zusammen mit dem Prinzip der sog. **Formalisierung der Zwangsvollstreckung**: das Zwangsvollstreckungsorgan hat seinerseits keine materiellrechtlichen Prüfungsbefugnisse und muss sich strikt an die Vorgaben des Titels halten. Eben dies gelingt nur, wenn dieser selbst den Umfang der Vollstreckung genau festlegt.

Probleme der hier thematisierten Art finden sich in der Praxis weniger in Urteilen als vielmehr in Prozessvergleichen und vollstreckbaren Urkunden.

Unterscheiden Sie dabei: Materiellrechtlich kann eine solche Vereinbarung wirksam sein, sie ist aber nicht aus sich heraus vollstreckungsfähig. Es muss dann auf die materiellrechtlich ermittelte Leistung neu geklagt werden.

---

38 BGH NJW NJW 2005, 2926. Für die hier vorliegende Fallkonstellation s. BGH NJW-RR 2012, 110 (betreffend § 531 Abs. 2 S. 1 Nr. 3 ZPO, der eine vergleichbare Problemstellung aufwirft).
39 Seiler in: Thomas/Putzo vor § 704 ZPO Rn. 16.
40 BGH NJW 2006, 695, 697.
41 Bejaht wurde Bestimmbarkeit z.B. bei Bezugnahme auf den Preisindex für Lebenshaltung des Statistischen Bundesamtes, BGH NJW-RR 2005, 366.
42 Vgl. OLG Hamm, MDR 2011, 298; OLG Saarbrücken, NJW 2010, 95.

C.

Die Anträge zu den einstweiligen Anordnungen stützen sich auf § 769 ZPO.

1. Es wird gebeten, die Einstellung der Zwangsvollstreckung im Hinblick auf die oben dargetane Erfolgsaussicht der Klage gem. § 769 Abs. 1 S. 1, HS 1, Alt. 1 ZPO ohne Sicherheitsleistung anzuordnen. Vorsorglich, falls das Gericht dies für angemessen erachtet, wird die Erbringung einer der Höhe nach in das Ermessen des Gerichts gestellten Sicherheitsleistung angeboten.

2. Der Antrag zur Aufhebung der Pfändung fußt auf § 769 Abs. 1 S. 1, HS 2 ZPO. Zur Höhe der insoweit anzuordnenden Sicherheit wird vorsorglich vorgebracht, dass diese nicht in Höhe des gesamten titulierten Betrages, sondern allenfalls in Höhe des – bereits gem. § 769 Abs. 1 S. 3 ZPO glaubhaft gemachten – Wertes des gepfändeten Gemäldes von 35.000 € festzusetzen ist. Ein höherer Schaden kann den Beklagten durch die Aufhebung der Pfändung schlechterdings nicht entstehen.

3. Weiter höchst vorsorglich, falls das Gericht keine Einstellung gem. Antrag 1) anordnet, wird darauf hingewiesen, dass es der Klägerin wegen der Vermögenslosigkeit der Beklagten kaum möglich sein dürfte, die durch eine unberechtigte Vollstreckung entstandene Schäden später beizutreiben. Es möge daher die Fortsetzung der Zwangsvollstreckung nur gegen Sicherheitsleistung durch die Beklagten in Höhe mindestens des vollen Klagebetrages zuzüglich eines Sicherheitsaufschlages von mindestens 10 %, also von 115.500 € zugelassen werden.

Pollock
Rechtsanwalt

B. Mandantenschreiben

Rechtsanwalt Pollock   8. August 2012
(...) Passau

Herrn
Georg Immendorf
als Geschäftsführer der Sun-Immo-GmbH
(...) Passau

Mit 1 Anlage

Sehr geehrter Herr Immendorf,

Der Schriftsatz an den Mandanten hat folgende Aufgaben:

Dem Mandanten ist die **gewählte Vorgehensweise zu erklären** (s. Bearbeitervermerk), wobei aber schon aus Zeitgründen unbedingt darauf geachtet werden muss, dass das, was bereits aus dem Schriftsatz zu entnehmen ist, nicht nochmals „nacherzählt" wird (häufiger Fehler!).

Dabei ist der Mandant – auch ungefragt! – darüber aufzuklären, wie die **Chancen und Risiken** für ihn zu bewerten sind, sowohl zu Beweisfragen als auch in rechtlicher Hinsicht.

Zudem enthält das Schreiben alle **Aspekte, die** – bewusst – **nicht in den Schriftsatz** aufgenommen worden sind, etwa weil sie die eigene Position nicht stützen.

Schließlich ist genau darauf zu achten, dass alle konkreten **Fragen des Mandanten** beantwortet werden müssen.

Lösungsvorschlag

in obiger Sache bedanke ich mich für die Mandatierung und Ihr Vertrauen. Anbei finden Sie die Klageschrift, die ich zum Landgericht Passau eingereicht habe. Ich bitte Sie, diese genau durchzulesen und mich bei etwaigen Unrichtigkeiten oder auch Fragen Ihrerseits zu kontaktieren.

Nachfolgend darf ich Ihnen einige Punkte noch etwas näher erläutern:

1. Soweit wir uns mit der Klage gegen die Vollstreckung aus der Ziff. I des landgerichtlichen Urteils wenden (100.000 €), habe ich davon abgesehen, noch einmal vorzubringen, dass dieser Betrag von Ihnen längst an die Verkäuferin Christo bezahlt gewesen sei. Hierüber ist nämlich, auch wenn das, wie Sie meinen, zu Unrecht geschah, bereits rechtskräftig entschieden. Materielle Rechtskraft im Sinne des § 322 Abs. 1 ZPO bedeutet nämlich gerade, dass ein Urteil bindend wird und seine Richtigkeit nicht mehr in Frage gestellt werden darf. Im Ergebnis führt dies leider dazu, dass Sie den Betrag noch einmal zahlen müssen. Ich bin gerne bereit zu prüfen, ob und wie wir deswegen gegen Frau Christo vorgehen können.

2. Im Übrigen rechne ich mir mit unserem Vorbringen gute Chancen aus. Soweit wir uns auf Ihre Forderung von 60.000 € aus der notariellen Urkunde stützen, hat Ihre damalige Rechtsanwältin leider versäumt, bereits im Vorprozess die Aufrechnung zu erklären, was damals noch möglich gewesen wäre. Sie haben sicher aus der Klage ersehen, dass ich deshalb gezwungen war, einen etwas komplizierten prozessualen „Umweg" zu wählen, der aber in Einklang mit der Rechtsprechung des Bundesgerichtshofs steht.

Ich habe im Übrigen bewusst davon abgesehen, auf das Zustandekommen und die Rechtsnatur des damaligen Bauträgervertrages einzugehen[43]. Wir machen ja gerade nicht mehr einen Anspruch aus dem damaligen Vertrag geltend, sondern wir befinden uns bereits in der Phase der Zwangsvollstreckung aus der notariellen Urkunde.

> Der Bearbeiter sollte erkennen, dass im Hinblick auf den Umfang dieser Arbeit nicht verlangt ist, zu der Eventualität einer Widerklage noch genauer Stellung zu nehmen, insb. auch nicht zur Rechtsnatur des **Bauträgervertrages**. Weiterführende Hinweise finden Sie in Fn 43.

---

[43] Es liegt hier ein sog. Bauträgervertrag vor. § 632a BGB enthält in Abs. 2 eine Umschreibung des Bauträgervertrags, ohne diesen Begriff jedoch zu verwenden: der Unternehmer verspricht die Verschaffung eines Grundstücks und die Errichtung eines Gebäudes darauf. Der Vertrag enthält also kauf- (bzgl. des Grundstücks) und werkvertragliche Elemente (bzgl. der Errichtung des Bauwerks); vgl. Sprau in: Palandt, § 675 Rn. 18 und 3 vor § 633.

Denkbar wäre zwar, dass die Beklagten vorbringen, dass die Summe in Wahrheit gar nicht (mehr) geschuldet wird. Sie könnten dann ihrerseits gegen diese Zwangsvollstreckung eine Klage nach § 767 Abs. 1 ZPO erheben, und zwar sogar im Wege einer Widerklage in dem jetzt begonnenen Prozess. Aber nach allem, was Sie mir geschildert haben, dürften sie damit keinen Erfolg haben[44]. Sollte es dazu kommen, werden wir das näher besprechen.

3. Sie brauchen sich auch keine Sorgen zu machen, was die von den Beklagten behaupteten Mängel am Dachausbau betrifft. Die Zahlungsforderung von Frau Engel ist bereits rechtskräftig festgestellt, deswegen bin ich auch auf angebliche Mängel gar nicht eingegangen. Sollten tatsächlich Mängel bestehen, müssten die Beklagten diese genau bezeichnen und zunächst Nachbesserung verlangen, und zwar allein von ihrer Vertragspartnerin Frau Engel. Sie haben mit der Abtretung nur deren Zahlungsanspruch erlangt, nicht aber ihre vertraglichen Pflichten[45].

4. Sie fragen sich sicher, warum ich nicht auch mit der Ihnen abgetretenen Forderung des Herrn Dürr in Höhe von 5.000 € aufgerechnet habe.

---

[44] Hierzu hat der Anwalt folgendes überlegt: Wenn das Bauwerk zum Zeitpunkt des „Verkaufs" bereits vollständig fertiggestellt ist, ist streitig, ob reines Kaufvertragsrecht Anwendung findet (so etwa Sprau in: Palandt, Rn. 3 vor § 633 mwN), oder ob es bzgl. des Bauwerks bei Werkvertragsrecht bleibt (so bisherige Rspr, vgl. nur BGH NJW 1981, 2344 und Sprau aaO.). Bedeutung hat dies insb. für Fragen der Abnahme und der Verjährung; vgl. i.E. Voit in: Beck'scher online-Kommentar BGB Bamberger/Roth, § 631 Rn. 17, Stand 1.5.2012. Für den hier in Frage stehenden titulierten Anspruch hat dies wegen § 197 Abs. 1 Nr. 4 BGB (dreißigjährige Verjährungsfrist) aber keine Bedeutung. Zudem war im Sachverhalt eine „Abnahme" geschildert, aus der sich die Fälligkeit des Anspruchs auch dann ergibt, wenn man Werkvertragsrecht anwenden will.

[45] Schuldnerin etwaiger Nachbesserungspflichten ist die GmbH durch die Abtretung nicht geworden. Auch deren einredeweise Geltendmachung gegen den abgetretenen Zahlungsanspruch braucht sie hier nicht zu fürchten: Zwar kann der Schuldner dem Zessionar gem. § 404 BGB die Einwendungen entgegensetzen, die er zur Zeit der Abtretung gegen den alten Gläubiger hatte. Seinerzeit war aber auch der Zahlungsanspruch der Zessionarin Frau Engel bereits rechtskräftig – einredefrei – tituliert. Etwaige Mängelansprüche können die Beklagten damit allenfalls noch selbständig gegen ihre Vertragspartnerin, aber nicht mehr mehr im Wege eines Zurückbehaltungsrechts gegen die abgetretene Zahlungsverpflichtung geltend machen; auch eine Klage nach § 767 ZPO hätte nur Erfolg, wenn die Mängelansprüche, wofür nichts spricht, erst nachträglich entstanden wären.

Lösungsvorschlag

Dies wäre zwar wenigstens hilfsweise gegen Ziff. II des Urteils in Frage gekommen, für den Fall, dass wir mit unserer Argumentation zur Unbestimmtheit wider Erwarten nicht durchdringen sollten. Mit der Aufrechnung hätten wir allerdings keinen Erfolg gehabt: diese Forderung ist tatsächlich bereits verjährt. Die von Ihnen angenommene 5-jährige Verjährungsfrist bei „Bauwerken" gilt gem. § 638 Abs. 1 Nr. 2 BGB nur für Mängelansprüche, nicht aber für die Werklohnforderung selbst. Diese unterliegt vielmehr der Regelverjährungsfrist von 3 Jahren nach § 195 BGB. Weil die Forderung noch im Jahre 2008 mit der Abnahme fällig wurde, begann die Verjährung gem. § 199 Abs. 1 BGB am 31.12.2008 und endete mit Ablauf des 31.12.2011. Da die Verjährung auch bereits geltend gemacht wurde, § 214 BGB, kann die Forderung nicht mehr durchgesetzt werden. Das können die Beklagten nicht nur gegen Herrn Dürr, sondern gem. § 404 BGB auch gegen Sie einwenden. Auch § 215 BGB, der die Aufrechnung mit verjährten Forderungen unter bestimmten Voraussetzungen noch erlaubt, hilft hier nicht weiter, denn bereits zur Zeit der Abtretung lag Verjährung vor. Ihre Forderungen standen sich also nie unverjährt gegenüber.

5. Sie können der Klageschrift auch entnehmen, dass neben der von mir gewählten Klage im Hinblick auf die unbestimmte Tenorierung in Ziff. II des Urteils auch noch andere Rechtsbehelfe möglich gewesen wären. Wir hätten insoweit die erteilte Vollstreckungsklausel zwar mit dem Rechtsbehelf nach § 732 ZPO erfolgreich angreifen können. Damit hätten wir aber nicht endgültig verhindern können, dass in Zukunft evtl. erneut eine Klausel erteilt würde. Das von mit ebenfalls in Betracht gezogene Vorgehen im Wege der Vollstreckungserinnerung gem. § 766 ZPO gegen die Pfändung des Bildes wäre ebenfalls zu unsicher. Solange die Vollstreckung aus Ziff. I des Urteils nämlich nicht eingestellt wird, ist die Pfändung wenigstens im Hinblick darauf kaum angreifbar.

6. Die Tatsache, dass das gepfändete Gemälde Ihrer Frau und nicht der GmbH gehört, können Sie für die GmbH allerdings nicht geltend machen:

a) Der Gerichtsvollzieher hat insoweit keinen Fehler gemacht, da er bei einer Pfändung das Eigentum des Schuldners nicht zu prüfen hat, sondern gem. § 808 Abs. 1 ZPO nur dessen Gewahrsam. Dabei handelt es sich um eine rein tatsächliche Sachherrschaft, und die lag hier ja deshalb vor, weil sich das Bild in den Räumen der GmbH und nicht in Privaträumen, etwa Ihrer Frau, befand.

b) Zwar steht auch das Eigentum Ihrer Frau einer Vollstreckung entgegen, denn die Beklagten haben kein Recht darauf, in Vermögensgegenstände zu vollstrecken, die nicht der Schuldnerin, also der GmbH, zustehen. Den insoweit zu ergreifenden Rechtsbehelf, die sog. Drittwiderspruchsklage nach § 771 ZPO, müsste allerdings Ihre Frau einlegen, denn die GmbH ist insoweit nicht in eigenen Rechten verletzt. Sollte Ihre Frau dahin gehend tätig werden wollen, bin ich gerne bereit, auch sie zu beraten und zu vertreten. Bei einer solchen Klage nach § 771 ZPO hätten wir zudem die Möglichkeit, mit einem Eilantrag gem. § 771 Abs. 3 ZPO die Aufhebung der Pfändung zu erreichen (so wie ich es auch in unserer Klage bereits getan habe).

Für weitere Fragen stehe ich Ihnen natürlich jederzeit gerne zur Verfügung.

Mit freundlichen Grüßen

Hans Pollock

Rechtsanwalt

Klausur Nr. 8 – Gutachten des Notars zur Vertragsgestaltung

Sachverhalt

Am 22.3.2012 gehen bei Notar Dr. Andreas Berger Schreiben der Beteiligten

Jochen Bastlmeier, geb. 18.3.1951, verheiratet
Valentin Neumann, geb. 4.9.1959, verheiratet

– im Folgenden auch zusammen „Veräußerer" –

und

Lena Kress, geb. 19.4.1975, ledig
Sebastian Wilker, geb. 21.7.1971, verheiratet

– im Folgenden auch zusammen „Erwerber" –

im Hinblick auf einen anvisierten Unternehmenskauf ein. Die Beteiligten bitten um einen Beurkundungstermin. In ihren jeweiligen Schreiben legen sie die gegenwärtige Sachlage, die Grundzüge der geplanten Transaktion und ihre diesbezüglichen Interessen dar. Insgesamt ergibt sich folgender Sachstand:

Herr Bastlmeier und Herr Neumann haben zusammen seit den frühen 1990er Jahren in Pfarrkirchen in Niederbayern das Unternehmen „SonicSolarPower OHG" („SSP") aufgebaut. Das Unternehmen ist lokal und regional im Bereich der regenerativen Energien, speziell der Solarenergie, tätig. Dabei wird hauptsächlich die Planung, Lieferung und Montage von Solarpanelen für Privatkunden angeboten.

Die Unternehmenshistorie stellt sich wie folgt dar: Herr Bastlmeier verfügt über die einschlägige technische Berufsausbildung und hat daher seit jeher die technische Abwicklung der Leistungen betreut. Dazu zählte insbesondere die Beratung vor Ort, die Planung und Auswahl einer geeigneten Anlage sowie die Überwachung der Installation. Herr Neumann hingegen hat eine betriebswirtschaftliche Ausbildung absolviert und hat daher die kaufmännischen Angelegenheiten bearbeitet. Dies umfasste unter anderem die Verhandlungen mit den Lieferanten der Solarpanelen sowie den Werkunternehmern, die den Einbau ausführten. Im Rahmen des-

Es handelt sich um eine Klausur aus der Perspektive des Notars. Dies hat wesentliche Folgerungen für die Lösung: Der **Notar** ist nach den §§ 13, 14, 1 BNotO ein **unparteiischer** Betreuer der Beteiligten. Ein **Rechtsanwalt** hingegen ist nach § 3 Abs. 1 BORA, § 43a Abs. 4 BRAO verpflichtet die **Interessen seines Mandanten** zu verfolgen.[1]

---

1 *Sikora/Mayer*, Kautelarjuristische Klausuren im Zivilrecht, 2. Aufl. 2011, Rn. 35 ff.; *Junker/Kamanabrou*, Vertragsgestaltung, 3. Aufl. 2010, § 1 Rn. 64.

sen konnte Herr Neumann im Laufe der Zeit einige Rahmenverträge mit den Lieferanten und Werkunternehmern aushandeln, die für die SSP günstige Konditionen bieten.

Gegenwärtig beschäftigt die SSP neun Mitarbeiter in Sekretariat, Buchhaltung, Lager und Montage in unbefristeter Anstellung. Dazu werden saisonal gegebenenfalls weitere Kräfte vorübergehend eingestellt, soweit die Arbeiten nicht über Werkunternehmer abgewickelt werden.

Die Büros, eine Werkstatt und das Lager der SSP befinden sich auf einem Grundstück des Herrn Bastlmeier in einem Gewerbegebiet. Dieses Grundstück hatte Herr Bastlmeier für die Zwecke der SSP mithilfe eines Bankkredits seiner Hausbank, dem „Bankhaus Beckmann", erworben. Das Darlehen wird durch eine Grundschuld abgesichert und ist noch nicht vollständig getilgt. Das Grundstück hat Herr Bastlmeier der Gesellschaft seit ihrer Gründung zur Nutzung überlassen.

Die (teilweise) Tilgung des Darlehens bringt die persönliche Forderung zum Erlöschen, § 362 BGB, während die (Fremd-) Grundschuld in voller Höhe bestehen bleibt.[2] Denn die Sicherungsvereinbarungen der Banken sehen regelmäßig eine Anrechnung der Zahlung (nur) auf die Forderung vor.[3]

Im Hinblick auf die Veräußerung des Unternehmens kommt es den Veräußerern auf den Ausschluss einer Haftung in zweierlei Hinsicht an: Zum einen wollen sie ab Übergabe des Unternehmens nicht mehr für Schulden des Unternehmens haften. Insoweit soll eine vertragliche Regelung die weitest gehenden Mechanismen nutzen. Zum anderen möchten sie aber auch den Erwerbern gegenüber nicht weiter haften, sobald sie die Anteile übertragen haben. Schließlich sei das unternehmerische Risiko nicht unerheblich, da die politischen Rahmenbedingungen, insbesondere im Hinblick auf die Förderung der Solarenergie durch die öffentliche Hand, sich jederzeit verändern könnten. Außerdem sei auch der Markt so umkämpft wie nie zuvor, nicht zuletzt durch chinesische Konkurrenz. Aus diesen Gründen wünschen die Veräußerer, nicht für den zukünftigen Erfolg des Unternehmens, insbesondere für bestimmte betriebswirtschaftliche Kennzahlen (z. B. Umsatz, Reingewinn) zu haften. Andererseits sind sie bereit, für bestimmte, punktuell vereinbarte Umstände vertraglich zu

Die **Gestaltungsziele** sind das Herzstück der Vertragsgestaltung: Denn nur ihretwegen wenden sich die Beteiligten an den Notar oder Rechtsanwalt.[4]

Zu trennen ist hier die Haftung der Veräußerer (1) gegenüber den Gesellschaftsgläubigern und (2) diejenige gegenüber den Erwerbern. Die Haftung in (1) ist gesellschaftsrechtlich und nur begrenzt disponibel. Die Haftung in (2) ergibt sich aus dem Unternehmenskaufvertrag und kann dort geregelt werden.

Die Veräußerer wollen nur, aber immerhin für punktuell vereinbarte Aussagen haften. Wie lässt sich das rechtlich umsetzen?

---

2 *Bassenge*, in: Palandt, 71. Aufl. 2012, § 1191 Rn. 35.
3 *Epp*, in: Schimansky/Bunte/Lwowski, BankRHdb, 4. Aufl. 2011, § 94 Rn. 438.
4 *Junker/Kamanabrou*, Vertragsgestaltung, 3. Aufl. 2010, § 1 Rn. 16.

Sachverhalt

haften. Dazu zählen z. B. der Bestand der Gesellschaft und der Anteile, die Richtigkeit der aufgestellten Buchhaltung und der vergangenen Jahresabschlüsse.

Herr Bastlmeier ist, eine entsprechende Gegenleistung vorausgesetzt, auch bereit sein Grundstück zu veräußern. Jedoch will er sein Eigentum keinesfalls verlieren, solange nicht der Kaufpreis vollständig gezahlt worden ist. Außerdem möchte er, dass er dann auch aus dem Darlehen frei wird. Was mit der Grundschuld geschieht, ist ihm grundsätzlich egal. Das Bankhaus Beckmann hat jedoch bereits signalisiert, dass es einer Aufhebung nur zustimmt, wenn die noch offene Darlehensforderung getilgt wird.

Der Bearbeiter muss hier versuchen, eine Art Eigentumsvorbehalt für den Grundstückskauf zu entwickeln.

Der Eigentümer möchte von der persönlichen Forderung frei werden. Die Bank muss einer etwaigen Löschung der Grundschuld zustimmen, §§ 1192 Abs. 1, 1183 S. 1 BGB.

Frau Kress und Herr Wilker sind an einem Erwerb der SSP interessiert. Sie haben in der Region Niederbayern innerhalb der letzten 15 Jahre bereits mehrere Unternehmen, bislang aus den Bereichen Wind- und Biogas-Energie sowie Erdwärme, akquiriert. Gegenwärtig halten sie, jeweils in hälftiger Beteiligung, sieben GmbH sowie zwei OHG, innerhalb derer die einzelnen Betriebe organisiert sind. Da ihre Unternehmensgruppe aber im Solarbereich noch keine Leistungen anbieten kann, möchten sie die SSP erwerben.

Dabei kommt es ihnen zuvörderst auf den Namen „SonicSolarPower" bzw. „SSP" an, da dieser bereits seit fast zwei Jahrzehnten in der Region bekannt ist. Dies stellt, insbesondere im ländlichen Bereich, einen wesentlichen Wettbewerbsvorteil für sie dar. Ferner sind sie an den Rahmenverträgen mit den Lieferanten- und Werkunternehmern interessiert, um auch zukünftig von den günstigen Konditionen profitieren zu können.

Welche Rechtsnatur hat der Name „SSP" und nach welchen Vorschriften wird er übertragen?

Wie lassen sich die Rahmenverträge übertragen?

Das Betriebsgrundstück möchten sie ebenfalls erwerben. Sie haben diesbezüglich auch schon mit der All Finance Bank gesprochen, die zu einer Finanzierung, die Kaufpreis und Ablösung des laufenden Darlehens abdeckt, bereit wäre. Diese ist allerdings zu einer Auszahlung erst bereit, sobald ihr eine erstrangige Grundschuld am Betriebsgrundstück eingeräumt worden ist.

Hier zeichnet sich ein Konflikt ab: Das Bankhaus Beckmann will auf seine Grundschuld erst verzichten, sobald ihr die Mittel zufließen, wozu die All Finance Bank erst bereit ist, wenn sie eine erstrangige Grundschuld hat.

Im Hinblick auf die Haftung der Veräußerer gegenüber den Gesellschaftsgläubigern der SSP sind die Erwerber mit einem Ausschluss einverstanden. Insoweit könne eine entsprechende Klausel entworfen werden. Dies sei indes freilich im Rahmen des

Auch hier ist die Haftung gegenüber den Gesellschaftsgläubigern (1) und gegenüber den Erwerbern (2) zu trennen. Einigkeit der Beteiligten besteht jedenfalls im Hinblick auf (1).

Längsfeld

Kaufpreises einzupreisen. Einen Ausschluss der Haftung ihnen, den Erwerbern, gegenüber lehnen sie hingegen ab: Sie können ja nicht „die Katze im Sack" kaufen und auf jegliche Gewährleistungsrechte verzichten. Andererseits verstehen sie, dass sie gewisse Risiken übernehmen müssen. Sie bitten insofern um eine genaue vertragliche Ausgestaltung.

Um einen bruchlosen Übergang zu ermöglichen, sollen die Veräußerer noch etwa ein halbes Jahr in dem Unternehmen tätig sein. In diesem Zeitraum sollen sie die Erwerber in die Kontakte zu Kunden und Lieferanten sowie in das sonstige operative Geschäft einführen. Die Erwerber stellen sich vor, dass der Kaufpreis sich nach dem Unternehmenswert zu diesem späteren Zeitpunkt bemisst. Denn nur dann hätten ja auch die Veräußerer noch einen Verhaltensanreiz, bis zuletzt gute Leistung für die SSP zu erbringen. Der Vertrag über die Veräußerung des Unternehmens soll hingegen bereits ab Unterzeichnung bindend sein.

> Ist es möglich, einen variablen Kaufpreis zu vereinbaren? Liegt insoweit nicht ein offener Dissens vor?

Notar Dr. Berger übergibt die Unterlagen Notarassessor Sander mit der Bitte um Erstellung eines Gutachtens, das einen Besprechungstermin mit den Beteiligten sowie die anschließende Vertragsgestaltung vorbereiten soll.

Nach Ansicht von Notar Dr. Berger ist anhand der folgenden Gesichtspunkte zu untersuchen, ob eher ein Kauf der Anteile an der OHG („*share deal*") oder ein Kauf der Betriebsmittel der OHG („*asset deal*") den Interessen der Beteiligten entspricht.

> Die Begriffe share deal und asset deal sind in den zugelassenen Hilfsmitteln erläutert![5]

1. Was ist Inhalt des schuldrechtlichen Grundgeschäfts im Falle des Kaufs der Betriebsmittel einerseits und des Anteilskaufs andererseits? Wie wird die Erfüllung des jeweiligen Vertrags in dinglicher Hinsicht durchgeführt?
2. Inwieweit sind die gesetzlichen Regelungen zu Leistungsstörungen auf den Kauf der Betriebsmittel oder den Anteilskauf anwendbar? Wann würde jeweils ein Mangel vorliegen?
3. Anhand welcher vertragsgestalterischen Instrumente können Leistungsstörungen präziser vertraglich geregelt werden?

---

5 *Weidenkaff*, in: Palandt, 71. Aufl. 2012, § 453 Rn. 7; *Hopt*, in: Baumbach/Hopt, 35. Aufl. 2012, Einl vor § 1 Rn. 44.

Sachverhalt

4. Sprechen Aspekte der Fortführung des Namens „SonicSolarPower" bzw. „SSP" für Anteilskauf oder Kauf der Betriebsmittel?
5. Welche individual-arbeitsrechtlichen Folgen treten im Falle von Anteilskauf oder Kauf der Betriebsmittel im Hinblick auf die Angestellten der SSP ein?
6. Welche Variante des Kaufs ermöglicht eine Übernahme der bestehenden Lieferantenverträge?
7. Welchen Formpflichten unterliegen die geplanten Rechtsgeschäfte?
8. Bestehen Bedenken im Hinblick auf etwaige Verfügungsbeschränkungen auf Seiten der Veräußerer?
9. Inwiefern besteht nach der Gesetzeslage eine (Nach-)Haftung der Veräußerer des Unternehmens für Schulden der Gesellschaft? Welche Gestaltungsmöglichkeiten bestehen, um den Parteiinteressen möglichst zu entsprechen?

Ferner stellen sich Notar Dr. Berger noch zwei Fragen, die unabhängig von der Einordnung als Anteilskauf oder Kauf der Betriebsmittel sind:

10. Lässt sich der Kaufpreis variabel im Sinne der Vorstellungen der Erwerber ausgestalten?
11. Welche Sicherungsmechanismen sind im Hinblick auf den Grundstückskauf sinnvoll? Wie lassen sich die Lastenfreistellung und die Finanzierung durchführen?

Bearbeitervermerk

Das Gutachten des Notarassessors Sander ist zu entwerfen.

Formulierungsvorschläge für die einzelnen Vertragsklauseln sind <u>nicht</u> zu entwerfen.

Auf steuerrechtliche Aspekte hinsichtlich der Vertragsgestaltung ist <u>nicht</u> einzugehen.

Lösungsvorschlag

Zu 1. Vertragstyp

Nach dem Willen der Beteiligten soll „das Unternehmen" auf die Käufer übergehen. Als schuldrechtliche *causa* dafür kommen verschiedene Vertragstypen in Betracht. Dies könnten unter anderem Kauf, Tausch, Schenkung oder ein Übergabevertrag im Wege der vorweggenommenen Erbfolge sein.[6] Da die Beteiligten vorliegend von einem entgeltlichen Austausch unabhängig von einer persönlichen Komponente ausgehen, ist das Grundgeschäft ein Kaufvertrag im Sinne der §§ 453 Abs. 1, 433 ff. BGB.

> In der Nummerierung der Lösung sollte der Nummerierung der Fragen gefolgt werden.

a) Kauf der Betriebsmittel der OHG

Fraglich ist indes, was Gegenstand des Kaufvertrags und damit der Leistungspflichten der Verkäufer sein soll. In Betracht kommen insofern zwei Konstruktionen: Zum einen kann die OHG sich verpflichten, das Unternehmen als Zusammenfassung aller persönlichen und sachlichen Mittel, einschließlich der zugehörigen Werte und Güter, wie z. B. Kundschaft, Ruf, Geschäftsgeheimnisse, Firma und Know-how, zu übereignen oder sonst zu übertragen.[8] Eine solche Sachgesamtheit kann nach § 453 Abs. 1 Alt. 2 BGB Gegenstand eines Kaufvertrages sein. Diese Variante des Unternehmenskaufs wird auch *„asset deal"* (*asset* = Betriebsvermögen) genannt.

> Der Kauf einer **Sachgesamtheit** im Sinne des § 453 Abs. 1 Alt. 2 BGB stellt **nur** klar, dass ein einheitlicher **Kaufvertrag** über mehrere Gegenstände gewollt ist, und nicht mehrere unabhängige Kaufverträge über die einzelnen Gegenstände. In dinglicher Hinsicht handelt es sich freilich weiter um **Einzelgegenstände**, die nach dem sachenrechtlichen Spezialitätsgrundsatz zu behandeln sind.[7]

b) Kauf der Anteile an der OHG

Zum anderen ist auch ein Verkauf der Gesellschaftsanteile an der SSP OHG durch die Veräußerer denkbar. Auch dieser sogenannte *„share deal"* (*share* = Anteil) ist gesetzlich geregelt: Nach § 453 Abs. 1 Alt. 1 BGB handelt es sich bei diesem Rechtskauf ebenfalls um einen Kaufvertrag, auf den die §§ 433 ff. BGB entsprechende Anwendung finden.

> Zu beachten ist, dass beim asset deal die Gesellschaft Vertragspartei auf Verkäuferseite wird, während beim share deal die Gesellschafter Verkäufer sind.

---

6 *Canaris*, Handelsrecht, 24. Aufl. 2006, § 8 Rn. 6.
7 *Hopt*, in: *Baumbach/Hopt*, 35. Aufl. 2012, Einl v § 1 Rn. 42; *Bassenge*, in *Palandt*, 71. Aufl. 2012, Einl v § 854 Rn. 4.
8 *Weidenkaff*, in: *Palandt*, 71. Aufl. 2012, § 453 Rn. 7.

c) Dingliche Erfüllungshandlungen beim Kauf der Betriebsmittel

Beim Verkauf der Gegenstände des Betriebsvermögens erfolgt die Erfüllung durch Übereignung der Mobilien nach §§ 929 ff. BGB, durch Übereignung der Immobilien nach §§ 873, 925 BGB, durch Abtretung von Forderungen nach § 398 BGB und durch Übertragung sonstiger Rechte nach §§ 413, 398 BGB. Aufgrund des sachenrechtlichen Bestimmtheitsgrundsatzes müssen dabei alle Gegenstände (Sachen, Rechte) in der Einigung hinreichend bestimmt bezeichnet werden.[9] Dazu werden dem Vertrag in der Praxis umfangreiche Anlagen beigefügt, welche die einzelnen Betriebsgüter bezeichnen. Die Übertragung des ganzen Unternehmens durch einen einheitlichen Übertragungsakt ist hingegen nicht möglich.[10]

d) Dingliche Erfüllungshandlungen beim Anteilskauf

Die Übertragung des Gesellschaftsanteils erfordert nach §§ 413, 398 BGB lediglich eine Einigung in Ansehung des jeweiligen Anteils.[13] Die Regelungen der § 105 Abs. 3 HGB, §§ 717, 719 BGB stehen dem nicht entgegen:[14] Denn diese Regelungen ordnen lediglich an, dass die vermögensrechtlichen Komponenten der Mitgliedschaft (Gewinnanspruch usw.) nicht von ihren personenrechtlichen Komponenten (Teilnahme an der Geschäftsführung usw.) abgespalten werden dürfen.[15] Eine Verfügung eines Gesellschafters über seinen Gesellschaftsanteil, also seine Mitgliedschaft insgesamt, ist möglich. Da es sich hierbei zugleich um eine Vertragsänderung des Gesellschaftsvertrags handelt, bedarf es, vorbehaltlich abweichender Regelungen im Gesellschaftsvertrag, der Zustimmung aller übrigen Gesellschafter.[16]

Im Rahmen des **§ 719 BGB** müssen drei Varianten unterschieden werden: (1) Die Verfügung über die **Mitgliedschaft im Ganzen** wird nicht genannt und ist zulässig, vgl Fn. 14; (2) die Verfügung (nur) über den **Anteil am Gesellschaftsvermögen**, § 719 Abs. 1 HS. 1 Alt. 1 BGB, ist unwirksam, kann aber ggf. als Übertragung der nach § 717 S. 2 BGB fungiblen Rechte ausgelegt oder umgedeutet werden;[11] (3) ein Anteil an den **einzelnen Gegenständen** des Gesellschaftsvermögens, § 719 Abs. 1 HS. 1 Alt. 2 BGB, besteht nicht, da die OHG Inhaberin des (gesamten) dinglichen Rechts ist, so dass eine anteilige Verfügung des Gesellschafters darüber denklogisch ausscheidet.[12]

---

9 *Bassenge*, in: *Palandt*, 71. Aufl. 2012, § 929 Rn. 6, § 930 Rn. 2 f.
10 *Semler*, in: *Hölters*, Handbuch Unternehmenskauf, 7. Aufl. 2010, Teil VII Rn. 80.
11 *Sprau*, in: *Palandt*, 71. Aufl. 2012, § 719 Rn. 2.
12 *Hopt*, in: *Baumbach/Hopt*, 35. Aufl. 2012, § 124 Rn. 17.
13 *Hopt*, in: *Baumbach/Hopt*, 35. Aufl. 2012, § 105 Rn. 69.
14 *Hopt*, in: *Baumbach/Hopt*, 35. Aufl. 2012, § 105 Rn. 69; *Sprau*, in: *Palandt*, 71. Aufl. 2012, § 719 Rn. 6 und 2.
15 *Sprau*, in: *Palandt*, 71. Aufl. 2012, § 719 Rn. 6 f., § 717 Rn. 2; *K. Schmidt*, in: MüKoHGB, 3. Aufl. 2011, § 105 Rn. 213.
16 *Hopt*, in: *Baumbach/Hopt*, 35. Aufl. 2012, § 105 Rn. 70.

Die dinglichen Rechte am Betriebsvermögen (z.B. Eigentum an Sachen, Inhaberschaft an Forderungen) stehen dabei vor und nach Übertragung des Gesellschaftsanteils ausschließlich der OHG selbst zu. Die Erwerber erwerben also nicht die dinglichen Rechte an den Gegenständen des Betriebsvermögens, sondern die Anteile an dem Rechtsträger (OHG), dem diese Rechte zustehen.

Zu 2. Leistungsstörungen

a) Leistungsstörungen beim Kauf der Betriebsmittel

(1) Auf den Kauf der Betriebsmittel finden nach der ganz herrschenden Auffassung gemäß § 453 Abs. 1 Alt. 2 BGB die §§ 433 ff. BGB entsprechende Anwendung.[17] Denn § 453 Abs. 1 Alt. 2 BGB soll gerade den Unternehmenskauf erfassen und ordnet die entsprechende Anwendung der §§ 433 ff. BGB an.[18] Nach einer teilweise vertretenen Auffassung bieten die kaufrechtlichen Mängelregelungen jedoch kein interessengerechtes Modell für den Unternehmenskauf und sind daher nicht anzuwenden. Eine Haftung soll danach lediglich über die *culpa in contrahendo* („c.i.c.") möglich sein.[19]

Die Darstellung der gesetzlichen Mängelhaftung erfolgt hier zu Lernzwecken detaillierter, als es in einer Examensklausur zu erfolgen hätte. Dennoch ist die Kenntnis der gesetzlichen Ausgangslage wesentlich für das Verständnis der gestalterischen Instrumente.

(2) Somit liegt eine Leistungsstörung in Form eines Sach- oder Rechtsmangels vor, wenn die Voraussetzungen der §§ 434, 435 BGB erfüllt sind. Dabei beziehen sich die Mangelbegriffe auf den Inhalt der Hauptleistungspflicht gemäß § 433 Abs. 1 BGB. Das ist vorliegend das Unternehmen als Sachgesamtheit. Somit stellt ein Defekt eines einzelnen Wirtschaftsgutes im Regelfall keinen Mangel des Unternehmens dar.[20] Etwas anderes kann ggf. gelten, wenn das defekte Wirtschaftsgut eine herausragende Bedeutung für das verkaufte Unternehmen hat.[21]

---

17 *Weidenkaff*, in: *Palandt*, 71. Aufl. 2012, § 453 Rn. 7; *Thiessen*, in: MüKoHGB, 3. Aufl. 2010, Anh § 25 Rn. 60 ff.; kritisch *Hopt*, in: *Baumbach/Hopt*, 35. Aufl. 2012, Einl v § 1 Rn. 46.
18 Begründung Entwurf SMG BT-Drs. 14/6040, S. 242.
19 *U. Huber*, AcP 202 (2002), 179 (212 ff.); *Gaul* ZHR 166 (2002), 35 (48).
20 BGH, NJW 1970, 566 (567); *Hopt*, in: *Baumbach/Hopt*, 35. Aufl. 2012, Einl v § 1 Rn. 46.
21 BGH, NJW 1970, 556 (557); *Hopt*, in: *Baumbach/Hopt*, 35. Aufl. 2012, Einl v § 1 Rn. 46.

(3) Jedoch ist unklar, wann konkret ein Mangel des Unternehmens vorliegen soll. Das gilt sowohl für die Vereinbarung einer Beschaffenheit nach § 434 Abs. 1 S. 1 BGB als auch für die gewöhnliche Beschaffenheit im Sinne von § 434 Abs. 1 S. 2 BGB. Denn es ist umstritten, welche Eigenschaften des Unternehmens Gegenstand einer Beschaffenheitsvereinbarung im Sinne des § 434 Abs. 1 S. 1 BGB sein können. Nach einer engen Auffassung zählt dazu nur, was dem Kaufgegenstand auf Dauer physisch anhaftet.[23] Danach könnten betriebswirtschaftliche Kennzahlen des Unternehmens (Umsatz, Ertrag) nicht Gegenstand einer Beschaffenheitsvereinbarung sein. Nach einer weiten Auffassung gehören dazu alle tatsächlichen und rechtlichen Umstände, die für das Unternehmen wesentlich sind.[24] Zu dieser Frage liegt nach neuem Schuldrecht noch kaum Rechtsprechung vor, so dass keine Rechtssicherheit besteht. Insofern keine Beschaffenheit vereinbart wurde, kommt es nach § 434 Abs. 1 S. 2 Nr. 2 BGB auf die Eignung zur gewöhnlichen Verwendung sowie eine übliche Beschaffenheit an. Im Hinblick auf den Beschaffenheitsbegriff wirken sich auch hier die bereits dargestellten Zweifelsfragen aus. Da es sich bei Unternehmen um höchst individuelle Gebilde handelt, fehlt es weiter meist an einem entsprechenden Vergleichsmaßstab für die gewöhnliche Verwendung.[25] Auch insoweit ist also in hohem Maße unsicher, in welchen Fällen ein Gericht einen Mangel bejahen würde. Es empfiehlt sich daher, die Leistungsstörungen vertraglich auszugestalten.

(4) Fraglich ist weiter, ob die Rügeobliegenheit des § 377 HGB auf den Kaufvertrag Anwendung findet. Dazu müsste § 377 HGB sachlich anwendbar

Diese **rechtliche Unsicherheit** muss der **Vertragsgestalter beseitigen**, indem er geeignetere Mechanismen für das Gestaltungsziel wählt,[22] siehe dazu unter 3.

In **persönlicher Hinsicht** handelt es sich bei allen Vertragsbeteiligten um Kaufleute: Denn die Veräußerer betreiben das Handelsgeschäft der OHG und erfüllen damit § 1 HGB.[26] Die Erwerber auf der anderen Seite sind ebenfalls Gesellschafter von zwei OHG, so dass auch sie Kaufleute sind. Aus ihrer Eigenschaft als GmbH-Gesellschafter würde sich indes keine Kaufmannseigenschaft ergeben.[27]

---

22 *Langenfeld*, Grundlagen der Vertragsgestaltung, 2. Aufl. 2010, Kap. 3. § 4 Rn. 16; *Junker/Kamanabrou*, Vertragsgestaltung, 3. Aufl. 2010, § 1 Rn. 33.
23 *Grigoleit/Herresthal* JZ 2003, 118 (124); *Faust*, in: *Bamberger/Roth*, BeckOK BGB, 21. Ed. 2011, § 434 Rn. 23 f.; *Grunewald*, in: *Erman*, 13. Aufl. 2011, § 434 Rn. 10.
24 *Weidenkaff*, in: *Palandt*, 71. Aufl. 2012, § 434 Rn. 95a; *Canaris*, Handelsrecht, 24. Aufl. 2006, § 8 Rn. 31; für den Unternehmenskauf *Picot*, DB 2009, 2587 (2589).
25 *Semler*, in: *Hölters*, Handbuch Unternehmenskauf, 7. Aufl. 2010, Kap. VII. Rn. 198; vgl die Bespiele bei *Hopt*, in: *Baumbach/Hopt*, 35. Aufl. 2012, Einl v § 1 Rn. 46.
26 *BGH*, BGHZ 34, 293 (296); 45, 282 (285); kritisch *Hopt*, in: *Baumbach/Hopt*, 35. Aufl. 2012, § 1 Rn. 50 und § 105 Rn. 19 ff.
27 *BGH*, 133, 71 (78); *Hopt*, in: *Baumbach/Hopt*, 35. Aufl. 2012, § 1 Rn. 50.

sein, es sich also um ein Handelsgeschäft nach §§ 343, 344 HGB mit dem Inhalt eines Kaufs handeln. Nach der wohl herrschenden Ansicht ergibt sich aus dem Wort „Ware" in § 377 Abs. 2 HGB, dass die Rügeobliegenheit nicht auf alle Handelskäufe, sondern nur auf den Kauf von körperlichen Sachen und Wertpapieren, § 381 HGB, Anwendung finden soll.[28] Somit gilt § 377 HGB nicht für Unternehmenskäufe, gleich ob *asset* oder *share deal*. Nach einer teils vertretenen Ansicht findet § 377 HGB auch auf den Unternehmenskauf Anwendung.[29] Diese Ansicht begründet diesen Ansatz aber nicht weiter und ist daher zu Recht vereinzelt geblieben. Um Zweifel auszuschließen, sollte die Anwendung des § 377 HGB auf den vorliegenden Unternehmenskauf jedoch ausdrücklich ausgeschlossen werden. Eine solche Regelung ist zulässig, da § 377 HGB frei abdingbar ist.[30]

(5) Unklar ist ferner, inwieweit neben oder statt dem Mängelrecht der §§ 434 ff. BGB eine Haftung aus c.i.c. nach §§ 280, 241 Abs. 2, 311 Abs. 2 BGB in Betracht kommt. Zwar ist im Grundsatz davon auszugehen, dass die §§ 434 ff. BGB ab Gefahrübergang das speziellere Haftungsregime darstellen und also die c.i.c. verdrängen.[32] Davon macht die jüngste Rechtsprechung aber jedenfalls dann eine Ausnahme, wenn der Verkäufer arglistig über einen Mangel getäuscht hat.[33] Im Hinblick auf den Unternehmenskauf wird – in Anlehnung an die früher herrschende Meinung – eine großzügige Anwendung der c.i.c. teilweise befürwortet. Dies soll sich aus der besonderen Komplexität des Vertragsgegenstandes ergeben.[34]

Die **Vorteile** der c.i.c. für den Käufer liegen in der längeren Verjährungsfrist (§ 199 BGB statt § 438 BGB) und der fehlenden Anwendung von § 442 BGB. **Nachteilig** ist die c.i.c. insoweit, als sie verschuldensabhängig ist und nur das negative Interesse ersetzt.[31]

---

28 *Hopt*, in: *Baumbach/Hopt*, 35. Aufl. 2012, Einl v § 1 Rn. 46, § 377 Rn. 2, § 381 Rn. 1; *Thiessen*, in: MüKoHGB, 3. Aufl. 2010, Anh § 25 Rn. 8.
29 *Grunewald*, in: MüKoHGB, 2. Aufl. 2007, Vor § 373 Rn. 4.
30 *Hopt*, in: *Baumbach/Hopt*, 35. Aufl. 2012, § 377 Rn. 56.
31 *Hopt*, in: *Baumbach/Hopt*, 35. Aufl. 2012, Einl v § 1 Rn. 46a; *Westermann*, in: MüKoBGB, 6. Aufl. 2012, § 453 Rn. 25 f.; für die Ausweitung der Sachmängelhaftung gegenüber der c.i.c. auch Begr. RegE BT-Drucks. 14/6040, S. 242.
32 *Weidenkaff*, in: *Palandt*, 71. Aufl. 2012, § 437 Rn. 51a.
33 *BGH*, BGHZ 180, 205 = NJW 2009, 2120 (2122); dazu *Fischinger/Lettmaier*, NJW 2009, 2496 und *H. Roth*, JZ 2009, 1174.
34 *Hopt*, in: *Baumbach/Hopt*, 35. Aufl. 2012, Einl vor § 1 Rn. 47; *Weidenkaff*, in: *Palandt*, 71. Aufl. 2012, § 437 Rn. 51c und *Grüneberg*, ebd., § 311 Rn. 42; der Begriff des Sachmangels in den §§ 459, 463 BGB a.F. war wesentlich enger, so dass die meisten Defekte eines Unternehmens nicht unter diesen Begriff subsumiert wurden. Es wurde daher auf die c.i.c. zurückgegriffen.

b) Leistungsstörungen beim Anteilskauf

(1) Auch auf den Anteilskauf als Rechtskauf nach § 453 Abs. 1 Alt. 1 BGB finden die §§ 433 ff. BGB und somit das reguläre Mängelrecht Anwendung. Der Mangelbegriff bestimmt sich insoweit erneut (s. o. a)) nach der Hauptleistungspflicht, also der Übertragung der versprochenen Rechte. Es ist zu unterscheiden:

(2) Sollte das verkaufte Recht, hier der Anteil an der OHG, nicht bestehen, so kommt es gar nicht zur Erfüllung. Es liegt ein Fall der Nichterfüllung vor, dessen rechtliche Behandlung sich aus den §§ 275 Abs. 4, 311a Abs. 2 (ggf. 283) und 326 BGB ergibt. Der Anwendungsbereich der Mängelrechte nach §§ 434 ff. BGB ist insoweit nicht eröffnet.[35]

Ein gutgläubiger Erwerb nicht bestehender OHG-Anteile ist nicht möglich.

(3) Sollte das Unternehmen bzw. wesentliche Teile des Betriebsvermögens mangelhaft sein, so werden der Bestand und die Übertragung des verkauften Rechts davon grundsätzlich nicht berührt. Ein Mangel des Rechts wäre danach zu verneinen. Jedoch nimmt die herrschende Meinung an, dass ein Mangel der Gegenstände des Betriebsvermögens zugleich einen Sachmangel des verkauften Rechts darstellen, wenn der Käufer alle oder nahezu alle Anteile der Zielgesellschaft erwirbt.[36] Zwar ist diesbezüglich unklar, ab welchem *Quorum* ein Anteilskauf einen hinreichenden Anteil des Betriebsvermögens erfasst, so dass der Mangel der Gegenstände auf das verkaufte Recht durchschlägt.[37] So würde ein Kauf von 10 % der Anteile nicht zugleich als Unternehmenskauf im genannten Sinne gewertet. Danach würden Mängel von Gegenständen des Betriebsvermögens *keinen* Mangel des verkauften Rechts begründen. Dies wird vorliegend allerdings nicht relevant, da hier jedenfalls 100 % der Anteile verkauft werden sollen.

Auch ein verkauftes Recht kann einen Sachmangel, nicht nur einen Rechtsmangel haben. Dies ergibt sich direkt aus § 453 Abs. 3 BGB für Besitzrechte, gilt aber entsprechend bei dem Kauf aller oder nahezu aller Anteile einer Gesellschaft, vgl. Fn. 36.

(4) Im Hinblick auf die c.i.c. und die handelsrechtliche Rügeobliegenheit gilt das unter a) Ausgeführte entsprechend. Im Hinblick auf § 377 HGB ist le-

---

35 *BGH*, NJW 2007, 3777 (3779); *Weidenkaff*, in: *Palandt*, 71. Aufl. 2012, § 437 Rn. 49.
36 *BGH*, BGHZ 65, 246 (249); *Weidenkaff*, in: *Palandt*, 71. Aufl. 2012, § 453 Rn. 23; *Hopt*, in: *Baumbach/Hopt*, 35. Aufl. 2012, § 105 Rn. 73 und Einl vor § 1 Rn. 46.
37 Verneint von *BGH*, NJW 1980, 2408, bei Erwerb von 60 %; bejaht von *OLG München*, DB 1998, 1321, bei Erwerb von 75 %; *Weidenkaff*, in: *Palandt*, 71. Aufl. 2012, § 453 Rn. 23 aE, schlägt eine Grenze von 80 % vor.

diglich zu ergänzen, dass bei einem *asset deal* in der Regel die OHG als Vertragspartei auf der Verkäuferseite auftritt. Die OHG ist Handelsgesellschaft, so dass die Regelungen über Kaufleute gemäß § 6 Abs. 1 HGB auf sie angewandt werden und also die persönlichen Voraussetzungen der §§ 343, 373, 377 HGB vorliegen. In sachlicher Hinsicht ist die Anwendbarkeit des § 377 HGB dennoch zu verneinen. Wie bereits oben dargestellt, sollte die Anwendung des § 377 HGB dennoch ausdrücklich abbedungen werden.

Zu 3. Vertragliche Regelung der Leistungsstörungen

Die Beteiligten wünschen eine möglichst vorhersehbare Ausgestaltung der Leistungsstörungen. Wie dargestellt, wirft die gesetzliche Regelung viele Zweifelsfragen auf. Es kommen verschiedene Mechanismen in Betracht, um die Gestaltungsziele der Beteiligten vertraglich zu regeln.

a) Beschaffenheitsvereinbarungen, § 434 BGB

Zunächst könnten die für die Erwerber besonders wichtigen Aspekte (Richtigkeit der Jahresabschlüsse usw.) zum Gegenstand von Beschaffenheitsvereinbarungen im Sinne des § 434 Abs. 1 S. 1 BGB gemacht werden. Aufgrund der teils vertretenen restriktiven Beschaffenheitsbegriffe (vgl. Fn. 23) ist aber unklar, ob ein Gericht eine Eigenschaft i.S.d. § 434 Abs. 1 S. 1 BGB annehmen würde. Es empfiehlt sich daher, auf eine eigenständige Regelung durch Garantien auszuweichen.[38] Jedenfalls ist zu beachten, dass die Beschaffenheitsvereinbarungen einen Teil der vertraglichen Abrede darstellen und somit einer etwaigen Formpflicht unterfallen.[39]

---

38 *Thiessen,* in: MüKoHGB, 2. Aufl. 2010, Anh § 25 Rn. 103; *Mellert,* BB 2011, 1667 (1667); *v. Hoyenberg,* in: *Schütze/Weipert,* MüVetrHdb II, 6. Aufl. 2009, Kap. IV. 3., 4. Anm. 101; *Semler,* in: *Hölters,* Handbuch Unternehmenskauf, 7. Aufl. 2010, Kap. VII. Rn. 237 ff.
39 *Weidenkaff,* in: *Palandt,* 71. Aufl. 2012, § 434 Rn. 18.

Lösungsvorschlag

b) Garantien

Im Hinblick auf Garantien bietet weder das Gesetz noch die Kautelarpraxis einen einheitlichen Begriff.[42] Die verschiedenen Garantietypen sind nach ihren Rechtsfolgen zu unterscheiden:

> Die Einteilung der Garantien[40] nach der hM ergab sich aus dem alten Recht, §§ 459, 463 BGB aF. Die Kategorien passen indes nicht zum neuen Kaufrecht (Mangelfreiheit als Inhalt der Leistungspflicht) und sollten daher aufgegeben werden.[41]

(1) Garantie im Sinne von §§ 442, 444, 276 Abs. 1 BGB

Die am wenigsten weit reichende Form einer Garantie ist diejenige, die den §§ 442, 444, 276 Abs. 1 BGB zugrunde liegt.[43] Eine solche Garantie ist anzunehmen, wenn der Verkäufer in vertragsmäßig bindender Weise die Gewähr für das Vorhandensein der vereinbarten Beschaffenheit der Kaufsache übernimmt und damit seine Bereitschaft zu erkennen gibt, für alle Folgen des Fehlens dieser Beschaffenheit einzustehen.[44] Eine solche Garantie setzt also eine Beschaffenheitsvereinbarung im Sinne des § 434 Abs. 1 S. 1 BGB, für die Merkmale, die garantiert werden sollen, voraus bzw. schließt sie mit ein. Der Verkäufer schuldet danach – bereits aufgrund der Beschaffenheitsvereinbarung – als Inhalt der vertraglichen Hauptpflicht nach §§ 433 Abs. 1 S. 2, 434 Abs. 1 S. 1 BGB verschuldensunabhängig das Vorliegen der entsprechenden Beschaffenheit.

> Merke zu (1): **Anspruchsgrundlage** im Falle eines Mangels bleiben § 346 oder §§ 280 ff. BGB. Die Garantie modifiziert nur deren Voraussetzungen.

Die eigentliche Rechtsfolge der Garantie ergibt sich erst bei Leistungsstörungen: Sowohl für den Rücktritt als auch für den Schadensersatz statt der ganzen Leistung ist jeweils die Erheblichkeit der Pflichtverletzung Voraussetzung, §§ 437, 323 Abs. 5 S. 2, 281 Abs. 1 S. 3 BGB. Diese Erheblichkeit liegt stets vor, wenn der Kaufsache eine garantierte Eigenschaft fehlt.[45] Daneben modifiziert die Garantie das Vertretenmüssen nach § 276 Abs. 1 BGB. Denn Schadensersatz schuldet der Verkäufer

> Man beachte, dass der Verkäufer für die vertraglich geschuldete **Primärpflicht**, §§ 433 Abs. 1 S. 2, 434 Abs. 1 S. 1 BGB, **stets** verschuldensunabhängig haftet (Grund: pacta sunt servanda). Allein die **Sekundäransprüche** der §§ 280 ff. BGB sind – in der Regel – verschuldensabhängig, §§ 280 Abs. 1 S. 2, 276 BGB.

---

40 *Weidenkaff*, in: *Palandt*, 71. Aufl. 2012, § 443 Rn. 4.
41 *Faust*, in: *Bamberger/Roth*, BeckOK BGB, 21. Ed. März 2011, § 443 Rn. 12; *Braunschmidt/Vesper*, JuS 2011, 393 (393 mit Fn. 1).
42 Vgl. *Weidenkaff*, in: *Palandt*, 71. Aufl. 2012, § 443 Rn. 4; *Braunschmidt/Vesper*, JuS 2011, 393.
43 *Braunschmidt/Vesper*, JuS 2011, 393 (394).
44 *BGH*, BGHZ 170, 86 = NJW 2007, 1346 (1348); nachgewiesen bei *Weidenkaff*, in: *Palandt*, 71. Aufl. 2012, § 443 Rn. 11.
45 *Braunschmidt/Vesper*, JuS 2011, 393 (394); nach *BGH*, NJW-RR 2010, 1289 (1291 f.) reicht sogar eine (ausdrückliche) Beschaffenheitsvereinbarung um die Erheblichkeit zu begründen, vgl. *Grüneberg*, in: *Palandt*, 71. Aufl. 2012, § 281 Rn. 47 und § 323 Rn. 32.

nach § 280 Abs. 1 S. 2 BGB nur unter der zusätzlichen Voraussetzung des Vertetenmüssens nach § 276 Abs. 1 BGB. Grundsätzlich ist dafür ein Verschuldensvorwurf in Form von Fahrlässigkeit notwendig. Etwas anderes gilt aber bei Vorliegen einer Garantie: Nach § 276 Abs. 1 S. 1 HS. 2 BGB haftet der Verkäufer auch ohne Verschulden für alle Schadenspositionen.[46]

(2) Beschaffenheitsgarantie, § 443 BGB

Weiter existiert die Möglichkeit einer Beschaffenheitsgarantie nach § 443 BGB. Der Garantiebegriff des § 443 BGB ist dabei nicht identisch mit dem der §§ 442, 444, 276 Abs. 1 BGB.[47] Eine Beschaffenheitsgarantie steht grundsätzlich unabhängig neben dem Mängelrecht der §§ 434 ff. BGB und kann ihre Voraussetzungen und Rechtsfolgen also individuell ausgestalten.[48] Bezüglich ihres Regelungsgegenstandes knüpfen Beschaffenheitsgarantien an den Beschaffenheitsbegriff des § 434 BGB an.[49] Inwieweit auch andere Umstände, z. B. zukünftige Eigenschaften, als Auslöser des Garantiefalles vereinbart werden können, ist umstritten.[50] Im Garantiefalle steht dem Käufer ein Anspruch aus der Garantie zu. Dieser steht dabei nicht unter dem Erfordernis des Verschuldens, da es sich dabei um vertragliche Hauptleistungspflichten, § 241 Abs. 1 BGB, aus der Garantie handelt. Das folgt bereits aus dem Grundsatz *pacta sunt servanda*, den § 443 BGB deklaratorisch wiederholt. Auf § 276 BGB kommt es in dieser Hinsicht gar nicht an, da das Vertretenmüssen keine Voraussetzung des vertraglichen Anspruchs aus der Garantie ist. Der Inhalt des Anspruchs ergibt sich aus der Garantie.[51]

Merke zu (2): **Anspruchsgrundlage** im Garantiefalle ist die **Garantie selbst** (ggf. „i.V.m. § 443 BGB"), da sie Rechte begründet, die sich nicht aus der gesetzlichen Gewährleistung ergeben.

---

46 *Grüneberg*, in: *Palandt*, 71. Aufl. 2012, § 276 Rn. 29.
47 *Braunschmidt/Vesper*, JuS 2011, 393 (394); *Grunewald*, in: *Erman*, 13. Aufl. 2011, § 443 Rn. 2 und 4; *Matusche-Beckmann*, in: *Staudinger*, Bearb. 2004, § 443 Rn. 5.
48 *Braunschmidt/Vesper*, JuS 2011, 393 (394).
49 *Matusche-Beckmann*, in: *Staudinger*, Bearb. 2004, § 443 Rn. 14; *Grunewald*, in: *Erman*, 13. Aufl. 2011, § 443 Rn. 2 und 18.
50 Vgl. *Westermann*, in: *MüKoBGB*, 6. Aufl. 2012, § 443 Rn. 8.
51 *Weidenkaff*, in: *Palandt*, 71. Aufl. 2012, § 443 Rn. 21 und 17.

(3) Selbstständige Garantie, § 311 BGB

Zuletzt können die Parteien auch eine sog. selbstständige Garantie vereinbaren.[53] Es handelt sich dabei um einen gesetzlich nicht geregelten Vertragstyp, der jedoch nach § 311 Abs. 1 BGB frei vereinbart werden kann. Regelmäßig verpflichtet sich der Garantiegeber dabei für den Eintritt eines bestimmten Erfolges einzustehen oder die Gefahr eines zukünftigen Schadens zu übernehmen.[54]

Die Voraussetzungen des Eintretens der Rechtsfolgen der Garantie, der sog. Garantiefall, können von den Parteien frei vereinbart werden.[55] Dazu enthält der Kaufvertrag regelmäßig die Regelung, dass „die Verkäufer den Käufern im Wege des selbstständigen Garantieversprechen garantieren, dass die nachfolgenden Aussagen zum Zeitpunkt der Beurkundung des Vertrages vollständig und zutreffend sind: ...".[56] In der dann folgenden Liste der Angaben, die garantiert werden, wird üblicherweise zwischen vier Gruppen unterschieden: Erstens dem Bestand und Inhalt der verkauften Rechte, zweitens dem Nichtbestehen von Belastungen und Verpflichtungen, soweit nicht anders angegeben, drittens Angaben über den wirtschaftlichen Status des Unternehmens und schließlich weiterer, sonstiger Umstände.[57]

Außerdem müssen die Beteiligten auch die Rechtsfolgen eines Garantiefalles regeln. Der Interessenlage entspricht dabei am ehesten eine Schadensersatzregelung, die den Nachteil aufgrund des Nichtvorliegens des betreffenden Umstandes kompensiert. Im Ergebnis wird eine vertragliche Regelung damit die §§ 249 ff. BGB nachbilden. Ein solcher Nachteilsausgleich bedeutet jedoch eine, zumindest theoretisch, unbegrenzte Haftung. Um dem hier geäußerten Wunsch der Veräußerer nach einer Beschränkung der Haftung zu entsprechen, bieten sich zwei Instrumente an: Zunächst kann der Ersatz

Für Unternehmenskaufverträge wird die Verwendung von selbstständigen Garantien empfohlen, da die Konturen und Auswirkungen des Beschaffenheitsbegriffs in § 434 BGB und § 443 BGB unklar geblieben und auch keine Vorteile der gesetzlichen Gewährleistung (Garantien im Sinne von (1) oder (2)) ersichtlich sind.[52]

---

52 *Mellert*, BB 2011, 1667 (1667); *Weigl*, DNotZ 2005, 246 (254); *Thiessen*, MüKoHGB, 3. Aufl. 2010, Anh § 25 Rn. 78 und 103; *Lips/Stratz/Rudo*, in: *Hettler/Stratz/Hörtnagl*, Unternehmenskauf, 1. Aufl. 2004, § 4 Rn. 89.
53 Dazu *Hopt*, in: *Baumbach/Hopt*, 35. Aufl. 2012, § 349 Rn. 15 und *Sprau*, in: *Palandt*, 71. Aufl. 2012, Einf v § 765 Rn. 16.
54 St. Rspr., vgl. BGH, NJW 1991, 1542 (1543) und öfter.
55 *Sprau*, in: *Palandt*, 71. Aufl. 2012, Einf v § 765 Rn. 18.
56 *Mellert*, BB 2011, 1667 (1667 f.).
57 *Lips/Stratz/Rudo*, in: *Hettler/Stratz/Hörtnagl*, Unternehmenskauf, 1. Aufl. 2004, § 4 Rn. 123.

von nur mittelbaren Schäden ausgeschlossen werden. Denn die mittelbaren Schäden potenzieren häufig das Schadensrisiko und treffen den in Anspruch Genommenen so besonders empfindlich.[58] Noch effektiver ist jedoch die Einführung einer summenmäßigen Haftungsobergrenze (engl. „cap"). Denn so ist das Risiko für die Veräußerer in seiner Größenordnung überschaubar, während die Erwerber den Haftungsausschluss jenseits der Höchstsumme als Risiko in den Kaufpreis einpreisen werden. Zuletzt könnte geregelt werden, dass die Rechtsfolgen der Garantie insoweit nicht eintreten, als die Erwerber Kenntnis von dem (Nicht-)Vorliegen des jeweiligen Umstandes hatten.[59] Damit würde die Regelung des § 442 BGB nachempfunden, was im Ergebnis ebenfalls zu einer Beschränkung der Haftung führt.

Zusätzlich zu der selbstständigen Garantie sollte die kaufrechtliche Gewährleistung ausgeschlossen werden. Ansonsten stünden den Erwerbern die Rechte des § 437 BGB neben den Rechten aus der selbstständigen Garantie zur Verfügung. Die Zulässigkeit und die Grenzen eines Haftungsausschlusses ergeben sich aus § 444 BGB sowie den §§ 305 ff. BGB. Der Haftungsausschluss greift danach nicht, wenn die Veräußerer einen Umstand arglistig verschwiegen haben und dieser Umstand einen Sachmangel nach Maßgabe des § 434 BGB darstellt, § 444 Alt. 1 BGB. Der Haftungsausschluss scheitert hier auch nicht an § 444 Alt. 2 BGB. Denn eine Garantie in diesem Sinne liegt nur vor, wenn eine kaufrechtliche Garantie, wie sie unter (1) und (2) dargestellt wurde, abgegeben wird. Dies folgt aus dem Wortlaut, der von einer „Garantie für die Beschaffenheit" spricht. Denn dann läge ein widersprüchliches Verhalten vor, da die kaufrechtliche Mängelhaftung zugleich verstärkt und verkürzt würde, so dass sich nach § 444 BGB die Garantie durchsetzt. Ein dahin gehender Zielkonflikt ergibt sich jedoch nicht im Falle einer selbstständigen Garantie, da diese gerade ein eigenständiges Haftungsregime etablieren will.[60]

> Der § 444 BGB idF vom 1.1.2002 versagte den Haftungsausschluss „wenn" eine Garantie abgegeben wurde. Danach war streitig, ob das Modell aus selbstständiger Garantie nebst Haftungsausschluss noch möglich sei. Der Gesetzgeber stellte dies 2004 (bejahend) klar, indem er das „wenn" durch „soweit" ersetzte.

---

58 *Mellert*, BB 2011, 1667 (1670).
59 *Lips/Stratz/Rudo*, in: *Hettler/Stratz/Hörtnagl*, Unternehmenskauf, 1. Aufl. 2004, § 4 Rn. 144 ff.
60 *Weidenkaff*, in: *Palandt*, 71. Aufl. 2012, § 444 Rn. 1 und 12 mit § 443 Rn. 4, dort „Risikogarantie" genannt.

Zu 4. Firmenrechtliche Aspekte

a) Kauf der Betriebsmittel

Sollte das Unternehmen als Sachgesamtheit verkauft werden, gehört dazu jedenfalls nicht automatisch auch die Firma. Dies ergibt sich aus einem Gegenschluss zu § 22 Abs. 1 HGB, der eine „ausdrückliche" Einwilligung erfordert. Der Vertrag müsste also zweifelsfrei regeln, dass die Firma schuldrechtlich verkauft und dinglich übertragen wird. Entgegen dem Gesetzeswortlaut ist keine ausdrückliche Gestattung notwendig. Das Gesetz stellt lediglich eine Auslegungsregel auf, dass in dem Verkauf des Handelsgeschäfts nicht regelmäßig die Einwilligung im Sinne des § 22 HGB liegt.[61] Die Übertragung erfolgt dabei nach den §§ 413, 398 BGB.[62] Der Kauf der wesentlichen Betriebsmittel wird außerdem regelmäßig den Tatbestand des § 22 Abs. 1 HGB erfüllen, so dass die Fortführung der Firma auch firmenrechtlich gestattet ist. Die Erwerber dürfen die Firma insbesondere „unverändert", also ohne Beifügung eines Nachfolgezusatzes führen. Dieser ist ihnen zwar gestattet, aber nicht zwingend vorgeschrieben.[63]

b) Anteilskauf

Die Erwerber sind an einer Fortführung der Firma „SonicSolarPower" bzw. „SSP" interessiert. Inhaber dieser Firma ist die OHG, § 17 HGB. Wenn also die Anteile an der OHG verkauft werden, steht diese nach wie vor der OHG zu und kann somit von den Erwerbern als Gesellschafter der OHG genutzt werden.[64]

Beim share deal ist dennoch § 24 Abs. 2 HGB zu beachten: Danach bedürfen die Erwerber zur Fortführung der Firma der Zustimmung des ausscheidenden Gesellschafters. Das gilt aber nur, wenn der Name des Ausscheidenden in der Firma verwendet wird.

Zu 5. Arbeitsrechtliche Aspekte

a) Kauf der Betriebsmittel

Bei einem Verkauf der Betriebsmittel der OHG bleiben die Rechtsverhältnisse zwischen der OHG und Dritten und damit auch die einzelnen Arbeitsverhältnisse grundsätzlich unberührt. Die Erwerber würden danach nicht in die Stellung als Arbeitgeber einrücken und wären also weder zur Beschäftigung,

---

61 *BGH*, NJW 1994, 2025 (2026); *Beisel/Klumpp*, Unternehmenskauf, 6. Aufl. 2009, § 9 Rn. 11.
62 *Hopt*, in: *Baumbach/Hopt*, 35. Aufl. 2012, § 22 Rn. 9.
63 *Hopt*, in: *Baumbach/Hopt*, 35. Aufl. 2012, § 22 Rn. 15.
64 *Hopt*, in: *Baumbach/Hopt*, 35. Aufl. 2012, § 24 Rn. 1.

noch zur Vergütung der Arbeitnehmer verpflichtet. Etwas anderes ergibt sich jedoch aus § 613a Abs. 1 BGB. Danach gehen die Arbeitsverhältnisse auf den Erwerber über, falls ein rechtsgeschäftlicher Betriebsübergang vorliegt. Der Begriff des Betriebs ist stark europarechtlich determiniert und die Auslegung daher komplex und in weiten Teilen streitig.[65] Vorliegend dürfte jedoch kein Zweifel an der Tatbestandsmäßigkeit des Betriebsübergangs bestehen. Die Erwerber werden daher mit der dinglichen Übertragung der Betriebsmittel *ipso iure* auch Arbeitgeber der Angestellten der OHG.

Weitere wesentliche Folge des § 613a BGB sind die umfangreichen Informationspflichten gemäß Absatz 5, dessen Verletzung – vorbehaltlich einer Verwirkung[66] – zu einem zeitlich unbegrenzten Widerspruchsrecht der Arbeitnehmer nach § 613a Abs. 6 BGB führt.

b) Anteilskauf

Wenn die Gesellschaftsanteile verkauft und übertragen werden, bleiben die Arbeitsverträge der Gesellschaft mit ihren Arbeitnehmern bestehen. Denn die jeweiligen Rechtsverhältnisse bestehen zwischen der OHG und dem Arbeitnehmer. Daran ändert sich durch den Anteilskauf nichts.[67]

Zu 6. Übernahme der Lieferverträge

a) Kauf der Betriebsmittel

Falls hingegen die Betriebsmittel der Gesellschaft verkauft werden, kommt es nicht zu einem Übergang der Verträge. Vertragspartei ist dann weiterhin die OHG. Zwar könnten die OHG, die jeweiligen Lieferanten und die Erwerber im Wege eines dreiseitigen Vertrages eine Vertragsübernahme vereinbaren, wodurch das Vertragsverhältnis ebenfalls auf die Erwerber übergehen würde.[68] Dazu ist aber jeweils die Zustimmung des Dritten notwendig, die

---

65 Vgl. etwa *Willemsen*, NJW 2007, 2065 und *Müller-Bonnani*, NZA-Beil. 2009, 13.
66 *BAG*, AP Nr. 7 zu § 613a BGB „Widerspruch"; *Weidenkaff*, in: Palandt, 71. Aufl. 2012, § 613a BGB Rn. 51.
67 *Weidenkaff*, in: Palandt, 71. Aufl. 2012, § 613a Rn. 6; *Lücke*, in: Hettler/Stratz/Hörtnagl, Unternehmenskauf, 1. Aufl. 2004, § 6 Rn. 9.
68 Zur Vertragsübernahme vgl. *Grüneberg*, in: Palandt, 71. Aufl. 2012, § 398 Rn. 41 ff.

womöglich nicht oder nur mit verschlechterten Konditionen gewährt wird.

Das Gestaltungsziel der Nutzung lässt sich, vorbehaltlich einer entsprechenden Zustimmung der Dritten, nur im Wege des Anteilskaufs erreichen. Eine dem § 613a BGB vergleichbare Vorschrift fehlt insoweit.

b) Anteilskauf

Im Falle eines Kaufvertrags über die Anteile an der Gesellschaft bleiben die Lieferantenverträge zur OGH bestehen. Denn die OHG ist selbst Rechtssubjekt, § 124 Abs. 1 HGB, und Partei der jeweiligen Verträge. Ein Wechsel der Gesellschafter lässt diese Verträge somit grundsätzlich unberührt. Die Erwerber kämen so also, wie gewünscht, in den Genuss der bestehenden Rahmenverträge. Etwas anders könnte sich lediglich ergeben, falls in den jeweiligen Lieferverträgen ein Sonderkündigungsrecht für den Fall des Wechsels der Geschäftsführung vorgesehen ist (sog. *„change of control"* Klauseln).

Zu 7. Formpflichten

Der angestrebte Vertrag wird mehrere Verpflichtungs- und Verfügungsgeschäfte enthalten, die isoliert auf einen Formzwang zu untersuchen sind.

a) Kauf der Betriebsmittel

(1) In Betracht kommt wiederum eine Formpflicht aus § 311b Abs. 3 BGB. Bei einem *asset deal* ist die OHG Vertragspartei des Unternehmenskaufvertrages.[69] Denn sie ist Eigentümerin und Inhaberin der Gegenstände, die das Unternehmen ausmachen und die verkauft werden sollen. Daher ist auch im Rahmen des § 311b Abs. 3 BGB auf die OHG und ihr Vermögen abzustellen. Dabei ist die Norm zunächst auch auf die OHG in persönlicher Hinsicht anwendbar.[70] Denn der Tatbestand enthält keine Einschränkung auf natürliche oder auch nur juristische Personen, so dass auch die nach § 124 Abs. 1 HGB rechtsfähige OHG in den Anwen-

---

[69] V. Hoyenberg, in: MüVertrHdb Bd. II., 6. Aufl. 2009, Kap. IV 3., 4. Anm. 21.
[70] Hopt, in: Baumbach/Hopt, 35. Aufl. 2012, Einl v § 1 Rn. 44; Grüneberg, in: Palandt, 71. Aufl. 2012, § 311b Rn. 65.

dungsbereich fällt.[71] Zwar soll nach einer teils vertretenen Ansicht § 311b Abs. 3 BGB nicht anwendbar sein, wenn – wie hier – das Unternehmen durch eine OHG verkauft werden soll, da es sich lediglich um ein Sondervermögen der dahinter stehenden Gesellschafter handele.[72] Diese Ansicht ist jedoch durch die fortgeschrittene Anerkennung der OHG als Inhaberin der dinglichen Rechte überholt.[73] Der Tatbestand ist somit erfüllt, wenn das Vermögen „in Bausch und Bogen" übertragen werden soll. Wie bereits oben angegeben (s. 1. c)) werden die Einzelgegenstände zwar in einer Vertragsanlage einzeln aufgelistet. Jedoch enthält der Vertrag typischerweise auch eine Auffangklausel (sog. *„catch all"*-Klausel), nach der auch alle sonstigen zum Geschäftsbetrieb gehörenden Gegenstände erfasst werden sollen. Aufgrund dieser Auffangklausel ist die Tatbestandmäßigkeit im Sinne des § 311b Abs. 3 BGB eines solchen Vertrages sehr umstritten.[74] Um dieser Rechtsunsicherheit zu begegnen sowie angesichts der Tatsache, dass eine Heilung im Falle des § 311b Abs. 3 BGB, anders als nach Abs. 1, nicht vorgesehen ist,[75] ist eine notarielle Beurkundung dringend zu empfehlen.[76]

(2) Eine Formpflicht folgt hier jedoch bereits aus § 311b Abs. 1 BGB. Denn der Formzwang bezüglich des Grundstücksgeschäfts erstreckt sich auf alle rechtlichen Vereinbarungen, die mit dem Grundstücksgeschäft stehen und fallen sollen.[77] Dies ist für den Verkauf des Unternehmens und des Grundstücks zu bejahen.

b) Anteilskauf

Der Kaufvertrag über die Anteile an der OHG ist grundsätzlich formfrei. Auch die Übertragung der

---

71 *OLG Hamm*, NZG 2010, 1189 (1190) für eine GmbH.
72 *RG*, JW 1910, 242; *Grüneberg*, in: *Palandt*, 71. Aufl. 2012, § 311b Rn. 66.
73 *Hopt*, in: *Baumbach/Hopt*, 35. Aufl. 2012, Einl v § 1 Rn. 44; *Müller*, NZG 2007, 201 (203); *Schumacher*, in: *Staudinger*, Neubearb. 2011, § 311b Abs. 3 Rn. 14.
74 Vgl. *Morshäuser*, WM 2007, 337 (343 f.); *Müller*, NZG 2007, 201 (205).
75 *Grüneberg*, in: *Palandt*, 71. Aufl. 2012, § 311b Rn. 68.
76 *Semler*, in: *Hölters*, 7. Aufl. 2010, Kap. VII. Rn. 142.
77 *Hopt*, in: *Baumbach/Hopt*, 35. Aufl. 2012, Einl v § 1 Rn. 44; *Grüneberg*, in: *Palandt*, 71. Aufl. 2012, § 311b Rn. 32 f.

Lösungsvorschlag

Anteile nach §§ 413, 398 BGB erfordert lediglich eine formfreie Einigung.[78]

(1) Eine Formpflicht hinsichtlich des Verpflichtungsgeschäfts könnte sich jedoch aus § 311b Abs. 3 BGB ergeben.[79] Danach bedarf ein Vertrag der Beurkundung, falls sich eine Partei verpflichtet, ihr gesamtes gegenwärtiges Vermögen zu übertragen. Bei einem *share deal* wären die beiden Gesellschafter der OHG Vertragspartei des Kaufvertrages, so dass auf deren Vermögen abzustellen ist. Der Tatbestand des § 311b Abs. 3 BGB erfordert dabei, dass die Verpflichtung die Übertragung des ganzen Vermögens in „Bausch und Bogen"[80] erfasst. Wenn die Verpflichtung sich lediglich auf einzeln aufgezählte Rechtsobjekte erstreckt, mögen sie auch wirtschaftlich das gesamte Vermögen darstellen, ist der Tatbestand nicht erfüllt.[81] Vorliegend würden sich die Veräußerer nur zur Übertragung ihres jeweiligen Gesellschaftsanteils verpflichten. Eine Formpflicht folgt somit nicht aus § 311b Abs. 3 BGB.

(2) Weiter planen die Beteiligten auch, das Betriebsgrundstück von Herrn Bastlmeier zu verkaufen und zu übereignen. Insofern sind zwei Gestaltungen denkbar: Zum einen könnte das Betriebsgrundstück zunächst an die OHG übereignet und dann mit dieser an die Erwerber verkauft und übertragen werden. Zum anderen könnte das Grundstück auch direkt an einen oder beide Erwerber verkauft und übereignet werden.

Diese Gestaltungsfrage wird maßgeblich von Fragen der Grunderwerbssteuer (GrEStG) bestimmt, da hier ggf. steuerrechtliches Optimierungspotential besteht.[82]

In der ersten Gestaltungsvariante ist der Kaufvertrag über das Grundstück nach §§ 433, 311b Abs. 1 BGB und die Auflassung nach §§ 873, 925 BGB beurkundungspflichtig. Der anschließende Verkauf der Anteile an der OHG wäre hingegen formfrei: Denn die grundsätzliche Formfreiheit, *argumentum e contrario* § 125 BGB, wird durch keine gesetzliche Regelung verdrängt. Insbesondere ist der Kauf der Anteile nicht nach § 311b Abs. 1 BGB

---

78 *Hopt* in: *Baumbach/Hopt*, 35. Aufl. 2012, § 105 Rn. 71 und 62.
79 Zu § 311b Abs. 3 BGB bei Unternehmenskaufverträgen zuletzt *Böttcher/Fischer*, NZG 2010, 1332; *Müller*, NZG 2007, 201; *Morshäuser*, WM 2007, 337.
80 *RG*, RGZ 94, 315 (316).
81 *Grüneberg*, in: *Palandt*, 71. Aufl. 2012, § 311b Rn. 66.
82 Vgl. *v. Hoyenberg/Verpoorten*, in: MüVertrHdb Bd. II., 6. Aufl. 2009, Kap. IV 3., 4. Anm. 20; *Franz*, in: Hölters, Handbuch Unternehmenskauf, 7. Aufl. 2010, Kap. XIII. Rn. 176 ff.

formpflichtig, auch wenn die Gesellschaft ein Grundstück besitzt und alle Anteile an ihr übertragen werden. Denn Gegenstand des Kaufvertrages sind ausschließlich die Gesellschaftsanteile.[83]

In der zweiten Variante sind der Verkauf und die Auflassung des Grundstücks ebenfalls formpflichtig. Der Verkauf und die Übertragung der Anteile sind zwar an sich wiederum formfrei. Jedoch wird auch das formfreie Geschäft über die Anteile beurkundungspflichtig, wenn es mit dem formpflichtigen Grundstücksgeschäft eine rechtliche Einheit bildet und beide also miteinander „stehen und fallen" sollen.[84] Diese Verbindung lässt sich auch nicht durch einen getrennten Abschluss der einzelnen Verträge umgehen. Separat abgeschlossene Verträge sind demnach nur dann auch formfrei wirksam, wenn anzunehmen ist, dass sie auch ohne das formpflichtige Grundstücksgeschäft abgeschlossen worden wären.[85]

Zu 8. Verfügungsbeschränkungen

a) Familienrechtliche Beschränkungen, § 1365 BGB

Die Veräußerer sind jeweils verheiratet. Nach dem Sachstand ist nicht ersichtlich, welchen Güterstand die Eheleute jeweils vereinbart haben. Mangels gegenteiliger Informationen ist daher von dem gesetzlichen Güterstand der Zugewinngemeinschaft auszugehen, § 1363 Abs. 1 BGB. Somit könnte der geplante Unternehmenskauf ggf. gegen § 1365 Abs. 1 S. 1 BGB verstoßen. Denn danach benötigt der Ehegatte für den Abschluss des Verpflichtungsgeschäftes, das auf die Übertragung seines Vermögens im Ganzen gerichtet ist, die Zustimmung seines Ehegatten. Fehlt diese Zustimmung, ist das Verpflichtungsgeschäft nach § 1366 Abs. 1 und 4 BGB schwebend bzw. endgültig unwirksam. Eine dennoch vorgenommene Verfügung ist nach § 1365 Abs. 1 S. 2 BGB unwirksam. Dabei handelt es sich um ein absolutes Veräußerungsverbot, das also

Wegen des Verpflichtungs- und Veräußerungsverbots in § 1365 BGB akzeptieren viele Personengesellschaften, insbesondere auch Anwaltssozietäten, in aller Regel den Ehegatten nur dann als Gesellschafter, wenn dieser durch Ehevertrag den Güterstand der Gütertrennung wählt.[86]

---

83 *BGH*, NJW 1997, 376 (377); *Grüneberg*, in: Palandt, 71. Aufl. 2012, § 311b Rn. 3; *Hopt*, in: Baumbach/Hopt, 35. Aufl. 2012, § 105 Rn. 71.
84 *BGH*, BGHZ 76, 43 (48 f.); 78, 346 (349); *Grüneberg*, in: Palandt, 71. Aufl. 2012, § 311b Rn. 32 f.
85 *Semler*, in: Hölters, Handbuch Unternehmenskauf, 7. Aufl. 2010, Kap. VII. Rn. 82.
86 *Koch*, in: MüKoBGB, 5. Aufl. 2010, § 1365 Rn. 68.

nicht durch gutgläubigen Erwerb nach § 135 Abs. 2 BGB in Verbindung mit den jeweiligen Gutglaubenstatbeständen (§§ 932, 892 BGB) überwunden werden kann.[87] Der Tatbestand des § 1365 Abs. 1 S. 1 BGB ist bereits erfüllt, wenn sich der Ehegatte verpflichtet, einen Vermögensgegenstand zu übertragen, der nahezu das gesamte Vermögen ausmacht (sog. „Einzeltheorie"). Davon wird in der Regel ausgegangen, wenn der übertragene Einzelgegenstand 85–90 % des Vermögens ausmacht.[88] Um den Schutz des Rechtsverkehrs zu gewährleisten, wird bei Rechtsgeschäften über Einzelgegenstände jedoch das ungeschriebene Tatbestandsmerkmal der positiven Kenntnis des Vertragspartners des verfügenden Ehegatten gefordert.[89]

(1) Ob der Verkauf der Gesellschaftsanteile jeweils das notwendige *Quorum* erfüllt und ob die Erwerber davon Kenntnis haben, kann nach dem Sachstand nicht beurteilt werden. Vertraglich sollte diesem Risiko dennoch vorgebeugt werden. Dabei kann die Rechtsfolge des § 1365 Abs. 1 BGB nicht ausgeschlossen oder sonst umgangen werden. Es bietet sich aber an, insofern die Beteiligten dies akzeptieren, eine Zustimmung der Ehegatten von Herrn Bastlmeier und Herrn Neumann einzuholen.[90] Dabei bedarf die Zustimmung nicht der für den Vertrag erforderlichen Form.[91] Auf diese Weise wird der Tatbestand im Hinblick auf das Verpflichtungsgeschäft nicht erfüllt. Dann ist auch für das dingliche Geschäft keine Zustimmung mehr erforderlich.[92] Alternativ kann der jeweilige Ehegatte im Rahmen des Vertragsschlusses zugezogen werden und so die Zustimmung erteilen. Dann wäre im Vertrag jedoch klarzustellen, dass die jeweiligen Ehegatten aus dem Vertrag im Übrigen weder berechtigt noch verpflichtet werden sollen.

(2) Bei einem *asset deal* ist die OHG Vertragspartei des Kaufvertrages. Die OHG ist bei Abschluss so-

---

[87] *BGH*, BGHZ 40, 218 (1. LS); *Brudermüller*, in: Palandt, 71. Aufl. 2012, § 1365 Rn. 14.
[88] St. Rspr. *BGH*, BGHZ 106, 253 (256); *Brudermüller*, in: *Palandt*, 71. Aufl. 2012, § 1365 Rn. 4.
[89] St. Rspr. *BGH*, BGHZ 77, 293 (295); *Brudermüller*, in: *Palandt*, 71. Aufl. 2012, § 1365 Rn. 9.
[90] *V. Hoyenberg*, in: *Schütze/Weipert*, MüVetrHdb II, 6. Aufl. 2009, Kap. IV. 3., 4. Anm. 34.
[91] *BGH*, NJW 1982, 1099 (1099 f.); *Brudermüller*, in: *Palandt*, 71. Aufl. 2012, § 1365 Rn. 18.
[92] *Brudermüller*, in: *Palandt*, 71. Aufl. 2012, § 1365 Rn. 12.

wohl des Verpflichtungs- als auch des Verfügungsgeschäfts nicht an den § 1365 BGB gebunden. Ein Zustimmungserfordernis besteht insoweit also nicht.[93]

b) Erb- und sachenrechtliche Beschränkungen

Bei einem Unternehmensverkauf durch Erben können ggf. weitere Verfügungsbeschränkungen zu beachten sein, z. B. § 2040 Abs. 1 oder 2112 ff. BGB. Das ist vorliegend jedoch nicht zu besorgen, da die hier auftretenden Veräußerer das Unternehmen selbst aufgebaut haben.

In sachenrechtlicher Hinsicht ist davon auszugehen, dass Realsicherheiten in Form von Sicherungseigentum, Vorbehaltseigentum und ähnlichem bestehen. Im Rahmen eines Anteilskaufs gehen all diese unverändert auf die Erwerber als neue Gesellschafter über. Im Falle eines Kaufs der Betriebsmittel sollten die Veräußerer Vollständigkeits- und Negativerklärungen hinsichtlich der bestehenden Sicherungsrechte abgeben. Denn dann deckt sich der Umfang der schuldrechtlichen Verschaffungspflicht nach § 433 Abs. 1 BGB mit den dinglichen Rechten, welche die OHG ohne pflichtwidriges Verhalten verschaffen kann.

> Im Hinblick auf die Sicherungsrechte darf der Bearbeiter keinesfalls zu Gestaltungen raten, die einen gutgläubigen Erwerb der Erwerber bezwecken. Denn der Notar ist ein unabhängiger Träger eines öffentliches Amtes, § 1 BNotO.[94] Als solcher darf er keine Gestaltung vorschlagen die im Verhältnis zu Lieferanten, Banken usw. schuldrechtlich pflichtwidrig und ggf. sogar strafrechtlich relevant (§ 246 StGB) ist.

Zu 9. (Nach-)Haftung der Veräußerer für Gesellschaftsschulden

a) Kauf der Betriebsmittel

Falls die OHG das Unternehmen an die Erwerber veräußert und diesen die Firmenfortführung gestattet, haften die Erwerber grundsätzlich für die bis dahin im Betriebe des Unternehmens begründeten Verbindlichkeiten, § 25 Abs. 1 HGB. Die Rechtsfolge des § 25 Abs. 1 HGB ist ein gesetzlicher Schuldbeitritt der Erwerber in die Haftung der Veräußerer, so dass Letztere wiederum unverändert weiter haften.[96] Diese Haftung der Erwerber kann vermieden werden, indem ein entsprechender

> Die vorgeschlagene Freistellungspflicht verpflichtet die Erwerber gegenüber den Veräußerern die Ansprüche Dritter zu erfüllen. Eine **Vertragsauslegung** nach § 328 Abs. 2 BGB könnte somit einen **echten Vertrag zugunsten Dritter** ergeben, bei dem der Dritte einen eigenständigen Anspruch (hier: auch) aus dem Vertrag erwirbt. Dies ist regelmäßig nicht gewollt. Daher ordnet die speziellere Auslegungsregel in § 329 BGB an, dass im Zweifel kein Anspruch des Dritten begründet werden soll, sondern eine lediglich im Innenverhältnis wirkende **Erfüllungsübernahme** vorliegt. Der Zweifel ist durch ausdrückliche Klarstellung im Vertrag zu beseitigen.[95]

---

93 *Lips/Stratz/Rudo*, in: Hettler/Stratz/Hörtnagl, Unternehmenskauf, 1. Aufl. 2004, § 4 Rn. 388.
94 *Sikora/Mayer*, Kautelarjuristische Klausuren im Zivilrecht, 2. Aufl. 2011, Rn. 35 f.; *Junker/Kamanabrou*, Vertragsgestaltung, 3. Aufl. 2010, § 1 Rn. 64 f.
95 *Junker/Kamanabrou*, Vertragsgestaltung, 3. Aufl. 2010, § 1 Rn. 32.
96 *Hopt*, in: Baumbach/Hopt, 35. Aufl. 2012, § 25 Rn. 10, § 26 Rn. 1.

Lösungsvorschlag

Ausschluss in das Handelsregister eingetragen oder dies den Dritten auf sonstige Weise mitgeteilt wird, § 25 Abs. 2 HGB. Dies entspricht vorliegend aber nicht den Interessen der Beteiligten. In Gemäßheit zu § 160 HGB sieht § 26 Abs. 1 HGB eine Nachhaftungsbegrenzung der Veräußerer vor. Die Veräußerer haften danach ebenfalls nur für solche Ansprüche, die innerhalb von fünf Jahren ab Firmenfortführung fällig werden *und* rechtskräftig oder vollstreckbar festgestellt werden. Auch insoweit sollte der Vertrag also eine interne Freistellungspflicht der Erwerber vorsehen, die gesamtschuldnerisch ausgestaltet ist. Die vertragliche Regelung weicht insoweit nicht von derjenigen beim *share deal* ab.

b) Anteilskauf

Die Gesellschafter einer OHG haften den Gesellschaftsgläubigern nach § 128 HGB für Gesellschaftsschulden. Sie haften dabei persönlich, unbeschränkt, unmittelbar und primär.[98] Diese Haftung entsteht, sobald der Rechtsgrund einer Gesellschaftsverbindlichkeit gelegt ist, auch wenn weitere Voraussetzungen der Durchsetzbarkeit, insb. die Fälligkeit, erst später vorliegen. Der Gesellschafter haftet somit auch nach seinem Ausscheiden für die Verbindlichkeiten, deren Rechtsgrund in der Zeit seiner Mitgliedschaft gelegt wurde.[99] Insbesondere bei Dauerschuldverhältnissen ergibt sich somit eine theoretisch unbegrenzte Nachhaftung, da z. B. der Rechtsgrund „Pachtvertrag" noch für Jahrzehnte einzelne Ansprüche begründen kann.[100] Diese Folge wird durch den 1994 eingeführten § 160 HGB vermieden, der die Nachhaftung des ausgeschiedenen Gesellschafters auf fünf Jahre begrenzt. Es handelt sich dabei um eine Ausschlussfrist, so dass der Anspruch gegen den Ausgeschiedenen erlischt, wenn der Anspruch nicht innerhalb von fünf Jahren ab Austritt fällig wird *und* rechtskräftig oder vollstreckbar festgestellt wird.[101]

Beachte die nahezu vollständige Parallelität der Haftung und Nachhaftung in der GbR nach §§ 705 ff. BGB, aufgrund derer ein Rückgriff auf die teils ausführlichere Kommentierung im Palandt sinnvoll sein kann.[97]

---

97 Vgl. *Sprau*, in: *Palandt*, 71. Aufl. 2012, § 714 Rn. 11 ff. (Haftung); § 736 Rn. 10 ff. (Nach- und Enthaftung); § 714 Rn. 16 (Regress).
98 *Hopt*, in: *Baumbach/Hopt*, 35. Aufl. 2012, § 128 Rn. 1.
99 *BGH*, BGHZ 142, 234 (329); *Hopt*, in: *Baumbach/Hopt*, 35. Aufl. 2012, § 128 Rn. 28 f.
100 *Hopt*, in: *Baumbach/Hopt*, 35. Aufl. 2012, § 128 Rn. 31.
101 *Hopt*, in: *Baumbach/Hopt*, 35. Aufl. 2012, § 160 Rn. 3 f.

Eine von der (Nach-)Haftung abweichende Vereinbarung zwischen den hiesigen Beteiligten zeitigt keine Rechtswirkungen gegenüber den Gesellschaftsgläubigern, § 128 S. 2 HGB. Die Haftung kann durch den Unternehmenskaufvertrag somit nicht begrenzt werden. Jedoch können die Beteiligten im Innenverhältnis eine gesamtschuldnerische Verpflichtung der Erwerber zur Freistellung der Veräußerer vereinbaren. Diese Freistellungspflicht gilt jedoch lediglich im Innenverhältnis der hiesigen Vertragsparteien. Eine Inanspruchnahme durch Dritte kann sie nicht verhindern. Die vertragliche Regelung bedeutet jedoch eine Verbesserung der Rechte der Veräußerer: Denn nach der gesetzlichen Regelung können sich Gesellschafter untereinander aus § 426 BGB lediglich *pro rata* in Regress nehmen.[104] Dabei ist umstritten, ob dies auch für den Regress des ausgeschiedenen Gesellschafters gilt.[105] Durch die Vereinbarung einer Gesamtschuld wird diese Unsicherheit vermieden und das jeweilige Insolvenzrisiko auf das Innenverhältnis der Erwerber verschoben, da die Veräußerer die Erwerber so sicher in voller Höhe in Regress nehmen können. Ein Regress gegen die OHG ist unabhängig von einer vertraglichen Vereinbarung nach § 683 S. 1, 670 BGB möglich.[106]

Eine grds. mögliche Abweichung von § 160 HGB führt nicht weiter, weil damit nur eine Abweichung von der Nachhaftungsbegrenzung erreicht werden könnte.[102]

Im Hinblick auf die **Regressregelungen** ist stets zwischen Ansprüchen **gegen die OHG** und solchen **gegen die Gesellschafter** zu unterscheiden.

Die Anspruchsgrundlage für den Regress eines ausgeschiedenen Gesellschafters gegen die OHG ist umstritten, vertreten werden u.a. § 110 HGB (teils analog), § 426 BGB, § 670 BGB (teils mit § 683 BGB) und § 738 Abs. 1 S. 2 BGB.[103]

Zwischenergebnis

Die Gestaltungsinteressen der Parteien lassen sich sowohl im Wege des *asset deals* als auch des *share deals* weitgehend erreichen. Zwar ist die zukünftige Nutzung der Rahmenlieferverträge nur durch einen Anteilskauf sichergestellt. Jedoch bestehen dann ggf. Unsicherheiten im Bezug auf familienrechtliche Beschränkungen, die sich durch den Kauf der Betriebsmittel vermeiden lassen. Die Entscheidung über die genaue Konstruktion wird daher ganz wesentlich von einer weiteren, steuerrechtlichen Bera-

---

102 *Hopt*, in: *Baumbach/Hopt*, 35. Aufl. 2012, § 160 Rn. 8 und § 128 Rn. 37 f.
103 *Neubauer/Herchen*, in: *Gummert/Weipert*, MüHdbGesR I, 3. Aufl. 2009, § 69 Rn. 17 mwN.
104 BGH, NJW-RR 2002, 455 (456); *Hopt*, in: *Baumbach/Hopt*, 35. Aufl. 2012, § 128 Rn. 27 und 36.
105 *Neubauer/Herchen*, in: *Gummert/Weipert*, MüHdbGesR I, 3. Aufl. 2009, § 69 Rn. 18 mwN.
106 *Hopt*, in: *Baumbach/Hopt*, 35. Aufl. 2012, § 128 Rn. 36, § 110 Rn. 2.

tung abhängen, die den Kaufvertrag insgesamt steuerlich optimiert.[107]

Zu 10. Regelung des Kaufpreises

Grundsätzlich müssen sich die Parteien über die *essentialia negotii* eines Vertrages einigen, damit dieser zustande kommt.[108] Zu diesen *essentialia* gehören bei einem Kaufvertrag der Kaufgegenstand sowie der Kaufpreis. Lassen die Parteien den Kaufpreis offen, kommt der Vertrag noch nicht zustande, selbst wenn die Parteien dies wünschen.[109] Etwas anderes gilt jedoch, wenn die Parteien die Bestimmung des offenen Punktes ausdrücklich oder stillschweigend einer Partei oder einem Dritten überlassen haben.[110] Auslegungsregeln dazu enthält das Gesetz in den §§ 315 ff. BGB. Die Bestimmung der Leistung durch einen Dritten wird von der Auslegungsregel in § 317 Abs. 1 BGB vorausgesetzt. Dabei meint das Gesetz eine rechtsgestaltende Bestimmung, bei welcher erst der Dritte den Vertragsinhalt insoweit festlegt.[111]

Insofern sich die Beteiligten vorliegend z. B. einigen, dass der endgültige Kaufpreis sich anhand des zum späteren Stichtag vorhandenen Eigenkapitals berechnet, ist die Einigung vollständig. Zwar ist den Parteien die genaue Höhe des Kaufpreises noch nicht bekannt, sie lässt sich am Stichtag aber objektiv bestimmen. Jedoch ist dann ein späterer Streit über die korrekte Bilanzierung und Berechnung möglich. Um dies zu vermeiden können sich die Beteiligten darauf einigen, dass ein Schiedsgutachter, hier sinnvollerweise eine Wirtschaftsprüfungsgesellschaft, die Abrechnungsbilanz erstellt und dass diese Feststellung bindend sein soll. Damit hat der Dritte zwar lediglich Tatsachen bzw. deren bilanzrechtliche Subsumtion festgestellt, was aber in entsprechender Anwendung des § 317 BGB ebenfalls möglich ist.[112] Die Berechnung steht dann für die Beteiligten fest, insoweit sie nicht offenbar unbillig

Eine fehlende Einigung hinsichtlich der essentialia negotii wird auch nicht durch § 154 Abs. 1 BGB überwunden: Die dortige Zweifelsregelung betrifft lediglich die fehlende Einigung über Punkte, die für eine Partei wesentlich sind, die aber keine essentialia darstellen (sog. accidentialia negotii), vgl. Fn. 109.

Hier ist zu erkennen, dass auch eine Einigung über den Berechnungsmodus, die notwendig unbeziffert ist, die essentialia hinreichend bestimmt bezeichnet. Der Einsatz des Schiedsgutachters ist somit keine Voraussetzung für Vertragsschluss und Bindungswirkung, sondern lediglich eine erhöhte Hemmschwelle gegen den Einwand einer unzutreffenden Berechnung des Kaufpreises.

---

107 *Holzapfel/Pöllath*, Unternehmenskauf in Recht und Praxis, 14. Aufl. 2010, Rn. 235 ff.
108 *Ellenberger*, in: *Palandt*, 71. Aufl. 2012, Einf v § 145 Rn. 3.
109 *Armbrüster*, in: *Erman*, 13. Aufl. 2011, § 154 Rn. 2; *Busche*, in: MüKoBGB, 6. Aufl. 2012, § 154 Rn. 3.
110 *Ellenberger*, in: *Palandt*, 71. Aufl. 2012, Einf v § 145 Rn. 3.
111 *Grüneberg*, in: *Palandt*, 71. Aufl. 2012, § 317 Rn. 2 und 5.
112 *Grüneberg*, in: *Palandt*, 71. Aufl. 2012, § 317 Rn. 2 und 6; zum Unternehmens-kauf *Habersack/Tröger*, DB 2009, 44.

ist, § 319 BGB. Somit besteht noch eine Anfechtungsmöglichkeit, die jedoch an hohe Voraussetzungen gebunden ist, so dass voreilige Klagen in der Regel vermieden werden.

Zu 11. Sicherung bzgl. des Grundstücksgeschäfts

Der Notar hat die Beteiligten eines Grundstückskaufs nach § 17 Abs. 1 S. 1 BeurkG auch über Sicherungsmechanismen zur Vermeidung ungesicherter Vorleistungen zu belehren.[113] Dabei sind die verschiedenen Schutzrichtungen zu unterscheiden:

Die Absicherung bei Grundstücksgeschäften gehört zum Tagesgeschäft der Notare und zu den Klassikern in Assessorexamensklausuren. Die Darstellung erfolgt hier zu didaktischen Zwecken teils dennoch ausführlicher, als es in einer Klausurlösung erwartet werden würde.

a) Sicherung des Eigentumserwerbs

Zunächst ist der Erfüllungsanspruch der Erwerber dinglich zu sichern. Denn zwischen dem Abschluss des notariellen Kaufvertrages und der Eintragung der Erwerber als Eigentümer im Grundbuch kann eine erhebliche Zeitspanne liegen. Der dingliche Erwerbstatbestand der §§ 873 Abs. 1, 925 BGB ist jedoch erst mit Eintragung erfüllt, so dass die Erwerber erst zu diesem Zeitpunkt das Eigentum an dem Grundstück erwerben. Bis dahin ist der Veräußerer aufgrund der Leistungstreuepflicht aus §§ 241 Abs. 2, 242 BGB gehalten, nicht anderweitig über das Grundstück zu verfügen und so die Erfüllung des hiesigen Vertrages zu vereiteln.[114] Diese Verpflichtung ist nach § 137 S. 2 BGB auch schuldrechtlich wirksam und damit schadensersatzbewehrt nach den §§ 280 ff. BGB. Insofern der Veräußerer dennoch über das Grundstück verfügt, z. B. indem er es einem Dritten aufläßt oder ein Grundpfandrecht bestellt, ist das dingliche Rechtsgeschäft trotz des Verstoßes gegen die schuldrechtliche Verpflichtung wirksam, § 137 S. 1 BGB. Um dieses Risiko der Erwerber abzusichern, sieht das Gesetz in den §§ 883, 885 BGB die Vormerkung als Mittel zur Sicherung vor. Der Veräußerer sollte daher im Grundstückskaufvertrag die Eintragung einer Auflassungsvormerkung bewilligen. Der Vertrag sollte ferner regeln, dass der Kaufpreis erst fäl-

Sicherung des Übereignungsanspruchs aus § 433 Abs. 1 S. 1 BGB durch Auflassungsvormerkung, § 883 BGB.

---

113 *Sikora/Mayer*, Kautelarjuristische Klausuren im Zivilrecht, 2. Aufl. 2011, Rn. 399; vgl. auch die Nachweise bei *Sprau*, in: Palandt, 71. Aufl. 2012, § 839 Rn. 159 f.
114 *Grüneberg*, in: Palandt, 71. Aufl. 2012, § 242 Rn. 27 und 30.

lig ist, sobald die Auflassungsvormerkung zugunsten der Erwerber im Grundbuch eingetragen ist.[115]

b) Sicherung der Lastenfreistellung

Ferner kommt es den Erwerbern bzw. deren finanzierender Bank darauf an, dass die bislang eingetragene Grundschuld gelöscht wird. Dazu könnte die Löschung der bislang eingetragenen Grundschuld als Fälligkeitsvoraussetzung für den Kaufpreis normiert werden. Vorliegend ist die Hausbank des Veräußerers jedoch erst dann zur Löschung bereit, sobald sie befriedigt wurde. Die Fälligkeit darf also nicht davon abhängen, dass die Lastenfreistellung bereits durchgeführt ist. Vielmehr muss es hier bereits ausreichen, dass die Lastenfreistellung sichergestellt ist. Dazu beauftragt der Veräußerer den Notar, von seiner Hausbank die Ablöseforderung aufstellen zu lassen sowie – bereits vor der Zahlung – den Grundpfandbrief, die Aufhebungserklärung sowie die Löschungsbewilligung des Bankhauses Beckmann zu treuen Händen des Notars zu reichen. Sobald dem Notar diese Unterlagen vorliegen, ist der Kaufpreis fällig. Ferner weist der Veräußerer die Erwerber unwiderruflich an, die Ablöseforderung der Hausbank unter Verrechnung auf den Kaufpreis zu tilgen. Somit werden die zur Tilgung verwandten Valuta direkt von der All Finance Bank an das Bankhaus Beckmann transferiert. Dann wird das Bankhaus Beckmann dem Notar anzeigen, dass die Tilgung durchgeführt wurde und er nunmehr von der Löschungsbewilligung Gebrauch machen darf. Schließlich legt der Notar die treuhänderisch verwahrte Löschungsbewilligung zusammen mit dem Antrag auf Eigentumsumschreibung dem Grundbuchamt vor.[117]

Sicherung des Anspruchs auf (rechts-) mangelfreie Leistung aus § 433 Abs. 1 S. 2, 435 BGB durch Einholung der Löschungsbewilligung vor Zahlung. In schuldrechtlicher Hinsicht stellt ein vertragswidrig fortbestehendes Grundpfandrecht einen Rechtsmangel des Grundstücks dar, § 435 S. 1 BGB.[116]

c) Sicherung des Kaufpreisanspruchs des Veräußerers

Auf der anderen Seite ist dem Veräußerer daran gelegen, sein Eigentum an dem Grundstück nicht zu verlieren, solange er den Kaufpreis noch nicht er-

---

115 *Junker/Kamanabrou*, Vertragsgestaltung, 3. Aufl. 2010, § 6 Rn. 14; *Sikora/Mayer*, Kautelarjuristische Klauseln im Zivilrecht, 2. Aufl. 2011, Rn. 416.
116 *Weidenkaff*, in: *Palandt*, 71. Aufl. 2012, § 435 Rn. 8.
117 *Sikora/Mayer*, Kautelarjuristische Klauseln im Zivilrecht, 2. Aufl. 2011, Rn. 418 f.; *Junker/Kamanabrou*, Vertragsgestaltung, 3. Aufl. 2010, § 6 Rn. 21.

halten hat. Für eine solche dingliche Sicherung bestehen mehrere Möglichkeiten.

(1) Die Beteiligten könnten zunächst lediglich den Grundstückskaufvertrag beurkunden und den dinglichen Vollzug in Form der Auflassung nach den §§ 873, 925 Abs. 1 BGB erst nach Zahlung in einem zweiten Notartermin durchführen. Die Interessen der Beteiligten werden so zwar hinreichend umgesetzt. Jedoch ist nach § 925 Abs. 1 S 1 BGB die gleichzeitige Anwesenheit der Beteiligten bei Erklärung der Auflassung notwendig, wodurch ggf. erhebliche zeitliche Verzögerungen entstehen. Außerdem löst die isoliert erklärte Auflassung eine zusätzliche Gebühr nach § 38 Abs. 2 Nr. 6a KostO gegenüber der einheitlichen Beurkundung aus.[119]

In der Rechtsprechung wird teils vertreten, dass die Beurkundung in zwei Notarterminen eine unrichtige Sachbehandlung nach § 16 KostO darstellt, wenn der Notar nicht gesondert über die Vermeidungsstrategien belehrt.[118]

(2) Naheliegend erscheint insofern, das Grundgeschäft und die Auflassung in einem Notartermin zu erklären, die Auflassung jedoch unter die aufschiebende Bedingung der Kaufpreiszahlung zu stellen. Damit läge ein Eigentumsvorbehalt vor, der eine hinreichende Sicherung bieten würde. Ein solches Vorgehen scheitert jedoch an § 925 Abs. 2 BGB.[120] Danach darf die Auflassung nicht unter einer Bedingung erklärt werden und ist andernfalls unwirksam.

(3) Früher bevollmächtigten die Beteiligten in dem Grundstückskaufvertrag die Notariatsangestellten, die Auflassung später zu erklären bzw. entgegenzunehmen. Ein solches Vorgehen ist jedoch berufsrechtlich unzulässig, soweit es systematisch gehandhabt wird.[121] Es birgt außerdem beträchtliche Haftungsrisiken für die beteiligten Angestellten und vermeidet außerdem nicht die zusätzliche Gebühr, die für einen zweiten Termin anfällt.[122]

Die Bevollmächtigung der Mitarbeiter verstößt ferner gegen § 17 Abs. 2a BeurkG, wenn es sich um einen Verbrauchervertrag handelt. Ein solcher Vertrag liegt vor, wenn er zwischen einem Unternehmer und einem Verbraucher abgeschlossen wird, § 310 Abs. 3 BGB.

(4) Weiter könnte der Kaufpreisanspruch durch eine Hypothek gesichert werden. So wird das Ziel, das Eigentum nicht vor Zahlung zu verlieren, zwar nicht erreicht. Jedoch würde die Hypothek den Kaufpreisanspruch dinglich absichern. Die Eintra-

---

118 *OLG Düsseldorf*, DNotZ 1996, 324 (325); *OLG Köln*, NJW-RR 1997, 1222 (1223); aA *OLG Hamm*, MittBayNot 1998, 275 (276).
119 *Sikora/Mayer*, Kautelarjuristische Klausuren im Zivilrecht, 2. Aufl. 2011, Rn. 406.
120 *Weidenkaff*, in: Palandt, 71. Aufl. Aufl. 2012, § 449 Rn. 3 und *Bassenge*, ebd., § 925 Rn. 19.
121 *Bundesnotarkammer*, DNotZ, 1999, 258 (260).
122 *Brambring*, in: Brambring/Jerschke, Beck'sches Notarhandbuch, 5. Aufl. 2009, Kap. A. Rn. 180.

Lösungsvorschlag

gung der Hypothek benötigt jedoch selbst einen wesentlichen Zeitraum und verursacht zusätzliche Kosten. Eine Hypothek macht daher allenfalls bei einer langfristigen Stundung des Kaufpreises Sinn.[123]

(5) In der Praxis überwiegt folgender Lösungsweg: Die Beteiligten schließen in einem Notartermin sowohl das schuldrechtliche als auch das dingliche Rechtsgeschäft ab. Sie weisen den Notar jedoch einvernehmlich an, weder dem Käufer, noch dem Grundbuchamt eine Ausfertigung oder beglaubigte Abschrift zu erteilen, solange ihm nicht die vollständige Zahlung nachgewiesen ist.[124] Somit wird das Grundbuchamt keine Eintragung vornehmen und der Käufer kann diese mangels Nachweises in der Form des § 20 GBO auch nicht selbst beantragen.

(6) Eine weitere Lösungsmöglichkeit weist in eine ähnliche Richtung: Zur Eintragung des neuen Eigentümers bedarf es materiellrechtlich einer Auflassung nach den §§ 873, 925 BGB und verfahrensrechtlich einer Bewilligungserklärung des voreingetragenen Eigentümers nach den §§ 19, 39 GBO. Soweit nicht anders angegeben, wird bei Vorliegen einer Auflassung konkludent auch die Bewilligungserklärung angenommen. Insofern wird teils vorgeschlagen, die Auflassung in dem Notartermin zu erklären, zugleich aber ausdrücklich klarzustellen, dass damit keine Eintragungsbewilligung verbunden ist. Jedoch bevollmächtigen die Beteiligten den Notar unwiderruflich, nach Nachweis der Kaufpreiszahlung die Eintragungsbewilligung durch Eigenurkunde nachzuholen.[127] Dieser Weg ist zwar noch nicht höchstrichterlich erprobt, wird in der Praxis der Grundbuchämter jedoch durchweg akzeptiert.[128]

Eine **Eigenurkunde** ist eine Urkunde des Notars, in der er grundbuchrechtliche Erklärungen der Beteiligten, die er selbst beurkundet hat, gegenüber dem Grundbuchamt ergänzt oder berichtigt.[125] Eine solche Eigenurkunde wahrt die Form des § 29 GBO.[126] Diese Eigenurkunde ist notwendig, da der Rechtspfleger beim Grundbuchamt eine formgemäße Bewilligungserklärung des Veräußerers benötigt, §§ 19, 39, 29 GBO, und diese im materiellen Verfügungsgeschäft ausdrücklich nicht enthalten sein soll.

---

123 *Junker/Kamanabrou*, Vertragsgestaltung, 3. Aufl. 2010, § 6 Rn. 16.
124 *Sikora/Mayer*, Kautelarjuristische Klausuren im Zivilrecht, 2. Aufl. 2011, Rn. 408.
125 *Hertel*, in: *Staudinger*, Bearb. 2004, § 129 Rn. 53.
126 *BGH*, BGHZ 78, 36 (38).
127 *Sikora/Mayer*, Kautelarjuristische Klausuren im Zivilrecht, 2. Aufl. 2011, Rn. 407a.
128 *Brambring*, in: *Brambring/Jerschke*, Beck'sches Notarhandbuch, 5. Aufl. 2009, Kap. A. Rn. 182.

Längsfeld

d) Sicherung der Kaufpreisfinanzierung

Die All Finance Bank soll die Kaufpreissumme auf Seiten der Erwerber finanzieren. Sie ist jedoch erst zu einer Auszahlung bereit, sobald zur Sicherung ihres Darlehensrückzahlungsanspruchs eine Grundschuld eingetragen ist. Die Erwerber sind nach §§ 19, 39 GBO erst dann zur Bewilligung der Eintragung eines Grundpfandrechts berechtigt, sobald sie selbst als Eigentümer im Grundbuch eingetragen sind. Diese Kollision lässt sich nur auflösen, indem der Veräußerer bei der Finanzierung des Kaufpreises mitwirkt. Dazu erteilt er den Erwerbern im Kaufvertrag Vollmacht, das Grundstück zu Zwecken der Kaufpreisfinanzierung mit einem Grundpfandrecht zu belasten.[129] Die Bewilligung der Eintragung erteilt der Veräußerer als Betroffener im Sinne des § 19 GBO bereits im Kaufvertrag. Der Vertrag muss dabei klar stellen, dass die Belastungsvollmacht nur hinsichtlich der dinglichen Belastung, nicht aber der persönlichen Forderung gilt.

Sicherung der Kaufpreisfinanzierung durch sog. Belastungs- oder Finanzierungsvollmacht.

Die All Finance Bank wird die Grundschuld zur Sicherung auch der Zinsforderung, eines etwaigen Disagios sowie ggf. weiterer laufender Forderungen aus anderen Darlehensverhältnissen benutzen wollen. Um den Verkäufer vor einer Haftung seines Grundstücks für Valuta, die ihm nicht zufließen, zu schützen, wird eine sog. eingeschränkte Sicherungsabrede vereinbart. Diese hat zum Gegenstand, dass die Bank die ihr zustehende Rechtsmacht nur in Ansehung derjenigen Beträge geltend machen darf, die konkret zur Tilgung des Kaufpreises aufgewandt wurden. So ist sichergestellt, dass der Verkäufer nur insoweit dinglich haftet, als ihm auch die Valuta zufließen.[131]

*Die Grundschuld ist ein **nicht akzessorisches** Sicherungsmittel. Der Sicherungsnehmer kann das Befriedigungsrecht aus §§ 1192 Abs. 1, 1147 BGB nach Kündigung, § 1193 BGB, unabhängig von dem Grundgeschäft geltend machen. Die **Sicherungsvereinbarung** begründet daher schuldrechtliche Einreden gegen die Grundschuld, um die Verwertung erst im Sicherungsfall zuzulassen.[130]*

Aufgrund der Finanzierungsvollmacht ergibt sich außerdem das Risiko, dass die Erwerber das Grundstück belasten und die Darlehenssumme veruntreuen. Um das auszuschließen, wird entweder der Darlehensauszahlungsanspruch an den Veräußerer abgetreten oder es wird der All Finance Bank

Die Abtretung des Darlehensanspruchs ist zumeist in den AGB-Banken ausgeschlossen. Die Zahlungsanweisung eröffnet zwar eine Tilgungsbefugnis der Bank, sie ist ohne Annahme, § 784 Abs. 1 BGB, aber nicht zur Tilgung dem Verkäufer gegenüber verpflichtet.[132]

---

129 *Sikora/Mayer*, Kautelarjuristische Klausuren im Zivilrecht, 2. Aufl. 2011, Rn. 427; *Junker/Kamanabrou*, Vertragsgestaltung, 3. Aufl. 2010, § 6 Rn. 18.
130 Vgl. *Bassenge*, in: *Palandt*, 71. Aufl. 2012, § 1191 Rn. 17.
131 *Amann*, in: *Brambring/Jerschke*, Beck'sches Notarhandbuch, 5. Aufl. 2009, Kap. A. Rn. 122.
132 *Amann*, in: *Brambring/Jerschke*, Beck'sches Notarhandbuch, 5. Aufl. 2009, Kap. A. Rn. 123.

Lösungsvorschlag

zumindest die Zahlungsanweisung aufgegeben, die Darlehenssumme ausschließlich an den Verkäufer bzw. die abzulösende Hausbank auszuzahlen.[133]

---

[133] *Sikora/Mayer*, Kautelarjuristische Klausuren im Zivilrecht, 2. Aufl. 2011, Rn. 429; *Junker/Kamanabrou*, Vertragsgestaltung, 3. Aufl. 2010, § 6 Rn. 19.

Klausur Nr. 9 – Kautelarkonstellation; Gutachten eines Rechtsanwalts; Gestaltung einer Solidargemeinschaft

Sachverhalt

Aktennotiz von Rechtsanwältin Stenzer vom 19.6.2012:

Heute erschienen in meiner Kanzlei Herr Liebig und Frau Michalski. Sie berichteten, dass sie seit etwa 10 Jahren zusammen leben und gemeinsam wirtschaften. Einer von beiden, oder oft auch beide wären erwerbstätig gewesen und sie wären so immer über die Runden gekommen.

Als Herr Liebig längere Zeit arbeitslos war (von 2008–2010) wollte er Arbeitslosengeld II beantragen, was jedoch aufgrund des damals guten Verdienstes von Frau Michalski vom Amt abgewiesen wurde. Es handle sich laut Amt um eine Bedarfsgemeinschaft, so dass Herrn Liebig keine Unterstützung vom Amt zustünde.

Frau Michalski wird in wenigen Tagen niederkommen und einen Sohn zur Welt bringen. Aufgrund dessen wollen die beiden ihre Beziehung zueinander regeln, damit ein eventueller Streit nicht auf dem Rücken des Kindes ausgetragen wird. Sie fragen sich insbesondere, ob sie zur Erreichung ihrer Ideen eine Ehe eingehen müssten oder ob sich ihre Ziele eventuell mit einem normalen Vertrag auch erreichen lassen. Die Ehe wäre v.a. Herrn Liebig, der ausführlich von seiner Zeit im Rauchhaus berichtete, zuwider. Es sei ein langer Weg zu einer monogamen Lebensweise gewesen und weiter will er nur ungern gehen. Eine Ehe käme aber ohnehin erst nach der Geburt des Kindes in Frage, da die hochschwangere Frau Michalski keinen Stress mehr vertrage.

Dazu hatten sie besonders folgende Fragen, die sie jeweils auch gerne im Vergleich zur Ehe beantwortet hätten:

> Denken Sie daran genau zu lesen an dieser Stelle. Der Vergleich zur Ehe ist gefragt!

1. Herr Liebig hat das Kind anerkannt. Das Paar will jedoch wissen, ob noch weitere Schritte nötig sind, damit Herr Liebig wirklich alle Elternrechte bzgl. des Kindes hat. Dieses Recht soll auch weiterbestehen, wenn sich die beiden trennen.

Sachverhalt

2. Weiter hätten Sie gerne einen Doppelnamen für das Kind, damit auch am Namen ersichtlich ist, dass das Kind aus der Verbindung der beiden stammt.
3. Sie hätten auch gerne für den Fall der Trennung eine Regelung zum Umgang mit dem Kind: Jeder der Beiden soll berechtigt und verpflichtet sein das Kind abwechselnd, je im Umfang von etwa 14 Tage pro Monat, zu betreuen. Die Details wären dann noch zu regeln, wenn es soweit ist. In Streitfällen soll ggf. das Amtsgericht entscheiden.
4. Weiter stellen sich die beiden die Frage, wie die rechtlichen Regeln aussehen für den Fall, dass einer von ihnen in Zukunft wieder arbeitslos sein sollte und während der Beziehung der andere Partner den Lebensunterhalt bestreitet. Kann dann nach Ende der Beziehung der Leistende Ausgleich verlangen und kann man das womöglich ausschließen?
5. Da die beiden Wert auf regelmäßigen Verkehr legen, hätten sie auch gerne eine gegenseitige Verpflichtung zur Vollziehung des Beischlafs vertraglich geregelt. Außerdem sollen sich beide zur gegenseitigen Treue verpflichten.
6. Die beiden haben im Haushalt ein buntes Durcheinander von Eigentum. Hausrat gehört teilweise dem einen, teilweise dem anderen Partner. Die beiden fragen sich daher, was passiert, wenn einer die Sachen des anderen beschädigt. Schadensersatz halten sie dann für unangemessen, weil es nur Zufall ist, ob man eigene Sachen oder fremde Sachen zerstöre. Im Falle eines Auszugs aus der gemeinsamen Wohnung, hätten sie gerne dass der Hausrat am Ende der Beziehung demjenigen gehört, der in der Wohnung verbleibt. Der andere Partner soll für diesen Fall eine pauschale Entschädigung in Höhe von 5000 Euro für den Erwerb von neuem Hausrat erhalten.
7. Herr Liebig habe aus Malaysia vor 30 Jahren eine Riesenschildkröte importiert, die auf den Namen „Schildi" höre. Diese sei mittlerweile auch Frau Michalski ans Herz gewachsen, weshalb er sie ihr zur Hälfte schenken wolle. Nach seinem Tod soll sie die Schildkröte vollständig bekommen. Stirbt zuerst Frau Michalski, will er

sie wieder für sich alleine haben. Trotzdem will er aber im Fall der Trennung, dass beide das Recht haben, die Schildkröte zu halten. Sie könnten sich vorstellen, dass man hier eine Art Umgangsrecht vereinbare. Herr Liebig hat allerdings noch ein wenig Bedenken, weil er befürchtet, dass dann möglicherweise auch Gläubiger von Frau Michalski die Schildkröte pfänden könnten oder dass sie ihren Anteil verschenke oder verkaufe.

8. Die beiden planen demnächst in eine neue größere Wohnung zu ziehen. Sie haben auch schon ein Objekt in Aussicht, das sie mieten wollen. Der Vermieter ist ein Bekannter und würde an einer interessengerechten Lösung mitwirken. Die Partner fragen daher, wie der Mietvertrag gestaltet werden soll, so dass nach dem Auszug eines Partners möglichst wenige Schwierigkeiten bestehen und der Partner, der die gemeinsame Wohnung verlässt, nicht über Gebühr finanzielle Risiken trägt.

Bearbeitervermerk

Frau Rechtsanwältin Stenzer legt Ihnen als ihr Rechtsreferendar die Aktennotiz vor und bittet Sie die Fragen zu beantworten. Zuvor allerdings bittet sie Sie, zu klären, ob überhaupt ein wirksamer Mandatsvertrag zustande gekommen ist im Hinblick auf §§ 43a BRAO, 3 BORA oder ob anderer berufsrechtliche Hindernisse bestehen das Mandat auszuüben.

§ 43a Grundpflichten des Rechtsanwalts

(1) Der Rechtsanwalt darf keine Bindungen eingehen, die seine berufliche Unabhängigkeit gefährden.

(2) Der Rechtsanwalt ist zur Verschwiegenheit verpflichtet. Diese Pflicht bezieht sich auf alles, was ihm in Ausübung seines Berufes bekanntgeworden ist. Dies gilt nicht für Tatsachen, die offenkundig sind oder ihrer Bedeutung nach keiner Geheimhaltung bedürfen.

(3) Der Rechtsanwalt darf sich bei seiner Berufsausübung nicht unsachlich verhalten. Unsachlich ist insbesondere ein Verhalten, bei dem es sich um die bewußte Verbreitung von Unwahrheiten oder solche herabsetzenden Äußerungen handelt, zu denen andere Beteiligte oder der Verfahrensverlauf keinen Anlaß gegeben haben.

(4) Der Rechtsanwalt darf keine widerstreitenden Interessen vertreten.

(5) Der Rechtsanwalt ist bei der Behandlung der ihm anvertrauten Vermögenswerte zu der erforderlichen Sorgfalt verpflichtet. Fremde Gelder sind unverzüglich an den Emp-

fangsberechtigten weiterzuleiten oder auf ein Anderkonto einzuzahlen.

(6) Der Rechtsanwalt ist verpflichtet, sich fortzubilden.

§ 3 Widerstreitende Interessen, Versagung der Berufstätigkeit

(1) Der Rechtsanwalt darf nicht tätig werden, wenn er eine andere Partei in derselben Rechtssache im widerstreitenden Interesse bereits beraten oder vertreten hat oder mit dieser Rechtssache in sonstiger Weise im Sinne der §§ 45, 46 Bundesrechtsanwaltsordnung beruflich befasst war.

(2) Das Verbot des Abs. 1 gilt auch für alle mit ihm in derselben Berufsausübungs- oder Bürogemeinschaft gleich welcher Rechts- oder Organisationsform verbundenen Rechtsanwälte. Satz 1 gilt nicht, wenn sich im Einzelfall die betroffenen Mandanten in den widerstreitenden Mandaten nach umfassender Information mit der Vertretung ausdrücklich einverstanden erklärt haben und Belange der Rechtspflege nicht entgegenstehen. Information und Einverständniserklärung sollen in Textform erfolgen.

(3) Die Absätze 1 und 2 gelten auch für den Fall, dass der Rechtsanwalt von einer Berufsausübungs- oder Bürogemeinschaft zu einer anderen Berufsausübungs- oder Bürogemeinschaft wechselt.

(4) Wer erkennt, dass er entgegen den Absätzen 1 bis 3 tätig ist, hat unverzüglich seinen Mandanten davon zu unterrichten und alle Mandate in derselben Rechtssache zu beenden.

(5) Die vorstehenden Regelungen lassen die Verpflichtung zur Verschwiegenheit unberührt.

Lösungsvorschlag

1. Wirksamer Mandatsvertrag?

Möglicherweise liegt ein Verstoß gegen §§ 43a Abs. 4 BRAO, 3 BORA vor, der über § 134 BGB zur Unwirksamkeit des Vertrags führt.

Die Regelungen des § 43a Abs. 4 BRAO, 3 BORA stellen nach Meinung in der Literatur ein Verbotsgesetz im Sinne des § 134 BGB dar.[1] Der BGH hat diese Frage bisher offen gelassen.[2] Soweit also hiergegen ein Verstoß vorliegt, wäre der Vertrag nichtig. Nachdem die Norm ausdrücklich davon spricht, der Anwalt dürfe widerstreitende Interessen nicht vertreten spricht aber vieles dafür auch tatsächlich ein Verbotsgesetz und damit eine Nichtigkeit anzunehmen. Davon zu unterscheiden ist die Wirksamkeit der Prozessvollmacht nach § 80 ZPO und die Wirksamkeit der Prozesshandlungen, die davon unberührt bleibt, da sie keinen wirksamen Anwaltsvertrag voraussetzt.[3]

Unabhängig von der Frage der Wirksamkeit des Mandatsvertrags, muss die Frage eines Verstoßes gegen § 43a Abs. 4 BRAO vorliegend beantwortet werden, denn § 3 Abs. 4 BORA verpflichtet den Anwalt jedenfalls zur sofortigen Beendigung des Mandats bei der Entdeckung widerstreitender Interessen.

§ 43a Abs. 4 BRAO verbietet nicht grundsätzlich jede Vertretung von zwei Parteien gleichzeitig, soweit ihre Interessen gleichgerichtet sind. Es handelt sich dann um eine vorsorgliche Rechtsgestaltung in einer dem Mediator vergleichbaren Situation. Vor allem bei der außergerichtlichen Beratung für die Gestaltung eines Vertrags, dessen Inhalt die beiden Parteien übereinstimmend verstehen, ist möglich. Soweit sich jedoch im Verlauf der weiteren Beratung ein Interessenkonflikt der beiden Parteien aufzeigt, ist das Mandat zu beenden. Dabei ist wohl aufgrund der vorhergehenden Beratung beider Mandanten das Mandat allseitig zu beenden, da ansonsten eine Vorbefassung im Sinne des § 3 BORA vorliegt. Bei Scheidungsfolgenvereinbarungen sieht die Rechtsprechung die Grenze zur Vertretung widerstreitender Interessen im Regelfall

> Berufsrecht ist nicht Pflichtfachstoff. Allerdings finden sich im Palandt entsprechende Hinweise. Zudem kann die Auslegung einer möglicherweise unbekannten Norm natürlich vom Referendar erwartet werden.
>
> Zudem gewährt die Kommentierung zu § 356 StGB im Fischer Hinweise bei der Kommentierung zum Mandantenverrat.

---

1 Ellenberg, in: Palandt, § 134 Rn 20.
2 BGH NJW 11, 373; bejaht KG NJW 2008, 1458.
3 Hüßtege, in: Thomas/Putzo, § 80 Rn 2.

überschritten.⁴ Hier allerdings liegt eine Situation vor in der eine Trennung noch nicht vorliegt und die beiden Partner vor allem das Miteinander gestalten wollen.

Ein derart tätiger Rechtsanwalt sollte sich bei seinem Vorgehen an § 17 BeurkG orientieren und insbesondere erforschen, ob wirklich beide übereinstimmend diesen Vertrag wünschen und keine Seite benachteiligt wird.⁵

2. Der gewünschte Vertrag der Mandanten

Grundsätzliches zum gewünschten Vertrag der Lebenspartner

Die Nichteheliche Lebensgemeinschaft ist entgegen früher vertretener Ansicht nicht mehr als solche sittenwidrig. Ihre Ausgestaltung kann daher grundsätzlich vertraglich geregelt werden, wenn nicht einzelne Klauseln sittenwidrig sind oder gegen andere gesetzliche Normen verstoßen.⁶

Alle Klauseln, die das Zusammenleben der beiden Partner regeln, sollten grundsätzlich kündbar sein oder auflösend bedingt, nur bis zum Auszug einer der beiden Partner oder der Auflösung der gemeinsamen Wohnung, gelten. Hierzu ist entweder ein Kündigungsrecht zu vereinbaren oder eine Bedingung aufzunehmen. Aus Gründen der Klarheit über den Moment des Eintritts der Trennung kommt das Erfordernis einer schriftlichen Kündigung in Frage. Da diese Kündigung jederzeit von beiden Seiten möglich ist, liegt darin keine unangemessene Benachteiligung. Alle Regeln, die die Folgen der Trennung betreffen, sollten hingegen grundsätzlich unkündbar sein und ab dem Moment der vorhergehenden Kündigung der Lebensgemeinschaft gelten.

In der Präambel der Vereinbarung sollte aufgenommen werden, dass die Parteien mit diesem Vertrag ihr Zusammenleben regeln wollen und das Zusammenleben mit ihrem Kind sowie die Folgen einer eventuellen Trennung. Damit ist klar, was die Geschäftsgrundlage dieses Vertrags ist und dass die

---

4 Fischer, StGB, § 356 Rn 8.
5 Langenfeld, Vertragsgestaltung, 3. Auflage 2004, Rn 113. Darauf weisen auch Sikora und Mayer in Sikora/Mayer, Kautelarjuristische Klausuren im Zivilrecht, 2. Auflage 2011, S. 9 hin.
6 Palandt, Vor § 1297 Rn 27.

Geschäftsgrundlage durch eine Trennung nicht entfallen kann.

Zu 1.

Die Parteien wollen wissen, ob noch weitere Schritte notwendig sind, damit Herr Liebig alle Elternrechte bzgl. des Kindes hat. Als Ziel einer Vereinbarung oder anderer rechtlicher Schritte soll daher eine gleichberechtigte Stellung der beiden Elternteile stehen.

1. Schritt bei der Bearbeitung einer Kautelklausur: Willens- und Sachverhaltsermittlung.[7]

Ausgangspunkt ist daher die Analyse der momentanen rechtlichen Lage.

Dazu gehört es auch, Rechtsfragen wie die momentane Situation bzgl. der elterlichen Sorge, darzustellen.

Durch die Anerkennung nach §§ 1592 Nr. 2, 1594 BGB wird das Kind Herrn Liebig abstammungsrechtlich zugeordnet. Eine Anerkennung ist auch pränatal möglich (§ 1594 Abs. 4 BGB), wirkt aber erst ab dem Zeitpunkt der Geburt. Zur Wirksamkeit ist weiter die Zustimmung der Mutter nach § 1595 BGB notwendig, die diese noch erklären muss, falls es noch nicht geschehen ist. Die Beiden sind dann nach § 1589 BGB miteinander verwandt, die Rechtsausübungssperre des § 1594 Abs. 1 BGB ist entfallen.

Auch durch eine Ehe zwischen den Eltern würde sich dadurch nichts ändern, die Legitimation durch Ehe, wie sie das BGB früher vorsah, ist entfallen. Auch dann wäre Herr Liebig nach § 1592 Nr. 2 kraft Anerkennung Vater und nicht Ehemann nach § 1592 Nr. 1.

Diese Abstammung alleine führt zwar zur Unterhaltspflicht nach § 1601 BGB, zum gesetzlichen Erbrecht nach §§ 1924 ff und zu einem Pflichtteilsanspruch nach §§ 2305 ff BGB. Allerdings genügt die Abstammung nicht für eine „volle Elternschaft".

Diese entsteht erst mit der elterlichen Sorge nach § 1626 BGB. Diese umfasst auch die Befugnis das Kind zu vertreten, § 1629 BGB, die Vermögenssorge und die Personensorge. Ohne die elterliche Sorge hätte Herr Liebig auch kein Aufenthaltsbestimmungsrecht bzgl. des Kindes, so dass die Mutter jederzeit mit dem Kind ausziehen könnte. Die elterliche Sorge ist daher unbedingt notwendig, um tat-

2. Schritt bei der Bearbeitung einer Kautelklausur: Klärung offener Rechtsfragen und Entwicklung der Gestaltungsmöglichkeiten.

---

7 Die Schritte orientieren sich an den Darstellungen von Sikora/Mayer, Kautelarjuristische Klausuren im Zivilrecht, 2. Auflage 2010.

Lösungsvorschlag

sächlich an der Erziehung des Kindes mitwirken zu können.

Soweit es jedoch um die von den Eltern gewünschte Sorge geht, wird diese nicht alleine durch Zuordnung des Kindes zum Vater begründet. Sind die Eltern wie vorliegend nicht miteinander verheiratet ist für die gemeinsame Sorge eine Sorgerechtserklärung nach § 1626a Abs. 1 Nr. 1 BGB nötig. Ansonsten hat nach § 1626a Abs. 2 BGB die Mutter die alleinige Sorge, wie es derzeit der Fall ist.

Die Parteien sollten daher nach § 1626a Abs. 1 Nr. 1 BGB, persönlich (§ 1626c Abs. 1 BGB) eine Sorgerechtserklärung abgeben. Diese sind öffentlich zu beurkunden, § 1626 d Abs. 2 BGB. Dazu ist jeder Notar zuständig (§ 20 Abs. 1 BNotO) oder die Urkundsperson beim Jugendamt (§ 59 Abs 1 S. 1 Nr 8 SGB VIII). Eine solche Sorgerechtserklärung ist ebenfalls pränatal möglich, 1626b Abs. 2 BGB.

1. Alternative: Anerkennung
Wichtig: Immer alle Formfragen klären.

Alternativ kann der Vater auch gerichtlich das Sorgerecht erstreiten: Nach einer Entscheidung auf einer Entscheidung des EGMR beruhenden Entscheidung des BVerfG kann der rechtliche Vater nun die gemeinsame Sorge auch gerichtlich durchsetzen. Das erscheint hier jedoch angesichts des Willens der Mutter zum Abschluss einer Sorgerechtsvereinbarung unnötig.[8] Insofern ist § 1626a BGB im Sinne der Entscheidung des BVerfG anzuwenden, die nach § 31 Abs. 2 BVerfGG Gesetzeskraft hat.

2. Alternative:
Rechtsstreit durch den Vater

Keiner der beiden Wege ist hier sicherer, als der andere. Denn die Entscheidung über die elterliche Sorge durch das Familiengericht hat die gleiche Wirkung wie die gemeinsame Sorgerechtserklärung. Allerdings ist die Anerkennung bei Mitwirkung der Mutter wesentlich schneller zu erreichen.

Abwägung der Gestaltungsalternativen hin auf mehrere Gesichtspunkte:
1. Sicherster Weg?
2. Günstigster Weg?
3. Schnelle Gestaltung und -abwicklung

Zudem ist ein Sorgerechtsverfahren wesentlich teurer als die gemeinsame Sorgerechtserklärung die kostengünstig durch das Jugendamt beurkundet werden kann.

Den Mandanten ist daher zu einer Beurkundung beim Jugendamt als günstigste, gleich sichere und schnellste Variante zu raten.

Heiraten die Eltern einander, entsteht kraft Gesetzes nach § 1626a Abs. 1 Nr. 2 BGB die gemeinsame

---

[8] BVerfGE vom 21. Juli 2010–1 BvR 420/09 = JuS 2011, 857 (m. Anm. Hufen).

Sorge. Daher könnte die gemeinsame Sorgerechtserklärung im Falle einer Heirat entfallen.

Es stellt sich weiter die Frage, wie für den Störfall, also die Trennung der beiden vorgesorgt werden kann.

Absehbare Störfälle sind in der Kautelarklausur hin zu untersuchen und falls möglich zu regeln bzw. auszuschließen.

Für den Fall der dauernden Trennung sieht § 1671 BGB die Befugnis des Familiengerichts vor, auf Antrag eines Elternteils die Sorge nur einem der beiden zuzusprechen. Dabei gilt unabhängig, von der einer eventuellen Heirat, die Norm des § 1567 Abs. 1 BGB, nachdem das Getrenntleben vermutet wird, wenn die häusliche Gemeinschaft nicht mehr besteht. Hingegen gilt § 1567 Abs. 2 BGB nur für Ehegatten, so dass die Wiederherstellung der häuslichen Gemeinschaft zum Zweck der Versöhnung bei unverheirateten Eltern das Getrenntleben unterbricht.

Es stellt sich daher die Frage, ob trotz dieser generellen Befugnis der Eltern, diesen Antrag zu stellen, eine Sorgerechtsvereinbarung wirksam möglich ist, die über den Zeitpunkt der Trennung hinaus wirkt. Denn grundsätzlich ist das Familiengericht nach § 1671 Abs. 2 Nr. 2 BGB verpflichtet dem Antrag nach einer doppelten positiven Kindeswohlprüfung stattzugeben. Wenn also sowohl die Aufhebung der gemeinsamen Sorge als auch die Übertragung auf den Antragsteller dem Kindeswohl entsprechen, ist dem Antrag Folge zu leisten.

Bevor eine detaillierte Regelung vorgeschlagen wird, sollte überprüft werden, ob der Regelungsgegenstand überhaupt einer Regelung durch die Parteien offen steht.

Auch nach § 1666 Abs. 3 Nr. 6 BGB kann das Familiengericht einem Elternteil die Sorge voll oder teilweise entziehen, ohne dass es dabei an einen Vertrag der Eltern gebunden wäre.

Die Orientierung dieser Normen alleine am Kindeswohl spricht dafür, dass ein Verbot der Entziehung nicht zur Disposition der Eltern steht. Ein Vertrag, nachdem ein solcher Antrag nicht gestellt werden dürfte, verstieße gegen § 138 BGB, da er über Rechtsgüter Dritter, nämlich der Kinder, zu deren Lasten disponiert. Insofern kann die gemeinsame Sorge nicht für immer festgelegt werden. Sie kann aber nur aus Kindeswohlgründen vom Familiengericht entzogen werden.

Um Streitigkeiten über das „Wie" der Ausübung des Sorgerechts vorzubeugen, könnte man jedoch überlegen, dazu weitere Regelungen zu treffen.

Kann ein Ziel nicht vollumfänglich erreicht werden, sollte man erörtern, ob sich dem Ziel wenigstens angenähert werden kann.

Lösungsvorschlag

Nach § 1687 Abs. 1 S. 1 ist die gemeinsame Sorge bei Getrenntleben im gegenseitigen Einvernehmen auszuüben. Das gegenseitige Einvernehmen kann dabei auch in Form einer abstrakten generellen Vereinbarung im Voraus erzielt werden. Das kann insbesondere so gestaltet werden, dass zunächst aufgrund der gemeinsamen Sorge das Aufenthaltsbestimmungsrecht verbindlich ausgeübt wird und sodann die gemeinsame Sorge zur Ausübung demjenigen überlassen wird, bei dem sich das Kind aufgrund des gemeinsam ausgeübten Aufenthaltsbestimmungsrechts befindet.

Fraglich ist dann, ob und wann die Abänderung einer solchen Vereinbarung verlangt werden kann. Soweit die Vereinbarung im Rahmen eines gerichtlich gebilligten Vergleichs erfolgte, regelt § 1696 BGB die Möglichkeiten zur Abänderung. Mangels spezieller Änderungsvorschriften für die Vereinbarungen nach § 1687 Abs. 1 S. 1 BGB werden daher die § 1696 BGB analog angewandt.[9] Die Vereinbarung ist daher abänderbar aus triftigen, das Wohl des Kindes nachhaltig berührenden Gründen. Trotzdem bleibt es natürlich bei den oben gezeigten gerichtlichen Möglichkeiten zum Entzug der Sorge.

> Auch die Diskussion und Planung eines eventuellen Abänderungsbedarfs stellen eine Störfallvorsorge dar.

Eine zu detaillierte Regelung sollte jedoch in einem so frühen Alter des Kindes nicht getroffen werden, da diese möglicherweise an der Realität vorbei geht. Es bietet sich daher an, generell-abstrakte Regelungen zu treffen und diese etwa alle 1–2 Jahre fortzuschreiben mit neuen detaillierten Regelungen. In jedem Fall sollte für den Fall der Trennung eine vorübergehende Reserveregelung unmittelbar in Kraft treten.

Im Falle einer Heirat und anschließender Trennung bzw. Scheidung bestehen keine Besonderheiten.

Zu 2.

Ziel der Parteien ist es, dem Kind einen Doppelnamen bestehend aus ihren beiden Nachnamen zu geben.

Fraglich ist, ob dieses Ziel ohne Heirat überhaupt erreichbar ist.

Wie unter 1. Dargestellt, ist die Mutter bisher allein sorgeberechtigt. Das wirkt sich im Namensrecht

---

9 Diederichsen, in: Palandt, § 1696 Rn 2.

dergestalt aus, dass nach § 1617a BGB das Kind von Geburt an den Namen der Mutter trägt. Diese könnte nach § 1617a Abs. 2 BGB dem Kind bis zu dessen fünften Lebensjahr auch ohne dessen Einwilligung den Namen des anderen Elternteils erteilen.

Sobald jedoch die unter 1. vorgeschlagene gemeinsame Sorgerechtserklärung abgegeben wurde, ist nicht mehr § 1617a BGB einschlägig, sondern § 1617b BGB. Damit läuft eine Dreimonatsfrist nach § 1617b Abs. 1 S. 1 BGB und eine Namensänderung nach § 1617a Abs. 2 BGB ist nicht mehr möglich.

Alle Erklärungen sind in öffentlich beglaubigter Form dem Standesamt gegenüber abzugeben, das die Geburt beurkundet hat, § 45 PStG. Eine notarielle Beglaubigung kann dann entfallen.

Den Eltern steht jedoch sowohl bei der Erklärung nach § 1617a als auch nach § 1617b BGB nicht die Möglichkeit offen, dem Kind einen Doppelnamen zu geben, denn nach § 1617 BGB steht nur der Name der Mutter oder des Vaters zur Verfügung. Diese Entscheidung des Gesetzgebers hat das BVerfG gebilligt, denn das neue Namensrecht des BGB zielt darauf ab, Doppel- und Mehrfachnamen möglichst zu vermeiden. Das zeigt sich deutlich in § 1355 Abs. 4 S. 3 BGB und der Regelung des § 1355 Abs. 2 BGB nachdem nur der bereits vorhandene Name Ehename werden kann und kein Doppelname als Ehenamen gebildet werden kann. Das Ziel ist daher nicht erreichbar.

In der Praxis hat sich jedoch eine Umgehungsmöglichkeit herausgebildet: Der Nachname desjenigen Elternteils, der dem Kind nicht den Nachnamen gibt, wird dem Kind als Vornamen gegeben. Dabei sind die Eltern bei der Wahl der Vornamen als Teil der elterlichen Sorge grundsätzlich frei.[10] Der Vorname wird durch Benennung des Kindes erteilt, die Eintragung im Personenstandsregister ist rein deklaratorischer Natur. Grenze ist das Kindeswohl, das dann verletzt wird, wenn der Name das Kind diffamiert oder der Lächerlichkeit preisgibt, oder der Vorname nicht zur Identitätsbildung genügt. Hier sind insbesondere gängige Nachnamen wie „Müller", „Huber", „Ma/ey/i(e)r" problematisch,

Auch hier wieder sollte ein Minus zum geplanten Ziel angesprochen werden.

Fehlen Informationen zur Klärung einer Frage, so ist dies offen zu legen und darzustellen anhand welcher Kriterien eine Gestaltungsalternative gewählt werden sollte. Hier gibt es nur eine Möglichkeit, eine Abwägung entfällt daher.

---

10 Diederichsen, in: Palandt, v § 1616 Rn 10.

da letzteres nicht gewährleistet ist. Hingegen hat der BGH den Namen „Lütke" als weiteren Vornamen gebilligt. Die beiden Nachnamen Michalski und Liebig erscheinen beide zur Identitätsfindung geeignet, wenn ein weiterer gewöhnlicher Vorname als erster Vorname gewählt wird. Eine diffamierende Wirkung kommt Ihnen nicht zu. Eine solche Lösung wäre daher gangbar, es bleibt den Eltern überlassen, ob sie diesen Weg gehen wollen. Ob diese Lösung dem Parteiwillen entspricht, ist nicht zu ermitteln anhand der vorliegenden Informationen, sie sollte Ihnen jedoch vorgeschlagen werden.

Möglicherweise ist aber ein Doppel-Nachname nach einer Heirat erreichbar.

Für den Fall der Heirat vor dem fünften Lebensjahr des Kindes bekommt das Kind nach §§ 1616, 1617c Abs. 1 BGB automatisch den Ehenamen der Eltern, wenn diese einen gemeinsamen Ehenamen führen. Das gilt sowohl für den Fall, dass die Eltern schon verheiratet waren und später einen Ehenamen wählen, als auch für den Fall, dass die Eltern bei Geburt nicht verheiratet waren. Als Ehename kann jedoch nach § 1355 Abs. 1 BGB nur ein Name verwendet werden. Allerdings kann einer der beiden Ehegatten nach § 1355 Abs. 4 BGB seinen alten Namen als Beinamen dem Ehenamen voranstellen oder anfügen. Dieser Name ist jedoch nicht Ehename und wird daher nicht Kindesname, da nach § 1616 BGB nur der Ehename weitergegeben werden kann.

Ein vor der Ehe bereits bestehender unechter Doppelname, also ein Name der durch Beistellung des alten Namens in einer alten Ehe entstanden ist, kann jedoch Ehename werden und so über § 1617 dem Kind weitergegeben werden. Nachdem keiner der Eltern bisher einen Doppelnamen führt, kann das Ziel aber so nicht erreicht werden.

Denkbar wäre jedoch folgende Konstruktion: Die Mutter stimmt der Anerkennungserklärung des Herrn Liebig bis zu einer Heirat nicht zu. Eine solche Zustimmung ist nach § 1595 BGB notwendig. Nach der Geburt heiraten die beiden, so dass das Kind zunächst keinen rechtlichen Vater hat und keine gemeinsame Sorge besteht. Die Anerkennung durch den Vater hat dann zunächst keinerlei Wirkung, kann jedoch erst nach einem Jahr widerrufen werden, § 1597 Abs. 3 BGB. Für die Mutter besteht daher nicht das Risiko, dass der Vater seine Anerkennung zurück nimmt. Der Vater müsste auch nach der Heirat bei Verweigerung der Zustimmung durch die Mutter das Vaterschaftsfeststellungsverfahren nach § 1600d BGB durchführen. So kann er jedoch nur Vater werden, wenn er tatsächlich der Erzeuger ist, während dies für eine Anerkennung irrelevant ist.

Nach der Heirat wählen die beiden einen Ehenamen, wobei einer der beiden seinen alten Namen dem Ehenamen beistellt. Dazu ist eine öffentlich beglaubigte Erklärung gegenüber dem Standesamt nötig, § 1355 Abs. 4 S. 5 BGB. So hieße etwa Herr Liebig dann Liebig-Michalski. Nun stimmt die Mutter der Anerkennung des Vaters zu und die beiden geben eine gemeinsame Sorgerechtserklärung nach § 1626a Abs. 1 Nr. 1 BGB ab. Dann entsteht die gemeinsame Sorge, so dass nach § 1617b BGB der Name des Kindes geändert werden kann. Jetzt kann als Name des Kindes einer der derzeit gewählten Namen der Eltern verwendet werden. Wählt man den Namen des Partners, der einen unechten Doppelnamen gebildet hat, hat man sein Ziel erreicht.

Die Lösung hat jedoch den Effekt, dass die gemeinsame Sorge und die Abstammung des Kindes erst nach einer Heirat geklärt werden. Dieser Schwebezustand ist für die Parteien möglicherweise unbefriedigend. Es bestehen bis zur Klärung der Abstammung keine Unterhaltsansprüche nach § 1601 BGB und § 1615l BGB (wegen der Rechtsausübungssperre des § 1594 Abs. 1 BGB) und für den Vater besteht das Risiko, dass er Abstammung und Sorge ggf. gerichtlich durchsetzen muss. Die Mutter wird ggf. wegen Unterhalts auch auf die Abstammungsklärung bzw. das einstweilige Verfahren nach §§ 246 ff. FamFG verwiesen. Die Parteien sollten daher gut überlegen, ob sie ein solches Risiko für einen Doppelnamen eingehen wollen.

> Die Risiken einer derart komplizierten Gestaltungslösung müssen detailliert dargestellt werden.

Das Ziel ist daher nach einer Heirat möglich. Einer der beiden Ehegatten müsste sich den Namen des anderen voran- oder nachstellen, § 1355 Abs. 4 BGB. Allerdings darf das Kind dann erst nach der Heirat dem Vater zugeordnet werden.

3. Wechselmodell

Im Rahmen der Sorgevereinbarung nach Nr. 1 kann auch vorab das von den Eltern hier angedachte sog. Wechselmodell vereinbart werden, wonach jeder der Elternteile abwechselnd das Kind betreut.[11] Auch hier gelten die gleichen Einschränkungen wie oben Nr. 1 bzgl. der Abänderungsmöglichkeiten.

Das Amtsgericht ist nach § 1628 BGB dazu berufen in Fällen, in denen sich die Eltern bei ausübung der gemeinsamen Sorge nicht einigen können, die Entscheidung einem der beiden Eltern zu übertragen.[12] Da hier ein Einvernehmen bzgl. des Wechselmodells vorliegt, würde das bedeuten, dass das Familiengericht die Entscheidung über den Wechselmodus einem Elternteil übertragen kann, wenn diese sich nicht über die Details einigen können. Eine Abänderung der bereits getroffenen Einigung bzgl. des Wechselmodells steht dann diesem Elternteil aber nicht zu, da insofern keine Meinungsverschiedenheit vorliegt.

Die Regelungen über den Wechselmodus sollten daher schon vorab möglichst detailliert formuliert werden und mit einer Neuverhandlungspflicht für den Fall versehen werden, dass sich wesentliche Umstände ändern. Für die ersten Wochen nach Trennung sollte dabei befristet eine Regelung bestehen, die sofort greift. Anschließend ist binnen weniger Wochen eine Neuverhandlung der Regeln vorzusehen. Diese Regeln sind auch neu zu verhandeln, wenn etwa das Kind den Kindergarten besucht, die Schule beginnt oder wechselt oder wenn ein Elternteil veränderte Arbeitszeiten hat.

Es handelt sich bei einer solchen Vereinbarung wohl nicht um eine Frage des Umgangsrechts nach § 1684 BGB. Das Umgangsrecht dient der Ermöglichung persönlicher Kontakte zwischen Kind und Elternteil.[13] Die vorliegende Vereinbarung soll aber dem Elternteil, der im Wechselmodus das Kind gerade betreut nicht nur ein Recht auf Umgang geben, sondern formt das Aufenthaltsbestimmungsrecht und die Ausübung der elterlichen Sorge aus und geht so erheblich weiter.

---

11 Diederichsen, in: Palandt, § 1687 Rn 3.
12 Diederichsen, in: Palandt, § 1687 Rn 4.
13 Diederichsen, in: Palandt, § 1684 Rn 3.

4. Regress bei Arbeitslosigkeit

Bis vor wenigen Jahren ist die Rechtsprechung noch davon ausgegangen, dass in der Nichtehelichen Lebensgemeinschaft (NeLG) gar keine Ausgleichsansprüche stattfinden.[14] Mittlerweile lässt die Rechtsprechung Ausgleichs- und Rückabwicklungsansprüche in engen Grenzen zu. So kann eine Innen-GbR vorliegen, wenn die Partner die Absicht verfolgt haben, mit dem Erwerb eines Gegenstandes einen Wert zu schaffen, der ihnen nach den eigenen Vorstellungen dauerhaft gemeinsam gehören sollte. Bei der Innen-GbR befindet sich der Gegenstand dann nicht in der GbR als Gesamthandsvermögen sondern wird von einem Gesellschafter für die GbR gehalten.[15] Trotzdem findet ein Ausgleich nach den Vorschriften der §§ 705 ff. BGB statt. Der Unterhalt des anderen Partners stellt jedoch keinen solchen Vorgang dar, denn es wird kein Wert geschaffen.

Bereicherungsrechtliche Ansprüche werden von der Rechtsprechung angenommen, wenn Leistungen erbracht werden, die über das hinausgehen, was das gemeinsame Zusammenleben ermöglicht. Das ist nur dann der Fall, wenn bei einem der Partner Werte entstehen, die die Lebenspartnerschaft überdauern. Dann ist die condictio ob rem einschlägig, da der Zweck der Zuwendung später entfallen ist.[16] Zweck dieser Zuwendung war dann typischerweise die Erwartung, an diesem Gegenstand partizipieren zu dürfen. Auch das liegt hier nicht vor, da keine Zuwendung vorliegt, die über das hinausgeht, was das tägliche Zusammenleben erfordert. Vielmehr ist die Deckung des täglichen Lebensbedarfs in der NeLG in der Erwartung, dass einem die gleiche Wohltat zu Teil wird, ein typischer Fall der Leistungen, die nicht über condictio ob rem ausgeglichen werden. Dies schon alleine deshalb, weil nach § 818 Abs. 3 BGB Entreicherung eintritt.

Als dritte und letzte Möglichkeit hat die Rechtsprechung den Wegfall der Geschäftsgrundlage als Ausgleichsmechanismus entwickelt, § 313 BGB. Sie kommt im Verhältnis zur condictio ob rem zur Anwendung, wenn mehr als nur eine tatsächliche Ei-

Die Frage der Mandanten richtet sich hier schon direkt auf die Ausgleichsmechanismen. Wären diese nicht gefragt müssten sie trotzdem dargestellt werden. Denn die Frage, ob die Ansprüche ausgeschlossen werden können setzt natürlich die Klärung der Existenz voraus.

---

14 Eine Übersicht der Ausgleichsmechanismen findet sich im Palandt bei Brüdermüller, vor § 1297, Rn 29ff.
15 Sprau, in: Palandt, § 705 Rn 34.
16 Sprau, in: Palandt, § 812 Rn 89.

nigung vorliegt sondern eine Vereinbarung zwischen den Parteien vorliegt. Als solche ist hier ggf. ein familienrechtlicher Kooperationsvertrag eigener Art denkbar.

Eine Regelung dieses Punktes ist daher nötig. Durch eine vertragliche Regelung kann eine ohnehin fernliegende Innen-GbR sicherlich wirksam ausgeschlossen werden. Ob die condictio ob rem einem rechtsgeschäftlichen Ausschluss offen steht, ist fraglich. Jedenfalls kann aber durch Schaffung eines wirksamen Vertrags mit gegenseitiger Pflicht zur Deckung des Lebensunterhalts für die Dauer des Bestehens der neLG ein Rechtsgrund für die Leistung geschaffen werden, so dass die condictio ob rem ausscheidet. Auch ein Wegfall der Geschäftsgrundlage kommt dann allenfalls in Frage, wenn die Geschäftsgrundlage dieses Vertrags entfiele. Wird dieser lediglich durch Beendigung der neLG beendet, liegt jedoch kein Wegfall vor. Denn gerade für den Fall der Beendigung der Gemeinschaft stellt dieser Vertrag eine Regelung zur Verfügung, weshalb die Beendigung diesem Vertrag die Geschäftsgrundalge nicht entziehen kann. Es empfiehlt sich daher für die Dauer der neLG eine Pflicht zur Deckung des Lebensbedarfs des anderen Partners vertraglich vorzusehen und zu bestimmen, dass diesbezüglich keine Rückabwicklung erfolgen soll. Diese Verpflichtung sollte wie am Anfang gezeigt, jederzeit schriftlich kündbar sein.

5. Regelmäßiger Verkehr

Die Mandanten wollen eine Pflicht zu regelmäßigem Verkehr festlegen.

Eine vertragliche Verpflichtung zu regelmäßigem Verkehr könnte nach § 138 Abs. 1 BGB sittenwidrig sein.

Das Prostitutionsgesetz findet keine Anwendung, da hierfür ein Entgelt nach § 1 ProstG vereinbart sein müsste, woran es hier fehlt. Anerkannt ist weiter, dass entgeltliche Verträge über sexuelle Handlungen weiter nach § 138 Abs. 1 BGB sittenwidrig bleiben auch nach Einführung des ProstG.

Hier soll jedoch kein entgeltlicher Sexualkontakt vereinbart werden, sondern ähnlich wie in der Ehe, die Pflicht zur Geschlechtsgemeinschaft begründet werden. Zweck ist es nicht, einem der beiden die sexuelle Befriedigung zu ermöglichen, sondern bei-

Die Inhaltskontrolle von Klauseln findet immer über § 138 oder § 134 BGB statt. Nur diese Normen können schon die Entstehung der Verpflichtung aufgrund des Inhalts (§§ 134, 138 BGB) bzw. aufgrund des Gesamtcharakters (§ 138 BGB) nichtig werden lassen.

Verändern sich die Umstände des Vertrags später kommt eine Ausübungskontrolle nach § 242 BGB in Frage.

den diese Möglichkeit zu geben. Auch soll keine Pflicht entstehen, die Wünsche des einen jeweils sofort zu erfüllen, sondern lediglich insgesamt eine Verpflichtung zum regelmäßigen Geschlechtsverkehr festgeschrieben werden.

Fraglich ist, ob sich schon daraus eine Inhaltssittenwidrigkeit ergeben kann. Eine solche liegt vor, wenn diese Verpflichtung gegen grundlegende Wertungen der Rechts- oder Sittenordnung verstößt.

Nach kritisierter aber herrschender Ansicht besteht in der Ehe aufgrund § 1353 BGB die Pflicht zur Geschlechtsgemeinschaft.[17]

Es stellt sich daher die Frage, ob sich daraus die Folge ableiten lässt, auch in der nichtehelichen Gemeinschaft eine solche Vereinbarung möglich ist oder ob sich eine solche Pflicht nur dann nicht als Verstoß gegen grundlegende Wertungen darstellen würde, wenn die Ehe besteht. Zwar steht die Ehe nach Art. 6 Abs. 1 GG unter dem besonderen Schutz der staatlichen Ordnung. Das bedeutet jedoch nicht, dass andere Lebensformen mit ähnlich ausgestalteten Rechten und Pflichten per se sittenwidrig sind. In unserer Gesellschaft ist die nichteheliche Gemeinschaft eine vollständig anerkannte Lebensform, die ohne jeden moralischen Makel natürlich auch eine gelebte Sexualität umfasst. Die Ehe ist längst nicht mehr die einzige anerkannte Lebensform, die Sexualität in akzeptierter Form zulässt. Wenn also in der Ehe eine Pflicht zur Geschlechtsgemeinschaft begründet werden kann, kann dies aufgrund der Annäherung der außerehelichen Sexualmoral an die eheliche auch ohne Ehe begründet werden.

Ein weiteres Problem stellt die vollstreckungsrechtliche Lage dar: Nach § 120 Abs. 3 FamFG kann die Pflicht zur Herstellung der ehelichen Gemeinschaft, also auch der Geschlechtsgemeinschaft nicht vollstreckt werden. Ebenso kann grundsätzlich eine persönliche Pflicht aus Dienstvertrag nach § 888 Abs. 3 ZPO nicht vollstreckt werden. Hier liegt aber weder eine eheliche Gemeinschaft, noch ein Dienstverhältnis vor, so dass diese beiden Vorschriften ins Leere gingen. 888 Abs. 3 ZPO wird jedoch auf Geschäftsbesorgung und Auftrag, sowie den Abschluss eines Erbvertrags analog angewen-

> Wenn Sie erkennen, dass einer Vereinbarung in der Vollstreckung Probleme entgegenstehen müssen Sie das benennen. Die kautelarjuristische Beratung darf nicht die Vollziehung und Vollstreckung des Geschäfts ausschließen, sondern muss vollumfänglich sein.

---

17 Brudermüller, in: Palandt, § 1353 Rn 7.

det. Man wird hier aufgrund der Nähe zu § 120 Abs. 3 FamFG daher entweder diesen oder § 888 Abs. 3 ZPO analog anwenden müssen. Aus der Gesamtschau ergibt sich jedenfalls, dass eine Vollstreckung nicht möglich ist. Auch die Vereinbarung einer Vertragsstrafe wäre als Umgehung von § 120 Abs. 3 FamFG und § 888 Abs. 3 ZPO sittenwidrig. Eine Vollstreckung oder Vertragsstrafeversprechen ist daher nicht möglich. Auf diesen Umstand sind die Mandanten hinzuweisen.

Aus dem gleichen Grund kann auch eine Pflicht zur sexuellen Treue normiert werden, denn die Ehe sieht diese Pflicht ebenfalls vor. Da es sich aber auch hier um die Ausprägung der ehelichen Gemeinschaft nach § 1353 BGB handelt, ist eine Vollstreckung in der Ehe nach § 120 Abs. 3 FamFG nicht möglich. Dies ist auf die nichteheliche Lebensgemeinschaft zu übertragen, so dass eine Vollstreckung nicht stattfindet.

Gerade außereheliche Geschlechtskontakte bringen jedoch ein Schadensrisiko mit sich, etwa durch Infektionen. Der Verstoß gegen die Treuepflicht führt daher zu einem auch durchsetzbaren vertraglichen Schadensersatzanspruch aus § 280 Abs. 1 BGB.

Aus Gründen der gestalterischen Vorsicht bietet sich jedoch an, hier eine gesonderte salvatorische Klausel anzufügen. Danach soll der Vertrag im Übrigen auf jeden Fall wirksam sein, wenn die Pflicht zur Geschlechtsgemeinschaft einer Inhaltskontrolle nicht standhält. Damit wird die Vermutung des § 139 BGB entkräftet.

6. Hausrat

Die Mandanten wollen zunächst Schadensersatzansprüche für die Beschädigung des Hausrats ausschließen oder erschweren.

Ohne eine weitere Vereinbarung haften die beiden einander nach §§ 823 Abs. 1 BGB, 276 BGB für jede fahrlässige Beschädigung des Eigentums des jeweils anderen. Sollten einzelne Hausratsgegenstände in Miteigentum stehen, kann der Anspruch auf Naturalrestitution ohne die Beschränkung des § 1011 BGB auch von einem Miteigentümer gegen den anderen allein geltend machen. Geschuldet ist die Wiederherstellung der Sache im Miteigentum, also ggf. der Erwerb einer neuen Sache und Übertragung des Miteigentums.

Für die vorsätzliche Beschädigung kann eine Beschränkung nicht stattfinden, § 276 Abs. 3 BGB und zwar weder beschränkt auf Sachen oder auf eine Höchstsumme.

Es bietet sich an, die Haftung für einfache Fahrlässigkeit aus Delikt und Vertrag für die Beschädigung von Eigentum gegenseitig auszuschließen. Als Fahrlässigkeitsmaßstab bietet sich dabei die Beschränkung auf die eigenübliche Sorgfalt an, § 277 BGB. Das kommt dem Gedanken der Mandanten, es wäre Zufall, ob man eigene oder fremde Sachen beschädigt, am nächsten. Denn das impliziert, dass man mit den fremden Sachen wie mit eigenen umgehen darf. Im Zweifelsfall werden die Mandanten auch nicht wollen, dass mit den Sachen grob fahrlässig umgegangen wird, so dass der Maßstab passt, aber ggf. noch einmal Rücksprache gehalten werden sollte.

Teilweise wird vertreten, dass bei einer NeLG der Haftungsmaßstab§ 1359 BGB analog Anwendung finden soll.[18] Diese Unsicherheit sollte aber nicht in Kauf genommen werden, so dass die Anwendung explizti vereinbart werden sollte, wenn dies so gewünscht ist.

> Das Gebot des sichersten Weges gebietet es Zweifelsfragen nicht offen zu lassen. Daher verlässt sich der Kautelarjurist nicht auf eine eventuelle Analogie sondern nimmt eine entsprechende Klausel in den Vertrag auf.

Nach einer Hochzeit findet der Haftungsmaßstab kraft § 1359 BGB automatisch Anwendung.

Weiter wünschen die Mandanten, dass bei Auszug eines Partners aus der Wohnung, der Hausrat auf den verbleibenden Partner zum Alleineigentum übereignet wird.

Diese Gegenstände können nach § 929 S. 1 BGB übereignet werden, wenn der gemeinsame Haushalt aufgelöst wird. Dazu ist wie immer eine Einigung und Übergabe nötig. Die Übergabe besteht hier in der Aufgabe des Mitbesitzes an den Gegenständen. Es liegt daher kein Fall des § 929 S. 2 BGB vor, da der Veräußerer noch Mitbesitz an den Sachen hat. Denkbar ist auch eine Übereignung nach § 930 BGB, wenn der Veräußerer den Besitz dem anderen Mitbesitzer ab dem Moment des Auszugs mitteln will.

Es bietet sich an, mit Abschluss des Vertrags, die bedingte Einigung zu verbinden. Die beiden einigen sich daher schon bei Abschluss des Partnerschaftsvertrags über den Eigentumsübergang am Hausrat

> Das Gebot des sichersten Weges gebietet es, nicht nur schuldrechtliche sondern möglichst dingliche Vereinbarungen zu treffen.

---

18 Brudermüller, in: Palandt, v 1297, Rn 25.

Lösungsvorschlag

in der gemeinsamen Wohnung. Diese Einigung ist bedingt auf den Fall, dass der Veräußerer die Wohnung verlässt. Von Verpflichtung und Einigung sollten persönliche Gegenstände ausgeschlossen werden. Zum Schutz des Veräußerers sollte ein Eigentumsvorbehalt vereinbart werden bis zur Zahlung der 5000 €.

Fraglich ist, ob einer solchen Konstruktion das sachenrechtliche Bestimmtheitsprinzip/Spezialitätsgrundsatz entgegensteht. Sachgesamtheiten können nicht als solche übereignet werden, sondern nur als Einzelgegenstände. Es ist daher fraglich, ob die Bezeichnung als „Hausrat" genügt, um die Einigung ausreichend präzise zu machen oder ob eine weitere Präzisierung erfolgen muss. Dabei muss zum Zeitpunkt der Einigung für jeden Außenstehenden klar sein, was genau übereignet wird. Soweit sich die Einigung daher auf den gesamten Hausrat in der gemeinsamen Wohnung bezieht, ist eine solche Allformel möglich, insbesondere da der Begriff Hausrat eine gesetzliche Regelung in der HausratsVO gefunden hat. Problematisch sind dann allenfalls weitere Ausschlüsse, wie etwa die Klausel „soweit es pfändbar ist", da dadurch die Einigung nicht mehr für jeden Dritten auszulegen ist.[19] Hingegen ist der Ausschluss persönlicher Gegenstände wie Kleidung und sonstiger persönlicher Gegenstände möglich. Gegenstände, denen objektiv nicht anzusehen ist, ob sie einem Partner persönlich gehören sollten auf einer Negativ-Inventarliste erfasst werden. Außerdem kommt in Frage, eine Positiv-Liste des zu übereignenden Inventars anzufertigen. Dass sich das Inventar nach der Einigung ändert ist dann unschädlich, wenn sich die Einigung auf den gesamten Hausrat bezieht, da so eine Entwicklungsoffenheit sicher gestellt ist. Zudem kann auch bei Benennung konkreter Gegenstände in einer Inventarliste in der Einigung klargestellt werden, dass deren Funktionsnachfolger umfasst sind.

Eine solche aufschiebend bedingte Übereignung hat den Vorteil, dass die Übertragung des Eigentums gleichsam automatisch stattfindet, ohne dass es einer erneuten Einigung bedarf. Insbesondere wird das Einigsein im Zeitpunkt der Besitzübergabe dann vermutet, so dass alleine die Besitzaufgabe

---

[19] BGH NJW-RR 1988, 565.

ohne Widerruf der Einigung gegenüber dem anderen Partner zur Übereignung führt.[20]

Dieser Übereignung liegen schuldrechtlich zwei bedingte atypische Verträge zu Grunde, in dem sich der jeweils verbleibende Partner zur Zahlung und der ausziehende zur Übereignung verpflichten. Es liegt kein Kaufvertrag vor, da die Kaufpreiszahlung nicht Gegenleistung für den Hausrat sondern Starthilfe für einen neuen Haushalt sein soll. Eine solche Zahlung ist, wenn sie als Strafzahlung für die Auflösung der Lebensgemeinschaft sein soll, sittenwidrig, § 138 Abs. 1 BGB.[21] Hingegen ist sie als Entschädigung für die Aufgabe des Hausrats und der Wohnung zulässig, da es sich nicht um eine Strafe handelt sondern um eine Entschädigung, wenn sich diese Zahlung nicht als unangemessen darstellt und v.a. dem Zweck dient, eine Trennung zu verhindern oder erschweren.[22] So liegt der Fall hier.

Alternativ kommt in Betracht, zu vereinbaren, dass der Hausrat jeweils in Miteigentum stehen soll und dieses Miteigentum dann auf den Verbleibenden übertragen wird. Eine solche Vereinbarung scheint jedoch von den Parteien nicht gewünscht zu sein. In jedem Fall ist jedoch eine schuldrechtliche Pflicht zur gegenseitigen Überlassung des Hausrats zur Benutzung und zur Begründung von Mitbesitz angezeigt.

7. Die Riesenschildkröte

Herr Liebig will Frau Michalski an der Riesenschildkröte eine Berechtigung zum Umgang verschaffen. Dabei bietet sich an, die Schildkröte in eine GbR einzubringen und auf gesellschaftsrechtlicher Ebene Regelungen zu treffen.

Alternativ kommt die Begründung von Miteigentum in Betracht. Dies geschieht indem Herr Liebig nach § 929 BGB an Frau Michalski das Bruchteilseigentum von 50 % an der Schildkröte übereignet. Hier ist Einigung bzgl. der Einräumung des Miteigentums und Übergabe in der Form der Begründung von Mitbesitz nötig.[23] Da Frau Michalski bereits Mitbesitzerin ist, erfolgt dies nach § 929 S. 2 per Übereignung kurzer Hand.

---

[20] Bassenge, in: Palandt § 929 Rn 9.
[21] Ellenberger, in: Palandt, § 138 Rn 51.
[22] Brudermüller, in: Palandt v. 1297 Rn 27.
[23] Bassenge, in: Palandt, § 1008 Rn 3.

Lösungsvorschlag

Das Verhältnis der Miteigentümer zueinander wird durch §§ 741 ff BGB als sogenannte Gemeinschaft geregelt. Diese Gemeinschaft entsteht von Gesetzes wegen durch die Begründung des ideellen Miteigentums, § 741 BGB.

Nach § 743 Abs. 2 BGB steht dann jedem der beiden der Gebrauch der Sache zu, soweit dadurch nicht das Gebrauchsrecht der anderen Miteigentümer berührt wird. Dieses Gebrauchsrecht kann durch eine Verwaltungsregel nach § 745 Abs. 1 durch Stimmenmehrheit geregelt werden. Nachdem beide 50 % der Stimmen haben, kann eine bei Begründung des Miteigentums getroffene Regel, nur noch gemeinsam geändert werden. Eine solche Vereinbarung hätte also eine Bindungswirkung für die Zukunft.

Auch die Lasten- und Kostentragungsregel des § 748 BGB entspricht wohl der gewünschten Regelung, dass die Kosten hälftig getragen werden.

Der Anspruch auf Aufhebung der Gemeinschaft sollte nach § 749 Abs. 2 BGB für immer ausgeschlossen werden und auf das Vorliegen eines wichtigen Grundes beschränkt werden. Dabei sollte klargestellt werden, dass die reine Trennung an sich noch kein wichtiger Grund für die Auflösung der Gemeinschaft darstellt. Zugleich sollte vereinbart werden, dass eine Teilung nur im Wege des Verkaufs unter den Teilhabern nach § 753 Abs. 1 S. 2 BGB Versteigerung zu erfolgen hat. Alternativ bietet sich an, eine davon völlig abweichende Regelung zu vereinbaren, die das Recht von Herrn Liebig vorsieht, die Schildkröte wieder in Alleineigentum zu nehmen. Das dürfte angesichts des Affektionsinteresses und der Schenkung des Miteigentumsanteils nicht unbillig sein. Eine solche Regelung geht auch der Versteigerung nach § 753 BGB vor.[24]

Stirbt einer der beiden Miteigentümer wird die Gemeinschaft nicht aufgelöst, sondern besteht mit dem Erben fort. Nachdem eine bindende erbrechtliche Regelung hier nicht erfolgen soll, muss dieses Problem in der Gemeinschaft gelöst werden. Es bietet sich an die Gemeinschaft auf Zeit zu schließen, nämlich auf die Lebensdauer der Schildkröte. Dann ist nach § 750 BGB ein Aufhebungsverlangen nur nach dem Tod eines Teilhabers zulässig. Nach Auf-

---

24 Sprau, in: Palandt, § 752 Rn 1.

hebung hat Herr Liebig als Überlebender bei einer Vereinbarung wie oben vorgeschlagen ohnehin das Recht die Schildkröte wieder ins Alleineigentum zu nehmen. Für den Fall seines Vorversterbens bietet sich an, dieses Recht dann Frau Liebig einzuräumen. Eine solche Vereinbarung ist jedoch im Hinblick auf § 518 BGB und § 2301 BGB problematisch, da darin eine Schenkung auf den Todesfall gesehen werden kann, wenn die Schildkröte ohne Gegenleistung auf Frau Liebig übergeht und dies bedingt ist auf den Fall des Versterbens des Herrn Liebig.

Weiter problematisch ist die fehlende Zweckbindung des Miteigentums. Nach § 747 S. 1 BGB kann der Miteigentumsanteil jederzeit veräußert werden. Eine Beschränkung dieses Rechts ist nur mit schuldrechtlicher Wirkung möglich.[25] Ebenso ist auch ein etwaiges Vorkaufs- oder Voraneignungsrecht nur schuldrechtlich möglich, da ein dingliches Vorkaufsrecht nur an Grundstücken möglich ist. Es kommt allenfalls eine Sicherung über eine Vertragsstrafe in Frage, die aber nur schuldrechtlich wirkt und mangels Bonität ggf. ein stumpfes Schwert darstellt. Das ist die Schwachstelle der Konstruktion über das Miteigentum und gibt hier möglicherweise den Ausschlag für die Gestaltung als GbR.

Das Gebot des sichersten Wegs gebietet es wieder, sich nicht auf schuldrechtliche Lösungen zu verlassen!

Grundsätzlich ist eine reine Besitz-GbR zulässig, die über den Besitz eines Gegenstandes hinaus keinen Gesellschaftszweck verfolgt.[26] Alleine der Besitz der GbR an der Schildkröte hat jedoch nicht den Effekt, dass eine Veräußerung durch Herrn Liebig verhindert wird. Dazu müsste die Gesellschaft tatsächlich als Gesamthänderin Eigentümerin der Schildkröte sein. Nur so ist die Veräußerung der Schildkröte ausgeschlossen, § 719 Abs. 1 BGB. Fraglich ist allerdings, ob es bei einer GbR mit Gesellschaftseigentum noch um eine reine Innen-GbR ohne Auftritt im Rechtsverkehr handeln kann. Teilweise wird angenommen, dass eine Innen-GbR kein Gesamthandsvermögen besitzen dürfe und daher ein Gesellschafter Eigentümer des „Gesellschaftsvermögens" sein müsse.[27] Diese Frage ist dann von Bedeutung, wenn die Rechtsfähigkeit der GbR relevant ist, worauf es vorliegend jedoch nicht an-

---

25 Sprau, in: Palandt, § 747 Rn 2.
26 Sprau, in: Palandt, § 705 Rn 20.
27 Dazu Sprau, in: Palandt, § 705 Rn 33 f.

kommt, so dass die Frage offen bleiben kann. Jedenfalls sollte die Schildkröte zwingend Gesamthandsvermögen werden, um eine Veräußerung zu verhindern.

Auch die Aufnahme neuer Gesellschafter gegen den Willen des anderen Partners ist nicht möglich, da dies eine Änderung des Gesellschaftsvertrags darstellen würde, eine Veräußerung des Anteils ist nach § 717 BGB ausgeschlossen.

Die beiden Partner sollten eine Regelung zur Geschäftsführung und -vertretung finden, wobei sich anbietet, Gesamtvertretung und gemeinsame Geschäftsführung zu regeln. Als Beitrag sollte die gemeinschaftliche Tragung der Kosten von Verpflegung und Unterbringungen sowie weiterer Kosten für die Schildkröte vereinbart werden. Die Kündigung nach § 723 kann wegen § 723 Abs. 3 BGB nicht ausgeschlossen werden, wenn die Gesellschaft auf unbestimmte Zeit geschlossen wird. Jedoch ist eine Vereinbarung auf bestimmte Zeit möglich, wenn dieser Zeitraum nicht nach dem Kalender bestimmt ist. Es kommt daher eine Beschränkung bis zum Tod der Schildkröte in Betracht, da sich diese Dauer am Gesellschaftszweck orientiert.[28] Dann kann die ordentliche Kündigung ausgeschlossen werden und nur wegen eines wichtigen Grundes gekündigt werden. Dabei sollte klargestellt werden, dass es Zweck der Gesellschaft ist, auch nach einer eventuellen Trennung die Nutzung der Schildkröte durch beide Partner zu ermöglichen, so dass dies als wichtiger Grund alleine ausscheidet.

Für die Auseinandersetzung sollte vereinbart werden, dass die Schildkröte nach Beendigung zurück an Herrn Liebig fällt. § 732 BGB ist dabei nicht einschlägig, da die Schildkröte nicht nur zur Benutzung eingebracht wurde.

Im Falle des Todes eines Gesellschafters wird die Gesellschaft nach § 727 BGB aufgelöst, soweit nicht etwas anderes vereinbart ist. Nachdem es das Ziel der Gesellschafter ist, die Schildkröte nach dem Tod eines Gesellschafters an den anderen fallen zu lassen, bietet sich eine abweichende Regelung nicht an. Es gelten dann die oben genannten Regeln für die Auseinandersetzung. Überlebt Herr Liebig Frau Michalski ist das unproblematisch. Überlebt hin-

Nachteile, die allen Varianten zu eigen sind, können natürlich nicht den Ausschlag für eine Variante geben.

---

28 Sprau, in: Palandt, § 723 Rn 3.

gegen Frau Michalski länger steht dem möglicherweise § 518 BGB oder § 2301 BGB entgegen.[29] Dies kann umgangen werden in dem man für den Fall des Todes eines Gesellschafters für alle Gesellschafter die Anwachsung der Gesellschaftsanteile beim jeweils anderen vorsieht unter Ausschluss eines Abfindungsanspruchs der Erben.[30] Dass die Gesellschaft nach Anwachsung aufgrund Konfusion aller Anteile in einer Hand nicht mehr besteht ist dabei irrelevant, da die Zulässigkeit einer solchen Gestaltung nicht von der Anzahl der Gesellschaft abhängen kann. Eine Auseinandersetzung über die Gesellschaft ist dann im Todesfall nicht mehr nötig.

Es empfiehlt sich daher aufgrund der Zweckbindung des Gesamthandsvermögens eine GbR.

> Stellen Sie das entscheidende Kriterium in der Endabwägung heraus.

Nach § 811c Abs. 1 ZPO sind Haustiere des Schuldners grundsätzlich unpfändbar, das gilt natürlich auch für den Miteigentumsanteil an einem Haustier. Ein solcher Miteigentumsanteil unterliegt grundsätzlich zwar der Pfändung nach § 857 Abs. 1 ZPO, weil der Anspruch nach § 747 BGB veräußerlich ist.[31] Es finden zwar die Vorschriften über die Pfändung von Geldforderungen Anwendung, allerdings muss der Pfändungsschutz nach § 811c ZPO natürlich auch gelten, wenn lediglich Miteigentum an einem von § 811c ZPO geschützten Gegenstand besteht.

Bei Gründung einer GbR wäre die Schildkröte als Gesellschaftsvermögen pfändbar, wenn ein Titel gegen die Gesellschaft oder einzelne Titel gegen alle Gesellschafter einzeln oder ein Titel gegen alle Gesellschafter vorliegt, § 736 ZPO.[32] Aufgrund eines Titels nur gegen einen der beiden wäre die Vollstreckung in das Gesellschaftsvermögen nicht möglich, nur in den Gesellschaftsanteil, der ja im Privatvermögen gehalten wird. Die Pfändung des Gesellschaftsanteils erfolgt nach § 859 ZPO. Dadurch wird der Gläubiger nicht Gesellschafter, er kann aber nach Maßgabe des § 725 BGB die Gesellschaft kündigen und sich das Auseinandersetzungsguthaben (§ 734 BGB) und den Gewinnanteil (§ 721, 725 Abs. 2 BGB) überweisen und dann geltend machen. Die Auseinandersetzung erfolgt durch Realteilung,

---

29 Weidlich, in: Palandt, § 2301 Rn 15.
30 Weidlich, in: Palandt, § 2301 Rn 15.
31 Seiler, in: Thomas/Putzo, § 857 Rn 2.
32 Seiler, in: Thomas/Putzo, § 736 Rn 2-4.

was bei einer Schildkröte als Gesellschaftsvermögen nicht möglich ist. Die Auseinandersetzungsregeln sind aber ohnehin voll disponibel.[33] Nach der Vereinbarung der Gesellschafter steht Frau Michalski die Schildkröte nicht zu. Vielmehr steht diese bei Auseinandersetzung Herrn Liebig zu. Im Übrigen dürfte auch hier § 811c ZPO bei beiden Gesellschaftern fortwirken, da die räumliche Nähe zwischen Halter und Haustier nicht durch die Gründung einer GbR verändert wird.

8. Die Mietwohnung

Die Mandanten wollen eine Wohnung zusammen mieten und dabei bereits bei Abschluss des Vertrags vorsorgen für eine eventuelle Trennung. Dabei soll ein Mandant alleine in der Wohnung bleiben können und der andere Teil dann keine Miete zahlen müssen.

Grundsätzlich kann der Vermieter die Aufnahme weiterer Mitbewohner in die Mietwohnung untersagen nach § 541 BGB, wenn nicht die Voraussetzungen des § 553 Abs. 1 S. 1 BGB vorliegen. Da das Interesse am Einzug des Lebensgefährten bereits vor Vertragsschluss bestand, kommt eine Einwilligungspflicht nach § 553 Abs. 1 S. 1 BGB nicht in Frage. Hingegen dürfte die Aufnahme des Kindes in eine gemietete Wohnung als Familienangehöriger nur dann nach § 541 BGB untersagt werden dürfen, wenn eine tatsächliche Überbelegung stattfindet.

Es ist daher bei der Vertragsgestaltung in jedem Fall darauf zu achten, dass der Partner vom Vermieter in der Wohnung akzeptiert werden muss.

Sollte einer der Partner den Vertrag unterzeichnen, ist dazu eine Klausel aufzunehmen, die das regelt. Unterzeichnen beide den Vertrag als Gesamtgläubiger und Gesamtschuldner, besteht als Mieter ohnehin ein eigenes Nutzungsrecht.

Fraglich ist, welche Gestaltung eher den Interessen der Partner entspricht.

Der Abschluss des Vertrages durch beide Partner bewirkt, dass keiner der Partner dem anderen durch Kündigung des Nutzungsverhältnisses (im Regelfall wird eine Leihe vorliegen) das Nutzungsrecht an der Wohnung entziehen kann. Auch wird so ver-

---

33 Sprau, in: Palandt, § 731 Rn 1.

hindert, dass einer der beiden als Mieter das Mietverhältnis kündigt. Als Gesamtgläubiger sind beide an der Wohnung unmittelbar berechtigt.

Als Nachteil steht dem natürlich die gesamtschuldnerische Verpflichtung zur Zahlung der Miete als Nachteil entgegen, jeder Mieter muss also im Außenverhältnis die volle Miete bezahlen und kann Regress beim anderen Partner nehmen.

Die Gesamtgläubiger und -schuldnerschaft wirken sich auch auf die Möglichkeiten zur Beendigung aus. Die beiden könnten den Vertrag nur zusammen kündigen, § 425 BGB.[34] Auf die Mitwirkung bei der Kündigung bestünde möglicherweise ein schuldrechtlicher Anspruch, der aber natürlich auch erst durchgesetzt werden muss. Das bedeutet auch, dass nicht einer seinen Teil des Mietvertrags kündigen kann, sondern dass nach einer Kündigung im Prinzip beide die Wohnung verlassen müssten, wenn nicht der Vermieter einen neuen Mietvertrag mit dem verbleibenden Partner abschließen will. Das dürfte der entscheidende Nachteil bei der Konstruktion als Gesamtmietvertrag darstellen. Denn unterbleibt eine Kündigung durch den ausziehenden Partner bleibt er zur Mietzahlung verpflichtet. Da der verbleibende Partner sich zwar zur Freistellung im Innenverhältnis verpflichten kann, aber der Vermieter weiter den Anspruch geltend machen kann, stellt dies ein nicht unerhebliches finanzielles Risiko für den Ausziehenden dar.

Die Beendigung ist allerdings auch bei der alternativen Lösung eines Einzelmietvertrags durch einen Partner ein Problem, da dieser im Außenverhältnis jederzeit alleine kündigen kann. Zudem steht noch nicht fest, wer in der Wohnung verbleiben soll, so dass bei Abschluss des Vertrags durch den Teil, der später auszieht, das Problem der Kündigung und Neubegründung des Vertrags ebenfalls besteht.

Es bietet sich daher an, im Mietvertrag eine Klausel aufzunehmen, nach der der Vermieter es den Mietern erlaubt, den Vertrag auch einzeln zu kündigen. In diesem Fall würde der Vertrag mit dem anderen Teil alleine fortgesetzt. Fehlt es dem neuen Mieter an der entsprechenden Bonität kann der Vermieter nach § 543 Abs. 3 Nr. 3 lit. a BGB kündigen. Sollte der Vermieter sich darauf nicht einlassen wollen,

---

[34] Grüneberg, in: Palandt, § 425 Rn. 16.

Lösungsvorschlag

weil er fürchtet, ein Partner mit ggf. schlechter Bonität verbliebe in der Wohnung, könnte man ihm ein Ablehnungsrecht für diesen Fall geben. Eine zusätzliche Sicherheit, auch nur für diesen Fall, etwa durch eine Bürgschaft des ausziehenden Partners über zwei oder drei weitere Monatsmieten, scheitert an § 551 BGB, wenn bereits eine Sicherheit über drei Monatsmieten vereinbart ist. Zwar kann ein Dritter eine Bürgschaft in größerem Umfang übernehmen, wenn dies unaufgefordert oder unter der Bedingung geschieht, dass das Mietverhältnis zustande kommt.[35] Allerdings ist bei Vertragsschluss keiner der beiden Mieter Dritter. Die Vereinbarung eines solchen Eintrittsrecht setzt aber natürlich die hier angenommene Kooperationsbereitschaft des Vermieters vor.

Für den Fall des Versterbens eines Mieters würde im Fall der Gesamtberechtigung § 563a BGB das Mietverhältnis fortbestehen lassen, bei einem Einzelmietvertrag würde das Ergebnis über § 563 Abs. 2 S. 4 BGB erreicht.

---

35 Sprau, in: Palandt, § 551 Rn 3.

Klausur Nr. 10 – Vollständige Klageschrift an das Landgericht: Negative Feststellungsklage des Testamentsvollstreckers mit Streitverkündung

Sachverhalt

Am 1.2.2012 sucht Herr Gregor Riedl Herrn RA Helder, Arnulfsplatz 6, 93047 Regensburg auf: „Herr Rechtsanwalt Helder. Bitte helfen Sie mir. Ich sehe mich hier einer Fülle von Ansprüchen ausgesetzt von denen ich mir nicht sicher bin, ob ich sie jeweils befriedigen muss und/oder darf. Bitte helfen Sie mir diese Ansprüche abzuwehren, so dass ich keinen Haftungsrisiken ausgesetzt bin. Das Amt des Testamentsvollstreckers habe ich bereits angenommen und ein Vollstreckerzeugnis habe ich. Das habe ich Ihnen auch mitgebracht."

Das Begehren des Mandanten ist in der Anwaltsklausur unbedingt immer im Hinterkopf zu behalten. Hier will der Mandant alle Haftungsrisiken so weit wie möglich ausschließen.

Dazu gilt es im ersten Schritt die Haftungsrisiken zu ermitteln um dann zu überlegen, wie diese minimiert werden können.

Amtsgericht Regensburg
– Nachlassgericht –
Augustenstrasse 3
93049 Regensburg

Herrn
Gregor Riedl
Eigenheimstr. 24
93049 Regensburg

    Zeugnis über Testamentsvollstreckung

Hiermit wird bezeugt, dass Herr Gregor Riedl, Braumeister, Testamentsvollstrecker über den Nachlass von Herrn Dennis Schön, Braumeister, Kreuzgasse 14, 93047 Regensburg, verstorben am 6.12.2011, ist.

Penzkofer

RiAG

Er legt ein durch Herrn Dennis Schön handschriftlich verfasstes Schriftstück vor:

> *Mein letzter Wille*
>
> *Hiermit setze ich meinen Lieblingsverein SSV Jahn 2000 Regensburg e.V., Prüfeningr Str. 53a, 93051 Regensburg, zum Alleinerben ein. Nachdem mich meine Frau verlassen und mein Sohn verraten hat, ist der Jahn die einzig verbliebene Liebe meines Lebens.*
>
> *Nachdem mein Sohn sich von mir 200 000 € geliehen hat mit der festen Zusage, diese binnen 4 Wochen zurückzuzahlen und sich nach der Aus-*

Sachverhalt

zahlung nie wieder gemeldet hat, soll er nichts mehr bekommen. Auf das Darlehen habe ich ihm gegenüber bereits vor 10 Jahren schriftlich verzichtet, weil bei Ihm sowieso nix zu holen war. Darauf hat er aber auch nicht geantwortet.

Regensburg, den 23.1.2005

Dennis Schön

Dann erzählt er weiter: „Herr Rechtsanwalt, sie müssen wissen, dass wegen dieser Sache ein Strafbefehl gegen den Sohn von Herrn Schön, Albert Schön ergangen ist. Gegen ihn wurde damals wegen Betrugs eine Geldstrafe von 50 Tagessätzen festgesetzt. Den Strafbefehl vom 12.1.2000 unter Aktenzeichen 3 Cs 465 Js 100254/99 des AG Regensburg hat er akzeptiert. Bereits vor diesem Darlehen hat Dennis Schön dem Albert 50.000 € geschenkt mit der Bestimmung, dass diese auf seinen Pflichtteil angerechnet werden sollen. Bei der Schenkung war damals Herr Tobias Schlaudraff, Pentlinger Str. 8, 93105 Pentling dabei, den kennen Sie vielleicht aus der Presse, der ist jetzt Vorstandsvorsitzender des SSV Jahn 2000 Regensburg e.V. und war damals ein guter Freund von Herrn Schön. Außerdem war noch die Ex-Frau des Erblassers dabei, Frau Gunda Schön.

Die Anrechnung vermindert die Pflichtteilsansprüche des Beschenkten nach § 2315 BGB. Daneben kennt das Erbrecht noch die viel komplizierter zu berechnende Ausgleichung in § 2316 bzw. § 2050 ff BGB.

Wir haben im Nachlass von Herrn Schön noch weitere Schriftstücke gefunden, die vielleicht interessant sein könnten:

Im Nachlass findet sich noch eine Kopie des Schriftstücks vom 23.1.2005. Auf dieser Kopie hat jemand „SSV Jahn 2000 Regensburg e.V." durchgestrichen und stattdessen „Eishockey Verein Regensburg e.V." geschrieben. Auf einer weiteren Kopie dieser veränderten Kopie steht handschriftlich „Kopie = Original" und diese war von Dennis Schön unterzeichnet.

Die Angabe stellt detailliert dar, wie die Kopien jeweils ausgestaltet und verändert waren. Es kommt also offensichtlich auf die Details an.

Es findet sich noch ein weiteres handschriftliches Schreiben mit Bezug zum Nachlass im Haus des Dennis Schön:

Bei der Einsetzung nach Quoten oder Zuwendung von einzelnen Gegenständen stellt sich jeweils die Frage, ob ein Vermächtnis oder eine Erbeinsetzung vorliegt, vgl. § 2087 BGB.

Nachtrag zu meinem letzten Willen

Mein bester Freund Gregor Riedl soll die Testamentsvollstreckung übernehmen über meinen Nachlass und so sicherstellen, dass alles mit rechten Dingen zugeht. Außerdem möchte ich, dass meine Wohnungsnachbarin Viola Bertram für ih-

re Dienste in den letzten Jahren ein Vermächtnis erhält. Sie soll nach Abzug aller Verbindlichkeiten 10 % meines Nachlasses als Geldbetrag erhalten.

Regensburg, den 10.1.2011

Dennis Schön

Auch hat Herr Riedl diverse Briefe erhalten, die er übergibt:

> Sehr geehrter Herr Riedl,
>
> ich habe gehört, Sie sind der Testamentsvollstrecker meines biologischen Vaters Dennis Schön. Herr Schön hat ja ein beachtliches Vermögen hinterlassen, von dem ich jetzt gerne meinen Pflichtteil hätte. Zum Erben hat er ja offensichtlich diesen zweitklassigen Fußballverein eingesetzt, so dass ich wohl nicht erben werde.
>
> Nachdem Herr Schön nur noch ein weiteres Kind hat, gehe ich davon aus, dass mir 1/6 des Nachlasses zusteht. Bitte setzen sie sich doch mit mir in Verbindung, und wann ich mit einer Zahlung in welcher Höhe rechnen kann.
>
> Mit freundlichen Grüßen
>
> Anonyma Christian

Herr Rechtsanwalt, sie müssen wissen, Frau Christian ist wohl wirklich die biologische Tochter von Herrn Schön, die aus einer Affäre mit Frau Regina Christian hervorgegangen ist. Herr Schön ist damit eigentlich immer recht offen umgegangen und sowohl Anonyma als auch Regina wussten seit Jahren davon. Frau Christian war zum Zeitpunkt der Geburt mit dem rechtlichen Vater von Anonyma verheiratet und auch er weiß davon. Anonyma ist mittlerweile auch schon Mitte 20.

Das Alter der Tochter und die Tatsache, dass alle davon wussten, scheinen von Belang zu sein, ansonsten würde die Klausur dies wohl nicht so breit darstellen.

Auch von Albert Schön habe ich ein Schreiben erhalten:

> Lieber Gregor,
>
> ich weiß, Du bist zum Testamentsvollstrecker meines verstorbenen Vaters ernannt worden und kümmerst dich also um die Abwicklung seines Nachlasses. Nachdem er jetzt tot ist, hätte ich gerne meinen Pflichtteil. Überweise mir den doch

Sachverhalt

> bitte möglichst schnell, ich hab gerade Geldprobleme und eine teure Freundin.
>
> Gruß Albert

Herr Rechtsanwalt, dass Albert einen Sohn Michael Kühne hat, den Enkel des Verstorbenen, vielleicht ist das ja irgendwie relevant. Von diesem habe ich bisher noch nichts gehört und ihn auch nicht kontaktiert.

Letzte Woche nun hat mich ein Brief der Frau Bertram erreicht:

> Sehr geehrter Herr Riedl, Regensburg, den 21.1.2012
>
> im Testament meines Geliebten Dennis Schön wurde ich mit einem Vermächtnis von 10 % bedacht. Es war dem armen kranken Dennis eine Herzensangelegenheit, dass ich dieses Geld so schnell wie möglich bekomme, da er mich die letzten Monate finanziell unterstützt hat und ich deshalb meinen Beruf aufgegeben habe.
>
> Ich schätze den Wert des Nachlasses von Herrn Schön auf 1 Mio € und hätte daher nun gerne meine 100.000 €. Ich bitte um baldige Zahlung, sonst muss ich leider einen Anwalt aufsuchen.
>
> Gruß
>
> Viola Bertram

Frau Bertram war recht hartnäckig und hat mich weiter damit behelligt. Ich würde nun gerne die Testamentsvollstreckung hinter mich bringen und das so schnell wie möglich klären. Der Wert des Nachlasses beträgt tatsächlich 1 Mio. €. Ich habe Frau Bertram bereits schriftlich am 23.1.2012 mitgeteilt, dass auch noch andere Nachlassgläubiger da sind und sie deshalb nicht die vollen 100.000 € erhalten wird, weil insbesondere Pflichtteilsberechtigte da sind. Aber sie ist stur geblieben und fordert weiter in einem Brief vom 25.1.2012 den vollen Betrag. Der Erblasser hatte keine weiteren Kinder und seine Eltern sind schon lange tot. Die Scheidung ist bereits vor Jahren erfolgt und alle Ansprüche der Frau bereits bezahlt.

Bitte helfen Sie mir, diesen gordischen Knoten zu entwirren. Ich will ohne jedes Haftungsrisiko aus diesem Amt wieder rauskommen. Sie sind bevollmächtigt, gerichtlich alles zu unternehmen, was

Hier gilt es wieder genau zu analysieren. Die Klausur erwartet offensichtlich gerichtlich aktiv zu werden und alle weiteren nicht entscheidungserheblichen Rechtsfragen in einem Mandantenschreiben zu erörtern.

sinnvoll ist um die Forderung der Frau Bertram abzuwehren. Stellen Sie mir zusätzlich die erbrechtliche Lage in einem Schreiben bitte ausführlich dar. Das Familienbuch des verstorbenen mit allen Geburtsurkunden seiner ehelichen Kinder habe ich Ihnen auch mitgebracht.

Bearbeitervermerk

Das oder die Schreiben des RA Helder an das Gericht und an den Mandanten sind zu fertigen. Die vom Mandanten vorgelegten Schreiben deren Inhalt nicht abgedruckt ist, haben jeweils den angegebenen Inhalt, wovon sich RA Helder überzeugt hat.

Lösungsvorschlag

RA Helder
Arnulfsplatz 6
93047 Regensburg

An das
Landgericht Regensburg
93040 Regensburg

Klage und Streitverkündung

des

Gregor Riedl als Testamentsvollstrecker des Nachlasses nach Dennis Schön, Eigenheimstr. 24, 93049 Regensburg

— Kläger —

Prozessbevollmächtigter: RA Andreas Helder, Arnulfsplatz 6, 93047 Regensburg

gegen

Viola Bertram, Kreuzgasse 14, 93047 Regensburg

— Beklagte —

Namens und im Auftrag meines Mandanten Gregor Riedl erhebe ich hiermit Klage. Vollmacht liegt bei.

Ich werde beantragen:

I. Festzustellen, dass die Beklagte vom Kläger als Testamentsvollstrecker des Nachlasses von Dennis Schön nicht mehr als 52.500 € aufgrund des Erbfalls nach Dennis Schön verlangen kann.
II. [Die Beklagte trägt die Kosten des Rechtsstreits.
III. Das Urteil ist in Ziffer II gegen Sicherheitsleistung von 110 % des jeweils zu vollstreckenden Betrags vorläufig vollstreckbar.]

Streitwert: 47.500 €

Begründung

Die Parteien streiten über die Höhe eines Vermächtnisanspruchs.

I.

Der Kläger ist Testamentsvollstrecker nach dem am 6.12.2011 verstorbenen Dennis Schön.

Die Streitverkündung ist durch Schriftsatz gegenüber dem Gericht zu erklären, § 73 ZPO. Wirksam wird sie aber erst durch die Zustellung durch das Gericht, § 73 S. 3 ZPO. Sie kann also problemlos in die Klageschrift mit aufgenommen werden. Im Rubrum findet der Streitverkündungsempfänger keine Erwähnung, solange er noch nicht beigetreten ist.

Der Testamentsvollstrecker ist Partei kraft Amtes und muss als solche im Rubrum benannt werden. Die Funktion muss hervorgehoben werden.[1]

Der Testamentsvollstrecker kann nur gegen die Vermächtnisnehmerin vorgehen, da er gegen die Pflichtteilsberechtigten nicht prozessführungsbefugt ist, § 2213 Abs. 1 S. 3 BGB.

Es liegt eine sogenannte negative Feststellungsklage vor. Beim Antrag muss das Rechtsverhältnis bezeichnet werden, ansonsten ist er zu unbestimmt.

Über die Kosten und die vorläufige Vollstreckbarkeit hat das Gericht von Amts wegen zu entscheiden. Trotzdem ist es üblich diesbezügliche Anträge zu stellen. Sie sind aber lediglich Anregungen an das Gericht, § 308 Abs. 2 ZPO.

Der Streitwert der negativen Feststellungsklage ergibt sich aus der Differenz des vom Beklagten behaupteten Anspruchs zum tatsächlich bestehenden Anspruch.[2]

Auch die Tatsachen, die die Prozessführungsbefugnis begründen, müssen vorgetragen werden.[3]

---

[1] Kurpat, Einführung in die Urteilstechnik, Rn. 22.
[2] Hüßtege, in: Thomas/Putzo, ZPO, § 3 Rn 65 iVm. § 253 Rn 23.
[3] Spätestens bis zum Ende der letzten mündlichen Verhandlung: Hüßtege, in: Thomas/Putzo, ZPO, § 51 Rn 30.

Beweis: Testament vom 10.1.2011

    Testamentsvollstreckerzeugnis

Der geschiedene Erblasser hat die Beklagte im Testament vom 11.1.2011 mit den Worten bedacht: „Außerdem möchte ich, dass meine Nachbarin Viola Bertram für ihre Dienste in den letzten Jahren ein Vermächtnis erhält. Sie soll nach Abzug aller Verbindlichkeiten 10 % meines Nachlasses als Geldbetrag erhalten."

> Rechtliche Würdigungen wie die Frage, ob ein Vermächtnis vorliegt, sollten hier noch unterbleiben. Wenn es auf den Wortlaut eines Rechtsgeschäfts ankommt, sollte dieser auch geschrieben werden.

Beweis: Testament vom 10.1.2011

Die Beklagte hat gegenüber dem Kläger die Zahlung von 100.000 € aus diesem Testament verlangt.

Beweis: Schreiben der Beklagten vom 21.2.2012

Der Kläger hat darauf erwidert, dass ein Anspruch in dieser Höhe wegen bestehender Pflichtteilsansprüche nicht bestehe.

Beweis: Schreiben des Klägers vom 23.2.2012

Daraufhin hat die Beklage erneut schriflich Zahlung begehrt.

Beweis: Schreiben der Beklagten vom 25.1.2012

Der Erblasser hat vor einigen Jahren seinem Sohn Albert Schön eine Schenkung in Höhe von 50.000 € gemacht unter der Bestimmung, dass diese auf seinen Erbteil angerechnet werden soll.

Beweis: Tobias Schlaudraff als Zeuge, Gunda Schön als Zeugin

> Der Vorstand des Erben kann solange Zeuge sein, wie er nicht auf die Streitverkündung hin beigetreten ist. Danach ist er als Partei einzuvernehmen.[4]

Der Erblasser hat seinem Sohn Albert weiter ein Darlehen in Höhe von 200.000 € gewährt, dass dieser wie von Anfang an geplant nicht zurückgeführt hat und sich danach nie wieder bei seinem Vater gemeldet hat.

Beweis: Geburtsurkunde

> Dass jedenfalls ein Pflichtteilsberechtigter besteht, ist für die Reduzierung des Anspruchs der Beklagten erheblich. Es müssen daher die Tatsachen vorgetragen und bewiesen werden, aus denen sich die Pflichtteilsberechtigung ergibt.

Beiziehung der Akten aus Strafbefehlsverfahren 3 Cs 465 Js 100254/99 des AG Regensburg

Beweis: Testament vom 23.1.2005

Albert Schön hat einen Sohn Michael Kühne

Der Nachlass des Verstorbenen hat einen Wert von 1 Mio. €.

> Diese Tatsache ist bisher unstreitig, Beweise daher noch unnötig.

Der Erblasser hat eine biologische Tochter Anonyma Christian, die bereits älter als 20 Jahre ist. Sie wurde in

> Die Anzahl der Pflichtteilsberechtigten ist wegen der Anrechnung relevant für die Höhe der Ansprüche. Daher müssen auch die Tatsachen dazu vorgetragen werden.

---

4 Nach Beitritt: Hüßtege, in: Thomas/Putzo, ZPO, § 67, Rn 5 zum Nebenintervenienten; Vor Beitritt Reichold, in: Thomas/Putzo, ZPO, Vor § 373 / 6,7.

Lösungsvorschlag

der Ehe von Regina Christian und Hans Christian geboren, die nicht geschieden wurde. Sowohl dem Erblasser, als auch Regina, Hans und Anonyma Christian waren die Umstände der biologischen Vaterschaft seit mehreren Jahren bekannt.

II.

1. a) Die Klage ist zulässig. Das LG Regensburg ist nach § 27 ZPO örtlich und nach § 23 Nr. 1 GVG sachlich zuständig.

b) Der Kläger ist nach § 2213 BGB aktiv prozessführungsbefugt. Denn in Fällen der negativen Feststellungsklage ist aktiv prozessführungsbefugt, wer in dem entsprechenden Aktivprozess der richtige Beklagte wäre.[6] § 2213 BGB umfasst nicht nur Passivprozesse als Beklagter sondern erlaubt dem Testamentsvollstrecker die Verteidigung des Nachlasses gegen potenzielle Nachlassgläubiger. Das umfasst auch die Erhebung einer negativen Feststellungsklage, in den Fällen in denen der Testamentsvollstrecker der richtige Beklagte wäre.

Das ergibt auch eine kurze Kontrollüberlegung: Der Testamentsvollstrecker muss nur solche Klagen durch negative Feststellungsklage zur Wehr setzen, bei denen er auch einen Passivprozess befürchten muss.

Er ist Partei kraft Amtes und als solcher gesetzlicher Prozessstandschafter.[5]

So liegt der Fall hier: Der Vermächtnisanspruch unterlieg der Verwaltung durch den Kläger als Testamentsvollstrecker, da es sich nicht um einen Pflichtteilsanspruch handelt[7] und der Kläger nicht in der Verwaltungsbefugnis gegenständlich beschränkt ist.

Der Umfang der Prozessführungsbefugnis ergibt sich aus dem Umfang der Verwaltungsbefugnis nach §§ 2203 ff BGB. Hier hat der Testamentsvollstrecker nach § 2203 BGB die letztwillige Verfügung zur Ausführung zu bringen, was jedenfalls die Auszahlung des angeordneten Vermächtnisses umfasst.

Ist die Verwaltungsbefugnis beschränkt, wäre eine eine Klage bzgl. bicht von der Verwaltungsbefugnis umfasster Gegenstände schon unzulässig![8]

c) Der Antrag zu I ist als negative Feststellungsklage zulässig nach § 256 Abs. 1 BGB.

Es besteht ein feststellungsfähiges Rechtsverhältnis zwischen den Parteien, da es sich um das Bestehen oder Nichtbestehen von Rechtsbeziehungen zwischen Personen untereinander handelt.[9]

Das Rechtsverhältnis ist gegenwärtig, da der Vermächtnisanspruch mit dem Tod des Erblassers entstanden ist und bisher nicht erfüllt wurde.

Der Kläger ist für die Geltendmachung von Pflichtteilsansprüchen nicht passiv prozessführungsbefugt, § 2213 Abs. 1 S. 2 BGB und kann daher auch keine negative Feststellungsklage darüber erheben.

---

5 Weidlich, in: Palandt, BGB, § 2212 Rn 2; Hüßtege, in: Thomas/Putzo, ZPO, § 51 Rn 26, 30.
6 Weidlich, in: Palandt, BGB, § 2213 Rn 2.
7 Weidlich, in: Palandt, BGB, § 2213 Rn 2.
8 Hüßtege, in: Thomas/Putzo, ZPO, § 51 Rn 22.
9 Reichold, in: Thomas/Putzo, ZPO, § 256 Rn 5.

Es liegt auch ein rechtliches Interesse des Klägers an der Feststellung in Form des Feststellungsinteresses vor. Es besteht eine tatsächliche Unsicherheit zwischen den Parteien, da Streit über die Höhe des Vermächtnisanspruchs besteht.[10] Ein Urteil im vorliegenden Verfahren wäre auch geeignet diese Unsicherheit zu beseitigen, da die Feststellung die Parteien rechtskräftig bindet. Es besteht Bedarf an einer alsbaldigen Klärung, da der Kläger sein Amt erledigen will. Ein einfacherer Weg steht dem Kläger nicht zur Verfügung, weshalb das Feststellungsinteresse auch nicht entfällt.

2. Die Klage ist begründet.

Die Beklagte kann aus dem Nachlass nicht mehr als 52.500 € verlangen.

Der Beklagten steht ein Anspruch aus § 2174 BGB gegen den Nachlass zu. Dieser richtet sich nach dem Testament des Erblassers in der Höhe nach dem Wert des Nachlasses nach Abzug aller Nachlassverbindlichkeiten. Davon soll die Beklagte 10 % erhalten.

Es liegt unproblematisch ein Vermächtnis vor und keine Erbschaft. Zwar spricht § 2087 BGB als Zweifelsregel für eine Erbenstellung. Allerdings bestehen hier aufgrund der niedrigen Quote, der Anordnung einer Geldzahlung und des eindeutigen Wortlauts keine Zweifel.

<small>Alleine der Wortlaut „Vermächtnis" hat zwar nur eine schwache Indizwirkung. Es kommt letztlich darauf an, ob die fragliche Person am Nachlass nur in Geld oder mit Mitspracherecht beteiligt werden soll.</small>

Die Bewertung des Nachlasses zum Zeitpunkt des Erbfalls ergibt aber lediglich einen Wert von 525.000 €, nicht 1 Mio. €, wie von der Beklagten ihrer Berechnung zu Grunde gelegt.

Zwar hat der Aktivnachlass einen Wert von 1 Mio. €, wie die Parteien jedenfalls vorgerichtlich übereinstimmend angenommen haben. Der Berechnung des Quotenvermächtnisses der Beklagten ist jedoch nicht der Aktivnachlass, sondern der Nachlass nach Abzug aller Verbindlichkeiten zu Grunde zu legen. Das ergibt sich aus dem Testament des Erblassers vom 10.1.2011. Dort hat er explizit angeordnet, dass die 10 % des Nachlasses nach Abzug aller Verbindlichkeiten zu berechnen sind. Nach Abzug aller Pflichtteilsansprüche hat der Nachlass jedoch nur einen Wert von 525.000 €.

a) Das ergibt sich aus dem Abzug des Pflichtteilsanspruchs des Michael Kühne bzw. des Albert Schön in Höhe von 475.000 €.

<small>Die Anzahl der Pflichtteilsberechtigten ist für die Höhe des Gesamtpflichtteils wegen der Anrechnung der Schenkung ausnahmsweise relevant. Gäbe es einen zweiten Pflichtteilsberechtigten Abkömmling würde dieser 250.000 € bekommen. Albert Schön bzw. Michael Kühne würden 1,05 Mio / 4 - 50.000 = 212.500 € bekommen, was für den Pflichtteil von Anonyma (250.000 €) und dem Stamm Albert Schön (212.500 €) zusammen 462.500 € ausmacht und nicht 475.000 €. Dann hätte die Beklagte also einen Anspruch von 53.750 € und nicht nur 52.500 €, weshalb Ausführungen dazu notwendig sind.</small>

---

10 Reichold, in: Thomas/Putzo, ZPO, § 256 Rn 15.

Lösungsvorschlag

Bei der Berechnung des Pflichtteils ist hier von nur einem Pflichtteilsberechtigtem auszugehen. Anonyma Christian ist nicht pflichtteilsberechtigt.

aa) Zwar ist sie die biologische Tochter nach dem Erblasser. Für die erbrechtliche Beurteilung ist jedoch nur die rechtliche Vaterschaft relevant. Das ergibt sich aus der Sperrwirkung des § 1600d Abs. 4 BGB bzw. § 1594 Abs. 1 BGB, die auch für erbrechtliche und insbesondere Pflichtteilsansprüche gilt.[11]

Unabhängig von der Frage, ob der Erblasser seinen Sohn durch Testament vom 23.1.2005 wirksam vom Pflichtteil ausgeschlossen hat, hat entweder Albert Schön oder Michael Kühne einen Pflichtteilsanspruch. Die Person des Pflichtteilsberechtigten kann hier offen bleiben, da lediglich der Betrag relevant ist. Dieser steht aber beiden alternativ in gleicher Höhe zu.

aa) Albert Schön hätte bei unwirksamer Pflichtteilentziehung einen Anspruch aus § 2303 BGB als Abkömmling des Erblassers in Höhe von 1/2 des Nachlasswertes. Der Wert des Nachlasses beträgt nach § 2311 BGB 1 Mio. €.

> Hier ist natürlich nur vom Nachlasswert ohne Abzug der Pflichtteilsansprüche auszugehen.

Als einziger Abkömmling von Dennis Schön wäre er zu 100 % gesetzlicher Erbe geworden, § 1924 Abs. 1, Abs. 4 BGB. Sein Pflichtteilsanspruch beträgt daher 50 % des Werts des Nachlasses, also 500 000 €.

Er hat sich jedoch nach § 2315 BGB die anrechnungspflichtige Schenkung anrechnen zu lassen.

> Die Anrechnung ist für jeden Pflichtteilsberechtigten einzeln durchzuführen. Der fiktive Nachlass ist nur für den einzelnen Pflichtteilsberechtigten zu erhöhen und nicht für alle.

Der Erblasser kann zu Lebzeiten bei Schenkungen bestimmen, dass diese anrechnungspflichtig sind, § 2315 Abs. 1 BGB. Dabei muss er bei Ausführung der Schenkung eine Anrechnungsanordnung treffen. Eine solche wurde hier getroffen, wie sich aus den Zeugenaussagen des Herrn Schlaudraff und Frau Schön ergeben wird.

Es ist daher eine Anrechnung auf den Pflichtteil durchzuführen. Dazu ist der Pflichtteil des Albert Schön aus einem um den Wert der Schenkung (50.000 €) erhöhten Gesamtnachlass zu berechnen und anschließend um diese Zuwendung zu reduzieren.[12]

Der fiktive Gesamtnachlass beträgt 1.050.000 €. Der Pflichtteil daraus betrüge 525.000 € wovon nach Abzug der 50.000 € 475.000 € verbleiben.

---

11 Brudermüller, in: Palandt, BGB, § 1600d Rn 16.
12 Berechnungsbeispiel bei Weidlich, in: Palandt, BGB, § 2315 Rn 10 ff.

bb) Steht dieser Anspruch nicht Albert Schön zu, so steht sie seinem Sohn Michael Kühne zu.

Wurde Albert Schön wirksam der Pflichtteil entzogen, was aufgrund der gegebenen Sachlage nach § 2333 Nr. 2 BGB der Fall sein dürfte, so träte nach § 1924 Abs. 2 BGB sein Sohn Michael Kühne an seine Stelle. Die Sperre des § 2309 BGB, der verhindert, dass mehrere Pflichtteilsberechtigte innerhalb eines Stammes existieren, würde entfallen.

Der Mandant hat ein Schreiben mit einem umfassenden erbrechtlichen Gutachten verlangt. Dort ist der Ort an dem diese Frage endgültig geklärt werden kann. Für das Urteil, das der Anwalt erwirken will, ist die Frage nicht entscheidungserheblich. Lediglich die Tatsache, dass zwingend einer von beiden Pflichtteilsberechtigt ist, ist relevant.

Die gesetzliche Erbquote betrüge daher auch für ihn nach § 1924 Abs. 1, Abs. 4 BGB 100 %, weshalb sein Pflichtteil nach § 2302 BGB 50 % des Nachlasses beträgt.

Das Gesetz trifft für die Frage der Enterbung und Pflichtteilsentziehung eines Abkömmlings keine Regelung, ob an seine Stelle dann seine Abkömmlinge treten oder ob der komplette Stamm keinen Pflichtteil erhalten soll. Das BGB regelt jedoch für den Fall der Erbunwürdigkeit (§ 2344 Abs. 2 BGB) oder des beschränkten Erbverzichts (§ 2346 Abs. 12, 2349 BGB), sowie für den Fall der Ausschlagung (§ 1953 Abs. 2 BGB), dass diejenigen berufen sein sollen, die an die Stelle träten, wenn er nicht mehr leben würde. Die Situation beim Pflichtteilentzug ist mit diesen Situationen vergleichbar. Es tritt daher nach § 1924 Abs. 2 BGB Michael Kühne an die Stelle des Albert schön.[13]

Nach §§ 2315 Abs. 3, 2051 Abs. 1 BGB muss sich der Enkel die Zuwendung an seinen Vater ebenfalls anrechnen lassen, so dass alternativ jedem der Beiden der gleiche Betrag zusteht. Nach § 2315 Abs. 3 BGB ist bei Abkömmlingen auch die Vorschrift über die Anrechnung innerhalb der Stämme nach § 2051 Abs. 1 BGB anzuwenden. Da Albert Schön Abkömmling des Erblassers ist, ist er dem selben Stamm zuzurechnen wie sein Vater, hat daher auch bei ihm eine Anrechnung stattzufinden.

Über die Kosten und die Vorläufige Vollstreckbarkeit ist von Amts wegen zu entscheiden.

Darüber hinaus verkünde ich namens und im Auftrag meines Mandanten dem

SSV Jahn 2000 Regensburg e.V. Prüfeninger Str. 53a, 93051 Regensburg vertreten durch den Vorstand

– Streitverkündungsempfänger –

In einem eventuell anzufertigenden Urteil ist die Streitverkündung nicht zu erwähnen, wenn der Streitverkündungsempfänger nicht beitritt. Erst im Folgeprozess mit Parteistellung des Streitverkündungsempfängers ist sie zu erwähnen, wenn die Interventionswirkung eine Rolle spielt.

---

13 Zum Ganzen BGH NJW 2011, 1878 = JuS 2011, 1127.

Lösungsvorschlag

den Streit mit der Aufforderungen auf Seiten des Klägers dem Rechtsstreit beizutreten.

Begründung

Es liegt daher ein Streitverkündungsgrund nach § 72 Abs. Alt. 2 ZPO vor.

Der Kläger hat im Falle des Unterliegens in diesem Prozess Ansprüche des Streitverkündungsempfängers auf Schadensersatz zu befürchten.

Der SSV Jahn 2000 Regensburg e.V. ist Erbe nach Dennis Schön geworden. Nach § 2216 BGB ist der Kläger dem Erben zu einer ordnungsgemäßen Testamentsvollstreckung verpflichtet. Zur ordnungsgemäßen Verwaltung gehört die Erfüllung der Vermächtnisse in der richtigen Höhe. Bei unklaren Rechtsverhältnissen hat der Testamentsvollstrecker eine Klärung herbeizuführen, will er sich nicht haftungspflichtig machen.[17]

Sollte der Kläger im vorliegenden Prozess unterliegen steht fest, dass die Beklagte mehr als die 52.500 € fordern kann. Für den darüber hinaus gehenden Betrag ist der Kläger dem Erben möglicherweise aus § 2219 Abs. 1 BGB schadensersatzpflichtig. Denn nach § 327 Abs. 2 ZPO erstreckt sich die Rechtskraft des in dieser Sache ergehenden Urteils auf den Erben. Denn es handelt sich um einen Prozess des Testamentsvollstreckers (Kläger) gegen einen Dritten (Beklagte) über einen Anspruch, der der Verwaltung durch den Testamentsvollstrecker unterliegt (Vermächtnis). Der Erbe ist daher gehindert nach Beendigung der Testamentsvollstreckung einen eventuell zu viel bezahlten Betrag von der Beklagten wiederzuerlangen. Zudem kann auch ohne diese Rechtskrafterstreckung ein Schaden entstehen, wenn der Anspruch nicht realisierbar ist oder für seine Verfolgung Kosten entstehen.

Der SSV Jahn ist Erbe nach Dennis Schön geworden. Als eingetragener Verein ist er unproblematisch erbfähig nach § 1923 BGB, da er zum Zeitpunkt des Erbfalls bereits bestand.[18]

Die Erbenstellung ergibt sich aus der Einsetzung zum Erben im Testament vom 23.1.2005. Die Erbeinset-

Die Prüfung der Zulässigkeit der Streitverkündung nach § 72 ZPO wird erst im Folgeprozess geprüft.[14] Trotzdem ist es notwendig eine sachlich richtige Begründung zu liefern, die den Streitverkündungsempfänger in die Lage versetzt, zu prüfen, ob die Voraussetzungen des § 72 ZPO vorliegen.[15] Eventuelle Mängel können nach § 295 ZPO durch rügeloses Einlassen geheilt werden. Tritt der Streitverkündungsempfänger bei, kann das rügelose Einlassen im ersten Termin nach Beitritt erfolgen. Tritt er nicht bei, kann es erst im ersten Termin des Folgeprozesses erfolgen.[16]

---

14 Hüßtege, in: Thomas/Putzo, ZPO, § 72 Rn 4.
15 Hüßtege, in: Thomas/Putzo, ZPO, § 73 Rn 3 und § 72 Rn 6–8.
16 Hüßtege, in: Thomas/Putzo, ZPO, § 73 Rn 7.
17 Weidlich, in: Palandt, BGB, § 2203 Rn 4.
18 Weidlich, in: Palandt, BGB, § 1923 Rn 7.

zung des Eishockeyvereins Regensburg im weiteren Schreiben des Erblassers ist unwirksam.

Zwar kann in der Streichung einer Person im Testament durchaus ein wirksamer Widerruf im Sinne des § 2255 Abs. 1 BGB liegen. Allerdings muss ein solcher Widerruf auf dem Originaldokument erfolgen, was hier nicht der Fall war, da die Formvoraussetzungen des Testaments gelten, §§ 2247, 2254 BGB. Zwar war hier möglicherweise die Streichung höchstpersönlich auf der ersten Kopie erfolgt. Allerdings wurde sie nicht auf der Originalurkunde vorgenommen.

In der veränderten Kopie kann auch kein neues Testament gesehen werden, da die Urkunde keine Unterschrift trägt, was jedoch nach 2247 Abs. 1 BGB zwingend notwendig ist.

Auch die zweite Kopie, die unterschrieben wurde, stellt kein formwirksames Testament dar, da sie keinerlei Verfügungen enthält. Lediglich die Aufschrift „Kopie = Original" führt nicht dazu, dass die Eigenhändigkeit (§ 2247 Abs. 1 BGB des Testaments hergestellt wird, da diese Formvorschrift nicht für den Erblasser disponibel ist und er daher nicht eine Kopie zum eigenhändigen Original um deklarieren kann.

Auch in der Gesamtschau stellen die beiden Kopien kein wirksames Testament dar, da es sich nicht um eine einheitliche Urkunde handelt. Das könnte etwas der Fall sein, wenn die Kopie mit Streichung und die Kopie davon mit Unterschrift als verbundene Urkunden anzusehen wären und so als eine einzelne Urkunde angesehen werden müssten. Alleine durch die Herstellung einer Kopie einer Urkunde und dem angefertigten Vermerk Kopie = Original und einer Unterschrift wird jedoch aus der Kopiervorlage und der Kopie keine neue Urkunde. Vielmehr wollte der Erblasser, dass die Kopie das neue Original also das Testament sein sollte ohne gerade eine Verbindung zur Kopiervorlage herzustellen. Dieses neue Testament jedoch entspricht nicht den Anforderungen an § 2247 Abs. 1 BGB, denn es liegt keine eigenhändig vorgenommene Verfügung vor.[19]

1 Unterschrift

(Rechtsanwalt)

---

19 Zum Ganzen OLG München JuS 2012, 76.

Lösungsvorschlag

Mandantenschreiben

RA Helder
Arnulfsplatz 6
93047 Regensburg

An
Herrn Gregor Riedl
Eigenheimstr. 24
93049 Regensburg

Sehr geehrter Herr Riedl,

vielen Dank für meine Mandatierung. Ich habe soeben beim Landgericht Regensburg eine Feststellungsklage eingereicht dahin gehend, dass Viola Bertram nicht mehr als 52.500 € verlangen kann.

Dem SSV Jahn 2000 Regensburg e.V. habe ich als Erben den Streit verkündet. Der SSV Jahn kann daher Ihnen gegenüber nicht einwenden, sie hätten den Prozess unsorgfältig geführt. Aus einer solchen Prozessführung erwachsen daher keine Schadensersatzansprüche. Das Haftungsrisiko ist dadurch erheblich reduziert.

Die erbrechtliche Lage nach ihrem Freund Dennis Schön stellt sich nach den Tatsachen, die sie mir mitgeteilt haben, wie folgt dar:

Erbe ist der SSV Jahn 2000 Regensburg e.V., da das spätere „Testament" zugunsten des EV Regensburg nicht wirksam errichtet wurde. Es fehlt an der Eigenhändigkeit.

Was die uneheliche Tochter Anonyma Christian angeht, brauchen Sie sich keine Gedanken zu machen. Wie Sie aus der Klage entnehmen können, müsste sie zunächst rechtlich die Tochter von Albert Schön werden. Das ist aber nicht mehr möglich. Zwar würde ein von Anonyma Christian ggf. betriebenes Vaterschaftsfeststellungsverfahren Rückwirkung entfalten, so dass sie pflichtteilsberechtigt würde. Ein solches Verfahren ist jedoch nur möglich, wenn keine Vaterschaft nach § 1592 Nr. 1 oder Nr. 2 BGB besteht, § 1600d Abs. 1 BGB. Sie müsste daher zuerst die Anfechtung nach § 1600 Nr. 4 BGB betreiben, da sonst keine andere Vaterschaft feststellt werden kann. Dies ist ihr jedoch wegen Ablauf der Zweijahresfrist nach § 1600b Abs. 1 BGB nicht mehr möglich. Zwar beginnt diese Frist erst mit ihrer Volljährigkeit und Kenntnis von den Tatsachen, die die Zweifel an der Vaterschaft begründen, § 1600 Abs. 3 BGB. Aber sie wusste von der biologischen Vaterschaft des Erblassers und ist seit mehr als 2 Jahren volljährig. Auch die sonstigen Anfechtungsberechtigten nach § 1600 Abs. 1 BGB sind entweder tot (§ 1600 Nr. 2 BGB) oder haben ihre Frist ebenfalls verstreichen lassen, da alle Beteiligten davon wussten.

Richtigerweise hat zudem Herr Michael Kühne noch einen Pflichtteilsanspruch in Höhe von 475.000 €. Diesbezüglich haben sie als Testamentsvollstrecker jedoch keinen weiteren Prozess zu führen oder zu befürchten, denn die Befriedigung von Pflichtteilsansprüchen obliegt alleine dem Erben. Ich kann diesbezüglich für sie auch nichts unternehmen, da eine eventuelle Klage gegen die Pflichtteilsberechtigten unzulässig wäre, da Pflichtteilsansprüche nach § 2213 Abs. 1 S. 3 BGB nur gegen die Erben geltend gemacht werden können. Herr Albert Schön hat keinen Pflichtteilsanspruch nach seinem Vater, da ihm dieser durch das Testament von Dennis Schön entzogen wurde. Diese Entziehung war auch wirksam, da ein Pflichtteilsentziehungsgrund nach § 2333 Nr. 2 BGB vorlag. Die Vorschrift verlangt ein schweres vorsätzliches Vergehen oder Verbrechen gegen den Erblasser. Eine solche Tat liegt bei Vermögensdelikten unter anderem vor, wenn darin eine besondere Missachtung der Eltern-Kind-Beziehung liegt und somit eine Kränkung des Erblassers bedeutet. Durch diesen Betrug und die Tatsache, dass er sich danach nicht mehr bei seinem Vater gemeldet hat liegt eine schwere Missachtung vor. Eine Verzeihung, die nach § 2337 BGB den Grund entfallen lassen würde liegt offensichtlich nicht vor. Insbesondere liegt er nicht im Erlass des Darlehens, da dies nur erfolgte, weil ohnehin nichts bei Albert Schön zu holen sei. Der Erlass war im Übrigen wirksam, da von einer stillschweigenden Annahme des Angebots auf Abschluss eines Verzichtsvertrags nach § 397 BGB über § 151 S. 1 BGB auszugehen ist.

Bzgl. der Kosten der Klage haften sie für diese Kosten nur mit dem Nachlass, nicht hingegen mit Ihrem persönlichen Vermögen. Den Gerichtskostenvorschuss sowie meine Gebühren können Sie auch jederzeit aus dem Nachlass entnehmen.

Mit freundlichen Grüßen

Helder

(Rechtsanwalt)

Lösungsvorschlag

Hilfsgutachten

1. Die Beklagte hat nach § 91 ZPO die Kosten des Rechtsstreits zu tragen.
2. Die vorläufige Vollstreckbarkeit gegen Sicherheitsleistung ergibt sich aus § 709 ZPO. Bei einem Streitwert von 47.500 € fallen 1368 € Gerichtskosten an, sowie 2635 € Rechtsanwaltsgebühren zzgl. 500,65 € gesetzliche Mehrwertsteuer. Die Summe von 4503,65 € übersteigt daher die Grenze aus § 708 Nr. 11 ZPO weit.

Klausur Nr. 11 – Einstweiliger Rechtsschutz; Allgemeines Persönlichkeitsrecht / eingerichteter und ausgeübter Gewerbebetrieb

Sachverhalt

Am 1.10.2011 betritt Rechtsanwalt Dr. Blöd die Kanzlei von RA Schlau, durchquert den Vorraum ohne sich anzumelden und begibt sich sofort in das Büro von RA Schlau.

"Herr Kollege, ich brauche ihre Hilfe! Leider bin ich selbst nicht so fit in Sachen Zivilrecht, ich mache seit Jahren nur öffentliches Baurecht. Aber ich glaube, das hier lässt sich mit den Mitteln der VwGO nicht lösen."

Folgendes ist passiert: Ich habe Herrn Zornig in einer Bausache vertreten und ihm zu einer Klage auf Erteilung einer Baugenehmigung für sein Waldgrundstück in Regen geraten. Das Grundstück hatte er letztes Jahr von seinem Vater Walter Zornig geerbt und wollte sich dort ein kleines Wochenendhäuschen bauen, das er auch hin und wieder vermieten wollte. Einen Erbschein hat Herr Zornig. Dieser liegt mir aber nicht vor. Nachdem er keine Baugenehmigung erhalten hatte, kam er zu mir und fragte um Rat. Ich war sofort Feuer und Flamme und hab gesagt, dass sein Grundrecht auf Eigentum natürlich eine umfassende Baufreiheit beinhalte und das Landratsamt Regen das wohl verkannt habe. Daraufhin habe ich vor dem VG Regensburg Verpflichtungsklage erhoben und diese verloren. Die Nichtzulassungsbeschwerde vom BayVGH wurde am 1.8.2011 abgelehnt.

Wenn der Erbschein von Relevanz ist, scheint es eine Möglichkeit zu geben, sich diesen zu verschaffen.

Daraufhin ging der ganze Ärger los ... Herr Zornig hat sich vor 2 Wochen auf der Internetseite rate-your-lawyer.xyz, die sich trotz des englischen Namens an ein deutsches Publikum richtet, von einer New Yorker Firma betrieben wird und auf Rechnern in Australien ins Internet gestellt wird, angemeldet. Unter dem Spitznamen "angryman" wird dort unser Verfahren vor dem VG öffentlich gemacht. Das umfasst Aktenzeichen und Tenor der Entscheidung sowie die Information, dass ich ihn dort vertreten habe. Weiter hat er mir dort die Schulnote "6" gegeben und eine Bemerkung ver-

Die Zielgruppe in Deutschland ist im Rahmen des Gerichtsstands und der Internationalen Zuständigkeit relevant.

Beachten Sie bei Deliktsrecht außerdem die Rom-II-VO, die jedoch für das Allgemeine Persönlichkeitsrecht nicht gilt. Siehe dazu die Entscheidung des BGH vom 8.5.2012 – VI ZR 217/08 nachdem der Schwerpunkt der Interessen des Klägers im Inland genügt.[1]

---

1 BGH NJW 2012, 2197.

Sachverhalt

fasst, von der ich mich beleidigt fühle und die meine Kanzlei schädigt. Sie können sich das ja selbst mal ansehen: Das kann jeder im Internet anschauen.

Bereits vorher hat mir Herr Zornig auf meine Gebührennote vom 5.8.2011 über 2000 € geantwortet "Lieber verschenke ich mein Waldgrundstück an ein Waisenhaus, als dass ich ihnen diese Gebühren bezahle!". Sein Schreiben vom 10.8.2011 habe ich Ihnen mitgebracht. Tatsächlich hat er in Hamburg schon mit einem Waisenhaus Kontakt aufgenommen, das sich schon auf seiner Homepage über die bevorstehende Spende freut. Einen Ausdruck habe ich Ihnen mitgebracht.

Herr Kollege, das ist wirklich außerordentlich dringlich! Ich habe durch diese Sache bereits Mandanten verloren. Letzte Woche hatte ich eine Erstberatung mit einer Firma, die Bauland entwickelt bzgl. eines Großprojekts, das an der Aufmüpfigkeit der Baubehörden zu scheitern droht. Mit diesem Mandat hätte ich 10.000 € Gebühren verdient. Aber der Mandant hat mich heute Morgen schriftlich auf diese Internetseite hingewiesen und gesagt, er habe deshalb kein Vertrauen mehr zu mir und suche sich einen anderen Anwalt. Dieses Geld werde ich mir von Zornig holen mit Ihrer Hilfe. Diesen Brief habe ich Ihnen auch mitgebracht.

Herr Theodor Zornig wohnt in Hamburg, Reeperbahn 157.

Tun Sie bitte alles, was nötig ist, um diese Ruf- und Geschäftsschädigung schnellstmöglich zu unterbinden und um mir mein Geld zu sichern. Aus meiner Beratung für Herrn Zornig, weiß ich, dass seine finanzielle Situation sehr angespannt ist. Er meinte, wenn das mit dem Projekt nicht klappt, hat er bis auf das Waldgrundstück nichts mehr!"

Herr Blödt unterschreibt eine Prozessvollmacht, versichert noch einmal anwaltlich die Richtigkeit seiner Angaben und verlässt die Kanzlei mit der Bitte, ihm doch mitzuteilen, was man in der Sache unternommen hat und warum. Auch wüsste er gerne, was nach Erlass einer gerichtlichen Entscheidung zu tun ist, um diese durchzusetzen, auch und insbesondere, wenn dieser nicht Folge geleistet wird. Zudem wüsste er gerne, mit welchen Anwalts- und Gerichtskosten er schlimmstenfalls für die angestrebten gerichtlichen Entscheidungen rechnen muss. Die Durchsetzung des Honorars und

---

Die Dringlichkeit der Sache verlangt in jedem Fall eine Entscheidung im einstweiligen Rechtsschutz. Demgegenüber ist eine Hauptsache bei APR-Verletzungen in der Praxis unüblich, da die einstweilige Regelung normal ausreicht, wenn kein grundsätzliches Interesse des Klägers oder Beklagten an der Klärung der Sache vorliegt.

Der Mandantenauftrag ist umfassend zu erledigen. Erfassen Sie den Auftrag vollständig und überprüfen Sie, ob Sie ihn vollständig abgearbeitet haben.

des Schadensersatzes will er erst mal noch nicht betreiben, solange sicher ist, dass Herr Zornig das Grundstück nicht verschenken kann. Das hätte dann ja Zeit bis zum Ende der Verjährung.

RA Schlau surft auf der Seite rate-your-lawyer.xyz, entdeckt dort sehr gute Bewertungen über seine Person und lehnt sich daraufhin kurz entspannt zurück. "Das Rätsel, wie mich Herr Blödt gefunden hat, wäre somit geklärt", denkt er, während er die Bewertungen von Herrn RA Dr. Blödt aufruft.

Neben einer Auflistung von Verfahren, die nur das besagte Verfahren mit korrekten Angaben enthält, findet sich eine Bewertung mit der Schulnote 6,0. Als textliche Bewertung steht dort: "Herr Dr. Blödt hat seinen Doktor sicher auf die guttenbergsche Art gemacht, denn intellektuell hat er es nicht so drauf! Er hat mich in einen völlig aussichtslosen Prozess geschickt und dafür unverschämte 2000 € verlangt! Ich werde ihm keinen Cent bezahlen, lieber verschenke ich mein gesamtes Vermögen!!!11!!!!!!!!!!!!!!!!!!!!!!!!".

Inhalt der Äußerung, Benotung und die weiteren Daten im Internet sind jeweils auf ihre Zulässigkeit zu untersuchen.

Daraufhin ruft Herr Schlau beim Betreiber der Seite an und erkundigt sich bzgl. des Nutzers "angryman". Dabei erhält er die Auskunft es habe sich ein Herr Theodor Zornig, Reeperbahn 157, Hamburg angemeldet und seine E-Mail Adresse theodor.zornig@web.de korrekt bestätigt. Die Firma gab zudem an, generell keine Bewertungen zu löschen. Die Nutzer, die die Bewertung eingestellt haben können jedoch jederzeit Bewertungen ändern und löschen. Ein eventuell vergessenes oder verlorenes Passwort würde Ihnen per E-Mail erneut zugesandt.

Zur Erinnerung: Der Betreiber sitzt in den USA.

Auf wikipedia.org sucht RA Schlau einen Text zum ehemaligen Verteidigungsminister Karl Theodor zu Guttenberg und findet hierzu u.a. folgende Passage:

"Eine von der Universität Bayreuth eingesetzte Untersuchungskommission kam nach dreimonatiger Prüfung zu dem Schluss, dass zu Guttenberg „die Standards guter wissenschaftlicher Praxis evident grob verletzt und hierbei vorsätzlich getäuscht" habe. Er habe Plagiate über die ganze Arbeit verteilt eingebaut, die Originaltexte umformuliert, den Satzbau umgestellt, Synonyme verwendet und Einzelheiten ausgelassen. Dies setze ein „bewusstes

Sachverhalt

Vorgehen" voraus, mit dem er sich die Autorschaft angemaßt habe."[2]

Herr RA Schlau nimmt Einsicht in das Grundbuch von Regen. Dort ist für das zwei ha große Grundstück Fl-Nr. 57/2, Gemarkung Achslach Herr Walter Zornig eingetragen. Weiteres Vermögen des Theodor Zornig konnte RA Schlau nicht aufspüren.

Der potenzielle Gegner steht also nicht selbst im Grundbuch!

Die Kanzleiräume von RA Schlau befinden sich in 93047 Regensburg in der Maximilanstr. 7, die von RA Dr. Blödt in der Ludwig-Thoma-Strasse 27a in 93051 Regensburg.

Bearbeitervermerk

Verfassen Sie den/die Schriftsätze an das Gericht und den Mandanten. Gehen Sie davon aus, dass eventuell notwendige Schriftstücke von der Mandantschaft vorgelegt wurden.

Bei der Bearbeitung ist davon auszugehen, dass die Gebührenrechnung von Dr. Blödt korrekt nach RVG berechnet ist. Das wirtschaftliche Interesse des RA Blödt an der Entfernung etwaiger unzulässiger Bewertungen im Internet beträgt 10.000 €.

Auf die Vorschriften des BDSG ist nicht einzugehen. Auf § 43a BRAO wird hingewiesen. Dieser hat folgenden Wortlaut:

§ 43a Grundpflichten des Rechtsanwalts

(1) Der Rechtsanwalt darf keine Bindungen eingehen, die seine berufliche Unabhängigkeit gefährden.

(2) ¹Der Rechtsanwalt ist zur Verschwiegenheit verpflichtet. ²Diese Pflicht bezieht sich auf alles, was ihm in Ausübung seines Berufes bekannt geworden ist. ³Dies gilt nicht für Tatsachen, die offenkundig sind oder ihrer Bedeutung nach keiner Geheimhaltung bedürfen.

(3) ¹Der Rechtsanwalt darf sich bei seiner Berufsausübung nicht unsachlich verhalten. ²Unsachlich ist insbesondere ein Verhalten, bei dem es sich um die bewußte Verbreitung von Unwahrheiten oder solche herabsetzenden Äußerungen handelt, zu denen andere Beteiligte oder der Verfahrensverlauf keinen Anlaß gegeben haben.

(4) Der Rechtsanwalt darf keine widerstreitenden Interessen vertreten.

(5) ¹Der Rechtsanwalt ist bei der Behandlung der ihm anvertrauten Vermögenswerte zu der erforderlichen Sorgfalt verpflichtet. ²Fremde Gelder sind unverzüglich an den Empfangsberechtigten weiterzuleiten oder auf ein Anderkonto einzuzahlen.

(6) Der Rechtsanwalt ist verpflichtet, sich fortzubilden.

---

2 Quelle: http://www.wikipedia.de.

Vorüberlegungen

Der Sachverhalt ist, wie in jeder Anwaltsklausur, daraufhin zu untersuchen, welche Ansprüche geltend gemacht werden können. Hier ist zunächst zu erkennen, dass eine Entscheidung im einstweiligen Rechtsschutz zu erstreben ist, da der Mandant schnellstmöglich eine Entscheidung will und diese auch zur Abwendung weiteren Schadens benötigt. Ein Vorgehen in der Hauptsache ist noch unnötig, da der Mandant damit noch warten will.

Weiter ist zu untersuchen mit welchen Mitteln dieser erreicht werden kann. Hier steht für den Unterlassungsanspruch die einstweilige Verfügung und für die Sicherung der Honorarforderung der Arrest zur Auswahl. Dementsprechend sind zwei Anträge zu stellen.

Um nur einen Schriftsatz schreiben zu müssen und um dem Mandanten die Vorteile der Gebührendegression zu verschaffen sollte möglichst ein einheitlicher Gerichtsstand gesucht werden.

Auch ist dazu Stellung zu nehmen, ob der Betreiber der Seite in Anspruch genommen werden kann und warum davon ggf. Abstand genommen wurde, obwohl es evtl. möglich ist, weil der Mandant eine umfassende Antwort diesbezüglich erwartet.

Lösungsvorschlag

Lösungsvorschlag

RA Schlau
Maximilianstr. 7
93049 Regensburg
An das LG Hamburg
– Zivilabteilung –
[...]

Schriftsatz an das Gericht in dem Arrestverfahren

Antrag auf
Einstweilige Verfügung und Arrest des

RA Blödt, Ludwig-Thoma-Str. 27a, 93051 Regensburg
Prozessbevollmächtigter: RA Schlau, Maximilianstr. 7, 93049 Regensburg

– Antragsteller –
gegen

Theodor Zornig, Reeperbahn 157, ... Hamburg

– Antragsgegner –

Namens und im Auftrag meines Mandanten stelle ich Antrag auf Erlass einer einstweiligen Verfügung und eines Arrestes und beantrage:

1. Wegen einer Honorarforderung aus Anwaltsvertrag bzgl. einer Bausache von 2000 € und eines Kostenpauschbetrags von 1708,12 € den dinglichen Arrest in das bewegliche und unbewegliche Vermögen des Antragsgegners anzuordnen.

2. Den Antragsgegner zu verpflichten, die Bemerkung auf rate-your-lawyer.xyz über den Antragsteller mit Wortlaut "Herr Dr. Blödt hat seinen Doktor offenbar auf die guttenbergsche Art gemacht, denn intellektuell hat er es nicht so drauf!" zu beseitigen. Weiter hat er bei Meidung eines Ordnungsgeldes in Höhe von 250.000 EUR/bzw. Zwangshaft für jeden Fall der Zuwiderhandlung diese Äußerung in Zukunft zu unterlassen.

Der Antragsteller ist Inhaber einer Rechtsanwaltskanzlei in Regensburg, Ludwig-Thoma-Str. 27a.

Als solcher vertrat er den Antragsgegner in einer Bausache vor dem VG Regensburg und in der Nichtzulassungsbeschwerde vor dem BayVGH.

Glaubhaftmachung: Eidesstattliche Versicherung des Antragstellers

Nachdem das Mandat beendet war, ließ der Antragsteller dem Antragsgegner am 5.8.2011 eine Gebührennote über 2000 € zukommen.

Einstweilige Verfügung und Arrest sind letztlich beide Arrestverfahren, so dass eine derartige Antragstellung jederzeit möglich ist. Siehe dazu auch unten bei objektiver Klagehäufung.

Der dingliche Arrest findet sich im Böhme/Fleck/Kroiß. Formulare für Rechtspflege und Verwaltung unter Nr. 3. Der Antrag auf einstweilige Verfügung unter Nr. 1.

Rechtsgrund der Forderung

Der Arrest dient der Sicherung eines noch nicht vollstreckbaren zukünftigen Urteils. Sie müssen daher den Rechtsgrund der Forderung benennen. Ansonsten ist eine Zuordnung nicht möglich.

Das sind streng genommen zwei Anträge, die aber inhaltlich identisch sind und daher zusammengestellt werden sollten. Weiter wird hier direkt der Antrag nach § 890 Abs. 2 ZPO gestellt *auf Androhung*.

Mittel der Glaubhaftmachung: 294 & eidesstattl. Vers. → "überwiegende Wahrschlk."

Mittel der Glaubhaftmachung sind nach § 294 ZPO alle Beweismittel, soweit sie präsent sind (§ 294 II ZPO) und zzgl. die eidesstattliche Versicherung. Ebenso wird das Beweismaß abgesenkt auf die „überwiegende Wahrscheinlichkeit", während beim Vollbeweis ein Maß an Wahrscheinlichkeit zu verlangen ist, das „vernünftigen Zweifeln Schweigen gebietet".

≠ Vollbeweis: ein Maß an Wahrschlk. dann "vernünft. Zweifeln Schweigen gebietet".

Gietl

Glaubhaftmachung: Gebührennote vom 5.8.2011

Daraufhin antwortete der Antragsgegner mit einem Schreiben, in dem er endgültig die Zahlung ablehnte und ankündigte sein Vermögen lieber zu verschenken, als die Gebührennote zu bezahlen.

Glaubhaftmachung: Schreiben des Antragsgegners vom 10.8.2011

Der Antragsgegner ist Erbe eines Waldgrundstücks in Regen, Fl-Nr. 57/2, Gemarkung Achslach. Im Grundbuch ist noch sein Vater Walter Zornig eingetragen, der jedoch letztes Jahr verstarb.

Glaubhaftmachung: Grundbuchauszug; Eidesstattliche Versicherung

Die Schenkung dieses Grundstücks an ein Waisenhaus steht unmittelbar bevor, das Waisenhaus bedankt sich schon auf seiner Homepage für die bevorstehende Spende.

Glaubhaftmachung: Ausdruck der Internetseite des Waisenhauses

Zudem erstellt er nach Beendigung des Mandats auf der Internetseite "rate-your-lawyer.zyx" eine Bewertung über den Antragssteller in der er den Antragssteller mit der Schulnote 6 bewertete und textlich sich wie folgt über den Antragssteller äußerte: "Herr Dr. Blödt hat seinen Doktor sicher auf die guttenbergsche Art gemacht, denn intellektuell hat er es nicht so drauf!"

Glaubhaftmachung: Ausdruck der Internetseite

Der Account „angryman", unter dem die Bewertung erstellt wurde, wurde laut Auskunft des Betreibers mit Sitz in New York von einer E-Mail Adresse erstellt, die dem Antragsgegner zuzuordnen ist. Ebenso wurden seine persönlichen Daten richtig angegeben.

Glaubhaftmachung: Anwaltliche Versicherung

Die anwaltliche Versicherung ist zulässig, wenn der Anwalt etwas in seiner beruflichen Tätigkeit wahrgenommen hat.[3]

Unter Verweis auf diese Bewertung im Internet hat auch bereits ein potenzieller Mandant sich für einen anderen Anwalt als den Antragsteller entschieden.

Glaubhaftmachung: Eidesstattliche Versicherung

Tatsächlich hat der Antragsteller seine Doktorarbeit jedoch selbst angefertigt.

---

3 Reichold, in: Thomas/Putzo, § 294 Rn 2.

Lösungsvorschlag

Glaubhaftmachung: Eidesstattliche Versicherung des Antragstellers

Rechtliche Würdigung

I. Das LG Hamburg ist für den Erlass der begehrten Entscheidungen zuständig.

1. Das LG Hamburg ist nach § 919 ZPO für den begehrten Arrest als Gericht der Hauptsache zuständig. Für die Hauptsache ist nach §§ 12, 13 ZPO das LG Hamburg örtlich zuständig, da der Antragsgegner dort seinen Wohnsitz hat.

2. Es ist auch für den Erlass der einstweiligen Verfügung als Gericht der Hauptsache zuständig, §§ 937 Abs. 1, 32 ZPO. Die Zuständigkeit richtet sich auch bei Unterlassungsklagen analog §§ 1004, 12, 823 BGB nach § 32 ZPO.[4]

3. Das LG Hamburg ist auch instanziell zuständig, § 5 ZPO, 71 Abs. 1 GVG, 23 GVG, da das wirtschaftliche Interesse des Antragstellers an der Unterlassung der Äußerung 10 000 € beträgt. Nachdem hier eine Befriedigungsverfügung begehrt wird, mit der die Rechtssache typischerweise voll erledigt wird ist das gesamte Interesse als Streitwert zu Grunde zu legen.[5]

Die Anträge können nach § 260 ZPO zulässig in einem Verfahren verfolgt werden. Insbesondere liegen die gleichen Prozessarten[6] vor, da Arrest- und Verfügungsprozess nach § 936 ZPO den gleichen Vorschriften unterliegen und letztlich beides Arrestprozesse sind. Ein Verbindungsverbot liegt nicht vor.

> Nicht verbunden werden können: Mahnverfahren und normales Verfahren, Hauptsache und einstweiliger Rechtsschutz, Familienverfahren und normales Zivilverfahren.

Der Wert des Arrestes in Höhe von 1/3 der zu sichernden Forderung[7] und der einstweiligen Verfügung sind zu addieren, § 5 ZPO. Die einstweilige Verfügung hat aufgrund des erheblichen wirtschaftlichen Interesses des Antragstellers an der Verfügung einen Wert von 10.000 €. Der Streitwert beträgt 10.666 €.

II. Der Antragssteller hat Anspruch auf einen dinglichen Arrest, es besteht sowohl ein Arrestanspruch als auch ein Arrestgrund.

Der Arrest ist statthaft, da eine Geldforderung vorliegt, § 916 ZPO.

> Der Antragsteller muss den Arrestanspruch und den Arrestgrund glaubhaft machen.[8] Glaubhaftmachung bezieht sich natürlich nur auf die Tatsachen, die Rechtsfragen sind umfassend durch das Gericht zu würdigen, soweit sie sich aus den glaubhaft gemachten Tatsachen ergeben.

---

4 Hüßtege, in: Thomas/Putzo, § 32 Rn 1; BGH NJW 2010, 1752.
5 Hüßtege, in: Thomas/Putzo, § 3 Rn 52.
6 Becker-Eberhard, in: Müko-ZPO, § 260 Rn 35.
7 Hüßtege, in: Thomas/Putzo, § 3 Rn 16.
8 Seiler, in: Thomas/Putzo, § 916 Rn 3.

Dem Antragsteller stehen keine anderweitigen Sicherungen zur Verfügung, so dass ihm auch das Rechtsschutzbedürfnis nicht abgesprochen werden kann.[9]

1. Zum Arrestanspruch

Dem Antragsteller steht ein Arrestanspruch zu. Arrestanspruch kann jeder Anspruch sein, der in Geld besteht oder in Geld umgewandelt werden kann.[10]

Ein solcher Anspruch ergibt sich schon aus dem Anwaltsvertrag, §§ 611, 627 Abs. 1, 675 BGB.[11] Hieraus hat der Antragsteller einen Anspruch auf Zahlung der Gebühren nach RVG, die hier 2000 € betragen. Auch ohne Vereinbarung eines Entgelts überhaupt oder eines bestimmten Entgelts beträgt der Honoraranspruch des Antragstellers nach § 612 BGB iVm § 1 ff RVG 2000 €.

Eine eventuelle Schlechtleistung des Antragstellers, die der Antragsgegner einwendet führt nicht zum Entfallen des Entgeltsanspruchs, da das Dienstvertragsrecht im Gegensatz zum Werkvertrag, Kaufvertrag und Mietvertrag keine Minderung kennt. Die Vertretung in Bausachen stellt einen Dienstvertrag, keinen Werkvertrag dar. Mit eventuell bestehenden Schadensatzansprüchen müsste der Antragsgegner tatsächlich aufrechnen, die Aufrechenbarkeit genügt nicht. Solche Ansprüche hat der Antragsgegner jedoch bisher nicht behauptet.

Der Anspruch ist bereits fällig, da der Antragsteller nach § 10 RVG die Rechnung gestellt hat und die Angelegenheit abgeschlossen ist, § 8 RVG.

- Auch die Kosten dieses Verfahrens bzgl. des Arrests und der einstweiligen Verfügung, sowie der Hauptsache bzgl. der Honorarforderung sind durch Arrest zu sichern. Dabei handelt es sich um betagte Forderungen, soweit es um die Kosten dieses Verfahrens geht, da diese noch nicht gegenüber dem Antragsgegner fällig oder entstanden sind.

- Soweit die Kosten für die Hauptsache bzgl. der Honorarforderung geltend gemacht werden, handelt es sich um zukünftige Forderungen, die nach § 916 Abs. 2 ZPO grundsätzlich nicht arrestfähig sind. Bei

Ein Werkvertrag kommt bei Rechtsanwälten insbesondere bei einem Auftrag zu Erstellung eines Gutachtens oder Auskunft im Einzelfall in Betracht.[12]

Im Übrigen sind auch betagte und bedingte Forderungen dem Arrest zugänglich,[13] jedoch nur bestimmte künftige Forderungen, § 916 II ZPO.

---

9 Seiler, in: Thomas/Putzo, § 916 Rn 2.
10 Seiler, in: Thomas/Putzo, § 916 Rn 4.
11 Dieser findet sich im Palandt unter § 675 Rn 23 kommentiert. Die Vergütung bei § 612 Rn 11.
12 Sprau, in: Palandt, § 675 Rn 23.
13 Seiler, in: Thomas/Putzo, § 916 Rn 5.

Lösungsvorschlag

dieser Fallgruppe hat sich jedoch eine Ausnahme zu § 916 Abs. 2 ZPO in der Praxis etabliert.[14]

Die Kostenpauschale errechnet sich wie folgt:

Ausgehend von einem Streitwert von 10.666 € für dieses Verfahren beträgt die einfache Gerichtsgebühr 196 €. Diese Gebühr fällt nach Anlage 1 zum GKG Nr. 1410 1,5mal an. Die Gerichtsgebühren betragen daher 294 €. Zwar besteht nach § 12 I GKG keine Vorschusspflicht für diese Gebühren und werden diese bei Erfolg des Arrests nach § 91 ZPO dem Antragsgegner auferlegt werden. Trotzdem muss dieser Anspruch gesichert werden, da nach § 22 Abs. 1 GKG der Antragsteller weiter die Kostenhaftung trägt.

Für meine Mandatierung beträgt die einfache Gebühr aus dem RVG 486 €. Diese ist nach Nr. 3100 der Anlage 1 zum RVG 1,3fach zu erheben. Hinzu kommen die Umsatzsteuer und die TK-Pauschale von 20 € nach 7100 des Gebührenverzeichnisses sowie eventuelle Fahrtkosten. Das sind 775,64 €.

Die Hauptsache bzgl. der 2000 € Gebührenrechnung kostet 3fach 73 € Gerichtsgebühren sowie 2,5fach 133 € nach RVG für meine Tätigkeit. Hinzu kommen 20 € TK-Pauschale sowie die USt. Das macht 638,48 €. Bei Hauptsache und einstweiligem Rechtsschutz liegen zwei verschiedene Gegenstände im Sinne des §§ 16f RVG vor.

Eine Hauptsache bzgl. der Unterlassung der beleidigenden Äußerung ist typischerweise nicht zu erwarten. Derartige Streitigkeiten werden fast immer im einstweiligen Rechtsschutz erledigt, wenn keine Partei ein grundsätzliches Interesse an der Sache hat. Jedenfalls der Gegner hat hier wohl kein grundsätzliches Interesse.

Es ist daher eine Kostenpauschale von 1708,12 € zusätzlich arrestfähig.

2. Zum Arrestgrund

Ein Arrestgrund ist gegeben, wenn ohne Verhängung des Arrests die Vollstreckung des Urteils vereitelt oder wesentlich erschwert würde (§ 917 Abs. 1 ZPO).

Das ist hier der Fall, da die wesentliche Erschwerung der Vollstreckung einer späteren Hauptsache droht.

Siehe zu den als Anwalt erlangten Informationen im Hilfsgutachten.

Der Antragsgegner hat angekündigt, sein Grundstück lieber zu verschenken, als aus den Erlösen oder aus der Substanz die Forderung des Antragstellers zu befriedigen. Durch diese Vermögensverschwendung droht die Vollstreckung eines späteren Urteils gegen den Antragsgegner wesentlich erschwert zu werden. Dazu ist es nicht notwendig, dass der Antragsgegner kein weiteres Vermögen besitzt, es genügt, dass sich die

Verschulden ist für den Arrestgrund nicht notwendig. Der Arrest sichert die Vollstreckung eines zukünftigen Urteils. Dieses Verfahren muss aber noch nicht anhängig sein.

---

14 Böhme/Fleck/Kroiß, Formularsammlung, Formular Nr. 3 Anm. 3.

Vermögenssituation grundsätzlich zu verschlechtern droht.¹⁵

Eine solche Verschleuderung steht auch unmittelbar bevor. Es ist damit zu rechnen, dass der Antragsgegner bei Klageerhebung durch den Antragsteller tatsächlich das Grundstück verschenkt, da er dies öffentlich im Internet und gegenüber dem Antragsteller angekündigt hat. Das ist hier der Fall, wenn der Antragsgegner ohne zu erwartende Gegenleistung einen werthaltigen Vermögensgegenstand aus Verschwendungs- oder Rachsucht verschenkt, alleine in der Absicht, dem Antragsteller die Vollstreckung eines eventuell später erfolgenden Urteils zu erschweren.

Durch den Arrest erlangt der Antragsteller auch keine Verbesserung seiner Vollstreckungschancen oder einen Vorteil gegenüber anderen Gläubigern.¹⁶ Es wird lediglich die derzeitige Situation in der das Grundstück zur Verwertung zur Verfügung stünde konserviert.

> Der Arrest dient nur der Erhaltung des status quo bis zur Schaffung eines Titels und zur Vollstreckung. Er soll daher keine Vorteile verschaffen, sondern nur Nachteile verhindern.

Die Möglichkeit, diese Schenkung später möglicherweise nach den Regeln über das Anfechtungsgesetz rückgängig machen zu können, schützt den Antragsteller nicht in hinreichender Weise. Nach § 11 Abs. 1 S. 2 AnfG kann sich der Beschenkte auf die Einrede der Entreicherung berufen. Zudem müsste der Antragsteller dann die Schenkung abwarten und nach Vollstreckbarkeit des Urteils in der Hauptsache die Rückabwicklung nach Anfechtungsgesetz mit unsicheren Erfolgsaussichten betreiben. Eine Anfechtung nach AnfG schließt daher einen Arrest nicht aus vielmehr ist grundsätzlich sogar der Anspruch aus dem AnfG dem Arrest zugänglich.

> Diese Ausführungen sind nicht notwendig, schneiden aber ggf. Einwendungen ab.

III. Der Antragsteller hat Anspruch auf Erlass einer einstweiligen Verfügung. Ihm steht sowohl ein Verfügungsgrund als auch ein Verfügungsanspruch zu.

Der hier geltend gemacht Anspruch richtet sich nicht auf Geld sondern auf ein anderweitiges Tun oder Unterlassen, so dass die einstweilige Verfügung statthaft ist. Die einstweilige Verfügung ist statthaft, wenn der Anspruch nicht durch Arrest gesichert werden kann.¹⁷

Das Rechtsschutzbedürfnis ist nicht ausgeschlossen, da kein anderer Weg besteht den Erfolg zu erreichen. Insbesondere eine Inanspruchnahme des Anbieters

---

15 Seiler, in: Thomas/Putzo, § 917 Rn 1.
16 Dass dies nicht zulässig ist ergibt sich aus Seiler, in: Thomas/Putzo, § 917 Rn 2.
17 Seiler, in: Thomas/Putzo, § 935 Rn 1.

Lösungsvorschlag

der Webseite kommt zwar möglicherweise in Frage. Es existiert aber kein Stufenverhältnis zugunsten des Antragsgegners, der als Handlungsstörer verantwortlich ist, wonach zunächst der Anbieter auf Unterlassung in Anspruch genommen werden muss.

1. Der Verfügungsanspruch ergibt sich aus §§ 1004, 823, 12 BGB analog, § 824 BGB iVm §§ 1004, 823, 12 BGB analog sowie §§ 1004, 12, 823 Abs. 2, 185 StGB.

> Dieser quasinegatorische Unterlassungsschutz sollte Ihnen bekannt sein. Sie finden Ihn im Palandt unter § 1004 / 4; vor § 823 / 18 ff.
> Er schützt über § 823 II BGB auch jedes strafrechtlich geschützte Rechtsgut.

a) Es besteht ein Anspruch auf Beseitigung und Unterlassung der Äußerung nach §§ 823, 1004, 12 BGB analog iVm § 824 BGB.

Dem Antragsteller steht der sogenannte quasinegatorische Unterlassungsanspruch zu, der seine Grundlage in einer Gesamtanalogie zu §§ 1004, 823, 12, 824 BGB findet.[18] Der quasinegatorische Unterlassungsanspruch schützt alle Rechtsgüter die auch im Deliktsrecht als sogenannte absolute Rechte geschützt sind und gewährt dem Inhaber der Rechtsposition einen Unterlassungs- und Beseitigungsanspruch gegen jeden Schädiger in Bezug auf weitere Schäden oder erstmalige Beeinträchtigungen.

Ein solcher Unterlassungsanspruch besteht auch, wenn nach realisiertem Schaden ein Schadensersatzanspruch nach § 824 BGB[19] besteht, da durch die erstmalige Rechtsgutverletzung die Wiederholungsgefahr gegeben ist und die Vertiefung des Schadens verhindert werden soll.

Hier ist § 824 BGB einschlägig, da Tatsachen verbreitet werden, die geeignet sind den Kredit oder den Erwerb des Antragstellers negativ zu gefährden.[20]

> § 824 BGB ist nur einschlägig bei Tatsachenbehauptungen.

Es liegt eine Tatsachenbehauptung vor und nicht eine reine Meinungsäußerung, die von § 824 BGB nicht umfasst wäre.

b) Eine Tatsachenbehauptung liegt vor, wenn eine objektive Beziehung zwischen Äußerung und Wirklichkeit besteht und die Verknüpfung nicht lediglich subjektiv zwischen sich Äußerndem und Aussage besteht.[21]

Mit der Behauptung, der Antragsteller habe seine Dissertation auf die „guttenbergsche Art" gemacht, impliziert der Antragsgegner, der Antragsteller habe bei der Anfertigung dieser Arbeit mit unredlichen Metho-

---

[18] Sprau, in: Palandt, Vor § 823 Rn 18 ff.
[19] Sprau, in: Palandt, § 824 Rn 12.
[20] Sprau, in: Palandt, § 824 Rn 2 ff.
[21] Sprau, in: Palandt, § 824 Rn 2.

den gearbeitet. Der Bezug zum ehemaligen Verteidigungsminister suggeriert dabei insbesondere, er hätte vorsätzlich fremdes geistiges Eigentum verwendet, ohne dies kenntlich zu machen.

Dabei liegt eine objektive Beziehung vor, da auf rein objektiver Basis überprüft werden kann, ob diese Aussage wahr ist. Die Behauptung ist einem Beweis zugänglich. Daran ändert auch die Verwendung des relativierenden "offenbar" nichts, da der Aussagegehalt für den Leser dadurch nicht beeinträchtigt wird.[22]

Auch durch die weiteren wertenden Elemente der Aussage wird dieses Ergebnis nicht beeinflusst. Bei Mischtatbeständen mit Elementen der Meinungsäußerung und Tatsachenbehauptungen, bleibt es bei einer Tatsachenbehauptung, wenn die Meinungsäußerung so substanzarm ist, dass sie gegenüber der Tatsachenbehauptung in den Hintergrund tritt.[23]

Der Antragsgegner führt zur Begründung für seine Meinung an, der Antragsteller sei intellektuell gar nicht in der Lage eine Doktorarbeit zu verfassen. Unabhängig von der Frage, ob es sich dabei um eine Meinung oder eine Tatsache handelt, tritt diese Begründung für die Tatsachenbehauptung in jedem Fall hinter die Behauptung des Plagiats zurück, da diese Tatsachenbehauptung von einigem Gewicht ist.

Die behaupteten Tatsachen sind unwahr, wie sich aus der eidesstattlichen Versicherung ergibt. Aufgrund der wenig substantiierten Behauptung des Antragsgegners ist hier eine weitere Substantiierung durch den Antragsteller nicht angezeigt. Zwar ist grundsätzlich der Antragsteller beweispflichtig für die Tatsache der Unwahrheit.[24] Dies erübrigt sich jedoch, wenn der Antragsgegner seiner Vorwürfe nicht weiter substantiiert.[25] Denn die Behauptung ist so substanzarm, dass es dem Antragsteller nicht möglich ist, substantiierter darauf zu erwidern. Es kann ihm nicht abverlangt werden, die vollständige Entstehungsgeschichte seiner Doktorarbeit darzutun, wenn der Antragsgegner keine Stellen in der Arbeit benennt, die geistiges Eigentum Dritter verletzen oder nicht nach den Regeln wissenschaftlicher Arbeit zustande gekommen sein sollen. Alleine die Behauptung, er sei intellektuell nicht in der Lage, trägt einen dezidierten Vorwurf ge-

---

[22] Sprau, in: Palandt, § 824 Rn 3.
[23] Sprau, in: Palandt, § 824 Rn 4.
[24] Sprau, in: Palandt, § 824 Rn 13.
[25] Sprau, in: Palandt, § 824 Rn 13, § 823 Rn 101a, vor 823 Rn 32.

gen die Arbeit nicht, da kein konkreter Bezug zur Arbeit besteht, der es dem Antragsteller ermöglichen würde, die Aussage zu entkräften.

Sollte der Antragsgegner genauer begründen können, wie er zu seiner Behauptung kommt, wird der Antragsteller die Umstände der Entstehung seiner Doktorarbeit weiter darlegen.

c) Diese Tatsachenbehauptung ist auch geeignet, dem Erwerb des Antragstellers zu schaden.[26]

Als Rechtsanwalt ist der Antragsteller für sein freiberufliches Schaffen in hohem Maß darauf angewiesen, dass die Öffentlichkeit von ihm das Bild eines rechtschaffenen Bürgers hat. Dies schon alleine deshalb weil die Erledigung fremder Rechtsangelegenheit häufig mit der Wahrung von Privat- und Firmengeheimnissen sowie mit der Betreuung fremden Vermögens verbunden ist. Durch die Behauptung wird in den Raum gestellt, der Antragsteller habe sowohl gegen das UrhG als auch gegen die Regeln seiner Universität für wissenschaftliches Arbeiten verstoßen. Dies alleine gefährdet bereits seinen Erwerb.

Die Gefährdung des Erwerbs ergibt sich insbesondere auch aus der Tatsache, dass die Bewertung im Internet bereits zum Verlust eines potenziellen Mandats geführt hat.

d) Keine berechtigten Interessen

Die Rechtswidrigkeit entfällt auch nicht nach § 824 Abs. 2 BGB, da der Antragsgegner kein erkennbares berechtigtes Interesse an der Veröffentlichung hatte.

e) Weitere Voraussetzungen des Unterlassunganspruchs

Eine Wiederholungsgefahr, die für jeden Unterlassungsanspruch notwendig ist, ergibt sich aus der fortdauernden Verfügbarkeit der Bemerkung im Internet. Im Übrigen indiziert jeder rechtswidrige Eingriff in ein Rechtsgut die Wiederholungsgefahr.[27]

Als Verfasser der Bewertung und derjenige, der sie ins Internet eingestellt hat, ist der Antragsgegner auch Handlungsstörer.[28]

Der Antragsgegner hat daher nach § 1004 Abs. 1 S. 1 die Bewertung zu beseitigen und ihre erneute kern-

Jeder Unterlassungsanspruch umfasst nicht nur die Unterlassung des jeweils völlig identischen Handelns, das die Wiederholungsgefahr begründet, sondern immer auch sogenannte kerngleiche Handlungen.

---

26 Sprau, in: Palandt, § 824 Rn 8.
27 Sprau, in: Palandt, v 823 Rn 20.
28 Sprau, in: Palandt, v 823 Rn 22.

gleiche Veröffentlichung zu unterlassen (§ 1004 Abs. 1 S. 2 BGB).

f) Es besteht weiter ein Anspruch aus §§ 1004, 823, 12 BGB i. V. m. dem allgemeinen Persönlichkeitsrecht sowie nach § 1004, 823 Abs. 2, 12 BGB in Verbindung mit § 185 StGB.

Der Anspruch steht in Idealkonkurrenz zu §§ 823, 1004, 12 BGB analog iVm § 824 BGB, soweit sich der Anspruch nicht auf den eingerichtet und ausgeübten Gewerbebetrieb gründet.[29]

Wegen eines Eingriffs in das Recht auf eingerichteten und ausgeübten Gewerbebetrieb ist daher neben § 824 BGB hier kein Raum!

Der quasi-negatorische Unterlassungsanspruch ist auch gegeben, wenn das allgemeine Persönlichkeitsrecht des Antragstellers verletzt ist.[30] Dies ist hier der Fall.

Eine Verletzung des APR liegt unter anderem vor, wenn die soziale Geltung des Antragstellers in rechtswidriger Weise verletzt wird.[31]

Dabei stellt die Äußerung in der Öffentlichkeit, der Antragsteller habe seine Dissertation nicht redlich angefertigt und ihm fehle es ohnehin an dem dafür notwendigen Intellekt hier eine rechtswidrige Verletzungshandlung dar.

Allerdings ist aufgrund des Rahmenrechtscharakters des APR als offenen Tatbestand eine Abwägung von Interessen des Antragstellers und des Antragsgegners vorzunehmen.[32] Diese geht hier zugunsten des Antragstellers aus.

Dieser Abwägung entfällt bei § 824, weshalb dieser Anspruch der leichtere Weg zum Ziel ist.

Auf Seiten des Antragstellers liegen erhebliche Interessen an der Unterlassung der Äußerung vor: Es liegt ein Eingriff in die personenrechtliche Sphäre des Antragstellers vor, der grundsätzlich schwerer wiegt als die rein vermögensrechtliche Sphäre.[33]

Die Äußerung wirkt sich zwar auf die vermögensrechtliche Sphäre des Antragsstellers aus, da sie einen Bezug zu seiner Erwerbstätigkeit aufweist. Die Eignung und Befähigung zur Anfertigung einer Doktorarbeit sind jedoch Komponenten seiner Person und nicht der wirtschaftlichen Verwertung dieser Persönlichkeit.

Zudem besitzt der Eingriff eine erhebliche Schwere, da er den Tatbestand der Beleidigung des § 185 StGB er-

---

29 Sprau, in: Palandt, § 824 Rn 1.
30 Sprau, in: Palandt, § 823 Rn 83 ff.
31 Sprau, in: Palandt, § 823 Rn 86.
32 Sprau, in: Palandt, § 823 Rn 95.
33 Sprau, in: Palandt, § 823 Rn 96.

füllt, der als Schutzgesetz die Rechtswidrigkeit der Äußerung indiziert.

Eine Beleidigung nach § 185 StGB liegt vor, wenn die Äußerung die Missachtung, Nichtachtung oder Geringschätzung des Betroffenen zum Ausdruck bringt. Durch die Unterstellung eines wissenschaftlichen Plagiats und der Absprache der Intellektuellen Befähigung zu einer derartigen Leistung bringt der Antragsgegner seine Missachtung des Antragstellers zum Ausdruck. Dies tat er auch vorsätzlich.

Der Antragsteller hat die Veröffentlichung weder befördert noch sonst veranlasst, so dass ihm derartige schwere Eingriffe in sein APR nicht zuzumuten sind.[34]

Auf Seiten des Antragsgegners mag die Meinungsfreiheit seine Äußerung nicht zu rechtfertigen: Wie bereits oben gezeigt ist die Tatsachenbehauptung unwahr und unterfällt daher nicht Art. 5 GG. Das Grundrecht scheidet daher als Rechtfertigungsmöglichkeit aus.[35] Dies gilt nicht nur für bewusst unwahre Äußerungen, sondern jedenfalls auch bei Äußerungen über deren Wahrheitsgehalt sich der Äußernde keinerlei Gedanken gemacht hat sondern sie ins Blaue hinein behauptet.

Eine Wiederholungsgefahr, die für jeden Unterlassungsanspruch notwendig ist, ergibt sich bereits aus der fortdauernden Verfügbarkeit der Bemerkung im Internet. Im Übrigen indiziert jeder rechtswidrige Eingriff in ein Rechtsgut die Wiederholungsgefahr.

Der Antragsgegner hat daher nach § 1004 Abs. 1 S. 1 BGB die Bewertung zu Beseitigen und ihre erneute oder kerngleiche Veröffentlichung zu unterlassen (§ 1004 Abs. 1 S. 2 BGB).

2. Es besteht auch ein Verfügungsgrund.

Soweit der Antrag auf die Beseitigung des Inhalts aus dem Internet geht ist die einstweilige Regelung des Rechtsverhältnisses als Leistungsverfügung (§ 940 ZPO) notwendig, um drohende Schäden in Bezug auf wirtschaftliche und ideelle Interessen des Antragstellers abzuwenden.[36] Diese Schäden sind möglicherweise irreversibel.

---

34 Grundsätzlich hat jedoch derjenige, der im öffentlichen Meinungskampf sich selbst aktiv und provokativ äußert mehr hinzunehmen: Sprau, in: Palandt, § 823 Rn 98.
35 Sprau, in: Palandt, § 823 Rn 101a.
36 Seiler, in: Thomas/Putzo, § 940 Rn 6.

Sollten die beleidigenden Äußerungen weiter im Internet abrufbar sein besteht die Gefahr, dass sich der Schaden vergrößert. Weitere Personen auf der Suche nach Rechtsanwälten können die Bewertung auffinden, können Sie in sozialen Netzwerken weiterverlinken oder Medien können die Bewertung erfassen. Auch entsteht der Eindruck, der Antragsteller würde sich gegen die Bewertung nicht zur Wehr setzen, wenn diese noch längere Zeit im Internet steht. Dadurch leiden der Ruf des Antragstellers und sein Erwerb. Steht die Bewertung bis zum Ende eines Hauptsacheverfahrens im Internet, kann ein Zustand geschaffen werden, der nicht mehr reversibel ist, wenn die Bewertung von einer kritischen Masse wahrgenommen wird.

Dabei ist auch eine Befriedigungsverfügung zulässig, da der Antragsgegner keinerlei berechtigtes Interesse an der Aufrechterhaltung einer unwahren Tatsachenbehauptung hat und nur auf diese Art Schäden abgewehrt werden können.[37] Eine Sicherung des Anspruchs ist anderweitig nicht denkbar, da nur durch die Löschung im Internet den genannten Gefahren begegnet werden kann. Sollte ein Hauptsacheverfahren durchgeführt werden und der Antragsgegner obsiegen ist es ihm auch möglich die Bewertung erneut einzustellen, so dass auf seiner Seite ein endgültiger Zustand geschaffen wird, auf Seiten des Antragstellers hingegen möglicherweise schon.

Zwar ist streitig, ob eine Befriedigungsverfügung bzgl. des Widerrufs einer unwahren Tatsachenbehauptung zulässig ist.[38] Der Antragsteller verlangt aber gerade keinen Widerruf, also eine aktive gegenteilige Äußerung des Antragsgegners, sondern er verlangt in zulässiger Weise lediglich Beseitigung und Unterlassung der falschen Tatsachenbehauptung. Der Antragsgegner wird also nicht gezwungen eine von seiner Meinung abweichende Tatsache zu behaupten, sondern er wird lediglich verpflichtet seine Meinung zu unterlassen.

Der in die Zukunft gerichtete Unterlassungsanspruch stellt eine Sicherungsverfügung nach § 935 BGB ZPO dar.[39] Auch hier drohen durch eine Wiederholung der Äußerung ein enormer Schaden für den Antragsteller, der eine Sicherungsverfügung rechtfertigt.

---

37 So im Ergebnis OLG Brandenburg, 1 W 157/10 v. 14.10.2010.
38 Dagegen: Seiler, in: Thomas/Putzo, § 940 Rn 17; a.A. OLG Stuttgart, NJW 1962, 2066.
39 Vollkommer, in: Zoller, § 935 ZPO Rn. 1.

Lösungsvorschlag

IV. Kosten

Die Kosten des Verfahrens trägt der Antragsgegner, § 91 ZPO. Insbesondere ist keine vorgerichtliche Abmahnung des Gegners nötig, da keine Presse- oder Wettbewerbsrechtliche Streitigkeit vorliegt.[40]

Auch hat der Antragsgegner mit seinem Verhalten Anlass zu diesem Antrag gegeben im Sinne des § 93 ZPO. Der Antragsgegner hat sich vorgerichtlich völlig irrational verhalten und gegenüber dem Antragsteller angekündigt, er werde in keinem Fall zahlen. Auch hat er ohne jeden Anlass von Seiten des Antragstellers die beleidigenden Inhalte ins Internet gestellt. Er kann daher auch durch Einlegung eines auf die Kosten beschränken Widerspruchs[41] nicht den Kosten entgehen.

Die Ausführungen zum Widerspruch richten sich hier vor allem an den Antragsgegner.

Schlau

(Rechtsanwalt)

RA Schlau
Maximilianstr. 7
93049 Regensburg

Mandantenschreiben

Sehr geehrter Herr Kollege Dr. Blödt,

ich bedanke mich für das Mandat. Auftragsgemäß habe ich Anträge auf einstweiligen Rechtsschutz gestellt, wie sie der Anlage entnehmen können.

1. Von einem gerichtlichen Vorgehen gegen den Betreiber der Internet-Seite rate-your-lawyer.xyz habe ich abgesehen.

Ich habe mit dem Betreiber Kontakt aufgenommen und ihn auf die Verletzung ihrer Rechte hingewiesen. Er hat mir mitgeteilt, dass die Nutzer jederzeit die Bewertungen ändern können, hat es jedoch abgelehnt, selbst tätig zu werden. Dennoch ist der Betreiber damit spätestens seit dem Moment der Kenntnis von der Rechtsverletzung mittelbarer Störer und einem Unterlassungsanspruch ausgesetzt.[42]

Allerdings sitzt dieser in New York. Zwar ist bei Angeboten, die sich an deutsches Publikum richten nach § 32 ZPO die deutsche Gerichtsbarkeit zuständig,

---

[40] Seiler, in: Thomas/Putzo, § 935 Rn 11.
[41] Siehe dazu Hüßtege, in: Thomas/Putzo, § 93 Rn 11; ausführlich Giebel, in: Müko-ZPO, § 93 Rn 21.
[42] Sprau, in: Palandt, § 823 Rn 203.

wenn der Abruf im Inland erheblich näher liegt als im Ausland. So liegt der Fall auch hier, so dass das LG Hamburg auch für den Antrag auf einstweilige Verfügung gegen den Betreiber der Webseite zuständig wäre.[43] Auch wäre nach Art. 40 EGBGB deutsches Deliktsrecht anwendbar,[44] da aufgrund der Ausrichtung der Seite auf deutsche Besucher ein besonderer Inlandsbezug gegeben ist. Allerdings kommt der Vollstreckung im Ausland nicht dieselbe Effektivität zu, wie der Vollstreckung gegen den hier gewählten Antragsgegner, da im Inland eine erfolgreiche Vollstreckung binnen weniger Tage möglich ist. Der Antragsgegner kann jedoch jederzeit die Daten auf der Webseite ändern kann, erscheint mir das weit effektiver zu sein. Zudem fehlt möglicherweise das Rechtsschutzbedürfnis beim Vorgehen gegen den Seitenbetreiber, da Ihnen ein anderer Weg zur Verfügung steht, um die Störung zu beseitigen. Da die Verantwortlichkeit des Handlungsstörers höher zu gewichten ist, als die des lediglich mittelbaren Störers ist bei erfolgsversprechendem Vorgehen gegen diesen, daher zunächst dieser in Anspruch zu nehmen.[45]

2. Ein Angriff auf die weiteren Teile der Bewertung ist nicht erfolgversprechend und wurde von mir daher nicht verfolgt.

a) Soweit der Antragsgegner lediglich das Aktenzeichen und das Gericht sowie den Streitgegenstand auf der Webseite eingetragen hat, fehlt es an einer Rechtsgutsverletzung bei Ihnen, die einen Unterlassungsanspruch begründen würden.[46]

Zwar handelt es sich um Tatsachenbehauptungen. Allerdings sind diese nicht schutzwürdig, da aufgrund der Gerichtsöffentlichkeit (§ 169 GVG) diese Daten ohnehin frei zugänglich sind und der Wahrheit entsprechen. Ihre berufliche Tätigkeit ist ihrer Sozialsphäre zuzuordnen und daher müssen Sie, als Rechtsanwalt und damit als Organ der Rechtspflege (§ 1 BRAO) selbst satirische Äußerungen hinnehmen.[47]

b) Auch die Bewertung Ihrer Person mit der Note 6 ist als Meinungsäußerung nicht zu verbieten. Es handelt sich hier um ein Werturteil, dass ihre Sozialsphäre tan-

---

43 Hüßtege, in: Thomas/Putzo, Vor § 1 Rn 5, 6 und § 32 Rn 5.
44 Thorn, in: Palandt, Art. 40 EGBGB Rn 10; Sprau, in: Palandt, Vor § 823 Rn 39; Die Rom-II-VO findet keine Anwendung auf APR-Verletzungen.
45 Sprau, in: Palandt, Vor 823 Rn 22.
46 Sprau, in: Palandt, § 823 Rn 119.
47 KG AfP 2007, 490.

giert.[48] Solche Äußerungen dürfen nur im Falle schwerwiegender Auswirkungen auf das Persönlichkeitsrecht mit negativen Sanktionen verknüpft werden, so etwa dann, wenn eine Stigmatisierung, soziale Ausgrenzung oder Prangerwirkung, zu besorgen ist.[49] Die reine Benotung ihrer Leistung mit einer schlechten Zensur hat jedoch keine solche Wirkung zur Folge. Für jeden Besucher der Webseite ist offensichtlich, dass es sich um die individuelle Meinung des Bewertenden handelt. Es überwiegt das Informationsinteresse der Öffentlichkeit über die Meinung von ehemaligen Mandanten ihrer Kanzlei über ihr Recht das öffentliche Bild ihrer Person zu beeinflussen. Als Rechtsanwalt ist ihr Wirken der besonderen Beobachtung durch die Öffentlichkeit ausgesetzt, weshalb sie stärkere Beeinträchtigungen hinzunehmen haben als andere Berufsgruppen.

c) Auch die Äußerung "Er hat mich in einen völlig aussichtslosen Prozess geschickt und dafür unverschämte 2000 € verlangt! Ich werde diesem ihm keinen Cent bezahlen, lieber verschenke ich mein gesamtes Vermögen!!!11!!!!!!!!!!!!!!!!!!!!!!!!!!!!!!" ist aus diesen Gründen nicht zu verbieten. Auch darin liegt keine unwahre Tatsachenbehauptung sondern der Schwerpunkt der Äußerungen im Bereich der Meinungsäußerung, die behaupteten Tatsachen sind wahr. Damit unterstreicht der Antragsgegner lediglich seine Bewertung mit der Note 6. Seine Weigerung das Honorar zu bezahlen kund zu tun dürfte schon gar keinen Eingriff in das Persönlichkeitsrecht darstellen. Die Bezeichnung des Honorars als unverschämt stellt eine klar subjektive geprägte Äußerung dar. Die Aussichtslosigkeit des Prozesses trifft angesichts des klaren Prozessverlaufs wohl zu.

3. Die Tatsachen, die Sie aufgrund des Mandatsverhältnisses mit dem Mandanten erhalten haben, dürfen sie nicht verwenden um einen Arrest zu erwirken.[50] Das ergibt sich aus Ihrer Pflicht nach § 43a Abs. 2 BRAO anvertraute Informationen nicht zu verraten. Selbst wenn man hier davon ausgeht, dass der Richter dieses Beweisverbot ggf. nicht erkennt, darf es trotzdem nicht offenbart werden, um standesrechtliche Folgen für Sie zu vermeiden.

---

48 Sprau, in: Palandt, § 823 Rn 102.
49 Sprau, in: Palandt, § 823 Rn 118; Zum Ganzen BGH NJW 2009, 2888 für ein Lehrerbewertungsportal.
50 Musielak, ZPO § 917 Rn 2; KG NJW 1994, 462.

Zudem ist eine generell schlechte Vermögenssituation ohnehin kein Arrestgrund. Allerdings würde die Verschleuderung des letzten Vermögensgegenstandes natürlich die Notwendigkeit eines Arrests noch unterstreichen.

4. Die 10 000 € Schadensersatz könnten zwar grundsätzlich durch dinglichen Arrest gesichert werden. Allerdings ist die Kausalität nicht nachzuweisen.

Hier ist natürlich jederzeit eine abweichende Meinung vertretbar.

Es stellt sich die Frage, ob der Verlust des Mandats durch den beleidigenden Teil der Äußerung verursacht wurde oder ob diese durch den zulässigen Teil der Bewertung verursacht wurde. Hier beruft sich die potenzielle Mandantschaft nur insgesamt auf die Bewertung auf dem Internetportal und beruft sich nicht explizit auf die Beleidigungen, weshalb eine Glaubhaftmachung nicht glücken dürfte. Da der Geschädigte den Beweis für die Kausalität führen muss, halte ich es angesichts der derzeitigen Informationslage für schlicht nicht beweisbar. Etwas anderes kann natürlich gelten, wenn ihr potenzieller Mandant aussagt, er habe sich lediglich von der Beleidigung abhalten lassen und nicht vom zulässigen Teil der Bewertung. Gerade aber bei einem Bauträger spricht vieles dafür, dass er nicht aufgrund von beleidigenden Äußerungen sondern aufgrund der anderen Informationen in der Bewertung von einer Mandatierung abgesehen hat. Das Gericht muss zwar bei der Frage der haftungsausfüllenden Kausalität nach § 287 Abs. 1 ZPO ggf. schätzen und nach freier Überzeugung entscheiden, ob es eine Kausalität annimmt.[51] Allerdings hat er dabei pflichtgemäß alle Tatsachen zu berücksichtigen, so dass wohl eher zu einer Ablehnung der Kausalität führen würden. Zur Vermeidung von Kostennachteilen habe ich daher von einer Geltendmachung zunächst abgesehen. Sollten sich weitere Tatsachen offenbaren, können wir jederzeit erneut Arrest beantragen, da ein anderer Streitgegenstand vorliegt.

§ 287 ZPO ist in der Urteilsklausur eine oft nützliche Norm, mit der sie über fehlende Tatsachen bei Wertersatz nach § 346 BGB oder Schadensersatz bei § 249 ff BGB hinweggekommen können. Entsprechende Grundlagen für die Schätzung bietet ihn oftmals der Palandt mit den in der Praxis üblichen Pauschalen.

Hinzu kommt noch, dass auch der Nachweis, dass es unbedingt zu einer Mandatierung gekommen wäre, schwer fallen dürfte ohne exakte Aussage ihres potenziellen Mandanten.

5. Als Kosten fallen an: Ausgehend von einem Streitwert von 10.000 € für die einstweilige Verfügung sowie 666 € für den Arrest beträgt die einfache Gerichtsgebühr 196 €. Diese Gebühr fällt nach Anlage

---

51 Reichold, in: Thomas/Putzo, § 287 Rn 4.

Lösungsvorschlag

1 zum GKG KV-Nr. 1410 1,5mal an. Die Gerichtsgebühren betragen daher 294 €.

Für meine Mandatierung beträgt die einfache Gebühr aus dem RVG 486 €. Diese ist nach Nr. 3100 der Anlage 1 zum RVG 1,3fach fällig. Sollte ein Termin stattfinden fällt eine zusätzlich 1,2 fache Gebühr an. Hinzu kommen die Umsatzsteuer und die TK-Pauschale von 20 € nach 7100 des Gebührenverzeichnisses sowie eventuelle Fahrtkosten. Der gleiche Betrag wird eventuell auf der Gegenseite fällig, wenn wir unterliegen sollten.

Diese Kosten sind nach § 91 ZPO der unterlegenen Partei aufzuerlegen und in einem Kostenfestsetzungsverfahren zu titulieren.

Nach Erlass der gerichtlichen Entscheidung werde ich noch Folgendes veranlassen:

1. Sollte das Gericht im Beschlussverfahren ohne Anhörung des Antragsgegners entscheiden, muss der Arrestbeschluss dem Antragsgegner im Parteibetrieb nach §§ 922 Abs. 2, 191 ff. ZPO zugestellt werden. Dazu werde ich dem Gerichtsvollzieher nach § 192 ZPO einen Zustellauftrag erteilen. Sollte nach mündlicher Verhandlung durch Urteil entschieden werden ist insofern nichts zu veranlassen, da das Urteil nach § 317 ZPO dem Antragsgegner von Amts wegen zugestellt würde. Das gleiche gilt für die einstweilige Verfügung.

2. Bzgl. des Arrests muss binnen 4 Wochen nach Erlass der Entscheidung bzw. Zustellung nach § 929 Abs. 2 ZPO die Vollziehung beantragt werden. Ansonsten wird diese unzulässig. Ich werde hierzu beim Grundbuchamt in Regen die Eintragung einer Arresthypothek nach § 932 ZPO beantragen. Dies ist nach § 929 Abs. 3 ZPO auch schon vor Zustellung an den Antragsgegner zulässig. Da Herr Zornig bisher noch nicht selbst im Grundbuch eingetragen ist, fehlt es an der erforderlichen Voreintragung nach § 39 GBO. Allerdings hat Herr Zornig nach ihren Angaben einen Erbschein über das Grundstück. Ich werde mir von diesem daher eine Abschrift nach § 357 Abs. 2 FamFG erteilen lassen und so den Nachweis nach § 40 GBO führen können und die Arresthypothek eintragen lassen.

Zwar gilt die Frist nach § 929 Abs. 2 ZPO grundsätzlich auch für die einstweilige Verfügung. Dies allerdings nicht, wenn wie hier bei einer Unterlassungsverfügung eine Vollstreckungshandlung zunächst nicht

Ein Antrag nach § 792 ZPO wäre unzulässig, da dieser nur die Ersterteilung von Urkunden und Ausfertigung regelt. Hier war jedoch bereits ein Erbschein erteilt.

Die Vollziehung nicht zu beantragen wäre ein schwerer Anwaltsfehler.

notwendig ist. Dann ist eine Vollziehung nicht notwendig.

Sollte sich Herr Zornig nicht an die einstweilige Verfügung halten, stehen uns folgende Möglichkeiten zur Vollstreckung offen:

Nach § 890 ZPO kann die Unterlassung durch Ordnungsgeld oder wahlweise Ordnungshaft vollstreckt werden. Inhalt der Verfügung ist auch eine Unterlassung, denn der zu vollstreckende Anspruch geht auf Unterlassung der Verbreitung der Behauptung im Internet und ist nicht auf ein Tun gerichtet. Zwar mag eine positive Handlung zur Erfüllung notwendig sein, dies ändert jedoch nichts an der Einordnung als Unterlassung, da die Beseitigung des störenden Zustands als Beginn jeder Unterlassung zu sehen ist.[52] Dazu habe ich bereits jetzt mit der Antragsschrift beim Prozessgericht nach § 890 II ZPO die Androhung eines Ordnungsgelds und –haft beantragt. Im Falle einer Zuwiderhandlung würde ich anschließend nach § 890 Abs. 1 dessen Verhängung beantragen.

Alternativ[53] steht uns die Möglichkeit offen nach § 888 ZPO den Antragsgegner durch Verhängung eines Zwangsgelds nach § 888 ZPO zum Ändern der Bewertung anzuhalten. Eine unvertretbare Handlung nach § 888 ZPO liegt vor, da die Zugangsdaten zum Portal nur dem Antragsgegner bekannt sind und nur er die Verpflichtung in dieser Art und Weise erfüllen kann. Dass auch der Betreiber des Portals ggf. direkt in seinen Datenbanken die Daten ändern könnte oder auf andere Weise ändern könnte, tut daher nichts zur Sache, da es sich dabei um eine andersartige Handlung handelt, die nicht dazu führt, dass die Handlung vertretbar wird.

Die Kosten all dieser Vollziehungsmaßnahmen hat nach § 788 ZPO der Schuldner zu tragen.

Hochachtungsvoll

Schlau

(Rechtsanwalt)

Hilfsgutachten

Es wurde als Gericht das LG Hamburg gewählt, da ansonsten zwei unterschiedliche Gerichte zuständig gewesen wären und der Mandant so nicht von der

---

52 Zum Ganzen Seiler, in: Thomas/Putzo, § 890 Rn 2a-c.
53 Seiler, in: Thomas/Putzo, § 890 Rn 4.

Lösungsvorschlag

Gebührendegression und einer einheitlichen Entscheidung profitiert hätte.

Insbesondere wäre zwar das AG Passau nach § 919 ZPO für den dinglichen Arrest am Grundstück zuständig. Auch hätte die einstweilige Verfügung wegen des deliktischen "fliegenden Gerichtsstands" (§ 32 ZPO) die Forderung bzgl. der § 823 BGB an jedem beliebigen Gericht geltend gemacht werden können. Allerdings fehlt die sachliche Zuständigkeit des AG Passau für die einstweilige Verfügung aufgrund des hohen Streitwerts von 10 000 €. Für die Honorarforderung über 2000 € besteht nur die Zuständigkeit des AG Passau aus § 919 ZPO oder die Zuständigkeit als Erfüllungsort des Anwaltsvertrags und der allgemeine Gerichtsstand des Beklagten.

Der Erfüllungsort liegt wegen § 270 Abs. 4 BGB, 269 BGB aber am Wohnort des Schuldners. Einen einheitlichen Erfüllungsort des Anwaltsvertrags am Sitz der Kanzlei lehnt der BGH ab.[54] Das LG Hamburg ist somit das einzige Gericht an dem alle Ansprüche geltend gemacht werden können.

---

54 BGH NJW 2004, 54.

Klausur Nr. 12 – Beschwerdeentscheidung im FamFG-Verfahren

Aktenauszug

Auszug aus der Akte bei dem Oberlandesgericht Nürnberg, Az. 14 Wx 68/11

Dr. med. Bertfried Assheimer
Burgstraße 4
92318 Neumarkt in der Oberpfalz
Neumarkt, den 18.9.2010

> Amtsgericht Neumarkt
> Eingang: 19.9.2010

An das
Amtsgericht Neumarkt
– Nachlassgericht –
Residenzplatz 1
Neumarkt in der Oberpfalz

Sehr geehrte Damen und Herren,

am 1.7.2010 ist meine Mutter Dr. med. Edith Assheimer verstorben. Ich bin aufgrund unseres Erbvertrags vom 4.3.2007 ihr alleiniger Erbe. Eine Ausfertigung des Erbvertrags füge ich bei. Andere Verfügungen meiner Mutter existieren nicht. Ich bitte daher um die Erteilung eines Erbscheins auf meinen Namen.

Bertfried Assheimer

Dem Schreiben liegt eine – formell ordnungsgemäße – Ausfertigung des Erbvertrags zwischen Edith Assheimer und Bertfried Assheimer vom 4.3.2007 folgenden Inhalts bei:

Das Vorliegen der formellen Voraussetzungen des Erbvertrages darf nunmehr keinesfalls problematisiert werden.

Präambel

Frau Edith Assheimer hat am 1.3.1985 ein gemeinschaftliches Testament mit ihrem Ehemann Albert Assheimer aufgesetzt. Da Albert Assheimer nun zugunsten seiner Geliebten testiert hat, will sie einen Erbvertrag mit ihrem Sohn Bertfried Assheimer schließen, damit dieser sie im Alter pflegt.
[..]

*Die Präambel ermöglicht eine **Auslegung** des Erbvertrages **unter Wahrung der erbrechtlichen Formvorschrift** des § 2276 BGB. Denn ein formunwirksam erklärter Wille ist nichtig, § 125 S. 1 BGB[1].*

---

[1] Weidlich, in: Palandt, BGB, § 1941 Rn. 8 und § 2084 Rn. 4.

Aktenauszug

III. Vertragsmäßige Verfügungen

Ich, Edith Assheimer, setze meinen Sohn zum alleinigen Vertragserben ein.

Ich, Bertfried Assheimer, verpflichte mich im Gegenzug dazu, meine Mutter Edith zu pflegen, wenn dies aufgrund Alters oder Krankheit nötig werden sollte.

[...]

V. Weitere Verfügungen

Nach meinem, Edith Assheimers, Tod, soll meine Nichte Claudia Nichtinger 20.000 Euro bekommen, damit sie ihr Jurastudium finanzieren kann bzw. ihre Schulden daraus bedienen kann.

[...]

Claudia Nichtinger
Breite Str. 7
92318 Neumarkt in der Oberpfalz

> Amtsgericht Neumarkt
> Eingang: 21.9.2010

An das
Amtsgericht Neumarkt
– Nachlassgericht –
Residenzplatz 1
Neumarkt in der Oberpfalz

Neumarkt, den 20.9.2010

Sehr geehrte Damen und Herren,

am 1.7.2010 ist meine Tante Dr. med. Edith Assheimer verstorben. Ich bin aufgrund eines Erbvertrags vom 4.3.2007 berechtigt 20.000 € zu bekommen. Darüber hätte ich gerne einen Erbschein.

Claudia Nichtinger

> Hier liegt freilich sofort die Frage nach der **Rechtsnatur der Zuwendung** sowie ihrer Behandlung im Erbscheinsverfahren auf der Hand.

Amtsgericht Neumarkt in der Oberpfalz
– Nachlassgericht –

Az. VI 114/10

Antrag der

Bertfried Assenheimer

– Beteiligter zu 1. –

Claudia Nichtinger

– Beteiligte zu 2. –

...

> Eine Anleitung zum Aufbau und Inhalt von Beschlüssen nach dem FamFG findet sich in Thomas/Putzo, § 38 FamFG Rn. 5 ff.

Klausur Nr. 12

Das Amtsgericht Neumarkt durch Richter am Amtsgericht Rastlos erlässt am 4.10.2010 folgenden Beschluss:

I. Die Tatsachen zur Erteilung des Erbscheins für Bertfried Assheimer nach Edith Assheimer werden für festgestellt erachtet. Es wird folgender Erbschein erteilt werden: „Hiermit wird bezeugt, dass Edith Assheimer, geb. 28.11.1946, durch ihren Sohn Bertfried Assheimer, geb. 9.4.1979, allein beerbt worden ist."

II. Die sofortige Wirksamkeit des Beschlusses wird bis zu seiner Rechtskraft ausgesetzt. Die Erteilung des Erbscheins wird bis dahin zurückgestellt.

III. Der Antrag der Beteiligten zu 2. wird zurückgewiesen.

Hier liegen sowohl ein **Feststellungsbeschluss** als auch eine **Bewilligungsanordnung** vor. Allein der Feststellungsbeschluss wird von § 352 FamFG gefordert. Ob und wann auch die Bewilligungsanordnung zu erlassen ist, ist nach neuem Recht noch nicht geklärt. Die Prozessökonomie spricht dafür, da das Gericht dann keinen neuen Beschluss erlassen muss.[2]

Gründe

Der Antrag des Beteiligten zu 1. ist begründet. Der Antrag der Beteiligten zu 2. unzulässig.

Dem Beteiligten zu 1. ist ein Erbschein zu erteilen. Er ist Erbe nach Edith Assheimer.

Das ergibt sich aus dem vorgelegten Erbvertrag vom 4.3.2007, der wirksam errichtet wurde. Der Wirksamkeit steht das gemeinschaftliche Testament der Erblasserin mit ihrem Ehemann Albert Assheimer vom 1.3.1985 nicht entgegen, da dieses wirksam durch den Erbvertrag aufgehoben. wurde. Nach § 2258 Abs. 1 BGB kann ein Testament jederzeit durch ein späteres Testament bzw. Erbvertrag widerrufen werden. Hier steht die Erbeinsetzung des Antragstellers zu 1 im Widerspruch zur Erbeinsetzung des Albert Assheimer. Das gemeinschaftliche Testament wurde somit aufgehoben.

Der Antrag der Beteiligten zu 2. hingegen ist bereits unzulässig. Sie hat lediglich geltend gemacht, dass ihr ein Geldbetrag von 20.000 € zusteht. Dabei handelt es sich nicht um eine Erbeinsetzung, sondern um ein Vermächtnis, vgl. § 2087 Abs. 2 BGB. Die Voraussetzungen der §§ 2353 ff. BGB liegen daher nicht vor.

Der Erbschein bezeugt das Verfügungsrecht des Erben. Daher wird der Vermächtnisnehmer, der lediglich der Gläubiger eines **schuldrechtlichen Anspruchs** aus § 2174 BGB ist, nicht in den Erbschein aufgenommen.

Nach § 352 Abs. 2 FamFG ist die Wirksamkeit auszusetzen, da der Beschluss dem erklärten Willen der Beteiligten zu 2. widerspricht. Denn für § 352 Abs.2 FamFG kommt es nicht darauf an, ob der widersprechende Wille seinerseits einen zulässigen Erbscheinsantrag darstellt. Dem Nachlassgericht steht nach neu-

---

2 *Knöringer*, Freiwillige Gerichtsbarkeit, S. 84 ff.

er Rechtslage kein Ermessen hinsichtlich des Erlasses des Feststellungsbeschlusses zu. Dass die Sach- und Rechtslage schwierig ist, ist unter der Geltung des § 352 FamFG keine Voraussetzung mehr. Auch ein substanzloser Widerspruch ist ein Widerspruch im Sinne des § 352 FamFG.

[Rechtsbehelfsbelehrung: ordnungsgemäß]
Unterschrift RiAG Rastlos

Der Beschluss wurde sowohl an Claudia Nichtinger als auch an Bertfried Assheimer am 6.10.2010 zugestellt. Der Erbschein wurde am 12.11.2010 erteilt und dem Bertfried Assheimer ausgehändigt. Weitere Personen hat das Nachlassgericht nicht am Verfahren beteiligt.

Die Zustellung hat hier die **Beschwerdefrist** gegen den Feststellungsbeschluss nach § 63 Abs. 3 S. 1 FamFG in Gang gesetzt.

Claudia Nichtinger
Dreichlinger Straße 39a
92318 Neumarkt
Neumarkt, den 26.11.2010

Amtsgericht Neumarkt
Eingang: 29.11.2010

An das AG Neumarkt in der Oberpfalz
– Nachlassgericht –

Betrifft: Widerspruch gegen einen falschen Erbschein / Edith Assheimer, * 28.11.1946, + 1.7.2010

Sehr geehrte Damen und Herren,

ich lege Widerspruch ein, weil ich nicht im Erbschein meiner Lieblingstante Edith aufgeführt bin. Dabei steht doch in ihrem Testament, dass ich für mein Jurastudium 20.000 € bekommen soll, damit ich aufhören kann, im Nachtclub Barbara zu arbeiten!

Claudia Nichtinger

Der „Widerspruch" ist, wie in allen Verfahrensarten, entsprechend der Begehr des Antragstellers bzw. des Rechtsbehelfsführers **auszulegen**, § 133 BGB entsprechend.[3]

Herr Prof. Dr. Dr. h.c. mult. Albert Assheimer
Kapellenweg 12
Rittershof b. Neumarkt i. d. Opf.

16.12.2010

Amtsgericht Neumarkt
Eingang: 17.12.2010

An das AG Neumarkt in der Opf.
– Nachlassgericht –

---

3 *Reichold*, in: *Thomas/Putzo*, Einl III Rn. 16.

Hiermit wende ich mich gegen den Erbschein nach meiner Ehefrau Dr. med. Edith Assheimer. Ich beantrage den von meinem Sohn vorgelegten Erbvertrag für unwirksam zu erklären und mir einen Erbschein nach folgenden Maßgaben zu erteilen.

<small>Hier sind die **einzelnen Begehren genau zu trennen**! Insbesondere der Angriff auf die Wirksamkeit des Erbvertrags ist genau zu untersuchen. Ein eigenständiges Verfahrens zur Unwirksamkeitserklärung existiert nicht; jedoch könnte die Erklärung eine **Anfechtung** nach § 2081 BGB enthalten.</small>

Richtigerweise bin ich Vorerbe nach meiner Ehefrau und mein Sohn Nacherbe. Bzgl. des Hausgrundstücks in Abensberg bin ich sogar nicht nur Vorerbe sondern normaler Erbe. Anders kann es doch auch nicht sein: Sonst wäre ich zu meinen Lebzeiten hinsichtlich des Grundstücks ja als Vorerbe beschränkt. Und sobald ich dann tot bin, habe ich einen Anspruch auf das Grundstück gegen meinen Sohn. Aber dann bin ich ja schon tot, das macht doch keinen Sinn!

Ich kann mir aber schon erklären, wie es zu diesem Erbvertrag kam! Als meine Frau bemerkt hat, dass ich zugunsten meiner Geliebten Gretchen Faust ein neues Testament gemacht habe, muss sie sich wohl gedacht haben, sie wischt mir eins aus und macht einen Erbvertrag mit unserem Sohn! Das kann ihre Freundin Frau Marianne Eichenmüller auch bestätigen, die können Sie gerne als Zeugin laden. Aber da war sie doch nicht mehr ganz bei Trost, als sie das gemacht hat. Das wird Ihnen ihr Hausarzt Dr. med. Marc Hauner bezeugen!

<small>Die Willensbildung der Erblasserin ist wesentlich für die Wirksamkeit einer Anfechtung. Somit steht eine Unwirksamkeit des Erbvertrags aufgrund §§ 105 Abs. 1, 104 Nr. 2 BGB im Raum.</small>

Nachdem meine Frau da nicht mehr ganz bei Trost war, müsste wohl unser gemeinschaftliches Testament vom 1.3.1985 noch gültig sein. Das existiert zwar nicht mehr im Original, weil es mal verloren ging, aber eine Kopie habe ich noch und schicke Sie ihnen mit. Wir haben das damals gemacht, damit ich am Vermögen meiner Frau teilhaben kann nach ihrem Tod, weil ich ja selbst kein Vermögen habe, sondern immer nur mein lächerliches C4-Gehalt von der Uni bekommen habe, das wir für die Kinder und unseren Urlaub ausgegeben haben. Der neue Erbvertrag muss daher für unwirksam erklärt werden!

Irgendwas sollten Sie auch tun, damit mein Sohn das Grundstück nicht veräußern kann. Er will das Haus Mitte nächsten Jahres verkaufen. Er wird zwar wohl einen guten Preis erzielen, ich wohne aber in diesem Haus und will da nicht ausziehen. Es handelt sich um das Grundstück vorgetragen im Grundbuch Neumarkt, Gemarkung Neumarkt i. d. Opf., Band 7, Blatt 4, FlStNr. 123/4.

Aktenauszug

Bitte erteilen Sie mir also einen dementsprechenden Erbschein und berücksichtigen Sie auch die Sache mit dem Grundstück!

Albert Assheimer

Anlage: Kopie eines von Frau Dr. med. Assheimer eigenhändig verfassten Testaments

Unser letzter Wille

Ich, Edith, besitze ein umfangreiches Vermögen. Dazu gehören verschiedene Wertpapierdepots und Fondsbeteiligungen sowie unser Familiengrundstück mitsamt Haus. Mein Albert verfügt über kein nennenswertes Vermögen. Angesichts dessen verfügen wir:

Nach meinem, Ediths, Tod soll zunächst Albert Vorerbe meines gesamten reichhaltigen Vermögens werden.

Nach seinem Tod soll unser Sohn Bertfried Nacherbe werden. Vorweg soll aber Albert als Vermächtnis das Grundstück mit unserem Familienheim bekommen. Er soll den Wert auch nicht ausgleichen müssen.

Nach dem Tod von Albert soll unser Sohn Bertfried alles bekommen, ansonsten würde ich, Edith, Albert nichts hinterlassen. An dieses Testament bin ich, Edith, zu unseren Lebzeiten nicht gebunden und kann es frei widerrufen.

Neumarkt den 1.3.1985

Edith Assheimer   Albert Assheimer

> Wiederrum ist die Vorbemerkung wesentlich für die **Ermittlung der Interessen** der Verfügenden.

Dr. med. Bertfried Assheimer
Burgstraße 4
92318 Neumarkt in der Oberpfalz

Neumarkt, den 7.1.2011

> Amtsgericht Neumarkt
> Eingang: 10.1.2011

An das
Amtsgericht Neumarkt
Residenzplatz 1
Neumarkt in der Oberpfalz

Sehr geehrte Damen und Herren,

auf die Beschwerde meines Vaters möchte ich entgegnen, dass meine Mutter völlig klar im Kopf war, als wir beim Notar waren. Außerdem ist das gemeinschaftliche Testament nicht verschwunden, das hat sie bestimmt absichtlich zerrissen! Das kann ich mir bei ihrem Temperament gut vorstellen.

Bertfried Assheimer

Amtsgericht Neumarkt in der Oberpfalz
– Nachlassgericht –

Az. VI 114/10

hier: Anträge der Claudia Nichtinger, Beteiligte zu 2., vom 26.11.2010 und des Albert Assheimer, Beteiligter zu 3., vom 16.12.2010

Das Amtsgericht – Nachlassgericht – erlässt durch Richter am Amtsgericht Rastlos am 25.1.2011 folgenden Beschluss:

> Den Beschwerden wird nicht abgeholfen. Sie werden dem Oberlandesgericht Nürnberg vorgelegt.

Der Nichtabhilfebeschluss fußt verfahrensrechtlich auf § 68 Abs. 1 S. 1 Hs. 2 FamFG.

Gründe

1. Der Antrag der Beteiligten zu 2. ist – auch weiterhin – unzulässig. Insofern wird auf die zutreffenden Gründe der Ausgangsentscheidung verwiesen.

2. Der Antrag des Beteiligten zu 3. hat in der Sache keinen Erfolg. Der Beteiligte zu 3. kann aus dem neu vorgelegten Testament vom 1.3.1985 kein Erbrecht herleiten, denn es wurde wirksam widerrufen. Das ergibt sich aus dem Erbvertrag vom 4.3.2007. Etwas anderes folgt auch nicht daraus, dass es sich womöglich um ein gemeinsames Testament nach § 2265 BGB handelt. Denn auch ein solches ist zu Lebzeiten der Ehegatten frei widerruflich, § 2271 Abs. 1 und 2 BGB. Die Erblasserin hat insbesondere auch die maßgebliche Form nach §§ 2271 Abs. 1 S. 1, 2296 BGB gewahrt, indem sie durch Erbvertrag zurückgetreten ist.

Hier prüft das Nachlassgericht etwas zu schnell: Ein **Widerruf** setzt grundsätzlich auch den **Zugang der Erklärung** in der erforderlichen Form voraus, hier nach §§ 2271 Abs. 1 S. 1, 2296 Abs. 2 S. 1, 130 BGB. Jedenfalls daran fehlt es aber. Vgl. ferner Nr. 7 im Hilfsgutachten.

Unterschrift RiAG Rastlos

Auszug aus der Niederschrift über die nichtöffentliche Sitzung des Oberlandesgerichts Nürnberg vom 5.4.2011

Gegenwärtig: VRiOLG Huber, RiOLG Maier, RiOLG Müller,
als Urkundsbeamtin der Geschäftsstelle JAng Moth,
die Beteiligten Bertfried Assheimer, Claudia Nichtinger und Albert Assheimer,
die Zeugen Marc Hauner und Marianne Eichenmüller.

Der Senat hat sich hier offensichtlich für eine förmliche Beweisaufnahme nach den §§ 68 Abs. 3, 29 Abs. 1, 30 Abs. 1 FamFG entschieden.

Aktenauszug

...

1. Zeuge:

Zur Person: Marianne Eichenmüller, 64 Jahre alt, Nachbarin der Erblasserin, ...

Zur Sache: "Ich kann mich noch ganz genau erinnern, dass mir Edith erzählt hat, ihr Mann hätte eine Geliebte. Das würde sie noch nicht so schlimm finden. Aber dass er seine neue Geliebte zur Erbin einsetzt, das wollte sie gar nicht. Damit er nichts an sie vererben kann, hat sie daher den Erbvertrag mit ihrem Sohn gemacht. Es ging ihr nur darum, die Erbschaft der Gretchen Faust zu verhindern. Die Vorerbschaft hat sie ihm schon gegönnt und wegen des Grundstücks hat sie sich keine Sorgen gemacht, dass damit zu Lebzeiten was passiert, weil sie wusste, dass der Albert das Haus sehr liebt."

> Weitere „Munition" zur Auslegung der Verfügungen und etwaiger Anfechtungen.

Weiter wird zur Frage der Verwertbarkeit von Angaben des damals behandelnden Arztes der Erblasserin, Dr. Marc Hauner, verhandelt. Der Vorsitzende weist auf Bedenken des Senats hin, dass eine Verwertung dieser Angaben womöglich gegen das Persönlichkeitsrecht der Erblasserin verstoße. Die Beteiligten zu 1. bis 3. erklären darauf hin jeweils im Namen der Erblasserin der Verwertung dieser Angaben zuzustimmen.

> Dies könnte eine **Entbindung von der Schweigepflicht** nach § 385 Abs. 2 ZPO darstellen.

2. Zeuge:

Zur Person: Dr. med. Marc Hauner, 48 Jahre alt, Hausarzt der Erblasserin, ...

Zur Sache: "Frau Kollegin Dr. med Assheimer war bei mir seit langer Zeit in Behandlung. Sie war um den 4.3.2007 dreimal bei mir in Behandlung. Am 1.4.2007, 10.4.2007 und am 15.4.2007. Sie erschien mir normal. Dabei sind mir keine medizinischen Probleme aufgefallen, die sich auf die geistige Leistungsfähigkeit auswirken könnten. Ausschließen kann man aber natürlich nie, dass sie zwischendurch nicht testierfähig war."

...

Beteiligter zu 3.: "Ich habe über Bekannte erfahren, dass mein Sohn bereits Verkaufsverhandlungen über das Grundstück führt. Ein Notartermin nächste Woche soll bereits vereinbart sein."

Beteiligter zu 1.: "Das trifft zu."

> Hier trägt der Antragsteller **eilbedürftige Interessen** vor. Ein besonderer Antrag für **einstweilige Anordnungen** ist nach § 51 Abs. 1 S. 1 FamFG nicht stets nötig. Der Bearbeiter muss daher überlegen, ob und welche einstweiligen Maßnahmen er erlassen muss oder darf.

...

Bearbeitervermerk

Die Entscheidung des Oberlandesgerichts ist zu entwerfen.

Sämtliche Zustellungen und sonstigen Formalia sind in Ordnung, soweit nicht anders angegeben. Die Sachverhaltsdarstellung sowie die Festsetzung des Geschäftswertes sind erlassen. Alle etwa erforderlichen Hinweise wurden erteilt, weitere Sachverhaltsaufklärung ist nicht möglich.

Soweit die Entscheidung nicht auf alle aufgeworfenen Rechtsfragen eingeht, sind diese in einem Hilfsgutachten abzuhandeln.

Lösungsvorschlag

Oberlandesgericht Nürnberg
Az. 14 Wx 68/11

Beschluss

In der Erbscheinssache

über den Nachlass der Edith Assheimer aus Neumarkt in der Oberpfalz, verstorben am 1.7.2010 in Neumarkt in der Oberpfalz, zuletzt wohnhaft in Neumarkt in der Oberpfalz, Kapellenweg 12,

hier:

Antrag der Claudia Nichtinger und des Albert Assheimer auf Einziehung und Neuerteilung eines Erbscheins

Beteiligte:

1. Bertfried Assheimer, Burgstraße 4, 92318 Neumarkt in der Oberpfalz

— Beteiligter zu 1. —

2. Claudia Nichtinger, Dreichlinger Straße 39a, 92318 Neumarkt in der Oberpfalz

— Beteiligte zu 2. —

3. Albert Assheimer, Kapellenweg 12, 92318 Rittershof b. Neumarkt in der Oberpfalz

— Beteiligter zu 3. —

hat der 14. Zivilsenat des Oberlandesgerichts Nürnberg, durch den Vorsitzenden Richter am Oberlandesgericht Huber und die Richter Maier und Müller, auf die Beschwerden der Beteiligten zu 2. und des Beteiligten zu 3. gegen den Beschluss des Amtsgerichts vom 4.11.2010

beschlossen:

I. Das Nachlassgericht wird angewiesen, den am 12.11.2010 erteilten Erbschein, Az. VI 114/10, nach Edith Assheimer, verstorben am 1.7.2010, zugunsten des Bertfried Assheimer als Alleinerben, einzuziehen.

II. Die Tatsachen, die zur Erteilung des folgenden Erbscheins notwendig sind, werden für festgestellt erachtet:

"Es wird bezeugt, dass die am 1.7.2010 verstorbene Edith Assheimer, geb. am 28.11.1946 in Neumarkt in der Oberpfalz, zuletzt wohnhaft in Ofenstetten von Albert Assheimer beerbt worden ist. Nacherbfolge ist angeordnet. Die Nach-

---

Der 14. Zivilsenat ist hier anhand des Aktenzeichens am Anfang der Akte zu erkennen.

Für die Nummerierung der Beteiligten gibt es keine gesetzlichen Vorgaben. Hier wurde nach dem Eingangsdatum ihrer Anträge sortiert.

Anweisung zur Einziehung gemäß § 2361 BGB.

Feststellungsbeschluss gemäß §§ 352 Abs. 2, 69 Abs. 1 S. 1 FamFG.

Das erneute Einrücken sowie ein weiterer Absatz sind nicht notwendig, machen aber den komplexen Tenor besser verständlich.

erbfolge tritt mit dem Tode des Vorberben ein. Das Recht des Nacherben erstreckt sich nicht auf das Grundstück der Erblasserin, vorgetragen im Grundbuch Abensberg, Gemarkung Ofenstetten, Band 7, Blatt 4, FlStNr. 123/4 "

III. Das Nachlassgericht wird angewiesen einen Erbschein mit folgendem Inhalt zu erteilen: *Anweisung zur Erteilung gemäß § 69 Abs. 1 S. 1 FamFG, § 2359 BGB.*

"Es wird bezeugt, dass die am 1.7.2010 verstorbene Edith Assheimer, geb. am 28.11.1946 in Neumarkt in der Oberpfalz, zuletzt wohnhaft in Ofenstetten von Albert Assheimer beerbt worden ist. Nacherbfolge ist angeordnet. Die Nacherbfolge tritt mit dem Tode des Vorberben ein. Das Recht des Nacherben erstreckt sich nicht auf das Grundstück der Erblasserin, vorgetragen im Grundbuch Neumarkt, Gemarkung Neumarkt i. d. Opf., Band 7, Blatt 4, FlStNr. 123/4 "

IV. Die Wirksamkeit der Ziffern I.-III. wird bis zu ihrer Rechtskraft ausgesetzt.

V. Dem Beteiligten zu 1. wird im Wege der einstweiligen Anordnung aufgegeben, die ihm erteilte Ausfertigung des Erbscheins nach Edith Assheimer vom 4.11.2010, Az. VI 114/10, vorläufig zu den Gerichtsakten zu geben.

VI. Die Beschwerde der Beteiligten zu 2. wird verworfen.   *Die Tenorierung folgt aus § 68 Abs. 2 S. 2 FamFG.*

VII. In Ansehung der Beschwerde des Beteiligten zu 3. wird von der Erhebung von Gerichtskosten abgesehen. Im Übrigen trägt die Beteiligte zu 2. die Kosten des Beschwerdeverfahrens.

VIII. [Festsetzung des Geschäftswertes für das Beschwerdeverfahren: erlassen!]

Gründe

I.

[erlassen]

II.

Die Beschwerde der Beteiligten zu 2. ist bereits unzulässig, die Beschwerde des Beteiligten zu 3. ist zulässig und begründet.

A. Der „Widerspruch" der Beteiligten zu 2. ist als Beschwerde entsprechend § 133 BGB auszulegen, da sich ihr Rechtsschutzziel nur durch dieses Rechtsmittel weiter verfolgen lässt.

Falls die Darstellung des Sachverhalts tatsächlich einmal nicht erlassen sein sollte, stehen dem Bearbeiter die Muster Nr. 27 und 26 der Formularsammlung Böhme/Fleck/Kroiß sowie die Grundsätze für Zivilurteile in Thomas/Putzo, § 313 Rn. 12-26 zur Verfügung.

Die Auslegung eines Antrags muss stets vor Zulässigkeit und Begründetheit erfolgen.

Lösungsvorschlag

Die Beschwerde der Beteiligten zu 2. ist unzulässig.

Die Beteiligte zu 2. ist schon nicht beschwert. Die Beschwerde gegen die Erteilung eines Erbscheins setzt voraus, dass der Beschwerdeführer durch die Entscheidung des Nachlassgerichts beschwert ist, § 59 FamFG.

Beschwert ist nach § 59 Abs. 1 FamFG, wer in seinen Rechten beeinträchtigt ist. Erforderlich ist dafür ein unmittelbarer Eingriff in ein zum Zeitpunkt der Entscheidung bestehendes subjektives materielles Recht des Beschwerdeführers.[4] Darunter fällt jede subjektive Rechtsposition, unabhängig davon, ob sie schuldrechtlicher, dinglicher oder erbrechtlicher Natur ist. Diese Rechtsposition muss weiter durch die angegriffene Entscheidung beeinträchtigt werden. Dafür reicht eine scheinbare Beeinträchtigung durch den Inhalt des Beschlusses nicht aus. Vielmehr muss der Beschluss seinem Regelungsgehalt nach in die fragliche Rechtsposition eingreifen.

Eine Beeinträchtigung der Beteiligten zu 2. kommt hier nicht in Betracht. Der angegriffene Erbschein bezeugt lediglich Erbrechte und damit die Verfügungsbefugnisse und gegebenenfalls deren Beschränkungen. Über schuldrechtliche Positionen trifft der Erbschein weder positiv noch negativ eine Aussage. Er kann schuldrechtliche Ansprüche daher auch nicht beeinträchtigen.

Die Beteiligte zu 2. kann sich jedoch allenfalls auf ein schuldrechtliches Recht berufen. Denn die Erblasserin hat im Erbvertrag vom 14.3.2007 angeordnet, dass der Beteiligten zu 2. eine Summe von 20.000 € zukommen solle. Darin liegt im Zweifel lediglich ein Vermächtnis, § 2087 II BGB. Denn die Summe steht einem untergeordneten Wertverhältnis zum übrigen Nachlass (Haus und Grund, Depots). Ein anderer Wille der Erblasserin ist nicht feststellbar. Ob diese Verfügung wirksam ist, kann insoweit offen bleiben, da der Beteiligten zu 2. andernfalls gar keine Rechtsposition zukäme.

Etwas anderes folgt hier auch nicht aus § 59 II FamFG: Denn dieser sieht zwar als Voraussetzung der Beschwerdebefugnis einer formelle Beschwer des Beschwerdeführers vor. Dies ist jedoch keine alternative Beschwerdebefugnis, sondern eine zusätzliche Voraussetzung zu Absatz 1. Eine fehlende materielle Be-

> Ein nützliches **Prüfungsschema** für die **Zulässigkeit** der Beschwerde findet sich in Thomas/Putzo, § 69 FamFG Rn. 12 ff.

> Grundsätzlich reicht im Rahmen der Beschwerdebefugnis eine schlüssig behauptete Möglichkeit der Beeinträchtigung eines bestehenden Erbrechts, falls die diesbezüglichen Tatsachen auch für die Begründetheit der Beschwerde maßgebend und daher insoweit „doppelrelevant" sind. Dann wird – trotz des grundsätzlichen prozessualen Vorrangs der Zulässigkeit vor der Begründetheit – die Frage der Beeinträchtigung erst in der Begründetheit geprüft und die Beschwerde verneinendenfalls als unbegründet statt als unzulässig abgewiesen. Hier erfolgte aber wegen § 2087 Abs. 2 BGB noch nicht einmal eine schlüssige Behauptung eines möglicherweise beeinträchtigten Erbrechts der Beteiligten zu 2.[5]

---

[4] *BGH*, NJW 1989, 1858; BGHZ 1, 352.
[5] *Knöringer*, Freiwillige Gerichtsbarkeit, S. 50 f.

einträchtigung wird also nicht durch die formelle Beschwer überwunden.

B. Die Beschwerde des Beteiligten zu 3. ist zulässig.

I. Die Beschwerde ist der statthafte Rechtsbehelf für das Begehren des Antragsstellers.

Die Beschwerde ist statthaft. Denn der Beschwerdeführer greift eine erstinstanzliche Entscheidung in Angelegenheiten der freiwilligen Gerichtsbarkeit an, § 58 I FamFG. Vorliegend verfolgt der Beteiligte zu 3. zwei verschiedene Beschwerdebegehren. Zum einen wendet er sich gegen die Erteilung des Erbscheins an den Beteiligten zu 1. Zum anderen begehrt er die Erteilung eines Erbscheins. Hinsichtlich beider Begehren ist die Beschwerde statthaft.

Diese Differenzierung ist unabdingbar und typisch für eine Klausur zur Erbscheinsbeschwerde.

1. Soweit der Beteiligte zu 3. die Erteilung des Erbscheins an den Beteiligten zu 1. angreift, ist allein das Beschwerdeziel der Einziehung des Erbscheins statthaft, § 352 Abs. 3 FamFG. Ein Angriff auf den Feststellungsbeschluss wäre nicht zulässig. Dieser hat sich durch die Erteilung erledigt und ist in dem Erbschein aufgegangen. Zwar darf in der Beschwerdeinstanz kein neuer Antrag erstmalig gestellt werden und hier fehlt es genau genommen an einer erstinstanzlichen Entscheidung als Beschwerdegegenstand. Das Nachlassgericht hätte bei Entscheidung über die Beschwerde auch abhelfen können, § 68 Abs. 1 S. 1 HS. 1 FamFG.[6] Das Nachlassgericht wurde somit nicht umgangen und die Beschwerdemöglichkeit ist daher eröffnet.

Zur Beschwerde in Sachen „Einziehung" gemäß § 2361 BGB.
Genauer zur Funktion des § 352 Abs. 3 FamFG vgl. Nr. 3 des Hilfsgutachtens.

2. Soweit der Beteiligte zu 3. die Erteilung eines Erbscheins an sich begehrt, ist Beschwerdegegenstand die Ablehnung der Erteilung. Insofern ist es ausreichend, dass der „neue" Antrag dem Nachlassgericht bei Erlass der Nichtabhilfeentscheidung vorgelegen hat und es sich in der Sache mit ihm auseinandergesetzt hat.[7]

Zur Beschwerde in Sachen „Einziehung" gemäß § 2361 BGB

II. Der Beteiligte zu 3. ist für beide Anträge auch beschwerdeberechtigt, § 59 FamFG.

1. Die Beschwerdebefugnis im Hinblick auf die Einziehung (§ 2361 BGB) folgt aus der von ihm behaupteten Erbenstellung, die er mit den dafür notwendigen Tatsachen vorträgt. Eine formelle Beschwer nach § 59

---

[6] *Zimmermann*, in: *Keidel*, FamFG, § 352 Rn. 138; *Mayer*, in: MüKoZPO, § 352 Rn. 22.
[7] *Weidlich*, in: *Palandt*, BGB, § 2359 Rn. 15 mwN; *Knöringer*, Freiwillige Gerichtsbarkeit, S. 86.

Lösungsvorschlag

Abs. 2 FamFG ist nicht notwendig, da es sich um ein Amtsverfahren handelt, das auch ohne Antrag durchgeführt werden kann.

2. Weiter begehrt der Beschwerdeführer die Erteilung eines Vorerbenscheins und bezüglich des Grundstücks einen Erbschein an sich. Der Beteiligte zu 3. ist auch insofern materiell beschwert, § 59 Abs. 1 FamFG: Die ernsthaft mögliche Vorerbenstellung beinhaltet die verfahrensrechtliche Befugnis einen Erbschein zu beantragen. Dieses Recht ist nach dem Vortrag des Beteiligten zu 3. verletzt. Er ist überdies auch nach Maßgabe der besonderen Voraussetzungen in § 59 Abs. 2 FamFG beschwerdebefugt, da er erstinstanzlich einen entsprechenden Antrag angebracht hatte. Dieser Antrag lag konkludent in seinem Beschwerdevorbringen und wurde vom Nachlassgericht durch die Nichtabhilfe inzident zurückgewiesen.[8]

III. Die Beschwerden sind auch nicht wegen Fristablaufs unzulässig, § 63 FamFG. Denn Gegenstand der Anfechtung ist jeweils nicht der ursprüngliche Beschluss des Nachlassgerichts vom 4.10.2010, sondern der Nichtabhilfebeschluss vom 25.1.2011. Da der Beteiligte zu 3. jedoch durch eine Prozesshandlung zugleich den erstinstanzlichen Antrag gestellt und die Beschwerden eingelegt hat, ist die Frist entweder bereits nicht angelaufen oder – nach Ablauf einer juristischen Sekunde – gewahrt.

Zum Gegenstand der Beschwerde vgl. oben I. und Nr. 3 des Hilfsgutachtens.

Zur Beschwerdefrist gem. §§ 63 Abs. 3, 7 Abs. 4 FamFG bei sog. „vergessenen Beteiligten" vgl. Nr. 4 des Hilfsgutachtens.

C. Die Beschwerde des Beteiligten zu 3. ist vollumfänglich begründet. Der erteilte Erbschein ist unrichtig und daher einzuziehen. Der Beteiligte zu 3. ist Vorerbe nach der Erblasserin mit Ausnahme des Grundstücks in Ofenstetten mit Fl-Nr. 123/4, das ihm sofort mit dinglicher Wirkung zugefallen ist. Das Nachlassgericht ist daher anzuweisen einen entsprechenden Erbschein zu erteilen.

Eine Trennung der Einziehung und der Erteilung im Rahmen der Begründetheit erscheint nicht notwendig, da die Prüfung in der Sache – anders als die Prüfung der Zulässigkeit (s.o.) – notwendig zusammen fällt.

I. Der Senat hat die sachliche Prüfungsbefugnis in jeder Hinsicht und ist insbesondere nicht an die vom Beschwerdeführer dargelegten Gründe gebunden.[9] Denn das Beschwerdegericht tritt vollständig an die Stelle des Nachlassgerichts und ist also eine zweite Tatsacheninstanz. Begrenzt wird dies lediglich durch den Gegenstand der Beschwerde.[10]

---

8 *Mayer*, in: MüKoZPO, § 352 Rn. 22; kritisch *Zimmermann*, in: *Keidel*, FamFG, § 352 Rn. 144.
9 *Weidlich*, in: *Palandt*, BGB, § 2359 Rn. 15 und § 2361 Rn. 11.
10 *Knöringer*, Freiwillige Gerichtsbarkeit, S. 53.
11 *Knöringer*, Freiwillige Gerichtsbarkeit, S. 68.

II. Der Antrag des Beteiligten zu 3. ist dahin gehend auszulegen, dass er einen Erbschein begehrt, der ihn als Vorerbe nach Edith Assheimer und in Bezug auf das Grundstück als Vollerbe ausweist. Das ergibt eine Auslegung des gesamten Vortrags des Beteiligten zu 3. Aus seiner Beschwerde geht klar hervor, dass er, wie er im letzten Satz klar stellt, nicht einen Erbschein ohne Beschränkungen, sondern die Beschränkung der Vorerbschaft bezüglich des Grundstücks ausgewiesen haben will.

Im Erbscheinsverfahren gilt ein **strenges Antragsprinzip**: Das Nachlassgericht, und dementsprechend auch das Beschwerdegericht, darf einem Erbscheinsantrag nur ganz oder gar nicht, nicht aber in veränderter Form stattgeben.[11] Vor einer Abweisung wird das Gericht jedoch nach § 28 Abs. 2 FamFG einen Hinweis erteilen.

III. Der Beteiligte zu 3. ist Vorerbe nach der Erblasserin.

1. Die Erblasserin und der Beteiligte zu 3. haben unter dem 1.3.1985 ein gemeinschaftliches Testament nach den §§ 2265 ff. BGB. errichtet. Das Testament genügt den formellen Anforderungen: Die beiden Verfügenden waren Ehegatten. Die Testierung in einer einheitlichen Urkunde deutet auf einen Willen zur gemeinschaftlichen Verfügung nach § 2265 BGB hin. Die Form gemäß den §§ 2247, 2267 BGB wurde gewahrt. Eine Auslegung des Testaments nach § 133 BGB ergibt: Der Beteiligte zu 3. sollte zunächst Erbe nach der Erblasserin werden, danach der Beteiligte zu 1. Dabei handelt es sich um die Anordnung einer Vor- und Nacherbschaft nach den §§ 2100 ff. BGB. Die Nacherbschaft sollte mit dem Tode des Beteiligten zu 3. anfallen.

Letztwillige Verfügungen sind grds. nur nach § 133 BGB auszulegen, da es sich um nicht empfangsbedürftige Willenserklärungen handelt und der Empfängerhorizont also nicht maßgeblich ist. Etwas anderes gilt bei der Auslegung eines gemeinschaftlichen Testaments, da sich die Testierenden auf die Erklärung des jeweils anderen einstellen müssen.[12]

Es bietet sich an mit der letztwilligen Verfügung zu beginnen. Nur so ist sichergestellt, dass nicht unnötige Ausführungen über Verfügungen gemacht werden, die keine Entscheidungserheblichkeit besitzen.

2. Dabei steht zur Überzeugung des Gerichts fest, dass das genannte gemeinschaftliche Testament tatsächlich errichtet wurde und dass bei Errichtung die gesetzliche Form gemäß §§ 2267, 2247 BGB eingehalten wurde. Die Überzeugung folgt dabei maßgeblich aus der Kopie des gemeinschaftlichen Testaments vom 1.3.1985.

Dem steht insbesondere nicht § 2356 Abs. 1 BGB entgegen. Dieser ordnet zwar an, dass ein Antragsteller die Verfügung, aus der er sein Erbrecht ableitet, in Urschrift vorzulegen hat. Hier hat der Beteiligte zu 3. lediglich eine einfache Kopie des gemeinschaftlichen Testaments beigebracht. Jedoch lässt § 2356 Abs. 1 S. 2 BGB auch weitere Formen des Nachweises zu. So genügt auch die Kopie zur Überzeugung des Senats von der formgemäßen Errichtung im Jahre 1985. Substantiierte Zweifel an der formgemäßen Errichtung wurden von keiner Seite vorgetragen und sind auch sonst nicht ersichtlich. Zuletzt handelt es sich bei den §§ 2267, 2247 BGB sich nicht um ein Beweisregeln,

---

12 *BGH*, NJW 1993, 256 (256); *Weidlich*, in: *Palandt*, BGB, Einf v § 2265 Rn. 10, § 2084 Rn. 1.

Lösungsvorschlag

sondern um Formvorschriften, die lediglich bei Errichtung eingehalten werden.[13]

3. Die Verfügungen des gemeinschaftlichen Testaments sind auch nicht durch ein späteres Testament, hier den Erbvertrag, widerrufen worden, § 2258 Abs. 1 BGB.

a) Dabei kommt es vorliegend nicht darauf an, ob die Erblasserin nach § 2271 Abs. 1 S. 2 BGB gehindert war, insoweit neu zu testieren.

Vergleiche zu dieser schwierigen Problematik die Darstellung im Hilfsgutachten unter Nr. 7.

b) Denn der Erbvertrag wurde jedenfalls wirksam angefochten und ist daher nichtig, § 142 Abs. 1 BGB.

(1) Eine Anfechtungserklärung nach § 2081 Abs. 1 BGB liegt vor.

Der Beteiligte zu 3. hat im Rahmen seines Antrags zum Nachlassgericht vorgetragen, dass der Erbvertrag „für unwirksam erklärt werden" muss. Dies begründete er damit, dass die Erblasserin von einer wirksamen anderweitigen Verfügung durch den Beteiligten zu 3. ausging und nur deswegen eine neue Verfügung getroffen hat. Dieses Vorbringen ist als Anfechtungserklärung im Sinne des § 2081 I BGB auszulegen.

(2) Es liegt auch ein entsprechender Anfechtungsgrund vor. Die Erblasserin unterlag bei Abschluss des Erbvertrags mit dem Beteiligten zu 1. einem Motivirrtum nach § 2078 Abs. 2 BGB.

(i) Die Anfechtung eines Erbvertrags ist nicht nur nach den §§ 2281 ff. BGB möglich. Diese stellen lediglich besondere Vorschriften zur Anfechtung zu Lebzeiten des Erblassers durch eben diesen dar. Nach dessen Tod kann die Verfügung auch – wie hier – durch andere Personen angefochten werden.[14]

(ii) Ein Motivirrtum der Erblasserin im Sinne des § 2087 Abs. 2 BGB liegt vor: Er setzt voraus, dass die Erblasserin durch die irrige Annahme eines Umstandes zu der Verfügung bestimmt worden ist. Als Umstand in diesem Sinne kommt grundsätzlich alles in Betracht, was die Motivationslage in der konkreten Situation beeinflusst hat. Hier ging die Erblasserin bei Abschluss des Erbvertrages davon aus, dass ihr Ehemann bereits wirksam anderweitig testiert habe. Aus

Eine **Präambel** verfolgt – unabhängig vom Rechtsgebiet – mehrere **Zwecke**: Zunächst stellt sie die tatsächliche Ausgangslage fest, erläutert die Zwecke und dient so der erläuternden und ergänzenden Vertragsauslegung[15]. Ferner kann sie zur Feststellung einer Geschäftsgrundlage und zur Anpassung nach § 313 BGB herangezogen werden.[16]

---

13 Vgl. zur Problematik *BayObLG*, BayObLGZ 2001, 20.
14 *Weidlich*, in: *Palandt*, BGB, § 2285 Rn. 1.
15 Dazu lehrreich *Cziupka*, JuS 2009, 103, und *Biehl*, JuS 2010, 195.
16 *Langenfeld*, Grundlagen der Vertragsgestaltung, Kap. 4 § 2 Rn. 4 ff.

der Aussage der Zeugin Eichenmüller ergibt sich klar, dass es der Erblasserin lediglich auf das neue Testament des Beteiligten zu 3. ankam und nicht auf die Tatsache, dass er eine Geliebte hatte. Dies ergibt sich auch aus der Präambel des Erbvertrags vom 4.3.2007.

Diese Vorstellung traf indes nicht zu, da der Beteiligte zu 3. seinerseits nicht wirksam testieren konnte. Seine Erbeinsetzung der Gretchen Faust war nach § 2271 Abs. 1 S. 2 BGB unwirksam. Danach ist eine Verfügung von Todes wegen unwirksam, wenn sie gegen die Anordnung einer wechselbezüglichen Verfügung verstößt. Die Verfügung des Beteiligten zu 3. im gemeinschaftlichen Testament vom 1.3.1985, mit der er den Beteiligten zu 1. zu seinem Erben einsetzt, ist jedoch eine solche wechselbezügliche Verfügung. Eine Verfügung ist wechselbezüglich, wenn die Verfügung des anderen Ehegatten nach dem übereinstimmenden Willen der Ehegatten mit dieser Verfügung stehen und fallen soll.[18] Insofern ist eine Prüfung für jede einzelne Verfügung jedes einzelnen Ehegatten durchzuführen. Daher kommt es hier darauf an, ob die Ehegatten wollten, dass die Einsetzung des gemeinsamen Sohnes Voraussetzung für das Bestehenbleiben der Wirksamkeit der (Vor-)Erbeinsetzung des Beteiligten zu 3. war. So liegt der Fall hier: Nach dem Wortlaut der Verfügung und den Angaben der Beteiligten hatte die Erblasserin als einzige erhebliches Vermögen, an dessen Weitergabe an den gemeinsamen Sohn sie ein Interesse hatte. Dies kommt auch in der Verfügung hinreichend zum Ausdruck, da der letzte Absatz angibt, dass die Erblasserin dem Beteiligten zu 3. nichts hinterließe, falls dieser nicht den Beteiligten zu 1. als seinen Erben einsetze. Es war daher bei Errichtung der Verfügung der Wille der Testierenden, dass der überlebende Ehemann nicht anderweitig testieren kann.

Es ist stets die **Wechselbezüglichkeit** einer jeden Verfügung **isoliert** zu untersuchen. Insbesondere sind, wie vorliegend, Konstellationen denkbar, in denen von zwei Verfügungen nur eine wechselbezüglich ist („**einseitig wechselbezügliche Verfügung**", vgl Palandt, § 2270 Rn. 1 und 4 und Hilfsgutachten unter Nr. 7).

Auf die **Zweifelsregel** des § 2270 Abs. 2 BGB kommt es hier nicht an, da sich der Wille **positiv feststellen** lässt und also kein Zweifel besteht.[17]

(iii) Dieser Motivirrtum ist auch nicht durch die behauptete Zerstörung des Testaments vom 1.3.1985 durch die Erblasserin entfallen. Zwar könnte in einer Zerstörung ein Verzicht auf die Bindungswirkung des § 2271 Abs. 1 S. 2 BGB zu sehen sein. Es konnte jedoch nicht aufgeklärt werden, ob eine solche Zerstörung stattgefunden hat. Da die Zerstörung dem Beteiligten

Im Bereich der freiwilligen Gerichtsbarkeit gibt es **keine Beweisführungslast** (= subjektive Beweislast). Das bedeutet, dass nicht schon allein die Tatsache eines fehlenden Beweisantritts zulasten eines Beteiligten gehen kann. Jedoch existiert eine **Feststellungslast** (= materielle Beweislast). Danach ergibt sich, zu wessen Lasten es gehen muss, wenn die Tatsachen, die für den Tatbestand einer entscheidungserheblichen Norm erforderlich sind, nicht festgestellt werden konnten.[19] Die Feststellungslast ergibt sich – wie auch im Zivilverfahren – nicht aus der Prozessrolle, sondern **aus dem materiellen Recht**.

---

17 Weidlich, in: *Palandt*, BGB, § 2270 Rn. 7.
18 Weidlich, in: *Palandt*, BGB, § 2270 Rn. 1.
19 Weidlich, in: *Palandt*, BGB, § 2358 Rn. 12; Knöringer, Freiwillige Gerichtsbarkeit, S. 34.

Lösungsvorschlag

zu 1. zu statten käme, trifft ihn die Feststellungslast.[20]

(3) Dieser Irrtum war auch kausal für die Verfügung der Erblasserin. Wie sich aus der Präambel des Erbvertrages ergibt, war diese vermeintlich wirksame Testierung des Beteiligten zu 3. zugunsten der Gretchen Faust der ausschlaggebende Grund für die Erblasserin, nunmehr neue Verfügungen zu treffen.

(4) Der Beteiligte zu 3. ist auch anfechtungsberechtigt. Gemäß § 2080 Abs. 1 BGB kann die Verfügung von Todes wegen anfechten, wem der Wegfall der angegriffenen Verfügung zustatten käme. Dies ist durch einen Vergleich der Rechtslage bei wirksamer Testierung einerseits und bei erfolgreicher Anfechtung andererseits festzustellen.[21] Danach ergibt sich die Anfechtungsberechtigung hier aus dem gemeinschaftlichen Testament vom 1.3.1985.

(5) Die Anfechtung wurde auch fristgerecht erklärt. Die Jahresfrist läuft ab Kenntnis des Anfechtungsberechtigten von den Tatsachen, die den Anfechtungsgrund begründen, § 2082 Abs. 1 und 2 BGB. Da zu diesen Tatsachen auch der Erbfall selbst gehört, ist die Frist hier eindeutig gewahrt.

(6) Es liegt auch kein Fall des § 2285 BGB vor. Danach wäre eine Anfechtung durch Dritte, hier den Beteiligten zu 3., ausgeschlossen, wenn das Anfechtungsrecht der Erblasserin bereits zu deren Lebzeiten erloschen ist. Dies ist hier nicht der Fall: Ein Erlöschen des Anfechtungsrechts der Erblasserin käme lediglich aufgrund Fristablaufs nach § 2283 Abs. 1 BGB in Betracht. Dieser setzt aber voraus, dass die Anfechtungsberechtigte Kenntnis von den die Anfechtung begründenden Umständen erlangt hat und danach die Jahresfrist abgelaufen ist. Auch dies war hier nicht ersichtlich. Dementsprechend geht dieser Zweifel zulasten des Anfechtungsgegners, den dafür die Feststellungslast trifft.[22]

c) Der Nacherbfall tritt mit dem Tode des Vorerben ein, § 2106 Abs. 1 BGB.

d) Anderes gilt im Hinblick auf das Grundstück. Insoweit ist der Beteiligte zu 3. bereits Vollerbe.

Gemäß § 2363 Abs. 1 S. 1 BGB hat der Erbschein für den Vorerben besondere Angaben zu enthalten. Die verfolgt zwei Zwecke: Zum einen wird damit die erbrechtliche Verfügungsbeschränkung der §§ 2113 ff. BGB ausgedrückt, zum anderen attestiert der Erbschein so gegebenenfalls die Befreiungen nach §§ 2136 f. BGB.[23]

Es handelt sich bei § 2110 Abs. 2 BGB um eine der im deutschen Erbrecht sehr seltenen Durchbrechungen des Prinzips der Universalsukzession. Die – sonst kaum mögliche – dinglich wirksame Einzelrechtsnachfolge wird **Vindikationslegat** genannt.

---

20 Weidlich, in: *Palandt*, BGB, § 2255 Rn. 11.
21 Weidlich, in: *Palandt*, BGB, § 2080 Rn. 1.
22 Weidlich, in: *Palandt*, BGB, § 2283 Rn. 2.
23 Knöringer, Freiwillige Gerichtsbarkeit, S. 93.

Nach § 2110 Abs. 2 BGB erstreckt sich die Vorerbschaft im Zweifel nicht auf dem Vorerben zugewendete Vorausvermächtnisse. Da ein Vermächtnisanspruch des Vorerben gegen den Vorerben selbst und mangels Rechtspersönlichkeit des Nachlasses nicht denkbar ist, steht dem Vorerben daher das Vermächtnis unmittelbar dinglich zu.[24] Grund hierfür ist, dass ein Anspruch des Vorerben gegen sich selbst aus § 2147 BGB wegen Konfusion nicht bestehen kann. Damit dieser auch im Eintritt der Nacherbfolge nicht wieder auflebt (§ 2147 BGB) ordnet das BGB in § 2110 Abs. 1 BGB daher an, dass sich die Vorerbschaft im Zweifel erst gar nicht darauf bezieht. Darin liegt eine Durchbrechung erbrechtlicher Prinzipien, die das Vermächtnis normalerweise nur schuldrechtlich wirken lassen, die aber im Gesetz angeordnet und technisch notwendig ist.

e) Die Wirksamkeit des Beschlusses ist auszusetzen, § 352 Abs. 2 FamFG. Zwar ist die Rechtsbeschwerde mangels einer Zulassung durch den Senat nicht zulässig, § 70 Abs. 1 FamFG. Die formelle Rechtskraft dieses Beschlusses tritt dennoch erst mit Ablauf der Frist zur Einlegung der Rechtsbeschwerde ein.[25]

D. Weiter ist die einstweilige Anordnung zur Sicherung der Einziehung zu erlassen.

I. Für den Erlass der einstweiligen Anordnung kommt es nicht darauf an, ob die Erklärung des Beteiligten zu 3., dass er schnelle Maßnahmen des Gerichts begehre, als Antrag im Sinne von § 51 I 1 FamFG auszulegen ist. Denn das insoweit zugrunde liegende Verfahren, die Einziehung nach § 2361 BGB, ist ein Amtsverfahren. Bei diesem ist der Erlass einer einstweiligen Anordnung ebenfalls von Amts wegen möglich.[26] Ein dahin gehender Antrag wäre lediglich als Anregung (§ 24 I FamFG) auszulegen.

II. Das Beschwerdegericht ist nach § 50 Abs. 1 S. 2 a.E. FamFG für den Erlass der einstweiligen Anordnung zuständig.

III. Die Verbindung der einstweiligen Anordnung mit der Endentscheidung ist zulässig, da es sich nicht um denselben Entscheidungsgegenstand handelt. Im Regelfall ist eine einstweilige Anordnung nach Erlass der Hauptsache nicht notwendig, da die Sache bereits ent-

---

24 Vgl. dazu etwa *BGH*, NJW 1960, 959.
25 *GmSOGB*, BGHZ 88, 353 (357); *BGH*, BGHZ 178, 47 (49 f.); 109, 211 (213 f.); *Boeckh*, NJ 2011, 189 (195) mit Fn. 71; *Engelhardt*, in: *Keidel*, FamFG, § 45 Rn. 17.
26 *Reichold*, in: Thomas/Putzo, ZPO, § 51 FamFG Rn. 3.

Lösungsvorschlag

schieden ist und kein Bedürfnis für eine einstweilige Regelung besteht. Hier fallen die rechtliche Entscheidungsbefugnis und die Vollziehung der Einziehung jedoch auseinander, da § 2361 BGB die Einziehung dem Nachlassgericht vorbehält. Es besteht daher auch nach Erlass der Endentscheidung durch das Beschwerdegericht ein Bedürfnis für diese Anordnung, da die Einziehung zeitlich der Beschwerdeentscheidung nachfolgt.

IV. In der Sache folgt der Inhalt der Anordnung aus § 49 FamFG, § 2361 BGB.

Voraussetzung ist danach, dass ein dringendes Bedürfnis für ein sofortiges Tätigwerden des Gerichts besteht. Das ist hier der Fall: Die Interessen der Erblasserin werden verletzt, wenn der Beteiligte zu 1 über das Grundstück verfügen sollte. Das ist auch konkret zu befürchten. Denn der Beteiligte zu 1 ist Inhaber eines auf seinen Namen lautenden Alleinerbscheins. Er beabsichtigt nach dem allseitigen Vortrag, ein Grundstück aus der Erbmasse zu veräußern. Ein Notartermin ist bereits vereinbart.

Es ist anzumerken, dass aufgrund der **Amtsermittlung**, §§ 68 Abs. 3 S. 1, 26 FamFG, ein unstreitiger Vortrag nicht notwendig zur Überzeugung des Gerichts von einer Tatsache hinreicht. Falls allerdings keine Zweifel an dem unstrittigen Vortrag bestehen, wird das Gericht von seiner Wahrheit überzeugt sein. Anders ist die im Zivilprozess, wo der Beibringungsgrundsatz gilt und Unstreitiges der Entscheidung ungeprüft zu Grunde gelegt wird.[27]

Eine solche Verfügung wäre auch dinglich wirksam. Denn nach § 2365 BGB gilt der Scheinerbe als verfügungsberechtigt. Eine Auflassung oder die Bewilligung der Eintragung einer Auflassungsvormerkung wäre daher zugunsten eines gutgläubigen Dritten wirksam.

Um dies zu unterbinden, ist anzuordnen, dass der Erbschein vorläufig zu den Akten gereicht wird, § 49 Abs. 2 S. 2 FamFG. Dadurch entfällt zwar wegen § 2361 Abs. 1 S. 2, Abs. 2 S. 3 BGB noch nicht die Wirkung des § 2365 BGB. Der Beteiligte zu 3. wird aber faktisch gehindert den Erbschein als Legitimationspapier gegenüber dem Grundbuchamt oder Dritten vorzulegen. Jedenfalls beim Grundbuchamt ist eine Vorlage aber nach § 35 Abs. 1 S. 1 GBO nötig, so dass zumindest die Eintragung von etwaigen Verfügungsgeschäften über das Grundstück nicht erfolgt und also nicht wirksam wird, § 873 Abs. 1, 883 Abs. 1 BGB.

E. Das Absehen der Erhebung von Gerichtskosten für die Beschwerde des Beteiligten zu 3. folgt aus § 80 Abs. 1 S. 2 FamFG. § 84 FamFG ist insoweit nicht einschlägig, als dieser gerade eine erfolglose Beschwerde voraussetzt. Somit gilt insoweit § 81 FamFG,[28] dessen

---

27 *Reichold*, in: *Thomas/Putzo*, Einf FamFG Rn. 9 und Einl I Rn. 1.
28 *Reichold*, in: *Thomas/Putzo*, § 84 FamFG Rn. 5.

Abs. 1 S. 2 hier aufgrund der Begründetheit der Beschwerde anzuwenden ist. Die Pflicht der Beteiligten zu 2. zur Kostentragung folgt aus § 84 FamFG, denn die von ihr eingelegte Beschwerde ist unzulässig.

[3 Unterschriften]

Hilfsgutachten

1. Zur Aufhebung von Feststellungsbeschlüssen

Eine Aufhebung des Feststellungsbeschlusses erster Instanz war nicht auszusprechen. Dies kommt lediglich bei erstinstanzlich streitigen Verfahren in Betracht, bei denen ein Feststellungsbeschluss erlassen, der Erbschein aber noch nicht erteilt wurde. Denn dann besteht der Feststellungsbeschluss bis zur Beschwerdeentscheidung fort und muss in der Beschwerdeentscheidung aufgehoben werden. Hier hatte sich der Feststellungsbeschluss jedoch bereits durch die Erteilung erledigt und konnte also gar nicht mehr aufgehoben werden.

Von dieser Konstellation geht aber Seiler in Böhme/Fleck/Kroiß, Formularsammlung, Muster Nr. 27 aus.

2. Zum Feststellungsbeschluss durch das Beschwerdegericht

Fraglich ist, ob der unter Ziffer II. dargestellte Ausspruch im Tenor überhaupt zulässig und gegebenenfalls sogar erforderlich ist.

§ 352 Abs. 1 FamFG ordnet an, dass in unstreitigen und streitigen Erbscheinsverfahren vor Erteilung des Erbscheins ein Feststellungsbeschluss zu erlassen ist. Satz 2 erlaubt lediglich, dass von einer Bekanntgabe abgesehen werden kann. Der Beschluss ist jedoch zwingend zu erlassen, wie sich aus einem Umkehrschluss ergibt. Da das Erbscheinsverfahren durch die Beschwerde vollumfänglich devolutiert wird, § 69 Abs. 1 S. 1 FamFG, muss das Beschwerdegericht eigentlich in eben solcher Weise tenorieren. Dem kann auch nicht entgegengehalten werden, dass der Feststellungsbeschluss sich durch die Erteilung des Erbscheins „prozessual überholt", denn das passiert auch im erstinstanzlichen Verfahren am Nachlassgericht. Zudem folgt die Erteilung des Erbscheins dem Erlass des Feststellungsbeschlusses zeitlich nach.

Lösungsvorschlag

Anderer Ansicht ist jedoch die wohl herrschende Meinung.[29] Das Verständnis der h.M. erklärt sich, wenn man die Rechtslage vor dem FamFG betrachtet: Unter Geltung des FGG hat die Rechtsprechung den sogenannten "Vorbescheid" entwickelt.[30] Dieser hatte eine ähnliche Funktion wie der Feststellungsbeschluss. Er wurde jedoch nur erlassen, wenn bei zweifelhafter Sach- oder Rechtslage mehrere sich inhaltlich widersprechende Erbscheinsanträge gestellt sind oder ein widersprechender Erbscheinsantrag zwar noch nicht gestellt ist, aber nach dem Vortrag eines weiteren Beteiligten zu erwarten ist.[31] Daher war nach altem Recht klar, dass das Beschwerdegericht nicht zusätzlich noch den Erlass eines Vorbescheids tenorierte.

Nach neuem Recht ist eine solche Verfahrensweise aber nicht mehr möglich, da § 352 Abs. 1 FamFG den Feststellungsbeschluss in jedem Fall anordnet. Für weitere Zweckmäßigkeitserwägungen bleibt danach kein Raum. Der Feststellungsbeschluss ist daher *de lege lata* zu erlassen.[32]

3. Zur Funktion des § 352 Abs. 3 FamFG

Im Rahmen von § 352 Abs. 3 FamFG sind zwei Konstellationen zu unterscheiden:

Greift der Beschwerdeführer – anders als hier – bereits den erstinstanzlichen Feststellungsbeschluss mit der Beschwerde an und wird dennoch – verfahrensfehlerhaft[33] – der Erbschein erteilt, so enthält nach einer Ansicht § 352 Abs. 3 FamFG eine gesetzliche Umdeutungsregel hinsichtlich des Beschwerdeziels.[34] Nach anderer Ansicht stellt § 352 Abs. 3 FamFG lediglich eine privilegierte Möglichkeit zur Änderung des nunmehr unzulässig gewordenen Beschwerdeantrags, ähnlich der Regelung

> Dieser Punkt dient dem Verständnis des Erbscheinsverfahrens. In einer echten Examensklausur wären dazu keine Ausführungen veranlasst.

---

29 *Zimmermann*, in: *Keidel*, FamFG, § 352 Rn. 157; *Knöringer*, Freiwillige Gerichtsbarkeit, Fn. 7, S. 86f.; *Seiler* in *Böhme/Fleck/Kroiß*, Formularsammlung, Muster Nr. 27.
30 Dazu etwa *Mayer*, in: MüKoZPO, § 352 FamFG Rn. 15; *Burandt/Rohjan/Kroiß*, Erbrecht, § 352 FamFG Rn. 1 f.
31 *Mayer*, in: MüKoZPO, § 352 FamFG Rn. 15 mwN aus der Rspr.
32 *Boeckh*, NJ 2011, 187 (195); wohl auch *Weidlich*, in: *Palandt*, BGB, § 2359 Rn. 15.
33 *Mayer*, in: MüKoZPO, § 352 FamFG Rn. 23, der zutreffend angibt, dass es bei ordnungsgemäßer Verfahrensbehandlung nie zur Anwendung von § 352 Abs. 3 FamFG kommen dürfte.
34 *Mayer*, in: MüKoZPO, § 352 FamFG Rn. 22; wohl auch *Weidlich*, in: *Palandt*, BGB, § 2359 Rn. 13 und § 2361 Rn. 11.

des § 264 ZPO, dar. Eine entsprechende Erklärung müsste dann aber auch erfolgen.[35]

Unstreitig ist hingegen die oben im Fall dargestellte Anfechtung (erst) des erteilten Erbscheins: Hier stellt § 352 Abs. 3 FamFG lediglich klar, dass eine Beschwerde gegen den Feststellungsbeschluss nicht statthaft ist, da dieser sich durch die Erteilung bereits erledigt und somit in dem erteilten Erbschein aufgegangen ist.

4. Zur Beschwerdefrist bei „vergessenen Beteiligten"

Grundsätzlich läuft die Beschwerdefrist gemäß § 63 Abs. 3 S. 1 FamFG mit Zustellung der anzufechtenden Entscheidung an. Dabei hat das Gericht nach § 7 Abs. 4 FamFG von Amts wegen alle Personen zu beteiligen, die materiell von dem Beschluss betroffen werden. Insofern das Gericht einen Soll-Beteiligten entgegen § 7 Abs. 4 FamFG nicht beteiligt – so lag es hier hinsichtlich des Beteiligten zu 3. – würde die Beschwerdefrist ihm gegenüber nicht anlaufen. Die Folge wäre eine zeitlich unbeschränkte Beschwerdemöglichkeit des vergessenen Beteiligten. Ganz überwiegend wird jedoch davon ausgegangen, dass die Beschwerdefrist für einen vergessenen Beteiligten nur solange läuft, als der letzte Beteiligte noch Beschwerde einlegen könnte.[36] Mit dem Ablauf der Beschwerdefrist für die tatsächlich Beteiligten tritt so dann die formelle Rechtskraft des Beschlusses – auch gegenüber dem vergessenen Beteiligten – ein.

Der Vollständigkeit halber ist jedoch darauf hinzuweisen, dass die bislang veröffentlichen Entscheidungen zu dieser Frage familienrechtliche Beschlüsse betrafen, die der materiellen Rechtskraft fähig sind. Dies gilt jedoch nicht für Beschlüsse im Erbscheinsverfahren: Auch nach Eintritt der formellen Rechtskraft, § 45 FamFG, kommt dem Erbschein keine materielle Rechtskraft zu.[37] Der vergessene Beteiligte kann also ohne jegliche Fristbindung einen neuen erstinstanzlichen Antrag stellen, gegen

---

35 *Knöringer*, Freiwillige Gerichtsbarkeit, S. 83 f.
36 *Reichold*, in: *Thomas/Putzo*, ZPO, § 63 FamFG Rn. 3; *Feskorn*, in: *Zöller*, ZPO, § 63 FamFG Rn. 6; *OLG Hamm*, ZEV 2011, 191 (192); FamRZ 2011, 396 (397); *OLG Celle*, FamRZ 2012, 321.
37 *Weidlich*, in: *Palandt*, BGB, § 2359 Rn. 7 und § 2353 Rn. 23.

dessen Ablehnung ihm – wie vorliegend – die Beschwerde offen steht.

5. Zur Kostenentscheidung erster Instanz

Der Beschluss erster Instanz bedurfte keiner Kostengrundentscheidung. Denn die Frage, wer Kostenschuldner ist, folgt direkt aus dem Gesetz, siehe §§ 2 Nr. 1, 49, 107, 131 KostO.[38] Nach § 81 Abs. 1 S. 1 FamFG kann das Nachlassgericht hiervon zwar abweichen. Ein Fall des intendierten Ermessens nach § 81 Abs. 2 FamFG liegt hier jedoch nicht vor.

6. Zum Beweisverwertungsverbot bzgl. des Dr. Hauner

Die Aussage wäre jedenfalls verwertbar gewesen. Es liegt bereits kein Verstoß gegen ein Zeugnisverweigerungsrecht vor. Zwar steht dem Dr. Hauner als behandelnden Arzt grundsätzlich ein Zeugnisverweigerungsrecht nach §§ 68 Abs. 3 S. 1, 30 Abs. 1 FamFG i.V. mit § 383 Abs. 1 Nr. 6 ZPO zu. Denn die Angaben, die zur Beurteilung der Testierfähigkeit erforderlich sind, betreffen den höchstpersönlichen Lebensbereich der Erblasserin und sind dem Dr. Hauner im Rahmen seiner Berufsausübung bekannt geworden.

> Eine gute Übersicht zur **Beweiserhebung** findet sich in Palandt, § 2358 Rn. 9–11.

Dieses Zeugnisverweigerungsrecht endet auch nicht mit dem Tod der Erblasserin. Denn Schutzgut des § 383 Abs. 1 Nr. 6 ZPO ist das allgemeine Persönlichkeitsrecht der Erblasserin. Dieses erfährt grundsätzlich einen postmortalen Persönlichkeitsschutz, der hier gerade über § 383 Abs. 1 Nr. 6 ZPO verwirklicht wird. Dafür kommt es auch nicht weiter darauf an, ob das Gericht das Strengbeweis- oder Freibeweisverfahren gewählt hat, denn die Vorschriften über Zeugnisverweigerungsrechte finden in beiden Fällen Anwendung, § 29 Abs. 2 bzw. 30 Abs. 1 FamFG.

Vorliegend ist aber von einer Entbindung des Dr. Hauner von seiner Schweigepflicht nach § 385 Abs. 2 ZPO auszugehen. Diese ergibt sich aber nicht aus der zustimmenden Erklärung der Beteiligten. Denn die Befreiungsbefugnis ist nicht mit der Erbschaft auf den Erben übergegangen. Ein Übergang könnte sich lediglich aus § 1922 BGB ergeben.

---

38 *Knöringer*, Freiwillige Gerichtsbarkeit, S. 99.

Dieser erfasst seinem Regelungsgegenstand nach aber nur Vermögensrechte. Die Befreiungsbefugnis nach § 385 Abs. 2 ZPO ist jedoch Teil des Persönlichkeitsrechts und geht daher nicht auf den oder die Erben über. Vielmehr erlischt sie mit dem Tod.[39] Zu prüfen ist also zunächst, ob die Erblasserin selbst zu Lebzeiten eine Aussage darüber getroffen hatte. Dies ist hier weder vorgetragen worden, noch ist sonst eine Äußerung in dieser Richtung ersichtlich. Daher kommt es also auf den mutmaßlichen Willen der Erblasserin an. Dabei ist hier – und wohl in der Regel – zu vermuten, dass die Erblasserin ein Interesse daran hätte, dass ihre Verfügung als wirksam anerkannt wird und also ihren Arzt von der Schweigepflicht entbinden würde.[40] Das ist im Hinblick auf tatsächlich testierfähige Erblasser selbstverständlich. Es gilt aber auch bei nicht Testierfähigen: Denn deren wohlverstandenes Interesse könnte nicht darauf gerichtet sein, ihre Testierunfähigkeit zu verbergen, da damit die Schutznorm des § 2229 Abs. 4 BGB unterlaufen würde.[41] Der Senat durfte daher von einer wirksamen Befreiung nach § 385 Abs. 2 ZPO ausgehen.

Selbst wenn man dieser Argumentation nicht folgen würde und hier einen anderen mutmaßlichen Willen der Erblasserin annehmen wollte, gelangt man nicht zu einem Beweisverwertungsverbot. Denn dann läge zwar ein Verstoß gegen das Beweiserhebungsverbot des § 383 III ZPO vor. Dies führt indes nicht zu einem Beweisverwertungsverbot.[42] Denn nicht jeder Verfahrensfehler führt automatisch zu einem nachfolgenden Verwertungsverbot.[43]

7. Zur Bindungswirkung zulasten der Erblasserin

Die Erblasserin konnte den Erbvertrag wirksam errichten. Dem stand insbesondere nicht §§ 2271 Abs. 1 S. 2 BGB entgegen.

Zwar handelt es sich bei ihrer Vorerbeneinsetzung des Beteiligten zu 3. um eine wechselseitige Verfügung, da anzunehmen ist, dass diese Verfügung mit

---

[39] Reichold, in: Thomas/Putzo, ZPO, § 383 Rn. 7; Weidlich, in: Palandt, BGB, § 2358 Rn. 10.
[40] BGHZ 91, 392; BayObLG NJW 1987, 1492; Weidlich, in: Palandt, BGB, § 2358 Rn. 10.
[41] BGHZ 91, 392 (400).
[42] Reichold, in: Thomas/Putzo, ZPO, § 383 Rn. 11; Weidlich, in: Palandt, BGB, § 2358 Rn. 11.
[43] Vgl. Reichold, in: Thomas/Putzo, ZPO, § 286 Rn. 7.

der Erbeinsetzung des Beteiligten zu 1. durch den Beteiligten zu 3. stehen und fallen sollte. Dies hat die Erblasserin durch den Zusatz im letzten Absatz des Testaments klar gestellt.

Die Erblasserin wurde jedoch durch die Verfügung im gemeinschaftlichen Testament, letzter Absatz, von der Bindungswirkung des § 2271 Abs. 1 S. 2 BGB befreit: Mit der Formulierung "*An dieses Testament bin ich, Edith, zu unseren Lebzeiten nicht gebunden und kann es frei widerrufen.*" kommt hinreichend deutlich zum Ausdruck, dass die Erblasserin von den Beschränkungen des §§ 2271 Abs. 1 S. 2 BGB befreit sein soll und zu Lebzeiten der beiden Ehegatten anderweitig testieren kann. Eine derartige Gestaltung von wechselbezüglichen Verfügungen ist rechtlich möglich, da die Parteien darin frei sind auf den in §§ 2270, 2271 BGB gewährten Schutz zu verzichten.[44] Der Beteiligte zu 3. ist durch die Regelung in § 2270 Abs. 1 BGB hinreichend geschützt, nachdem eine wirksame anderweitige Testierung der Erblasserin auch seine Verfügung zu unwirksam hätte werden lassen.

8. Einstweilige Verfügung durch das Streitgericht

Der Anordnungsanspruch folgt insoweit aus § 2362 Abs. 1 BGB. Der Anordnungsgrund ergibt sich aus der Gefahr, dass der Scheinerbe nach dem vorliegenden Beschluss über das Grundstück verfügt und eine solche Verfügung nach dem Vortrag des Beschwerdeführers bezüglich unmittelbar bevorsteht.

Die vorliegend ausgesprochene vorläufige Verpflichtung, den Erbschein zu den Akten zu reichen, verwirklicht den Schutz des Beteiligten zu 3. noch nicht vollständig: Wie bereits oben dargestellt, bleibt die Wirkung des § 2365 BGB bis zur Einziehung des Erbscheins durch das Nachlassgericht und der Ablieferung der Ausfertigung des Erbscheins weiter bestehen. Zwar muss der Beteiligte zu 1, insofern er nichts bereits selbst im Grundbuch eingetragen ist, nach § 35 Abs. 1 S. 1 GBO den Erbschein vorlegen. Nur dann wird das Grundbuchamt vom Prinzip der Voreintragung, § 39 Abs. 1 GBO, absehen und direkt nach der Erblasserin den Erwerber eintragen. Doch selbst ohne eine Ausfertigung des

---

44 Vgl. *BGH*, BGHZ 2, 35; 261 (265 f.).

Erbscheins kann der Beteiligte zu 1 gegebenenfalls anhand einer Ausfertigung des Erbvertrages, der eine öffentliche Urkunde nach § 415 ZPO darstellt, die weitere Eintragung erreichen, § 35 Abs. 1 S. 2 GBO.

Daher ist es sinnvoll, den Erlass eines Verfügungsverbots nach §§ 935, 938 Abs. 2 ZPO beim zuständigen Streitgericht (§§ 937 Abs. 1, 943 Abs. 1 ZPO) zu beantragen. Dieses entfaltet gemäß §§ 136, 135 Abs. 1 BGB eine Schutzwirkung zugunsten des Antragstellers. Zwar ist auch dann gemäß § 135 Abs. 2 BGB noch ein gutgläubiger Erwerb möglich. Die dafür notwendige Gutgläubigkeit des Erwerbers wird aber durch eine entsprechende Eintragung im Grundbuch verhindert.

Diese Einstweilige Verfügung steht neben § 49 FamFG und wird nicht durch dieses als *lex specialis* verdrängt. Zwar ist eine einstweilige Verfügung in Bezug auf den Erbschein ausgeschlossen, da diese nur nach §§ 49 ff FamFG ergehen darf.[45] Allerdings ergeht diese Verfügung nicht in Bezug auf den Erbschein sondern in Bezug auf die Erbschaftsgegenstände, so dass die ZPO und nicht das FamFG die einschlägige Verfahrensordnung darstellt.

---

45 *Knöringer*, Freiwillige Gerichtsbarkeit, S. 101.

Klausur Nr. 13 – Vollständige Antragsschrift zum Familiengericht – Stufenantrag zum Unterhalt; einstweilige Anordnung; Vaterschaftsfeststellungsantrag

Sachverhalt

Aktennotiz der Frau Rechtsanwältin Klein, Augsburger Str. 44, 93051 Regensburg:

Heute am 20.12.2011 war Frau Gross bei mir und schilderte folgenden Sachverhalt:

Am 14.3.2011 war ich abends in der Discothek „Tagbarschaft". Dabei lernte ich einen Herrn Michael Meier kennen. Er war sehr gut und teuer gekleidet und zeigte sich, was die Übernahme der Kosten für meine Getränke anging, sehr großzügig. Ich bin daher davon ausgegangen, dass er erhebliches Einkommen und/oder Vermögen besitzt.

Am besagten Abend kam es zum Geschlechtsverkehr zwischen mir und Herrn Meier. Leider habe ich dabei nicht verhütet und wurde schwanger. Als ich Herrn Meier im Mai 2011 in der „Tagbarschaft" darauf ansprach, riet er mir zu einer Abtreibung, weil er mit seinem Job an der Tankstelle weder Kind noch Frau finanzieren könne.

Eine Abtreibung kam für mich nicht in Frage, ich habe daher meine Tochter Lieselotte vor 2 Wochen zur Welt gebracht. Herrn Meier habe ich kurz vor der Geburt einen Brief geschrieben, den ich Ihnen hiermit in Kopie übergebe. Auch die Antwort, die gestern bei mir ankam, hab ich Ihnen mitgebracht.

Ich habe ein wenig recherchiert, welche Schichten Herr Meier so arbeitet, und herausgefunden, dass vergleichbare Kollegen etwa 1600 € netto im Monat verdienen. Das sollte ihm bar verbleiben, weil er neben der Tankstelle wohnt und die Kleidung dort der Arbeitgeber stellt.

Dazu kommt, dass er einmal in der Woche in der Tagbarschaft auflegt und dafür jeweils netto 100 € bekommt, was ich vom Geschäftsführer erfahren habe.

Da meine Mutter an den Wochenenden die kleine Lieselotte nimmt, werde ich, sobald der Mutterschutz vorbei ist, ein wenig als Bedienung arbeiten können, da verdiene ich etwa 400 € im Monat. Das

Kindergeld bekomme ich in voller Höhe ausbezahlt.

Bitte unternehmen Sie alles, damit ich schnellstmöglich Unterhalt bekomme und zwar zuverlässig auch für die Zukunft. Teilen sie mir doch bitte auch mit, ob es Sinn macht, die 400 € im Monat als Bedienung zu verdienen oder ob ich dann weniger Unterhalt von Michael Meier bekomme.

Anlage 1:

Angelika Gross
Unter Wöhrdstrasse 17
93059 Regensburg

An:

Michael Meier
Obere Bachgasse 7
93051 Regensburg

Sehr geehrter Herr Meier, 4.10.2011

ich erwarte nach wie vor Ihr Kind. Es wird im Laufe der nächsten Wochen wohl zur Geburt kommen. Ich werde mich nach der Geburt mindestens für drei Jahre um das Kind kümmern. Leider habe ich derzeit kein eigenes Einkommen und kein Vermögen und habe auch die letzten Jahre nicht gearbeitet, weil ich mein Studium abschließen musste.

Ich habe bereits jetzt eine Erstausstattung für Babys zum Preis von 1000 Euro gekauft, die ich gottseidank erst in 2 Wochen zahlen muss. Ich brauche Geld für den Unterhalt des Kindes und für mich.

Ich fordere Sie daher auf, mir den angemessenen Unterhalt zu zahlen, der mir zusteht. Sollten Sie diesen nicht ausrechnen können, teilen Sie mir bitte mit, was Sie verdienen und was Sie denken, dass sonst noch relevant für die Unterhaltsberechnung sein sollte. Außerdem bitte ich um Überweisung der 1000 Euro für die Ausstattung unseres Kindes.

Mit freundlichen Grüßen

Angelika Gross

Sachverhalt

Michael Meier
Obere Bachgasse 7
93051 Regensburg

An:

Angelika Gross
Unter Wöhrdstrasse 17
93059 Regensburg

Liebe Angelika,   18.12.2011

Deinen Brief habe ich bekommen. Ich verstehe nicht, warum Du nicht abgetrieben hast, wie ich es Dir geraten habe. Jetzt ist das aber Dein Problem. Mein Einkommen geht Dich nix an und Dein Kind geht mich auch nix an. Du wolltest das Kind haben, jetzt hast Du es und musst Dich drum kümmern.

Gruß

DJMike

Bearbeitervermerk

Es sind alle Schreiben an das Gericht zu fertigen, die im Rahmen des Mandats von Belang sind. Ein Rubrum ist dabei nur einmal anzufertigen. Sollten einzelne Schreiben nicht sofort an das Gericht gehen, ist anzugeben, wann diese an das Gericht müssen. Gehen Sie dabei davon aus, dass ihre vorher gestellten Anträge Erfolg haben. Etwaige notwendige Schreiben der Mandantin liegen vor.

Lösungsvorschlag

Frederike Klein 20.12.2011
Rechtsanwältin
Augsburger Str. 44
93051 Regensburg

> Das Formular für die eA finden Sie im Böhme/Fleck/Kroiß, Formularsammlung für Rechtspflege und Verwaltung, unter Nr. 10a.

An das
AG Regensburg
– Familiengericht –
93040 Regensburg

Antrag auf Erlass einer einstweiligen Anordnung gemäß § 49 ff FamFG

In Sachen

Angelika Gross, Hausfrau, Untere Wöhrdstrasse 17, 93059 Regensburg

Verfahrensbevollmächtigte: Rechtsanwältin Frederike Klein, Augsburger Str. 44, 93051 Regensburg

– Antragstellerin zu 1–

Lieselotte Gross, Untere Wöhrdstrasse 17, 93059 Regensburg, minderjährig, geboren am 6.12.2011, vertreten durch die Mutter Angelika Gross

> Bei Minderjährigen sollte das Geburtsdatum angegeben werden.[1]

Verfahrensbevollmächtigte: Rechtsanwältin Frederike Klein, Augsburger Str. 44, 93051 Regensburg

– Antragstellerin zu 2–

Verfahrensbevollmächtigte: Rechtsanwältin Frederike Klein, Augsburger Str. 44, 93051 Regensburg

gegen

Michael Maier, Tankwart, Obere Bachgasse 7, 93047 Regensburg

– Antragsgegner –

Wegen Kindes- und Betreuungsunterhalt, hier: Erlass einer einstweiligen Anordnung

Zeige ich unter Vollmachtsvorlage die Vertretung der Antragragstellerinnen zu 1 und 2 an und beantrage im Wege der einstweiligen Anordnung gem. §§ 49, 246 FamFG zu beschließen:

> Im FamFG-Verfahren wird durch Beschluss entschieden, es wäre daher falsch zu beantragen den Beklagten zu verurteilen.

1. Der Antragsgegner wird verpflichtet, an die Antragstellerin zu 2 zu Händen der Antragstellerin zu 1 als gesetzliche Vertreterin, geb. am 6.12.2011, einen monatlich im Voraus fälligen Kindesunterhalt in Höhe von 105 % des Mindestunterhalts gemäß § 1612a BGB der jeweiligen Altersstufe, ab-

> Ein Antrag der Mutter in gesetzlicher Verfahrensstandschaft nach § 1629 II S. 2 BGB scheidet aus, da keine gemeinsame Sorge besteht.

---

[1] Kurpat, Einführung in die Urteilstechnik, Rn 17.

Lösungsvorschlag

züglich der Hälfte des gesetzlichen Kindergelds für ein erstes Kind von derzeit 92 € zu zahlen. Zahlbetrag somit derzeit 241 €.

2. Der Antragsgegner wird verpflichtet, an die Antragstellerin zu 1 monatlich im Voraus einen Betreuungsunterhalt von 359 € zu bezahlen.

3. Der Antragsgegner wird verpflichtet einmalig 1000 € Sonderbedarf sowie 1278,48 € Vorschuss für die Betreibung der Vaterschaftsfeststellung an die Antragstellerin zu 1 zu bezahlen.

4. [Der Antragsgegner trägt die Kosten des Verfahrens.]

5. [Die sofortige Wirksamkeit der Entscheidung hinsichtlich der Ziffern 1, 2 und 3 wird angeordnet.]

Auch im Familienverfahren wird über die Kosten und die Wirksamkeit natürlich von Amts wegen entschieden, diese Anträge sind daher letztlich nur Anregungen an das Gericht, § 81 Abs. 1 S. 3 FamFG.

Begründung

I.

In tatsächlicher Hinsicht ist auszuführen:

In der freiwilligen Gerichtsbarkeit hat sich eine Nummerierung der Begründung mit I. für Tatsachen und II. für rechtliche Würdigungen als Praxis herausgebildet.

Die Antragstellerin zu 1 und der Antragsgegner hatten in der Nacht vom 14.3.2011 auf den 15.3.2012 Geschlechtsverkehr, ohne dabei zu verhüten. Weitere geschlechtliche Kontakte hatte die Antragstellerin zu 1 im fraglichen Zeitraum nicht. Am 6.12.2011 kam die Antragstellerin zu 2 als Tochter der Antragstellerin zu 1 zur Welt.

Das sind die Tatsachen für die Vaterschaftsvermutung nach § 247 II (2) FamFG, 1600d II, III BGB.

a) Die Antragstellerin zu 1 ist vermögens- und einkommenslos und war bisher nicht erwerbstätig Die Erstausstattung für die Antragstellerin zu 2 hat Aufwendungen in Höhe von 1000 € verursacht. Ein Vaterschaftsfeststellungsverfahren oder eine Anerkennung hat bisher nicht stattgefunden. Die Antragstellerin zu 1 plant neben einer Nebentätigkeit in der Gastronomie über 400 € hinaus keinerlei Tätigkeit aufzunehmen.

Das sind die Tatsachen für Bedarf und Bedürftigkeit der Antragstellerinnen.

Glaubhaftmachung: Eidesstattliche Versicherung der Antragstellerin (A1)
Schriftverkehr zwischen den Beteiligten (A2 und A3)

Der Antragsgegner hat bisher die Auskunft über seine Einkommensverhältnisse verweigert, obwohl ihn die Antragstellerin dazu aufgefordert hatte. Er arbeitet Vollzeit an einer Tankstelle als Servicekraft und leistet dabei viele Nachtschichten. Vergleichbare Arbeitnehmer mit diesen Schichten verdienen etwa 1600 € netto. Er wohnt neben seiner Arbeitsstätte und bekommt

Tatsachen bzgl. Leistungsfähigkeit des Antragsgegners. Die Grundlage dieser Berechnung ist nur sehr vage. Allerdings stehen keine besseren Informationen zur Verfügung und die Glaubhaftmachung verlangt nur eine überwiegende Wahrscheinlichkeit. § 235 FamFG ist im Verfahren der einstweiligen Anordnung nicht anwendbar, § 51 II (1) FamFG.[2]

---

2 Schlünder, in: Beck-OK FamFG, § 235 Rn 4.

vom Arbeitgeber seine Dienstkleidung gestellt. Zusätzlich verdient er 400 € monatlich durch eine Nebentätigkeit als Diskjockey in einer Diskothek.

Glaubhaftmachung: Eidesstattliche Versicherung der Antragstellerin (A1)
Ein Antrag auf Feststellung der Vaterschaft geht mit diesem Antrag dem Gericht zu. Die Antragsstellerin bezieht das volle Kindergeld für die gemeinsame Tochter Lieselotte der Beteiligten.

Tatsachen zur Zulässigkeit der einstweiligen Anordnung nach § 248 I FamFG.

II.

Der Antrag zu 1 ist zulässig.

Ein Antrag auf Feststellung der Vaterschaft nach § 1600d BGB wird zeitgleich mit diesem Antrag gestellt, so dass nach § 248 Abs. 1 FamFG der Antrag grundsätzlich zulässig ist und nicht an der Sperrwirkung des § 1600d IV BGB scheitert.[3] Dabei genügt die Anhängigkeit des Antrags, er muss nicht rechtshängig sein. Anhängig wird der Antrag durch Zugang bei Gericht.[4] Auf die Zahlung des Gerichtskostenvorschusses und Zustellung kommt es daher nicht an.

Nach § 1600d IV BGB können die Wirkungen der Vaterschaft erst ab ihrer Feststellung geltend gemacht werden. Das gilt für ges. Erbrecht, Pflichtteilsrecht, Unterhalt, usw. Hier liegt eine gesetzlich geregelte Ausnahme vor.

Das AG Regensburg – Familiengericht – ist nach § 23a GVG, § 248 II, 170 FamFG zuständig, da das Kind in Regensburg bei der Antragstellerin seinen gewöhnlichen Aufenthalt hat.

Insbesondere ist nach §§ 246, 248 FamFG auch eine Leistungsverfügung zulässig, so dass unmittelbar Zahlung begehrt werden kann.

Die Leistungsverfügung ist im einstweiligen Rechtsschutz die begründungsbedürftige Ausnahme.

Es besteht auch ein Rechtsschutzbedürfnis, da der Antragsgegner den Unterhalt nicht freiwillig zahlt.

Ein reines Titulierungsinteresse genügt für die einstweilige Anordnung nicht. Hingegen genügt es für die Hauptsache.[5]

Insbesondere ist nach §§ 113 I, 112 Nr. 1, 231 I Nr. 1 FamFG, 258 ZPO die Titulierung zukünftiger Ansprüche zulässig.

Der Antrag zu I ist auch begründet:

1. Es besteht ein Anordnungsgrund, da der Antragsgegner zur Zahlung von Unterhalt aufgefordert wurde und der Unterhalt nicht laufend gezahlt wurde.[6]

2. Es besteht auch ein Anordnungsanspruch. Der Antragsgegner schuldet als Vater der Antragstellerin zu 2 Unterhalt nach §§ 1601, 1612a BGB in Höhe von 105 % des gesetzlichen Mindestunterhalts sowie einmalig 1000 € für die Babyerstausstattung.

Die Werte der Düsseldorfer Tabelle finden sich im Palandt unter Einf v § 1601 Rn. 19 ff.

---

3 Hüßtege, in: Thomas/Putzo, § 248 FamFG Rn 1.
4 Reichold, in: Thomas/Putzo, § 253 ZPO Rn 1.
5 Brudermüller, in: Palandt, Einf v. § 1601 Rn 31.
6 Hüßtege, in: Thomas/Putzo, § 246 FamFG Rn 4.

Lösungsvorschlag

a) Der Antragsgegner ist aufgrund des Geschlechtsverkehrs mit der Antragstellerin als Vater anzusehen, §§ 248 III FamFG, 1600d II BGB.

Nach § 248 III FamFG gilt die Vaterschaftsvermutung des § 1600d II BGB auch im Verfahren auf Erlass einer einstweiligen Anordnung für den Unterhalt des Kindes.

Die Beteiligten hatten im gesetzlichen Empfängniszeitraum zwischen 9.2.2011 und dem 8.6.2011 (1600d III BGB) Geschlechtsverkehr. Mangels Verkehr mit anderen Männern bestehen keine Zweifel an der Vaterschaft des Antragsgegners. Wie sich aus der Korrespondenz zwischen Antragsstellerin und Antragsgegner ergibt, zieht auch der Antragsgegner seine Vaterschaft nicht in Zweifel und gesteht den Verkehr zu.

b) Als Vater ist er mit dem Kind in gerader Linie verwandt (§ 1589 I (1) BGB) und daher nach § 1601 BGB unterhaltspflichtig. Zwar wird die Verwandtschaft erst durch Statusakt begründet oder jedenfalls durch die Rechtsausübungssperre des § 1600d IV die Anspruchstellung ausgeschlossen. Trotzdem ist der Anspruch hier gegeben, da § 248 I FamFG die einstweilige Anordnung zulässt und diese Regelung nicht durch das materielle Familienrecht ins Leere laufen darf. § 1600d IV BGB hindert daher nicht die Geltendmachung vor Vaterschaftsfestellung, da § 248 Abs. 1 FamFG diesen Antrag schon mit Anhängigkeit zulässt.

c) Das Kind ist bedürftig, da es kein eigenes Einkommen besitzt, § 1602 I BGB. Auf Vermögen kommt es nicht an, § 1602 II BGB, da das Kind nicht gehalten ist sein Vermögen zur Bedarfsdeckung einzusetzen.

d) Das Maß des Unterhalts bestimmt sich nach § 1610 I BGB. Maßgeblich ist die Lebensstellung des Bedürftigen, die sich bei minderjährigen Kindern regelmäßig nach den Einkommensverhältnissen des Barunterhaltspflichtigen bestimmt,[7] da ein minderjähriges Kind seine Lebensstellung von den Eltern ableitet. Eine Barunterhaltspflicht der Antragstellerin zu 1 besteht nicht, da sie ihren Unterhalt durch die Pflege des Kindes erfüllt, § 1606 III (2), so dass ihr Einkommen nicht zu berücksichtigen ist. Der überobligatorische Erwerb des Antragsgegners in Höhe von 400 € als Diskjockey ist nicht bedarfsprägend.

Unterhaltsansprüche sind immer in folgenden Schritten zu prüfen:

Anspruchsgrundlage: Es ist nach der gesetzlichen Anspruchsgrundlage für den Unterhalt zu suchen.

Bedürftigkeit: Es ist zu ermitteln, ob der Unterhaltsberechtigte in der Lage ist, seinen Unterhalt selbst zu leisten.

Bedarf/Maß: Es ist zu ermitteln in welcher Höhe dem Unterhaltsberechtigten grundsätzlich Unterhalt zusteht. Die Praxis bedient sich dabei der Düsseldorfer Tabelle.

Leistungsfähigkeit: Es ist zu ermitteln, ob der Unterhaltsverpflichtete genug Einkommen hat, um den Unterhalt zu leisten. Dabei sind sein Selbstbehalt und vorrangige Unterhaltspflichten zu ermitteln und vom Bedarf abzuziehen.

---

[7] Brudermüller, in: Palandt, § 1610 Rn 5; BGH NJW 00, 954; 06, 3421.

Der Antragsgegner verfügt über ein Nettoeinkommen von 1600 € aus nichtselbstständiger Arbeit, wie die Antragstellerinnen glaubhaft gemacht haben, §§ 112 Nr. 1, 51 I (2) FamFG, 294 ZPO. Für den Abzug von 5 % pauschalen Werbekosten[8] besteht keine Veranlassung, da er keine beruflichen Aufwendungen zu tragen hat. Sein Nettoeinkommen ist daher in vollem Umfang als Einkommen im unterhaltsrechtlichen Sinn heranzuziehen.

Der Antragsgegner ist mit diesem Einkommen in Höhe von 1600 € in Stufe 2 der Düsseldorfer Tabelle einzugruppieren, das Kind befindet sich kurz nach der Geburt in Altersstufe 1.[9] Daher ergibt sich ein Zahlbetrag von 333 €.

Von diesem Zahlbetrag ist nach § 1612b I Nr. 1 BGB die Hälfte des gesetzlichen Kindergelds abzuziehen (184 / 2 = 92 €), da das Kindergeld vollumfänglich an die Antragstellerin geht. Es verbleibt ein Zahlbetrag von 241 €, den die Antragsstellerin nach § 1612a BGB als dynamisierten Prozentbetrag des gesetzlichen Mindestunterhalts geltend macht. Mit diesem Zahlbetrag liegt ein Wert von 105 % des gesetzlichen Mindestunterhalts vor von dem der Betrag von 92 € abzuziehen ist.

Der dynamisierte Unterhaltsbetrag verhindert Änderungsanträge, wenn das Kind in eine höhere Altersgruppe kommt oder sich die Regelsätze verändern.

e) Der Antragsgegner ist bzgl. des laufenden Unterhalts in voller Höhe leistungsfähig, da er 1600 € netto einzusetzendes Einkommen zur Verfügung hat. Gegenüber minderjährigen Kindern hat der erwerbstätige Unterhaltspflichtige einen Selbstbehalt von 950 €.[10] Bei einem Unterhalt von 241 € monatlich verbleibt daher ein Betrag von 1359 € monatlich, weshalb der Antragsgegner in voller Höhe leistungsfähig ist.

Der Antrag zu 2 ist ebenfalls zulässig und begründet.

1. Nach § 248 FamFG kann auch der Unterhalt der Mutter über eine einstweilige Anordnung geregelt werden, soweit ein Antrag auf Vaterschaftsfeststellung gestellt ist.

Insbesondere ist nach §§ 113 I, 112 Nr. 1, 231 I Nr. 3 FamFG, 258 ZPO die Titulierung zukünftiger Ansprüche zulässig.

Die Verbindung mit Antrag 1 ist zulässig, da die gleiche Verfahrensart im einstweiligen Rechtsschutz vorliegt

Hingegen kann das Vaterschaftsfeststellungsverfahren nicht mit der einstweiligen Anordnung verbunden werden, wie sich schon aus einem Umkehrschluss aus § 179 FamFG ergibt, das nur die Verbindung mit § 237 FamFG zulässt.

---

8 Brudermüller, in: Palandt, § 1361 Rn 48.
9 Brudermüller, in: Palandt, v § 1601 Rn 19.
10 Brudermüller, in: Palandt, § 1603 Rn 13.

Lösungsvorschlag

und alle Anträge Familienstreitsachen nach § 113 FamFG darstellen. Ein Verbindungverbot besteht nicht.

2. Der Antrag ist auch in Höhe von 359 € monatlich begründet.

a) Als Vater der Antragstellerin zu 2 ist der Antragsgegner nach §§ 1601, 1615l Abs. 1 BGB für die ersten 8 Wochen nach der Geburt zum Unterhalt verpflichtet.

b) Darüber hinaus ist er nach Ende der 8 Wochen aus § 1615l II BGB zum Unterhalt verpflichtet, wenn die Mutter wegen Betreuung des Kindes keiner Erwerbstätigkeit nachgeht. Als Maß des Unterhalts ist die Lebensstellung des Bedürftigen anzunehmen, § 1602 BGB. Da die Mutter bisher kein Einkommen hatte ist nicht dieses zu ersetzen, sondern es ist der Mindestbedarf von 770 € als Bedarf anzusetzen.[11]

c) In dieser Höhe ist die Antragstellerin zu 1 momentan auch bedürftig. Soweit sie plant eine Erwerbstätigkeit an den Wochenenden aufzunehmen, ist dies nicht bereits jetzt in die Entscheidung einzustellen, vielmehr ist dann die Anordnung ggf. nach § 238 FamFG abzuändern. Darüber hinaus wirkt sich der Nebenverdienst der Mutter nicht auf ihre Bedürftigkeit aus, da der Antragsgegner nicht in voller Höhe leistungsfähig ist, § 1577 Abs. 2 Satz 1 BGB analog.[12]

d) Der Antragsgegner ist in Höhe von 359 € monatlich leistungsfähig. Ihm steht nach Abzug der vorrangigen Unterhaltspflicht gegenüber der Antragstellerin zu 1 ein Einkommen von 1359 € zur Verfügung. Als Erwerbstätiger steht ihm ein Selbstbehalt von 1000 € zu, § 1615l III (1), § 1603 BGB.[13]

e) Ein eventueller Hinzuverdienst der Antragstellerin zu 2 ist daher nach § 1577 Abs. 2 S. 1 BGB analog nicht heranzuziehen soweit sie auch bei Hinzurechnung des Verdienst nicht die Grenze des Bedarfs erreicht. Hier will die Antragstellerin zu 2 maximal 400 € hinzuverdienen, während der Antragsgegner mangels Leistungsfähigkeit in Höhe von 411 € nicht leistungsfähig ist. Daher hat dieses Einkommen ohnehin außer Betracht zu bleiben.

Auch hier wieder: Anspruchsgrundlage, Bedürftigkeit, Bedarf/Maß, Leistungsfähigkeit.

Der Nebenverdienst ist streng genommen nicht entscheidungserheblich. Allerdings schadet es nichts, hier ggf. Einwendungen der Gegenseite bereits abzuschneiden.

Der Antragsgegner ist nicht in Höhe des vollen Bedarfs leistungsfähig. Es liegt ein sogenannter Mangelfall vor.

---

11 Brudermüller, in: Palandt, § 1615l Rn 21.
12 OLG Hamm NJW-RR 2011, 868.
13 Brudermüller, in: Palandt, § 1615l Rn 20.

Gietl

f) Der Unterhalt ist unbefristet zuzusprechen, auch wenn § 1615l Abs. 2 BGB eine Befristung vorsieht. Die überwiegende obergerichtliche Rechtsprechung geht davon aus, dass es Sache des Unterhaltsverpflichteten ist, nach Ablauf der drei Jahre in das Abänderungsverfahren nach § 238 FamFG zu gehen und eine Reduzierung oder Änderung zu erlangen.[14] Hier ist noch keine ausreichende Prognose über die Entwicklung des Kindes möglich, so dass eine Befristung nicht in Frage kommt.[15]

Dieses Vorgehen kann für die Mandantin zu einer negativen Kostenfolge nach § 243 Nr. 1 FamFG führen (§ 92 ZPO ist nicht anwendbar). Es entspricht jedoch der bisherigen weitgehenden Rechtsprechung und Praxis. Die gerichtliche Praxis kann sich in diesem Punkt m.E. jederzeit ändern, dies insbesondere deshalb, da der BGH dem Unterhaltsberechtigten die darlegungs- und Beweislast aufgegeben hat (BGH XII ZR 123/08).

Der Antrag zu 3 ist ebenfalls zulässig und begründet.

Zur Zulässigkeit siehe oben Antrag zu 1. Die Anordnung nach § 248 FamFG umfasst auch etwaigen Sonderbedarf, da dieser normaler Teil des Unterhaltsanspruchs ist, und auch insofern ist der Antrag zulässig. Sonderbedarf ist von den Barunterhaltssätzen der Düsseldorfer Tabelle nicht erfasst.[16]

Die Verbindung mit den Anträgen 1 und 2 ist zulässig, da die gleiche Verfahrensart im einstweiligen Rechtsschutz vorliegt und alle Anträge Familienstreitsachen nach § 113 FamFG darstellen. Ein Verbindungsverbot besteht nicht.

Der Unterhalt nach § 1601 BGB umfasst die vollständige Lebensstellung des Bedürftigen, § 1610 Abs. 2 BGB. Der normale alltägliche Bedarf ist dabei mit dem Barunterhalt abgegolten.[17] Sogenannter Sonderbedarf, wie eine Erstausstattung für Babys hingegen nicht, da sie nicht regelmäßig anfällt sondern sich in einem einmaligen Bedarf erschöpft. Für die Erstausstattung ist eine nach § 287 ZPO geschätzte Pauschale von 1000 € berechtigt,[18] wobei hier die Sperrwirkung des § 1613 BGB nicht greift (§ 1613 II Nr. 1 BGB), so dass es nicht von Belang ist, ob die Ausstattung bereits angeschafft ist, oder nicht. Der Sonderbedarf ist zwar grundsätzlich vom Barunterhaltspflichtigen Elternteil und dem betreuenden Elternteil gemeinsam aufzubringen. Die Antragstellerin zu 1 hat jedoch kein eigenes Einkommen, so dass der Antragsgegner voll dafür aufkommen muss.

---

14 OLG Koblenz, 9 UF 596/08; offen gelassen hat dies das OLG Brandenburg 10 UF 63/09; a.A. OLG Bremen 4 WF 175/07; Graba, NJW 2011, 3690;.
15 Brudermüller, in: Palandt § 1615l Rn 12; § 1570 Rn 26.
16 Brudermüller, in: Palandt, § v. 1601 Rn 20.
17 Brudermüller, in: Palandt, § v. 1601 Tn 20.
18 Brudermüller, in: Palandt, § 1613 Rn 10.
19 Reichold, in: Thomas/Putzo, § 115 ZPO Rn. 19.

Lösungsvorschlag

Die Unterhaltspflicht umfasst weiter einen Verfahrenskostenvorschuss für die Durchführung des Vaterschaftsfeststellungsverfahrens, da es sich um eine persönliche Angelegenheit des Kindes handelt.[20] Insgesamt sind hier 1278,48 € zu zahlen.

Der beantragte Verfahrenskostenvorschuss errechnet sich wie folgt: Der Gegenstandswert des Verfahrens beträgt nach § 47 I FamGKG 2000 €, da ein Verfahren nach § 169 Nr. 1 FamFG betrieben werden soll. Die einfache Gerichtsgebühr beträgt daher nach Anlage 2 zum FamGKG 73 €, diese ist nach Anlage 1 als Gebühr 1320 2,0fach zu erheben. Die Gerichtsgebühren betragen daher 146 €. Weiter wird ein Vorschuss für ein Abstammungsgutachten fällig werden, das nach Nr 500 des Anlage 2 zum JVEG 713 € kostet.

Dazu kommt die 2,5 fache Rechtsanwaltsgebühr nach RVG aus 2000 € in Höhe von 133 € = 332,50 € zzgl. Mehrwertssteuer in Höhe von 19 % und 20 € TK-Pauschale nach Nr. 7002 des Vergütungsverzeichnisses Anlage 2 zum RVG. Das ergibt 419,48 €. Diese setzt sich zusammen aus der Verfahrensgebühr in Höhe von 1,3 der einfachen Gebühr nach 3100 des Vergütungsverzeichnisses in Anlage 1 des RVG sowie einer Terminsgebühr in Höhe von 1,2 nach 3104 des Vergütungsverzeichnisses in Anlage 1 RVG. Die einfache Gebühr für den Streitwert von 2000 € nach § 47 I FamGKG, der nach § 23 Abs. 1 RVG auch hier Anwendung findet beträgt nach Anlage 2 zum RVG 133 €. Hinzu kommt die Mehrwertssteuer mit 19 % aus einem Betrag von 352,50 € in Höhe von 66,98 €.

Bzgl. der Leistungsfähigkeit für den Sonderbedarf sind zunächst alle anderen Unterhaltsberechtigten zu berücksichtigen. Nach Abzug der oben unter 1. Und 2. ermittelten Posten verbleibt daher ein Betrag von 1000 €, als Wert zwischen dem notwendigen und angemessenen Selbstbehalt liegt. Das ist das unterhaltsrechtlich für den Sonderbedarf zur Verfügung stehende Vermögen.

Bezüglich des Sonderbedarfs von 1000 € für die Babyerstausstattung ist der Antragsgegner leistungsfähig, da ihm unterhaltsrechtlich ein Einkommen von 500 € über dem notwendigen Selbstbehalt gegenüber Kindern in Höhe von 900 € zusteht.

Diese Konstellation ist in der Praxis äußerst häufig. Das Kind hat gegen seine Eltern Anspruch auf Leistung der Kosten für das Vaterschaftsfeststellungsverfahren. Da dieser Unterhaltsanspruch im Rahmen der Verfahrenskostenhilfe berücksichtigt wird, wird keine VKH bewilligt, wenn ein leistungsfähiger Unterhaltsschuldner zur Verfügung steht, §§ 76 Abs. 1 FamFG, 114, 115 ZPO. Der Anspruch aus § 1601, § 1610 BGB auf den Vorschuss gegen den Unterhaltspflichtigen ist Teil des nach § 115 ZPO einzusetzenden Vermögens.[19]

Siehe zur Leistungsfähigkeit auch Hilfsgutachten Nr. 3.

Den Unterhaltsschuldner treffen nach § 1603 II BGB bei Abkömmlingen stärkere Obliegenheiten als gegenüber anderen Verwandten.

---

20 Brudermüller, in: Palandt, § 1610 Rn. 15.

Dies insbesondere, da der Antragsgegner bereits Monate vor der Geburt Kenntnis von der Schwangerschaft hatte. Es ist hier von einem Selbstbehalt von 900 € auszugehen und nicht wie üblich für Sonderbedarf der angemessene Selbstbehalt 1100 €,[21] da es sich um ein unabweisbares Bedürfnis der Antragstellerin handelt, einmalig mit Kleidung usw. ausgestattet zu werden. Zudem trifft nach § 1603 Abs. 2 BGB den Antragsgegner gegenüber der Antragstellerin zu 2 als privilegiertem Kind eine erweiterte Unterhaltspflicht, die dazu führt, dass seine Nebentätigkeit im Wert von 400 € ebenfalls heranzuziehen ist, auch wenn sie prinzipiell überobligatorisch ist und so zwar nicht den Bedarf prägt.[22] Trotzdem ist sie bei minderjährigen Kindern im Rahmen der Leistungsfähigkeit zu berücksichtigen.

Den Unterhaltsschuldner treffen nach § 1603 II BGB bei Abkömmlingen stärkere Obliegenheiten als gegenüber anderen Verwandten.
Der überobligatorische Erwerb hat normalerweise keinen Einfluss auf das Unterhaltsmaß, aber auf bei Kindern auf die Leistungsfähigkeit.

Das Gleiche gilt für die Leistung des Prozesskostenvorschusses. Auch hier handelt es sich um einen unabweisbaren Lebensbedarf, bei dem im Rahmen der Leistungsfähigkeit der überobligatorische Erwerb ausnahmsweise heranzuziehen ist, § 1603 Abs. 2 BGB. Die Zuordnung eines Vaters zu einem Kind ist als Grundvoraussetzung jeden Unterhaltsanspruchs ein unabweisbarer Bedarf, da ohne diese Feststellung alle weiteren Ansprüche hinfällig sind.

Die Leistungsfähigkeit in Höhe von 500 € und die lange Kenntnis des Antragsgegners von der Schwangerschaft rechtfertigen es deshalb ihm die Zahlung des Sonderbedarfs auch ohne Ratenzahlung aufzuerlegen. Er wäre problemlos in der Lage gewesen den notwendigen Betrag von 2278,48 € mit seinem zu verwendenden Einkommen angesichts des notwendigen Selbstbedarfs aus seinem normalen und überobligatorischen Einkommen anzusparen.

Über die Kosten ist von Amts wegen nach billigem Ermessen zu entscheiden, §§ 51 Abs. 4 243 FamFG. Dabei spricht hier v.a. § 243 Nr. 2 FamFG für die Kostenpflicht des Antragsgegners, da er sich vorgerichtlich geweigert hat, den Unterhalt zu übernehmen oder Auskunft zu erteilen.

Die sofortige Wirksamkeit ist nach §§ 51 II, 116 III (3) FamFG anzuordnen. Die Wirksamkeit der Entscheidung richtet sich nach den Vorschriften, die auch für die Hauptsache gelten, § 51 II FamFG. Da es sich um eine Familienstreitsache handelt, tritt Wirksamkeit

---

21 Brudermüller, in: Palandt, § 1603 Rn 19.
22 Brudermüller, in: Palandt, § 1603 Rn 42.

Lösungsvorschlag

nach § 116 FamFG erst mit Rechtskraft ein. Nach § 116 III (3) FamFG soll jedoch die sofortige Wirksamkeit angeordnet werden, ein Ausnahmefall liegt nicht vor.

Klein

(Rechtsanwältin)

Gleichzeitig mit der einstweiligen Anordnung ist folgender Schriftsatz an das Gericht zu senden:

ANTRAG AUF FESTSTELLUNG DER VATERSCHAFT
[RAin Klein
Regensburg, den 20.12.2011
An das
Amtsgericht Regensburg
93040 Regensburg
– Familiengericht –]

Antrag

des minderjährigen Kindes Lieselotte Gross geb. am 6.12.2011 (minderjährig), vertreten durch die Mutter Angelika Gross, Untere Wöhrdstrasse 17, 93059 Regensburg

Verfahrensbevollmächtigte: Rain Klein

– Antragsteller –

Weiterer Beteiligte 1: Michael Meier, ...

Weitere Beteiligte 2: Angelika Gross, Hausfrau,

wegen Feststellung der Vaterschaft

Gegenstandswert: 2000 €

Ich beantrage im Auftrag und namens der Antragstellerin zu beschließen:

I. Es wird festgestellt, dass der weitere Beteiligte zu 1 der Vater der Antragstellerin ist.

[II. Der weitere Beteiligte zu 1 hat die Gerichtskosten zu tragen.]

Begründung

I. Die weitere Beteiligten zu 2 hatte im März Geschlechtsverkehr mit dem weiteren Beteiligten zu 1. Am 6.12.2011 wurde die Antragstellerin geboren. Geschlechtsverkehr mit anderen Partnern hatte die Mutter während des gesetzlichen Empfängniszeitraums nicht. Der Antragsgegner kommt als einziger als Vater in Frage und leugnet das vorgerichtlich auch nicht.

Hier könnte auch die Mutter den Antrag stellen, da sie im Feststellungsverfahren antragsbefugt ist. Das ergibt sich nun nach der Streichung des § 1600e BGB nicht mehr aus dem Gesetz. Die Beteiligtenstellung nach § 172 FamFG sagt noch nichts über die Antragsbefugnis aus. Es ist jedoch davon auszugehen, dass jedenfalls die Beteiligten jeweils auch antragsbefugt sind.

Der Putativvater ist nicht Antragsgegner sondern Beteiligter, da das Feststellungsverfahren keinen Antragsgegner (mehr) kennt. Beim Unterhaltsantrag oben, ist das anders!

Die Mutter muss nach § 172 FamFG ebenfalls beteiligt werden.

Dass die Mutter ledig ist, ist erheblich: Das Vaterschaftsfeststellungsverfahren ist nur zulässig, wenn keine Vaterschaft besteht. Ist die Mutter verheiratet ergibt sich die Vaterschaft aus § 1592 Nr. 1 BGB.

Beweis: Einvernahme der Angelika Gross
Abstammungsgutachten, einzuholen durch das Gericht
Schriftverkehr zwischen Mutter und Antragsgegner (A1)

II.

1. Der Antrag ist zulässig.

Die Zuständigkeit des angerufenen Gerichts ergibt sich aus §§ 23a Abs. 1 Nr. 1 GVG, 170 FamFG.

Eine Vaterschaft für das Kind besteht nicht nach § 1592 Nr 1 BGB, da die Mutter ledig ist und war. Kein Mann hat das Kind bisher anerkannt, § 1592 Nr. 2 BGB, oder wurde als Vater festgestellt, § 1592 Nr. 3 BGB. Der Antrag auf Feststellung der Vaterschaft ist daher zulässig, § 1600d Abs. 1 BGB.

Die Mutter hat mangels Sorgerechtserklärung die alleinige elterliche Sorge über die Antragstellerin und kann die Tochter daher vertreten, § 9 II FamFG. Ein Interessenkonflikt der Mutter zwischen der Vertretung des Kindes gegenüber dem Antragsgegner und eigener Interessen besteht nicht.[23]

Das Kind ist auch selbst antragsberechtigt. Zwar ist die Antragsberechtigung nicht mehr im Gesetz geregelt, da der § 1600e BGB aF entfallen ist. Wenigstens die nach § 172 FamFG zu beteiligenden Personen haben jedoch auch alle die Antragsberechtigung.[24]

2. Der Antrag ist begründet.

Das Abstammungsgutachten wird eine hohe Wahrscheinlichkeit der Vaterschaft des Beteiligten zu 1 ergeben. Es wird ihm im Übrigen nicht gelingen die Vaterschaftsvermutung des § 1600d II BGB zu entkräften, so dass er als Vater festzustellen ist.

3. Die Kosten des Verfahrens sind nach billigem Ermessen zu verteilen, § 81 Abs. 1 FamFG. Nach § 81 Abs. I (3), 111, Nr. 3 FamFG ist zwingend eine Kostenentscheidung zu treffen. Dabei ist davon auszugehen, dass grundsätzlich Kostenaufhebung erfolgt.[25]

§ 91ff ZPO findet keine Anwendung in FamFG-Verfahren. Auch für Familienstreitsachen schließt § 113 Abs. 1 § 91ff ZPO aus.

Die Antragstellerin scheidet nach § 81 III FamFG als Kostenschuldnerin aus.

---

23 Hüßtege, in: Thomas/Putzo, § 172 FamFG Rn 3.
24 Brudermüller, in: Palandt, § 1600e in der Klammer zur aufgehobenen Vorschrift.
25 *OLG Celle*, FamRZ 2010, 1840.

Lösungsvorschlag

Der weitere Beteiligte zu 1 hat die Gerichtskosten und die Kosten der Vaterschaftsbegutachtung vollständig zu tragen, weil er sich einer Mitwirkung in den Belangen des Kindes und damit einer günstigeren Vaterschaftsanerkennung vollständig verschlossen hat. Er hat die weitere Beteiligte zu 2 darauf hingewiesen, das Kind sei ihr Problem, weil sie nicht abgetrieben habe. Es entspricht daher billigem Ermessen ihm die Gerichtskosten aufzuerlegen.

Im Familienverfahren ist im Kostenausspruch zwischen den Kosten der Beteiligten (Anwaltskosten und sonstige Auslagen) sowie des Gerichts (Gebühren und Auslagen etwa für Sachverständige) zu trennen. Ein Kostenersatz für die Anwaltskosten kommt nur ganz ausnahmsweise in Betracht, da sich hier Familienmitglieder untereinander streiten.

Von der Entscheidung über die Gerichtskosten zu unterscheiden ist die Frage, ob auch die Erstattung der Kosten der Beteiligten, insbesondere der Anwaltskosten auszusprechen ist. Dabei tragen Beteiligten ihre außergerichtlichen Kosten hier selbst, da eine Kostenerstattung nur ausnahmsweise in Frage kommt, [26]

Klein

(Rechtsanwältin)

Nach erfolgreichem rechtskräftigem Statusverfahren ist sodann folgender Antrag an das Gericht zu senden:

Antrag auf Unterhalt

[Rubrum wie oben bei der einstweiligen Anordnung]

Ich zeige an, dass ich die Antragstellerin zu 1 und zu 2 vertrete; Namens und im Auftrag der Antragstellerinnen wird beantragt:

I. Der Antragsteller wird verpflichtet

1. Auskunft zu erteilen durch Vorlage einer schriftlichen Aufstellung über sein Einkommen aufgeschlüsselt nach Einkunftsquellen und Zeitraum.

Dieser Antrag ist die erste Stufe. Er ist sofort zu behandeln

2. die erteilten Auskünfte gemäß Ziff. I. 1. zu belegen durch Vorlage der vollständigen, auch die Sonderzuwendungen und alle Abzüge erfassenden Gehaltsbescheinigungen für den genannten Zeitraum.

Dieser Antrag ist die erste Stufe. Er ist sofort zu behandeln

II. Der Antragsgegner wird erforderlichenfalls verurteilt, die Richtigkeit und Vollständigkeit der Auskünfte gemäß Ziff. I. eidesstattlich zu versichern.

Dieser Antrag ist eine Ankündigung für den Fall, dass der Antragsgegner unglaubwürdige Auskünfte erteilt.

III. Der Antragsgegner wird, gegebenenfalls nach Erledigung von Ziff. II., verurteilt, an die Antragstellerin folgenden jeweils monatlich im Voraus zu entrichtenden monatlichen Unterhalt, zu bezahlen:

Dieser Antrag ist das eigentliche Ziel des Verfahrens. Mangels Informationen für seine Berechnung sind jedoch die Anträge 1 und 2 vorher notwendig. Daher ist er auch unbeziffert möglich.

---

26 Zu einem ähnlichen Fall *OLG Celle*, FamRZ 2010, 1840..

Gietl

1. in Höhe der sich aus Ziff. I. und gegebenenfalls Ziff. II. ergebenden Beträge für Betreuungsunterhalt der Antragstellerin zu 1 von 8; Sowie den sich daraus ergebenden Betrag für den Zeitraum seit dem 11.10.2011, soweit er den Betrag aus der einstweiligen Anordnung übersteigt nebst 5 %-Punkten Zinsen über dem Basiszinssatz seit dem 18.12.2011.

Dieser Antrag ist das eigentliche Ziel des Verfahrens. Mangels Informationen für seine Berechnung sind jedoch die Anträge 1 und 2 vorher notwendig. Daher ist er auch unbeziffert möglich.

2. in Höhe der sich aus Ziff. I. und gegebenenfalls Ziff. II. ergebenden Beträge für die Antragstellerin zu 2, das gemeinsame Kind der Antragstellerin zu 1 und des Antragsgegner Kind Lieselotte Gross, geb am 6.12.2011; Sowie den sich daraus ergebenden Betrag für den Zeitraum seit dem 6.12.2011, soweit er den Betrag aus der einstweiligen Anordnung übersteigt nebst 5 %-Punkten Zinsen über dem Basiszinssatz seit dem 18.12.2011.

Dieser Antrag ist das eigentliche Ziel des Verfahrens. Mangels Informationen für seine Berechnung sind jedoch die Anträge 1 und 2 vorher notwendig. Daher ist er auch unbeziffert möglich.

[IV. Der Antragsgegner hat die Kosten des Verfahrens zu tragen.]

Dieser Antrag ist das eigentliche Ziel des Verfahrens. Mangels Informationen für seine Berechnung sind jedoch die Anträge 1 und 2 vorher notwendig. Daher ist er auch unbeziffert möglich.

Begründung

I.

In tatsächlicher Hinsicht ist folgendes vorzutragen:

Der Antragsgegner wurde vom AG Regensburg, Familiengericht, mit Az XXXXX vom DD.MM.YYYY als Vater der Antragstellerin zu 2, dem Kind der Antragstellerin zu 1, festgestellt.

Sie sollten ja davon ausgehen, dass ihr Feststellungsantrag Erfolg hat.

Es kommt nur noch auf den Status an, nicht auf die biologische Abstammung.

Die Antragstellerinnen hatten den Antragsgegner bereits am 4.10.2011 zur Auskunft über sein Einkommen aufgefordert, was er mit Schreiben vom 18.12.2011 verweigert hat. Auch die Zahlung von Unterhalt hat er abgelehnt.

Das ist auch im Familienstreitverfahren nicht beweisbedürftig, da der Status des Kindes durch den Beschluss im Vaterschaftsfeststellungsverfahren gerichtsbekannt ist, § 113 I (2) FamFG, § 291 ZPO.

Beweis: Schreiben der Antragstellerin und Antwort des Antragsgegners

Die Antragstellerinnen sind vermögens- und einkommenslos.

II.

1. Das AG Regensburg – Familiengericht – ist nach § 232 I Nr. 2 FamFG ausschließlich örtlich und funktionell zuständig. Es handelt sich um eine Familiensache nach § 111 Nr. 8, 231 Nr. 1 FamFG für die Antragstellerin zu 1. Für die Antragstellerin zu 2 um eine Familiensache nach § 111 Nr. 8, 231 Nr. 3 FamFG.

2. Die beiden Verfahren können nach §§ 112 Nr. 1, 231 Nr. 1/Nr. 3, 113 I (2) FamFG, 260 ZPO verbunden werden. Ein Verbindungsverbot besteht nicht, beide

Lösungsvorschlag

Anträge sind als Familienhauptsacheverfahren von der gleichen Verfahrensart.

3. Der Antragsgegner ist rechtskräftig als Vater der Antragstellerin zu 2 festgestellt.

4. Er schuldet daher nach § 1615l der Antragstellerin zu 1 Unterhalt sowie der Antragstellerin zu 2 nach § 1601 BGB. Zur Berechnung dieses Anspruchs steht den Antragstellerinnen der Auskunftsanspruch aus § 1605 BGB bzw. § 1605 BGB iVm 1615l III BGB zu.

Erst mit Rechtskraft endet die Rechtsausübungssperre des § 1600d IV BGB.

Neben dem materiellen Auskunftsanspruch nach § 1601 BGB besteht ein verfahrensrechtlicher nach § 235 FamFG. (Siehe dazu im Hilfsgutachten Nr. 4)

5. Der Antrag zu 2 wird für den Fall gestellt, dass die Auskünfte nicht ordnungsgemäß erfolgen. Das ist als Stufenantrag zulässig, §§ 112 Nr, 1, 231 Nr. 1 und Nr. 3, 113 I (2) FamFG, § 254 ZPO.

6. Die konkrete Berechnung der Unterhaltsansprüche ist ohne die Auskunft des Antragsgegners nicht möglich. Ein unbezifferter Antrag ist daher nach § 113 I (2) FamFG, § 254 ZPO möglich. Ein Antrag in der Hauptsache ist auch trotz der vorhergehenden einstweiligen Anordnung zulässig, da für eine Hauptsacheentscheidung stets ein Titulierungsinteresse besteht.

Es wird jedoch bereits jetzt darauf hingewiesen, dass die Antragstellerinnen Unterhalt für die Vergangenheit verlangen können, da die Antragstellerin zu 1 den Antragsgegner bereits im Oktober 2011 aufforderte, Auskunft über sein Einkommen zu geben, § 1613 I BGB. Zudem waren sie aufgrund der Rechtausübungssperre in § 1600d IV BGB aus rechtlichen Gründen an der Geltendmachung gehindert, § 1613 II Nr. 2 lit a BGB, so dass für die Antragstellerin zu 1 Unterhalt ab Geburt und für die Antragstellerin zu 2 Unterhalt ab 8 Wochen vor Geburt nach § 1615l III, 1613 II Nr. 2 lit a BGB verlangt werden wird.

Das ist auch der Grund, warum überhaupt die Hauptsache rechtshängig gemacht wird. Im Verfahren der einstweiligen Anordnung kann nur Unterhalt für die Zukunft begehrt werden. Der Unterhalt für die Vergangenheit jedoch nur in der Hauptsache.

Von den für die Vergangenheit geschuldeten Beträgen sind die aufgrund der einstweiligen Anordnung des Gerichts geleisteten Beträge abzuziehen. Für die Beträge die vor dem 18.12.2011 fällig wurden sind Zinsen ab Eintritt des Verzugs zu bezahlen. Mit der endgültigen Erfüllungsverweigerung im Schreiben vom 18.12.2011 des Antragsgegners ist Verzug eingetreten, § 286 II Nr. 3 BGB.

7. Die Antragstellerinnen haben den Antragsgegner vorgerichtlich um Auskunft über seine Einkommenssituation gebeten, was er verweigert hat. Das ist nach § 243 S. 2 Nr. 2 FamFG bei der Kostenentscheidung

nach billigem Ermessen zu berücksichtigen, so dass er zu Tragung der Gerichtskosten zu verpflichten ist.

Klein

(Rechtsanwältin)

Mandantenschreiben

Frederike Klein 20.12.2011
Rechtsanwältin
Augsburger Str. 44
93051 Regensburg

Sehr geehrte Frau Gross,

Ich bedanke mich für das Mandat und informiere Sie über meine bisher unternommenen Schritte.

ich habe eine einstweilige Anordnung beim Gericht beantragt und ein Vaterschaftsfeststellungsverfahren eingeleitet. Sie werden daher voraussichtlich 241 € Unterhalt für Lieselotte bekommen. Zudem werden Sie für ihren eigenen Unterhalt 359 € bekommen. Leider reicht das Einkommen von Herrn Meier nicht für mehr aus, es stehen Ihnen eigentlich 770 € zu.

Ich habe auch beantragt, dass Herr Meier die Babyausstattung in Höhe von 1000 € bezahlen und die Kosten für das Feststellungsverfahren übernehmen muss. Allerdings ist fraglich, ob das Gericht dem stattgeben wird. Ggf. wird er zu einer Ratenzahlung verurteilt, wenn das Gericht der Meinung ist, er könne den Betrag nicht auf einmal aufbringen. Sollte dies nicht der Fall sein, werde ich noch für das Feststellungsverfahren Verfahrenskostenhilfe beantragen.

Sollten Sie tatsächlich 400 € im Monat hinzuverdienen, ist das grundsätzlich von Einfluss auf ihren Unterhaltsanspruch. Der BGH spricht davon, dass Einkommen während der dreijährigen Betreuungszeit nicht als überobligatorisch außer Betracht zu bleiben hat. Diese sind vielmehr nach den Umständen des Einzelfalls zu berücksichtigen (BGH NJW 2009, 1876). In ihrem Fall ist es jedoch so, dass selbst bei einer vollständigen Anrechnung auf ihren Bedarf noch 370 € Unterhalt geschuldet wären. Da der Zahlbetrag von Herrn Meier diesen Wert nicht erreicht, können Sie bedenkenlos die Arbeit antreten.

Sobald das Vaterschaftsfeststellungsverfahren abgeschlossen ist, werde ich auch Unterhalt für die Vergangenheit beantragen und einen endgültigen Titel

Lösungsvorschlag

erwirken. Die einstweilige Anordnung tritt dann automatisch außer Kraft, § 56 I 2 FamFG. Einen Entwurf dieses Antrags finden Sie anbei.

Mit freundlichen Grüßen

Klein

(Rechtsanwältin)

Hilfsgutachten

1. Es wurde nicht der Weg über die Verbindung von Status- und Unterhaltsverfahren nach § 237 FamFG gewählt. Denn dieser Unterhalt erfasst nur den Unterhalt des Kindes und nicht der Mutter. Zudem ist er der Höhe nach auf den Mindestunterhalt beschränkt. Würde man erst eine einstweilige Anordnung beantragen und würde dann im Statusverfahren entschieden, so würde die einstweilige Anordnung außer Kraft treten. Daher wurde im Statusverfahren kein Antrag auf Unterhalt gestellt, sondern dieser in einem späteren Hauptsacheverfahren beantragt.

2. Einkünfte aus Nebentätigkeit neben einer vollen Beschäftigung sind nur dann für die Unterhaltspflicht für Kinder relevant, wenn ein Mangelfall eintritt.[27]

3. Die Leistungsfähigkeit des Antragsgegners ist hier keinesfalls gewiss. Durch die Antragstellung entsteht jedoch kein besonders großes Kostenrisiko für die Mandantinnen. Nach § 51 FamGKG ist der Gesamtstreitwert des laufenden Unterhalts mit 6000 € zu beziffern. Selbst bei vollem Unterliegen würde also der Streitwert der beiden Anträge lediglich ¼ betragen, wenn alleine dieser Maßstab zugrundegelegt würde. Da für die einstweilige Anordung nach Nr. 1420 der Anlage 1 zum FamGKG 1,5 Gebühren fällig werden, macht der Gebührensprung nach 6000 auf 8000 € lediglich 45 € Gerichtskosten aus. Nach § 243 Nr. 2 FamFG ist aber ohnehin auch die Tatsache zu berücksichtigen, dass keine Auskunft über das Einkommen erteilt wurde, so dass nicht mit einer Kostenpflicht zu rechnen ist. Darüber hinaus besteht mit der vorliegenden Antragstellung jedenfalls die Chance auf einen Teil des Unterhalts ggf auf eine Verpflichtung des Antragsgegners zur Ratenzahlung.

---

27 Brudermüller, in: Palandt, § 1361 Rn 29.

4. Der verfahrensrechtliche Anspruch nach § 235 FamFG steht grundsätzlich neben dem materiellrechtlichen Anspruch aus § 1601 BGB. Ein Antrag nach § 235 FamFG erlaubt es jedoch nicht, einen unbezifferten Antrag zu stellen.[28] Hätte man sich für diesen Weg entschieden, hätte man daher zunächst nach § 235 II FamFG eine Frist zur Auskunft setzen müssen. Nachdem die Mandantin und ihre Tochter bereits aus der einstweiligen Anordnung Unterhalt erhalten, ist ein eventueller Zeitgewinn durch einen Antrag nach § 235 II FamFG nicht erheblich. Durch die Rechtshängigkeit des Unterhaltsantrags bereits mit der ersten Stufe auf Auskunft können außerdem früher Prozesszinsen verlangt werden.

---

28 Hüßtege, in: Thomas/Putzo, § 235 FamFG Rn 1.

Literaturverzeichnis

Anders/Gehle: Assessorexamen im Zivilrecht, 10. Auflage, 2011
Bamberger/ Roth: BeckOK-BGB, 22. Ed, 2012
Baumbach / Lauterbach: ZPO, 71. Auflage, 2013
Baumbach/Hopt: HGB, 35. Auflage, 2012
Bengel/Tiedtke: KostO, 18. Auflage, 2010
Böhme/Fleck/Kroiß: Formularsammlung, 22. Auflage, 2011
Brambring/Jerschke: Becksches Notarhandbuch, 5. Auflage, 2009
Burandt/Rohjan/ Kroiß: Erbrecht, 2011
Canaris: Handelsrecht, 24. Auflage, 2006
Doukoff: Zivilrechtliche Berufung, 4. Auflage, 2010
Erman: BGB, 13. Auflage, 2011
Fischer: StGB, 60. Auflage, 2013
Rosenberg/Schwab/Gottwald: Zivilprozessrecht, 17. Auflage, 2010
Graf v. Westphalen: Vertragsrecht und AGB Klauselwerke, 31. EL, Stand 12/2012
Graf v. Westphalen: Der Leasingvertrag, 6. Auflage, 2008
Gummert/Weipert: Münchener Handbuch des Gesellschaftsrechts I, 3. Auflage, 2009, zit. Als MüHdbGesR I
Hartmann: Kostengesetze, 42. Auflage, 2012
Heller/Steuer: Bankrecht und Bankpraxis, 99. EL, Stand 9/2012
Hirsch: Schuldrecht, Allgemeiner Teil, 7. A. 2011
Hölters: Handbuch Unternehmenskauf, 7. Auflage, 2010
Holzapfel/Pöllath: Unternehmenskauf in Recht und Praxis, 14. Auflage, 2010
Hettler/Stratz/Hörtnagl: Unternehmenskauf, 1. Auflage, 2004
Jauernig: BGB, 14. Auflage, 2011
Junker/Kamanabrou: Vertragsgestaltung, 3. Auflage, 2010
Keidel: FamFG, 17. Auflage, 2011
Knöringer: Assessorklausur im Zivilprozess, 14. Auflage, 2013
Knöringer: Freiwillige Gerichtsarkeit, 5. Auflage, 2010
Kurpat: Einführung in die Urteilstechnik, 6. Auflage, 2010
Lackmann: Zwangsvollstreckungsrecht, 10. Auflage, 2013
Langenfeld: Grundlagen der Vertragsgestaltung, 2. Auflage, 2010
Langenfeld: Vertragsgestaltung, 3. Auflage, 2004
Martinek/Stoffels/Wimmer-Leonhardt: HdbLeasR, 2. Auflage, 2008
MüKoHGB: 2. Auflage, 2010
Musielak: ZPO, 9. Auflage, 2012
Oberheim: Zivilprozessrecht für Referendare, 9. Auflage, 2012
Eichele/Hirtz/Oberheim: Berufung im Zivilprozess, 3. Auflage, 2011
Palandt: BGB, 71. Auflage, 2012
Rauscher/Wax/Wenzel: Münchener Kommentar ZPO, 4. Auflage, 2012, zit. Als MükoZPO
Römermann/Hartung: Anwaltliches Berufsrecht, 2. Auflage, 2008
Säcker/Rixecker: Münchener Kommentar zum BGB, 6. Auflage, 2012, zit. Als MüKoBGB
Saenger: Handkommentar ZPO, 5. Auflage, 2013
Schellhammer: Zivilprozess, 14. Auflage, 2013
Schellhammer: Erbrecht nach Anspruchsgrundlagen, 3. Auflage, 2010
Schellhammer: Die Arbeitsmethode des Zivilrichters, 16. Auflage, 2009
Schimansky/Bunte/Lwowski: Bankrechts-Handbuch, 4. Auflage, 2011, zit. Als BankRHdb

Schmidt: Münchener Kommentar zum HGB, 3. Auflage, 2011
Schulze/Dörner/Ebert/u.a. : Handkommentar BGB, 7. Auflage, zit. Als HK-BGB
Schütze/Weipert: MüVertrHdb II, 6. Auflage, 2009
Sikora/Mayer: Kautelarjuristische Klausuren im Zivilrecht, 2. Auflage, 2011
Stein/Jonas: ZPO, 22. Auflage, 2008
Tempel/Graßnack/Kosziol/Seyderhelm: Materielles Recht im Zivilprozess, 5. Auflage, 2009
Thomas/Putzo: ZPO, 33. Auflage, 2012
Vorwerk: Das Prozessformularbuch, 9. Auflage, 2010
Wieczorek/Schütze: ZPO, 3. Auflage, 2008
Wolf/Eckert/Ball: HdbLeasR, 10. Auflage, 2009
Zimmermann: ZPO-Fallrepetitorium, 9. Auflage, 2012
Zimmermann: Klage, Gutachten und Urteil, 20. Auflage, 2011
Zöller: ZPO, 29. Auflage, 2012

Nomos Referendariat

Die Reihe **Nomos Referendariat** bietet zeitgemäße Literatur für Referendare. Moderne Lehrbücher und praktische Wegweiser ermöglichen eine schnelle Einarbeitung in den Stationsalltag und eine gezielte Vorbereitung auf das Assessorexamen.

Zivilprozess
Stagen und Examen
Von VizePräsLG a.D.
Dr. Walter Baumfalk und
RiOLG Walter Gierl
11. Auflage 2013, ca. 350 S.,
brosch., ca. 28,– €
ISBN 978-3-8329-7463-3
Erscheint ca. September 2013
www.nomos-shop.de/14632

Das Werk behandelt im Schwerpunkt den allgemeinen Verfahrensablauf des Zivilprozesses in erster Instanz, geht aber auch auf die besonderen Verfahrensarten und das Berufungsverfahren ein.

Klausurtraining
Die Assessor-Klausur im Zivilrecht
Von VRiLG Dr. Walter Boeckh, Andreas Gietl, Alexander Längsfeld und RiLG Ursula Raab-Gaudin
2013, 370 S., brosch., 28,– €
ISBN 978-3-8329-6703-1
www.nomos-shop.de/13766

Etwa 15 Klausuren auf Examensniveau decken den Pflichtfachstoff des zivilrechtlichen Assessorexamens ab. Zahlreiche Hinweise zur richtigen Interpretation der Akten, typische Problemstellungen und Fehlerquellen ermöglichen eine optimale Vorbereitung.

Staatsanwaltschaftlicher Sitzungsdienst
Von OStA Anton Deventer
2. durchgesehene Auflage 2013, 158 S., brosch., 14,90 €
ISBN 978-3-8329-7792-4
www.nomos-shop.de/19780

Chronologisch werden alle wesentlichen Verfahrenssituationen erläutert und so eine schnelle Einarbeitung in die Rolle eines Staatsanwalts ermöglicht. Ein Anhang aller wichtigen Anträge ermöglicht es, in der Sitzung auftauchende Fragen schnell nachzulesen und hierauf angemessen zu reagieren.

 Nomos

Bestellen Sie jetzt telefonisch unter 07221/2104-37
Portofreie Buch-Bestellungen unter www.nomos-shop.de

Nomos Kommentare

Strafgesetzbuch
Lehr- und Praxiskommentar
Von Prof. Dr. Dres. h.c.
Urs Kindhäuser
5. Auflage 2013, 1.354 S.,
brosch., 39,– €
ISBN 978-3-8329-7459-6
www.nomos-shop.de/14622

Bürgerliches Gesetzbuch
Handkommentar
Von Prof. Dr. Dr. h.c.
Reiner Schulze u.a.
7. Auflage 2012, 2.774 S.,
geb., 59,– €
ISBN 978-3-8329-6810-6
www.nomos-shop.de/13860

Zivilprozessordnung
FamFG | Europäisches
Verfahrensrecht
Handkommentar
Herausgegeben von
Prof. Dr. Ingo Saenger
5. Auflage 2013, 3.304 S.,
geb., 98,– €
ISBN 978-3-8329-7997-3
www.nomos-shop.de/19989

Grundgesetz für die Bundesrepublik Deutschland
Herausgegeben von
RiBVerfG a.D. Dr. Dieter Hömig
mitbegründet von
Karl-Heinz Seifert †
10. Auflage 2013, 850 S.,
brosch., 34,– €
ISBN 978-3-8487-0270-1
www.nomos-shop.de/20609

Verwaltungsrecht
VwVfG | VwGO |
Nebengesetze
Handkommentar
Herausgegeben von
Prof. Dr. Michael Fehling, LL.M.,
Prof. Dr. Berthold Kastner und
Dr. Rainer Störmer
3. Auflage 2013, 3.313 S.,
geb., 98,– €
ISBN 978-3-8329-6525-9
www.nomos-shop.de/13537

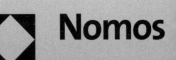

Bestellen Sie jetzt telefonisch unter 07221/2104-37
Portofreie Buch-Bestellungen unter www.nomos-shop.de